Über dieses Buch

Mit Gruppendynamik leben wir. Sie gehört zur alltäglichen – gesellschaftlichen, politischen, privaten – Erfahrung. Als Interventionsmethode gibt es sie schon seit über sechzig Jahren, gleichwohl werden ihre Theorie und ihre Praxis erst seit ein paar Jahren kritisch reflektiert. An einer systematischen »Kritik der Gruppendynamik« fehlte es bislang.
Mit diesem Band wird der Versuch gemacht, eine solche Kritik vorzulegen: nicht generalisierend, sondern jeweils von einem spezifischen Anwendungsbreich der Gruppendynamik ausgehend mit dem Ziele, eine bessere Praxis zu erreichen. Neben den methodischen Fragen werden auch die »Inhalte« reflektiert, wobei keinesfalls von dem Trugbild einer »wertfreien« Gruppendynamik ausgegangen wird.
Das Assoziations- und Bezugsfeld der an diesem Bande beteiligten Autoren ist unterschiedlich weit. Mit aller gebotenen Vorsicht werden Kriterien für die Effektivität von angewandter Gruppendynamik herausgearbeitet. Entschiedene Kritik soll nach dem Willen sowohl des Herausgebers als auch der Autoren zur Verbesserung der Situation, nicht zu ihrer Verdrängung führen.
Eine wesentliche Rolle bei der Konzeption des Bandes spielten Fragen des Transfer, der Zielvorstellungen, der Abgrenzung von psychotherapeutischer Arbeit und damit im Zusammenhang auch der Trainer-Ausbildung. Eines der Stichworte: »Gruppendynamik der Gruppendynamiker«.
Angesprochen ist der Leser, der sich von methodisch praktizierter Gruppendynamik eine Bereicherung seiner Lebensqualität verspricht; ebenso derjenige, der bereits positive oder negative Erfahrungen in Gruppen-Veranstaltungen sammeln konnte, sowie auch derjenige, der sich von der Flut der meist unter kommerziellen Gesichtspunkten verfaßten »Spielanweisungen« ebenso im Stich gelassen fühlt wie von »außengeleiteten«, dogmatischen und allgemein vorgebrachten »kritischen« Einwendungen und Bedenken.
Ein exakter Anmerkungsteil, weiterführende Literaturangaben sowie detaillierte Register helfen dem Leser, sich mit der Materie vertraut zu machen.

Der Herausgeber

CLAUS HENNING BACHMANN geboren 1928 in Hamburg – Tätigkeit als Theater- und Musikkritiker, Dramaturg, Regisseur – danach freier Publizist u.a. für psychologische, philosophische und musikwissenschaftliche Themen; Rundfunksendungen u.a. über Psychopathologie und Kunst, Psychotherapien (z.B. Verhaltenstherapie, Transaktions-Analyse, Musiktherapie), Sozialpsychiatrie, Gruppendynamik – lebt in West-Berlin.
Er veröffentlichte u.a. als Hrsg.: *Psychoanalyse und Verhaltenstherapie.* Frankfurt am Main 1972 (Fischer Taschenbuch Bd. 6171). Mitarbeit an: Richard P. Hartmann, *Malerei aus Bereichen des Unbewußten. Künstler experimentieren unter LSD.* Köln 1974.

Kritik der Gruppendynamik

Grenzen und Möglichkeiten sozialen Lernens

Mit Beiträgen von
Ernest Borneman, Klaus Doppler, Jörg Fengler, Jürgen Fritz, Walter Giere, Klaus Krämer, Haja Molter, Hilarion G. Petzold, Bert Voigt und Cornelis F. Wieringa

Herausgegeben und eingeleitet von
Claus Henning Bachmann

Fischer
Taschenbuch
Verlag

Lektorat: Walter H. Pehle

Originalausgabe
Fischer Taschenbuch Verlag
Oktober 1981
Umschlagentwurf: Jan Buchholz/Reni Hinsch
Fischer Taschenbuch Verlag GmbH, Frankfurt am Main

Satz: Fotosatz Otto Gutfreund, Darmstadt
Druck und Bindung: Hanseatische Druckanstalt GmbH, Hamburg
Printed in Germany
1980-ISBN-3-596-26718-8

Inhalt

Anhang

Einleitung

Gruppendynamik mußte nicht erfunden werden: Es gab sie immer schon; jedenfalls, solange vom Menschen als einem in sozialen und politischen Ordnungen lebenden Wesen die Rede ist. Gruppendynamik ereignet sich, ob wir wollen oder nicht; sie ist – zunächst einmal – keine Methode, sondern ein Forschungsbereich und eine Erfahrung. Freilich: daß wir in Gruppierungen leben, bedeutet noch nicht, daß wir auch gruppenfähig sind. Nicht gruppenfähig sein ist gleichbedeutend mit: am Leben leiden. Die aristotelische Auffassung vom Menschen als einem »Zoon politicon« und der Polis als einer »Gemeinschaft von Familien und Geschlechtern«[1]* ist eine philosophische Konstruktion. Gegen alle möglichen Leiden gibt es in den Industriegesellschaften Medikamente, von denen einige nur betäuben und bei vielen nicht sicher ist, ob sie helfen; gewiß ist nur, daß sie (zumeist) guten Profit abwerfen und (häufig) die wahren Ursachen des Leidens verschleiern. So geht es auch mit der als Methode praktizierten Gruppendynamik. Gleichviel:

»Das Leben aller Menschen ist von Tagträumen durchzogen, darin ist ein Teil lediglich schale, auch entnervende Flucht, auch Beute für Betrüger, aber ein anderer Teil reizt auf, läßt mit dem schlecht Vorhandenen sich nicht abfinden, läßt eben nicht entsagen. Dieser andere Teil hat das Hoffen im Kern, und er ist lehrbar. Er kann aus dem ungeregelten Tagtraum wie aus dessen schlauem Mißbrauch herausgeholt werden, ist ohne Dunst aktivierbar. Kein Mensch lebte je ohne Tagträume, es kommt aber darauf an, sie immer weiter zu kennen und dadurch unbetrüglich, hilfreich, aufs Rechte gezielt zu halten.«[2]

Die Passage aus dem Vorwort ERNST BLOCHs zum »Prinzip

* Die Anmerkungen finden sich am Ende des Bandes

Hoffnung« liest sich wie ein heimlicher Schlüssel für angewandte Gruppendynamik. »Schale, auch entnervende Flucht« vor der alltäglichen Realität (so entnervend diese wiederum sein mag), »Beute« für Geschäftemacher – das kann die zur Ware aufbereitete Gruppendynamik sein, das wurde ihren (Handels-)Vertretern zu Recht auch immer wieder vorgehalten, doch ihre Verkäuflichkeit litt darunter nicht, Polemik geriet ihr eher zur Werbung. Der Bedarf an Therapie ist vorhanden und er ist übermächtig, wobei ich den Begriff »Therapie« (eingedenk dessen, daß die Grenzen zwischen »Gesundheit« und »Krankheit« ohnehin fließend geworden sind) im sehr weiten Sinn verstehe, eben auch als erwünschte Hilfeleistung bei primär sozialer »Behandlungs«-Bedürftigkeit. Der »lehrbare« und erlernbare »Kern« bleibt bestehen: Gruppendynamik als Hoffnung, den ungezügelten Wunschträumen wie auch ihren marktschreierischen Nutznießern zu entkommen; als Hoffnung auch, diese Träume »hilfreich aufs Rechte gezielt zu halten«, auf das, was des Menschen Recht ist. Damit ist gemeint ein grundlegendes, zwingendes und inhaltsbezogenes Recht: der Anspruch auf sozialen Wandel zur größeren Gerechtigkeit in der Güterverteilung und in den zwischenmenschlichen Beziehungen, innerhalb und im Miteinander von Gruppierungen (»Klassenzugehörigkeit« ist *eine,* historisch begründete Definition); und als eines der Werkzeuge, dieses Recht zu erwirken, hat sich noch stets die Auflehnung gegen das schlechte Bestehende erwiesen, eine Auflehnung im und mit dem Bewußtsein, daß es unausweichlich ist, nach der Erkenntnis auch zu handeln.
Diese Erwägungen, ERNST BLOCH folgend auf den Spuren aufrechten Ganges, rücken gruppenzentriertes Denken in den Bannkreis politischen Denkens, und das Ausweichen einiger gruppendynamisch Tätiger vor diesem fundamentalen Zusammenhang, ein Ausweichen auch weit nach rechts, kann nur erklärt werden durch die geschichtliche Verflechtung sozialpsychologischer Forschung und Praxis – speziell der Gruppenarbeit – mit Industrie und Militär; das gilt zumindest für die amerikanische Ursprungsszene: »Some of the most theoretically oriented research of the past years was financed by business or military organizations«, hieß es 1957.[3] Der Psychotherapeut CARL R. ROGERS gelangte kurz nach dem Zweiten Weltkrieg zu intensiver Encountergruppen-Erfahrung, als er persönliche Berater für die Kriegsopferversorgung auszubilden hatte. Diese Herren – sämtlich Akademiker – sahen sich

etwas hilflos den Problemen heimkehrender GIs gegenüber. Etwa zwanzig Jahre später zog ROGERS ein Resümee seiner Gruppenarbeit: Die »Bereitschaft zu dem Wagnis, das eigene innere Selbst zu sein, ist zweifellos einer der Schritte zur Befreiung von der Einsamkeit, die in jedem von uns existiert«.[4] Eine Ursache dieses Konservativismus mag auch darin bestehen, daß die gruppendynamische Bewegung zumindest am Anfang von uninformierten Politikern verdächtigt wurde, »eine kommunistische Verschwörungsaktion« zu sein.[5] Naivität herrschte, scheint mir heute, auf beiden Seiten. Die Rede von der schicksalhaft verhängten Einsamkeit gehört dazu, ebenso aber die Vermutung, praktizierte Gruppendynamik sei nichts anderes als das Alibi-Mäntelchen systemkonservierender Wissenschaft. »Die bürgerliche Wissenschaft dient nicht nur dazu, Dysfunktionalitäten, die Widersprüche der Produktionsverhältnisse zu legitimieren, sie in ein metaphysisches Gewand zu kleiden und zu erklären, was gut und was schlecht ist, aber auf jeden Fall schon immer so sei. Sondern sie dient auch – und seit dem Rationalismus und seiner Vervollkommnung im Positivismus in verstärktem Maße – zur Beseitigung systembedrohender Folgen dieser Widersprüche.«[6]

Warum klingen solche Sätze heute, knapp zehn Jahre danach, so richtig und so schal zugleich? Vermutlich, weil sie genausowenig »bewirkt«, ebensowenig zum konstruktiven Handeln, zur Verbesserung der Lebenssituation in den »Großgruppen« beigetragen haben wie die praktizierte Gruppendynamik. Was aber sind »Großgruppen«? Staaten, Völker, die Angehörigen von Institutionen? Hier schon gewinnt Gruppendynamik eine spekulative Komponente. Einige Autoren sprechen, wenn sie den Staat meinen oder Einrichtungen wie Universitäten und Krankenhäuser, von »sozialen Organisationen«, von einem System zueinander in Beziehung stehender Gruppen. Mit Blick auf die Praxis ließe sich sagen: Die Großgruppe – wie auch immer definiert – entspricht den realen Gruppierungen, die Kleingruppe ist ein sozial erwünschtes Gebilde. Gruppendynamische Praktiken in der Großgruppe sind interessengelenkte Manipulationen, die Strukturierung in kleinen Gruppen – Kollektiven – vermindert die Möglichkeit der Manipulation. Freilich: Was heißt letzten Endes »sozial erwünscht«? Wer spricht die Wünsche aus und setzt die Normen? Wem »dient« die Kleingruppe? Ist sie – auch das wäre zu erwägen – vielleicht ein sehr degeneriertes, ein sehr künstliches Gebilde unseres abendländischen Denkens? Ist sie von industriellen, von funktionsgerechten Abläufen überhaupt zu lösen? Schwer vorstellbar, daß die bewußt gelenkte, von Trainern überwachte Kleingruppenarbeit in der Dritten Welt funktionieren könnte, obgleich (oder weil?) es dort ja Gruppen-Probleme und -Konflikte en masse gibt, vor allem unter neokolonialem Einfluß, der die Gruppierungen einer zwar intakten, aber unter veränderten ökologischen Bedingungen nicht mehr lebensfähigen traditionalen Gesellschaft deklassiert.

Andererseits erleben wir derzeit (im Iran) die überraschenden Folgeerscheinungen der Dynamik einer religiösen Massenbewegung; Ereignisse, die den gesamten Westen mit seinen ausgeklügelten »demokratischen« Kontroll- und Sicherheitssystemen zur von rhetorischen Kraftakten kaum noch verhüllten Hilflosigkeit entmachten. Demgegenüber ist das von HOFSTÄTTER zitierte aristotelische Konstrukt schon fast rührend zu nennen: »... die Menge kann, wenn sie zusammengetreten ist, gewissermaßen einen einzigen Menschen bilden mit vielen Armen und Beinen und einem vielfachen Wahrnehmungsvermögen, und ähnlich verhält es sich mit den Charaktereigenschaften und dem Denken.«[7] Im gruppendynamischen Verständnis heißt das: Intendiert ist die »reine Menschlichkeit«, das Behagen des Osterspazierganges aus Goethes »Faust«; purer Klassizismus mithin, der bereits unter faschistischen Regimes zum perversen Aggressions- oder Durchhaltesignal entartet ist. Von daher ist die nahezu erschrockene Wendung zur Kleingruppe, in der »Kooperation« das erste Gebot ist, durchaus zu verstehen.

Nur haftet dieser »Kooperation« derselbe normative Charakter an, eine nicht weiter befragte Setzung. In einem Modell berufsbezogener gruppendynamischer Arbeit[8] geht es primär um Kooperation; sie wird mit kreativem Verhalten einfach gleichgesetzt. Vom »Spielrahmen einer ›innovativen Organisation‹« (zur didaktischen Methode des Rollenspiels gehörend) geht beispielsweise ein »Zwang zur Ausübung von Kooperationsberatung in der Autoritätsrolle der Institutsleitung« aus[9]; die Institutsleitung wird im Rollenspiel-Setting gebildet aus den Teilnehmern der dritten und höchsten Stufe (»Management«) zusammen mit den Beratern. Offensichtlich entspricht aber das Lernziel »Kooperation« im industriellen Bereich nicht den tatsächlichen ökonomischen Gegebenheiten; die Fähigkeit und die Bereitschaft zu kooperieren, dient ausschließlich den unternehmerischen Interessen. Aus dieser Einsicht hat sich in der berufsbezogenen Praxis des Sensitivity-

Trainings schon im letzten Jahrzehnt eine gruppendynamikimmanente Kritik entwickelt:
»Die Grundannahme, daß es keinen fundamentalen Interessenkonflikt zwischen Kapital und Arbeit gibt, muß als falsch angesehen werden. Ein Sensitivity-Training, das auf diesem ›Axiom‹ oder Grundgedanken aufbaut, muß ein an die bestehenden gesellschaftlichen Strukturen angepaßtes Training sein. ... Das Interesse der Firma – ihr Kapitalverwertungsinteresse – ist ausschlaggebend für die vom Training zu leistenden Veränderungen. Das gleiche Unternehmensziel verfolgen Arbeitsplatzerweiterung, -wechsel und -bereicherung, nämlich Arbeiter und Angestellte bei der Stange zu halten. Unter dem Deckmantel der Humanisierung am Arbeitsplatz geht es um die Steigerung der Qualität und/oder der Quantität der Arbeitsleistung. Teilautonomie, die ja eine teilweise Mitbestimmung und eigene Kontrollfunktion beinhaltet, steigert den Output von neuen Ideen, von Verbesserungen und fördert das Interesse und den Einsatz für die Arbeit.«[10] Die Unterscheidung von Arbeit und Interaktion ist in der bürgerlichen Wissenschaft, auch in der fortschrittlichen, fest verankert. Darin liegt – so der Sozialpsychiater ERICH WULFF – ein Handikap der gruppendynamisch orientierten politischen Arbeit, für die so vieles zu sprechen scheint:
»Gerade in dem Versuch, durch gruppendynamische Veranstaltungen zur politischen Bewußtwerdung beizutragen, zeigt sich die Konsequenz der begrifflichen Dichotomie von Arbeit und Interaktion fast noch deutlicher als bei der totalen Entpolitisierung des Interaktionsbereiches... Während der Begriff der Produktionsverhältnisse die Stellung der einzelnen Klassen zu den Produktionsmitteln mitimpliziert und auch bei weiteren Differenzierungen die Klassenlage bis in die konkrete Arbeits-, Familien- und Nachbarschaftsbeziehungen erkennbar bleibt, verflüchtigt sich der Zusammenhang mit den Verhältnissen der gesellschaftlichen Produktion, sobald nur Gruppenbeziehungen und ihre ›Interaktionsformen‹ zu selbständigen und abstrakten Grundbegriffen des gesellschaftlichen Verhaltens erhoben werden, denen man die Klassenlage und die Realsituation bestenfalls als akzidentelle Attribute anfügen kann.«[11] Der Einwand richtete sich gegen die kritischen Befürworter gruppendynamischer Techniken, im speziellen Falle gegen KLAUS HORN vom Sigmund-Freud-Institut in Frankfurt; der »Streit um die Gruppendynamik« zwischen TOBIAS BROCHER und KLAUS HORN – im einzelnen durch Fort-

schreibung des Streitgesprächs auf vielen Ebenen überholt – sollte als Einstieg in die Problematik der Sache immer wieder herangezogen werden.[12]

ERICH WULFFs Auffassung ist, daß es wohl möglich sei, in zeitlich und thematisch begrenzten Gruppenprozessen gewisse Konflikte zu klären, sofern die Beteiligten durch ihre Arbeit miteinander verbunden sind und gemeinsame (politische oder Arbeits-) Ziele haben; dabei sei aber Zurückhaltung gegenüber der Eigendynamik der Gruppe geboten. Strenggenommen soll also zugunsten der Sachbezogenheit gerade das wesentliche Moment der Gruppen»dynamik« im Zaume gehalten werden. Der Grundgedanke ist, daß in Gruppenprozessen die gesellschaftlich bedingten Interaktionsphänomene häufig als unabwendbare Folge der Verdinglichung erfahren werden: »Die Verhältnisse, sie sind nicht so...« Konflikte, Spannungen, Affekte und Gefühle lassen sich – WULFF zufolge – »kaum als private beziehungsweise ›interaktionsbedingte‹ identifizieren« und in erfahrbaren Kontrast setzen »zu ›institutionsbedingten‹ beziehungsweise von unmittelbar divergierenden Klasseninteressen hervorgerufenen... Das bedeutet aber, daß man den Interaktionsbereich gerade nur dann als relativ eigenständigen abgrenzen kann, wenn die ›Interaktion‹ innerhalb einer Gruppe mit gleichen Klasseninteressen abläuft, d.h. gerade nur dann, wenn die Gruppenmitglieder im gleichen unmittelbaren konkreten Zusammenhang mit der gesellschaftlichen Produktion stehen. Dies wäre etwa in gewerkschaftlichen Gruppen der Fall.«[13]

Gruppendynamisches Training »in situ«, »vor Ort«, hat mehr oder minder das Sensitivity-Training unter Laboratoriumsbedingungen (»Stranger Lab« mit einander zuvor unbekannten Teilnehmern) oder in T-(Trainings-)Gruppen abgelöst. Diese offenbar nicht »elitären« Vorhaben führten zu überschwenglichen Erwartungen; die Ernüchterung folgte auf dem Fuße. Zunächst zeigte sich, daß Gruppendynamik am Arbeitsplatz – in Betrieben oder Dienstleistungseinrichtungen – eine Fülle neuer Ängste provozierte, die, wenn sie »bearbeitet« wurden, das eigentliche Vorhaben aus dem Gesichtsfeld und auch Interesse entschwinden ließen. »Das ist zuviel auf einmal!« stöhnte ein Trainer. So verlockend das Training in Betrieben, in Schulen, in sozialen Organisationen erschien: Von der Laboratoriumsbewegung konnte man sich so rasch nicht (und kann man sich heute noch nicht) trennen; mittlerweile haben non-verbale, auch körperbezogene Encounter-

Gruppen manche Bedürfnisse der »Party-Spieler« aufgesogen. Das »In situ«-Training, hieß es, sei vielleicht eine Illusion – obgleich die eigentliche Illusion das gruppendynamische Vorhaben war. Man »entdeckte« nämlich, daß die Betriebe und Organisationen mit solchen Veranstaltungen ganz reale Interessen verfolgten, und daß diese Interessen in der gruppendynamischen Arbeit gar nicht auszuschließen waren.
Im Extrem würde das bedeuten, daß der Trainer – sei er sich dessen bewußt oder nicht – als Handlanger der betreffenden Institution fungiert; eine Gefahr freilich, die sich vor allem in der langfristigen Organisations- und Institutionsberatung abzeichnete. »Gruppendynamisches Laboratorium« und industrielle Interessen: Das ist (wenn den gruppendynamischen und Encounter-Angeboten nicht nachgesagt werden soll, Ansätze zu einer Psycho-»Industrie« zu sein) ein unlösbarer Widerspruch, der jedoch nicht gleich erkannt wurde. Erfahren wurde indes, daß das traditionelle Laboratorium mit den vor Ort neu sich stellenden Problemen – resultierend aus dem erwähnten »Interessenkonflikt zwischen Kapital und Arbeit« – der Realsituation nicht gerecht werden kann; mit der Folge, daß entweder das Training abgebrochen oder die tatsächliche Problemlage kaschiert werden muß, eine vollends irreale Situation. In der angewandten und feldorientierten Gruppendynamik, bezogen auf soziale Systeme, zeigte sich, daß mit den Erfahrungen aus der Laboratoriums- oder T-Gruppen-Praxis nicht viel gewonnen war; es ist auch meines Erachtens eine vorschnelle Verallgemeinerung, wenn Institutionsberater behaupten, in der berufsbezogenen gruppendynamischen Arbeit entfalle die für die Trainingsgruppen wie für das klinische Modell charakteristische Transfer-Problematik.[14] Es handelt sich ja immer nur um eine »berufsnahe *vorübergehende* Arbeitssituation zu Lernzwecken«[15], so daß auch der Repräsentativcharakter ein bedingter ist. Und es bleibt zum Beispiel im Verhaltens- oder Skill-Training die Frage offen, wie die soziale Umwelt am Arbeitsplatz auf das neu gelernte Verhalten reagiert, und ob oder wie der Betreffende diese Reaktionen unter letzten Endes doch anderen Bedingungen verkraftet. Beträchtliche Chancen werden der Gruppendynamik im Bildungsbereich eingeräumt, d.h. in erster Linie gruppendynamisch orientierten Lernkonzepten in der Schule und dem Training in der Lehrerfortbildung. Ihre Grenze haben diese Veranstaltungen dort, wo es – sei es auch unterschwellig – vor allem um das mehr oder minder perfekte Funktionieren

des Unterrichts geht, der in seinen Voraussetzungen und Wertstellungen ebensowenig befragt wird wie die Institution »Schule«.
Es geht darum, daß sich nicht nur die einzelnen, sondern eben auch die Systeme verändern. Analog dazu dürfte immer noch richtig sein, was die Redaktion der Zeitschrift »Das Argument« in einem politisch motivierten Epilog dem Streit zwischen BROCHER und HORN nachschickte; die letzten Sätze dieses redaktionellen Nachworts lauten: »Das System des Kapitalismus ... wird nicht zerredet. Gruppendynamik wird im Prozeß der Umwälzung des Kapitalismus kaum eine Rolle spielen.«[16] Gewiß wird im »Rollenspiel« nicht bloß geredet, aber auf die Betonung kommt es an: ob und wie aus dem Spiel Ernst wird. Gruppen-Situationen sind niemals frei von Realität. Selbst in ihren ganz persönlichen, emotionellen Aspekten – beispielsweise, ob einer akzeptiert wird oder nicht – reproduziert sich Wirklichkeit (die des alltäglichen Lebens, familien- oder berufsbezogene), aber gemeinsame Interessen werden nicht im Zusammensitzen und Reden, nicht über den Austausch von Gefühlen durchgesetzt, sondern in einer gemeinsamen Aktion. Wenn sie im Rollenspiel simuliert wird, kommt es zunächst darauf an, daß die Beteiligten sie in der gleichen Ernsthaftigkeit, in der gleichen existentiellen Dringlichkeit erleben wie die Gefühle, wie das Akzeptiertwerden (d.h. in dem gleichen Entscheidungswert, den sie real hat). Dieses Problem vermochte die Laboratoriumsbewegung nicht zu lösen, und der Schritt vom Erleben zum Handeln wurde schon gar nicht vollzogen; zumal nicht, als er durch den Terrorismus in Verruf geraten war. Vom »Transfer« als der »Gretchenfrage« jedes gruppendynamischen Seminars (so formulierte es JÜRGEN FRITZ) wurde zwar viel gesprochen, aber nachprüfbar vollzogen wurde es so gut wie nie; bestenfalls – und das war schon sehr viel! – ging man daran, es im Sinne der Kritischen Theorie antizipatorisch zu bearbeiten.[17] Im sozusagen herrschaftsfreien Dialog galt es, die gewünschte gesellschaftliche Veränderung vorwegzunehmen, zu antizipieren; dabei wurden aktivierende Verhaltensweisen erlernt, die über das Bestehende hinauswiesen. Lernziel war die Motivation, Schritte zur realen Veränderung auch einzuleiten. Eine Erfolgskontrolle darüber gibt es natürlich nicht; ausgespart blieb nolens volens auch die Frage der Machtmittel.*

* Siehe Nachtrag S. 47.

Diese Problemlage hat die vehement sich ausbreitende Organisationsentwicklung gewissermaßen geerbt. Der tatsächlichen Veränderung von Strukturen und Machtverhältnissen sind deutliche Grenzen gesetzt.[18] Notwendig ist derzeit eine Differenzierung der Kritik an gruppendynamischer Theorie und Praxis. Die rigorosen, zuweilen im Agitprop-Stil auftretenden und die naiven Formen der Kritik führten zur rigorosen Abkehr von anzuwendender Gruppendynamik, zur Preisgabe eines Instruments, das – wie die meisten sozialpsychologischen, therapeutischen und therapieähnlichen Methoden – wirksam sein *kann,* wenn damit keine Heilserwartungen verbunden werden. Das (unternehmensbezogene) Sensitivity-Training »wird nicht durchgeführt, um Menschen im Betrieb persönlich zu helfen – was als Hauptziel dieser Trainingsrichtung angegeben wird –, sondern um unternehmerische Zielsetzungen im Mantel des Sozialtrainings besser zu verkaufen, die Mitarbeiter darauf einzuschwören und ihr persönliches Engagement in das Firmeninteresse direkt einfließen zu lassen«.[19] Die hier von zwei Praktikern in die Beschreibung von Techniken, die Darstellung von Fallbeispielen eingestreute Kritik trifft gewiß einen offen zutage getretenen Sachverhalt, doch sie bringt nichts Neues. Unternehmer denken wirtschaftlich, sonst wären sie keine oder schlechte; sie sind – in der westlichen Wirtschaftsordnung – bestrebt zu investieren, und dazu brauchen sie den Mehrwert. Sie sind keine frommen Brüder, sondern allenfalls menschlich und einsichtig. Zu den Selbstschutz-Mechanismen von Betrieben, Institutionen und unserer Gesellschaftsordnung gehört das, was ich die »Traumfabrik der Gruppendynamik« nennen möchte: einen von kommerziellen Interessen durchsetzten, mit Verheißungen gespickten Aktionismus zur Verhinderung sinnvoller Gruppenbildung.

Was lange Zeit nicht bemerkt und mit Schlagworten wie »Psychologisierung« und »Privatisierung« eher verdeckt wurde, ist eine tatsächlich unaufhebbare Crux der Gruppenarbeit: daß sie – wie die Arbeit in politischen Zellen zeitweise auch – von der Veränderung, die ihr Thema ist, eher isoliert. Durch die emotionell und rational aufwendigen Lernprozesse, die gruppenbedingten (also neuen) interaktionellen Anspannungen werden die Kräfte des Menschen so sehr gefordert, daß er sich durch die geleistete Arbeit unbewußt schon befriedigt glaubt; daß er, ohne sich darüber Rechenschaft zu geben, keine Triebkräfte mehr in sich hat, die nach wie vor gewünschte Veränderung wirklich anzupacken: Seine Poten-

tiale sind verbraucht. Auf dieser Klaviatur der Ablenkung und Ableitung läßt sich von jenen, die ein Interesse daran haben, natürlich trefflich spielen. Denn hier begegnen sich die Wünsche der Mächtigen (über die Produktionsmittel Verfügenden) mit denen der anderen: der (Wunsch-)Traum heißt »Sicherheit«. Ein Sicherheitsgefühl vermitteln normative Begriffe, die gebraucht werden wie Sprachhülsen; wer ihren Inhalten kritisch nachspüren will, macht sich bereits verdächtig. »Kooperation«, »Consensus« und »Demokratie« sind solche Begriffe – und um das zu erkennen, muß man nicht einmal ein »Linker« sein... PIO SBANDI, der sich damit auseinandersetzte, ist katholischer Theologe, Sozialpsychologe und Professor der Pastoralpsychologie[20] (was ihn nicht hinderte, zusammen mit einer Mitarbeiterin für 1980 zwei Sensitivity-Trainings, zwei Trainings in Kommunikation und Führung – Preis pro Person fürs verlängerte Wochenende ohne Unterkunft und Verpflegung 400 DM – und zwei Kommunikationstrainings für Paare – Preis pro Paar zu den gleichen Bedingungen 600 DM – anzubieten, den Markt also gut zu bedienen). Es gibt einen Mythos vom Individuum, den wir im Westen gern mit »Freiheit« identifizieren; der Gruppenanalytiker MANFRED POHLEN hat 1975 auf einem Kongreß[21] die Isolierung des Menschen aus der Gruppe als dessen soziopathologische Existenz bezeichnet – damit heftigen, ja aggressiven Protest der Psychoanalytiker-Kollegen im Plenum hervorrufend. Dabei war der Satz, hier auf die Zweierbeziehung in der Psychoanalyse gemünzt, im Grunde eine Binsenwahrheit. Aber die einfachsten Wahrheiten, von denen wir uns am weitesten entfernt haben, verursachen immer die größte Wut: sie reißen aus der Ruhe, stellen den Fortschrittsgang in Frage, bewirken Verunsicherung. Auch das gehört zur gruppendynamischen Erfahrung.
Mitunter dauert es lange, bis sich herumgesprochen hat, daß gewisse kulturelle Erscheinungsformen degeneriert sind – als »Folge der industrialisierten, kapitalistischen Ausbeutung unserer in Dekadenz sich befindenden Gesellschaft«, wie es der italienische Komponist FRANCO EVANGELISTI in Hinsicht auf die Rezeption und den »Gebrauch« von Musik formuliert hat.[22] Als er seinen Vortrag beendet hatte, schlug ihm aus einem Auditorium von Musikwissenschaftlern, Komponisten und Kritikern die gleiche Aggression entgegen wie POHLEN von den Gruppenpsychotherapeuten und Gruppendynamikern. Mittlerweile wird mit der außereuropäischen Musik, mit den Klängen und Rhythmen aus Bali, aus den Ländern Afrikas

und Asiens, von EVANGELISTI der entarteten Praxis in den Industrienationen gegenübergestellt, ein gutes Geschäft gemacht und »avantgardistisches« Prestige erzielt; es gibt kaum etwas gesellschaftlich Unverbindlicheres als diese Art von importierter »Weltmusik«. Gruppendynamisch wäre zu sagen, daß sich in beruflich zusammengehörigen Gruppierungen – ungeachtet der aus Konkurrenzsituationen erwachsenden Gegnerschaft – fast immer ein Konsens bildet gegenüber dem Außenseiter, der sich nicht an Regeln hält (im geschilderten Fall hatte sich EVANGELISTI dem Auftrag entzogen, über »die Stellung der italienischen Avantgarde in der Entwicklung der Neuen Musik« zu sprechen, also sich geweigert, ein Thema zu akzeptieren, das eine ganze Reihe unbefragter Wertsetzungen schon implizierte). Er entzog sich den gesellschaftlichen Spielregeln; er sagte – mit großem emotionellem Engagement – ganz Einfaches, Unintellektuelles – und wurde nicht »verstanden«. Fünf Jahre später, als in der musikalischen Avantgarde der »Weg nach innen« en vogue geworden war, hätte er vielleicht großen Erfolg gehabt.
Merkwürdigerweise vertreten die Außenseiter häufig die wahren Interessen der Allgemeinheit, jene, die bei vernünftiger Betrachtung angezeigt sind, und zwar gegen herrschende Trends und herrschende Mächte (was manchmal dasselbe ist). Die ihnen entgegenstehende Gruppe aber, deren Bedürfnisse mitbedacht sind, merkt davon nichts und verhält sich abweisend, feindlich. Ließe sich dieser Widerspruch, dieser Fall gegenläufiger Gruppendynamik, in einem gruppendynamischen Setting bearbeiten? Gewiß, aber von den Inhalten würde dann bald niemand mehr sprechen. Vielleicht ginge es statt dessen um ästhetische Herrschaftsmodelle, um Fluch oder Segen der Industrialisierung, um den Moloch Kulturindustrie – das wären ja nützliche Themen durchaus. Doch der abstrakte, von den realen Bedürfnissen der Menschen absehende Tenor der Veranstaltung hätte sich nicht wesentlich verändert; es hätte nur eine Verlagerung stattgefunden, das hochgestochene Spiel würde auf einer anderen Ebene weitergespielt. Die partielle Ohnmacht von Gruppendynamik, eben ihre methodische Anwendung, ist der negative Reflex von Erkenntnissen, die nicht zuletzt dadurch gewonnen sind, daß Gruppendynamik (wie eingangs gesagt wurde) »sich ereignet«. Diese Erkenntnisse und Erfahrungen verweisen auf Machtstrukturen in der Gesellschaft, und sie verweisen mit Nachdruck darauf, daß die unterstellte »Wertfreiheit« der ange-

wandten Gruppendynamik eine – wenn nicht böswillige, so doch sträflich naive – Illusion war.

Die Kritik an der Gruppendynamik bezweifelt (ich meine, mit Recht), daß die klassische Trainingsgruppe realistisch sei; die technokratisch orientierten Gruppendynamiker wiederum ziehen den Realitätsbegriff der Kritiker in Zweifel: Ein Trainer *könne,* wenn er seinen Beruf »professionell« ausübe, gar keine politischen oder religiösen Ziele haben; politisch sei vielmehr der Gebrauch von Macht, gruppendynamisch aber würden die Machtverhältnisse durchleuchtet und entlarvt. Darin ist ein Denkfehler verborgen: Gerade dann, wenn man die Trainingsgruppe als »Mikrokosmos« ansieht (so der Titel einer amerikanischen Studie über Gruppendynamik[23]), sind in ihr auch die Machtverhältnisse als unaufgelöste widergespiegelt. Daß Trainer ohne Macht seien, ist eine weitere Illusion, die sich nährt aus dem illusionären Charakter gespielter Gruppendynamik. In den Trainer werden Heilserwartungen investiert, und zwar mit einem gewissen Recht, denn jedes Angebot eines Gruppentrainings ist eine mehr oder minder herausgestellte Glücksverheißung. Das verleiht dem Trainer Macht, und er übt sie realiter aus. Insofern *ist* die Gruppe real, aber gerade darin, daß sie die schlechte Realität der gegenwärtigen (spätkapitalistischen) Gesellschaft am Leben zu erhalten hilft. Die Gruppenarbeit wird diese Realität nicht ändern können noch wollen, sowenig wie sich einer am eigenen Schopf aus dem Sumpf zu ziehen vermag.

SLATERs Studie »Mikrokosmos« demonstriert, was von Marxisten auch an der Kritischen Theorie bemängelt worden ist: die geschichtsenthobene Wiederkehr des »Immergleichen«.[24] (Er selbst erkannte nachträglich den »hegelianischen Charakter« seiner Darstellung.) Er denkt sich die gesellschaftliche Entwicklung im Spiegel des »Mikrokosmos« der Gruppe vierstufig; die dritte Stufe ist – in einem ironisch »Gleichheit, Brüderlichkeit und Autonomie« überschriebenen Kapitel – mit »Gleichheit« oder »Nivellierung« bezeichnet. »In keinem Fall kann die Stufe der Gleichheit für immer aufrechterhalten werden. Früher oder später schleicht sich irgendeine Differenzierung ein.« Sie erfolge »vielleicht auf der Basis der alten, vielleicht auf der neuer Kriterien. Nach einiger Zeit unterminiert ein zweiter Komplex von Kriterien diese Differenzierung, und eine neue Revolution findet statt. ... Jeder Hierarchie wohnt die Tendenz inne, ihr Gegenteil zu erzeugen. Bewußtes menschliches Denken ist geradezu pervers einseitig, und die ›Wiederkehr des Verdrängten‹ manifestiert sich nicht nur im Psychischen, sondern auch im Sozialen. Neben jeder Hierarchie wartet das Gespenst des gerade Umgekehrten nur auf eine kulturelle Neuentdeckung, um voll manifest zu werden.«[25] Wir haben es hier offenbar mit einer neofreudianischen Psychosoziologie zu tun. »Der Angriff auf den Leiter« nimmt breiten Raum in der Darlegung der Gruppenprotokolle ein; »die Revolte... repräsentiert den Verfall der ursprünglichen religiösen Phantasie«.[26] SLATER weiß zwar, daß »historisch gesehen... der Unterschied zwischen der Herrschaft des Gesetzes und der Herrschaft von Menschen sehr bedeutsam« ist[27], aber er hatte schon im Zusammenhang mit den »Revolte«-Protokollen festgehalten: »Die Ersetzung der Herrschaft des Menschen durch die Herrschaft des Gesetzes ist... ein Prozeß von begrenzter Wirkung; denn wir haben zwar die Leitbilder ausgewechselt, aber die emotionalen Reaktionen und Einstellungen sind mehr oder weniger gleich geblieben.«[28] Nichts ereignet sich und geht vorwärts, womit die tatsächliche Situation in den Gruppen wohl zutreffend wiedergegeben ist; eine Wahrheit indes, auf der zu beharren bedenklich wird, wenn diese Art von Pragmatik eine Entwicklung lähmt beziehungsweise die Schritte zu einer Veränderung aufhält, die außerhalb der Gruppen möglich und notwendig ist.

Im Setting, im Spielsalon der Übungen und Methoden treten die (zu dieser Entwicklung gehörenden) partiellen Lähmungen anschaulich auf; Konflikte werden personalisiert, erscheinen damit als unlösbar. Aber diese Versagungen haben ihr Gutes gegenüber den proper funktionierenden Abendunterhaltungen; sie sind Widerspiegelungen dessen, was »draußen« – vorher und nachher – tatsächlich lähmt. Und das ist vielleicht eine Chance der praktizierten Gruppendynamik: noch ihre Mißerfolgsquote als Hinweis auf den Mißerfolg dessen zu nehmen, was draußen »so läuft« und was sich so frei und dynamisch und fortschrittlich gibt, daß nur Alpträume, nicht Tagträume Besinnung brächten und endlichen Ausbruch.

Ein Grundgedanke des Buches war, die fortdauernd notwendige Kritik an Gruppendynamik aus der »Sache selbst« zu nehmen, um es mit HEGEL zu sagen. Was ist hier die Sache selbst? Sie muß, so RÜDIGER BUBNER auf dem XI. Internationalen HEGEL-Kongreß[29], »in der ganzen Bewegung des Begriffs wiedererkannt werden«. Wem das zu unbestimmt sei, der müsse sich bereit finden, die *Methode,* »die dem klar geregel-

ten Gang der Bewegung des Begriffs inhärent ist, die Sache zu heißen«. Die Methode aber ist, BUBNER zufolge, »der Fortgang von Voraussetzungen zu deren Aufhebung, also die Sache selbst, im Modus der Einfachheit. ... HEGEL hat, um der beanspruchten Notwendigkeit der Methode Nachdruck zu verleihen, die Autonomie der Selbstbewegung der Sache überakzentuiert.« Für den psychologischen Gegenstand kann diese philosophische Erwägung freilich nicht genügen. Daß die traditionelle Psychologie ihren Gegenstand verfehle, wird von der Kritischen Psychologie behauptet.[30] In unserem Zusammenhang ist interessant, wie die Kritische Psychologie Gegenstand und Methode zusammenzubringen trachtet. Das geschieht mit Hilfe der klassischen Naturwissenschaften und der Widerspiegelungstheorie.[31] Die *»Einheit der gegenständlichen und methodischen Determinanten«* (einer Erkenntnismethodologie) werde »praktisch realisiert im Prozeß der Erkenntnis selbst«. Dieser Erkenntnisvorgang, die Erzeugung von Wissen, wird in materialistischer Denkweise als *Produktion* begriffen: »Die Erklärung eines theoretischen Abbildes der Wirklichkeit verlangt die Klärung der *Tat* des Abbildens.« *Abbildungen* »als gegenständliche Widerspiegelungen« sind somit ein Beweis für die vorausgegangene Leistung oder Produktion »des *Abbildens* (des Widerspiegelns als des *Erzeugens* von Abbildern)«.[32]
Ich möchte auf diese Nachhut der ästhetischen Widerspiegelungsdebatte hier nicht weiter eingehen; in der Sache wird nichts Neues gesagt. Wesentlich ist die *Anwendung* (mit dem selbstgesetzten Ziel der »Begründung wissenschaftlicher Erkenntnismethodologie«, das den Vorwurf der Unwissenschaftlichkeit traditioneller Methodologien enthält). Diese Anwendung sieht so aus, daß eine »konkret-bestimmte Erkenntnismethodologie einen konkret-realisierten Erkenntnisprozeß und mithin ein in seinem konkreten Reichtum erkanntes Objekt immer als eine gegenständliche *Voraus*setzung unterstellen muß«.[33] Die wissenschaftliche Produktion wird also zum Gegenstand, dieser Gegenstand zur Voraussetzung: damit sind Gegenstand und Methode beisammen, untrennbare Einheit, und diese Einheit schließlich ist die Sache selbst. In der Diskussion von Gruppendynamik entspricht der unfruchtbare Streit zwischen »Praktikern« und »Theoretikern« der Trennung von Gegenstand und Methode. Es ist zweifellos ein Irrtum vermeintlicher Nur-Praktiker zu glauben, sie hätten oder brauchten keine Theorie; sie haben

im Gegenteil eine höchst massive, nur freilich eine sehr schlechte, denn sie ist nicht durch eigene Erkenntnisleistung gebildet, sondern zusammengesetzt aus kritiklos Angelesenem und Übernommenem. PIO SBANDI trifft die Sache nur halb, wenn er schreibt: »Es wäre denkbar, daß einmal nicht mehr von einer Gruppendynamik als Verkaufsware gesprochen wird, sondern daß wir vielmehr unsere Aufmerksamkeit auf die Bedeutung der Gruppe als eine Tatsache in der Organisation sozialen Lebens richten, das Phänomen Gruppe genauer als bisher zu beschreiben und diesen Begriff adäquat zu benutzen versuchen.«[34] Die Adäquatheit wird in diesem Buch versucht; allerdings kann gerade um ihretwillen vom Warencharakter der Gruppendynamik nicht abgesehen werden.

SBANDIs Erklärung dafür befriedigt nicht. Seiner Meinung nach handelt es sich bei der Gruppendynamik »um ein Symptom, das auf die unbefriedigten Bedürfnisse hinweist, welche – sollten sie einigermaßen befriedigt werden – notwendigerweise politische und heilende Auswirkungen mit sich bringen müßten. Deswegen konnte ›Gruppendynamik‹ auch Verkaufsware werden.«[35] Wie das? Da geschieht die alte Verwechslung beziehungsweise Gleichsetzung von Selbsterfahrung und politischer/gesellschaftlicher Erfahrung. Gruppendynamik ist eine Folge der unbefriedigten Bedürfnisse – gut denn; die Bedürfnisse sind aber offensichtlich unbefriedigt, weil die politischen und gesellschaftlichen Verhältnisse das Vakuum haben entstehen lassen. In dieses Vakuum zielt nun die Gruppendynamik mit ihren Angeboten, die zwar nicht sämtlich nur Selbsterfahrung verheißen, bei denen sie aber ein wesentlich stimulierendes Element ist. Reale Bedürfnisse – SBANDI nennt »Geselligkeit«, »menschlichen Kontakt«, »einige Tage Urlaub, egal welcher Art«, »friedliche Koexistenz«, »Zuwendung«[36] (ein seltsames Bündel) –, diese Bedürfnisse also können durch Gruppendynamik gewiß nicht erfüllt werden, weil sie dafür nicht zuständig ist. Also muß »die Befriedigung... in erster Linie erarbeitet werden«[37]: das sagen die Herrschenden auch. Gruppendynamik ist, wie sie's auch anstellt, auf der falschen Seite; und von einer Veränderung der politischen und gesellschaftlichen Verhältnisse, die eine Bedürfnisbefriedigung de facto möglich macht, lenkt sie allemal ab. Das hat zweifellos mit dem »subjektiven Faktor« zu tun; auch insofern ist die frühe Kritik an Gruppendynamik noch nicht überholt.[38] Unser Band ist ein bescheidener Versuch, sie fortzuschreiben (wobei gleich gesagt sei, daß der Herausgeber mit allen Autoren intensiven Kontakt hatte, aber sich selbstverständlich nicht mit jeder Einzelheit identifizieren kann und möchte – dazu ist der Erfahrungshintergrund aller Beteiligten zu unterschiedlich). In diesem Zusammenhang leuchtete mir ein, was zwei Psychoanalytiker, zugleich Ethnologen, kürzlich schrieben: »Statt die Subjektivität aufzugeben, müssen wir nach jenen Elementen suchen, die zu Komplizen der Anpassung an die schlechten Verhältnisse werden. Zwei fallen besonders auf: die Allmachts- und Größenphantasien des Subjekts.«[39]

Die Ethnopsychoanalyse ist nicht einfach eine Addition von Ethnologie und Psychoanalyse, sondern sie bedeutet das Einbringen psychoanalytischer Ich-Erfahrung in die Erfahrung des Fremden, vermittelt durch die ethnographische Feldforschung. Die Psychoanalyse soll helfen, die Zwangsstrukturen unserer Kultur und Gesellschaft soweit durchsichtig zu machen, daß das – und der – ganz andere auch nicht unbewußt in eine Negativ-Beziehung zu den uns vertrauten Normen gesetzt und von daher beschrieben oder gar »beurteilt« werden. Mittels Lehranalyse und Feldforschung sollten »die Rollensysteme, die unsere Identität stützen und unsere Wahrnehmung lenken, durch die Konfrontation mit dem Fremden erschüttert werden. Gegen diesen Prozeß aber, der vom Individuum als sozialer Tod erlebt wird, werden Abwehrstrategien (Elitarismus, Exotik, Melancholie) eingesetzt, deren Wirksamkeit von den unbewußten Größen- und Allmachtsphantasien herrühren.«[40] Indem ich dies bedenke, gewinnt für mich systemimmanentes Rollenspiel einen schalen Beiklang. Aber die Hereinnahme des Fremden als denkbares Korrektiv unserer eigenen Kultur hat unbestreitbar das Gegenbild des eigentlich Gemeinten hervorgebracht: Flucht vor dem, was an Ort und Stelle zu tun ist – Eskapismus. MARIO ERDHEIM und MAYA NADIG, die beiden hier zitierten Autoren, sprechen »von der Zerstörung der ethnologischen Erfahrung durch den akademischen Diskurs« und fügen hinzu (es ist der Schluß ihres Aufsatzes): »Aber die Kritik an den Konventionen wird immer auch an die Größen- und Allmachtsphantasien rühren; verzichtet man auf die Expertenkarriere, so kokettiert man bald mit der Guru-Rolle. Einen Ausweg bieten dann nur die im Alltag eingebetteten Freundschaften.«[41]

Ich füge hinzu: Einen Ausweg bietet nicht Gruppendynamik. Zweifellos geht es darum, *Subjektivität neu zu bestimmen*. Die Korrespondenz mit drei der an diesem Band beteiligten Autoren (ERNEST BORNEMAN, WALTER GIERE, HAJA MOLTER) erbrachte eine in dieser Form unerwartete Übereinstimmung: in der Abwehr der sogenannten *Humanistischen Psychologie.* »Vorarbeit« hatte ein in deutscher Sprache 1978 erschienenes Buch geleistet, das wie kaum ein zweites in den letzten Jahren bei Psychologen, Pädagogen und vor allem »Gruppendynamikern« Wirkungen gezeitigt, Nachdenken hervorgerufen hat: RUSSELL JACOBYs »Soziale Amnesie – Eine Kritik der konformistischen Psychologie von ADLER bis LAING«.[42] Bei der bloßen Kritik bleibt es nicht. »Das Subjekt zur Objektivität zu bringen bedeutet, es erkennen zu lehren, wovon es zeugt: Gesellschaft und Geschichte. Solches Bemühen führt zu einer *objektiven Theorie der Subjektivität.*« (Hervorhebung von C. H. B.) Analog zur »Negativen Dialektik« wird die Figur der »Negativen Psychoanalyse« geprägt: Sie »ist Psychoanalyse in der Ära des organisierten Kapitalismus; sie ist die Psychoanalyse, die in der Zerfallsperiode des Ichs unter dem Druck der Massengesellschaft ihrem eigenen Untersuchungsfeld, dem Individuum, gerecht wird. ... Bevor die Subjektivität verwirklicht werden kann, gilt es, diese Übermacht einer brutalen Realität zu überwinden, die das Individuum taub und empfindungslos zurückgelassen hat – zumindest im Denken und in der Theorie: der Einsicht in eben die materiellen und gesellschaftlichen Bedingungen, die es aushöhlen. Bevor das Individuum existieren kann, ehe es eines werden kann, muß es erkennen, in welchem Maß es noch nicht existiert. Es muß die Illusion des Individuums durchschauen, damit es zu einem werden kann.«[43] Diese Sätze können als Motto unseres kritischen Versuchs verstanden werden.

RUSSELL JACOBY ist Historiker, nicht Psychologe: so konnte er sich seinem Gegenstand zwar kenntnisreich, aber unbefangen nähern, unbeeinflußt vom Verstricktsein in psychoanalytische Systeme (wie Individualpsychologie, Ich-Psychologie usw.) oder deren Abwehr. Nicht zufällig ist ein Begriff aus dem Untertitel seines Buches – »Konformistische Psychologie« – die Überschrift eines eigenen, den Neo- und Nach-Freudianern gewidmeten Kapitels.[44] Hier fallen die Namen ROGERS, ALLPORT, MASLOW u. a. m. »MASLOWs Psychologie richtet sich voll und ganz auf die Gesunden und ihre Rettung vor der Verunreinigung durch die Kranken. Er zieht die direkte Erforschung guter, nicht schlechter, gesunder, nicht kranker Menschen vor. Die Welt des Leidens und Elends, der Beschädigten und Verkrüppelten zerrinnt. MASLOWs Erinnerung an die Erinnerung zeigt an, wieviel er vergessen hat.«[45] »Verunreinigung« durch die Kranken und das Kranke, durch die Fremden und das Fremde, durch das »Andersartige«: das ist die ethnozentrische, unglaublich überhebliche Betrachtungsweise – nein, wohl nicht mehr in der Ethnologie, in der Psychologie, in der Psychiatrie (oder versteckt vielleicht doch noch?), aber in vielen überlieferten Sprachhülsen, Deklassierungen, »Krankheits«-Bezeichnungen, in den Träumen von der universalen Herrschaft des Abendlandes.

Es geht in unserem Band nicht um ein Scherbengericht über die Humanistische Psychologie, jene Richtung, die 1962 von einer Psychologen-Gruppe unter dem Vorsitz von ABRAHAM MASLOW begründet wurde und sich selber als »Dritte Kraft... gegenüber der behavioristischen und der psychoanalytischen Psychologie« verstand.[46] Es geht um ein übergreifendes Moment, für das freilich die Humanistische Psychologie anschauliche Beispiele bietet; mit den Worten von RUSSELL JACOBY: »Die Alchimisten der Befreiung verwandeln die minderwertigen Waren des Kapitalismus in die Schätze der Menschlichkeit. ... Vorgeschlagen wird« (von ROGERS) »nicht die Aufhebung von Entmenschlichung, sondern ihre Humanisierung.«[47] Vielleicht muß man den ›humanistischen Psychologen‹ für ihre Offenheit oder Naivität dankbar sein, denn »ihre Schriften lassen nichts aus; bei MASLOW, dem Weisen, der sich selbst verwirklichenden Persönlichkeit, findet man Rat, wie man die Russen besiegt, ein Lob auf den kapitalistischen Unternehmer und anderes mehr. ... Die humanistische Psychologie ist... die Befreiungsideologie einer eindimensionalen Gesellschaft.«[48] So etwas macht ja Schule. »Durch die Fortschritte der Wissenschaft kann genug Nahrung für die Menschen der ganzen Welt produziert werden, wenn es gelingt, die Bevölkerungsexplosion zu stoppen. Die Wissenschaft hat auch die Geburtenkontrolle ermöglicht. Jetzt können wir eine andere Wahlmöglichkeit konzipieren: ICH BIN O.K. – DU BIST O.K.«[49] Was ist das? Eine Beschreibung der vierten, Hoffnung stiftenden Lebensanschauung der Transaktionalen Analyse (die so dumm nicht ist, wie sie hier bei THOMAS A. HARRIS erscheint, aber in unserem Zusammenhang nicht weiter erörtert sei). Es gibt, behaupte ich, keinen denkenden Menschen, der ernsthaft die Meinung vertritt, das »Weh und Ach« der Gegenwart sei derart »aus einem Punkte zu kurieren« – und doch wird diese Meinung in Büchern, deren Auflagen Bestseller-Höhen erreichen, unverdrossen publiziert.

Die Arbeit an dem hier vorliegenden Band begann praktisch 1975, im Anschluß an die auch von FENGLER erwähnte 6. Arbeitstagung des DAGG in Graz, die gemeinsam mit dem ÖAGG und der ÖGGG stattfand.[50] Nach meiner Auffassung trat die praktizierte Gruppendynamik damit in ein produktiv-selbstkritisches Stadium. Bezeichnend für diese Haltung sind einige Sätze aus einem 1974 erschienenen Taschenbuch, das sich an Nicht-Fachleute wendet, denen man bis dahin fast ausschließlich werbend gegenübergetreten war; die Verfasser der Beiträge sind identisch mit dem Leitungsteam der freilich etwas außenseiterischen ÖGGG, die ihren Sitz in Klagenfurt hat: Es sei Kritik laut geworden, die in »Gruppendynamik nur eine sozialrestaurative Bemühung für ein in seinen Antagonismen ohnedies schon berstendes Gesellschaftssystem, den Kapitalismus, sieht. Dieser Kritik zu begegnen, besinnt sich die Gruppendynamik ihrer möglichen wissenschaftlichen Grundlagen; eine Besinnung, die sie lange hintanhielt, zum Teil sicher, um das öffentliche Interesse mit der Mystifizierung von Wunschvorstellungen zu manipulieren, so daß lange Zeit unausgesprochen als Apriori für die gruppendynamische Theoriebildung galt, daß, was sie sei, nicht auszusprechen, sondern bestenfalls durch die Teilnahme in gruppendynamischen Selbsterfahrungslaboratorien zu erfahren sei.«[51]
In einer Reihe von Rundfunksendungen, ausgestrahlt in der Bundesrepublik und in der Schweiz, versuchte ich die neue Situation zu reflektieren. Schon bald darauf ergab sich der Buchplan; daß er zunächst zurückgestellt wurde, hat – von arbeitstechnischen und verlagsinternen Gründen abgesehen – auch mit meinem Unbehagen an der Flut gruppendynamischer Publikationen und Spielanleitungen zu tun.[52] Ein weiterer Grund war die »Encounter-Debatte«, ausgelöst durch einen kritischen Artikel von BORNEMAN in »psychologie heute« (Mai 1976).[53] Die Encounter-Bewegung wurde in meinen Sendungen allenfalls tangiert, meist im Zusammenhang mit dem klientzentrierten Ansatz von ROGERS. Dabei bezog ich mich u. a. auf eine frühe Diplomarbeit (1972, Institut für Psychologie an der Technischen Universität Berlin) über die Encountergruppen-Bewegung in den USA von MARION RUTH THIMM.[54] Ich war und bin immer noch der Meinung, daß gruppendynamische Prozesse in den Encounter-Techniken nicht primär eine Rolle spielen. Darin wurde ich bestärkt durch einen Brief von WOLF E. BÜNTIG, des Gründers und Leiters von ZIST, München/Penzberg, der von der ursprünglich geplanten Mitar-

beit an diesem Buch zurücktrat mit der Begründung, er wisse »zu viel über Bioenergetik und zu wenig über Gruppendynamik«. (Überdies ist ZIST ein Zentrum für Individual- und Sozial-*Therapie*.)

Die Encounter-Arbeit stützt sich u.a. auf die *Gestalttherapie* (FRITZ PERLS) und auf *Bioenergetik* (ALEXANDER LOWEN, STANLEY KELEMEN, NORMAN O. BROWN); LOWENs *bioenergetische Analyse* geht auf WILHELM REICH zurück und dessen Hauptthese, »daß der menschliche Organismus in seiner ungeheuren Differenzierheit *im Prinzip* und im ganzen gesehen sich wie die Amöbe verhält: Auf Lust reagiert er mit Ausdehnung, peripherer Schwellung, zunehmender elektrischer Ladung der Peripherie, auf Unlust mit Schrumpfung und Rückzug der Energie ins Innere«.[55] Eines der im Gespräch mit BÜNTIG erörterten Themen lautete bezeichnenderweise »Die Gestaltgruppe – *Gruppendynamik im Untergrund*«. Auch die Arbeit von ZIST – ebenso wie die anderer Zentren – hat ihren theoretischen Überbau in der Humanistischen Psychologie; deren Selbstverständnis schließt Gruppendynamik nahezu aus, wenn gesagt wird: Der humanistische Therapeut müsse »darauf hinarbeiten, daß der Patient frei wird von Abhängigkeit und schließlich *seine Einzigartigkeit* erkennt, die ein Schlüssel zu einem sinnvoll gelebten Leben ist« (Hervorhebung von C.H.B.).[56]

An der – recht polemisch geführten – »Encounter-Debatte« war auch HAJA MOLTER beteiligt.[57] Unter versachlichtem Aspekt wird sie in diesem Band fortgesetzt. Dabei erweist sich, daß BORNEMAN und MOLTER aus der gleichen sozialen Verantwortung argumentieren; wissenschaftliche Polemiken (wie jene Debatte von 1976) verlieren ja unter dem eskalierenden Wechselspiel von Angriff und Verteidigung häufig die durch die eigenen Handlungen und Überzeugungen gesetzte Basis aus den Augen. »Die Psychologie, die ich betreibe, zeigt sich mehr in meiner Tätigkeit als in der Theorie, die ich vertrete«, schreibt MOLTER in seinem Aufsatz. Dieser Autor steht entschieden ein für die praxisbezogene Seite von Encounter. Psychologisches Tätigsein kann niemals Theorielosigkeit bedeuten; im Gegenteil: Die Theorie ist auch bei MOLTER background der Praxis, aber sie wird durch Praxis korrigiert, und aus der solcherart veränderten und erneuerten Theorie werden wieder Kriterien für das psychologische Handeln gewonnen. Nicht zufällig mündet MOLTERs Beitrag in Arbeitsprotokolle.

Noch ein grundsätzliches Wort zum redaktionellen Verfahren: Alle aus formalen Gründen notwendigen Eingriffe wurden – soweit es sich nicht um Bagatellen handelte – mit den Autoren abgestimmt. Die vom Herausgeber hinzugesetzten Fußnoten, zumeist weiterführende Verweise, zum Teil Erklärungen von Termini, da das Buch sich nicht nur an ›Gruppendynamiker‹ wendet, sind als Zusätze gekennzeichnet. Die Literaturlisten beziehungsweise durchnumerierten Anmerkungen stammen von den Autoren, das Sachwort- und Namensregister vom Herausgeber. Die Verantwortung für die Richtigkeit der Zitate liegt bei den Autoren, wenngleich der Herausgeber die Mitverantwortung im Rahmen des Möglichen und vom Zeitplan her vertretbar Gewesenen gern zu übernehmen bereit ist. Ursprünglich war an einen gleichsam durchlaufenden Herausgebertext gedacht, d.h. an Überleitungen zwischen den einzelnen Beiträgen. Diese erwiesen sich dann als derart eigenständig in den Ansätzen, daß es nicht ratsam erschien, die Denk- und Handlungsimpulse um einer mehr äußerlichen Rundung willen aufeinander abzustimmen; die aus der Sache selbst zum Ausdruck drängende Kritik gewinnt vielmehr ihre Prägung, ist zu hoffen, als vielgestaltiges Ganzes.
ERNEST BORNEMAN wollte zunächst nur »eine korrigierte, von Fehlern und Übertreibungen freie Fassung« des »psychologie heute«-Artikels vom Mai 1976 schreiben. Daraus wurden dann neu durchdachte Anmerkungen zur Encounter-Bewegung, in denen nicht zufällig das entscheidende Movens von JACOBYs Kritik – der Konformismus – spezifisch auf den therapeutischen Aspekt der Gruppendynamik angewandt wird. Der Vorwurf, daß hier ein Nicht-Gruppendynamiker spräche, scheint mir gegenstandslos zu sein: Nicht nur verfügt BORNEMAN über genügend fachliche Einsicht und Literaturkenntnis, er hat auch den Vorzug, selber nicht in die Sache verstrickt zu sein, mit der er sich polemisch auseinandersetzt. Seine Position gehört mit zur »Sache selbst« als Erkenntnisleistung zu ihrer Aufhellung, ist im Zusammenhang mit »dem klar geregelten Gang der Bewegung des Begriffs« und im Kontext mit der gegenständlichen Erörterung (in diesem vor allem!) zu lesen. Die Kritik an der Gruppenbewegung kann – wie BORNEMAN in seinem Aufsatz mit Berufung auf PARLOFF beschreibt (vgl. S. 87) – auf sehr vordergründigen ökonomischen Interessen beruhen; sie sind bei BORNEMAN ausgeschlossen.
Selbstverständlich war es nicht möglich, alle Aspekte des Buchthemas zu berücksichtigen; Vollständigkeit der Kritik

war auch nicht erstrebt. Für einen Exkurs über »Gruppendynamik in der Dritten Welt« fand sich niemand, vermutlich, weil man dort andere Sorgen hat. Mit Rücksicht auf die Bearbeitung unserer eigenen Minderheitenprobleme wäre eine vergleichende Darstellung vielleicht hilfreich gewesen. Ich habe den Eindruck, daß die beiden für dieses Thema wesentlichen Bücher von HORST-EBERHARD RICHTER – »Die Gruppe« und »Lernziel Solidarität«[58] – zwar große publizistische Beachtung gefunden haben, aber im letzten doch wirkungslos verpufft sind. RICHTER ist Psychoanalytiker und mehr familientherapeutisch als gruppendynamisch interessiert. In dem erstgenannten Buch hat er beschrieben, wie die Dynamik in sogenannten »sozialen Randgruppen«, die in gettoartig abgegrenzten »Obdachlosen-Siedlungen« hausen, überhaupt nach außen in Erscheinung tritt: »Die Gruppendynamik im Getto trägt ausgesprochen selbstzerstörerische Züge. Wenn man sich genauer informiert, nimmt man wahr, daß die Bewohner anscheinend alles tun, um ihre Misere noch zu vergrößern. Das, was die Gesellschaft mit ihnen macht, setzen sie im eigenen Kreis fort.«[59] Psychiater und Psychotherapeuten sind für die Arbeit mit solchen »Getto«-Bewohnern schlecht gerüstet; RICHTER hat dafür »die traditionelle Isolierung der Psychiatrie von den Gesellschaftswissenschaften«[60] verantwortlich gemacht. In den letzten Jahren hat sich an dieser Situation nur partiell etwas geändert. Nach wie vor verfügen diese Getto-Gruppen »über keine Lobby, keine einflußreichen Organisationen, die für ihre Interessen kämpfen«; die Konsumgesellschaft reagiert mit Abwehr auf das »Anderssein« der Randgruppen »in bezug auf jeweils sehr unterschiedliche Qualitäten wie wirtschaftliche Lage, psychische Gesundheit, Leistungsverhalten, Sprache, soziokulturelle Gewohnheiten«.[61]
RICHTERs Versuchs-Getto freilich hatte am Ende diese Lobby: die weit über 100000 Käufer der genannten Bücher, von der Leserzahl zu schweigen. Auf die relativ sehr erfolgreiche Tätigkeit der Initiativgruppe »Eulenkopf«, der RICHTER als prominentestes Mitglied angehörte, stürzte sich alsbald die Kritik; wie ich meine, mit einigem Recht.[62] Die Einwände fügten sich zu einer Mitte der siebziger Jahre allgemein aufkommenden Sozialreformismus-Kritik, die sich an Alibi-Projekten und Initiativen vor allem im sozialpsychiatrischen Bereich entzündete. Selbstverständlich ist gegen die Verbesserung der Lebensbedingungen Unterprivilegierter nicht das Geringste einzuwenden. Was ERICH WULFF und andere Kriti-

ker den zuweilen spektakulären Initiativen zugunsten von Randgruppen vorwerfen, ist, daß diese, in den Genuß an sich begrüßenswerter Sozialarbeit kommend, Randgruppen bleiben. Bezweifelt wird auch die Anwendbarkeit des psychoanalytischen Vokabulars, das – wie schon so oft – in Ideologieverdacht gerät; ausgeklammert sei die »Klassenlage«, die psychoanalytischen Definitionen würden »bei dem psychischen Schicksal eines Kollektivs wie desjenigen der Bewohner des Eulenkopfes... leicht zu einer psychologisierenden, soziale Sachverhalte und ihre Veränderungsmöglichkeit unkenntlich machenden Ideologie«.[63] In nicht-therapeutischen Situationen, so in der Sozialarbeit, trügen Begriffe wie »Interaktion« (allerdings kein spezifisch psychoanalytischer) zur »Entpolitisierung gesellschaftlicher Beziehungen« bei, hier »z.B. in Richtung auf klassenindifferente Sozialpartnerschaft«. »Die ›Interaktions- und Kommunikationsebene‹ wird dabei – ebenso wie die Ebene der psychosexuellen Persönlichkeitsentwicklung – von den konkreten gesellschaftlichen Auseinandersetzungen abgespalten. Diese Auseinandersetzungen werden damit abstrakt, vom Schicksal des einzelnen, von seinen Bedürfnissen, Wünschen, Ängsten und Affekten geschieden.« Insgesamt zeuge »die Verwendung politisch neutralisierender analytischer Begriffe« von »RICHTERs Psychoanalytismus«.[64]
Nun hat RICHTER überhaupt kein Hehl daraus gemacht, daß seine Interpretationen gebunden seien »an die psychoanalytische Sichtweise des Verfassers. Viele hier berührte Phänomene bieten sich natürlich im gleichen Maße für eine rein soziologische oder politische Beurteilung an.«[65] Es geht mir nicht um seine Person, wenn ich an diesen Streit erinnere, wohl aber um den gesellschaftlich mehr oder minder unwirksamen Reformismus, der gruppendynamischen Aktivitäten insgesamt anhaftet. Die erfolgreiche Bearbeitung von Intergruppen-Problemen, meines Erachtens immer noch eines der schwierigsten Kapitel angewandter Gruppendynamik, scheint mir wesentlich vom politischen Bewußtseinsstand abhängig zu sein. Gewiß unterliegen Gruppendynamiker auch dem »Helfer-Syndrom«, der »zur Persönlichkeitsstruktur gewordene(n) Unfähigkeit, eigene Gefühle und Bedürfnisse zu äußern, verbunden mit einer scheinbar omnipotenten, unangreifbaren Fassade im Bereich der sozialen Dienstleistungen«.[66] Dem Abbau dieses von WOLFGANG SCHMIDBAUER beschriebenen Symptoms soll die Übernahme von »Elemente(n) der emotionalen Erziehung und Selbsterfahrung« in »die Ausbildung an

einer Klinik, einer Krankenschwesternschule, einer Fachhochschule für Sozialarbeit oder einer pädagogischen Hochschule (bzw. im pädagogischen Seminar)« dienen. »Der Bedarf für Selbsterfahrung, Kreativitätsübungen, Rollenspiel, für die verschiedensten Formen gruppendynamischer Übungen wird in den Ausbildungsstätten der sozialen Berufe in keiner Weise gedeckt.«[67]

Ich habe keinen Zweifel an der Therapiebedürftigkeit von Therapeuten, glaube auch an einen gewissen Nutzen der von SCHMIDBAUER angeregten Ausbildungselemente für die Sozialarbeit. Aber wie das Rollenspiel die *realen* Sanktionen gegen die Schwächeren, Unterlegenen nicht mitenthält, bleibt auch der Helfer, der gruppendynamisch gelernt hat, mit seinen Gefühlen und Bedürfnissen umzugehen, statt sie in seinen Helfer-Beruf (mit entsprechend fragwürdiger »Hilfe«-Leistung) zu verdrängen, ein *gruppendynamischer Profi* der Sozialarbeit. Deren Effektivität wird dadurch nicht gesteigert. Das sollte auch dann nicht vergessen werden, wenn sich psychische oder interaktionelle Mißstände gruppenpsychotherapeutisch oder gruppendynamisch beheben ließen. Die praktizierte Gruppendynamik ist vor ihrem eigenen globalen Anspruch in Schutz zu nehmen, der zwar nur selten noch explizit geäußert, aber häufig unbewußt mitagiert wird. Statt dessen wäre es gut, immer wieder das reformerische »als ob« zu bedenken: welchen Interessen es dient, wenn so getan wird, »als ob« Vernunft und Einsicht, Toleranz und Offenheit ausreichten, tatsächliche, andauernde und nicht nur individuelle oder punktuelle Hilfe zu leisten.

MAYA NADIG in Zürich (vgl. S. 22) verdankte ich schon vor vielen Jahren einen Hinweis auf das 1970 in Buenos Aires erschienene Buch »Ideologia, grupo y familia« von ARMANDO J. BAULEO. Die Leistung von BAULEO und seinen Mitarbeitern ist die Begründung einer »operativen Gruppentechnik«, deren wesentliches Moment die Vereinbarung von sozial relevanten Lernzielen vor Beginn der Gruppenarbeit ist. MAYA NADIG gab mir dazu ein Radio-Statement, das ich hier zitiere:

»Das Entscheidende an der operativen Gruppentechnik ist ihre Ausrichtung auf eine bestimmte Aufgabe. Die Gruppe entsteht überhaupt, weil sie sich ein Ziel gesetzt hat – wie zum Beispiel eine Wahlkampagne, Arbeiten an einer Universität, Alphabetisierungs-Kampagnen, Aufklärung über politische und soziale Verhältnisse. Somit steht die äußere, d.h. die gesellschaftliche Realität und deren Bewältigung im Zentrum des Gruppenprozesses. Allein dadurch

unterscheidet sie sich von all den herkömmlichen Gruppentechniken, die vor allem die innere Realität zum Gegenstand haben. Die Erfahrung in Argentinien hat nun gezeigt, daß der sachlichen Bewältigung einer Aufgabe verschiedene Kräfte entgegenstehen. Zum Beispiel hat jedes Gruppenmitglied die Tendenz, rigide, in der Familie erlernte Verhaltensweisen immer wieder einzusetzen und damit auch die dazugehörige Ideologie unbewußt zu reproduzieren. Diese Situation läßt in der Gruppe Widersprüche und Spannungen entstehen, denn die Aufgabe kann mit diesen im Grunde genommen kindlichen Verhaltensweisen und Stereotypien nicht gelöst werden.
Ziel der operativen Gruppe ist es nun, durch die Analyse der hemmenden Faktoren die Arbeit voranzutreiben und in den Mitgliedern einen Lernprozeß einzuleiten, der sie befähigt, gestellte Aufgaben mit autonomem und adäquatem Verhalten zu lösen. Diese Lernprozesse werden jeweils von zwei Therapeuten angeregt. Der Gruppenprozeß wird folgendermaßen gesehen: Jede Veränderung provoziert Ängste, Angst vor dem Verlust der bisherigen Stützen und Angst vor dem Angegriffenwerden; Ängste, die sich in einem Widerstand manifestieren, indem innerhalb der Gruppe zwei Untergruppen entstehen. Der Führer der einen ist der Saboteur, er verhindert regressiv die Arbeit der Gruppe; der Führer der anderen Untergruppe ist der Progressor, er will die Gruppe vorantreiben. Der Koordinator, einer der beiden Gruppentherapeuten, will nun bewußt machen, daß beide Gruppen Aspekte der Aufgabe, des Ziels, repräsentieren, die es nun in ihren Widersprüchlichkeiten aufzuheben gilt. Dies wird erreicht, indem der Koordinator Ereignisse, die für die gesamte Gruppenstruktur repräsentativ sind, anspricht und der Gruppe deutet. Übertragungsprozesse in der operativen Gruppe sind indirekt, sie werden nur im Zusammenhang mit der Aufgabe gedeutet. Der Beobachter, also der zweite Gruppentherapeut, registriert den Ablauf des Gruppenprozesses, notiert die Abfolge der repräsentativen Ereignisse; er erarbeitet einen Gesamtüberblick aus einer distanzierteren Hintergrundrolle und kann so in bestimmten Augenblicken wesentliche Ergänzungen zum Koordinator geben.
Operative Gruppentechnik kann überall, auf allen Ebenen der Gesellschaft, angewandt werden; überall dort, wo gearbeitet wird – zum Beispiel in Kliniken, in Schulen, in politischer Arbeit, in Slums bei Alphabetisierungs-Kursen usw. Die operative Gruppentechnik ist eines der wenigen Konzepte, die versuchen, sowohl im therapeutischen wie im nicht-therapeutischen Rahmen durch Veränderung der gesellschaftlichen Realität, d.h. über eine konkrete Praxis, dem Individuum zu Autonomie zu verhelfen.«

Mittlerweile wird die Lernzielbestimmung auch in der hiesigen Gruppenarbeit nicht mehr ausgespart; darüber schreibt JÖRG FENGLER (vgl. S. 141 ff.). Der Vorrang des Inhaltlichen vor der

bloßen Übung, dem Psycho-Spiel, scheint damit bekundet zu sein; wenn auch ohne die eindeutige gesellschaftliche Stellungnahme – dazu bedürfte es wohl anderer Erfahrungen, als sie bei der Klientel, an die das gruppendynamische Angebot in erster Linie gerichtet ist, vorausgesetzt werden können. FENGLER äußert sich als »participant observer«, als Teilnehmer *und* als Beobachter, in einer Art Zwischenbilanz nach über zehnjähriger Praxis; seine Ausgangsposition ist (wie eine Gesprächsnotiz festhält) »eine kritische Grundhaltung wohlwollender Bescheidenheit«, also die einer Kritik von innen. Folgende Markierungen waren u.a. zu setzen: Grenzen der Theorie-Rezeption, Grenzen eigenständiger Theorie-Entwicklung, Grenzen der Rezeption von Empirie, Grenzen der Entwicklung eines Menschenbildes, Grenzen des emanzipatorischen Anspruchs von Gruppendynamik, Grenzen ihres Selbstverständnisses als pädagogisches Verfahren, Grenzen ihrer Kompetenz und Effektivität.
Daß Gruppendynamik im Rahmen ihres Selbstverständnisses nicht nur sprachliche Äußerungen kritisch befragt, sondern – wie alle Bereiche angewandter Psychologie – auch ihre eigene Sprache ausgebildet hat, wird aus dem Aufsatz ersichtlich; ich habe mit äußerster Zurückhaltung redaktionell nur dort (und nach Absprache mit dem Autor) eingegriffen, wo bei einem weniger vorbereiteten Lesepublikum die Gefahr der Mißdeutung bestanden hätte. Die Kritik der Außenstehenden muß von anderen Voraussetzungen ausgehen. FENGLER nennt zur Definition von Gruppendynamik sechs Sachverhalte, während sich BORNEMAN vor allem an *eine* dieser Kategorien hält: Gruppendynamik als »Bezeichnung für eine irrationale und meist dysfunktionale Ideologie«.[68] Unter den Faktoren, die zur gezielten Anwendung von Gruppendynamik geführt haben, war immer wieder die Klientel der »Leitenden Angestellten« und »Führungskräfte« Ursache dafür, daß der Ideologie-Vorwurf unabweisbar blieb.[69] FENGLER weist daher ausdrücklich darauf hin, daß nur der »kritische Konsum der Ware Gruppendynamik« vor Frustrationen bewahren kann.[70] Sie sind freilich auch dann nicht auszuschließen, wenn die Erkenntnis über Sachthemen ausdrücklich angestrebt wird.[71]
Schon vor gut fünf Jahren zeichnete sich ab, daß Gruppendynamik im Bildungsbereich ihr eigentliches, von den jeweiligen Moden wegführendes Feld hat. Gemeint sind damit die Schule, die Hochschule und alle Bereiche der Erwachsenenbil-

dung. Bei der Beurteilung der Frage, was gruppendynamische Erfahrung und gruppendynamisches – von wechselseitigem Reiz und Reaktion bestimmtes – Agieren zur Klärung und Verbesserung der jeweils gegebenen Situation leisten kann, gewannen einige Begriffe zentrale Bedeutung: Emanzipation, Kooperation und Solidarisierung, Kommunikation und Interaktion, Nicht-Direktivität und Selbstbestimmung. Schauen wir uns diese Begriffe genauer an.

Emanzipation bedeutet in diesem Zusammenhang soviel wie Mündigkeit. Sie gewinnt als Lernziel erhöhte Bedeutung, seitdem fortschrittliche Pädagogen erkannt haben, daß die Vermittlung reinen Wissens doch nicht der Güter höchstes ist, dem erzieherischen Anspruch nicht gerecht wird. Emanzipation befähigt unter diesem Anspruch zu selbständigem, verantwortlichem Handeln, sowohl in bezug auf die eigene Person als auch in der gesellschaftlichen Praxis. Von normativen Setzungen, die mit Begriffen wie »Kooperation« und »Kommunikation« verbunden sind (vor allem dann, wenn Zielbestimmungen und Inhalte außer acht gelassen werden), war anfangs im Zusammenhang mit berufsbezogener gruppendynamischer Arbeit schon die Rede (vgl. S. 10); als »kooperativ« und »kommunikativ« gilt meist, wer der eigenen Meinung nahesteht – das versteckte »Lernziel« heißt dann offenbar Opportunismus... Kooperation, als Handlungsansatz betrachtet, meint indes, daß bestimmte – politische, soziale, wirtschaftliche – Ziele einzig durch ein Zusammenwirken von Gruppen oder Individuen erreicht werden können. Die Ziele gelten nur dann als erreicht, wenn alle einzelnen oder Gruppen ihre spezifischen Interessen – soweit sie mit den übergreifenden Zielen zu tun haben – wenigstens zum Teil mitverwirklichen konnten. Gruppenspezifische Kooperation kann sich als Teamarbeit in Betrieben oder Organisationen auf die Effekte der besseren Nutzung von Arbeitskraft und der Profitsteigerung beschränken; gesellschaftliche Kooperation – hierher gehört die vor allem von Arbeitgeberseite propagierte Sozialpartnerschaft – kann das latente Ziel haben, bestehende Herrschaftsstrukturen zu befestigen.

Das Einüben von Solidarität ist eine vertiefte Form von Kooperation. Solidarisches Handeln heißt zunächst nichts anderes als gemeinsames Handeln; »Solidarisierung« aber meint mehr: sie bedeutet, daß – so hat KLAUS KRÄMER es einmal im Gespräch ausgedrückt – »Solidarität nicht nur im Kopf, sondern auch im Bauch«, im Gefühl hergestellt wird; sie ist »nicht nur eine Interessenfrage, sondern auch eine qualitative Erlebnisfrage«. Allerdings: Das Erleben allein genügt nicht; das erhebende Gefühl des Zusammenhaltens gegenüber widrigen Umständen ist so folgenlos wie das Gegenteil: »Jeder von uns«, schreibt WALTER GIERE, »hat es wohl schon am eigenen Leibe erlebt, mit welch tödlicher Langeweile und Folgenlosigkeit Seminare mit aufklärerisch-emanzipatorischer Zielsetzung ablaufen können, wie... über die Köpfe, über die Affekte und Emotionen der Teilnehmer hinweg Worte aneinandergereiht werden, die im Bereich des persönlichen Empfindens und Verhaltens keinerlei Resonanz erzeugen. ... Es gibt nämlich durchaus so etwas wie eine linke Tradition, was die Abspaltung der sinnlichen Erfahrung, also des Fühlens, Riechens, Schmeckens, Tastens, Hörens und Sehens betrifft.«[72] Letzten Endes wird es darauf ankommen, sich für die richtigen Ziele mit anderen zu solidarisieren und diese Ziele als mit den eigenen Interessen konform zu empfinden. Das ist etwas grundsätzlich anderes als die blindwütige Abwehr rationalen Denkens, als jenes vermeintliche Ausleben des Emotionalen, das rauschhaft den Boden bereitet für faschistoide Aggression.

»Kommunikation« hat von allen Begriffen mittlerweile die größte Bandbreite. Deutlich zeigt sich am modischen Gebrauch des Wortes der Januskopf der Gruppendynamik. GIERE erkennt zutreffend, daß »gruppendynamische Verfahren durchaus etwas Ambivalentes (enthalten), eine Dialektik von Anpassung und Widerstand, von Entmündigung und Emanzipation«[73]; angewandt auf Lernziele: »Erst dann nämlich, wenn ein Teilnehmer sich in seinem Verhalten, in seiner Person von dem betroffen fühlt, was inhaltlich vermittelt wird, findet Lernen statt, das tendenziell auf Selbstbestimmung, also Mündigkeit und Handlungsfähigkeit hin angelegt ist. Mit anderen Worten: Es gibt eine dialektische Beziehung von Form und Inhalt, die nicht aufgelöst werden darf.«[74] Die Kritik der Gruppendynamik hat sich permanent dieses »einerseits – andererseits« bewußt zu sein. Denn: Einerseits hat »Gruppendynamik in ihrer breiten Anwendungsform pazifizierenden Charakter. In dem Maße nämlich, wie übergreifend erklärende gesellschaftlich-politische Fakten ausgeblendet werden, Gesellschaft also nur noch als psychologisches und individuelles Phänomen vorkommt, erhalten die Kategorien der persönlichen Schuld und des persönlichen Wollens eine überhöhte Bedeutung. Kurz: gesellschaftliche Realitäten werden zu

Phänomenen der Kommunikation, politische Aktionen und politischer Kampf und damit politisches Verhalten schlechthin werden zu einer minderen Form menschlicher Aktivität.«[75] Kommunikation gerät hier eindeutig zur nivellierenden, systembefestigenden Handlungsanweisung.

Andererseits: »Erst im Medium der Gruppe kann auf den einzelnen angemessen eingegangen werden. ... Lernen in diesem Sinne ist für alle Beteiligten ein Abarbeiten an der Realität, an der verinnerlichten Realität der Teilnehmererwartungen und an der äußeren Realität gesellschaftlicher Tatbestände.«[76] Dieser zweifach determinierte Realitätsbegriff hat das Konzept des Herausgebers weitgehend bestimmt. »Die Anwendung gruppendynamischer Verfahren in emanzipatorischer Absicht muß auf der dialektischen Einheit von Inhalt und Methode bestehen. ... Bedeutsam ... sind dann letztlich alle die Themen und Inhalte, die etwas zu tun haben mit Aufklärung über illegitime Herrschaft, über Unterdrückung und mit der Beseitigung dieser Strukturen und Mechanismen.«[77] GIERE hat in diesem Band seine ideologiekritischen Anmerkungen zur Gruppendynamik auf das bislang wenig beachtete Feld der Trainermacht ausgeweitet. Da er im Bereich der Erwachsenenbildung, speziell der Lehrerfortbildung arbeitet, lag es nahe, daß er den Trainer vor allem in dessen Funktion als Lehrer ansieht. Was die negativ zum Trainergeschäft gehörenden Vorspiegelungen angeht, trifft er sich mit MOLTER und BORNEMAN; so ist es nur folgerichtig, daß er im dritten Teil seines Aufsatzes ebenfalls »das Dilemma der Humanistischen Psychologie« zu beleuchten sich gedrängt fühlte. GIERE gehört zu jenen Kritikern, denen die »Hautnähe« gruppendynamischer Diskussionen, das Einbeziehen des persönlichen Verhaltens der Teilnehmer als unerläßlich für den emanzipatorischen Effekt erscheint, die also den »subjektiven Faktor« nicht verteufeln, sondern zu thematisieren suchen; in diesem Kontext gilt dem Begriff von Subjektivität im Selbstverständnis der Humanistischen Psychologie erhöhte kritische Aufmerksamkeit.

Kommunikation und Interaktion sind aufeinander bezogen. Eine brauchbare Definition dieser Beziehung hat FRIEDEMANN PROSE in Anlehnung an C. F. GRAUMANN gegeben: »Dort, wo sich zwei oder mehr Individuen (bzw. Gruppen, Institutionen, Nationen) zueinander verhalten, sprechen wir von sozialer Interaktion oder Kommunikation. Die Abgrenzung der beiden Begriffe fällt schwer. Interaktion heißt wechselseitige

Einwirkung und umfaßt alles, was zwischen zwei oder mehr Menschen in einer Folge von Aktionen und Reaktionen geschieht. Kommunikation bedeutet spezifisch Austausch von Information. Jede Interaktion setzt jedoch Kommunikation voraus. ... Kommunikation als soziales Lernziel geht über diese Begriffsbestimmung hinaus und bezeichnet eine anzustrebende Soll-Lage, das heißt die Art und Weise, *wie* zwischen Individuen der Austausch von Information zu gestalten ist.«[78] In die Praxis übersetzt heißt das: Zwischen Lehrern und Schülern beispielsweise wird ein partnerschaftliches Verhältnis angestrebt. Der Lehrer soll nicht mehr im althergebrachten Sinn dominieren. Nun ist aber das Lehrer-Schüler-Verhältnis von einem inhaltlichen und einem Beziehungs-Aspekt geprägt. Scheinbar unlösbare Schwierigkeiten entstehen nicht selten durch die Verwechslung dieser beiden Aspekte. Der Lehrer ist meist (nicht immer) überlegen in sogenannten Sachfragen; es entspricht seiner Rolle und seiner Funktion. In konfliktgeladenen Schulsituationen nutzt er – in der Regel aus Schwäche – diese Überlegenheit aus, um seine Herrschaft auf der Beziehungsebene zu behaupten. Die Schüler wehren sich gegen diese Dominanz des Lehrers mit untauglichen Mitteln, indem sie die Sachfragen (den inhaltlichen Aspekt der Interaktion) völlig außer acht lassen oder als unerheblich abtun. Dieser Konflikt kann nur durch Ausübung von Macht scheingelöst, d. h. verdrängt werden. Ein Idealfall wäre die »symmetrische Interaktion«, von der ich aber glaube, daß sie – in der Schule – per Gruppendynamik nicht herstellbar ist: Nach WATZLAWICK zeichnen sich symmetrische Beziehungen »durch Streben nach Gleichheit und Verminderung von Unterschieden zwischen den Partnern aus, während komplementäre Interaktionen auf sich gegenseitig ergänzenden Unterschiedlichkeiten basieren«.[79]
Die Schwierigkeiten der Übertragung in die Praxis werden hier offenkundig. Zwischen Lehrern und Schülern besteht a priori kein »symmetrisches«, sondern ein nur äußerlich »komplementäres« Verhältnis. Wie kann das Klassenziel der Gruppendynamik, die durch »Streben nach Gleichheit« gekennzeichnete Beziehung, erreicht werden? Theoretisch läßt sich das Problem lösen. Der Lehrer muß auf dieses »Klassenziel«, auf symmetrische Interaktions-Prozesse, hinarbeiten, muß Agent der Veränderung sein. Diese Veränderung könnte und müßte zunächst darin bestehen, daß er den oder die Schüler in die Lage versetzt, nach und nach Selbstbestimmung zu üben;

das erst hieße auf Direktivität verzichten. In gewünschtem Maße vermag er das nicht, weil erstens die Schulstrukturen und zweitens sein tradiertes Rollenbild dagegenstehen. Gruppendynamisch zugänglich ist sein Rollenbild: Entsprechende Aktivitäten setzen daher zu Recht beim Lehrerverhalten an.[80] Problematischer ist die Arbeit mit den Schülern selbst, denn hier kommt die Organisation oder Institution Schule ins Spiel, die sich dem Schüler als unflexibler Träger von Macht darstellt. Die Schule übt Macht jedoch nicht selbständig aus, sondern ist ihrerseits das Produkt vielfältiger, sich überkreuzender Einflüsse. Diese – teils direkt, teils indirekt wirksamen – Einflüsse lassen sich schematisieren: Parteien und Kirchen, Ministerien und Kommunen, Elternbeiräte und Lehrerverbände haben in den Schemata ihren Platz. Nur ist mit dem Hinweis auf mögliche und tatsächliche Interaktionen zwischen diesen Institutionen und Gruppierungen wenig erreicht; »gruppenspezifische Interaktion« erscheint mir in diesem Zusammenhang als nivellierender, die schlechte Realität verharmlosender Terminus.

Über die real wirksamen Kräfte hat der französische Soziologe GEORGES LAPASSADE nachgedacht; das Ergebnis war die »Institutionelle Analyse«, die »Sozio-Analyse« und die »Institutionelle Pädagogik«. Hinter den schwierigen Worten verbergen sich einfache Dinge. Institutionelle Analyse heißt: die herkömmliche Trainingsgruppe oder das gruppendynamische Seminar als Institutionen auffassen, die sich kollektiv selber analysieren und organisieren, dadurch etwas lernen über das Verändern von Institutionen. Sozio-Analyse und Institutionelle Pädagogik sind Anwendungsformen; dabei kann die Sozio-Analyse synonym gesetzt werden mit der eigentlichen Arbeit (der Intervention) in einer realen gesellschaftlichen Gruppe, Organisation oder Institution. Diese Arbeit wird per Selbstbestimmung in Angriff genommen: Das Kollektiv der Klienten bestimmt alle technischen und organisatorischen Abläufe. Wenn sich dieser Selbstbestimmung Hindernisse entgegenstellen, werden sie analysiert und dadurch die tatsächlichen institutionellen Bedingtheiten aufgedeckt; LAPASSADE nennt das »die Offenlegung des politischen Unbewußten durch das Handeln gesellschaftlicher Analysatoren«.[81] Der Analytiker (im sonst üblichen Sinn: der Trainer) bringt sich selber in den Prozeß mit ein, und das hat gesellschaftliche Implikationen: Indem die Institutionelle Analyse »in actu« – eben die Sozio-Analyse – nach LAPASSADE »nur möglich (ist)

vermittels eines Vorgehens, bei dem sie ihre eigenen Grundlagen beständig untergräbt«, strebt sie »als ihr höchstes politisches Ziel die Erschütterung der Gesellschaft in ihren Institutionen« an; »das heißt nicht, daß darin ›linksradikales‹ Abenteurertum oder einfach ein politisch-gesellschaftliches Agitationsprogramm im Sinne gezielter Regelverletzung oder im Sinne einer Randgruppenstrategie zu sehen wäre«.[82]
Die Institutionelle Pädagogik ist nach dem gleichen Modell entworfen. Eingeübt – durch kollektives Handeln, nicht durch das Verteilen und Lernen von Aufgaben – wird Widerspruch: gegenüber dem vorhandenen (bürokratischen) System; ein Widerspruch, der zugleich ein kreatives Erfinden von modellhaften Alternativen ist. Nicht-Direktivität des Lehrers und Selbstbestimmung der Schüler bilden das Gerüst. Der Lehrer fällt keine Entscheidungen für die (Schüler/Lehrer-)Gruppe, er ist Berater des anderen Gruppenteils, der Schüler – so etwas wie ein wissenschaftlicher Experte. Im Grunde handelt er wie der Trainer in der klassischen Trainings- oder T-Gruppe, aus der die Institutionelle Analyse auch hervorgegangen ist.
Hier ist der Ansatzpunkt für Kritik an LAPASSADE, zum Beispiel für die sehr substantielle von JÜRGEN FRITZ. Die anfängliche Unstrukturiertheit des Klassen- oder Gruppengeschehens könne von den Schülern unterer Altersstufen noch gar nicht bewältigt werden.[83] Eine konsequente Nicht-Direktivität setzt gefestigte Ich-Strukturen voraus; daraus folgt (und dies ist der Tenor nicht nur der Kritik von JÜRGEN FRITZ), daß Institutionelle Pädagogik vornehmlich jenen Auserwählten zugute kommt, die von gesellschaftlich bedingten Schäden bislang verschont blieben. »Man sollte die Schüler von dem Bahnhof abholen, an dem sie stehen – nicht drei Bahnhöfe weiter.«[84]
An die Stelle rigoroser Nicht-Direktivität tritt bei FRITZ »das dialektische Beziehungsgefüge von Selbstreflexion, Aktion und Antizipation«.[85] Auf den von der Kritischen Theorie entlehnten Gedanken der »wenngleich notwendig gebrochenen *Antizipation* einer vernünftigen Gesellschaft«[86] wurde an anderer Stelle schon verwiesen (vgl. S. 14); in gruppendynamische Methodik übersetzt, bedeutet Antizipation: »in Kommunikationsbeziehungen zu treten, die weitgehend herrschaftsfrei strukturiert sind, in denen narzißtisch-rivalisierende Beziehungsformen aufgedeckt werden und in denen Formen des Miteinander-Umgehens nach dem Prinzip wechselseitiger Hilfe organisiert sind. Eine derartige Kommunikationsstruk-

tur steht im Widerspruch zu den ökonomischen Verhältnissen, die andere Formen der Beziehung hervorbringen.«[87]
Der Anwendung von Antizipation, in der geschilderten Weise verstanden als eine Art gruppendynamisches Rollenspiel, sind in der Schule deutliche Grenzen gesetzt: allein schon durch das psychische (Un-)Vermögen der Schüler, das geprägt ist von einem mehr oder minder autoritären Elternhaus, von »ökonomischen Verhältnissen, die andere Formen der Beziehung hervorbringen«: »Die Erkenntnis verhilft den Schülern nicht zum Glück, und ohne sie fallen sie in die verdinglichten Beziehungen zurück. Aus dem Dilemma, daß Glück und personale Beziehungen der Individuen in dieser Gesellschaft auseinanderfallen, hilft keine Pädagogik heraus. Die im kommunikativen, zwischenmenschlichen Bereich der Schule möglichen... Antizipationen können höchstens etwas von einem Glück erahnen lassen, das zu realisieren in dieser Gesellschaft nicht möglich ist.«[88] Hier ist zugleich der Ansatz zu sehen für das realitätsbewußt in der Schule Machbare: eine kritische, soziale Defizite offenlegende Gruppendynamik, die gleichwohl unter das Diktat einer Entwicklung zum Professionalismus und Spezialistentum gerät, der sie – dem in ihr angelegten ideellen Potential nach – gegenzusteuern hätte. FRITZ prägt den Begriff der »naturwüchsigen« Gruppendynamik[89], der freilich nur bei Anwendung in der Schule ganz zu sich selbst kommt; MOLTERs These, daß Konflikte gruppendynamisch nicht dort bearbeitet werden, wo sie entstehen, sondern gemeinsam mit nicht unmittelbar Betroffenen[90], findet Bestätigung in den erlernbaren »Techniken des Lehrerverhaltens«.[91]
Ein zentraler Begriff des klassischen Sensitivity-Trainings ist das *Hier-und-Jetzt.* Das Beharren darauf, in modischen Encounter-Groups kaum mehr als ein insulares Wochenend-Erlebnis, hat in der Schule einen ganz anderen Stellenwert: Im Rahmen des herkömmlichen Unterrichts findet es nicht statt; die Erlebnisse der häufig gestörten Interaktion – frustrierende Erfahrungen mit Lehrern und Mitschülern, oft folgenreich für das ganze spätere Leben – bleiben unbearbeitet. Das Hier-und-Jetzt ist zweifellos mehr als eine scheinhafte Heiligsprechung des Augenblicks; es gehört genauso zum Instrumentar der analytischen Psychotherapie: Zurückliegendes wird in Übertragung und Gegenübertragung neu erlebt und bearbeitet. So war es naheliegend, gerade zu diesem umstrittenen, aber in seinen unterschiedlichen Anwendungsbereichen und

Bedeutungsschichten auch wenig gekannten Begriff – durch die facettierte Anwendung *verändert* sich das zu Begreifende – einen selbstkritischen Protagonisten der Humanistischen Psychologie zu befragen, HILARION G. PETZOLD. Zu klären war die schillernde Bandbreite des Hier-und-Jetzt zwischen gruppendynamischer und gruppentherapeutischer Arbeitshypothese, gleichsam in seinem Werkzeug-Charakter, und seiner mit der erstmaligen Fixierung bei MORENO bereits einhergehenden Emporwindung zur »Philosophie des Augenblicks«.[92]
Damit gerät eine Komponente in die kritische Argumentationskette dieses Bandes, die nur an diesem Begriff festzumachen war: Zeit als »Erleben« und als »Dauer«[93], in anderem, für ästhetische Prozesse relevantem Zusammenhang auch als »psychologische« und »ontologische« Zeit zu bestimmen. Ob es etwas mit dem phantasmagorischen Umschlag von Zeit in Raum[94] zu tun hat, daß PETZOLDs Beitrag weit über das vereinbarte Maß ausuferte? Beabsichtigt war keineswegs, einem bestimmten Thema und dem dafür gewonnenen Autor Vorrang einzuräumen; der Herausgeber konnte sich indes dem Argument nicht verschließen, daß der schwierige, gleichwohl immer wieder zitierte, unterschiedlich erlebte, unterschiedlich kommentierte und mit unterschiedlichen Konnotationen versehene Sachverhalt des Hier-und-Jetzt offenbar bislang an keiner Stelle zusammenhängend dargestellt ist, und daß sich in dieser Darstellung die beiden Pole von Gruppendynamik und Encounter verschränken. Was in PETZOLDs Beitrag vor allem geleistet wird, ist die Entideologisierung des »Hier-und-Jetzt«-Begriffs; Zeitbewußtsein wird in Beziehung gesetzt zum Leib-Bewußtsein, »Leibzeit« und »Traumzeit« werden in ihrer prägenden Bedeutung, in ihrer kaum abschätzbaren Macht erkannt. Daraus schon erhellt sich, daß das Hier-und-Jetzt nicht unabhängig von der Vergangenheit und ebensowenig von der Zukunft, d.h. von den Zielen und dem Vorschein, besteht. Zu hoffen ist, daß sich »hier und jetzt« die *gegenwärtige* kritische Auseinandersetzung mit Gruppendynamik ereignet, im Sinne von ERICH FROMM an dem »Punkt, an dem Vergangenheit und Zukunft aufeinandertreffen«.[95]
Ähnlich zentral wie das Hier-und-Jetzt, indes weniger umstritten und weniger schillernd, ist das *Feedback*. Mit seiner Hilfe wird die Differenz zwischen Selbst- und Fremdwahrnehmung aufgehellt. »Feedback im gruppendynamischen Training ist bewußte und verbalisierte Rückspiegelung von Wahrnehmungen und Verhaltensweisen in Gruppen. Im Grunde ließe sich

das Interaktionssystem jeder Gruppe als Feedback-System beschreiben, da Aktionen und Reaktionen in der Gruppe sich wechselseitig bedingen.«[96] Freilich drängt sich in diesem Kontext auch die alte Krankheit der Gruppendynamik, ihre trügerische Implikation der Wertfreiheit, wieder auf. Das zeigt sich in Fallgeschichten immer dort, wo die in der jeweiligen Gesellschaft bestehenden Machtverhältnisse zur Sprache und zur Wirkung kommen. Der Franzose MAX PAGÈS über »Macht- und Autoritätsstrukturen« (1973): »In der Methodologie, die ich zu beschreiben versuche, werden Phänomene der Macht und des Entscheidens als eine Sprache behandelt, wie die Sprachen der Emotionen, Gefühle und Ideen, mit denen sie verbunden ist, nicht als feste und isolierte *Tatsachen,* sondern als Botschaften, als menschliche Produkte, die dem Menschen gehören und von ihm geändert werden können, nicht als Teile der Natur.«[97] Nun sind Phänomene gesellschaftlicher und ökonomischer Macht eben nicht eine Sprache unter anderen, sondern sprachbedingend, und sie können zumindest per Gruppendynamik nicht geändert oder beseitigt werden. Schon 1973 war jedoch klar, daß das »Ziel eines Trainings« – so PAGÈS' holländischer Kollege, der Sozialpsychologe CORNELIS FRANS WIERINGA, im gleichen Heft der Zeitschrift »Gruppendynamik« – »nicht nur Bewußtmachung, sondern auch das daraus resultierende Handeln (ist). ... Die Kehrseite des Feedbackgeschehens liegt dort, wo Bewußtseinsvertiefung nicht zu entsprechendem Handeln befähigt.«[98] In unserem Band nimmt WIERINGA eine strikt praxisbezogene Eingrenzung dessen vor, was gruppendynamisches Feedback leisten kann.

Realität in Verbindung mit und als Folge von hierarchischen Strukturen kann bearbeitet werden in der Institutionsberatung und im Team-Training, Institution verstanden »als arbeitsteiliges soziales System mit den dazugehörigen formalen und informalen Normstrukturen und Rollenbeziehungen«.[99] Dabei bestand seit je das Problem, daß die Eingriffe der Berater *akzeptiert* werden müssen. Einerseits erscheint die Abgrenzung zum Management-Training in der Industrie dem Außenstehenden nicht immer deutlich: dieses ist insofern verwandt mit dem Sensitivity-Training, als hier wie dort »vor allem benötigte und gewünschte Sozialtechniken eingeübt (werden)«[100]; im Management-Training geht es zudem um sehr nüchterne und pragmatische, an das Funktionieren des Betriebes gebundene Lernziele, »letztlich um die Vergrößerung der Gewinne«[101]. Andererseits neigt sich die klassische T-Gruppe

auf einer Skala gruppendynamischer Arbeitsweisen deutlich jenen zu, die auf das Individuum abzielen, während es in der Institutionsberatung vor allem um Systemstrukturen geht. Solche Strukturen, argumentiert KLAUS KRÄMER, seien rasch zum Besseren geändert; es bedürfe dazu »nur« des Entschlusses und der Macht. Dieses »nur« freilich scheint mir im industriellen Bereich der springende Punkt zu sein, neben den von den Besitzverhältnissen entscheidend genährten »normierenden Traditionen«. KRÄMER arbeitet den latent drohenden Verfall der Organisationsentwicklung zur Management-Technik heraus, möchte jedoch dadurch die Motivation zur Inanspruchnahme einer Beratung nicht schmälern, die in jedem Fall darauf hinausliefe, daß die Betroffenen eine »selbständige« und »eigenverantwortliche« Mitbestimmung an der Organisationsform üben.
Außenstehenden mag das idealistisch erscheinen. Nur ist mit der dauernden Entgegensetzung einer auf die ökonomischen Abhängigkeiten reduzierten Realität einerseits und des gruppendynamischen Selbstverständnisses andererseits keinem geholfen, dem im Rahmen unverzerrt eingeschätzter Möglichkeiten durchaus geholfen werden könnte. Vom in den letzten Jahren zunehmenden Unbehagen an den klassischen T-Gruppen war schon mehrfach die Rede. »Soll Gruppendynamik wirklich als eine mit gesellschaftlichen und ökonomischen Kategorien arbeitende Tiefenhermeneutik möglich sein, so kann dies nur in Gruppen gelingen, die einer gemeinsamen Alltags-Arbeitssituation entstammen.«[102] Beobachter der gruppendynamischen Szene könnten den Eindruck gewinnen, daß mit solchen Erkenntnissen der größte Teil der Probleme als gelöst, die Kritik an gruppendynamischer Praxis weitgehend als widerlegt betrachtet wurde. In Wahrheit war nur die Voraussetzung dafür geschaffen, daß im Kontext »realer« Abhängigkeiten und Fixierungen jetzt auch das Trainer- oder Berater-Verhalten kritisch und selbstkritisch diskutiert werden konnte[103]; ins Spiel kam neben den immer schon relevanten technisch-methodischen Fragen der Trainer- beziehungsweise Berater-Ausbildung – kritische Autoren sprachen noch 1975 von einem »theo-logischen« Ausbildungsmodell statt eines »sozio-logischen« oder »psycho-logischen«[104] – das Problem des »mit dieser Ausbildung einhergehenden Wertsystems«[105]. Das alles, scheint mir, ist in dem von KRÄMER gebrauchten, aus der medizinischen Terminologie übernommenen Begriff des »Kunstfehlers« mit enthalten.

KRÄMERs Ansatz unterscheidet sich von den Auffassungen, die KLAUS DOPPLER und BERT VOIGT vertreten; und das nicht nur in der Frage, inwieweit die in der Trainingsgruppen-Arbeit entwickelte Methodik auf Veränderungsprozesse in sozialen Systemen anwendbar ist. Einig sind sich die Autoren in einer konstruktiven Skepsis auf dem Wege zur Selbstbestimmung, einig auch in der Bedeutung, die den jeweiligen Wertvorstellungen des Trainers und Beraters zukommt. Der Titel des Beitrags von DOPPLER/VOIGT spielt an auf das von KLAUS HORN zu Beginn der siebziger Jahre edierte Buch über die Gruppendynamik und den »subjektiven Faktor«.[106] Ging es seinerzeit um den kritisch zu befragenden Aufbruch von Gruppendynamik »im organisierten Kapitalismus«, um Aufklärung »über die gesellschaftliche Funktion und über das faktische Funktionieren vieler pragmatischer, auch gruppendynamischer Verfahren« angesichts der in den fünfziger und sechziger Jahren konstatierten »Entpolitisierung und Funktionalisierung« eben jenes Faktors[107], so ist heute auszugehen von einer klar erkannten Grenzmarkierung. Gruppendynamik verändert nicht, was politisch-gesellschaftlich veränderungsbedürftig wäre, aber sie hält gleichwohl Veränderungskapazitäten im institutionellen Bereich parat. Selbstverständlich hat der Herausgeber keine Versuche unternommen, unterschiedliche Facettierungen – etwa zum Thema des Hier-und-Jetzt beziehungsweise Dort-und-Damals (wie sie bei DOPPLER/VOIGT, KRÄMER, FENGLER und PETZOLD auftreten) – kommentierend einander anzugleichen oder gar zu bewerten; vielmehr tritt in solchem Lichtwechsel markant die Sache selbst hervor, der individuell-dynamische Trainerfaktor in seinem Bezug zum Lernziel der sozialen Kompetenz. Reformerische Inhalte setzen die professionelle Rolle der Reformer nicht außer Kraft; das gilt beispielsweise auch für die Rolle der Ärzte, die sich – wie BASAGLIA, JERVIS und PIRELLA – um die Einführung einer »demokratischen Psychiatrie« in Italien verdient gemacht haben.[108]

Es mag auffällig sein, daß in diesem Buch nicht explizit vom Esalen Institute (Big Sur/California), dem Ursprung der »modischen Welle von Touch-and-feel-Dynamik kalifornischer Provenienz (oder schlimmer noch, der ihrer Plagiate)«[109] die Rede ist, und nur bei PETZOLD von der zehn Jahre jüngeren Spielwiese des begüterten europäischen Mittelstandes und frustrierter Intellektueller mit emotionalen Defiziten: dem Shree Rajneesh Ashram im indischen Poona, mit seinen

Ablegern in der Bundesrepublik, in Holland, in der Schweiz, Ausdruck der Introversion ab Mitte der siebziger Jahre, wie »Esalen« die »Counterculture« Mitte der sechziger Jahre symbolisiert.[110] Diese Aussparung hat zwei Ursachen: Einmal war es dezidierte Absicht des Herausgebers, Gruppendynamik gegen Therapie und Pseudotherapie deutlich abzugrenzen; zum anderen galt es, die Kritik der Gruppendynamik dort anzusetzen, wo deren Anspruch sich nachprüfbar aus psychosozialen Defiziten herleitet: hierzulande und heute. Genaue Beobachter der gruppendynamischen Szene sind der Auffassung, daß in der BRD »der Markt... bei weitem noch nicht ausgeschöpft«[111] sei; WERNER THEIS schätzt, daß bis zum Beginn des Jahres 1979 »in Deutschland« (gemeint ist die Bundesrepublik) »etwa 300000 Personen an gruppendynamischen Veranstaltungen teilgenommen« hätten – das seien »etwa 0,5 Prozent der Bevölkerung« und daher, gemessen an den (»je nach Quelle«) »zwei bis fünf Prozent der Bevölkerung... in den USA« mit gruppendynamischen Erfahrungen, »noch relativ wenig«.[112] THEIS stellt »kritische Punkte« der bisherigen Trainingspraxis zusammen, mit denen er, wenn auch sehr allgemein, das Unbehagen gegen Ende der siebziger Jahre summiert; es sind dies, stichwortartig gerafft: verschwommen definierte Ziele mit darin enthaltenen, unzureichend definierten Wertsetzungen; eher zufälliger Ablauf der Veranstaltungen und Mangel an professionellem Trainer-Wissen für besonders kritische Sachverhalte; wahllos miteinander verbundene Konzepte und theoretische Grundlegungen unterschiedlicher Herkunft; unzureichende oder fehlende Erfolgskontrolle; ungelöstes Transfer-Problem.[113] Aus dieser Kritik wird die Vermutung abgeleitet, daß »die gegenwärtige Wirksamkeit gruppendynamischer Veranstaltungen wesentlich geringer als ihr Potential« sei[114]; das mag durchaus sein, gehört aber zu den unbeweisbaren optimistischen Einschätzungen, an denen die angewandte Gruppendynamik seit ihrem Aufkommen reich war, und die ebenso deutlich machen, daß sie »in ihren Zielen und Erscheinungsformen auch die Züge einer ideologischen Bewegung hat«.[115]

Soweit die gruppendynamische Praxis Zielgruppen ins Auge faßte (und nicht Selbsterfahrung mit einander Fremden im »Stranger Laboratorium« propagierte), gehörten hierzulande Manager, Lehrer und Sozialarbeiter zur bevorzugten Klientel. Beispielsweise hatten die gruppendynamischen Laboratorien im Rahmen der Lehrerfortbildung, wie sie Anfang der siebziger Jahre von der Hessischen Landeszentrale für politische Bildung konzipiert und ab 1972 auch eingerichtet worden sind, primär das Ziel, herkömmlich ausgebildete Lehrer auf die hessischen Pläne zur Bildungsreform einzustimmen. Aus dem Mitarbeiterkreis dieser gruppendynamischen Institution (an deren Einrichtung WALTER GIERE maßgeblich beteiligt ist) erschien im Sommer 1979 ein vielbeachteter »Werkstatt-Bericht«[116]. Der – nach subjektiver Bewertung – zentrale Aufsatz von HUBERTUS HÜPPAUFF, der in der hessischen Lehrerfortbildung zu den Männern der ersten Stunde gehört, setzt die Entwicklung und Verselbständigung von Gruppendynamik (und neuerdings der schon erwähnten Touch-and-feel-Dynamik[117]) in Beziehung zur bundesdeutschen Nachkriegsgesellschaft und gibt zugleich von dieser eine treffende Analyse; der Beitrag scheint mir ein ausgezeichnetes Beispiel dafür zu sein, wie gruppendynamisches Denken erkenntnishaft über den von Theorie und Praxis der Gruppendynamik gesetzten Rahmen hinauswirken kann.[118] Aufgezeigt werden Parallelen der Herausbildung psycho-sozialer Defizite der Nachkriegsgesellschaft »zu den Entwicklungseigenheiten kleinerer Gruppen und sozialer Systeme, mit denen wir als Berater oder Interaktions-Trainer zu tun haben«, wobei »die strukturbezogene Sichtweise« des Faches »ein Paradigma zur Erkenntnis und Interpretation solcher gesellschaftlichen Entwicklungen« biete.[119] Es erscheint weder sinnvoll noch möglich, in Stichworten den gedanklichen Weg nachzuzeichnen, der für die Arbeit im Rahmen der Lehrerfortbildung zu der Erkenntnis führte, daß es »keines Trainings der Sensibilität« bedürfe, »sondern eines der strukturierenden Ordnung und des Verständnisses für die Zusammenhänge der Gesamtsituation«[120]; aber ich wüßte keinen besseren Übergang zu den Beiträgen dieses Bandes als die Akzentuierung jener »blindwütigen Erhaltung des Falschen«[121], die HÜPPAUFF für die politische Szene der siebziger Jahre nach dem Zerfall der APO hervorhebt. Es ist dies, meine ich, im Umkehrschluß eine Begründung von Kritik der Gruppendynamik aus Kritik der politischen Realität.

»Die im Nachkriegsdeutschland ausgelebte Management-Ideologie, Auseinandersetzungen möglichst gar nicht anzunehmen und nicht auszutragen, sondern als Verwaltungsaufgaben zu behandeln und ausschließlich pragmatisch darauf zu reagieren, hat in der Reaktion der etablierten Gesellschaft und ihrer Administration auf die Revolte Ende der sechziger/

Anfang der siebziger Jahre ihre Übersteigerung erfahren und eine grundlegende und heute stark spürbare Erschütterung ihrer demokratischen Verfassungsansprüche bewirkt.«[122] HÜPPAUFF bezieht diese Entwicklung auf Strukturen der neueren deutschen Geschichte, d.h. in den letzten 150 Jahren. Er sieht diese Strukturen als »gesellschaftlichen Wiederholungszwang« zur Restauration, »der in Deutschland stets dann zur Geltung kommt, wenn eine Umbruchsituation die Chance ernsthafter Entwicklungsarbeit an den in der Verfassung formulierten Ambitionen eröffnet und unterprivilegierte gesellschaftliche Interessen zur Geltung kommen könnten«.[123] Man mag diesen Geschichtspessimismus teilen oder nicht. HÜPPAUFF leitet daraus im positiven Verständnis seines Faches eine »Lehrerrolle« für Gruppendynamiker ab, »soweit sie bereit sind, verhaltenswissenschaftliche Praktiker zu sein und sich nicht damit begnügen wollen, Handlanger vorbestimmter und geltender Ziele und Interessen zu spielen und sich auf Methoden zur effektiveren Annäherung an solche festen Ziele zu beschränken«; indes nähmen Gruppendynamiker an den »skizzierten deutschen Sozialstrukturen keinen erkennbaren gestaltenden Anteil«.[124] Die Gründe dafür leitet HÜPPAUFF aus der bereits in anderem Zusammenhang akzentuierten und in den folgenden Beiträgen näher ausgeführten Entwicklung der Gruppendynamik in der Bundesrepublik und der Herausbildung eines »Psycho-Booms« ab; diese Vorgänge scheinen mir jedoch ursächlich auch auf die angedeuteten gesellschaftlichen Strukturen rückführbar, wodurch sich eine enge, bislang kaum beachtete Verbindung zwischen Gruppendynamik und nationaler Geschichte ergibt.

Für einen modischen Trend der Kritik an Gruppendynamik erscheint mir bezeichnend, daß diese Kritik – und das entspräche wiederum einem politischen Sachverhalt – auch alibihaft geübt wird, um nach Aufzählung einer ganzen Reihe mehr oder minder bekannter dubioser Momente zu einer positiven Einschätzung und damit zu einer Rechtfertigung des eigenen Tuns zu gelangen. Ein Beispiel dafür ist der erwähnte Artikel von WERNER THEIS, obwohl (oder gerade weil) die mitgeteilten Fakten und Argumente durchaus kenntnisreich und offenherzig wirken.[125] So wird darin einerseits auf die »Psychotherapie-Subkultur« verwiesen, andererseits dem »Besuch gruppendynamischer Veranstaltungen« »die Funktion einer Prävention gegenüber psychischen Störungen« zugesprochen[126]; es wird auf den Zwang zur Markt-Aneignung verwiesen (zu der auch ebenso anspruchsvolle wie strenge Ausbildungskonzepte beitragen können, die womöglich »nur dem Image dienen« und deren qualitative Auswirkungen zumindest für die meisten Gruppenteilnehmer gar nicht überprüfbar sind), und zugleich gibt THEIS nicht nur »Ratschläge für Verbraucher«, sondern erklärt auch freimütig, daß er »fasziniert« sei »von den Möglichkeiten der angewandten Gruppendynamik, von den Wirkungen, die ich damit bei den Teilnehmern erreichen kann und von den Wirkungen, die ich am eigenen Leib erfahren habe«.[127] Es ist nur folgerichtig, daß er sich entschlossen hat, als freier Trainer zu arbeiten. Dieser Band nimmt nicht für sich in Anspruch, derartigen Widersprüchen auszuweichen oder sie gar aufzuheben. Er versucht, der Sache kritisch auf den Grund zu gehen, nichts sonst.

CLAUS HENNING BACHMANN

Nachtrag

Redaktionsschluß dieses Bandes war der 1. Januar 1980. Zu diesem Zeitpunkt lagen alle Manuskripte vor, mit Ausnahme des Beitrags von HILARION G. PETZOLD. Verlag und Herausgeber waren sich darin einig, daß auf diese Untersuchung nicht verzichtet werden konnte. Durch die redaktionelle und technische Bearbeitung des mit einer besonders komplizierten Materie befaßten Manuskripts hat sich die Edition verzögert; den anderen beteiligten Autoren ist für ihr Verständnis ausdrücklich Dank zu sagen.
Nach Redaktionsschluß erschien FATZER, GERHARD & HANS-HERMANN JANSEN: Die Gruppe als Methode, Weinheim und Basel 1980. Wichtig in unserem Zusammenhang ist FATZERs Untersuchung von »*Evaluation und Transfer* in der Arbeit mit Gruppen«, offensichtlich ein Auszug (?) aus der gleichbetitelten Dissertation dieses Autors (Zürich 1980). Der Abschnitt »Kritik der angewandten Gruppendynamik« (S. 181f) stützt sich auf J. FENGLER (Verhaltensänderung in Gruppenprozessen, Heidelberg 1975) und nennt die folgenden kritischen Punkte: *Kultbildung – Anti-Intellektualisierung und Psychologisierung – Pseudodemokratisierung – Personalisierung und Verharmlosung von Konflikten – Realitätsferne – Anpassung –*

Abhängigkeit von Auftraggebern. Deutlich wird, daß diese seit Beginn der siebziger Jahre heftig diskutierten Negativ-Phänomene der Gruppendynamik bis heute nicht aus der Welt geschafft, ja womöglich noch nicht einmal mit Untersuchung ihrer Folgen exakt-wissenschaftlich angegangen wurden. Ebensowenig weitergekommen ist das von FATZER (S. 206) zitierte »Problem der gesamtgesellschaftlichen Relevanz gruppendynamischer Verfahren« (nach STEINKAMP, H.: Gruppendynamik und Demokratisierung, München 1973).
Der bislang mit *Erfolgsforschung* zweifellos zu eng gefaßte Begriff der *Evaluation* erfährt bei FATZER eine Ausweitung, die zur Verdeutlichung des Gemeinten wenig beiträgt: Nicht nur werden Produktevaluation, Prozeßevaluation und Kontextevaluation unterschieden (S. 155ff, 220f), es finden sich auch Hilfsbegriffe wie Transferevaluation (S. 178) und Wirkungsevaluation (S. 200). Sogar mit Psychotherapieforschung wird Evaluation gleichgesetzt (S. 154). Als Definition bietet FATZER an: »Darstellung, Beurteilung/Erforschung und Begleitung von Gruppenprozessen, von Veränderungen Einzelner oder von Gruppen, von Trainerverhalten und von Transferprozessen« (S. 155), wobei er sich auf ein gemeinsam mit ROBERT KREIENBUEHL verfaßtes Konzept für einen Workshop zur Intensiv-Familientherapie (1976) bezieht.
Weiterführend, aber der gleichen Gefahr der Formalisierung unterliegend, sind FATZERs Ausführungen zum *Transfer:* Als richtig erkannt scheint mir, daß »Transfer bereits zum Scheitern verurteilt ist, wenn man ihn lediglich als lernpsychologisches oder methodisches Problem ansieht« und daß er zumeist »in einer mechanistischen Definitionsart... als verdinglichter Begriff dargestellt« wird (S. 195). FATZER sieht die Schwierigkeit, »ein umfassendes Transfermodell aufzustellen« und begnügt sich damit, »Bedingungen für einen möglichen Transfer zusammen(zu)stellen und *Transfer als Situation* (zu) beschreiben« (S. 200). Im folgenden wird dann freilich sichtbar, daß Transfer in verhängnisvoller Weise wertfrei dargestellt ist, z.B. bei der bejahenden Übernahme eines Transfermodells aus der »Gruppendynamik in der betrieblichen Führungsschulung« (S. 202, nach D. GEBERT, Berlin 1972). Ich stimme FATZER darin zu, »daß es kaum möglich ist, im sozialen Feld, wo Transfer stattfindet, mit Untersuchungsmethoden aus experimentellen Settings zu arbeiten« und daß »relevantere und aussagekräftigere Daten über Transfer« möglicherweise von der Handlungsforschung zu erhalten seien (S. 203).

Bei der Beschreibung von »Transfer als Situation« (S. 205f) beruft sich FATZER u.a. überzeugend auf J. FRITZ (Emanzipatorische Gruppendynamik, München 1974) und auf dessen persönliche Mitteilung (1975), daß Transfer-Training »sich in den üblichen Seminaren nicht (oder kaum) erreichen« lasse; »günstig wäre es da, mit Gruppen zusammenzuarbeiten, die gesellschaftliche Initiativen für notwendig halten (Planung eines Kindergartens, Mitarbeit in schulischen Gremien, Elternzirkel, Betreuung von Jugendlichen, gewerkschaftliche Aktivitäten usw.)« (S. 206). Gegen FATZERs Schlußfolgerung, daß Transfer »generell als Prozeß zu sehen« sei, »der sich parallel zum Trainingsprozeß und nach Abschluß des Trainings entfaltet« (S. 212), ist nichts einzuwenden; hingegen scheint mir die zur »Transferplanung und -sicherung in und nach dem Training« getroffene Feststellung, »daß Gruppendynamik und einige andere Gruppenmethoden eine Entwicklung in Richtung Intervention im sozialen Feld, wo alle Konfliktpartner anwesend sind, anzeigen« (ibid.), scheint mir diese Vor-Ort-Orientierung also von jener Allgemeinheit zu sein, die bis jetzt nahezu die gesamte gruppendynamische Literatur negativ auszeichnet. Denn damit ist ja erst ein – keineswegs neuer und im Zusammenhang mit dem Transfer fast selbstverständlicher – Anfang gesetzt; vor den gesellschaftlichen Konsequenzen haben viele Gruppendynamiker (nicht unberechtigte) Angst. Zwei von FATZER notierte Fallstudien – ein Lehrerfortbildungsprojekt am Pestalozzianum Zürich: »Zusammenarbeit in der Schule zwischen Lehrern, Eltern und Behörden« (S. 213ff) und der schon erwähnte Workshop zur »Intensiv-Familientherapie (S. 232ff) – geben wertvolles praxisbezogenes Anschauungsmaterial.

Der Herausgeber

HAJA MOLTER

Wie human ist die »Humanistische Psychologie«?

Statt »Selbstverwirklichung«: Soziales Handeln!

Jedermann hat sein Seelenleben, und darum hält sich jedermann für einen Psychologen.
SIGMUND FREUD[1]

Heute läßt sich kein einheitliches Bild von dem herstellen, was alles unter den Begriff »Humanistische Psychologie« fällt.* Ebenso wie in den USA, woher der Begriff stammt, verlaufen auch in der Bundesrepublik die Grenzen zwischen den einzelnen Bewegungen und Ausprägungen beziehungsweise therapeutischen Richtungen nicht eindeutig. Ich werde nicht das ganze Spektrum Humanistischer Psychologie absuchen, sondern vor allem jene Entwicklungen aufzeigen, bei denen Individualität und Selbstverwirklichung dem Warencharakter von Angebot und Nachfrage unterliegen.

Die deutschsprachige Zeitschrift »Integrative Therapie, Zeitschrift für Verfahren Humanistischer Therapie und Pädagogik«[2] zählt zu den Gebieten, die ihre ständigen Mitarbeiter vertreten: Sensitivity-Training, Marathon-Therapie, Transaktionale Analyse, Gestalttherapie, Poesietherapie, Kreativitätstraining, Psychodrama, Bioenergetische Analyse, Persönlichkeitsentfaltung (personel growth), Integrative Familientherapie, Gruppendynamik, Therapeutisches Theater, Integrative Pädagogik (confluent education), Imaginative Verfahren, Themenzentrierte Interaktion. Hinzu kann man sicher

* Die »Einführung in die humanistische Psychologie« von CHARLOTTE BÜHLER und MELANIE ALLEN (Deutsch: Stuttgart 1973) tritt mit dem Anspruch auf, »eine systematische Darstellung zu geben von den Zielen, der Methodologie und den theoretischen Grundlagen des neuen Verständnisses des Menschen«. Bei dem »Versuch« freilich bleibt es, und sein Gelingen steht in Frage, wenn eine »kritische« Betrachtungsweise in folgendes, nicht eben wissenschaftliches Postulat mündet: »Der humanistische Therapeut muß darauf hinarbeiten, daß der Patient frei wird von Abhängigkeit und schließlich seine Einzigartigkeit erkennt, die ein Schlüssel zu einem sinnvoll gelebten Leben ist.« – Der Hrsg.

noch die von CARL ROGERS begründete Gesprächstherapie rechnen, dessen personenzentriertes Menschenbild entscheidenden Einfluß auf die Humanistische Psychologie hat.
Historisch gesehen bestanden einige der genannten Verfahren schon oder waren in der Entwicklung begriffen, bevor sich in den USA 1962 die Gesellschaft für Humanistische Psychologie bildete, die sich – grob umrissen – der Entwicklung und Förderung jener Humanwissenschaften verschrieb, welche die menschlichen Qualitäten ausdrücklich anerkennen und darauf hinarbeiten, daß die Menschen ihre angeborenen Fähigkeiten individuell und in der Gesellschaft ausschöpfen können. Dabei geht es mehr um das Einmalige, das Außergewöhnliche und Unvorhersehbare, als um das Gewöhnliche und Alltägliche.
Von ABRAHAM MASLOW stammt, in Absetzung von der Psychoanalyse und vom Behaviorismus, die Bezeichnung »Dritte Kraft«.[3] Damit schlägt die Humanistische Psychologie einmal eine Stoßrichtung ein gegen die von Psychoanalyse oder Behaviorismus geprägten Bilder vom Menschen. Vertreter dieser Richtungen kritisieren mit Recht, daß darin eine diskriminierende Unterstellung liege: Psychoanalyse und Behaviorismus seien inhuman. Humanistische Psychologie versteht sich in ihren Bemühungen um den Menschen als interdisziplinär. Sie toleriert und fördert eine pluralistische Auseinandersetzung verschiedener Lehr- und Schulmeinungen. In der BRD wird diese Bewegung oft vereinfachend unter Namen wie Encounter-Bewegung (Begegnungsgruppen, Human Potential Movement, Gruppendynamik oder Erlebnistherapien) rezipiert.
Heute ist es so, daß Leute, die Gruppendynamik betreiben, unter Umständen auch Verfahren Humanistischer Psychologie anwenden, ohne daß sie sich der Humanistischen Psychologie zurechnen. Sicher gibt es eine breite Zone, wo Gruppendynamik und Humanistische Verfahren einander berühren.
Während die Gruppendynamik sich seit ihren Anfängen um theoretische Fundierung in empirischer Kleingruppenforschung bemüht (KURT LEWIN gründete 1945 ein Zentrum für Gruppendynamik), steht für die Humanistische Psychologie eine überzeugende wissenschaftliche Theoriebildung noch aus. In ihrem Anwendungsbereich haben Gruppendynamik und Humanistische Verfahren eine gemeinsame Basis, da die Selbsterfahrung in der Gruppe im Vordergrund steht. Als Vehikel für diese Selbsterfahrung werden Spiele, Übungen

und Rituale angeboten, wobei die humanistisch orientierten Anwender auch körperbezogene und meditative Verfahren mit einbeziehen.
Gruppendynamik in diesem weiten Sinne, die Praxis der Selbsterfahrung in der Gruppe mit unterschiedlichen Zielsetzungen, findet heute im Bildungsbereich (Schule, Universität, Erwachsenenbildung), in der Industrie (Schulung der mittleren und leitenden Führungskräfte) und im klinischen Bereich statt.
In diesem Bereich sind auch Verfahren angesiedelt, die für sich in Anspruch nehmen, als Therapien zu gelten. Der kleinste gemeinsame Nenner liegt darin, daß Leute in einer Gruppe mit oder ohne Anleitung (Selbsthilfegruppen) gemeinsam etwas tun. Durch eine derart weitgespannte Definition werden womöglich Leute zu Gruppendynamikern oder Humanistischen Psychologen, die noch gar nichts davon wissen. Aber wenn ich mir anschaue, was von verschiedenen Growth-Zentren[4], Freien Psychologischen Praxen, Bildungseinrichtungen, religiösen Gruppierungen alles unter den Stichwörtern Gruppendynamik, Humanistische Psychologie, Kreativität, Freizeit, Selbsterfahrung oder Therapie angeboten wird, so ist das noch eine wohlwollende Umschreibung. Als Beispiel mag folgende Ankündigung dienen:

»Ich bin – ich will – ich kann.
Erfahrung und Persönlichkeitswachstum.
Selbsterfahrungsferiengruppe auf Ischia.«

»Gefühle, Freude, Kontakt nicht länger vermeiden,
sondern erleben
Anfangen und Neues beginnen.
Soziale Preise.«

»More Life.
Persönlichkeitswachstum,
Erarbeitung von positiven Einstellungen dem
eigenen Selbst gegenüber –
und bei alledem Liebe, Freude, Nähe, Spaß.«

»Persönlichkeitsfindung
Leistungsoptimierung,
Realitäts- und Kreativitätstraining,
Konfliktlösung
Persönlichkeitsentwicklung usw.«[5]

Humanistische Psychologie wird so zu einem Omnibus, in dem viele mitfahren können.

JAMES BUGENTAL, der erste Präsident der Humanistischen Vereinigung, nennt folgende vier Punkte als charakteristisch für die Humanistische Psychologie:

1. Der Mensch hat die zentrale Stellung innerhalb der Psychologie. Humanistisch orientierte Psychologen wehren sich dagegen, daß Forschungsergebnisse mit Ratten, Affen und Tauben die gleiche Signifikanz wie das Studium des Menschen selbst haben.
2. Der Mensch ist mehr als die Summe seiner Teile, er muß als ganzer Organismus studiert werden.
3. Individuelle Freiheit hat eine Vorzugsstellung innerhalb der Humanistischen Psychologie, welche versucht, dem Individuum bessere Planungs- und Kontrollmöglichkeiten für sein Leben bereitzustellen.
4. Bei der Beurteilung von Forschungsergebnissen geben humanistisch orientierte Psychologen denjenigen Ergebnissen den Vorzug, welche die Bedeutung des menschlichen Faktors berücksichtigen und den Menschen nicht auf sogenannte objektive und meßbare Quantitäten reduzieren.[6]

Das hört sich nach einem kritisch-anspruchsvollen Programm an. Was ist daraus geworden?

Aus den vorgestellten Programmpunkten wird deutlich, daß hier versucht wird, das Studium des Menschen, herkömmliche Psychologie überschreitend, interdisziplinär anzugehen. Das ist nicht verwunderlich, wenn man sich die Namen vergegenwärtigt, die von der Humanistischen Psychologie als geistige Väter angesehen werden: ALFRED ADLER, WILHELM REICH, ERICH FROMM, KURT GOLDSTEIN, KURT LEWIN, VIKTOR FRANKL, MARGARET MEAD, FRITZ PERLS, JEAN PAUL SARTRE, ALBERT CAMUS, HERBERT MARCUSE und andere. Die Ahnenreihe könnte fast beliebig verlängert werden.

So vielfältig die Einflüsse auch sein mögen: In diesem Verdichtungsprozeß heterogener Richtungen sehe ich auch einen kritischen Ansatz für die in der Bundesrepublik betriebene Psychologie. HANS THOMAE nennt »das Studium der Emotionalität«, der »subjektiven Wirklichkeit« und »Persönlichkeit des Menschen« als Hauptthemen der Humanistischen Psychologie. Im Hinblick auf die akademische Psychologie bemerkt er dazu kritisch: »Die Erfüllung dieser Forderung bedeutet zunächst eine Erweiterung der Erfahrungsbasis. Eine Psychologie der Persönlichkeit, die nur gestützt ist auf Experimente, die Psychologen meist auch noch mit Studenten der Psychologie durchführen, hat in mancher Hinsicht nicht viel mehr Relevanz als ein theoretischer Ansatz, bei dem ein Forscher seine gelegentlich an sich und an seinen Mitmenschen angestellten Beobachtungen verallgemeinert oder bei dem ein Lernspychologe seine Ansichten über menschliches Verhalten auf Ratten projiziert und deren Reaktionen sodann als repräsentativ für eine Lehre von der Persönlichkeit erklärt.«[7]

Soweit ich es beurteilen kann, sind weder die kritische Sichtweise THOMAEs noch die programmatischen Akzente, wie sie JAMES BUGENTAL gesetzt hat, von der akademischen Psychologie in der Bundesrepublik bisher genügend reflektiert oder in sichtbare Folgen umgeleitet worden. Wie anfangs gesagt, fehlt es der Humanistischen Psychologie derzeit an einem einheitlichen Konzept. Die Bewegungen, die sich um die Humanistische Psychologie gebildet haben, wurden von Persönlichkeiten geprägt, die durch ihre Schriften und ihr öffentliches Auftreten eine starke Ausstrahlungskraft ausübten, so daß sich Anhängerschaften (in einigen Fällen könnte man von Fan-Clubs sprechen) entwickelten. Dabei ist das Phänomen zu beobachten, daß originelle Ideen und Anstöße durch Möchtegern-Nachfolger verballhornt wurden, so daß wir es heute mit einem Mischmasch zu tun haben, der in vielen Fällen in weltanschaulich verbrämte Schwärmereien mündet; besondere religiöse Ausdrucksformen dienen dabei als Beschwörungsriten für das unausgeglichene Innere und das streß-erfüllte Dasein. Neben dem Psycho-Tourismus in die USA hat sich auch ein religiöser Tourismus entwickelt (oder sind es die gleichen Veranstalter?), wobei das kalifornische Esalen schon als Wallfahrtsort eingeordnet und das Human Potential Movement in die Nähe einer Volksreligion gerückt wird: »Die USA scheinen eine Fundgrube für so etwas wie einen neuen religiösen Tourismus zu sein, mit eigenen Wallfahrtsorten, wie Esalen. Das Nebeneinander und die Vermischung von so unterschiedlichen Phänomenen wie Religion der WASP mit ihren ivy-league-Hochburgen, Religion der Schwarzen mit den Traditionen des Gospelsongs und Spirituals, Religion der Indianer und Peyote-Kult, fernöstliche Heilslehren, Jesus People, Charismatiker, Human Potential Movement, Synanon, Kirche Satans, Campus Crusade for Christ, Hare-Krishna-Leute, Anhänger des Rev. Sun Nyung Moon, Scientology, Quäker,

Mormonen, Baptisten usw. usw.: Dieser Reichtum an religiösen Ausdrucksformen mag manchen hierzulande seufzen lassen, daß Amerika es eben besser hat, auch und gerade, was die religiöse Kreativität und Spontaneität betrifft« (M. GÖPFERT).[8]

Ein ähnlicher ›Fleckerlteppich‹ breitet sich gegenwärtig auch in der BRD aus: Jugendsekten, Bhagwan, Transzendentale Meditation, Charismatische Bewegung, um nur einige zu nennen. Es wäre sicher falsch, das alles der Humanistischen Psychologie oder ihrer kapitalistischen Spielform, dem Psychoboom, zuzuschreiben. Doch mit ihrer Philosophie der offenen Arme für alles und jedes gehört sie sicher zu den Wegbereitern.

Humanistische Psychologen behaupten zwar, ihre Psychologie sei mehr als eine Religion. Das Herzstück der Humanistischen Bewegung liege nicht in Methoden, Institutionen, Gruppen oder Personen, sondern darin, daß jedes Individuum sich selbst verwirklichen könne und fähig sei, Gemeinschaft mit anderen zu finden. Dabei gäbe es keinen richtigen Weg, sondern jeder müsse sein eigenes Wertsystem entwickeln. Wenn bestimmte Gruppen innerhalb der Bewegung versuchten, ihr Konzept vom richtigen Weg den anderen aufzupfropfen, widerspräche das der Grundidee Humanistischer Psychologie.[9] Doch gerade ABRAHAM MASLOW, eine der Hauptstützen der Humanistischen Psychologie, hat gegen Ende seines Lebens diesen Umschwung zum »Übersinnlichen« mit vorbereitet. Er forderte eine »Transpersonale Psychologie« als notwendige »vierte Kraft«.

JOHANN SCHÜLEIN sieht das »bizarre Sektenwesen« in Zusammenhang mit dem Psychoboom: »Mangels eigener Kompetenz und sozialer Möglichkeiten der Sinnkonstitution dominiert die Suche nach Sinn-Surrogaten weite Bereiche des Handelns – ohne daß dadurch tatsächliche Befriedigung erreicht würde.«[10]

KLAUS HORN, schon lange ein Kritiker der gruppendynamischen Szene, beklagt das Ausweichen in entpolitisierte Bereiche.[11] Er sieht aber in derartigen Bewegungen die Suche nach einem neuen, einem anderen Lebenssinn. Als Paradigma nimmt er OTTO MÜHL und seine Aktions-analytische Organisation (AAO). Er sieht darin »... Fluchtburgen aus dieser anstrengenden Lebensform, indem fest organisierte Sekten einen neuen, einen anderen Lebenssinn und dazu in aller Regel auch den organisatorischen Rahmen als Existenz in

einer gesellschaftlichen Nische anbieten. Man schließt sich einer Subkultur an, die ihre Gegenregeln pflegt.«[12]
Für mich verbergen sich hinter dieser Suche auch Bedürfnisse, die in dieser Gesellschaft nicht gelebt werden können. Nun ist es nicht zu leugnen, daß Gruppendynamik und Humanistische Psychologie mit dazu beigetragen haben, Schonräume zu schaffen, in denen Menschen sich eine neue Sinnfindung erhofften. Ich glaube nicht, daß das alles wirkungslos gewesen ist. Ich sehe in dem Bemühen der sogenannten Alternativen, Bunten und Grünen den Versuch, sich innerhalb einer Gemeinschaft eine Umwelt zu schaffen, wo auch der »subjektive Faktor« ernst genommen wird. Zumindest wird dort die gegenseitige Bedingtheit von subjektiven und objektiven »Wirklichkeiten« erkannt.
Wie aus diesen knappen Ausführungen hervorgeht, hat der hier verwandte Begriff »humanistisch« wenig zu tun mit dem in der europäischen Geistesgeschichte gleichlautend verwandten Begriff, bei dem die Rationalität im Vordergrund steht. Humanistische Psychologie will den Menschen gerade von der Überbetonung der Kopf-Arbeit befreien und ihm helfen, seine leib-seelische Ganzheit wiederzufinden.
Eine Gemeinsamkeit liegt allenfalls im gängigen Sprachgebrauch. Da versteht man unter Humanismus »allgemein das Bemühen um Humanität, um eine der Menschenwürde und freien Persönlichkeitsentfaltung entsprechende Gestaltung des Lebens und der Gesellschaft durch Bildung und Erziehung und/oder Schaffung der dafür notwendigen Lebens- und Umweltbedingungen selbst«.[13] Das bestätigt U. VÖLKER: »Trotz aller Unterschiede in Einzelfragen besteht jedoch das gemeinsame Anliegen Humanistischer Psychologen in der Hinwendung von Forschung und Praxis auf den Menschen in seiner alltäglichen Existenz. Sie möchte die... gewonnenen Erkenntnisse für eine Humanisierung unserer Lebensumwelt nutzbar machen.«[14]
Ich kann mir allerdings die Bemerkung nicht versagen, daß die Wortfindungen innerhalb der neueren therapeutischen und pädagogischen Gruppierungen, die sich der Humanistischen Psychologie zurechnen oder ihr zugeordnet werden, mit ihren vielen Gräzismen und Latinismen fatal an Humanistisches Gymnasium erinnern. (Beispiele dafür sind »Thymopraktik«, »Geragogik« oder »Katathymes Bilderleben«.) Die sprachliche Darstellung verfehlt vielfach den Anspruch der Humanistischen Psychologie, auch für den Mann auf der Straße,

»den Menschen in seiner alltäglichen Existenz«, verständlich zu sein. Sie wird so zur Herrschaftssprache.

In der BRD gibt es die Deutsche Gesellschaft für Humanistische Psychologie (DGHP), welche ein Forum für unterschiedliche Ausprägungen und Gruppierungen sein will. Es gibt aber auch einen Sensus-Freundeskreis, einen Verein zur Förderung der persönlichen Entfaltung und offenen Begegnung e. V. (mit eigener Zeitschrift: »Sensus, Kommunikation«, Verlag für humanistische Psychologie, Werner Flach KG, Frankfurt/M.). Offenbar ist in der BRD ein Markt für Humanistische Psychologie vorhanden, wie ich 1976 – zusammen mit GEORGE BACH – im »Psychoboom«[15] beschrieben habe. Neuerdings möchte ein »Forum für Humanistische Psychologie und Psychotherapie« »methodische, didaktische und praktische Arbeit aus dem Kreis der psychologischen und psychotherapeutischen Fachwelt weiteren Kreisen zugänglich machen«.[16] Wie diese Kreise aussehen, illustrieren anschaulich die Preise (320,— bis 350,— DM für ein maximal achtstündiges Tagesseminar) und die Tagungsorte solcher Veranstaltungen; z.B.: »Schloß Auel... geschichtsträchtig ist jeder Winkel des Barockschlosses. Exklusiver Tagungsort mit modernem Touch. Die Lebenskultur und Nonchalance der Schloßfamilie ist überall spürbar.«

In diesem Zusammenhang möchte ich nicht noch einmal die leidige Encounter-Debatte aufwärmen, die ich mit BACH und anderen 1976 gegen BORNEMAN in »psychologie heute« geführt habe. BORNEMAN vertritt sehr pauschal den Standpunkt, das, was da in Gruppen geschehe, sei nicht nur therapeutisch wirkungslos, sondern auch gefährlich. Er behauptet, »daß der tatsächliche soziale Effekt Null ist. Der individualpsychologische Effekt ist weniger als Null: Er ist negativ.«[17] Ich nähere mich BORNEMAN darin an, daß sichtbare politische Auswirkungen, etwa im Abbau von Abhängigkeiten und Autoritätsstrukturen, bisher ausgeblieben sind, kann ihm aber nicht darin folgen, daß Therapie, die ja immer Selbsterfahrung sein muß, nutzlos sei. BORNEMAN zieht daraus die Konsequenz: »Das bedeutet: Man muß aufhören, sich als Arzt zu betätigen, und man muß anfangen, gesellschaftsverändernde Sozialarbeit zu betreiben.«[18] Mit zur Verwirrung trägt bei, daß mit dem Anspruch, eine »Therapie für Normale« zu sein, die ursprüngliche »Seelenbehandlung« stark inflationären Tendenzen unterliegt und immer mehr zur seelischen Individualkosmetik verfällt. Ich bestreite nicht, daß die Humanistische Psychologie konformistische Züge hat, was man übrigens auch von den anderen psychologischen Richtungen sagen kann. Diese Aussage hat für mich trivialen Charakter, als ob bisher irgendeine Psychologie dauerhafte gesellschaftliche Veränderungen zustande gebracht hätte.*

Der ständig weiter um sich greifende Psychoboom in der BRD ist gerade auch ein Indiz dafür, daß die therapeutische Versorgung der Bevölkerung völlig unzureichend ist, wie der »Bericht über die Lage der Psychiatrie in der Bundesrepublik Deutschland – Zur psychiatrischen und psychotherapeutisch/psychosomatischen Versorgung der Bevölkerung«[19] hinreichend dokumentiert. Man beklagt heute die Vermarktung der Therapie, ohne gleichzeitig zu berücksichtigen, daß die subjektiv bestehenden Bedürfnisse nach Therapie von der bisherigen therapeutischen Praxis mangels vorhandener Therapieplätze in keiner Weise abgedeckt werden konnten.

Die bisherige »Geheimbündelei« der etablierten Psychotherapieverbände hat bewirkt, daß Therapie – und keiner weiß, was das eigentlich ist – als magische Wundertüte für alle möglichen Arten von Leiden angesehen wird. Die größere Öffentlichkeit in Sachen Therapie, auch eine Folge des Psychobooms, wird – so hoffe ich – eine aufklärerische Funktion übernehmen. Hinzu kommt, daß die bisherige Praxis fast ausschließlich in der Hand von Medizinern lag; wenn Psychologen Therapie ausüben durften, dann nur unter Aufsicht (Delegation) von Ärzten, so daß de facto ein ganzer Berufsstand an psychologischem Therapieren gehindert wurde. Strenggenommen wird damit bis heute psychologische Tätigkeit im Dienst an der Gesundheit (Verhütung, Früherkennung und Feststellung von Krankheiten und Hilfe zur psychischen Rehabilitation) als ein Verstoß gegen die gesetzlich geregelte Ausübung der Heilkunde gewertet. Hingegen dürfen Heilpraktiker groteskerweise Therapie ausüben (vgl. § 1 Heilpraktikergesetz).

Die Humanistische Psychologie hat dem medizinischen Krankheitsmodell die »Vision« vom gesunden Menschen gegenübergestellt. MASLOW schrieb dazu optimistisch: »Vielleicht räumt uns diese Psychologie der Gesundheit mehr Möglichkeiten ein, unser Leben zu kontrollieren, zu verbessern und aus uns bessere Menschen zu machen. Vielleicht ist das fruchtbarer als danach zu fragen, ›wie man nicht-krank wird‹.«[20] Diese »Gesundheitspsychologie« ermutigt den Men-

* BORNEMAN spricht im Untertitel seines in diesem Band abgedruckten Aufsatzes von einem »Konformismus in der *Psychotherapie*«. – Der Hrsg.

schen, aus sich heraus zu leben, denn in unserer Kultur nutzten die meisten die ihnen innewohnenden Fähigkeiten der Kreativität und Spontaneität nicht aus, sondern beschränkten sich auf ein eingefahrenes Repertoire von Verhaltensmustern, das sie zu angepaßten Menschen macht.

Das Problem der Therapie werde ich später noch einmal aufgreifen. Zunächst möchte ich mich mit jenem Teil der Praxis im Psychoboom auseinandersetzen, in der alles auf den Menschen zentriert ist. Ich meine damit Selbsterfahrungsgruppen oder »wilde« therapeutische Gruppen, die frei auf dem Markt angeboten werden, um die herrschende Nachfrage nach Psychokosmetik und Psychomassage zu befriedigen. Es ist sicher nicht verfehlt, die steigende Zahl von »Massagesalons« (in ihrer doppelsinnigen Bedeutung) als eine andere Abteilung dieses seelischen Supermarktes zu betrachten. Diese Angebote, die man auf dem freien Psychomarkt erhält, ähneln einander verblüffend:

»Laufende Selbsterfahrungsgruppen: Wenn Sie Lebensschwierigkeiten haben, Partnerprobleme, Kontakthemmungen, Probleme bei der Selbstfindung, wenn Sie schlecht Kritik vertragen können, nicht gut Ihre Wünsche und Gefühle äußern können, sich in einer Gruppe nicht zu sprechen trauen, dann ist kontinuierliche Arbeit an sich selbst erforderlich. In der vertrauensvollen Atmosphäre von ca. 8 Personen einer psychologisch geleiteten Selbsterfahrungsgruppe werden Sie bald frei über Ihre Probleme reden können (die anderen tun es ja auch) und werden von den Teilnehmern erfahren, wie diese mit ähnlichen Problemen umgegangen sind. So erweitern Sie mit Gesprächen und Übungen Ihre Erlebens- und Lebensmöglichkeiten, werden in Ihrem Verhalten flexibler, in Ihrer Lebenseinstellung realitätsangepaßter und werden doch auch mehr Sie selbst, indem Sie sich besser von anderen Menschen abgrenzen können.«[21]

Hier werden Befreiung, Selbstverwirklichung und Autonomie versprochen. Der Anbietende hält ein Konzept von Realität bereit, an das man sich anpassen kann. Die Kriterien der Realität verrät er nicht. Wie paßt man sich an? Man sagt sich »Sei du selbst« – und schon unterscheidet man sich von den anderen. Das ist leicht, da die Atmosphäre vertrauensvoll ist.

Nun frage ich mich: Wenn ich in eine solche Gruppe gehe, bin ich dann nicht ich selbst? Ich, der ich Partnerprobleme habe, ich, der ich gehemmt bin, Kontakt zu anderen aufzunehmen und Kritik nicht ausstehen kann? Unterliege ich also einem Zirkelschluß: ich komme nicht anders heraus, als ich hineingegangen bin. Oder trifft es zu, daß jetzt alles besser klappt, daß mein Verhalten flexibler wird, meine Erlebens- und Lebensmöglichkeiten sich erweitern? Zugegeben: es ist trostvoll zu wissen, daß andere auch ähnliche Probleme haben.

Hinter einem solchen Angebot steht offenbar die Annahme, daß man das, was man in der Gruppe lernt, auch im eigenen Lebensrahmen anwenden oder damit sogar Veränderungen einleiten kann. In der (abklingenden?) Begeisterung für diese Art von Selbsterfahrungsgruppen, die für mich u. a. die Suche nach neuen Kommunikationsmöglichkeiten repräsentieren, sehe ich eine paradoxe Verschränkung: Die Konflikte, die im Umgang miteinander (Familie, Arbeitsplatz, Institutionen) entstehen, werden nicht da gelöst, wo sie entstehen, unter den unmittelbar Betroffenen, sondern man simuliert in einer Gruppe von nicht an den Konflikten Beteiligten Konfliktlösung. Die Paradoxie liegt darin, daß hier zwei Prämissen aufeinandertreffen, die jede für sich genommen, in sich stimmig, zusammen jedoch unversöhnbar sind:

Prämisse 1: Konflikte, die ich habe, kann ich mit den Betroffenen nicht lösen.

Prämisse 2: Konflikte, die ich habe, kann ich mit Nicht-Betroffenen in der Gruppe lösen.

Diese Widersinnigkeit wurde offenbar von professionellen Veranstaltern erkannt. Daraus folgte jedoch eine weitere Paradoxie; an diejenigen, die den geschilderten Widerspruch in Selbsthilfegruppen (Betroffene mit Betroffenen!) überwinden wollen, richtet sich folgendes Angebot: »Für Menschen, die derzeitig oder früher Teilnehmer in Selbsthilfegruppen waren, bieten wir eine 5tägige Selbsterfahrungsgruppe im Zentrum... an. Hier bearbeiten wir besonders die durch die Selbsthilfegruppen aufgeworfenen und unerledigten Gefühls- und Einstellungskonflikte.«[22] Diese Kette könnte man beliebig fortsetzen: Für Menschen, die in der 5tägigen Selbsterfahrungsgruppe unerledigte Gefühls- und Einstellungskonflikte..., und so fort.

Wenn solche Gruppen nicht nur als Spielwiesen für neue Freizeitbeschäftigungen dienen sollen, dürfte es fortan nicht Illusion bleiben, auch im eigenen Lebensraum zu verwirklichen, was in der Gruppe möglich ist. Die Verkürzung liegt darin, daß Selbstverwirklichung zum Popanz aufgeblasen wird und das Selbst mit der Welt zusammenfällt: Das Selbst ist meine Welt und sonst gar nichts. So einfach, wie A. MASLOW suggeriert, ist es nicht: »Der Mensch kann sich nicht mit Weisheit für ein Leben entscheiden, ohne daß er auf sich selbst, sein eigenes Selbst in jedem Moment seines Lebens hört und ganz gelassen sagt: ›Nein, ich mag dies und jenes nicht.‹«[23]

Das Selbst wird als ein geschlossenes System betrachtet, das sich selbst genügen kann. In dieser Verkürzung des Ichs werden die Bezugssysteme außer acht gelassen. Paradoxerweise ist in den Begegnungsgruppen nicht »Begegnung« das eigentliche Thema, sondern »Selbstverwirklichung«. Die Begegnung mit anderen wird lediglich als Vehikel für Selbstverwirklichung mißbraucht. Im Hier-und-Jetzt der Gruppe werden Begriffe wie Selbstverantwortung und Entscheidungsfreiheit mit Berufung auf den Existentialismus überstrapaziert.

Dimensionen wie Lebensangst, Einsamkeit, Aggression werden vernachlässigt, ganz zu schweigen von Begriffen, die unmittelbar auf gesellschaftliche Verflechtungen hinweisen: Leistungsdruck, Entfremdung, Solidarität. Da spricht man allenfalls – wertneutral – von Kooperation. Denn »der Mensch muß in Schönheit und nicht in Häßlichkeit leben« (A. MASLOW).[24]

Um es überspitzt zu sagen: Aus dem Land der unbegrenzten Möglichkeiten wird uns eine Psychologie der unbegrenzten Möglichkeiten angeboten. Die Schattenseiten des Lebens wie Angst, Einsamkeit, Aggression und soziale Not sollen dadurch überwunden werden, daß der heutige Mensch lernt, anstatt »Ich kann nicht« zu sagen: »Ich will«. Wenn die Lösung der Probleme so einfach wäre, brauchte man sich mit den gesellschaftlichen und politischen Bedingungen des beruflichen und privaten Alltagslebens nicht auseinanderzusetzen.

Prägnant attackiert F. HEUBACH die Verschleierung solcher Widersprüche: »Dies geschieht auf jede nur erdenkliche Weise:

- sei es, daß man das Subjekt anhält, diese Widersprüche als seine eigenen zu verstehen,
- sei es, daß man ihm nahelegt, sie von höherer Warte zu sehen (hier zeitigen vor allem fernöstliche Therapieverschnitte schöne Erfolge),
- sei es, daß man dem Subjekt in seinem Selbst einen Weltersatz anbietet,
- sei es, daß man es schlicht immer wiederkommen läßt,

- sei es, daß man ihm in Gruppen Geselligkeit als Ersatz von Gesellschaft offeriert,
- sei es, daß der Therapeut es in seinem Geschichtchen sein läßt, was es in der Geschichte nicht ist: Mittelpunkt,
- sei es, daß dem Subjekt im Leiden dargeboten wird, was seinem Leben abgeht: Einheit, Totalität.«[25]

Subkulturen – der Sozialpsychologe GRAUMANN schreibt der Humanistischen Psychologie eine solche zu[26] – entwickeln auch ihre eigene Sprache. Zu einem fast schon geflügelten Wort wurde der Ausdruck: »Das ist nicht mein Problem, das ist dein Problem.« Dahinter verbirgt sich der popularisierte FRITZ PERLS, Gründer der Gestalttherapie, mit seinem verbreiteten Gestaltgebet:

»Ich tu, was ich tu; und du tust, was du tust.
Ich bin nicht auf dieser Welt, um nach deinen Erwartungen zu leben,
Und du bist nicht auf dieser Welt, um nach den meinen zu leben.
Du bist du, und ich bin ich,
Und wenn wir uns zufällig finden, – wunderbar.
Wenn nicht, kann man auch nichts machen.«[27]

Hinzu kommt ein Leitmotiv der Trainer/Leiter/Therapeuten von solchen Gruppen: Ich kann dir nicht helfen, du mußt dir selbst helfen. Den Gruppenteilnehmer trifft nur das Pech, daß er für diese Hilfe auch noch bezahlen muß.

Ich habe versucht, diese »Gestalt-Logik« zu Ende zu denken. Ein Gruppenteilnehmer erwartet Hilfe von der Gruppe. Der Leiter sagt ihm: »Ich kann dir nicht helfen, du mußt dir selbst helfen.« Noch hat der Teilnehmer Durchsetzungskraft und setzt dem entgegen: »Ich habe sexuelle Probleme, ich brauche Hilfe!« Der Gruppenleiter: »Das ist dein Problem, nicht mein Problem. Du bist dafür verantwortlich, das hast du dir selbst ausgewählt.« Die anderen Teilnehmer unterstützen und bekräftigen das. Der Gruppenteilnehmer gerät unter Spannung. Er schreitet zur Selbsthilfe und gibt dem Leiter eine Ohrfeige. Als der Leiter sich wieder gefaßt hat, tröstet ihn der Gruppenteilnehmer: »Ich kann dir nicht helfen, das ist dein Problem. Das hast du dir selbst gewählt.«

Verteidiger von PERLS wie HILARION PETZOLD oder RUTH COHN behaupten zwar, PERLS habe es so nicht gemeint. Auffallend ist jedoch, daß heute eine zunehmende Distanzierung vom »späten« PERLS zu beobachten ist. Selbst RUTH COHN, die sich zur erlebnisorientierten Therapiebewegung zählt, sieht einen Zusammenhang mit dem Gestaltgebet: »Im Experientialismus* hat sich eine Unterart, ich möchte fast sagen: Unart entwickelt, die den Egoismus vergottet – ohne Einbeziehung einer über meinen ganz persönlichen Gesichtskreis hinausgehenden Verantwortung, also ohne ethische Grundlage. FRITZ PERLS' ›Gestaltgebet‹ hat sicher auch dazu beigetragen.«[28] Ebenso weist PETZOLD auf diesen Zusammenhang hin: »Die Humanistische Psychologie steht zur Zeit in der Gefahr, daß durch die zu starke Betonung des ›Selbst‹ eine in die Vereinzelung führende Individualisierung ausgebildet wird, die die Zusammenhänge innerhalb der Gesellschaft aus den Augen verliert.«[29]

Auch wenn das Programm nicht so simpel wie im Gestaltgebet, sondern mit existentiellem Wortschwall vorgetragen wird, bleibt die Utopie aufrechterhalten, der Mensch als Individuum habe es heute in der Hand, sich seine Welt so zu gestalten, wie es für seine Selbstverwirklichung notwendig ist: »Jeder Mensch wird als aktiver Gestalter der eigenen Existenz gesehen, da seine Lebensbedingungen, die ihn so stark prägen, zu einem erheblichen Teil von ihm selbst geschaffen worden sind. Zwar ist er ein Teil der Natur, aber er hat sich in dem Maße den Naturgesetzen entzogen, wie er sich eine ›unnatürliche‹ Umwelt schuf, auf die er ständig gestaltend und verändernd Einfluß nimmt« (ULRICH VÖLKER).[30] Hier wird zwar auf den Bezug zur Umwelt hingewiesen, aber so getan, als ob der heutige Mensch geschichtslos dastände, frei von gesellschaftlichen und politischen Begrenzungen. Er wird so gesehen, als ob er aus seinem Hier-und-Jetzt alles »heil« machen könne.

Wenn man diese Spur der Humanistischen Psychologie verfolgt, wird es verständlich, warum RUSSELL JACOBY mit ihren Wegbereitern und Vertretern so hart ins Gericht geht. Was übrig bleibt, ist die »reductio ad hominem«; für mich freilich ist es die Reduktion auf ein nordamerikanisches Menschenbild mit einer naiven Rühmung amerikanischer Werte. »Weil alles unmittelbar menschlich ist, braucht man lediglich ein wenig menschlicher zu sein, um dem Übel abzuhelfen.«[31] Oder an anderer Stelle: »Man hilft sich selbst, weil vereinte Hilfe unzulässig ist. In der Abwehr gesellschaftlicher und politischer Praxis verdoppelt sich die individuelle Hilflosigkeit noch und

* Von Experience = Erfahrung – Der Hrsg.

beruhigt sich einzig durch Selbsthilfe, Hobbies und Leitfäden. Um die bürgerliche Gesellschaft in ihren Bahnen zu halten, bedient man sich eines alten Rezepts: während das Geschäft über Geist und Körper herrscht, wird man daran gemahnt, sich um seine eigenen Angelegenheiten zu kümmern.«[32]

Aber selbst da, wo Humanistische Psychologen gesellschaftliche Utopien entwickeln, überschreiten sie nicht den personenzentrierten Ansatz. Für CARL ROGERS besteht der Grundkonflikt des heutigen Menschen darin, daß sich in ihm ein interner Krieg abspielt. Der Mensch sagt sich: Nach außen hin scheine ich ziemlich okay zu sein, aber in meinem Inneren fühle ich, daß ich wertlos, inkompetent und böse bin. Es besteht eine unversöhnbare Diskrepanz zwischen dem, was ich zu sein scheine und dem, was ich wirklich bin. Wenn Leute mich so kennen würden, wie ich wirklich bin, würden sie mich zurückweisen. Das Rezept, diesen Konflikt zu lösen, sieht ROGERS darin, daß er durch akzeptierendes Verstehen in der Gruppe ein streß- und angstfreies Klima schafft, wo der zerrissene Mensch sich selbst, besonders seine wertlosen und bösen Seiten erforscht. Wenn er das in einer herzlich zugewandten Beziehung tun kann, wird er entdecken, daß es eben nicht wertlose und böse, sondern ganz natürliche, oft konstruktive und kreative Seiten seines Selbst sind, die mit den guten Seiten nicht unvereinbar sind. Wenn erst einmal der innere Friede gefunden ist, werden auch Konflikte zwischen Individuen, ja sogar verfeindeten Gruppen möglich. Dementsprechend hält ROGERS »die Gruppenarbeit für eines der wichtigsten sozialen Phänomene unserer Zeit«.[33] Auf dem internationalen Kongreß für Humanistische Psychologie zur Jahreswende 1975/76 in Mexiko vertrat er die Ansicht, daß heute genügend Kenntnis darüber vorhanden sei, wie man tiefe Gruppenkonflikte lösen könne.

Vor drei Jahren hatten er und ein Kollege Gelegenheit, mit neun Leuten aus Belfast/Nordirland ein Wochenende lang zu arbeiten. Die Gruppe umfaßte fünf Protestanten (einer davon war Engländer) und vier Katholiken. Die Gruppe war so zusammengesetzt, daß auf beiden Seiten sowohl Extremisten wie Gemäßigte, Männer und Frauen, Junge und Alte teilnahmen. Das Ziel war, offene Kommunikation untereinander zu ermöglichen und die Interaktionen zu filmen. Während des kurzen Wochenendes verlief der Gruppenprozeß von bitterer Feindseligkeit zu Beginn bis hin zu gegenseitigem Verstehen und zum Verändern von Einstellungen. Danach zeigten

Katholiken und Protestanten den Film über dieses Wochenende in ihren Lagern. ROGERS sagte zwar, daß dadurch der Konflikt in Nordirland noch nicht gelöst sei. Aber seine Utopie ging dahin, daß man tausende solcher Begegnungsgruppen einrichten könne. Er forderte Encountergruppen auf internationaler Ebene neben oder mit den bestehenden diplomatischen Kontakten.

Hier werden Schwierigkeiten, die zwischen Gruppen bestehen, auf das Gefühl subjektiver Identität zurückgeführt. Die Lösung erfolgt nach dem Muster: »Ich bin okay, du bist okay.« Kriterium für diese Identität ist das eigene Erleben, das, was man mit seinen Sinnen wahrnehmen kann. Dahinter steht der Glaube, das »Gute« im Menschen könne leicht aktiviert werden und gleichzeitig die Hoffnung: Wenn alle, oder zumindest viele, das gleiche tun, wird es schon gutgehen. Völlig außer acht gelassen werden die Machtkonstellationen, in denen diese Menschen sich befinden. Gerade an dem Beispiel Nordirland wird deutlich, daß dieser Konflikt nicht aus dem Hier-und-Jetzt, durch gegenseitiges Verstehen, zu lösen ist. Er besteht nicht zwischen sich selbst entfremdeten Individuen, sondern ist ein politischer Konflikt mit historisch gewachsenen Bedingungen und Machtinteressen. »Die Blindheit des therapeutischen Blicks besteht nun darin, daß er nur den entfremdeten Menschen und nicht ebenso das, wovon dieser sich entfremdet haben soll, als Produkt sieht.« (WIMMER)[34] Herrschaftsverhältnisse, soziale und ökonomische Diskriminierung – nur ein Ausdruck inneren Unfriedens, durch vertrauensvolle Aussprache aufhebbar? Für mich klingt das eher pastoral. Die Bemerkung MARCUSEs, die Neo-Freudianer läsen sich wie Sonntagsredner[35], findet hier ihre Bestätigung bei einem bedeutenden Nach-Freudianer.

Mit der Beschreibung von Praktiken, die um Selbstverwirklichung zentriert sind, wollte ich eine Entwicklung charakterisieren, in der einige Schlagworte der Humanistischen Psychologie wie Selbstverwirklichung, Spontaneität, Kreativität, Selbstverantwortung, Authentizität, Gipfelerlebnisse u. a. zu marktschreierischen Reklamefloskeln entartet sind. Sie werden vom »Psychoboom« als die Essenz Humanistischer Psychologie angepriesen. Von dem Programm, wie es BUGENTAL (vgl. S. 54) aufgestellt hat, ist nicht mehr viel übriggeblieben.[36]

Meiner These von der paradoxen Verschränkung (vgl. S. 61) stehen viele Aussagen von Menschen gegenüber, die auf eine deutliche Besserung wesentlicher seelischer Funktionen im Bereich des Fühlens, der Selbstwahrnehmung und des sozialen Verhaltens durch Selbsterfahrung in der Gruppe verweisen. Wer wissenschaftsgläubig genug ist, kann sich dabei auch auf entsprechende empirische Befunde stützen. Ich bestreite subjektive Auswirkungen nicht, sehe aber die Gefahr darin, daß solche Gruppen dazu ermuntern, den Umweg über das Gruppenerlebnis zu suchen, anstatt die Probleme gemeinsam mit dem Partner, Freund, Arbeitskollegen, den Kindern usw. zu bewältigen. Für den höheren Mittelstand sind solche »Reisen zum Ich« einfach schick. Sie werden so selbstverständlich wie der Urlaub in Mallorca.

Oft wird die Metapher vom Training gebraucht. Man könne in Gruppen Dinge tun, die man gern zu seiner Selbstverwirklichung tun würde, dort einüben und dann zu Hause umsetzen. Aber eine Fußballmannschaft bestreitet auch den Ernstfall gemeinsam, und der Trainer steht dann zumeist an der Seitenlinie, während Gruppenteilnehmer allein auf sich gestellt kämpfen müssen. Ich mache den Veranstaltern zum Vorwurf, daß sie sich häufig nicht genügend um den Transfer kümmern.* Veranstalter und Leiter von solchen Unternehmen geraten damit in eine gefährliche Komplizenschaft mit konfliktflüchtigen ›Kunden‹. Sie tragen dazu bei, daß die Kommunikations-Möglichkeiten, die das tägliche Leben anbietet, nicht mehr ausreichend genutzt werden. Es wird so getan, als hätten die Betroffenen keine Hilfsmittel, ihre Sache selbst zu regeln.

Aber diese Annahme wird weder überprüft, noch wird die Selbsterfahrung in der Gruppe umgeleitet in konkrete Handlungsformen des alltäglichen Lebens. Dieser Transfer bleibt den Selbstverwirklichten überlassen. Das kann dazu führen, daß die Kommunikation in den persönlichen und gesellschaftlich angrenzenden Lebensbereichen austrocknet. Besonders deutlich wird dieser Zusammenhang, wenn an einem Wochen-

* Vgl. BÖDIKER, MARIE-LOUISE und WALTER H. LANGE, Gruppendynamische Trainingsformen, Reinbek bei Hamburg 1975, S. 108: »Die Encounter-Gruppe schafft eine Ausnahmesituation. Sie setzt sich nicht mit der wirklichen Umwelt auseinander. Die gesellschaftlich-politischen Faktoren werden ausgeklammert, Kritikfähigkeit wird kaum geschult. Keiner, auch der Trainer nicht, übernimmt die Garantie dafür, daß ein psychisch Labiler im Alltag noch bestehen kann, wenn er seine Rolle ablegt, sich von seinem beengenden, aber auch stützenden Korsett befreit. Je weiter sich die Laborsituation von der Alltagssituation entfernt, desto geringer sind die Transfermöglichkeiten, die in der Regel kaum bearbeitet werden.« – Der Hrsg.

ende oder in einem 5-Tage-Workshop das Kunststück der Selbstverwirklichung bewerkstelligt werden soll; offen oder versteckt unter dem Motto: ›Wenn Sie an dieser Gruppe teilgenommen haben, sind all Ihre Probleme gelöst.‹ Mit solchen Versprechungen ist immer noch viel Geld zu verdienen. Die Konzeption, Veränderungen in gesicherten Schonräumen auszuprobieren, hat sogar zu einem neuen Berufsstand geführt: dem professionellen Gruppenleiter als Vorkämpfer des Individuums. Dort, wo das Individuum wirklich bedroht ist, in seinem konkreten Alltagsleben, braucht er nicht einzugreifen, da kann er sich 'raushalten. Er verkauft eine Ware, um die sich keine Stiftung Warentest kümmert. Wie die Ware ankommt, was der Käufer damit macht, ist nicht kontrollierbar. Es besteht kein Rückgaberecht. Die Veranstalter lassen sich oft noch unterschreiben, daß der Kunde für alle Folgen selbst verantwortlich sei.

In der BRD hat in den letzten Jahren eine Diskussion eingesetzt, welche die Verengung auf das Selbst aufzubrechen sucht und wieder stärker die Organismus-Umwelt-Beziehung zum Thema macht. Mir scheint, man würde gerne eine »Kritische Humanistische Psychologie« etablieren. Kritik im ursprünglichen Wortsinn, nämlich zu unterscheiden, tut auch not. Die Methodeninflation innerhalb der Humanistischen Psychologie, in der Techniken zu neuen Therapieformen hochstilisiert werden, macht es nicht leicht, eine gemeinsame theoretische und praktische Basis zu finden. Humanistische Psychologie hat bisher keinen nennenswerten Zugang in das psychologische Lehrangebot der Universitäten gefunden. Das, was an theoretischer und praktischer Auseinandersetzung geleistet wird, geschieht außerhalb des universitären Bereichs in privaten oder gemeinnützigen Instituten und Praxen.

Das Schlagwort, unter dem solche Bemühungen laufen, heißt »integrativ«. Man spricht von Integrativer Therapie, Integrativen Verfahren, Integrativer Agogik. Agogik deshalb, weil man hervorheben will, daß Humanistische Psychologie sich als angewandte Anthropologie versteht. »Der Begriff ›Agogik‹... wird verwandt, weil er Pädagogik, Andragogik und Geragogik umgreift und damit Bildung und Bildungsarbeit als lebenslange Prozesse kennzeichnet, die nicht nur auf Kindheit und Jugend festgelegt werden dürfen.« (PETZOLD)[37] Die Schwierigkeit der Integration liegt darin, daß für recht heterogene Richtungen und Strömungen ein Erklärungsrahmen gefunden werden muß, der es erlaubt, methodisch vorzuge-

hen, d.h. zu wissen, was und wie etwas zu tun ist. Es müßte jedoch deutlich werden, welche Auffassung von Wirklichkeit hinter Behandlungsformen oder pädagogischen Einwirkungen steht.
Die intensivsten Bemühungen um Integration kommen aus dem Bereich um die Gestalttherapie. H.J. WALTER, der gruppendynamisch und gestalttherapeutisch ausgebildet ist, hat 1977 einen »Beitrag zur theoretischen Begründung der integrativen Anwendung von Gestalt-Therapie, Psychodrama, Gesprächstherapie, Tiefenpsychologie, Verhaltenstherapie und Gruppendynamik« vorgelegt.[38] HILARION PETZOLD sieht in dem »Ko-respondenz-Modell« ein zentrales Handlungskonzept für den »Integrativen Ansatz in Psychotherapie, Soziotherapie und Agogik«. Der Begriff »Handlungskonzept« umschließt die Einheit von Theorie und Praxis. »Das Modell intersubjektiver Ko-respondenz... ist eine Methode zur gezielten Konstituierung von Sinn als Konsens und zur Vorbereitung von Praxis als Kooperation.«[39]
BESEMS entwickelte unter Zuhilfenahme des Menschen- und Weltbildes der Intersubjektivität, wie GABRIEL MARCEL es beschrieben hat, Ansätze zu einer kritischen Integrativen Therapie/Gestalttherapie.[40] Bemerkenswert ist, daß in all diesen Integrationsversuchen die Verantwortung für die Welt, in der man lebt, hervorgehoben wird. Das Individuum wird wieder offen für die Welt, die es umgibt. »Engagierte Verantwortung existiert immer nur als Praxis von Verantwortung für meinen gesamten Lebenszusammenhang, und dieser ist die Welt.« (PETZOLD)[41]
BESEMS forderte die Therapeuten auf, gesellschaftlich und politisch aktiv zu werden: »Wirken wir bei solchen Entwicklungen nicht mit, so isolieren wir unser therapeutisches Laboratorium von der täglichen Wirklichkeit und trainieren unsere Patienten (Kunden, Partner) in anderen ›besseren‹ Verhaltensweisen, die innerhalb der gesellschaftlichen Strukturen jedoch weltfremd sind. Daraus folgt, daß der Klient/Patient nicht nur neue Verhaltensweisen lernen, sondern auch seine Umwelt verändern müßte, um in diesen seinen Verhaltensweisen anerkannt zu werden. Dies wäre jedoch eine zu hohe Anforderung an gerade diejenigen Menschen, die den Konflikt zwischen organischen und gesellschaftlichen Anforderungen im gegenwärtigen sozialen Klima am stärksten erleben. Wir dürfen nicht auf sie warten, um dieses Klima zu verändern.«[42]

Innerhalb dieser Diskussion sind die Grenzen zwischen erzieherischen und therapeutischen Aufgaben nicht klar gezogen. Man kann zwar den Standpunkt vertreten, daß jede Therapie erzieherische Aufgaben einschließt, aber es wird stillschweigend davon ausgegangen, daß der Mensch von heute Therapie nötig hat. (Böswillig gesagt: Er muß sie nötig haben, damit die ständig wachsende Zahl der Therapeuten ihren Unterhalt verdienen kann.) Solches Denken verstellt vorschnell den Blick für andere Lösungen. Indem man das menschliche Leiden individualisiert oder – wie im Psychoboom – kommerzialisiert, begreift man Therapie allenfalls als Resozialisierung. Die Verlagerung vom Problem auf das Individuum engt den Blick auf das Ganze ein. Ich sehe den Widerspruch darin, daß man verbal das soziale Engagement hervorhebt und in der therapeutischen Praxis, ›im stillen Kämmerlein‹, an der Seele herumdoktert. Es fragt sich, ob darin nicht schon ein erster Schritt zur Ausgrenzung angelegt ist, wie sie in den traditionellen Psychiatrien vollzogen wird. BASAGLIA und seine Mitstreiter haben die ›Irrenhäuser‹ nicht dadurch aufgelöst, daß sie die Patienten in eine ambulante Therapie schickten, sondern indem sie ihnen bei der Eingliederung in die Gesellschaft halfen.*

Im derzeitigen Kampf diverser Therapieverbände um die Teilhabe an den Fleischtöpfen des nicht-ärztlichen Therapeuten scheint ebenfalls die Bereitschaft zu bestehen, zunächst ein von Medizinern diktiertes Neurosenschema, wie es auch von den Krankenkassen vertreten wird, anzunehmen. Als vorübergehende Taktik mag das gutgeheißen werden. Gegenwärtig ist nicht abzusehen, ob die Humanistische Psychologie beispielsweise über die »Arbeitsgemeinschaft für Interaktionale und Experientielle Psychotherapie«[43] auf diesem gesundheitspolitischen Gebiet Einfluß nehmen kann. Den Worten vom politischen Engagement müßten Taten folgen. Integration darf nicht so weit gehen, daß sie als Ausrede dafür benutzt wird, aus einem Sammelsurium von therapeutischen Verfahren und Techniken das vermeintlich Passende kritiklos auszuwählen.

Herausgearbeitet werden muß die Struktur, der Sinnzusammenhang therapeutischen Agierens. Es muß klar werden, wie

* Vgl. die Kritik an der »Psichiatria Democratia« (somit auch an BASAGLIA) als einer »Reform von oben« und »Antipsychiatrie der Ärzte« von ULRICH WIENAND: Können Ärzte eine demokratische Psychiatrie machen?, in Berliner Hefte Nr. 9, 1978 – Der Hrsg.

seelische Störungen entstehen, wann die Behandlungsbedürftigkeit beginnt. Da es schwer ist zu bestimmen, was normal ist, bleibt auch fragwürdig, was nicht normal, was krank ist. Diese Fragwürdigkeit muß in das Verständnis bzw. in das Konzept von Behandlung oder Therapie mit aufgenommen werden. Vertreter der Humanistischen Psychologie sprechen heute davon, daß sie sich für die Humanisierung unserer Lebensumwelt einsetzen oder fordern sogar, daß Humanistische Psychologie »konsequenter anarchistisch« (H. PORTELE)[44] sein müsse: Das bedeutet wohl, daß jede Form der Herrschaft von Menschen über Menschen bekämpft und menschliches Zusammenleben – auf der Grundlage der Freiheit des Individuums – in Gerechtigkeit, Gleichheit und Solidarität verwirklicht werden soll.

Bei solchen Tönen frage ich mich, ob nicht andere Werkzeuge als die Sammelbewegung Humanistische Psychologie zur Verwirklichung geeigneter sind, etwa die »Kritische Psychologie«*, zumal das durch den Psychoboom transportierte Bild Humanistischer Psychologie nur von der materiell unabhängigen Mittel- und Oberschicht gelebt werden kann. Freizeit bedeutet noch nicht Freiheit. Gerade der viel bewunderte

* Der Begriff »Kritische Psychologie« ist weitgehend synonym mit einer Reihe von Arbeiten aus dem Psychologischen Institut (Fachbereich 11 – Philosophie und Sozialwissenschaften) der Freien Universität Berlin. Vorbereitende Aufsätze, geschrieben zwischen 1968 und 1970, sind veröffentlicht in: HOLZKAMP, KLAUS, Kritische Psychologie, Vorbereitende Arbeiten, Frankfurt am Main 1972. Seinerzeit war »die Wendung von der Kritik der bürgerlichen Psychologie zur kritischen Psychologie« noch nicht vollzogen (S. 288). Es fehlt auch noch ein Hinweis auf den (im Januar 1979 verstorbenen) sowjetischen Psychologen A. N. LEONTJEW, zu dem Kontakte nach 1973 aufgenommen und durch einen persönlichen Besuch in LEONTJEWs Moskauer Institut im Frühjahr 1977 vertieft wurden; seitdem »baut die Kritische Psychologie in ihren wesentlichen theoretisch-methodischen Grundlagen auf LEONTJEWs Werk auf« (Forum Kritische Psychologie 4, Hrsg.: KLAUS HOLZKAMP, Argument-Sonderband AS 34, Berlin 1979, S. 5). Gegen dogmatische Neigungen der HOLZKAMP-Schule, vorgebliche »methodologische Unzulänglichkeiten« und einen »akademisch erstarrten Marxismus« wenden sich BUSCH, TH., ENGELHARDT, W., GEUTER, U., MATTES, P. und DETLEF SCHULTE in: Zur Kritik der Kritischen Psychologie. Psychologie, Erkenntnistheorie und Marxismus, Berlin 1979.

Die kritische Diskussion der Gruppendynamik begann in der Zeitschrift »Das Argument« mit Heft 50 (Sonderband, Berlin 1969) – darin der Aufsatz von KLAUS HORN: Politische und methodologische Aspekte gruppendynamischer Verfahren – und ist offenbar mit Heft 91 (Juni 1975) vorläufig abgeschlossen; darin sind u.a. folgende Sätze aus CHRISTOF OHMS »Anmerkung zu HEINTEL« beachtenswert: »Da Gruppendynamik explizit darauf verzichtet, ›sich gesellschaftlicher Macht zu bedienen‹ (HEINTEL im gleichen Heft, S. 500), kann ihr Anspruch auf ›Einübung ins Kollektiv und in Solidarität‹ (ders., S. 514) nur verstanden werden als demonstratives Vorzeigen von Politikhülsen. ... Mit

›west-coast-style‹ mit seiner Hollywood-Scheinwirklichkeit, in der Befreiung schon im Ablegen von Kleidern und gegenseitigem Sich-Anfassen gefeiert wird, hat den Rückzug auf das sich selber genügende Ich mit beeinflußt. Wenn man finanziell unabhängig ist, läßt sich das Leben unter der kalifornischen Sonne leicht ertragen. Mir erscheint es fragwürdig, ob es den Humanistischen Psychologen in der BRD gelingt, sich von diesem Erbe zu trennen. Die kritischen Stimmen von Vertretern der »radikalen Therapie«[45], die sich gegen die unterdrükkenden Praktiken der etablierten Psychiatrie und Psychotherapie wenden, wurden bisher kaum beachtet.

Obwohl sich Humanistische Psychologie nicht als eigenständige psychologische Schule begreift, zeichnet sich gegenwärtig in der BRD ein Gerangel um Positionen ab: Wer hat die bessere Humanistische Psychologie? Unter dem Deckmantel sogenannter wissenschaftlicher Auseinandersetzungen werden psychologische Grabenkämpfe inszeniert.[46] Nun soll man bekanntlich nicht mit Steinen werfen, wenn man selbst in einem Glashaus arbeitet. Auch ich arbeite mit Gruppen, betreibe Therapie. Das, was ich bisher dargestellt habe, hat auch mit meiner eigenen beruflichen Entwicklung zu tun. Meine Kritik betrachte ich nicht als abgeschlossen. Durch die Arbeitsfelder, mit denen ich zu tun hatte und habe, hat sich mein Blick von individuumzentrierter Psychologie mehr und mehr auf systemorientierte Arbeit verschoben, mit dem Ziel einer mehr ökologischen als individuellen Veränderung. Die Auseinandersetzung mit dem Psychoboom und die anschließende praktische Arbeit in einer großen Institution (Kinderheim mit ca. 350 Plätzen) konfrontierte mich mit der Frage, ob

diesen Politikhülsen werden jene angelockt, die den Schritt vom Ich zum Wir wollen und dennoch zögern, sich die Strenge des Denkens und die Verbindlichkeit organisierten Handelns zu eigen zu machen, die im theoretischen und praktischen Kampf zur Beseitigung des kapitalistischen Systems erforderlich sind.« (S. 518f.)

Kritik an der »Meta-Psychiatrie« BASAGLIAs wird – meist in einem Atemzug mit jener an der »Anti-Psychiatrie« von COOPER und LAING – u. a. in den Argument-Heften 71, 78 und 89 geübt; so von H.-H. ABHOLZ und I. GLEISS in Nr. 71 (Februar 1972): »... fehlerhafte(n) Gesellschaftstheorie, ... psychiatrische(r) Naivität« (S. 84), von einem Autorenkollektiv in Nr. 78 (März 1973): »... subjektivistische(n) Konzeption des Verhältnisses von Individuum und Gesellschaft und ihrer Praxis« (S. 80), »... Wendung der Gegen-Psychiatrie – um nicht zu sagen: ihre Flucht – in die Politik ...« (S. 89), im Editorial (Hrsg.: WOLFGANG FRITZ HAUG) von Heft 89 (Februar 1975): »... Propagierung und Praxis von Subkulturen« (S. 8) und von I. GLEISS im gleichen Heft: »... abstrakte Sicht von Gesellschaft und Individuum« (S. 40). – Der Hrsg.

das, was als Psychologie dargestellt (und in unzähligen Büchern verkauft) wird, etwas mit den Problemen jener Leute zu tun hat, für die Psychologie Hilfestellung sein will; das Wort von Erziehern im Ohr: »Ihr Psychologen habt gut reden!« Im folgenden werde ich einige Stationen dieser Auseinandersetzung skizzieren und auch Betroffene selbst zu Wort kommen lassen.

Die Psychologie, die ich betreibe, zeigt sich mehr in meiner Tätigkeit als in der Theorie, die ich vertrete. Für mich heißt Psychologie Tätigkeit. Diese Auffassung ist auch der bürgerlichen Psychologie nicht fremd. »Der Psychische Gegenstand umschreibt die eigentümliche Einheit von Tätigkeiten und Aussagen, um deren wissenschaftstheoretische Charakterisierung sich die Psychologie selbst kümmern muß.« (W. SALBER)[47]

Damit will ich sagen: Entscheidend ist, ob ich aus dem Austausch von Theorie und Praxis Kriterien für mein psychologisches Handeln ableiten kann, die kontrollierbar, für andere durchschaubar sind und in einem gegebenen Kontext Aus- und Einwirkungen zeigen. Dabei gebe ich mich nicht der Illusion hin, als einzelner (oder gar vertreten durch den Berufsstand der Psychologen) den Schlüssel für wünschenswerte gesellschaftliche Veränderungen in der Tasche zu haben. Im Gegenteil: Ich bin mir bewußt, daß die Rolle, die ein Psychologe in der Gesellschaft einnimmt, ihn oft – bewußt oder unbewußt – dazu zwingt oder verleitet, als Diener des Leistungsprinzips tätig zu werden, »das in unserer Gesellschaft als wegweisend für Erfolg, psychische Gesundheit und unneurotisches Verhalten gilt.« (MORGENTHALER)[48]

Im Sommer 1974 bekamen meine Frau und ich, auf Einladung des Rektors einer Hauptschule in der Nähe Kölns, die Gelegenheit, mit der angehenden 10. Klasse dieser Schule ein zehntägiges Kommunikationstraining durchzuführen. An dem Training nahmen auch die Lehrer teil, die im 10. Schuljahr unterrichten sollten.

Nach Abschluß des Trainings ergab sich die Notwendigkeit, während des Schuljahres weiterzuarbeiten. Wir hatten dafür einen Samstagmorgen im Monat zur Verfügung. Eine Schülerin drückte das so aus: »Am Ende der zehn Tage sollte dieses Training eigentlich beendet werden. Doch wir waren uns darüber einig, daß dies eine ganz große Gefahr sei, die erworbenen Eindrücke, Erkenntnisse und Erlebnisse des Trainings zu leicht zu vergessen. Das Kommunikationstraining wäre an seinem eigentlichen Ziel vorbeigegangen und nutzlos gewesen.«

Der Ansatz ›Schüler und Lehrer gemeinsam‹ brachte Bewegung in die Schule. Schließlich erklärte sich das gesamte Lehrerkollegium bereit, sich einem Kommunikationstraining zu unterziehen.

Die Arbeit an dieser Schule bestärkte mich in zwei Konsequenzen:

1. Es ist möglich, Probleme auf den Kontext zu beziehen und dort zu bearbeiten. Anstatt Probleme als Defizite in Leistungsbereich, Verhaltensauffälligkeiten und Verhaltensstörungen o. ä. zu begreifen und sie damit zu individualisieren, läßt sich Veränderung in einem relativ geschlossenen System (der verordneten Notgemeinschaft Lehrer/Schüler) in Gang setzen.
2. Die Grenzen solcher Veränderung zeigten sich im angrenzenden System: dem Lehrerkollegium. Fazit: hierarchische Strukturen lassen sich nicht einfach durch verbesserte Kommunikation abbauen.

Dazu einige Äußerungen von Schülern und Lehrern:[49]

a) »Vor den Sommerferien 1974 wurde die Klasse 10 aus zwei verschiedenen Klassen zusammengestellt... Wir waren im besten Sinne des Wortes eine Notgemeinschaft. Alle benötigten das 10. Schuljahr für die weiteren schulischen und beruflichen Pläne, und zu Anfang sah es so aus, als wollte jeder Schüler sich in sich selbst einmauern und versuchen, rücksichtslos möglichst gute Noten zu scheffeln. Wir bedurften also einer Hilfe, ... um das gegenseitige Mißtrauen abzubauen.
Unser Klassenlehrer fand dann dieses für mich wie für einige andere Schüler wenig begeisternde Kommunikationstraining. Wir verstanden den Sinn eines solchen Trainings nicht. Wir gingen also fast alle mit großer Skepsis ans Werk, die wir aber nach wenigen Tagen mehr und mehr verloren...«

b) Ein Schüler, der von einer anderen Schule in die 10. Klasse hinzukam:
»Da ja alles für mich neu war, kam noch ›das neue Kennenlernen‹ hinzu. Da mir ein solches Training zunächst mal unbekannt war, war es mir auch ein wenig peinlich. Doch dieses ungute Gefühl gab sich schon nach dem zweiten oder dritten Mal und hörte dann ganz auf. Mit Hilfe dieses Trainings hatte ich nun diese Hemmungen wegbekommen.

An diesem Training nahmen auch Lehrer teil. Darunter befand sich unser Schulleiter, der jetzt unser Klassenlehrer ist. Das war zu Anfang natürlich ungewöhnlich. Dieses Gefühl hob sich dann aber ganz auf. So ist es nun also gelungen, unsere Vorurteile gegenüber den Lehrern abzubauen und ein Vertrauensverhältnis aufzubauen... Dies ist die praktische Seite des Trainings.«

c) »Meiner Meinung nach bin ich seit dem Training besser in der Lage, Kontakt zu knüpfen und zu pflegen..., hat sich meine Beziehung zu den teilnehmenden Lehrern gebessert. Dazu trug auch bei, daß man sich in manchen Übungen persönlich mit den Lehrern aussprechen konnte. Dabei ließ sich auch Kritik anbringen, die in einem anderen Zusammenhang vielleicht mißverstanden worden wäre. Das war zu einer Verbesserung der gegenseitigen Beziehungen sicherlich gut.«

d) »... was sehr gut war, weil man ja so jedem Lehrer sagen konnte, was einem an ihm gefällt und was nicht, ohne daß man Angst haben mußte, dadurch eine schlechtere Note zu bekommen.«

e) »Das Verhältnis Schüler/Lehrer ist m. E. auch etwas besser geworden, weil man bei dem Training seine Meinung über den Lehrer und seinen Unterricht sagen kann. Außerhalb des Trainings traut man sich sowieso nicht, die Meinung über den Lehrer so offen zu sagen.«

f) »Der Erfolg des Kommunikationstrainings bei mir liegt darin, daß ich mir und anderen gegenüber ehrlicher geworden bin und gelernt habe, die Wahrheit – die oft verletzend sein kann – zu ertragen... In bezug auf die Beziehungen zu den Lehrern, die teilgenommen haben, ist folgendes zu sagen: Das Verhältnis hat sich durch das Kommunikationstraining sehr verbessert. Generationenkonflikte konnten weitgehend ausgeschaltet werden.«

g) »Es wurden den Lehrern gegenüber Dinge besprochen, die wir sonst nie erwähnt hätten – das Verhalten verschiedener Lehrer im Unterricht usw., Mißstimmungen in der Klasse und untereinander wurden offen ausgetragen. Es kommt zu einer guten Zusammenarbeit in der Gruppe und zu einem guten Verhältnis dem Lehrpersonal gegenüber.«

h) »Ich kann mich nur positiv zum Kommunikationstraining äußern, da ich als einer der Schüler aus der anderen Schule voll in die Klassengemeinschaft integriert bin, ein gutes Verhältnis zu den Lehrern habe, gute Leistungen erbringe und auch außerhalb der Klasse gegenüber früher schnell guten Kontakt finde...«

Aus der Auswertung des Trainings mit dem Lehrerkollegium ergibt sich eine positive Beurteilung der Lehrer im Hinblick auf die Anwendbarkeit im Unterricht und auf die persönliche Anwendbarkeit. Weitaus kritischer und skeptischer wurden die Auswirkungen auf das Lehrerkollegium beurteilt:

a) »Die Auswirkung auf das Kollegium sehe ich eher negativ. Unehrlichkeit beziehungsweise Nicht-Bereitschaft zur Offenheit ist für einige zu einem festen Verhaltensmuster geworden, und mir wurden kaum Möglichkeiten gezeigt, das zu durchbrechen. Ich fürchte, daß diese Haltung eher noch verstärkt worden ist.«
b) »Ich glaube, daß das Training Auswirkungen auf das Kollegium gehabt hat, insofern, als wieder einmal die Grenze der Beziehungen zum anderen klargeworden ist und auch klar wurde, wie man sie erweitern könnte. Allerdings habe ich nicht den Eindruck, daß sich das Training praktisch auswirken wird. Bewußtmachung ist in jedem Falle erreicht – praktische Folgerungen [ergeben sich] keinesfalls.«
c) »Ich bin der Meinung, daß Kommunikation immer wieder neu bewußt gemacht werden muß. Das ist innerhalb dieser Gruppe nicht möglich.«
d) »Nein. [D.h. keine Auswirkungen.] Weil sich jeder taktisch verhält.«
e) »Man wird sich – aufs Ganze gesehen – bemühen, behutsamer, fairer, menschlicher miteinander umzugehen, auch bei Meinungsverschiedenheiten.«
f) »Die Erwartung, die ich an das Seminar gestellt hatte, war vor allen Dingen, daß die einzelnen nun stärker bereit werden sollten, sich gegenseitig zu helfen und füreinander einzustehen (in bezug auf schulische Fragen). Dies wurde aber überhaupt nicht erfüllt, da sich die offenen Mitglieder nach der ersten Sitzung stärker zurückzogen. Sie fühlten sich von den ›Schweigern‹ abgedrängt und entwaffnet. So hat das Seminar dazu beigetragen, die Fronten im Kollegium noch stärker herauszuheben.«
g) [Auswirkungen:] »Ja, weil vielen Lehrern klar wurde, mit welchen Mitteln der jeweilige Partner, gleich ob Schüler oder Lehrer, sehr stark in Abhängigkeit von gegenseitigen Reaktionen steht.
Nein, weil einige Lehrer meiner Meinung nach nicht ehrlich

teilnahmen, sondern nur beobachteten, wie die anderen Kollegen diese oder jene Situation meisterten.«

In einem anderen Arbeitsfeld (einem Förderschulinternat) konnte ich – nur kurzzeitig als Co-Supervisor direkt beteiligt – mit verfolgen, wie anders Lösungsansätze verlaufen, wenn man den Mut hat, statt individueller Aufarbeitung systemorientierte Lösungen zu suchen. Die Supervisorin, die Heimleiterin und zwei pädagogische Mitarbeiter überließen mir dankenswerterweise die Bilanz ihrer fast dreijährigen Zusammenarbeit; begonnen hatte diese Arbeit, als die Heimleiterin, die gerade erst die Leitung des Förderschulinternats übernommen hatte, sich in Supervision begab.[50]

Der Wechsel in der Heimleitung bedeutete gleichzeitig Leitungsstil-Wechsel für die Mitarbeiter, die bereits in der Institution arbeiteten. Die neue Heimleiterin beabsichtigte partnerschaftliche Leitung. Mit dieser Idee hatte sie in einem Jugendverband und im Rahmen berufsbegleitender Fortbildung Praxis- und Theorieerfahrung gesammelt. Es zeigte sich jedoch bald, daß diese Erfahrungen nur durch weitere Konkretisierung auf den speziellen Arbeitsbereich des Heimes zu übertragen waren. Anfänglich kamen Mißverständnisse, Schwierigkeiten, Unsicherheiten, Ängste auf.
Die allgemeine Unfähigkeit, persönliche Angelegenheiten, z.B. seelische Verletzungen, die in bezug auf den Heimleitungs- und Stilwechsel und damit im Arbeitsbereich entstanden waren, auch im Rahmen dieses Arbeitsbereichs zu lösen, zeigte sich vor allem darin, daß die Betroffenen – oft sich hilflos fühlend – verdeckt feindselige Angriffe führten. Zur Verdeutlichung sei ein Zitat stellvertretend angefügt: »Sauerei, daß man in diesem Haus keine Erfahrungen mehr nennen darf!« Jeder kämpfte zunächst um und für sich allein. Zur Klärung ihrer Rolle in dieser eben dargestellten Situation ersuchte die Heimleiterin um Supervision. Sie wählte dabei eine Supervisorin, die mit dem kommunikationstheoretischen Ansatz arbeitet. Dementsprechend waren Unsicherheiten und Ängste in der Supervision nicht Gegenstand individueller analytischer Therapie und wurden so nicht individuell bei der Person belassen, sondern in die ganze Struktur der Institution miteinbezogen. Entsprechend dem Kommunikationsgesetz, daß man nicht ›nicht-kommunizieren‹ kann, wurde in der Supervision erarbeitet, welche konkreten Auswirkungen die

Anfangsunsicherheiten und -ängste beider Seiten (Mitarbeiter und Heimleitung) auf das Zusammenleben und Zusammenarbeiten der Gesamtinstitution hatten. Das Benennen schloß gleichzeitig die Aufforderung zu klarer und durchlässiger Grenzziehung ein, d.h. die Klärung der bei den Mitarbeitern angstauslösenden Frage: Wer ist im partnerschaftlichen Leitungsmodell für was verantwortlich? Wie sieht gegenseitige Verantwortlichkeit konkret aus?

Diese Beratung zur Markierung durchlässiger Grenzen innerhalb des ganzen Systems wurde zur Basis für den Einstieg in eine klärende Kommunikation innerhalb der Institution bezüglich der Angelegenheit des Leitungsstil-Wechsels. An dieser Stelle wurde deutlich, daß die Heimleiterin wohl die Richtung ihres Leitungsstils, nämlich Partnerschaftlichkeit im Sinne gegenseitiger Verantwortung, ganz klar entschieden und auf diesem Hintergrund auch konsequent eine Supervision mit Kommunikationsansatz gewählt hatte, sich allerdings selbst noch im Lernprozeß befand, was die konkreten Einzelschritte und Entscheidungen betraf. Das machte den Mitarbeitern noch zusätzlich Angst, und die Einladung zu gegenseitiger Verantwortlichkeit wurde zunächst als Überforderung erlebt und als Schwäche der Heimleiterin interpretiert. Die Auseinandersetzung um diese gegenseitige Verantwortlichkeit soll an einem kurzen Beispiel näher erläutert werden.

Anläßlich einer Nikolausfeier hatten einige Mitarbeiter die Erwartung, die Autorität der Heimleiterin müsse sich darin beweisen, daß die Kinder bei Erscheinen der Heimleiterin sofort ganz still werden. Die Heimleiterin dagegen hatte die Erwartung, daß die zuständigen Erzieher für Ruhe sorgen, wenn ein Mitarbeiter, ein Kind oder die Heimleiterin eine Mitteilung an alle richten will. Diese beiden Erwartungen trafen innerhalb der Nikolausfeier spannungsreich aufeinander. Die Heimleiterin ›erfüllte‹ nicht die Erwartung der Mitarbeiter, und die Mitarbeiter ›erfüllten‹ nicht die der Heimleiterin; das bedeutete ein verstecktes Tauziehen. Es entstand Ärger auf beiden Seiten; die Entscheidung, sich darüber gemeinsam auseinanderzusetzen, klärte, daß unterschiedliche Erwartungen aufeinandergeprallt waren, welche die Spannung sowie den Ärger ausgelöst hatten. Die unterschiedlichen Erwartungen in konkrete Anforderungen umzusetzen, wirkte angstabbauend.

An diesem Beispiel wird auch deutlich, wie die Supervisionsarbeit, vor allem in der Zeit zwischen den einzelnen Super-

visions-Stunden, in der Institution selbst zu konkreter Auswirkung kam. Es entstand das Bedürfnis, alle Mitarbeiter – zumindest die pädagogischen Mitarbeiter – in den Informationsstand des Kommunikationsansatzes mit einzubeziehen. Dazu kam ein Angebot der Supervisorin, ein Informations- und Arbeitsseminar in der Institution selber durchzuführen. Die Heimleiterin griff das Angebot auf und lud alle pädagogischen Mitarbeiter und die Supervisorin mit einem Co-Supervisor zu einem gemeinsamen Arbeits-Wochenende ein. Informations- und gemeinsame Sprachregelung sollten das Verhalten der Heimleiterin für alle transparenter machen.
Zu diesem Zeitpunkt hatte sich die Heimleiterin eindeutig für diesen Ansatz entschieden. Das Informations- und Arbeitsseminar stärkte ihren Ansatz und damit das ganze System. Dies hatte weiteren Unsicherheits- und Angstabbau zur Folge.
Das Seminar bot in einem Übungsrahmen die Möglichkeit der Erfahrung mit klar vorgegebenen und abgesprochenen Kommunikationsregeln. Außerdem vermittelten Übungen das Erleben der Bedeutung von gegenseitiger Verantwortung. Der Prozeß der Grenzziehung zwischen Heimleiterin und Mitarbeitern innerhalb der Gesamtstruktur zog den Prozeß der Grenzziehung in den einzelnen Mitarbeiter-Teams aller Arbeitsbereiche des Hauses nach sich. Stellvertretend sei über diesen Prozeß an dem Beispiel eines pädagogischen Teams berichtet:
Dieses Team setzte sich zusammen aus zwei Mitarbeitern, die schon seit einem Jahr in der Institution tätig waren, und zwei Mitarbeitern, die neu dazukamen, eine mit dem Erfahrungs-Hintergrund Kindergarten und eine mit dem Erfahrungs-Hintergrund projektorientierten Fachhochschul-Studiums.
Unterschiedlicher Informationsstand bezüglich der Erziehungsarbeit allgemein und der konkreten Gruppenarbeit insbesondere kennzeichneten die Mitarbeitersituation. Hinzu kamen unterschiedliche Kompetenzerfahrungen des einzelnen Team-Mitglieds innerhalb und außerhalb des Teams. Eine Auseinandersetzung um die Struktur im Team entzündete sich an der Verteilung von Kompetenzen wie z.B. Taschengeld-Austeilen an die Kinder: Wer darf Taschengeld austeilen? Wer hat Schlüsselgewalt? Wer verwaltet die Schlüssel?
Die subjektiv empfundene Fragwürdigkeit der vorhandenen Verteilung wurde von den einzelnen Team-Mitgliedern zunächst geheimgehalten, indem man statt dessen die Rolle eines Teamleiters mystifizierte. Dies hatte feindselige Angriffe

zur Folge, die persönliche Verletzung bedeuteten und nicht die Sache trafen.
Ein erster Schritt in der Sachauseinandersetzung war getan, als das Team sich entschied, Beratung einzufordern. Als Beraterin wurde die Heimleiterin angefragt. Der erste Teil des Beratungsprozesses brachte folgende Gemeinsamkeiten der Teammitglieder-Auffassungen zutage: Die Mitarbeiter erkannten, daß Kompetenzen wahrgenommen und kontrolliert werden müssen. Die Unterschiede zeigten sich dann bei den inhaltlichen Vorstellungen über das ›Wie‹: Konzentration der Kompetenzen und die Verantwortung dafür bei einem Teamleiter oder offen abgesprochene Verteilung der verschiedenen Kompetenzen mit gegenseitiger kontrollierbarer Verantwortung. Solange dieser Teil unterschiedlicher Auffassungen den Team-Mitgliedern noch unklar war, schürte dies Ängste vor Grenzüberschreitungen; z.B. die Angst, Macht im Team zu verlieren. So konnten Verletzungsgrenzen auch nicht offen angesprochen werden. Als für alle klar war, daß es nicht um die Frage ging, welche Lösung richtig und welche falsch sei, begann der Prozeß des Miteinander-Aushandelns von gemeinsamen Absprachen, die letztlich für alle Team-Mitglieder zufriedenstellend waren.
Der dadurch ausgelöste Prozeß, eine andere Art des Vorgehens bei Konflikten, war Grundlage für die weitere Verständigung im Team. Die Team-Mitglieder lernten immer mehr sich selbst, ihre Stellung im Team und ihren Anteil bei Konflikten einzuschätzen.
Folgende Aussagen der Team-Mitglieder bestätigen, daß sie auch persönlich vom systemorientierten Vorgehen gelernt haben:
»Ich bin sicherer und freier geworden. Ich sage, was mir nicht paßt. Ich habe gelernt zu reden. Zu Hause hatte mein Vater immer recht, in der Schule war ich sehr ruhig. Auch meine Mutter sagt, du hast dich sehr verändert, seit du da bist.«
Oder: »Ich habe gelernt, Rücksicht zu nehmen und andere Meinungen zu akzeptieren.«
Oder: »Ich höre verschiedene Meinungen und versuche herauszufinden, was mir wichtig ist und traue mich, dazu zu stehen. Ich bin offener geworden. Ich merke das auch zu Hause, ich mache nicht mehr sofort dicht.«
Die nächste Grenzziehung erfolgte mit den Subsystemen der Gesamtstruktur. Jeder einzelne Arbeitsbereich ist natürlich per Dienstvertrag aller Angestellten mit dem Träger durch spe-

zielle Aufgaben und Kompetenzen gekennzeichnet. Allen voran definiert der Träger die Heimleiter-Rolle als hierarchisch-verantwortlich, d.h. die Heimleitung ist dem Dienstgeber letztlich allein verantwortlich. Sie muß also die gegenseitige Verantwortlichkeit auch innerhalb des Hauses hierarchisch verantworten.
Aus der Supervision kam der Anstoß, den Kommunikations-Ansatz zu erweitern zugunsten systembezogener Denkweise. Bislang waren Grenzen in bezug auf Beziehungen geklärt worden; diese ›Sicht-Erweiterung‹ brachte die Abgrenzung ganzer Arbeitsbereiche in den Blick. Die Heimleiterin hatte sich mehr und mehr überbelastet und unzufrieden in ihrer Mittler-Rolle zwischen den verschiedenen Arbeitsbereichen gefühlt. Das strukturelle Darstellen dieser Mittler-Mittelpunkt-Stellung der Heimleitung warf sofort die Frage auf, ob die gegenseitige Verantwortlichkeit nicht auch an die Subsysteme weiterdelegiert werden kann. So entlastete sich die Heimleiterin, indem sie klar umschriebene Verantwortung von Zuständigkeits- und Entscheidungskompetenz in den einzelnen Arbeitsbereichen an die Subsysteme abgab. Sie wurde freier für die Aufgaben, die über den Rahmen der einzelnen Subsysteme hinausgehen. Die Einberufung einer regelmäßig stattfindenden Abteilungskonferenz, bestehend aus Mitarbeitern aller drei Arbeitsbereiche (Pädagogik, Hauswirtschaft, Verwaltung), bewirkte Grenzklärung aller Subsysteme untereinander.
Dieses System mit seinen eindeutigen, durchlässigen Grenzen leitete eine weitergehende Phase gegenseitiger Verantwortlichkeit ein. Die Sicherheit innerhalb der Institution wuchs.
Die Eltern der Schüler und die Schule der Schüler hatten wir bislang als außerhalb unseres Systems betrachtet. Konflikte, die die Schüler mit der Schule oder ihren Eltern hatten, wurden nach altem Schema von uns unreflektiert-individuell und damit außerhalb des durchlässigen Systems gelöst. Das traf auch auf die Konflikte zu, die die Heimleiterin und der Rektor der Schule miteinander austrugen. Eine Mitarbeiterin wurde zur »Symptomträgerin« der Schwierigkeiten zwischen Heimleiterin und Rektor. Ohne Absprache betrachtete sie es als ihre persönliche Pflicht und Aufgabe, endlich die Spannungen zu lösen; sie wurde zur inoffiziellen Informationsträgerin für die Schule und geriet dadurch bei ihren Kollegen mehr und mehr ins Abseits und in Isolation. Die als immer schwieriger erlebte Mitarbeiterin wurde erst in der Supervision als »Sym-

ptomträgerin« beschrieben. Diese Definition stellte den systembezogenen Denkansatz deutlich dem individualistischen entgegen.
So wurden Schule und Elternhaus als angrenzende Systeme umdefiniert und in Position zu unserem System gesetzt; damit waren alle mit der Förderschularbeit betrauten Subsysteme erfaßt. Mit der Schule und vielen Eltern wiederholt sich nun für uns die Auseinandersetzung um unterschiedliche Leitungs- und Erziehungsstile. – Soweit der Bericht aus dem Förderschulinternat.

Die Arbeit im Kinderheim, in dem ich zur Zeit tätig bin, schärfte mir noch weiter den Blick dafür, welche Simplifizierungen (»ich will« statt »ich kann«) sich hinter dem verstekken, was gegenwärtig als Verheißung zum Lebensglück mit Berufung auf humanistisch-psychologisches Gedankengut auf dem Psychomarkt angeboten wird.
Kurz zur Situation: Wenn Kinder ins Heim kommen, befindet sich ihre Familie beziehungsweise ihr soziales Umfeld in einer Krise. Traditionsgemäß wird alles fein säuberlich getrennt: Das Heim kümmert sich um das Kind; mit den Eltern wird nicht systematisch gearbeitet. An den Psychologen im Heim richtet sich der Anspruch, aus einem ›schwierigen‹ ein ›gutes‹ Kind zu machen (= Therapie). Wenn ich mich in die Position der Humanistischen Psychologie begäbe, bedeutete das, ich müßte dafür sorgen, daß das Kind sich selbst verwirklichen kann.
Welche Bedingungen bietet das Heim dem Kind?
Durch die Heimaufnahme der Kinder – Opfer einer desolaten Familiensituation – isoliere ich sie von ihren natürlich gewachsenen Lebensbezügen. Sicher bietet das Heim auch neue und positive Lebensbedingungen. Aber eine örtliche Trennung führt nicht notwendigerweise zu einer Lösung der Elternproblematik, eher wird ein Idealbild der Eltern fixiert.
Das vorgegebene Gruppenarrangement, z.B. die Familiengruppe, impliziert, daß man wie Eltern und Geschwister zusammenlebt; dagegen stehen:

der häufige Wechsel der Mitarbeiter – eine Kontinuität in Beziehungen ist kaum möglich,
Eltern kann man durch Erzieher nicht einfach austauschen – die Loyalität untereinander muß erst wachsen,
die 40-Stunden-Woche-Eltern – d.h. die Erziehung wird parzelliert.

Kann es Selbstverwirklichung sein, wenn ein Kind im Heim sich so ›benimmt‹, daß sein Verhalten die Erwachsenen (Erzieher/Lehrer) nicht stört? Die Erwachsenen nämlich nennen Kinder, die sich anders benehmen, »verhaltensgestört«. Die Behebung solcher angeblichen Verhaltensstörungen verlangt von den Kindern Anpassung. Selbstverwirklichung ist in Wahrheit wenig gefragt.
Die Heimkinder und ihre Eltern sind eine Minderheit. Das Thema müßte weiter ausgeführt, die Situation der Eltern und der vielen »hilflosen (?) Helfer«* genauer analysiert werden.
Angesichts der sozialen Bedingungen, in denen diese Minderheit lebt, betrachte ich die Forderung nach Selbstverwirklichung, Kreativität, Spontaneität usw. als eine Art Sonnenbrille mit Scheibenwischer für die Mittel- und Oberschicht. In meiner Arbeit mit den so bezeichnend titulierten Minderheiten (Heimkinder, Randschichteltern) klingt die Predigt vom »schönen Leben« und den »Gipfelerlebnissen« wie hohler Zynismus.
Aus den strukturellen Defiziten wurde in dem erwähnten Kinderheim die Konsequenz gezogen, daß Heimerziehung im Sinne von »Heimatgeben« heute nicht mehr zu verwirklichen ist. Wir betrachten den Heimaufenthalt als Übergangssituation von zwei bis drei Jahren mit drei möglichen Alternativen:
a) Rückführung ins Elternhaus
b) Suche nach einer Ersatzfamilie
c) Hilfe beim Aufbau einer selbständigen Lebenssituation.

Das bedeutet: Man kann die Probleme der Kinder nicht losgelöst von ihrem Entstehungszusammenhang (Familie, Schule, Heim) angehen. Voraussetzung für die Bearbeitung der Probleme ist, daß ein sicherer und zuverlässiger Lebensraum geschaffen wird. Die Möglichkeit dazu liegt nicht im Kind verborgen, sondern muß mit anderen zusammen erarbeitet werden.

* Anspielung auf ein Buch von SCHMIDBAUER, WOLFGANG: Die hilflosen Helfer, Über die seelische Problematik der helfenden Berufe, Reinbek bei Hamburg, 1977. – Der Hrsg.

ERNEST BORNEMAN

Gruppendynamik und Encounterbewegung

Anmerkungen zum Konformismus in der Psychotherapie

Vor fünf Jahren bat mich die Zeitschrift »psychologie heute« um einen kurzen Beitrag zur Theorie und Praxis der Encounterbewegung. Er erschien in Nr. 5, 1976, und wurde in Nr. 7, 1976, von GEORGE R. BACH, HAJA MOLTER, HANS-JÜRGEN P. WALTER und REINHARD TAUSCH sehr heftig angegriffen. In Nr. 8, 1976, gab mir die Redaktion die Gelegenheit zur Replik, und im Jahre 1977 erschien dann die ganze Diskussion als 28seitiger Sonderdruck unter dem Titel »Encounter-Debatte«.

In den vier Jahren, die seit Eröffnung der Debatte verflossen sind, ist das, was ich damals sagte, zur Selbstverständlichkeit geworden. Man denke an den »Spiegel«-Beitrag »Fragwürdige Therapie-Gruppen« in Nr. 26, 1979, und an die Rezensionen der Kurse zur »persönlichen Selbstentfaltung« in »psychologie heute«, Nr. 7, 1979. Wenn ich trotzdem noch einmal aus der Perspektive neuerer Erkenntnisse auf bestimmte Aspekte unserer damaligen Diskussion hinweise, so tue ich es vor allem, um zu widerlegen, was mir meine damaligen Opponenten vorgeworfen hatten: daß ich die Gruppentherapie im allgemeinen und die Encounterbewegung im besonderen angegriffen hätte, um mein eigenes Fach, die Psychoanalyse, als einziges Heilmittel aller seelischen Wehwehchen anzupreisen.

Das war entweder eine bösartige oder eine uninformierte Unterstellung, denn ich stehe den therapeutischen Aktivitäten der Psychoanalyse ebenso kritisch gegenüber wie denen der Gruppentherapeuten aller Schulen. Ich betrachte die Psychoanalyse ausschließlich als eine erkenntnistheoretische und erkenntnispraktische Disziplin. Wenn ich trotz einer abgeschlossenen Lehranalyse nicht therapiere, so tue ich das aus grundsätzlichen Zweifeln an der Therapierbarkeit der Mehrzahl aller psychischen »Störungen«. Meine Auseinandersetzung mit der Encounterbewegung nimmt in den folgenden Seiten also eine nur stellvertretende Position in meinem breiteren Argument gegen die Psychotherapie als solche ein.[1]

Da ich in dem vorliegenden Buch aber nicht über die grundsätzliche Frage der Therapierbarkeit psychischer Symptome, sondern über Encountertechnik als Facette der Gruppendynamik schreiben soll, will ich als erstes sagen, daß ich das Wort »Gruppendynamik« bereits für ein kennzeichnendes Beispiel jener intellektuellen Unschärfe, jener sprachlichen Disziplinlosigkeit betrachte, an der so viele der amerikanischen und amerikanisierten Psychologen um KURT LEWIN, FRITZ PERLS, ABRAHAM MASLOW, RUTH COHN, CARL ROGERS und GEORGE BACH kranken. Das Wort »Dynamik« bezeichnet in der Physik die Bewegung von Körpern unter dem Einfluß von Kräften. »Gruppendynamik« ist also das Verhalten von Gruppen unter dem Einfluß innerer oder äußerer Kräfte. Wird das Wort aber benutzt, wie die »Gruppendynamiker« es tun, nämlich als eine Technik der Gruppenbeobachtung oder der Gruppentherapie, so zeigt sich bereits darin jene Mischung von philosophischer und sprachlicher Verrohung, die mich an der Verläßlichkeit des ganzen Gebildes zweifeln läßt.[2]

HELEN E. DURKIN, eine bekannte und geschätzte amerikanische Lehranalytikerin, die sich seit vielen Jahren aktiv und erfolgreich für analytische Gruppentherapie eingesetzt hat, schrieb vor neun Jahren: »Die weite Verbreitung der Gruppenmethoden in jüngster Zeit hat die theoretische Verwirrung unter uns so weit anwachsen lassen, daß die wissenschaftliche Glaubwürdigkeit der Gruppentherapie bedroht ist.«[3] Sicherlich ist es kein Zufall, daß die klügeren Pioniere der Gruppenbewegung in Amerika – Leute wie R.D. MANN[4], P.E. SLATER[5] und D. STOCK-WHITAKER[6] – sich fast ausnahmslos aus der Bewegung zurückgezogen haben. Und sicherlich hat die Unfähigkeit so vieler Gruppentheoretiker, sich klar auszudrücken, etwas mit der Unklarheit ihrer Konzepte zu tun.

Ich habe während der letzten drei Jahre so ziemlich alles gelesen, was seit den ersten Aufsätzen von TRIGANT BURROW[7] im Jahre 1926 von amerikanischen Gruppentheoretikern zu dieser Thematik veröffentlicht worden ist. Das war ein schwieriges Unterfangen, denn die Armut des intellektuellen Niveaus, die Seichtheit des Arguments, die Banalität der Gedanken, die Hohlheit der Begriffe macht jeden Versuch der rationalen Auseinandersetzung von vornherein zunichte. Kommt dann auch noch sprachliche Schlamperei hinzu – die seitenlange Reihung von Schwammworten und Katachresen –, so erstickt jedes Argument im Sprachbrei, ehe es sich überhaupt entfalten kann. Vergleicht man diesen Denkwust mit der sprachlichen Eleganz des jungen MARX und der stilistischen Präzision des reifen FREUD, so macht einem die Form der Aussagen bereits klar, was der Inhalt bestätigt: daß die Psychologie, genau wie die Soziologie, unter dem Einfluß der USA innerhalb eines Jahrhunderts vom Niveau der Giganten zu dem der Zwerge hinabgerutscht ist.

Der Begriff »Encounter« im Sinne einer Begegnung von Menschen, die eine Stabilisierung ihrer beunruhigten Psyche suchen, stammt von C. R. ROGERS. Er erhoffte sich von einer solchen Begegnung, daß sie die Mitglieder sowohl katalytisch wie auch kathartisch läutern würde, wenn es gelänge, gegenseitige Offenheit hervorzurufen.[8] In der Praxis aber hat das Wort »Encounter« diese genaue Bedeutung verloren und ist in einem Niemandsland untergegangen, das sich von der Gruppenanalyse und dem Psychodrama über die Transaktions-Analyse und die Laboratoriumsbewegung bis zu Selbsterkenntnis- und Selbsterfahrungsgruppen, zum Sensitivitätstraining, zur gezielten Herabsetzung sinnlicher Wahrnehmungsschwellen und zu gezielt zermürbenden Marathonsitzungen erstreckt.

Trotz ihrer Ausbreitung in die Subkultur hinein ist es eine ausgesprochene Mittelklassenbewegung geblieben. In ihrem Ursprung wie in ihrer Zielsetzung steht sie der Arbeiterbewegung ebenso feindlich und ebenso unverständig gegenüber wie der bäuerlichen Tradition. Einer der Apostel der Bewegung, ARTHUR BURTON, gibt das auch offen zu: »Sie zielt nicht auf den Armen oder den rassisch Verfolgten, sondern auf die Mittelklasse, die ihre Probleme immer noch internalisiert und die historisch der beste Arbeitgeber der Psychotherapeuten war.«[9] Wie die Mittelklasse selbst, sieht sich auch die Encounterbewegung als Zentrum der Welt. Ihre Neigung zur Selbstüberschätzung ist ebenso charakteristisch wie der Größenwahn ihrer Gründer. So bezeichnete ROGERS schon im Jahre 1968 seine Methode als »die vielleicht bedeutendste soziale Erfindung des Jahrhunderts«.[10] Wiederholt hat er allen Ernstes argumentiert, daß die Entwicklung vom kritischen Pessimismus SIGMUND FREUDs zum kritiklosen Optimismus der Encountertheorie ein »Fortschritt« sei, weil er zeige, wie weit sich die Psychologie vom Druck dunkler Triebe zur Erkenntnis lichter Motive emporgerankt habe.

Der amerikanische Transaktionstheoretiker FREDERICK H. STOLLER hat diesen »Optimismus« als einen der vier Gemeinnenner der Gruppenkonzepte von GEORGE BACH[11], ERIC BERNE[12]*, CARL ROGERS[13], ABRAHAM MASLOW[14] und S. M. JOURARD[15] bezeichnet. Die anderen drei sind (1) die ahistorische Perspektive, (2) die Vermeidung des Krankheitsmodells, (3) die Betonung der Verantwortlichkeit für das eigene Schicksal.[16] »Ahistorische Perspektive« ist die Weigerung, sich mit den lebensgeschichtlichen Ursachen der Störung auseinanderzusetzen – ein Verhalten, das die seelischen Krankheiten auf Aktualneurosen reduziert. »Vermeidung des Krankheitsbegriffs« entspringt der Überzeugung, daß Krankheiten sich verflüchtigen, wenn man sich weigert, sie als solche zu erkennen. Und »Betonung der individuellen Verantwortlichkeit« bedeutet, daß man nicht auf Schadensersatz gegen den Gruppenleiter klagen darf, wenn etwas schiefläuft.

Die Laienhaftigkeit und Inkompetenz dieser Konzepte ist so offensichtlich, daß jeder Kommentar sich erübrigt. Trotzdem will ich keineswegs behaupten, daß die »Fachleute«, die orthodoxen Psychoanalytiker und Psychiater, sehr viel kompetenter wären. Jedenfalls sind sie genauso bereit, sich an der Misere ihrer Patienten zu bereichern. Einer der verläßlichsten Beobachter der amerikanischen Psychoszene, MORRIS B. PARLOFF, hat mit spitzer Feder beschrieben, in wie hohem Maße die »fachmännische« Kritik an der Gruppenbewegung auf simplem Futterneid beruht. Der Fachmann, sagt er, »blickt mit Unbehagen auf die schnell wachsende Zahl von Halbfachleuten, die Halbpatienten in Encounter-Gruppen behandeln. Einer der Gründe mag sein, daß diese Halbpatienten vorwiegend jung, wohlhabend, intelligent, stark motiviert, erfolgreich und nur mäßig gestört sind. Kurz gesagt, sie würden ideale Patienten für die Psychotherapie sein.«[17]

Im Gegensatz zum freimütig kommerziellen Denken der Amerikaner leiten die deutschen Anhänger der Gruppenbewegung ihren Stammbaum von gewissen linken Strömungen ab, die ihre Tradition aus der Studentenbewegung, den Kom-

* Die Transaktionale Analyse oder Transaktions-Analyse (TA) wurde von ERIC BERNE begründet. Der Begriff Transaktions-Analyse ist insofern nicht ganz korrekt, als diese nur einen Teilbereich umfaßt: die Untersuchung von sogenannten Transaktionen zwischen den Ich-Zuständen von Personen (Eltern-Ich, Erwachsenen-Ich und Kind-Ich), die Spiel-Analyse (vgl. BERNE, ERIC, Spiele der Erwachsenen, Reinbek bei Hamburg 1967) und die Skript- oder Rollenbuch-Analyse. Die Vertreter der TA sehen ihre Tätigkeit nicht primär unter gruppendynamischem Aspekt. – Der Hrsg.

munen, einigen Wohngemeinschaften und der psychedelischen Subkultur entnommen haben.
Diese linke Gruppenbewegung ist in ihrem Vokabular antibürgerlich und vermeint, das bürgerliche System »von innen« aus den Angeln heben zu können.[18] Die amerikanische Tradition dagegen ist in doppelter Hinsicht eine konservierende, das Establishment unterstützende. Einerseits will sie, in KURT LEWINs Worten, »soziale Konflikte lösen«; sie ist also konformistisch, weil sie glaubt, soziale Konflikte seien »lösbar«.[19] Sie ist opportunistisch, weil sie den Machthabern anbietet, diese Konflikte für sie zu lösen; und sie ist systemerhaltend, weil sie sich bereit erklärt, den Managern, höheren Beamten, Politikern, Sozialarbeitern und Pädagogen beizubringen, »bessere«, d.h. effizientere Manager, Beamte, Politiker, Sozialarbeiter oder Pädagogen zu werden. »Die Laboratoriumsbewegung hat in Handel und Industrie die am festesten etablierte institutionalisierte Basis gefunden. Die Bemühungen auf diesem Gebiet zielen auf eine verbesserte Leistungsfähigkeit der leitenden Verwaltungsleute ...«[20] Sie will der bürgerlichen Gesellschaft helfen, eine bessere bürgerliche Gesellschaft zu werden.[21] Das heißt: Sie will den Herrschern helfen, die Beherrschten reibungsloser zu beherrschen.[22]
Von Anfang an sah ein bestimmter Zweig der Gruppenszene, die Laboratoriumsbewegung, ihre Aufgabe in der Bereitstellung von Techniken der Willensbildung und des politischen Handelns im Dienste der bürgerlichen Gesellschaft.[23] Da die ersten dieser Gruppenexperimente Sommerprojekte der Universitäten waren und viele der akademisch geschulten Forscher zu dieser Zeit Ferien machten, traten Laien aus Handel, Industrie und Werbung an ihre Stelle.[24] In dem Maße, in dem sie die Bewegung als kommerziell nutzvoll verkaufen konnten, gelang es ihnen, Gelder aus Handel, Industrie und Werbung in die Kassen der Gruppenbewegung zu pumpen.[25] Auch die Fachschulen für Handel und Verwaltung waren an der neuen Technik der psychologisch verfeinerten Ausbeutung interessiert, weil sie in ihr eine neue Quelle von Geld und Macht erblickten.
Die ersten T-Gruppen, 1946 unter KURT LEWINs Aufsicht von BENNE, BRADFORD und LIPITT geleitet, sollten ethnische und ökonomische Probleme mit psychologischen Waffen bewältigen, d.h. sie sollten reale, in der amerikanischen Gesellschaftsordnung inhärente Spannungen rhetorisch abbauen.[26] Ob ihnen das je gelungen ist oder ob der ganze Versuch nur

ein gigantischer Bluff war, dem die Veranstalter ebenso unterlegen waren wie ihre Geldgeber, wurde von manchen der ursprünglichen Befürworter später in Frage gestellt. So schrieben J. P. CAMPBELL und M. D. DUNNETTE im Jahre 1968: »Die Annahme, daß T-Gruppen-Ausbildung einen positiven Nutzen für Organisationen besitzt, muß notwendigerweise auf unsicherem Boden ruhen.«[27] Daß die T-Gruppen aber ausdrücklich zum Zweck der sozialen Beruhigung und Profitmaximierung gegründet worden sind, steht außer Zweifel.

Zu den »gruppendynamischen« Instituten, die ich wegen ihrer Kapitalhörigkeit als indiskutabel betrachte, gehören neben den National Training Laboratories (NTL) auch die Western Training Laboratories (NTL-West), das Institute of Industrial Relations der Universität von Kalifornien und das Human Relations Center der Universität Boston. MORRIS B. PARLOFF, der diese Institute für gut hält, preist sie vor allem, weil sie »bei der Sicherung der Harmonie zwischen Arbeitnehmer und Arbeitgeber, bei der Förderung eines besseren Verhältnisses zwischen Polizei und Gemeinde usw.« nützlich gewesen seien und diese Aufgabe auch heute noch pflichtbewußt erfüllten.[28]

CARL ROGERS schlägt in die gleiche Kerbe, wenn er den Unternehmern bei »der Auseinandersetzung mit den psychologischen Problemen, die bei Firmenzusammenlegungen auftauchen«, seinen fachmännischen Rat anbietet.[29] Einer solchen Aktivität den Namen »Humanistische Psychologie« zu geben, bezeugt entweder ein ungewöhnlich hohes Maß an Naivität oder einen selbst nach amerikanischen Maßstäben bemerkenswerten Zynismus. Denn was können wir uns von einem »Humanismus«, der die Inhumanität des kapitalistischen Entfremdungsprozesses nicht einmal wahrnimmt, an therapeutischen Erfolgen versprechen? Wird da das Individuum unter dem Vorwand, ihm Individualität zu geben, nicht an die Verdinglichung angepaßt, statt daß ihm geholfen werde, sie im Kampf gegen ihre Urheber zu überwinden?

Wenn einer die Tollkühnheit besitzt, im Zeitalter der Entpersonalisierung sein Institut »Zentrum für Studien der Person« zu nennen, muß man dann nicht annehmen, daß er allen Ernstes glaubt, die »Person« ließe sich mit irgendeiner Wundermethode aus der Gesellschaft herausschälen? Zeigt die Betonung der »Person« nicht bereits an, daß hier die Gesellschaft vernachlässigt werden soll? Enthüllt der Akzent, der hier auf »human« gesetzt wird, nicht bereits den Versuch, die historischen Gründe der Inhumanität zu verleugnen?

»Wenn die materiellen Bedürfnisse weitgehend befriedigt sind, was in unserer Überflußgesellschaft für viele Leute bereits zutrifft, dann wenden sich die Menschen der psychologischen Welt zu und suchen nach mehr Glaubwürdigkeit und Erfüllung.« So CARL ROGERS.[30] Pflückt man einen solchen Satz auseinander, so merkt man, daß er teils aus falschen, teils aus nicht durchdachten Aussagen besteht:

»Unsere Überflußgesellschaft« – *wessen* Überflußgesellschaft?

»Viele Leute« – *wie* viele?

»Die Menschen« – *alle* Menschen?

»Die psychologische Welt« – die Welt der *Psychologen* oder die ihrer *Patienten*?

»Glaubwürdigkeit« – *wer* ist *wessen* Glaubens würdig?

»Erfüllung« – *wer* soll *wem was* erfüllen?

Es wäre unfair zu behaupten, da schriebe einer, der nicht schreiben kann, denn dann ließe sich argumentieren, er sei ja gar kein Schriftsteller, sondern nur Psychologe. Gut, lassen wir das durchgehen. Aber hier schreibt einer, der nicht *denken* kann, und das sollte man einem Psychologen nicht vergeben. Denn er glaubt offenbar, daß die psychischen Nöte im Kapitalismus Produkte des Überschusses und nicht des Mangels seien, und gibt vor, die im bürgerlichen System inhärente Substitution von menschlichen Kontakten durch Konsumprodukte mit irgendeinem psychologischen Geheimrezept stoppen zu können. Statt die psychische Krise als Produkt des bürgerlichen Systems zu diagnostizieren, benimmt er sich, als wären diese Krisen und der bürgerliche Warenfetischismus voneinander unabhängige Parallelerscheinungen, und bietet sich an, die eine zu therapieren, ohne die verursachende Macht der anderen zu erwähnen. Daß diese andere all seine Bemühungen unweigerlich negiert, verschweigt er seinen Klienten. Ein solches Verhalten habe ich im Titel dieses Beitrags als konformistisch bezeichnet. Es ist ein mildes Wort für das, was hier vorgeht.

Die Forderung der »Humanistischen« Psychologie, das Individuum müsse zuerst seine eigenen Probleme lösen, ehe es das Wagnis eingehen könne, sich denen der Gesellschaft zuzuwenden[31], klingt durchaus sinnvoll, bedeutet in der Praxis jedoch, daß jede Form der Abweichung von ROGERS' eigenen Gesundheitsvorstellungen als Zeichen der Störung und jede Form des

Widerstands gegen die »gesunde«, »humane« Gesellschaftsordnung als Beweis der psychischen Krankheit klassifiziert wird.[32]

Der Systemveränderer, solange er nicht aus dem eigenen Lager der »psychologischen« Systemveränderung kommt, ist nach der »humanistischen« Diagnose ein inhumaner, psychisch defekter Mensch, der seine Unfähigkeit, die »humanen« Werte des Kapitalismus zu würdigen, in Gewaltakte gegen diese relativ beste aller heute möglichen Gesellschaftsordnungen umsetzt und sich dann, wenn man ihn zur Rechenschaft zieht, auch noch beschwert, man behandle ihn ungerecht. Der Gedanke, daß die von ROGERS postulierten oder implizierten Gesundheitsnormen die Normen der herrschenden Klasse sind, liegt diesem Psychorevolutionär ebenso fern wie die Erkenntnis, daß die herrschenden Gesundheitsnormen der Gesunderhaltung der Herrscher und der Krankmachung der Beherrschten dienen.[33]

Da der Herrscher nur herrschen kann, wenn der Beherrschte sein Recht auf Selbstverwirklichung aufgibt, erzeugt Herrschaft bei den Beherrschten ein fixes Quantum an psychischer Deformierung.[34] Es läßt sich psychotherapeutisch nicht reduzieren. Im Gegenteil, der Versuch, den Geschädigten an die schädigenden Normen anzupassen, erzeugt neue Schädigungen, meist gravierenderer Art als die primären. Nur wer das Recht des Herrschers, die Beherrschten krank zu machen, anzweifelt und bekämpft, kann seine eigene Schädigung überwinden. Merke: Die Therapie liegt im Widerstand, nicht in der Anpassung.[35]

Gegen diese Erkenntnis hat sich eine Einheitsfront der »humanistischen« Psychologie, der »Gruppendynamiker« und der Encounterbewegung formiert, denn die Vorstellung, daß Form und Anzahl der psychischen Deformationen innerhalb eines jeden Gesellschaftssystems konstant seien und sich mit keiner Art von »Therapie« reduzieren lassen, macht das Gedankengut der Psychotherapeuten aller Schulen zunichte. Sie raubt ihnen die Basis ihrer ökonomischen Existenz und macht das gegenwärtige Anliegen der Psychologen, als »Kammer« zu gelten und ihre Honorare über die Krankenkassen abzurechnen, zur Farce.

Wenn Leute meiner Überzeugung voraussagen, daß die Zulassung der Psychotherapeuten zur Kassenabrechnung die Anzahl der psychischen »Krankheiten« vermehren wird, statt sie zu vermindern, werden wir als Feinde des ganzen Psycholo-

genstandes betrachtet. Aber wir sind keine Gegner der Psychologie, sondern sind nur skeptisch jenen Psychologen gegenüber, die sich einbilden, Menschen »heilen« zu können. Der medizinische Markt wird in allen bürgerlichen Ländern schon seit Jahrzehnten nicht mehr von der Nachfrage der Patienten nach einer wachsenden Zahl von Ärzten, sondern von der Nachfrage der Ärzte nach einer wachsenden Anzahl von Patienten bestimmt. Und was auf dem Gebiet der somatischen Medizin die Regel ist, wird auf dem Gebiet der psychischen Medizin gewiß nicht zur Ausnahme werden.
Da die meisten Ärzte, Psychiater und Psychotherapeuten um so mehr verdienen, je mehr Patienten sie behandeln, wäre es ja auch wenig sinnvoll, das eigene Einkommen zu schmälern, indem man die *Ursachen* der psychischen Deformationen angreift, statt deren *Folgen* mühevoll, aber gewinnbringend geradezubügeln. Bezeichnenderweise sieht die pychotherapeutische Perspektive in jenen Ländern, in denen der Therapeut nicht per Patient oder per Therapie, sondern nach festem Monatsgehalt bezahlt wird, völlig anders aus. Dort bemüht man sich vor allem um Prophylaxe.[36] Das heißt, man versucht die Ursachen der psychischen Deformation zu beseitigen, ehe sie sich als psychische Symptome bemerkbar machen.[37] Sind sie bereits als Symptome feststellbar, so weiß man dort genau wie hier, daß es sowieso zu spät ist, um dem Patienten außer simplem Trost und einem Gefühl der Zugehörigkeit noch irgendwelche Hilfe zu geben. Bei uns dagegen glauben die Patienten noch immer, ihnen könne geholfen werden, wenn sie nur den richtigen Therapeuten und die richtige Therapie finden könnten.
Das ist eine tragische Illusion, die leider noch immer von manchen Therapeuten gefördert wird. Sie entspricht der Konsumorientierung der bürgerlichen Gesellschaftsordnung: dem Gedanken, daß jeder auf seine Weise selig werden könne, wenn er nur Geld genug habe, um sich seine Seligkeit zu kaufen. Irgendwo, meint der verunsicherte Bürger, müsse es doch unbedingt einen Experten geben, der ihm seine Unsicherheit abnehmen und seine Sicherheit zurückgeben könne. Die einzige Schwierigkeit sei, ihn zu finden und genügend Geld aufzutreiben, um ihn für seine hochqualifizierte Tätigkeit zu bezahlen.[38]
Die Encounterbewegung, die dem Betroffenen Heilung und Sicherheit ohne Risiko der politischen Enttäuschung anbietet, verschweigt ihm, daß nur die Bewußtmachung der Gründe

seiner Verunsicherung ihm helfen kann, sich von der Verunsicherung zu befreien. Wenn sie dem psychisch Verwundeten die Erschließung des »wirklichen« Selbst, der »echten« Individualität, der »wahren« Person und der »ehrlichen« Gefühle anbietet[39], dann verschweigt sie, daß der Zugang zu dieser Wirklichkeit und Echtheit, dieser Wahrheit und Ehrlichkeit nicht von verschlossenen Türen in der Psyche des Betroffenen, sondern von der gesellschaftlichen Realität blockiert wird.
Zwar hat ROGERS immer wieder betont, daß seine Encountergruppen gar nicht »therapieren«, sondern nur »helfen«. In der Praxis aber vermischen sich die Grenzen zwischen Hilfe und Therapie. PARLOFF: »Diese Gruppen sind sehr treffend als ›Gruppentherapie für Normale‹ bezeichnet worden. Die Definition ›normal‹ wird allerdings immer unklarer.«[40] Und weiter: »Wenn diese Gruppen gedeihen, ist es klar, daß sie Klienten anziehen, die normalerweise einen Psychotherapeuten aufsuchen würden.«[41] Und noch einmal PARLOFF: »Es gibt wenig Beweise dafür, daß selbsternannte Leiter von Encountergruppen den Versuch machen, Patienten von Nichtpatienten auszusondern. Diese Aufgabe ist selbst für den Fachmann schwierig und für den Laien völlig unmöglich.«[42]
Deshalb hat sich ROGERS auch mit gewissem Recht dagegen gewehrt, daß die T-Gruppen, die genau gleichzeitig mit den ersten Encounter-Gruppen entstanden waren, mit ihnen verglichen oder gar gleichgesetzt werden. Denn der »Facilitator« (barbarische Wortschöpfung von ROGERS), der Leiter der Encounter-Gruppe, soll ja die Gruppenprozesse nur erleichtern, nicht aber beeinflussen. Der T-Group-Trainer dagegen soll den gruppendynamischen Prozeß souverän beherrschen und lenken.
Als beide Formen der »Gruppendynamik« in den fünfziger Jahren europäische Psychologen zu beeinflussen begannen, hatten sich diese Unterscheidungsmerkmale bereits völlig verwischt. Es ist bezeichnend für die Perspektivelosigkeit der europäischen Gruppenbewegung, daß sie das ganze amerikanische Vokabular (T-Group, Trainer, Back Home, Sensitivity, Sensory Awareness, Consciousness-Raising) devot übernommen, den wichtigsten Stimulus der amerikanischen Gruppenbewegung aber nie zur Kenntnis genommen hat: die protestantische Kultpraxis Amerikas. Genauer: die Verwandlung des katholischen Beichtgeheimnisses in eine öffentliche Form der Beichte.
Alle Bestrebungen der Gemeinde zielen bei solchen Gottes-

diensten – vor allem bei den Revival Meetings – darauf hin, den Gläubigen zum öffentlichen Geständnis seiner Sünden zu bewegen. Der Augenblick, in dem der Sünder sich erhebt, nach vorne taumelt und *gesteht,* übt sowohl auf ihn selbst wie auf manche Anwesende einen euphorischen, oft ekstatischen Effekt aus. Diese krypto-orgastische Wirkung des »coming through« bleibt bei vielen nicht aufs Psychische beschränkt, sondern äußert sich als physischer Orgasmus. Selbst bei denen, die nur von einer psychischen Ekstase erfaßt werden, wird die Sprache derart mit libidinöser Energie aufgeladen, daß das Ausstoßen der Beichte oft einer Ejakulation gleicht.

Aus dieser gemeinsamen Tradition vieler religiöser Gemeinden der USA entwickelten sich auf der einen Seite solche säkularen Sekten wie FRANK BUCHMANs »Oxford Movement« (MRA) und RON HUBBARDs »Church of Scientology«, auf der anderen die verschiedenen, meist unabhängig von und oft im Widerspruch zu KURT LEWINs Gedanken entstandenen, spezifisch amerikanischen Zweige der Gruppen-»Dynamik«. Ihr Gemeinnenner ist nach wie vor die öffentliche »Beichte«, und ihre Gefahr liegt nach Ansicht vieler, die einst an sie geglaubt haben (die Literatur der kritischen Distanzierung ehemaliger Mitglieder ist groß), in der libidinösen, gewohnheitsbildenden und süchtigmachenden Natur solcher auf gegenseitiger Enthüllung basierenden Gruppenbeziehungen.[43]

Hier liegt auch der bedeutsamste Unterschied zwischen Psychoanalyse einerseits und allen Form der Gruppentherapie, einschließlich der Gruppenpsychoanalyse, auf der anderen Seite. Denn während die orthodoxe Analyse in ihrem strikten Bekenntnis zum Schweigegebot und ihrer Loyalität zur Zweierbeziehung (Mann/Frau, Arzt/Patient, Mutter/Tochter, Vater/Sohn) an die katholische Tradition (Priester/Gläubiger, Beichtvater/Beichtkind) anknüpft, hat sich die amerikanische Gruppentherapie in jeder Hinsicht dem Gedanken der *Öffentlichkeit* mit all seinen Vor- und Nachteilen verschrieben.

Alle therapeutischen und »dynamischen« Gruppen, denen ich beigewohnt habe, pochten darauf, daß die Teilnehmer *sprechen* müssen, und ließen erkennen, daß sie sich von dem Geständnis der eigenen Probleme aller Teilnehmer den eigentlichen Erfolg der Sitzung versprachen. Wo lange Pausen auftraten, oft durch das gezielte Schweigen des Gruppenleiters provoziert, da dienten sie nur als Staumauer, um den bald folgenden Redeschwall zu verstärken. Gleichzeitig wandte

sich das ganze Unternehmen implizit gegen die feindliche, verschlossene, geständnisunwillige Außenwelt. Dies gab jeder Veranstaltung eine eigentümlich fanatische, sektiererische Atmosphäre. Der Leiter des psychologischen Labors des National Institute of Mental Health in Washington, D.C., hat deshalb auch mit Recht den Beitritt zu einer solchen Gruppe als »Bekehrung« bezeichnet.[44]
In ähnlicher Art weisen die Autoren der einzigen wirklich systematischen Untersuchung von Encountergruppen, YALOM und LIEBERMAN*, auch darauf hin, daß die gefährlichsten Gruppenleiter mit der höchsten Zahl von Opfern jene sind, die eine »religiöse Aura« besitzen[45] und sich eher wie Sektenführer als wie Psychotherapeuten gebärden: »Tatsächlich gibt es ein Gestalttherapie-Gebet**, mit dem einige Leiter ihre Sitzungen eröffnen.«[46] Selbst ANNELISE HEIGL-EVERS, eine praktizierende Gruppentherapeutin, bezichtigt die Encounterbewegung der »mißtrauischen Abwehr gegenüber dem rationalen und dem wissenschaftlichen, speziell dem kausalen Denken«.[47]
Auch ARTHUR BURTON, ein Advokat der Encountermethode, verurteilt die unlösbare Verzahnung der Methode mit »Meditation, Introspektion, Herabsetzung der sinnlichen Wahrnehmungsschwellen, Atemübungen, orgastische(n) Reaktionen, körperliche(n) Übungen, phantasierte(r) Erfahrung, Berührung, Nacktheit und anderen Manifestationen des Vorbewußten«.[48] Deshalb lassen sich die Scheinerfolge mancher Encountergruppen in der Drogentherapie wahrscheinlich auch daraus erklären, daß hier – wie bei der Polamidonbehandlung von Heroinsucht – eine Droge die andere ersetzt.
»Als Folge entwickelt sich eine neue Rasse von Eskapisten – die Gruppensüchtigen. Wenn sie einmal am Haken hängen, ziehen diese Menschen von Gruppe zu Gruppe, in dem Versuch, die einmal erlebte ›Spitzenerfahrung‹ und den ›bedeutungsvollen Austausch‹ mit anderen wiederzugewinnen.«[49] Statt daß die Gruppe ihnen hilft, mit dem Alltagsleben fertigzuwerden, raubt sie ihnen die letzte Möglichkeit, ihr Leben zu meistern, und macht sie der Gruppe gegenüber so abhängig wie das Rauschgift den Süchtigen von der Droge.
Das schwerste Problem ist stets die Trennung von der Gruppe,

* Vgl. auch LIEBERMAN, MORTON, A., IRVIN D. YALOM, MATTHEW B. MILES: Die Wirkung von Encounter-Gruppen auf ihre Teilnehmer – einige vorläufige Hinweise, in Gruppendynamik, Heft 4, 5. Jahrg. Stuttgart 1974. – Der Hrsg.
** Vgl. den Aufsatz von HAJA MOLTER in diesem Band, S. 63. – Der Hrsg.

die Überwindung der Abhängigkeit. Die Psychoanalyse bewältigt das Syndrom einer ähnlichen Bindung zwischen Analysand und Analytiker durch die Termination der Analyse. Das heißt: durch den sorgfältig vorbereiteten Abbau der gegenseitigen Bindungen. Er entspricht der Durchtrennung des Nabelstrangs zwischen Kind und Mutter. Meines Wissens findet nichts Derartiges in irgendeiner Encountergruppe statt. Dies mag zu lebenslangem Mißtrauen gegen alle Nichtmitglieder, zur Frigidität und Impotenz im Verkehr mit Nichtmitgliedern (hierüber mehr im folgenden) und zum Verlust der Kontrolle über die eigenen Affekte führen.
ARTHUR BURTON, der sich gegen die »Illusion« der Psychoanalytiker wendet, daß der psychisch Kranke geheilt werden könne, wenn er genug über sich selbst wisse, verkündet die Überzeugung, daß der Patient um so gesünder werde, je mehr er über sich rede.[50] Ich glaube indes, daß das Reden kein therapeutisches Öffnen eines Überdruckventils darstellt, sondern eher als Symptom eines psychischen Lecks zu bewerten ist. Deshalb scheint mir die gruppendynamische Forderung nach »schonungsloser Offenheit« nur allzu leicht zu jenem Phänomen zu führen, das der Kriminologe aus der Erfahrung mit falschen Geständnissen kennt: Bei jedem ernsthaften Kriminalfall meldet sich eine statistisch voraussagbare Anzahl von Unschuldigen und riskiert lieber hohe Strafen, als auf den Kitzel der Selbstbeschuldigung zu verzichten. Jeder, der einmal an einer Begegnungs-, Sensitivitätstrainings- oder Marathongruppe teilgenommen hat, weiß aus eigener Erfahrung, wie schwer es ist, der Versuchung zum Beichten nie erlebter Entgleisungen der Psyche zu widerstehen, da man sich nur dadurch das bleibende Interesse der anderen erhalten kann. Ist man ans Ende der tatsächlich begangenen »Sünden«, der tatsächlich am eigenen Leibe erlebten Leiden gelangt, muß man neue erfinden, um sich den Trost der anderen zu sichern. Damit erzeugt die Encounterbewegung ihren eigenen Hospitalismus.
Gleichzeitig führt die Forderung, der Teilnehmer solle nicht versuchen, seine Affekte zu kontrollieren, zum Verlust der Kontrolle, ebenso wie die Forderung, er solle seine Gefühle nicht rationalisieren, Angst vor rationalem Handeln und ein immer tieferes Herabsinken ins Irrationale mit sich bringt. BURTON gesteht stolz, daß die Begegnungstherapie ein »emotionales, im Gegensatz zum kognitiven Lernen« stehendes Ziel verfolge[51] und »den Primat des Körpers« über die Ratio

anstrebe.[52] Daß die Patienten bei dieser Behandlung keine Einsicht in die *Gründe* ihres Leidens gewinnen können, scheint ihm eine Tugend des Verfahrens darzustellen: »Die Patienten machen jeden Tag Fortschritte, ohne Einsicht zu gewinnen ... Dies stößt den Intellektuellen häufig ab.«[53]
Nicht nur den Intellektuellen, denn selbst BURTON fragt sich am Ende seines Plädoyers für wuchernde Emotivität: »Warum scheint die Katharsis so häufig von ausgezeichneter Wirkung, während der Patient an sein neurotisches Verhalten fixiert bleibt?«[54] Die Antwort läßt sich aus BURTONs aufschlußreicher Fehlleistung ablesen – aus dem Wort »scheint«. Denn die Encountertherapie *ist* keine Therapie, sie *scheint* nur eine zu sein. Sie verschafft keine Katharsis, sie *scheint* nur eine auszulösen. Sie bleibt wirkungslos oder wirkt sich in den meisten Fällen sogar negativ aus, weil sie vom Patienten nicht *rational* akzeptiert wird, weil sie nicht *erarbeitet,* sondern nur hedonistisch als Sinnestaumel erlebt wird. Damit schüttet sie die Ursachen des Leidens zu, statt sie aufzudecken. Ein Befürworter »beschleunigter« Encountersitzungen, FREDERICK H. STOLLER, sagt vom Sinnestaumel der Gruppenerfahrung: »Das Erlebnis wühlt auf und schafft einen Zustand der Bewegung der inneren Organisation. Wenn sich die Person beruhigt, beruhigt sich auch ihre innere Struktur.«[55] Leider tritt nach meiner Beobachtung genau das Gegenteil ein, weil die *Art* der Erregung, die da entstehen soll, unspezifiziert bleibt und unkontrolliert verläuft. Es geht nicht etwa, wie in der Psychoanalyse, um eine *bestimmte* Art von Erregung, die eine *bestimmte* Art von Beruhigung hervorrufen soll, sondern um das amorphe Entfachen möglichst *starker* Erregung. Das ist Brandstiftung unter dem Vorwand der Löscharbeit.
BURTON impliziert – und damit verrät er sich –, daß die Encountertherapie *aktiv* sei, während alle anderen Behandlungsmethoden einschließlich der Psychoanalyse *passiv* seien. Denn jedes Mitglied einer Encountergruppe habe *aktive* Zusammenstöße mit anderen Gruppenmitgliedern, während der Analysand nur *passiv* auf der Couch liege und nichts tue. Das Gegenteil ist der Fall. Der Encounterpatient läßt sich gehen, vermeidet Denkarbeit, tut und sagt, was ihm gerade liegt. Der Analysand aber arbeitet aktiv an der Deutung seiner eigenen Psyche mit und muß, wenn die Analyse glückend verlaufen soll, mit äußerster Disziplin und Willenskraft sein eigenes Schicksal unter Kontrolle bringen. Diese Willenskraft, diese Disziplin ist die unerläßliche Bedingung seiner Kur. Wer

ihr anstrengungsfrei zu entgehen sucht, drückt sich vor der Verantwortung für sein eigenes Schicksal. Wo kein Rest der Bereitschaft zur Verantwortung mehr vorhanden ist, kann mit keinem Mittel der Welt neue Verantwortungsbereitschaft aufgebaut werden. Die Therapie kann nur verstärken, was bereits da ist; sie kann nichts Neues an die Stelle des Mangelnden setzen.

Zu den gefährlichsten Techniken der Gruppendynamik gehören deshalb die vom Esalen-Institut ermutigten »Spiele«, die den Beteiligten die Möglichkeit geben sollen, sich von ihren Aggressionen zu befreien. Da die Spiele Gruppenspiele sind, gibt es stets auch Opfer, an denen die anderen ihre Aggressionen abreagieren können. Selbst wo dem Aggressor ein Kissen, eine Puppe, ein Stuhl oder sonst etwas Lebloses gegeben wird, an dem er seine Aggressionen auslassen kann, »als sei es der Mensch, den du am meisten haßt«, ruft das Schauspiel solcher Aggressionsentladung oft profunde psychische Störungen bei labilen Zuschauern hervor.

Der Psychoanalytiker WOLFGANG SCHMIDBAUER, der selbst Begegnungstherapie nach ROGERS betrieben hat, wendet sich in seinem Buch »Heilungschancen durch Psychotherapie« besonders emphatisch gegen solche »Spiele«, indem er die »nachteiligen Nebenwirkungen und Folgeerscheinungen« beschreibt.[56] Auch BURTON, der solche Techniken erprobt hat, gesteht: Die Encounterbewegung »ist noch nicht dazu gekommen, ihre Gefahren zu spezifizieren, und sie ignoriert die, die durch sie geschädigt wurden oder gar Selbstmord begingen. Begegnung schweigt sich aus über die Randerscheinungen von Begegnungsgruppen, die gar nichts von Begegnung haben. Sie gibt sich häufig ebenso als ein Allheilmittel aus wie jedes andere Quacksalber-Heilmittel, das den Leuten unterschoben werden soll.«[57] Er beanstandet besonders, daß Gruppen von Laien ohne abgeschlossene therapeutische Ausbildung geleitet werden[58] und daß die ausgebildeten Gruppentherapeuten oft gescheiterte Psychoanalytiker sind, die die Analyse und nicht sich selbst für ihr Scheitern verantwortlich machen: »Soweit mir bekannt ist, sieht keiner von ihnen darin einen Beweis dafür, daß sie selbst eine weitere Analyse nötig hätten.«[59]

Als gefährlich betrachte ich auch alle Formen des »Sensitivitätstrainings«, der »Interaktionsspiele«, der gezielten Über- oder Unterschreitung von Bewußtseinsschwellen. PARLOFF weist mit Recht darauf hin, daß gerade jene Gruppen, die »erhöhte Sensitivität«, »persönliches Wachstum« und »sinn-

liches Bewußtwerden« anstreben, »sehr schädlich« sein können[60], weil sie genau das zerstören, was sie aufbauen wollen: die Sensitivität, das Bewußtsein, die Persönlichkeit, die Potenz zur Selbstentfaltung. KLAUS HORN, der dank seiner langjährigen Tätigkeit am Sigmund-Freud-Institut in Frankfurt am Main ein erfahrener Beobachter der Psychotherapie aller Schulen geworden ist, hat bereits 1972 die berechtigte Frage gestellt, »ob Sensitivitätstraining, das auch schon in der Bundesrepublik in Zeitungsinseraten neben Kinderpsychologiekursen billig angeboten wird, zur Zerstörung der Freiheit beiträgt und die Substanz der Privatheit und persönlichen Würde angreift«. Seine Antwort: Das Bedürfnis nach Sensitivitätstraining setzt bereits »eine Zerstörung jener bürgerlichen Sphären der Privatheit und persönlichen Würde voraus«.[61]
Ich stimme dem zu, glaube aber, daß die neueren Methoden des als Sensitivitätstraining maskierten »Love-in« noch weit schädlicher sind und eine noch weiter fortgeschrittene Zerstörung der einstigen bürgerlichen Werte (»Würde«, »Privatheit«, »Intimsphäre«) enthüllen. Ich denke an das gegenseitige Berühren, Beriechen, Betasten, Umarmen und Massieren, das in einigen Fällen zum Gruppenkoitus ermutigt mit entsprechenden Folgen.[62] A. A. LAZARUS, der »Umarmung, Küssen, Streicheln, Entkleiden, Vorspiele in nacktem Zustand, Bewußtwerden der Erektion« befürwortet, berichtet zum Beispiel als »amüsante Tatsache«, daß drei Patientinnen bei der Nachuntersuchung »im dritten Monat schwanger waren«.[63] Amüsant auch für die Frauen? Amüsant auch für ihre Ehemänner?
Als MORRIS B. PARLOFF im Jahre 1970 vor der »nichtsexuellen« Manipulation nackter Teilnehmer in verschiedenen »therapeutischen« Gruppen warnte[64], sagte er voraus, daß seine Warnung, statt zum Abbruch solcher Manipulationen zu führen, bald zu »offener sexueller Manipulation« und noch größeren Schäden führen werde, denn die öffentliche Erwähnung, daß es solche »Therapien« überhaupt gibt, würde auf bestimmte, sexuell labile und verunsicherte Persönlichkeiten ebenso »anziehend« wirken wie das Fliegenpapier auf die Fliegen.
ROGERS gibt offen zu, daß die sexuellen Beziehungen, die sich zwischen den Gruppenteilnehmern bilden, »eine ernste Bedrohung für ihre Ehepartner darstellen« können.[65] Er schränkt dies allerdings ein, indem er hinzufügt: »... *wenn* diese Gefühle in den Workshops nicht gründlich durchgearbeitet

wurden.« Eben dieses Durcharbeiten ist wegen der kollektiven Natur des Prozesses und der Schwierigkeit, die Übertragungen und Gegenübertragungen innerhalb der kurzen Lebenszeit einer Gruppe abzubauen, aber leider unmöglich.
BURTON verneint das und behauptet das Gegenteil. Statt sich mit der lästigen »Theorie« zu befassen, könne der Encounter-Patient beim »Love-in« den ganzen »Ballast« der Psychoanalyse »einfach über Bord« werfen: »Er kann leben, lieben und sowohl innerhalb wie außerhalb der Begegnungsgruppe ausagieren... Viele Patienten berichten mir, daß sie nicht nur wegen der Begegnung allein in die Begegnungsgruppen-Zentren gehen, sondern wegen der zahlreichen Möglichkeiten zu sexueller Erfahrung, die dort angetroffen werden. Eines der berühmten Begegnungszentren verfügt über Bäder, in denen in der Regel gemischtes Nacktbaden im Anschluß an die Gruppensitzungen stattfindet. Man bekommt dort immer eine Möglichkeit, Sexualität zu erleben statt zu lernen, wie man sie verdrängt oder sublimiert.«[66]
Das entspricht dem Gedanken viktorianischer Patriarchen, daß man die Sexualängste des Pubertierenden am besten abbaut, indem man ihn ins Bordell schickt. Gerade denjenigen, die sich, wie ich und andere Schüler WILHELM REICHs, ein Leben lang um sexuelle Liberalisierung bemüht haben, scheint diese »Therapie« anrüchig, weil sie die rationale Erkundung, *weshalb* bestimmte Formen der sexuellen Liberalisierung gesellschaftlich notwendig sind und welchen sozialen *Zielen* sie dienen sollen, außer acht läßt.
Schließlich wende ich mich gegen die von GEORGE R. BACH und J. R. GIBB entwickelte Marathonbewegung, die darauf abzielt, Gruppenmitglieder bis zur totalen psychischen und physischen Erschöpfung zu treiben, weil dadurch der »Durchbruch« zu erhöhter Sensitivität erleichtert werde.[67] Selbst BURTON sagt dazu: »Die Marathonbewegung erscheint zum gegenwärtigen Zeitpunkt als eine hysterische Form der Begegnung.«[68] Auch der Marathon-Gruppenleiter FREDERICK H. STOLLER gibt das zu: »Meiner Beobachtung nach haben etwa zwanzig Prozent der Teilnehmer an der beschleunigten Interaktion nicht die Art von Gewinn, die gesucht wird. Ein oder zwei Prozent scheinen nach der Gruppenerfahrung schlechter dran zu sein als vorher.«[69]
Sogar GEORGE R. BACH hat, wenn auch zögernd und verklausuliert, zugegeben, daß Marathongruppen schädlich sind. Nur sei der Schaden kein »dauernder«[70], und außerdem habe sich

niemand über seine Schäden »beklagt«.[71] Er gibt zu, daß ihm viele Fälle von »Ausflippen« bekanntgeworden seien; diese seien aber in Gruppen aufgetreten, deren Leiter auf klinischem und gruppendynamischem Gebiet inkompetent gewesen wären.[72]
Das ist eine Haltung, auf die man immer wieder bei den Erfindern und Befürwortern der verschiedenen »gruppendynamischen« Schulen stößt: Läuft die Sache gut, so verdankt sie ihren Erfolg der spezifischen Gruppentechnik. Läuft sie schlecht, so wird der Mißerfolg dem Gruppenleiter in die Schuhe geschoben.
Bereits in dem Jahrzehnt 1960–1970 sind fast hundert Aufsätze in der Fachpresse erschienen, die sich mit den gesundheitsschädigenden Folgen der »Gruppendynamik« und »Gruppentherapie« auseinandergesetzt haben – darunter ODIORNE[73], HOOVER[74], JAFFE und SCHERL[75] und PARLOFF[76]. Der letztgenannte faßt die häufigsten Störungen in drei Gruppen zusammen:
1. Psychosen und andere gravierende Reaktionen
2. Emotionelle Störungen
3. Wiedereintritts-Probleme.[77]

Die Befürworter der Gruppenbewegung haben das im Prinzip zugegeben. Sie argumentieren jedoch, daß die Anzahl der Betroffenen klein sei. PARLOFF hat geantwortet: »Wenn auch nur ein Individuum durch eine Gruppenerfahrung ernsthaft gestört wird, ist dies Grund genug, sich mit den Fakten auseinanderzusetzen.«[78]
GOTTSCHALK entdeckte 1965 in den von ihm überprüften Gruppen bei 47 Prozent der Teilnehmer Störungen.[79] In einer Gruppe von nur elf Teilnehmern gab es drei Psychosen: einen »Grenzfall akuter psychotischer Rückzugsreaktionen« und zwei »ernste emotionale Zusammenbrüche mit Angstzuständen«.[80] Als Resultat der Tätigkeit einer anderen Gruppe von nur zehn Teilnehmern stellte er eine »offene psychotische Reaktion« und zwei »ernste depressive Reaktionen mit Angstzuständen« fest.[81] Von 32 Teilnehmern anderer Gruppen zeigten zwei »psychotische Reaktionen« und vier »ernstliche Leistungsstörungen«.[82]
ROGERS hat 1967 gestanden, daß eine nicht spezifizierte Anzahl seiner Gruppenteilnehmer es für nötig gehalten hatte, sich anschließend in psychotherapeutische Behandlung zu begeben. Mindestens zwei seiner Klienten hatten nach intensiver Gruppenerfahrung psychotische Reaktionen gezeigt.[83]

LIMA und LIEVANO fanden 1968, daß zwei von elf stationären Patienten der Psychiatrie an der Menninger Clinic, die freiwillig an einer Gruppe teilgenommen hatten, »psychotische Zusammenbrüche« erlitten. Ein dritter wurde sieben Monate nach Beendigung der Gruppe psychotisch.[84]
Drei Monate nach Beendigung einer Gruppe registrierte MINTZ im Jahre 1969 »eine Steigerung von Angst und Depression, die mehrere Wochen währte«.[85] A.A. LAZARUS, ein Befürworter neuer Psychotechniken, berichtete 1970, daß die Zahl der Patienten, die Opfer von Encountergruppen geworden waren, so groß sei, daß man von einer »neuen klinischen Kategorie« sprechen müsse.[86] Ähnlich PARLOFF im gleichen Jahr: »Kliniker werden immer besorgter über die große Zahl ›neuer‹ Patienten, die berichten, daß ihre Teilnahme an der einen oder anderen Encountergruppe zu ernsten emotionellen Störungen führte.«[87]
Zwar gibt er zu, daß manche der Encounterpatienten möglicherweise schon vor Eintritt in die Gruppe krank waren, daß die Krankheit also die *Ursache* und nicht die *Folge* des Eintritts in die Gruppe gewesen sein kann. Aber er meint, daß der Kliniker doch Grund zur Sorge habe, »wenn es Leiter von Encountergruppen unternehmen, Individuen zu behandeln, die entweder durch Psychotherapie behandelt werden sollten oder die so labil sind, daß die Intensität der Gruppenerfahrung bei ihnen zu ernstlichen Kompensationsstörungen führen kann«.[88] Und einige Seiten später: »Kurz gesagt, es gibt Beweise, daß emotionelle Störungen – ernst oder leicht, vorübergehend oder andauernd – durch Gruppenerfahrungen entstehen können.«[89]
Die bekannteste und bedeutendste Überprüfung der Auswirkungen von Encountergruppen ist die 1969 von IRVIN D. YALOM und MORTON A. LIEBERMAN im Auftrag der American Psychiatric Association geleitete Untersuchung, die unter Mitarbeit aller amerikanischen Schulen der Gruppentherapie und »Gruppendynamik« stattfand.[90] Zu den zehn Schulen, die an der Untersuchung teilnahmen, gehörten Esalen, Synanon, NTL und NTL-West.* Die überprüften Techniken waren: Encounter und Marathon nach ROGERS, Gestalttherapie nach PERLS, Psychodrama nach MORENO, Transaktionsanalyse nach BERNE, verschiedene Formen des Sensitivitätstrainings, der Selbsterfahrung, der »Erweiterung des sinnlichen Bewußtseins« (sensory

* Siehe Fußnote auf S. 95. – Der Hrsg.

awareness focus) und des »persönlichen Wachstums« (personal growth).

Trotz der Tatsache, daß jede Schule ihren besten Gruppenleiter zur Verfügung gestellt hatte und trotz der eingebauten Risikoverminderung, die sich aus der Tatsache ergab, daß die Gruppenleiter unter Beobachtung standen und deshalb mit besonderer Vorsicht arbeiteten, weigerten sich 39 von 209 Personen, den Gruppen bis zum Ende beizuwohnen.[91] Von den 170 Teilnehmern, die durchhielten, kam es bei 16 Personen zu einem »bleibenden negativen Ergebnis«.[92] Das sind 7,5 Prozent der Gesamtteilnehmer oder 9,4 Prozent der Personen, die übriggeblieben waren.[93] Ein Teilnehmer beging während der Untersuchung Selbstmord.[94]

Als »negative Ergebnisse« wurden jene Schädigungen definiert, die auch acht Monate nach Ende der Untersuchung noch festgestellt werden konnten. Die tatsächlichen Schäden waren aber wahrscheinlich sehr viel größer als die registrierten, weil

(a) 18,6 Prozent der Teilnehmer ausgeschieden waren und deshalb nicht mehr untersucht werden konnten, und weil

(b) es sich herausstellte, daß einige derjenigen, die besonders unter der Gruppe gelitten hatten, ihre Erfahrungen als besonders »erfolgreich« beschrieben hatten (»in dem selbstbetrügerischen Versuch, eine destruktive Erfahrung in eine konstruktive umzuwandeln«).[95]

Auch der Teilnehmer, der sich während der Untersuchung das Leben nahm, hatte seinen Fragebogen durchaus positiv ausgefüllt.[96]

Drei Teilnehmer erlitten während oder unmittelbar nach der Gruppe »eine psychische Kompensationsstörung – einer eine manische Psychose, einer eine akute schizophrene Episode und der dritte eine schizophrene LSD-Episode«.[97] Mehrere andere »zeigten leichte pressive und/oder Angstsymptome bis zu schweren Angstattacken und einer schweren, sechs Monate dauernden Depression mit einem Gewichtsverlust von vierzig Pfund und Selbstmordideationen.* Andere fühlten sich leer, selbstnegierend, beschämt, nicht aufnahmefähig und glaubten nicht mehr daran, daß sie sich je verändern oder wachsen könnten.«[98]

* Ideation = Prozeß der Herausbildung beziehungsweise Herausformung einer Idee oder Vorstellung. – Der Hrsg.

Mehrere stellten eine Störung ihres interpersonellen Lebens fest; sie zogen sich zurück oder wichen aus, wurden mißtrauisch und waren weniger bereit, aus sich herauszugehen oder bei anderen etwas zu riskieren.[99] Fünf begaben sich in Psychotherapie zur Behebung von Schäden. »Sie alle waren Personen mit negativen Auswirkungen und durch die Gruppenerfahrung so irritiert, daß sie Hilfe brauchten, um ihr Gleichgewicht wiederzugewinnen.«[100]
Eines der Resultate des Vergleichs mit einer gleich großen Kontrollgruppe war, daß das Mitglied einer Encountergruppe mit dreifach höherer Wahrscheinlichkeit als die Kontrollperson psychotherapeutischer Behandlung bedarf.[101] Die Nachuntersuchung der Teilnehmer deckte als Ursachen der Schädigung fünf prototypische Erlebnisse auf:

1. Angriffe durch den Leiter oder die Gruppe
2. Ablehnung durch den Leiter oder die Gruppe
3. Unrealistisch hoch gesetzte Gruppenziele
4. Zu starker Input
5. Zu starker Gruppendruck.[102]

Manche Teilnehmer erlebten einen so starken Angriff, daß seltsamerweise der Mangel an Akzeptiertwerden nicht die entscheidende Frage war, aber das Individuum schied aus der Gruppe aus. Der Teilnehmer »war so um sein Überleben besorgt, daß er sich nicht den Luxus leisten konnte, um Liebe zu bitten«.[103]
Eine Gruppe, die dem Schema und den Vorschlägen des extrem aggressiven Leiters folgte, wandte sich provokatorisch gegen eine passive, sanfte Frau, um ihr mit ihrem Zorn zu helfen, mit der Umwelt »in Berührung zu kommen«. Obwohl die Gruppe sie auf vielerlei Art attackierte, einschließlich eines körperlichen Angriffs durch eine andere Teilnehmerin, erinnerte sie sich nachträglich vor allem an den gegen sie gerichteten Angriff des Gruppenleiters, der ihr gesagt hatte, sie stünde »am Rand der Schizophrenie«. Diese Bemerkung, die eine objektive Fehldiagnose war und auch nie vom Leiter erklärt wurde, verursachte schwere psychische Schäden.[104]
In einer zwanzigstündigen Marathonsitzung wurden andere Teilnehmer physisch am Verlassen des Raums gehindert. In den zwei Synanon-Gruppen »war eine ausnehmend hohe Quote von Abgängen die Folge der aggressiven Methode. 10 der 23 Teilnehmer oder 43 Prozent schieden aus.«[105]
Drei der geschädigten Teilnehmer waren mit besonders hoher

Erwartung in ihre Gruppen eingetreten. Trotz ihrer Hoffnungen und ihrer intensiven Mitarbeit fanden sie, daß ihr Verhalten am Ende der Gruppe »versperrter und starrer war als je zuvor... Sie verließen die Gruppe entmutigter und pessimistischer im Hinblick auf eine zu erreichende Änderung.«[106] Ganz allgemein ließ sich feststellen, daß die gefährdetsten Teilnehmer diejenigen waren, die mit den größten Hoffnungen in die Gruppe eingetreten waren. Die am wenigsten Geschädigten waren die, die auch am wenigsten erwartet hatten und eher aus Neugier als aus dem Wunsch nach Therapie mitgemacht hatten.
Zwei Teilnehmerinnen, die dem Verlangen der Gruppe, ihre Gefühle zu verbalisieren, aus Schüchternheit nicht Folge zu leisten vermochten, hatten versucht, dem Gruppendruck durch vorgetäuschte Intimität nachzugeben, und kamen sich am Ende verlogen und betrogen vor.[107] Eine andere Art von Schädigung ergab sich daraus, daß die betroffenen Teilnehmer paradoxerweise die Intensität des ihnen entgegenschlagenden Hasses bewunderten und einen Schock erlitten, weil sie nun glaubten, sie seien im Vergleich mit diesen starken, haßfähigen Menschen schwach und emotionell defekt.[108]
Andere Teilnehmer litten unter der extremen Reizüberflutung und brachen mit psychotischen Symptomen zusammen. Sechs Monate nach Beendigung der Gruppe waren sie noch immer zu verstört, um an den klärenden Forschungsgesprächen teilnehmen zu können.[109] Eine weitere Teilnehmerin wurde wegen einer paranoid-schizophrenen Psychose einen Monat nach Beendigung der Gruppe ins Krankenhaus überwiesen.[110]
Als besonders schädigend stellte sich jener Führungsstil heraus, der durch große Selbstsicherheit, hohes Charisma, starke Stimulation, aber auch starke Hilfsbereitschaft gekennzeichnet war, der also haargenau jene Eigenschaften aufwies, die von den meisten Encountergruppen als ideal betrachtet werden. Den fünf Gruppenleitern dieses Typs waren sieben Geschädigte (44 Prozent) zuzurechnen: »Wir hatten den Eindruck, daß diese Gruppen zu viel schwereren Schädigungen führten und daß sie dafür mehr verantwortlich waren. Die negativen Resultate schienen tatsächlich durch den Führungsstil *verursacht* und nicht bloß beschleunigt oder ermöglicht worden zu sein; sie lassen sich daher auch durch eine Änderung des Führungsstils vermeiden.«[111]
Die Gruppenleiter dieses Typs waren energisch und ungedul-

dig, wenn sie keine Anzeichen von »Veränderungen« oder von »psychischem Wachsen« in den Mitgliedern ihrer Gruppe erzeugen konnten, und steigerten dann prompt den Druck auf die Gruppe. Sie achteten zu wenig auf das Durcharbeiten und forderten zu hohe Leistungen, »und zwar sofort«.[112] Sie vermochten nicht zwischen den verschiedenen Temperamenten ihrer Gruppenmitglieder zu unterscheiden oder betrachteten die Weigerung, zwischen ihnen zu unterscheiden, als eine Tugend.

»Vielleicht hilft uns der religiöse Aspekt, das Versagen dieser Leiter, zwischen Individuen zu unterscheiden, zu erklären, da sie wahrscheinlich dazu tendieren, beim Individuum die Glaubensfähigkeit zu fördern und ein System von Werten zu entwickeln (als einziger und endgültiger Weg zur Erlösung), statt es zu ermutigen, sich seinen eigenen Bedürfnissen und seinem Potential gemäß zu ändern.«[113] Jedenfalls sprachen diese Gruppenleiter während der Sitzungen mehr als alle anderen von ihrem »Glauben« an die heilende Kraft der Gruppe. Sie benahmen sich wie zürnende Götter, die den Ungehorsam der Sterblichen beklagen, nie aber über dessen Gründe nachdenken. Einer der erfolglosesten Leiter klagte, man habe ihm eine »störrische« Gruppe zugewiesen, »voll von Leuten, die zu infantil sind, um die Verantwortung für sich selbst zu übernehmen«, und rechtfertigte sich mit den Worten: »Ich sah, daß die meisten überhaupt nichts tun wollten. Ich machte also einfach weiter und hatte meinen eigenen Spaß.« (»Had myself a good time.«)[114]

Vielleicht sollte man ein Wort darüber sagen, daß selbst die Hilfsbereitschaft, die solche Gruppenleiter von Zeit zu Zeit an den Tag legen, bei den Teilnehmern eher negative als positive Folgen zeitigt. Es ist nicht etwa die Hilfsbereitschaft als solche, die schlecht ankommt, sondern es ist der Widerspruch zwischen Herausforderung und Hilfeleistung, der die Teilnehmer verwirrt und verunsichert. Es ist der jähe Wechsel zwischen Provokation und Trost, zwischen Geduld und Ungeduld, der den Schaden anrichtet und den Teilnehmer kaputtmacht.

Eine bedeutsame, schwerwiegende und alle gegenteiligen Angaben der Gruppenleiter entwertende Entdeckung der Versuchsleiter bestand darin, daß die Gruppenleiter in keinem Falle fähig waren, die gefährdeten Teilnehmer zu erkennen und aus der Gruppe zu entlassen. Auch waren sie am Ende der Gruppe nicht fähig, diejenigen zu erkennen, die Schaden erlit-

ten hatten.[115] So war der Teilnehmer, der während der Dauer seiner Gruppe Selbstmord beging, von seinem Gruppenleiter als besonders aufgeschlossen und hilfreich beschrieben worden. Der Grund dieser fast unglaublichen Beobachtungsunfähigkeit liegt nach YALOM und LIEBERMAN in dem sektiererhaften Sendungsbewußtsein mancher Gruppenleiter, das jeden Zweifel am Erfolg der eigenen Tätigkeit ausschließt.
Der Grund, weshalb diese Gruppenleiter auch nachträglich nicht merkten, was sie angerichtet hatten, war jedoch ein anderer. Er lag in der simplen Tatsache, daß sie den Kontakt mit ihren ehemaligen Klienten verloren und deshalb keine Ahnung hatten, ob Schädigungen eingetreten waren oder nicht: »Die meisten Leiter von Encountergruppen und Zentren für psychisches Wachsen verfügen nur über beschränkte Informationen. Ihre Gruppen haben gewöhnlich nur kurze Dauer. Wenn sie einmal beendet sind, zerstreuen sich die Mitglieder, und die Leiter haben, selbst wenn sie dazu geneigt wären, wenig Gelegenheit, spätere Daten zu sammeln. Eine psychische Kompensationsstörung, die nach Beendigung der Gruppe eintritt, würde ihnen kaum zur Kenntnis gelangen.«[116]
Sehr ähnlich PARLOFF: »Da die Leiter von Intensivgruppen mit den Gruppenmitgliedern nur für die Dauer der Gruppen Kontakt haben, werden ihnen gewöhnlich negative Folgen bei Gruppenangehörigen nach Beendigung der Gruppe nicht bekannt.«[117]
Deshalb stellte sich auch die Befragung der Gruppenleiter über den Erfolg oder Mißerfolg ihrer Gruppe als die unverläßlichste aller erprobten Untersuchungsmethoden heraus: »Viele der Leiter waren sich der Tatsache nicht bewußt, daß es in ihrer Gruppe zu negativen Resultaten gekommen war. Diese Feststellung hat einige bedeutungsvolle Folgen. Gruppenleiter, die nicht die Möglichkeit zu Follow-up-Interviews mit ihren Gruppenmitgliedern schufen, besaßen einfach nicht die nötigen Informationen, um eine Aussage über die Gefahren ihrer Gruppe zu machen.«[118]
Was auch immer man gegen das etablierte medizinische System sagen mag, es hat verglichen mit dem System der Psychodynamiker zumindest einen Vorteil: die von einem Arzt zum nächsten weitergeleitete Anamnese und die daraus folgende Möglichkeit der Katamnese.[119] Die Schludrigkeit und Gewissenlosigkeit der gruppendynamischen Scharlatane mag dagegen den Vorteil haben, daß Fehldiagnosen nicht allzu lange perpetuiert werden und daß Daten über den Intim-

bereich der Patienten und Klienten nicht allzu effizient gespeichert werden.
Fassen wir die Resultate der äußerst sorgfältig durchgeführten Untersuchung von YALOM und LIEBERMAN zusammen, so läßt sich sagen: Menschen mit stabilem Ich und gesundem Selbstvertrauen, die sich ihre Wünsche und Ängste relativ leicht bewußt machen können, erleiden in Encountergruppen keinen Schaden. Andererseits haben sie aber auch keinen Grund, jemals an solchen Gruppen teilzunehmen, denn sie besitzen bereits jene psychischen Qualitäten, die das Encounter seinen Teilnehmern vermitteln will. Umgekehrt sind aber gerade jene Personen, die wegen ihres geringen Selbstvertrauens, ihrer schwachen Ich-Stabilität und ihrer Unfähigkeit, sich die Gründe ihrer Ängste und Sehnsüchte bewußt zu machen, besonders dazu neigen, Encountergruppen aufzusuchen, auch diejenigen, die besonders gefährdet sind. Dies läßt sich auf alle Zweige der Gruppenbewegung übertragen: Je weniger der Mensch gefährdet ist, desto weniger benötigt er die Gruppe. Je geschädigter er aber bereits vor seinem Eintritt in die Gruppe war, desto geschädigter kommt er auch aus ihr heraus.
Der Marathon-Gruppenleiter FREDERICK H. STOLLER läßt die Katze aus dem Sack, wenn er die Rede beschreibt, die ein guter Gruppenleiter vor Anfang der Gruppenarbeit halten sollte. Das unfreiwillig Enthüllende an dieser Rede ist die Illusion des Leiters, daß das, was innerhalb der Gruppe möglich ist, auch außerhalb möglich sei. Hier enthüllt sich der Grund, weshalb die Gruppe den Gesunden kaum tangiert, den Schwachen aber noch weiter schwächt und den Verunsicherten der totalen Verunsicherung preisgibt. Der Grund liegt darin, daß die Gruppe, selbst wenn es ihr gelingt, den Verschlossenen zur Gesprächigkeit und den Abgekapselten zur Offenheit zu bewegen, ihn in eine Gesellschaftsordnung entläßt, in der Gesprächigkeit eine Untugend und Offenheit ein lebensgefährdendes Risiko ist.
Die erwähnte Rede lautet: »Während wir einander kennenlernen, werden wir alle Reaktionen, die in uns wachgerufen werden, aussprechen; welche Gefühle die anderen in uns wecken und zu welchem Verhalten ihnen gegenüber sie uns veranlassen. In der Zeit Ihres Hierseins schrumpft die Welt auf diese Gruppe zusammen. Ihr Verhalten in der Gruppe wird ein gutes Beispiel für Ihr Verhalten in der Welt sein.«[120]
Schön wär's, wenn's so wäre. Leider ist es anders. Denn wenn

sich der Klient außerhalb der Gruppe auch nur wenige Minuten lang so benähme wie in ihr, würden seine Mitbürger ihn sofort der Polizei oder dem Irrenarzt* übergeben. Und das mit Recht. Konzentrierten wir unsere ganze Kraft darauf, die Emotionen, die unsere Mitmenschen in uns wecken, sofort auszusprechen und dem anderen entgegenzuschleudern, bliebe uns keine Zeit zur Arbeit oder Muße. Unser Mundwerk stünde nie still, unsere Ruhe wäre ebenso dahin wie unser Lebensunterhalt, und die zwischenmenschliche Kommunikation schrumpfte zum Schreikrampf zusammen.

STOLLER meint, die einzigen Leute, die negativ auf die Gruppe reagierten, seien diejenigen, die sich »in unmittelbaren Realitätsschwierigkeiten festgefahren haben« und keine Gelegenheit besitzen, das in der Gruppe Erlernte außerhalb der Gruppe anzuwenden.[121] Nach meiner Erfahrung trifft genau das Gegenteil zu. Gerade *wenn* Gruppenteilnehmer versuchen, das in der Gruppe Erlernte außerhalb von ihr anzuwenden, wird ihnen schlagartig klargemacht, daß die Umwelt – statt in der erwarteten und versprochenen Weise positiv zu reagieren – negativ reagiert und das »offene«, »direkte« Verhalten als Provokation oder Geistesstörung auffaßt. Die Enttäuschung verstärkt dann die Realitätsschwierigkeiten des bereits Realitätsgestörten und katapultiert ihn von der Neurose in die Psychose.

»Offenheit« und »Direktheit« sind selbstmörderische Tugenden in einer Gesellschaftsordnung, in der Verschlossenheit und Umwege Ausdrucksformen der zur Erhaltung der Gesellschaft notwendigen Entfremdung sind. Sagt ein Arbeitnehmer seinem Arbeitgeber »direkt« und »offen« ins Gesicht, was er von ihm hält, so fliegt er. Ähnlich geht es den meisten Menschen, die in dieser Gesellschaft ihre Liebesbeziehung »offen« zu gestalten suchen. Ein solcher Versuch endet unter den gegebenen Umständen meist nicht mit der Läuterung der Partner, sondern mit dem Zerfall der Beziehung. Nicht etwa, weil sexuelle Offenheit keine erstrebenswerte Tugend wäre, sondern seil sie die Tugend einer klassenlosen Gesellschaft ist. Statt uns zu befreien, neurotisiert uns der Versuch, sie hier und heute zu realisieren.

Versuchen wir's trotzdem, so scheitert der Versuch meist an

* Nach einer brieflichen Mitteilung von BORNEMAN möchte er durch diese Wortwahl deutlich machen, »daß es eher um psychotisierte Ängste der Mitmenschen als um eine tatsächliche Psychose des Klienten geht«. – Der Hrsg.

der Kurzlebigkeit des in der Gruppe erarbeiteten »Neuen Selbst«: »Einige Individuen sind von ihrem neuen Selbst so beeindruckt, daß sie versuchen, Entscheidungen aus ihrem früheren Leben, die ihre Ehe, ihre Stellung usw. betreffen, ungeschehen zu machen, Entscheidungen also, die ihr ›altes Selbst‹ getroffen hat. Das kann sich sehr tragisch auswirken, wenn das neue Selbst dahinschmilzt.«[122]

All diese Folgen sind von den Befürwortern der Gruppenbewegung niemals durchdacht oder gar untersucht worden. Im Gegenteil, manche der Gruppenväter, die seit Jahrzehnten solche Folgen erzeugen, bekennen in aller Unschuld, daß es vielleicht eine ganz gute Idee wäre, wenn man mal herauszufinden versuchte, was man da eigentlich angerichtet hat. So STOLLER, der freimütig gesteht, daß die Folgen »noch genau untersucht werden müssen«.[123] Zwar besteht er darauf, daß die »Erregung«, die bei der Gruppendynamik auftritt, »ein einzigartiges Element« sei, gibt aber auch zu, daß er keine Ahnung hat, wie dieses einzigartige Element überhaupt funktioniert, und beschränkt sich deshalb auf den hilflosen Satz: »Wo es auftritt (und warum gelegentlich nicht), ist bisher nicht völlig klar und sollte sorgfältig untersucht werden. Es wäre von großem Nutzen zu überlegen, worum es dabei geht.«[124]

Das ist, als ob ich meinen Patienten per Rakete in den Weltraum schieße und dann unschuldig verkünde, man müsse eigentlich mal darüber nachdenken, wieso man das getan habe und ob man den armen Kerl von da oben auch zurückholen könne.

Bezeichnenderweise warnt STOLLER, für den sich der ganze Sinn und Zweck der Gruppenarbeit auf die Überwindung von Hemmungen reduziert, vor jenen Klienten, die schon in anderen Gruppen gewesen und deshalb bereits enthemmt sind. Man dürfe solchen Schlaumeiern, meint er, nicht gestatten, »gruppenerfahren« zu werden, das heißt »zu lernen, wie man sich durch die Gruppe hindurchmogelt, indem man die Spielregeln auswendig lernt«.[125] Damit wird zugegeben, daß der Effekt der Gruppe durch einen Trick erzeugt wird und nur dann klappt, wenn man den Neuling überrumpelt.

Da die Encountergruppen es nie gewagt haben, eine rechtlich haftbare Standesorganisation zu gründen, fehlen uns bis zum heutigen Tage »alle Maßstäbe für die Bewertung der Qualifikationen zukünftiger Gruppenleiter und alle offiziellen ethischen Maßstäbe«.[126] Um der rechtlichen Haftbarkeit für Schadensersatzklagen zu entgehen, geben die Gruppen-Organisatoren meist vor, sie übten gar keine Therapie aus und seien deshalb auch nicht für das Scheitern der »Therapie« oder für etwaige »Kunstfehler« des Gruppenleiters verantwortlich. Wenn sie aber nicht »therapieren«, was tun sie dann eigentlich?

In einem geradezu entwaffnenden Artikel hat STOLLER bereits 1968 diese Frage zu beantworten versucht. Des Rätsels Lösung: Die Encounter-Päpste vermitteln »Begegnungen«, »Erlebnisse«, »Erfahrungen«, »Intensiverfahrungen«, »erregende Möglichkeiten«, »Interaktionen«, »beschleunigte Interaktionen«, »Bloßstellungen«, »Durchbrüche«, »Verhaltensdurchbrüche«, »Änderungen«, »Verhaltensänderungen«, »Verwandlungen«, »Persönlichkeitsverwandlungen«, »neue Verhaltensmuster«.[127]

Wem der arme Mensch da »begegnen« soll, *was* er dort »erleben« kann, *welche* »Erfahrungen« er machen muß, *wohin* die »intensiven Erfahrungen«, die »erregenden Möglichkeiten«, die »beschleunigte Interaktion«, die »Bloßstellung«, der »Durchbruch«, die »Veränderung« ihn führen soll und *was* das eigentlich für »neue« Verhaltensmuster sind, die er sich da aneignen kann, wird mit keinem Sterbenswörtlein erläutert. Wenn das nicht gewissenlos, verantwortungslos und gemeingefährdend ist, dann haben die Worte »Gewissen«, »Verantwortung« und »Gemeinschaft« ihren Sinn verloren.

Jedenfalls sind die Gruppenveranstalter – einerlei ob sie ihre Tätigkeit als »Therapie« oder »Dynamik« bezeichnen – nach dem Schadensersatzgesetz für alle von ihnen verursachten psychischen und physischen Schäden verantwortlich. Würden sich mehr Gruppenteilnehmer dieser Möglichkeit bedienen, so gäbe es weniger Gruppen und weniger Schädigungen. Wer heute noch in eine Gruppe eintritt, ohne den Veranstalter ausdrücklich haftbar zu machen, der verdient das Schicksal, das ihm daraus erwächst. Verträge, die den Veranstalter von der Haftbarkeit entbinden, sind hinfällig.

Die meisten Studien, die sich mit den Schäden der Gruppenbewegung befaßt haben, sind nur auf die Schädigung der Teilnehmer eingegangen. Meines Wissens gibt es keine Studie, die sich mit der Schädigung des Gruppenleiters befaßt. Aber auch ihm gegenüber ist der Organisator regreßpflichtig. Denn es liegt auf der Hand, daß das oft wiederholte Erfolgserlebnis, eine Gruppe wildfremder Menschen zur kathartischen Produktion von Wut, Haß und Hochgefühl, zur totalen Selbstentblößung, zur absoluten Abhängigkeit vom Gruppenleiter zu bewegen, unweigerlich dazu führen muß, megalomane* Tendenzen zu mobilisieren und zu verschärfen. Da niemand, der nicht bereits zu derartigen Tendenzen neigt, je auf die Idee käme, sich als Leiter einer solchen Gruppe zu betätigen, ist die Gefahr des Umschlags einer milden messianischen Illusion ins Paranoide nicht von der Hand zu weisen. Aber auch die schiere Energieverschwendung, die dazu dient, harmlose Leute in Aggressoren zu verwandeln, muß früher oder später im Über-Ich der Mißbrauchten Krisen heraufbeschwören, die vom Unternehmer gedeckt werden müssen. Da die meisten Gruppenleiter ohne jeden Arbeitsvertrag tätig sind, ist das Risiko, das sie eingehen, ein zumindest unbewußt masochistisches.

Auch muß es den Gruppenleiter schädigen, wenn er dem blöden Klienten »Erfahrungen«, »Erfüllungen« und »Verwirklichungen« verkaufen soll und gleichzeitig weiß, daß diejenigen, die diese Produkte kaufen wollen, gar kein intaktes Selbst mehr besitzen. Denn es ist ja gerade die gesellschaftliche Zerstörung des individuellen Selbst, die zu der Wahnvorstellung führt, man könne das Bestandlose »füllen«, das Verlorene »erfahren«, das nicht mehr Wirkliche »verwirklichen«. KLAUS HORN hat die Aktivität der Gruppen deshalb als »Ersatzaktivität« bezeichnet, als Ersatz für die Bewältigung der Realität.[128] Daß sich gerade in den fünfziger Jahren und gerade in den Vereinigten Staaten eine solche Form der Realitätsflucht entwickelt hat, ist sicher kein Zufall.

Denn ganz im Gegensatz zu den Gründerjahren der Psychoanalyse, in denen die psychischen Spannungen sich aus Konflikten zwischen Es und Über-Ich ergaben, spiegeln die heutigen Psychosyndrome in ihrer Mehrzahl Konflikte zwischen Ich und Über-Ich wider. Realitätsbewältigung ist heute nicht mehr im gleichen Maße wie zur Zeit FREUDs die Bewältigung des Trieblebens, sondern in viel höherem Maße die der verdrängten Wut über lebenslange Monotonie bei der Arbeit und im Privatleben, über lebenslange Unterordnung unter Menschen, die man nicht respektiert, über lebenslange Unfähigkeit, das eigene Schicksal zu ändern.[129]

Wirtschaftskrisen, Kriege, Behördenmaßnahmen aller Art geschehen heute, ohne daß dem Bürger das Gefühl vermittelt wird, er könne irgend etwas tun, um sie zu beeinflussen. Wo der Grund des psychischen Leidens aber nicht in der individu-

* Megalomanie = krankhafte Selbstüberschätzung, Größenwahn. – Der Hrsg.

ellen Psyche, sondern in den allgemeinen Lebensumständen liegt, ist die indizierte Therapie nicht die der Psyche, sondern die der Lebensumstände. Damit wird der Versuch, das individuelle Leiden im Encounter zu mildern, zum Versuch, die Symptome wegzuzaubern, statt die Ursachen zu kurieren. Er führt nicht zur Bewältigung der Realität, sondern zu deren Verschleierung. Statt das Leiden zu mildern, potenziert er es.[130]

Eine der Ursachen des in der Encounterbewegung zutage tretenden Mißverständnisses der Zusammenhänge zwischen Gesellschaft und Psyche ist die kritiklose Übernahme der Begriffe »Krankheit«, »Leiden« und »Schmerz« aus der Physiologie in die Psychologie. Im letzten Teil dieses Beitrags will ich nun zu den Gründen dieser Fehlinterpretation Stellung nehmen und meine eigene Alternative zur Diskussion stellen.

Ich möchte damit beginnen, einige Gegensätze zwischen der somatischen und der psychischen Medizin herauszuarbeiten. Im Gegensatz zur erstgenannten, die im Schmerz mit Recht das Symptom einer Erkrankung vermutet, darf die zweite nach heutigen Erkenntnissen keineswegs aus der Tatsache, daß ein Mensch psychisch leidet, die Folgerung ziehen, er sei krank und könne geheilt werden. Auch darf der Psychotherapeut aus der Tatsache, daß sein Patient oder »Klient« psychische Probleme hat, niemals den Schluß ziehen, die Probleme seien psychogen und sprächen auf irgendwelche Formen der Psychotherapie an.

Das bedeutet: Während die somatische Medizin den Hebel der Diagnose stets beim *Symptom* ansetzt, kann die psychische Medizin ihn nach dem heutigen Stand unserer Erkenntnisse nur bei den *Ursachen* ansetzen: bei den *Gründen* der Störung, nicht bei deren *Erscheinungsbild.* Der aus der somatischen Diagnostik übernommene Gedanke, daß ein bestimmtes Symptom eine bestimmte Ursache habe, trifft auf psychische »Störungen« nur in begrenztem Maße zu. Denn unterschiedliche Formen des Zusammenwirkens von Anlage, Lebensgeschichte und Umwelteinfluß können zwar sehr unterschiedliche Psychosyndrome hervorbringen, können in anderen Fällen aber auch völlig identische Symptome produzieren.

Dieses Auseinanderklaffen von Ursache und Wirkung ist eines der grundsätzlichen Unterscheidungsmerkmale zwischen somatischen und psychischen Störungen. Es ist ein integraler Aspekt der Differentialdiagnose. Denn identische Umwelt-einwirkungen können bei unterschiedlicher Anlage, unterschiedlicher Lebensgeschichte und der sich daraus ergebenden Disposition zu völlig verschiedenen Psychosyndromen, manchmal aber auch zu einem identischen Symptom führen. Ebenso kann eine identische Anlage bei unterschiedlicher Lebensgeschichte, unterschiedlichen Umwelteinflüssen und der sich daraus bildenden Disposition entweder identische oder unterschiedliche Psychosymptome erzeugen. Auch eine identische oder zumindest ähnliche Lebensgeschichte kann bei unterschiedlicher Anlage, unterschiedlicher Umwelteinwirkung und der sich daraus ergebenden Disposition zu sehr verschiedenen, aber auch zu völlig identischen Erscheinungsformen der »Störung« führen. Wir müssen uns bei psychischen »Störungen« also davor hüten, jemals ätiologische Folgerungen aus vorgefundenen Symptomen zu ziehen.

Wenn die »Störung« psychogen ist und damit Hoffnung bietet, daß sie auf psychotherapeutische Techniken anspricht, dann ist diese Hoffnung am ehesten noch berechtigt, wenn die Diagnose zuerst einmal die Trias von Anlage, Lebensgeschichte und Disposition eruiert und dabei alle drei möglichst so weit zurückverfolgt, daß auch die Eltern des Patienten berücksichtigt werden. Zwar liefert uns auch die volle Kenntnis der Krankheitsgeschichte keine Garantie der Heilung, aber eine Heilung ohne Erforschung der Krankheitsgeschichte, wie sie von der Encountermethode (aber auch zum Teil von der Verhaltenstherapie und manchen Formen der Gesprächstherapie) angeboten wird, ist mit Sicherheit zum Scheitern bestimmt. Wollen wir *heilen,* statt Symptome zu unterdrükken, müssen wir die Krankheitsgeschichte bis ins pränatale Stadium zurückverfolgen. Wir müssen ermitteln, welche Konstitution der Patient von seinen Eltern geerbt hat, welche Kindheitseinflüsse die Eltern und andere auf ihn ausgeübt haben, welchen anderen Umwelteinflüssen er sein Leben lang ausgesetzt worden ist und welches spezifische Gemisch von endogenen und exogenen Einflüssen sich bei ihm zur Krankheitsdisposition verdichtet hat.

Von diesen drei klassischen Dimensionen des Morbus* – Konstitution, Exposition, Disposition – ist die zweite bei psychischen Störungen die weitaus bedeutsamste. Denn die Konstitution ist eine somatische Kategorie. Sie betrifft das Erbgut des Patienten. Auch die sogenannte Disposition wird

* = Krankheit

weitgehend von somatischen Einflüssen geregelt. Einzig und allein die Exposition konfrontiert den Menschen mit Einflüssen, die nicht dem eigenen Körper entstammen.
In der Psychodiagnostik dürften wir deshalb eigentlich nie von einer Krankheit namens X sprechen, sondern müßten stets von dem Syndrom XYZ reden, wobei X die Anlage, Y die Lebensgeschichte und Z die schädigenden Umwelteinflüsse ausdrückt. Die Anlage ist wichtig, denn nicht *alle* gesellschaftlichen Störungen machen *alle* Menschen psychisch krank, sondern ganz *bestimmte* Menschen weisen unter ganz *bestimmten* Umwelteinflüssen ganz *bestimmte* Symptome auf.
Welche dieser Symptome sind psychogen und können möglicherweise *therapiert* werden? Welche sind soziogen und können *nicht* therapiert werden? Schön wär's, wenn die Frage sich so simpel stellen ließe, denn dann ließe sie sich auch ebenso simpel beantworten. Was die Antwort erschwert, ist die Tatsache, daß hier nicht nur qualitativ unterschiedliche Kräfte wirken, sondern auch quantitative. Jede »Störung« beruht auf einer Mischung von konstitutionellen und umweltbedingten Einflüssen. Die eine reagiert auf Therapie, die andere nicht. Wogegen ich mich wehre, ist die Annahme, daß *jede* »Störung« therapierbar sei. Dieses Vorgehen wird besonders gefährlich, wenn man – wie die »humanistischen« Psychologen und die meisten Gruppentherapeuten – unterstellt, das Individuum könne volle Verantwortung für das eigene Schicksal tragen. Das kann es in einer Gesellschaftsordnung wie der kapitalistischen eben *nicht*. Und es kann dies um so weniger, je größer das Maß der »Störung« ist. Allein die Tatsache, daß jemand willens ist, in eine »therapeutische« Gruppe einzutreten, sollte für alle geschulten Psychologen eine Warnung sein, daß er *nicht* mehr in der Lage ist, Verantwortung für sein eigenes Schicksal zu tragen und deshalb um so gefährdeter ist, je dringender er Eintritt begehrt.
Obgleich ich auch dies nicht verallgemeinern möchte, neige ich heute zu der Ansicht, daß von zwei denkbaren Alternativen – Mitarbeit in einer psychotherapeutischen oder »psychodynamischen« Gruppe/Mitarbeit in einer politischen Gruppe – die zweite in der Mehrzahl aller nicht psychogenen Fälle die bessere Prognose ermöglicht. Denn in einer Gesellschaft, in der die sozialen Widersprüche antagonistische Proportionen angenommen haben, dürfen wir nicht überrascht sein, wenn diese sich als Störungen im Hirn und Nervensystem einer wachsenden Anzahl von Individuen abzeichnen. Der Gesun-

dungsprozeß derart geschädigter Patienten mag zwar nach psychoanalytischem Modell mit der Bewußtmachung der unbewußten Störungsgründe zu beginnen haben, aber er kann nur dann zur Gänze gelingen, wenn der Geschädigte auch aktiven Anteil an der Beseitigung der gesellschaftlichen Ursachen seiner Schädigung nimmt. Seine Gesundung wird also davon abhängen, wie weit es ihm gelingt, die gesellschaftlichen Widersprüche zu erfassen, zu verarbeiten und in seinem *Handeln* zu überwinden.

Anders ausgedrückt: Die »Kur« liegt nicht in der individuellen Teilnahme an einer psychotherapeutischen Gruppe, sondern in der kollektiven Partizipation an einer gesellschaftsverändernden, umweltverbessernden Gruppe. Soweit und insofern gehe ich auch mit den Grundgedanken mancher fortschrittlicher Psychiater, zum Beispiel HORST-EBERHARD RICHTER[131] oder MANFRED POHLEN[132], konform. Nur in der Definition, welche Art von Tätigkeit das sein soll, weichen wir voneinander ab. Ich sage, eine solche Tätigkeit kann weder in einer Spontangruppe à la RICHTER noch in einem psychotherapeutischen Team à la POHLEN noch in einer Encountergruppe à la ROGERS noch in einer Marathongruppe à la BACH stattfinden. Sie kann aus eben jenem Grunde dort *nicht* stattfinden, den RICHTER, POHLEN, ROGERS, BACH und andere Psychotherapeuten zur Rechtfertigung der Gruppentherapie zitieren: daß dies »psychotherapeutische« Gruppen seien. Denn die Welt ist nicht *psychotherapeutisch,* sondern nur *politisch* veränderlich. Psychotherapie wirkt, wenn überhaupt, auf Individuen. Wir aber haben es mit Gesellschaftssystemen zu tun, mit Klassen, mit Produktionsprozessen und deren psychischem Niederschlag.[133] Da wirft uns jede Illusion, daß wir sie mit gruppendynamischer Therapie verändern oder mit gruppendynamischer Praxis »verbessern« können, um Jahrzehnte zurück.[134]

All die von fortschrittlichen und sozial bewußten Menschen aufgebrachten und in psychotherapeutische Gruppen investierten Kräfte gehen den gesellschaftsverändernden Zwecken verloren, wenn sie sich innerhalb der Gruppen entladen.[135] Deshalb die Entschiedenheit meines Tons: Nicht weil ich gegen irgendeinen Gruppentherapeuten persönliche Ranküne empfände (im Gegenteil, ich kenne einige und schätze sie als Menschen und als Freunde), sondern weil ich in ihrem Mut, ihrer Energie und ihrem Enthusiasmus eine potentielle Quelle wirklich gesellschaftsverbessernder Kräfte sehe, und weil mir die Jahrzehnte, die seit der Institution der Gruppentherapie verstrichen sind, leider gezeigt haben, daß ihr sozialer Effekt gleich Null und ihr psychischer leider negativ ist.

Wenn ich nun sage, daß sich der soziale Einfluß der Psychoanalytiker weniger negativ ausgewirkt habe, so tue ich das nicht, weil ich meine, die Analytiker seien »fortschrittlicher« als die Gruppentherapeuten, sondern im Gegenteil: weil die orthodoxe Psychoanalyse *noch* konservativer ist als die Gruppendynamik. Aber gerade *weil* die meisten Analytiker so reaktionär sind, daß sie gar nicht auf den Gedanken kämen, ihre Tätigkeit könne gesellschaftsverändernd wirken, erwekken sie auch in ihren Patienten nicht die Illusion, daß die Teilnahme am therapeutischen Prozeß eine potentiell politische sein könne.

Viele der »linken« Gruppendynamiker dagegen suggerieren den Gruppenmitgliedern, die Gruppe selbst sei bereits eine politische Institution. Diese Selbsttäuschung ist gefährlich, weil besonders viele Individuen mit schwachem Ich und starkem Über-Ich darauf hereinfallen – Menschen mit starkem politischen Bewußtsein, aber schwacher Willenskraft und geringem Durchhaltevermögen. Gibt ihnen die Gruppenbewegung nun die Illusion, daß die Arbeit in der Gruppe bereits eine gesellschaftsverändernde sei, so wird ihr Ich noch weiter geschwächt, statt für die eigentliche, die *politische* Auseinandersetzung gestärkt zu werden.[136]

JÖRG FENGLER

Grenzen der Gruppendynamik

1. Einleitung

Grenzen der Gruppendynamik? Ein schwieriges Thema für jemand, der selbst seit zehn Jahren auf dem Gebiet arbeitet. Soll man die eigene Tätigkeit der Vergangenheit und Gegenwart in Frage stellen? Oder beckmesserisch und von oben herab feststellen, es könne eben alles noch viel, viel besser sein, so, wie es von Kongreßleitungen in der Manöverkritik regelmäßig gesagt wird? Oder in den Chor derer einstimmen, die auf dieses Buch mit »Wir haben es ja immer schon gesagt!« reagieren werden?
Trotzdem die Entscheidung, über Grenzen der Gruppendynamik zu schreiben. Es ist ein Versuch, über einen Zeitraum von mehr als dreißig Jahren Gruppendynamik insgesamt und 15 Jahren Gruppendynamik in der Bundesrepublik Deutschland Bilanz zu ziehen. Ich selbst sitze mit den Kollegen aus Forschung und Praxis zusammen im Glashaus und habe die Lücken nicht geschlossen, die jetzt deutlicher sind und affektfreier erörtert werden können als in den ersten Jahren der Erprobung. Dabei möchte ich einige ungelöste Probleme der Gruppendynamik aufzeigen, deren Kenntnis zu einer realistischen Beurteilung des Gegenstandes beitragen kann.

2. Definition

Gruppendynamik ist eine Sammelbezeichnung für sehr unterschiedliche Sachverhalte.

(1) Gruppendynamik ist die Bezeichnung für experimentelle Kleingruppenforschung, also die Prüfung von Theorien und Theorieelementen der Gruppe in kontrollierten Laboruntersuchungen; aus der historischen Entwicklung heraus sind hierzu auch die frühen Felduntersuchungen (z.B. WHYTE, 1942; LEWIN, LIPPITT, WHITE, 1939) zu zählen.

(2) Gruppendynamik ist die Bezeichnung für eine größere Zahl von Verfahren, Forschungsergebnisse der experimentellen Kleingruppen- und Organisationsforschung lehrend zu vermitteln und lernend zu begreifen. Dabei steht für das Lehren eine Vielzahl von Techniken zur Verfü-

gung: Information, Demonstration, Anleitung u. a.; ebenso für das Lernen: Rezeption, Beobachtung, Entdecken, Einüben u. a. Als Leitlinie kann gelten: Lernen erfolgt durch Selbsterfahrung, oder, obwohl in einer anderen Schule formuliert, als *living learning* (COHN, 1975).

(3) Gruppendynamik ist die Bezeichnung für eine größere Zahl von Spiel- und Übungsanweisungen, wie sie in entsprechenden Sammlungen (ANTONS, 1973; VOPEL, 1976; u. a.) zusammengestellt sind. Der häufig in Selbsterfahrungsgruppen anzutreffende Vorschlag, doch ein paar Übungen zu machen, stammt wohl u. a. aus diesem Mißverständnis, einen Ausschnitt des Gegenstandes für den Gegenstand selbst zu halten.

(4) Gruppendynamik ist die Bezeichnung für eine größere Zahl von klinisch-psychologischen Verfahren, die therapeutische und quasitherapeutische Funktion haben, jedoch anders als andere therapeutische Verfahren nicht in den Streit um Symptom oder Verhalten, Normalität oder Krankheit u. ä. verstrickt sind: Feedback, Beziehungsklärung, Konfrontation u. a. Es handelt sich um ein feinmaschiges Schleppnetz, in dem oft Therapiebedürftigkeit oder, im Jargon, die Notwendigkeit zum »Weiterarbeiten« und »Dranbleiben« erstmalig entdeckt, jedoch mit vollem Recht nicht befriedigt, sondern an ambulante Stellen der psychosozialen Versorgung verwiesen wird.

(5) Gruppendynamik ist alles, was mit zwischenmenschlichen Phänomenen in Mikro- und Makrostrukturen zusammenhängt. Der Begriff der Gruppe wird dabei ausgedehnt auf Merkmalsträger, Institutionen und gesellschaftliche Zusammenhänge.

(6) Gruppendynamik ist die Bezeichnung für eine irrationale und meist dysfunktionale Ideologie, die darauf abzielt, daß immer alle alles und am besten zusammen machen sollten, daß jeder alles von jedem wissen müsse und jederzeit grenzenlose Offenheit zu herrschen habe.

Der Gegenstand, von dem im folgenden Beitrag die Rede ist, umfaßt in erster Linie die Bereiche 2, 3, 4 und ansatzweise 5 einschließlich ihrer Theorien und Forschungsergebnisse. Präzis müßten sie unter dem Begriff *Angewandte Gruppendynamik* zusammengefaßt werden. Der Lesbarkeit wegen werde ich dennoch oft nur von *Gruppendynamik* sprechen.

Erster Gegenstand der Erörterung ist, die Etablierung der

Angewandten Gruppendynamik in der Bundesrepublik in einigen Grundzügen zu schildern und gegenwärtige Trends aufzuweisen. Dabei bin ich zugleich Berichterstatter und Betroffener, unterliege also der klassischen Arbeitsbedingung der Aktionsforschung, als participant observer* über den Gegenstand zu schreiben, den ich zugleich durch Beobachtung und Intervention verändere. Dieses Schicksal hat in Gruppendynamik und allen Therapie-Strömungen Tradition. Es hat seit jeher zu Problemen mit der Objektivierbarkeit der Befunde geführt, ist aber zugleich eine Ursache für die ungemein lebendige Entwicklung, die diese Schulen der Psychologie genommen haben.

3. Geschichte der Gruppendynamik in der BRD

Bei der Formulierung von vier historischen Phasen der Gruppendynamik-Entwicklung orientiere ich mich an einschneidenden Ereignissen, die zwar nicht die gernzitierte Wende in einem Bereich eingeleitet, wohl aber spezifische Wirkungen hervorgebracht haben: Bücher, Artikel, Zeitschriften, Kongresse, Verbandsgründungen, Laboratorien. Insbesondere Bücher haben ja häufig eine Sprengkraft über den Tag hinaus: Sie geben einem sich anbahnenden Trend einen Namen oder legen eine Richtung fest, die dann nicht mehr ohne diese Initialzündung diskutiert werden kann. Dabei sind viele dieser Ereignisse nicht dadurch bemerkenswert, daß sie geschehen sind, sondern durch ihren Zeitpunkt und den sozialen Kontext, in den hinein sie geschehen.

3.1 1946–1963: Phase der Latenz

1946 fand im Nordosten der USA das erste Laboratorium statt, unter Schirmherrschaft von KURT LEWIN und mit LELAND BRADFORD als Projektleiter. BRADFORD führte dann 1954 zusammen mit TRAUGOTT LINDNER das erste Laboratorium im deutschsprachigen Raum in Schloß Hernstein bei Wien durch; seit der Zeit sind die *Hernstein-Seminare* ein Qualitätsbegriff

* Teilnehmender Beobachter – Der Hrsg.

für die Schulung Leitender Angestellter. – 1957 fand das erste Tavistock-Laboratorium in Leicester statt. Während die *Tavistock-Clinic* in London schon seit 1920 bestand und so renommierte Wissenschaftler wie BION, BROWN, COOPER, LAING und PHILIPSON hervorgebracht hatte, war das *Tavistock Institute of Human Relations, Centre for Applied Social Research* eine Neugründung nach dem Krieg. Es entwickelte sich als völlig eigenständige Institution mit eigenem Personal, eigenen Forschungsmitteln und Forschungsfragen. LEWIN verfolgte die Konzeption mit großem Interesse. Die Laboratorien des Tavistock-Instituts wurden bald zum Wallfahrtsort für Führungskräfte aus Forschung, industriellem Management, Sozialbehörden und Militär in aller Welt.

Ebenfalls 1957 erschien HOFSTÄTTERs *Gruppendynamik – Kritik der Massenpsychologie,* das mit der Angewandten Gruppendynamik der Gegenwart allerdings nicht viel mehr gemeinsam hatte als den Namen. HOFSTÄTTER ging es in erster Linie darum, die Bedeutung der – allerdings meist unter experimentellen Versuchsbedingungen studierten – Kleingruppe gegenüber der von LE BON dargestellten Masse und gegenüber dem angeblich edlen innengeleiteten Individuum herauszuarbeiten; das Buch enthält aber zugleich ein besorgtes Plädoyer für die Erhaltung eben dieser Individualität, die freilich interaktionell konzipiert wird: »Die behauptete eigene Freiheit und die Schonung der Freiheit des anderen.« (S. 160ff.) Das Buch erreichte bis 1979 eine Auflage von 227000 und muß als wichtiger Impuls auf dem Weg zu einer Angewandten Gruppendynamik in Deutschland angesehen werden.

Ich habe diese Phase die *Phase der Latenz* genannt, weil das Medium bereits vorhanden (USA, Österreich, England) und aus Publikationen und Teilnehmerberichten ansatzweise bekannt war; seine Einschätzung durch die deutsche Fachwelt stand aber noch aus; die Adaption war ungewiß.

3.2 1964–1969: Phase der Erprobung und Gründung

Das erste Laboratorium auf deutschem Boden führten 1963 DON NYLEN und TOBIAS BROCHER durch (vgl. Bericht von GOTTSCHALCH, 1967). Es hatte zunächst keine weittragende Wirkung, aber einige spätere Protagonisten der Gruppendynamik nahmen daran teil, z.B. EBERHARD HEYN, INGE KÄHLING und

FRIEDRICH MINSSEN. Mit diesem Laboratorium wurde gleichsam der Boden bereitet für die weitere Entwicklung: Mund-zu-Mund-Berichte verbreiteten sich, erste Publikationen erschienen; es begann in der Bundesrepublik ein Prozeß der Besinnung auf Fragen des praktischen Lernens in Gruppen, der Bedarf wurde entdeckt und entwickelte sich Schritt für Schritt. Gleichzeitig erschien in englischer Sprache von BRADFORD, GIBB und BENNE (1964) *T-group theory and laboratory method,* für die nächsten Jahre die Bibel der Zunft.
1965 erfolgte die Gründung der Zeitschrift *Gruppenpsychotherapie und Gruppendynamik.* Mit einer Zeitschriftengründung wird stets eine Reihe von Fakten geschaffen; es besteht nun Gelegenheit, wissenschaftliche Ideen zum Gegenstand an einer Stelle zu konzentrieren. Aus gutem Grund werden in Monographien zu einem Thema häufig Statistiken über die Zahl der Zeitschriften-Beiträge in aufeinanderfolgenden Jahren herangezogen (z.B. McGRATH und ALTMAN, 1964). Sie geben eine erste Übersicht über die Forschungsaktivität auf dem Gebiet.
Ebenfalls 1965 begannen zwei Institutionen, regelmäßig Laboratorien durchzuführen: der Deutsche Verein für Bewährungshilfe in Bonn-Bad Godesberg und A. M. DÄUMLING, Ordinarius am Psychologischen Institut der Universität Bonn. Über das Erstlingsrecht dieser beiden Initiativen will ich hier nicht streiten. Daß DÄUMLING forderte, Psychologie und so auch Gruppendynamik habe im Dienst der Psychohygiene zu stehen, war für uns Studenten damals nur eine abstrakte These. Heute ist unbestritten, daß die gegenwärtig weitreichende Verbreitung der Gruppendynamik in der Bundesrepublik auf seine Kompetenz zurückgeht.
1967 erfolgte die Gründung des Deutschen Arbeitskreises für Gruppenpsychotherapie und Gruppendynamik (DAGG), nach dem österreichischen Pendant ÖAGG, aber vor der Schweizerischen Gesellschaft für Gruppendynamik und Gruppenpsychologie (SGGG); Ausbildungsrichtlinien für zukünftige Mitglieder wurden formuliert. Im gleichen Jahr fand die 1. Arbeitstagung des DAGG in Ulm statt. Auf dem Buchmarkt erschienen NYLEN, MITCHELL und STOUT (1967), eine erste größere Sammlung gruppendynamischer Übungen, auf deutsch BROCHERs (1967) *Gruppendynamik und Erwachsenenbildung.* BROCHER formulierte im Untertitel *Zum Problem der Entwicklung von Konformismus und Autonomie in Arbeitsgruppen* ein Programm und unternahm es als erster deutscher

Analytiker, klinisches Theoriengut für Gruppen von Gesunden nutzbar zu machen.*

1968 erschien dann DÄUMLINGs Programm-Schrift ›*Sensitivitäts-Training*‹ [Sensitivity war damals noch synonym mit Gruppendynamik benutzbar], in der er die These vertrat, Gruppendynamik als Selbsterfahrung könne für den in Beratung, Supervision, Lehre und Vorgesetztenfunktionen mit nichtklinischen Gruppen Arbeitenden ein adäquates Pendant zur Lehranalyse des Therapeuten sein. Dieser Gedanke erscheint mir immer noch gültig für Sozialwissenschaftler in der Praxis und definitionsrelevant für die Angewandte Gruppendynamik.

1969 wurde die Zeitschrift *Gruppendynamik – Forschung und Praxis* (seit 1980: *Gruppendynamik – Zeitschrift für angewandte Sozialwissenschaft*) gegründet. Sie erwies sich bald als wichtige sozialwissenschaftliche Ergänzung zur eher analytisch ausgerichteten *Gruppenpsychotherapie und Gruppendynamik.*

Viele Initiativen sind noch vorsichtig, tastend, prüfend, das Resultat steht noch nicht fest. Die Gruppenleiter dieser Jahre sind zum Teil nur ansatzweise ausgebildet.

3.3 1970–1975: Phase der Konsolidierung und Differenzierung

In der Gruppendynamik erfolgte die *Konsolidierung* in ähnlicher Weise wie ein paar Jahre zuvor in der klientzentrierten Therapie: dem konzeptuellen Entwurf folgte die Empirie. So wie seit 1970 aus dem Hamburger Psychologischen Institut in größerer Zahl Dissertationen und Forschungsberichte über Prozeß und Erfolg der klientzentrierten Psychotherapie hervorgingen (BOMMERT, MINSEL, SANDER u.a.), so daß 1975 Untersuchungsergebnisse von 550 Klienten vorlagen (TAUSCH, 1976), so begannen in der Gruppendynamik bald Doktoranden mit der Erforschung des Phänomens: ERICH COCHÉ (1968), LOTHAR NELLESSEN (1970), AXEL SVENSSON (1971), JÖRG FENGLER (1972), KARL MERKEL (1976), ELMAR STRUCK (1976), REINHARD MÜHLEN (1976), CORNELIA EDDING (1977). In den folgenden Jahren erschienen weitere Arbeiten. Der Tenor war einhellig: Gruppendynamik steht in Beziehung zu Ver-

* Auf das Buch von BROCHER bezieht sich die Kritik von KLAUS HORN: Politische und methodologische Aspekte gruppendynamischer Verfahren, in: Das Argument Nr. 50 (Sonderband: Kritik der bürgerlichen Sozialwissenschaften), Berlin 1969. – Der Hrsg.

änderungen in Form von Persönlichkeits-, Einstellungs- und Verhaltensänderungen, erfordert eine differentielle Indikation gegenüber der Therapie und läßt sich in Modellen des Gruppenprozesses adäquat abbilden. KLAUS ANTONS stellte in seinem Buch *Praxis der Gruppendynamik* (1973) etwa 50 gruppendynamische Übungen unter den Gesichtspunkten Stichworte, Titel, Ziel, Indikation, Übungstyp, Beteiligte, Durchführung, Dauer, Unterlagen, Material, papers, Autor, Literatur, Erfahrungen, Auswertungshilfen, Variationen und Analoga dar. Eine Auflage von mittlerweile über 25000 läßt erkennen, daß hier offenbar eine Marktlücke bestand, die auf diese Weise angemessen geschlossen wurde. Zur Konsolidierung trug in dieser Zeit auch die deutsche Übersetzung von BRADFORD et al. (1972) und unser eigenes Buch (DÄUMLING et al. 1974) bei, in dem wir den gegenwärtigen Stand der gruppendynamischen Forschung in Theorie und Empirie und die wichtigsten Gruppenformen darstellten.

Die bereits 1967 beschlossenen Ausbildungsrichtlinien der Sektion Gruppendynamik im DAGG wurden seit etwa 1971 buchstabengetreu befolgt und kontrolliert. In meiner eigenen Ausbildung genügte es anfänglich noch, daß der Trainer dem Kandidaten am Ende eines Laboratoriums sagte: »Ja, ja, machen Sie mal weiter so.« Später wurde für Ausbildungskandidaten über jede Laboratoriumsteilnahme eine gutachterliche Stellungnahme angefertigt, die von zwei Trainern der Sektion unterschrieben werden und eine eindeutige Aussage über die Eignung des Betreffenden zur Fortsetzung der Ausbildung enthalten mußte.

Zur Konsolidierung trug ebenfalls bei, daß DAGG und ÖAGG 1975 in Graz einen gemeinsamen Kongreß abhielten und so ihr gemeinsames Forschungs- und Praxisinteresse unterstrichen.

Zur Differenzierung: Viele Initiativen erwuchsen aus dem Bewußtsein der Begrenztheit des ursprünglichen deutschen Ansatzes, der Gruppendynamik im wesentlichen als Erwerb von Sensitivity in Trainingsgruppen definierte.

1970 wurde in Bad Teinach das erste Organisationslaboratorium durchgeführt. Aufgabe der ca. 50 Teilnehmer war es, unter dem Aspekt der angestrebten individuellen und gruppalen Lernziele eine Form der Selbstorganisation und Entscheidungsstruktur zu schaffen. Einzelheiten des Ablaufs habe ich an anderer Stelle beschrieben (1978). Eine weitere Differenzierung ergab sich aus dem Auftreten von GEORGE R. BACH, der

1972 auf Einladung von DÄUMLING 400 Fachleute in seine Form des Partnerschaftstrainings und der Marathongruppe einwies (BACH und BERNHARD, 1971) und erstmalig vorführte, daß auch durch einfache Übungsinstruktionen Erfahrungen von großer persönlicher Tragweite hervorgerufen werden können.
1972 erfolgt die Gründung von agib (Arbeitskreis Gruppendynamik im Bildungsbereich), einer Vereinigung politisch engagierter Lehrer, Dozenten und Hochschullehrer, die Gruppendynamik speziell unter didaktischen Aspekten betreiben und bewerten wollen. 1975 wird die Gesellschaft für Gruppenarbeit in der Erziehung gegründet, die sich speziell mit schulischen Problemen befaßt.
Die prominenteste Differenzierung erfolgte wohl durch HORST-EBERHARD RICHTERs Buch *Die Gruppe – Hoffnung auf einen neuen Weg, sich selbst und andere zu befreien – Psychoanalyse in Kooperation mit Gruppeninitiativen* (1972). Der renommierte Psychoanalytiker und Klinik-Direktor geht nicht mehr zur Visite oder bestellt die Patienten zur Sprechstunde, sondern verläßt die Isolation seiner Fakultät und sucht die Randgruppen selbst auf, verbündet sich mit Studentengruppen, ergreift Partei, statt in gleichschwebender Aufmerksamkeit zu lauschen, und weitet die psychoanalytische Persönlichkeitstheorie mit einem Schlag auf gruppale, institutionelle und gesellschaftliche Phänomene aus.
Zusammenfassend: Die Konsolidierung erfolgte in diesen Jahren durch das Anwachsen der empirischen Forschung, durch das Erscheinen von Standardwerken und die Durchführung großer Tagungen; die Differenzierung tritt in der Entwicklung neuer Designs und Arbeitsformen sowie der Gründung weiterer Verbände in Erscheinung.

3.4 1975– : Phase der Professionalisierung und Kommerzialisierung

Professionalisierung: Gruppendynamik ist mittlerweile an zahlreichen Hochschulinstituten mit regelmäßigen Lehrangeboten fest etabliert und teilweise als Lehrgegenstand in Curricula aufgenommen. Auf dem freien Markt existiert eine Reihe von Zentren mit guten Namen: *agm, mago, Perls-Institut, tago, Zentrum für Angewandte Psychoanalyse, ZIST.* Einen weiteren Impuls erhielt die Professionalisierung durch das Eindrin-

gen der Gruppendynamik in verschiedenste Berufsfelder: Schule und Hochschule, Kliniken, Justiz, Post, Auswärtiges Amt, Bewährungshilfe, Sozialarbeit, Erwachsenenbildung, Theologie, Juristenausbildung. Infolgedessen arbeiten viele Kollegen gar nicht mehr in frei ausgeschriebenen Laboratorien, sondern nur noch in Firmen und Behörden.
Daneben gibt es aber einen deutlichen Trend zur *Kommerzialisierung*. Schon den ausgebildeten Gruppenleitern ging nie der Ruf besonderer materieller Genügsamkeit voraus. Inzwischen existiert über ihr Angebot hinaus ein großer grauer Markt, in dem ohne Ausbildung, ohne Kontrolle und ohne Forschung zu üppigen Preisen Gruppendynamik als Ware feilgeboten und offenbar auch verkauft wird. So praktiziert in Bonn ein Dr. jur. Gruppendynamik und gibt auf Anfragen nach seiner Ausbildung nur den Hinweis, ja, er habe das studiert; in München wird in einer Tageszeitung zwischen Callgirl-Anzeigen auch für »Sensitivity-Training in intimem Kreis« geworben. Eine Eindämmung dieses Wildwuchses erscheint mangels einer berufsständischen Interessenvertretung derzeit aussichtslos. Als Korrektiv kommen nur eigene qualifizierte gruppendynamische Arbeit und die Anleitung der Zielgruppe zu kritischem Konsum der Ware Gruppendynamik in Betracht.

4. Trends in der Gegenwart

Welches sind nun in der Gegenwart die Hauptströmungen der Weiterentwicklung? Welche Tendenzen zeichnen sich ab? Die folgende Zusammenstellung erhebt keinen Anspruch auf Vollständigkeit, will aber einige Entwicklungslinien aufweisen.

4.1 Von laisser-faire zu aktivem Engagement

In den frühen Trainingsgruppen wäre es durchaus denkbar gewesen, Schweigen als Hauptdimension des Trainerverhaltens zu bezeichnen. In Staff-Sitzungen erschien das Schweigekriterium manchmal geradezu als Statussymbol für Härte und Unnachgiebigkeit gegenüber Teilnehmerwiderständen. Mittlerweile habe ich den Verdacht, daß das Trainerschweigen zuweilen eher eine Gegenabhängigkeit des Gruppenleiters von Teilnehmerbedürfnissen erkennen läßt: Man schweigt, wenn die Gruppe Belehrung oder Analyse erwartet, und redet, wenn sie diesen Anspruch aufgibt. Diese Zurückhaltung ermöglicht der Gruppe im günstigsten Fall die Gewinnung von Autonomie und Selbstverantwortlichkeit in der Gestaltung der Gruppenprozesse. Wird das Schweigen jedoch starr praktiziert, so kommt es leicht zu Fehlkonditionierungen im Bereich des Sprachverhaltens; Probleme werden angesprochen, aber nicht erledigt; die Einsicht in Gruppenprozesse wird nicht in dem Moment gewonnen, wo diese Prozesse sich ereignen, sondern mit zeitlichen Verzögerungen – rationales und emotionales Lernen erfolgen nicht simultan.

4.2 Von Abstinenz zu Authentizität

Die Grundhaltung der Abstinenz ist eine Anleihe der Gruppendynamik bei der Psychoanalyse; zumindest innerhalb der Sektion Gruppendynamik haben über die Hälfte der Trainer entweder eine analytische Ausbildung absolviert oder verfügen über umfangreichere tiefenpsychologische Vorerfahrung. Auch gruppendynamikintern gibt es gute Argumente für die Grundhaltung der Abstinenz: Die Gruppe entfaltet ihre Dynamik prägnanter und kann sie leichter als *ihre* Dynamik erkennen, wenn der Trainer selten eingreift und nicht durch Aktivität die Gruppenprozesse steuert. Ich bin auch der Meinung, daß die Probleme des Gruppenleiters in der Gruppe nichts zu suchen haben.
Andererseits: Der abstinente Trainer strukturiert das Gruppengeschehen nicht *nicht,* sondern kommuniziert seine Abstinenz. Bringt er sein eigenes Erleben als Selbsteröffnung in die Gruppe ein, so kann er Modell für das Geben und Annehmen von Feedback und für das Verbleiben im Hier-und-Jetzt unter Belastungsbedingungen sein und ein Lernangebot zur Auseinandersetzung mit irrationalen Phantasien gegenüber der Trainerautorität geben. Vertreter des Encounter-Trainings berufen sich auf die Annahme, daß Entwicklung der Persönlichkeit weniger gut im Rahmen der Interaktion zwischen fachlich spezialisierten Therapeuten und von ihm abhängigen Klienten erfolgen kann als in der persönlichen Begegnung des Klienten mit einer authentischen Persönlichkeit (ROGERS, 1973). Aller-

dings sollte die Tendenz zur größeren Authentizität nicht als unreflektiertes Aufgehen des Gruppenleiters in der Gruppe mißverstanden werden, zumal die Gefahr unkontrollierter Gegenübertragungen oder die Tendenz zum Agieren, z. B. in Heilsbringer-Attitüden, nicht von der Hand zu weisen sind.

RUTH COHN (1975) beschränkt die Selbsteröffnung des Gruppenleiters auf eine »selektive Authentizität«; d.h. der Leiter muß nicht alles mitteilen, was für ihn gegenwärtig gültig und wichtig ist; aber das, was er mitteilt, sollte seinem tatsächlichen Erleben entsprechen.

STRUCK (pers. Mitteilung) prägte den Begriff der transparenten Abstinenz, d.h. einer Abstinenz, die den Teilnehmern in ihren Beweggründen verdeutlicht wird, statt als gottgegeben und unumstößlich dargestellt zu werden.

4.3 Von Sensitivity zu personal growth

Das Konzept Sensitivity hat einer ganzen Laboratoriumsform ihren Namen gegeben; tatsächlich wird Sensitivity ja nicht nur in Trainingsgruppen gelernt (ZIMET und FINE, 1955), sondern auch in Arbeitsgruppen, Plena und in Organisationslaboratorien. Die Konfrontation mit zahlreichen interpersonellen Konfliktsituationen in schneller Folge scheint geeignet, die Fähigkeit anzuregen, eigenes und fremdes Verhalten subtil aufeinander abzustimmen (DÄUMLING et al., 1974), wie auch aus Marathon-Trainings (OTTO, 1973) und Encounter-Gruppen (ROGERS, 1973) bekannt ist. Die Trainingsgruppe ist freilich der Ort, an dem die Begrenzung von Sensitivity am deutlichsten erkennbar wird. Einerseits besteht die Gefahr einer Überbetonung der extravertierten Komponente; Sensitivity erschöpft sich in diesem Fall leicht in einer rein quantitativen Steigerung der Kontaktrate und birgt die Gefahr, daß eine wohlfunktionierende, aber stereotype Form pseudoauthentischer Kommunikation über Gegenstände des eigenen Erlebens entwickelt wird. DÄUMLING (1976) führt als Ausgleich imaginative und meditative Verfahren in das Sensitivity-Training ein. Andererseits vermag die Gruppenerfahrung zu vermehrter Introversion zu führen bis dahin, daß die Prozesse des eigenen Erlebens im Extremfall kaum mehr kommunizierbar sind; Sensitivity spielt sich dann gleichsam nur noch innerseelisch ab. In diesem Fall vermögen expressive Verfahren als Korrektiv zu dienen. Daneben erwies es sich als günstig,

Techniken der Humanistischen Psychologie in Gruppendynamischen Laboratorien einzubeziehen: Encounter, Gestalt, Bioenergetik ermöglichen eine radikale Besinnung auf biographische Determinanten des gegenwärtigen Verhaltens, auf Wertfragen und Lebensorientierungen. Dabei ist das Defizit, das solchermaßen ausgeglichen werden soll, nicht mit Neurosenbehandlung gleichzusetzen. *Personal growth* zielt vielmehr auf die Kompensation eines weitverbreiteten Leidens in der Bevölkerung ab: Identitäts- und Sinnverlust, Relativität der eigenen Werte und Ziele, Vernachlässigung der persönlichen Verantwortung bei der Gestaltung der eigenen Biographie.

4.4 Von freiem Einfall zu Interventionssystematik

Je nach Biographie, Lerngeschichte während der Ausbildung und theoretischer Orientierung neigen Trainer entweder eher zu einem Interventionsstil, der sich auf Bilder, Gleichnisse und Allegorien stützt und der tiefenpsychologisch-therapeutischen Arbeitsweise entspricht, oder zur Heranziehung sozialpsychologischer Konzepte. Die tiefenpsychologische Vorgehensweise wird im allgemeinen als belebend, frisch und unmittelbar empfunden, vermag auch Bereiche des Unbewußten anzusprechen und läßt sich selektiv auslegen und individuell fortspinnen. Die sozialpsychologische Intervention kann weniger leicht berühren, hat aber den Vorteil, daß sie sich nicht vorwiegend auf eine subjektive Plausibilität stützt, sondern in erheblichem Umfang aus dem beobachtbaren Verhalten der Gruppenmitglieder Belege für die Diagnose heranzuziehen vermag. In neuerer Zeit zeigt sich die Tendenz, diese Spaltung zu überwinden, indem man Interventionen aus sozialpsychologischer und therapeutischer Perspektive zu Katalogen und Systemen zusammenstellt. Damit wird eine Reflexion über Form und Ebene der Intervention eingeleitet. Zwei Beispiele: LOMRANZ et al. (1973) unterscheiden drei Typen von Interventionen: (1) interpersonell und gruppenorientiert; der Trainer tritt als Berater auf; (2) korrektiv-klinisch; Kennzeichen sind Feedback und individuelle Selbsterfahrung; (3) personell-expressiv; Encounter- und Berührungstechniken herrschen vor (vgl. auch EDDING, 1977). Ähnlichkeiten zur Dreiteilung in Intervention auf Organisations-, Gruppen- und Individualebene sind erkennbar. Eine andere Systematik (BASTINE, 1975) unterscheidet: Amplifizieren (Erweitern), Unterbrechen von Handlungsketten, Vereinfachen, Konfrontieren, Selbstaktivieren, Modellieren, Attribuieren, Rückmelden, Akzentuieren. Jedenfalls scheint der freie Einfall nicht mehr alleinige Grundlage für Interventionen. Die genannten Typologien bieten die Möglichkeit, je nach Zielgruppe und ihren Lernzielen, bisheriger Vorerfahrung und gegenwärtigem Erkenntnisstand der Teilnehmer Diagnosen zu stellen, die zu unterschiedlichen Interventionen führen.

4.5 Von Feedback zu Verhaltensmodifikation

Viele Interventionen des Trainers können als Versuche verstanden werden, Konditionierungen des Sprachverhaltens der Teilnehmer hervorzurufen. So ist die Benutzung des Wortes *ich* statt *man, wir, jeder* usw. Resultat eines vom Gruppenleiter initiierten Verstärkungsplans, der meist sogar einigermaßen systematisch und konsequent praktiziert wird, bis Selbstkontrolle an seine Stelle tritt. In ähnlicher Weise bürgern sich andere Ergänzungen des Feedback ein, z.B. Imitation und Modellernen. Sie werden in neuerer Zeit vermehrt eingesetzt, um Feedback zu unterstützen und zu einer systematischen Wirksamkeit der Intervention beizutragen. Die Bedeutung des Feedback im Veränderungsprozeß ist in der Forschung vielfältig belegt: zum Beispiel, daß negatives Feedback wirksamer ist als positives; daß interpersonelles und instrumentelles Feedback nach Möglichkeit kombiniert eingesetzt werden sollen; daß Feedback mit anderen Interventionsformen (z.B. Rollenspiel, Übungsphase) nutzbringend gekoppelt werden kann; daß unmittelbares Feedback wirksamer ist als verzögertes.

Dennoch sind auch Bedenken gegen das Feedback aufgekommen, die sich vor allem auf Zweifel an (a) seiner Verfügbarkeit für jeden Teilnehmer und (b) seiner Verhaltensrelevanz stützen.

Zur *Verfügbarkeit:* Feedback wird nicht allen Teilnehmern in gleichem Umfang gegeben, sondern ist von individueller Aktivität der Teilnehmer, der Prägnanz ihrer Selbstdarstellung und der Sorgfalt des Gruppenleiters in der Gleichbehandlung der Teilnehmer abhängig. Wer sich wenig beteiligt oder versucht, ein Feedback zu erzwingen, geht im allgemeinen leer aus oder erhält nur das Feedback, er sei eben zu still oder zu penetrant.

Demgegenüber vermag eine lerntheoretisch fundierte Verhaltensanalyse bei entsprechender Instruktion für jeden Teilnehmer die Definition begrenzter Verhaltenseinheiten mit vorausgehenden Reizen und nachfolgenden Konsequenzen zu gewährleisten, unabhängig von individuellen und gruppalen Kompetenzbedingungen.
Zur *Verhaltensrelevanz:* Die Zweifel an der Verhaltensrelevanz des Feedback führte zu Versuchen, fußend auf der Verhaltensanalyse durch gezielte Steuerung der Reizbedingungen und der Konsequenzen oder durch Einführung neuer Verhaltensweisen unmittelbar zu einer Verhaltensmodifikation zu kommen (z.B. DORST, 1976; LORENZ, MOLZAHN und TEEGEN, 1976). Diese Entwicklung kommt dem Bedürfnis nach mehr Transparenz und Überprüfbarkeit der Trainerintervention sowie dem nach einer besseren Lernbarkeit der Trainerkompetenz entgegen.*

4.6 Von Gruppendiagnostik zu Einzeltherapie in der Gruppe

Bekanntlich bestehen in Laboratorien vielfältige therapeutische Wünsche; die Trainingsgruppe ist der bevorzugte Ort, sie zu agieren, ohne sich als krank deklarieren zu müssen. An dieser Stelle ist vielleicht eine Besinnung darauf nützlich, wie im Juni 1946 die Laboratoriumsbewegung am Teachers' College in New Britain, Connecticut, begann: Eine Arbeitskonferenz von Lehrern, Sozialarbeitern, Verwaltungsbeamten und Geschäftsleuten wurde von einem Beobachterteam begleitet, das eine Fallstudie über Kommunikationsabläufe und ihre Verbesserung in Diskussionsgruppen durchführte. Entsprechend enthalten Berichte aus frühen Laboratorien detaillierte Angaben zur Prozeßanalyse der Gruppe, die auf Theorien des Gruppenprozesses und sozialwissenschaftlicher Diagnostik basiert, sowie Darstellungen des Feedback an einzelne Mitglieder unter dem Aspekt der Funktionalität ihres Verhaltens für die Arbeitsfähigkeit der Gruppe, dagegen aber keinerlei klinische Gesichtspunkte oder Erörterungen. Die Trainingsgruppe ist zum damaligen Zeitpunkt weder der Ort persönlicher Auseinandersetzungen, noch ist sie Forum therapeutischen Geschehens. Dieser ursprüngliche Akzent bei der

* WIERINGA nennt in diesem Band weitere fragliche Aspekte der Interaktion mittels Feedback. – Der Hrsg.

Soziodiagnostik ist heute weitgehend verschwunden. BALES-*Recorder** und *who-to-whom-Matrix*** werden zu trainingsferner Begleitforschung eingesetzt, deren Daten nicht mehr im Sinne der Aktionsforschung an die untersuchte Gruppe zurückgehen. Theoriesitzungen und Vortragsdemonstrationen von Gruppenphänomenen sind eher lustlose Pflicht als enthusiastische Praxis und werden langsam vergessen.
Die *instrumented t-group* wird nicht mehr praktiziert. Einzig das Soziogramm blieb erhalten. Jedoch hat es keinen festen Platz mehr in einem integrierten Lehrplan des Laboratoriums und dient nicht mehr dem Aufweisen von Gesetzmäßigkeiten der Gruppenstruktur, sondern wird ad hoc zur Klärung von Beziehungsproblemen herangezogen. An die Stelle der Soziodiagnostik sind interpersonelle Auseinandersetzung und individuelle Konfliktbearbeitung getreten. *Psychodrama,* nonverbale Übung, Analyse von Übertragungsanteilen der Interaktion, Rückgriffe auf Erfahrungen aus dem *There-and-Then**** werden nicht nur akzeptiert, sondern durch Hinzuziehung spezialisierter Fachleute geradezu gefördert.

4.7 Von Gruppenorientierung zu Themenzentrierung

Dieser Trend ist eine zur Einzeltherapie in der Gruppe (vgl. 4.6) gegenläufige Tendenz. Während in frühen Trainingsgruppen der Trainer bisweilen die Gruppe mit dem Hinweis einleitet, sie selbst und nur sie sei Gegenstand des Gesprächs (z. B. SEASHORE, 1965), tritt RUTH COHN (1975) mit der Herausforderung an: *Sensitivity is not enough!,* wobei sie darauf abzielt, daß die *Selbsterfahrung,* die im *Hier-und-Jetzt* verbleibt, sich irgendwann erschöpft oder eine Eigendynamik der Faszination entwickelt, die vergessen läßt, daß es Sachthemen gibt. Selbsterfahrungsgruppen verlassen ihre Kuschelzone nur ungern. Andererseits wird vor allem in den Bereichen Schule,

* Der BALES-Recorder ist ein Gerät zur simultanen oder nachträglichen Kategorisierung des Individualverhaltens in Gruppen. Erfaßt werden 12 Verhaltenseinheiten wie z. B. »wirkt freundlich«, »macht Vorschlag«, »stimmt nicht zu«. – Der Verf.

** In der who-to-whom-Matrix wird registriert, welches Gruppenmitglied sich mit seinen Beiträgen wie oft an welches andere wendet. Sie gibt in begrenztem Umfang Auskunft über die Position jedes Gruppenmitgliedes bei der gemeinsamen Arbeit. – Der Verf.

*** Dort-und-Dann = polarer Begriff zum Hier-und-Jetzt. Besagt, daß Probleme aus dem Alltagsleben einbezogen werden. – Der Hrsg.

Hochschule und Erwachsenenbildung die kognitive Bearbeitung eines Themas häufig als frustrierend erlebt, weil Störungen der Kommunikation nicht thematisierbar sind und lebendiges Lernen durch die distanzierte Form der Darbietung verhindert wird. Die *Themenzentrierte Interaktion* ist von der Konzeption her das geeignete Medium, Thema, Gruppe und Individuum in einem balancierbaren Fließgleichgewicht zu halten und so kognitives und emotionales Lernen zugleich zu ermöglichen – ein Anspruch, den zwar das *Gruppendynamische Laboratorium* ebenfalls erhebt, aber im allgemeinen nicht mehr einlöst.

4.8 Von Spielangebot zu Berufsfeldorientierung

In den Anfängen der Laboratoriumsmethodik wurde in großem Umfang mit Übungen, vorgegebenen Rollenspielen und Modellaufgaben operiert, wie sie in entsprechenden Sammlungen (NYLEN, MITCHELL und STOUT, 1967; ABT, 1971; ANTONS, 1973; PFEIFFER und JONES, 1974; VOPEL und KIRSTEN, 1974) zusammengetragen sind. Dieses Vorgehen stellt ursprünglich eine didaktisch sehr sinnvolle Maßnahme dar: Diejenigen Gruppenprozesse, die sich in der unstrukturierten Gruppe nicht von allein ergeben oder nur unter unplanbaren Zufallsbedingungen, werden gleichsam in Kompreßform simuliert. Gruppendynamik wird in ihrer ganzen Vielfalt und Breite angeboten, im Gegensatz etwa zur Praxis der AMMON-Schule (AMMON, 1976), die Gruppendynamik auf individuelle Selbsterfahrungsprozesse in analytisch geführten Gruppen unterschiedlicher Größe beschränkt. Dennoch geriet die Arbeit mit Spielen und Übungen bald ins Zentrum der Kritik. So kam die Frage auf, warum man sich auf den Mond begeben müsse (in der *Nasa-Übung*), um Entscheidungen einzuüben, und nicht an inhaltlich relevanten Entscheidungsprozessen des beruflichen Alltags modellhaft arbeiten könne. Die Folge war, daß zahlreiche Übungen umgeschrieben wurden; teilweise mußten ganz neue Spielmodelle entwickelt werden (*Fall Busch,* Simulation einer *Justizvollzugsanstalt* u.a.). Ein zweiter Einwand gegen die wohlfeilen Modellübungen zielt darauf ab, daß sie, selbst wenn sie im Arbeitsfeld angesiedelt werden, die Komplexität der eigenen beruflichen Problematik auf wenige Hauptlinien reduzieren, d.h. daß die vorgegebene Übung notwendigerweise eine um wichtige Verhaltensdeterminanten verarmte

Spielanleitung darstellt. Dies führt dazu, daß in letzter Zeit zunehmend eigene Problemsituationen ausgewählt und dargestellt und erst dann ihnen angemessene Vorgehensweisen gewählt werden: Gruppengespräch, Rollenspiel, Organigramm-Analyse*, Institutionsberatung, Simulation.

4.9 Von Interaktion zu Institution

Die Entstehung des Organisationslaboratoriums aus den Unzulänglichkeiten des Sensitivity-Trainings habe ich bereits erwähnt (Bad Teinach, vgl. 3.3). Viele Gruppenleiter machten die Erfahrung, daß sie zwar ungestört Gruppen in ihren Instituten leiten konnten, aber die Institution selbst schwerfällig und bürokratisch blieb; mit dem Organisationslaboratorium verband sich daher die Hoffnung, gruppal Einfluß auf Verhaltensabläufe und Kooperationsprozesse nehmen zu können. Ich selbst empfinde den Begriff Organisation im Zusammenhang mit dieser Trainingsform zunehmend als Belastung. Viel eher geht es bei solchen Veranstaltungen um die realistische Simulation der Zusammenarbeit zwischen Arbeitsgruppen oder um Formen der Einflußgewinnung in Großgruppen. Je mehr Elemente der faktischen Außensteuerung in solchen Gruppen dabei zu Übungszwecken Berücksichtigung finden, desto eher wird später ein Transfer auf das eigene Arbeitsfeld möglich sein.

4.10 Von Leiterzentrierung zu Selbsthilfe

Zu Beginn der gruppendynamischen Versuche in den USA gab sich das Leitungsteam bewußt kollegial, beratend und helfend. Später trat der Aspekt der Leiterzentrierung stärker in den Vordergrund. Seinen deutlichsten Niederschlag findet das in den Prozeßmodellen der Gruppe (z.B. BENNIS und SHEPARD, 1956), wo etwa Phasen der Abhängigkeit, Gegenabhängigkeit und Interdependenz unterschieden werden, oder bei BION (1968), wo in der pairing-Phase** die kollektive Gruppenphantasie das Bild hervorbringt, der Gruppenleiter und ein weibliches Mitglied würden den Erlöser, den Messias

* Organigramm = Aufbauschema einer Organisation. – Der Hrsg.
** von Paarbildung. – Der Hrsg.

zeugen. Erste Ansätze, die Trainerfunktion dieser Überhöhung zu entkleiden, bestanden darin, die Gruppenleiter durch die Teilnehmer selbst wählen zu lassen, gegenseitige Gruppenbeobachtungen durchzuführen und eine Trainerrotation zwischen den Gruppen vorzunehmen. Ich selbst habe 1978 in Hamburg erstmalig den Versuch unternommen, nach einer Übungsphase von drei Tagen, in der jede Gruppe einen eigenen Trainer hatte, die Gruppen trainerlos autonom weiterarbeiten zu lassen; die kompetente Arbeitsweise dieser Gruppen scheint das Vorgehen zu rechtfertigen.

Die grundlegende Revision der Leiterzentrierung erfolgte mit dem Aufkommen der Selbsthilfe-Gruppen. Zwar bedürfen auch sie der Initiierung und gelegentlichen Unterstützung durch Fachleute. Jedoch bleiben diese am Rande. Verfahrensregeln, Modus der Mitgliedschaft, Verweildauer, Indikation und Kontraindikation werden von der Gruppe selbst festgesetzt. Das schließt freilich nicht aus, daß auch die Gruppe ohne Leiter Prozesse der Autoritätsbearbeitung durchlebt.

CARL R. ROGERS (1973) hatte schon früh für Encountergruppen postuliert, diese seien arbeitsfähig, wenn der Gruppenleiter es ihnen zutraue. Er selbst könne sich dann darauf beschränken, kompetentes Gruppenmitglied ohne besondere Aufgaben oder Insignien zu sein. Ähnlich beansprucht RICHTER (1972), trotz analytischer Fachausbildung Gleicher unter Gleichen in der Initiativgruppe zu sein. Detaillierte Erfahrungsberichte über Arbeitsweise und Probleme von Selbsthilfe-Gruppen liegen von MOELLER (1978, 1980) vor.

4.11 Von Evidenz zu Evaluation (Erfolgsforschung)

Diese These hat mit der Legitimation der Arbeit in Kleingruppen zu tun. Die Evidenz für die Wirksamkeit gruppendynamischer Arbeit liefern Teilnehmer am Ende der meisten Laboratorien in Form positiver Äußerungen. Jedoch erfolgen solche Aussagen nachgewiesenermaßen überaus kontextabhängig. Systematische Untersuchungen über Auswirkungen der Laboratoriumsteilnahme in unterschiedlichen Zeiträumen nach dem treatment bei der Person selbst, Angehörigen und beruflichen Bezugspersonen sind erforderlich und werden zunehmend durchgeführt (z.B. MERKEL, 1976; MÜHLEN, 1976; STRUCK, 1976). Evaluationen können laboratoriumsintern an den Lernzielen oder an laboratoriumsunabhängigen Parametern erfolgen.

Typisierende Darstellungen sind nicht ohne Problematik. Im vorliegenden Fall etwa sind Zweifel an Stringenz und Gültigkeit der aufgewiesenen Trends durchaus legitim, speziell was ihre Linearität und Eindimensionalität angeht. Wenn dennoch der Versuch einer typisierenden Darstellung unternommen wurde, so mit dem Zweck, eine Analyse der gegenwärtigen praxissteuernden Theorien und Ideologien anzuregen und Extrapolationen zukünftiger gruppendynamischer Arbeit einzuleiten.
Die Darstellung der Angewandten Gruppendynamik bis zu diesem Abschnitt hat einige Entwicklungen und Fehlentwicklungen des Ansatzes aufgezeigt. Die folgenden Abschnitte haben definitive Unzulänglichkeiten und Defizite der Gruppendynamik zum Gegenstand, die sich nach meinem Eindruck auch innerhalb größerer Zeiträume nicht werden beheben lassen.

5. Gruppendynamik als klinisches Verfahren

Es fehlen der Angewandten Gruppendynamik nach wie vor klare Indikationen und Kontraindikationen, wie sie in Psychoanalyse (z.B. HEIGL, 1978) und Verhaltenstherapie (z.B. SCHULTE, 1975) üblich sind. Statt dessen wird implizit und häufig explizit nach dem Motto verfahren: »Die Gruppe tut wohl jedem gut«; das mag nachvollziehbar, wenn auch nicht erfreulich sein bei Gruppenleitern, die von dieser Tätigkeit leben, nicht aber bei Angehörigen von Forschungsinstituten, die darauf abstellen, Strukturen des Verfahrens zu studieren. Der Gruppenleiter muß zunächst einmal Position beziehen, ob er Gruppendynamik schwerpunktmäßig als klinisches oder als pädagogisches Verfahren begreifen will.
Wird Angewandte Gruppendynamik als klinisches Verfahren verstanden, so unterliegt sie in der Forschung allen methodischen Forderungen, die an die klinischen Zweige der Psychologie gerichtet werden, und muß sich u.a. in Hinblick auf *klinische Parameter der Verhaltensänderung* befragen lassen. Dabei ist es durchaus sinnvoll, einen Teil dieser Parameter als

gegenstandsinadäquat zurückzuweisen (z.B. physiologische Angstindikatoren, Neurosenstruktur usw.), andere einzuführen (Differenzierung der Sozialwahrnehmung, Fähigkeit zur Kommunikation usw.), die sonst in der Klinischen Psychologie eine untergeordnete Rolle spielen. Parameter bedürfen jedoch einer vierfachen Überprüfung:

(1) aus den Bedürfnissen der Zielgruppe
(2) aus der Methodik
(3) aus der Kompetenz des Gruppenleiters
(4) aus seiner anthropologischen Orientierung,

d.h. es muß glaubhaft gemacht werden,

- daß die Zielgruppe ein bestimmtes Änderungsbedürfnis hat,
- daß die Methodik spezifische Wirkgrößen enthält, die die gewünschte Änderung herbeizuführen vermögen,
- daß der Gruppenleiter diese Wirkgrößen gezielt einzusetzen vermag, und
- daß die angestrebte Änderung seinem Menschenbild entspricht, welches er ja durch die Wahl der Methode zu erkennen gibt.

Diese Arbeit ist nun bisher keineswegs geleistet.

5.1 Bedürfnisse der Zielgruppe

Die Frage nach den Änderungsbedürfnissen der Teilnehmer wird häufig mit dem Hinweis abgetan, es sei ja alles in dem Einladungsprospekt nachzulesen, und wer sich anmelde, habe offenbar die dort angebotenen Lernziele zu seinen eigenen gemacht, was aber häufig keineswegs den Tatsachen entspricht. Auch die Aufstellung eines Lernzielkatalogs durch die Teilnehmer selbst zu Beginn des Laboratoriums hilft nicht weiter, dient doch dieses erste Kennenlernen weit eher einer günstigen Selbstdarstellung als einer soliden Sacharbeit. Im übrigen ist damit zu rechnen, daß die Lernbedürfnisse der Teilnehmer im Laufe eines Laboratoriums gewissen Wandlungen unterworfen sind.

5.2 Wirkgrößen der Methodik

Die Herleitung möglicher Änderungsparameter aus der Methodik ist erst ansatzweise gelungen. In den meisten Studien zur Erfolgskontrolle werden Veränderungen zu der Laboratoriumsteilnahme als einer einzigen globalen Wirkgröße in Beziehung gesetzt: Wer an dem Laboratorium teilnimmt, ändert sich. Ob diese Veränderung durch Gruppenteilnahme, lange Mittagspausen und gesellige Abende, durch intensive Gespräche außerhalb der Sitzungen, durch das Führen eines Tagebuches oder durch das reine physische Verlassen des häuslichen und beruflichen Milieus für mehrere Tage (vergleichbar mit Urlaub, Dienstreise u. a.) zustande kommt, bleibt offen. Davon gibt es nur zwei Ausnahmen: (1) die Trainingsgruppe im Vergleich zu anderen Gruppenformen ist Gegenstand zahlreicher Untersuchungen gewesen; ihre Wirksamkeit ist nicht mehr zu bezweifeln. (2) Das Feedback-Prinzip erscheint, ebenfalls nach Belegen aus mehreren Untersuchungen (vgl. 4.5) als eine änderungswirksame Kommunikationsform. Dagegen sind Hier-und-Jetzt-Prinzip, Verhaltensvakuum, Konfrontation u. a. allenfalls der unmittelbaren Evidenz zugänglich; empirische Belege für ihre Wirksamkeit stehen aus. Möglicherweise rührt diese Dürftigkeit an Kenntnissen von dem nach wie vor bestehenden Beweiszwang der Gruppendynamik her: Es ist immer noch wichtiger darzulegen, daß sich durch die Teilnahme an der Gruppe »etwas Positives tut«, von CAMPBELL (1971) mit Recht als unwissenschaftliche Fragestellung zurückgewiesen, als zu prüfen, wie die Änderung vor sich geht und auf welchen Determinanten sie beruht.

5.3 Kompetenz des Gruppenleiters

Die ersten Gruppenleiter, die 1967 die Sektion Gruppendynamik aus der Taufe hoben, verfügten zum Teil über sehr wenig Erfahrung mit der Methode und mußten sich notgedrungen die Qualifikation zur Leitung von Gruppen gegenseitig zuschreiben. Noch im selben Jahr wurden für Gruppendynamiker Ausbildungsrichtlinien erlassen, die zunächst vier, ab 1978 sechs Kriterien zur Beurteilung der Trainerqualifikation vorsahen:

Rollenflexibilität
Stabilität und emotionale Belastbarkeit

Spontaneität und adäquate Ausdrucksfähigkeit	
Selbst- und Sozialwahrnehmung	
Interventionskompetenz	nur für Co-Trainer und
design-Planung	Supervisanden

All diese Kriterien sind von einer unmittelbaren Evidenz getragen: Natürlich muß der Gruppenleiter flexibel und stabil sein, sich differenziert mitteilen können, sich selbst und andere wahrnehmen, gezielt intervenieren und ein Laboratorium planen können. Dennoch, die Beurteilung von Teilnehmern, Co-Trainern und Supervisanden gemäß diesen Kriterien bereitet regelmäßig deutliches Unbehagen.
Vielen Trainern drängt sich der Eindruck auf, daß jemand, der nach den Kriterien »mittel« oder »schlecht« abschneidet, trotzdem ein guter Gruppenleiter werden könne, jemand anderer dagegen, der überall ordentliche Noten hat, trotzdem nicht guten Gewissens auf eine Gruppe losgelassen werden sollte. Aus dieser Not heraus konstruieren Trainer stillschweigend zusätzliche Kriterien, die ihnen Sicherheit geben sollen: Lernfähigkeit des Kandidaten – soziale Potenz – Reife und Geschlossenheit – Fehlen von Abhängigkeit, Gegenabhängigkeit und Ressentiment gegen den Staff – Position in der Gruppe u.a.m. Diese dürfen in den gutachterlichen Stellungnahmen natürlich nicht als Entscheidungsgrundlage in Erscheinung treten, spielen aber eine erhebliche Rolle bei der Urteilsfindung.
Die Kriterien der Kompetenzbeurteilung schaffen so, wie sie bisher angeboten und gehandhabt werden, keine Sicherheit, sondern vermehren das Unbehagen. Nun wäre eine von zwei Strategien möglich:

(1) Die Beurteilung wird jedem Staff freigestellt, nach Kriterien, die er selbst festlegt, etwa in Analogie zum Entscheid über den erfolgreichen Abschluß der Lehranalyse.
(2) Die Beurteilungskriterien werden in einem Forschungsprogramm operationalisiert, auf ihre Bedeutung für den Gruppenprozeß und das individuelle Lernen hin untersucht und dann als Anforderungskatalog erweitert oder gekürzt.

Es geschieht aber keines von beiden; das bedeutet, daß der Nachweis der Gruppenleiter-Kompetenz zur Beeinflussung klinischer Parameter nicht geführt wird.

5.4 Anthropologische Orientierung des Gruppenleiters

Die vierte Legitimation, nämlich die glaubhafte Herleitung von klinischen Parametern der Veränderung aus der anthropologischen Orientierung des Gruppenleiters, ist am schwersten zu erbringen. Anthropologische Aussagen in Laboratoriumsankündigungen wirken nicht selten peinlich, platt oder plakativ. Ob der Gruppenleiter als Person die Werte repräsentiert, die er der Zielgruppe vermitteln will, entscheidet sich erst dann, wenn er selbst in seiner Ganzheit in Frage gestellt wird. FREUD, der Urheber des Konzepts *Gleichschwebende Aufmerksamkeit,* galt als äußerst ungeduldiger Analytiker (DOOLITTLE, 1975); PERLS beschreibt WILLIAM SCHUTZ, den Autor des Buches »Freude«, als den mürrischsten Menschen, der in La Jolla anzutreffen war. HARRIS, der Autor von *Ich bin o.k. – Du bist o.k.* (einer »Einführung in die Transaktionsanalyse«), war in den letzten Lebensjahren alkoholkrank und nahm sich das Leben. In der Gruppeninteraktion können sich solche Diskrepanzen in dem für den Teilnehmer unabweisbaren Empfinden niederschlagen, der Gruppenleiter sei unecht, fassadenhaft, unpersönlich oder dogmatisch erstarrt. Die Reaktion darauf ist häufig Enttäuschung, Entmutigung, Rückzug oder Verweigerung der Mitarbeit.

6. Gruppendynamik als Pädagogisches Verfahren

Wird Gruppendynamik als pädagogisches Verfahren definiert, so hat auch dies Konsequenzen, die nur teilweise erfüllt werden.

6.1 Lernzielbestimmung

Ein pädagogisches Verfahren bedarf eines Katalogs von Lernzielen, die legitimiert, operationalisiert und einer Erfolgskontrolle unterworfen werden müssen.
In den frühen Laboratorien wurde manchmal Fragen nach den Lernzielen und Lernchancen mit dem Hinweis begegnet, jeder Teilnehmer könne lernen, was er wolle. So sinnvoll diese Auskunft unter dem Aspekt der Eigenverantwortlichkeit

jedes einzelnen für seinen Lernprozeß war, verriet sie andererseits doch eine Überschätzung des faktischen Lernangebots und eine didaktische Flapsigkeit und Ignoranz. Das Lernangebot ist nämlich keineswegs universell; bestimmte Lernmöglichkeiten wie vordergründige Anpassung, starre Dominanz oder manipulative Spiele werden, sofern vom Teilnehmer als seine Lernziele benannt, sogar drastisch sanktioniert. Eine vermittelnde Lösung könnte etwa lauten: »This event gives opportunity to learn about...«*, wie es in Laboratorien des Tavistock-Instituts, London, formuliert wird.
In neuerer Zeit, u.a. als Antwort auf die Kritik von SIELAND (1976), wird die Lernzielbestimmung in deutschen Laboratorien nicht mehr ausgespart oder einer zufälligen Ideensammlung der Teilnehmer zu Beginn des Laboratoriums überlassen. Für mich selbst war dabei eine Gliederung, wie sie in schulischen Unterrichtsvorbreitungen selbstverständlich ist (vgl. z.B. MAGER, 1975) hilfreich. Hier werden Richtziele, Grobziele und Feinziele unterschieden, von denen jedes folgende eine Spezifizierung und Konkretisierung des vorangegangenen darstellt. Erst dann wird die dem Lernziel adäquate Arbeitsmethodik festgelegt.
Dieses Vorgehen weist eine Reihe von Vorzügen auf. Der Teilnehmer kann vor der Anmeldung prüfen, ob das Laboratorium die seinen Lernbedürfnissen entsprechenden Angebote enthält und wie qualifiziert diese sind; während des Laboratoriums vermag er die Feinziele gleichsam als Checkliste für seinen Lernfortschritt zu benutzen, indem er realisierte Verhaltensweisen abhakt und nichtrealisierte gezielter aufsucht – dies ist zugleich ein starker Impuls für die Mitarbeit in der Gruppe. Der Veranstalter ist durch die Veröffentlichung der Lernziele und Lernmedien gehalten, sie auch wirklich anzubieten, und kann nicht auf Grund momentaner Prozeßanalysen plötzlich ganz andere Praktiken wählen. Der Primat der Inhalte vor den Methoden, durch Übungsanleitungen häufig aus dem Blickfeld geraten, wird zweifelsfrei herausgestellt. Mit diesem Vorgehen ist zugleich OHMs Kritik (1973) zu begegnen, Ziellosigkeit sei das eigentliche Lernziel der Gruppendynamik.
Ich selbst habe (1976) einen derartigen Katalog entworfen, als ich ein Laboratorium mit den Lernzielen Sensitivity, kognitive Kontrolle und Transfer durchführen wollte, und lege seitdem

* »Dieses Ereignis gibt die Möglichkeit, etwas zu lernen über...« – Der Hrsg.

eine entsprechende Aufschlüsselung der Lernziele allen Einladungsschreiben zu Laboratorien bei. Weite Verbreitung hat diese Praxis bisher jedoch nicht gefunden.

6.2 Bestimmung der Zielgruppe

Im gleichen Zusammenhang muß die Zielgruppe potentiell Lernender näher bestimmt werden. Wer Englisch lernen will, besucht einen Englischkurs. Was lernt der Teilnehmer an einem gruppendynamischen Laboratorium? Und umgekehrt: derjenige, der sich zu einem gruppendynamischen Laboratorium anmeldet – was will er lernen? Sind die Lernbedürfnisse einer relativ zufällig zusammengewürfelten Teilnehmergruppe, selbst dann, wenn sie aus dem gleichen Berufsfeld stammt, homogen genug, daß ihr ein entsprechendes Angebot bereitgestellt werden kann? Oder ermöglicht gerade die Heterogenität der Bedürfnisse ein optimales Lernen? Die Zielgruppe zu definieren bedeutet auch, daß der Gruppenleiter einmal nicht aus Gründen des vermuteten Mangels an psychischer Stabilität, sondern aus der Unvereinbarkeit der Lernziele mit den Bedürfnissen einem Nachfragenden von der Teilnahme abraten könnte und müßte.

6.3 Curriculum-Entwicklung

Des weiteren bedarf es eines transparenten und plausiblen Curriculums, in dessen Rahmen es möglich ist, als Anfänger oder Fortgeschrittener an entsprechender Stelle einzusteigen. Oder ist es damit getan, daß in einem und demselben Laboratorium Anfänger und Fortgeschrittene versammelt werden und die Teilnehmer mit Vorerfahrung hauptsächlich lernen, ihre Kompetenz nicht zu deutlich herauszustellen, um nicht in Experten-Rollen gedrängt zu werden? Oder damit, daß die Fortgeschrittenen eine eigene Gruppe bilden und feststellen, daß ihre Probleme mit »unfreezing«*, mit Autorität und Intimität nicht geringer geworden sind, sondern ihre Fassadentechniken (SCHULZ VON THUN, 1977) besser und ihre Abwehr flinker? Auf all diese Fragen gibt es als Antwort Spekulationen, Hypothesen und Alltagstheorien, aber keine empirisch erhärteten Aussagen.

* »Auftauen« starrer Gewohnheiten. – Der Hrsg.

6.4 Erfolgskontrolle

Gruppendynamik als pädagogisches Verfahren bedarf einer Methodik, die nachweislich anderen Methodiken ebenbürtig ist. Hier gelten sinngemäß die Überlegungen entsprechend, die unter dem Stichwort »Wirkgrößen der Methodik« (5.2) ausgeführt wurden.

7. Spezifität gruppendynamischer Interventionen

Es ist bisher kaum gelungen, Vorgehensweisen eindeutig als gruppendynamische Verfahren zu verdeutlichen, auch in solchen Fällen, in denen sie historisch nachweislich aus der Gruppendynamik stammen; gruppendynamische Genese und Identität einer These, Theorie oder Intervention hat nicht vermittelt werden können. So ist z.B. die Forderung nach personaler Kommunikation zwar in der Gruppendynamik selbstverständlich. Explizit wird sie aber von CARL R. ROGERS (1973) im klientzentrierten Ansatz gefordert.
Feedback sowie Hier-und-Jetzt-Prinzip werden außer in der Gruppendynamik inzwischen auch in nahezu allen Therapien praktiziert und sind Allgemeingut geworden. Verhaltenstherapeuten haben in den letzten Jahren sogenannte ›kognitive Gruppen‹ entwickelt, die der Wahrnehmungsdifferenzierung des einzelnen dienen sollen und in ihrer Durchführung den Trainingsgruppen auffallend ähnlich sind.
In Kommunikationspsychologie und Gestalttherapie werden viele Übungen als kommunikationspsychologisch und gestalttherapeutisch ausgegeben, die seit langen Jahren in der Gruppendynamik praktiziert werden; es drängt sich dann der Eindruck auf, daß, wenn dies Gestalttherapie sei, man selbst offenbar seit zehn Jahren Gestalttherapie betreibe, ohne es bisher gewußt zu haben.

8. Theoretische Fundierung

8.1 Gruppendynamik und psychologische Theorien

Die Theorie-Entwicklung ist im Bereich der Angewandten Gruppendynamik in all den Jahren eigenartig unterentwickelt

geblieben, will heißen: Sie hat, soweit das aus den Publikationen ablesbar ist, weder Qualität noch Kontinuität gefunden. In allen Teildisziplinen der Psychologie ist es ja üblich, daß mindestens zwei große Gruppen von Theorien Berücksichtigung finden: (1) Rahmentheorien, die die gesamte Teildisziplin abbilden und häufig auch auf andere Teildisziplinen ausstrahlen, und (2) spezifische Theorien innerhalb des Faches, die allerdings häufig eher Hypothesencharakter haben. Beide Theoriearten führen in der Angewandten Gruppendynamik ein Kümmerdasein.
Um zu belegen, daß der Anspruch besser fundierter Theorie-Entwicklung keineswegs überhöht ist, werde ich im folgenden den diesbezüglichen Stand der Gruppendynamik mit dem anderer psychologischer Teildisziplinen vergleichen. Als Rahmentheorie der menschlichen Entwicklung bietet sich u. a. das psychoanalytische Phasenmodell an. Ein Beispiel für eine *spezifische* entwicklungspsychologische *Theorie:* Zur Frage, ob ältere Menschen nach dem Rückzug aus dem Arbeitsleben grundsätzlich eine verringerte Teilhabe am gesellschaftlichen Leben erfahren oder sich neue Bereiche von Aktivität zu erschließen vermögen, haben sich zwei Standpunkte herausgebildet, die als Disengagement-Theorie beziehungsweise Aktivitäts-Theorie bezeichnet werden. Beide Theorien sind durch umfangreiche Forschungsarbeiten spezifiziert worden. Das psychoanalytische Phasenmodell kann nach kulturvergleichenden Untersuchungen keine universelle Gültigkeit mehr beanspruchen. Zur Gestaltung des Lebensabends herrscht ein Übergewicht an Belegen für die Aktivitätstheorie.
Vergleichbare Fragestellungen im Bereich der Angewandten Gruppendynamik? Reichlich! Nehmen wir z. B. als Rahmentheorie HOMANS' »Theorie der sozialen Gruppe« (»The Human Group«, 1950). Angesichts ihres generellen Anspruchs ist sie imstande, Hypothesen zu liefern, die u. a. auch für die Trainingsgruppe Gültigkeit beanspruchen müssen. Aber nun der Prüfschritt: Gibt es Untersuchungen aus Laboratorien, die gleichsam rückkoppelnd Ausschnitte aus dem HOMANSschen Konzept für diesen spezifischen Bereich verifizieren oder falsifizieren? Es gibt sie nicht. Gibt es Versuche, HOMANS' Theorie durch Zusatzannahmen für die Angewandte Gruppendynamik gültiger zu machen oder zu konkretisieren? Nein.
Auch für die beharrliche Nicht-Prüfung spezifischer Theorien in der Angewandten Gruppendynamik gibt es zahlreiche Beispiele, wenn man etwa an die wahllose Benutzung unüberprüf-

ter Prozeßmodelle der Gruppe denkt (BENNIS und SHEPHARD, 1956; MILES, 1965; BION, 1968).
Insbesondere hat Gruppendynamik keine einheitliche Theorie der Persönlichkeit. Historisch könnte man einen Rekurs auf LEWINs feldtheoretischen Ansatz erwarten. Dies geschieht aber kaum. Statt dessen herrschen psychoanalytische und andere motivationstheoretische Konzepte vor, in nicht geringem Umfang auch triebdynamische Alltagstheorien, sogenannte naive Verhaltenstheorien (LAUCKEN, 1974). Dabei ermöglicht gerade der LEWINsche Ansatz eine befriedigende Verknüpfung der Systeme Individuum, Gruppe, Institution, wie er in der Psychoanalyse (RICHTER, 1972; FÜRSTENAU, 1979) erst auf dem Wege der Extrapolation aus der Persönlichkeitstheorie geschaffen werden mußte.
Ein Grund für diese Theorie-Heterogenität mag in der heterogenen Herkunft der gruppendynamisch Tätigen liegen: Psychologen, Mediziner, Pädagogen, Soziologen, Sozialarbeiter, Theologen rezipieren die gruppendynamische Methodik, indem sie unterschiedliche Rahmentheorien einbringen und Theorieelemente der Gruppendynamik eher in den eigenen theoretischen Bezugsrahmen integrieren, als diesen zugunsten einer neuen Theorie hintanzustellen. Entsprechend fehlt eine einheitliche Anthropologie, d.h. ein Satz grundlegender Annahmen über die Person, die noch vor der Formulierung einer Persönlichkeitstheorie liegen und Wertentscheidungen darstellen. Mit anderen Worten: Mir scheint, in der Angewandten Gruppendynamik wird viel ad hoc praktiziert, gleichsam mit der Überlegung: »Schauen wir doch mal, was dabei herauskommt.« Dagegen gibt es kaum langfristig angelegte Untersuchungen zu theoriegeleiteten Fragestellungen, die dann, nach einigen Replikationen, als relativ gut gesichert angesehen und zum Bestand des gruppendynamischen Wissens gerechnet werden könnten.
Man halte dem nicht entgegen, die Angewandte Gruppendynamik sei eine so junge Wissenschaft, daß die hier erhobenen Ansprüche zu hoch seien. Die Soziometrie existiert seit über 40 Jahren, der BALES-*Recorder** immerhin seit 1950; Schemata zur Beobachtung von Gruppenfunktionen gibt es seit 1949 (DEUTSCH), wahrlich genügend Zeit, sie schrittweise zu adaptieren.
SADERs Forderung von 1972, Angewandte Gruppendynamik an

* Vgl. Anm. auf S. 133

bestehende Theorien anzubinden, wird noch immer kaum Rechnung getragen. Statt dessen greift man, wenn es an die Interpretation empirischer Ergebnisse geht, wahllos in das Theoriearsenal und stückelt Passendes aus Lerntheorie, Psychoanalyse, Feldtheorie u. a. zusammen. Wenn nichts mehr hilft, tut es auch der »Rekurs auf die Alltagserfahrung«. Auf diese Weise kommt keine Theorie zustande, sondern ein Insider-Code ungeprüfter Annahmen, gleichsam ein Theorie-Teppich aus Versatzstücken, über dessen Gültigkeit nicht Stringenz, sondern Vehemenz entscheidet.

8.2 Formulierung eigenständiger Theorien

Soweit eigene Theorien entwickelt werden, muten sie oft bescheiden an. Wenn z. B. SCHEIN und BENNIS (1965) von »unserer Lerntheorie« sprechen, so meinen sie damit eine deskriptive Stufenfolge von Ereignissen, die prinzipiell auch der Alltagsmensch finden könnte:

- Ein Dilemma oder einige nicht-bestätigende Informationen
- Einstellungsänderung gegenüber dem Lernen (Akzeptierung von Meta-Zielen)
- Entwicklung neuen Verhaltens, das neue Informationen zugänglich macht
- Erhöhtes Bewußtsein und/oder neue Nichtbestätigung
- Einstellungsänderung zu sich und anderen
- Neues Verhalten aufgrund neuer Information
- Erhöhtes Bewußtsein und/oder neue Nichtbestätigung
- Weitere Einstellungsänderung, bis das Problem gelöst ist oder sich ein Äquilibrium einstellt.

Oder wenn MILES (1965) Etappen des Problemlöse-Prozesses darstellt: 1. Bedürfnis – 2. Verhaltenssuche – 3. Erprobung – 4. Feedback – 5. Generalisierung – so geht dies kaum über die Evidenz des Alltags hinaus. Oder das sogenannte »Johari window«* von LUFT und INGHAM (LUFT, 1973) mit den Feldern: 1. Bereich der freien Aktivität – 2. Bereich des blinden Flecks

* »Johari-Fenster«: Ein in Europa sehr bekannt gewordenes Persönlichkeitsmodell der genannten Autoren, das vier Dimensionen der Beziehungen zwischen dem Selbst und den anderen aufzeigt. Es ist der Versuch einer Erklärung, wie sich das Erfahrungslernen im Sensitivity-Training, praktiziert in der Trainings-Gruppe, auswirkt. – Der Hrsg.

– 3. Bereich des Vermeidens oder Verbergens – 4. Bereich der unbekannten Aktivität.

Es ist im Grundgedanken aus SULLIVAN (1952) entnommen, verbiegt aber dessen soziologische Persönlichkeitstheorie zu einer Illustration interpersoneller Wahrnehmung, aus der auch gleich noch ideologische Setzungen und ungeprüfte Behauptungen hergeleitet werden:

(1) Das Feld »Bereich der freien Aktivität« soll auf jeden Fall und in jeder Beziehung vergrößert werden.
(2) Die Felder 2, 3 und 4 sollen entsprechend auf jeden Fall verkleinert werden.
(3) Feedback und Selbstmitteilung sind die Garanten dafür, daß das auch gelingt.

8.3 Gruppendynamik als akademische Disziplin

Gründe für diese wissenschaftliche Enge? Einer liegt mit Sicherheit in der beruflichen Zusammensetzung des Fachverbandes.

Die Sektion Gruppendynamik im DAGG setzt sich aus Vertretern unterschiedlicher Berufsfelder zusammen. Vielen fehlt, unbeschadet ihrer Handlungskompetenz, das theoretische und methodische Rüstzeug, einen fruchtbaren Dialog zwischen Praxis und Forschung einzuleiten. Dies ist natürlich ein Problem, das alle Bereiche der Angewandten Psychologie betrifft. Aber in anderen Disziplinen, z. B. der Arbeitspsychologie, der Klinischen und Pädagogischen Psychologie, gibt es rein quantitativ einen weit größeren akademischen Oberbau, der gleichzeitig Forschung und Praxis betreibt oder gezielt Mikro-Simulationen schafft, um ausgewählte theoriegeleitete Fragen zu beantworten. Demgegenüber existiert in der Bundesrepublik nur ein einziger Lehrstuhl für Gruppendynamik (LOTHAR NELLESSEN, Kassel), wahrlich eine schmale Basis für grundlegende Forschung! Die Folge ist, daß Angewandte Gruppendynamik als wissenschaftliche Disziplin noch kaum Fuß fassen konnte.

Oft wird als Entschuldigung von Trainern ins Feld geführt, die Teilnehmer wehrten sich dagegen, als Versuchskaninchen mißbraucht zu werden. Dazu ist folgendes zu sagen: Nach guter Tradition, die auf LEWIN zurückgeht, wird in der Gruppendynamik das erhobene Material den Teilnehmern später zur Verfügung gestellt, d. h. Forschung wird zumindest ansatzweise als Aktionsforschung verstanden. Ist diese Zusage ernst gemeint und wird sie eingehalten, so kann man oft eine hohe Bereitschaft zur Mitarbeit auf seiten der Teilnehmer beobachten. Viel eher stehen die Gruppenleiter selbst im Verdacht einer gewissen Forschungsfeindlichkeit. Daß diese stille Ablehnung bei gleichzeitigen rhetorischen Bekenntnissen zur Forschung von den Teilnehmern gespürt und befolgt wird, ist leicht einsehbar.

8.4 Theorie und Intervention

Theorien der Gruppe haben noch kaum Eingang in die Interventionspraxis von Gruppenleitern gefunden. Nehmen wir noch einmal HOMANS' »Theorie der sozialen Gruppe«, und denken wir uns einen Gruppenleiter, der sich ihr verschrieben hat. Es wäre nur recht und billig und auch konsequent, wenn der Gruppenleiter mit Hilfe dieser Theorie den Gruppenmitgliedern Gesetzmäßigkeiten des Gruppenlebens aus ihrem eigenen Verhalten vor Augen führte. Mit dieser Absicht beginnt er womöglich auch die Arbeit in der Gruppe. Aber nach ein paar Sitzungen drängt sich ihm plötzlich ein Bild auf, das die Situation der Gruppe präzis veranschaulicht, und er sagt: »Mir kommt es so vor, als sitze jetzt jeder in seiner Burg und verteile Prospekte seiner selbst.« Das Bild zündet, plötzlich sind alle wieder lebhaft am Gespräch beteiligt. Jeder greift das Bild von der Burg in einer anderen Facette auf, die für ihn persönlich belangvoll ist; unter der Hand verliert der Gruppenleiter seine Absicht aus den Augen: (1) zu verdeutlichen, daß Gruppenkohäsion u.a. durch wahrgenommene Attraktivität und Fehlen von Alternativen determiniert ist, und (2) zu HOMANS' Hypothesen-Konzept (vgl. 8.1) zurückzuführen oder zumindest in alltagssprachlicher Form die dort dargestellte Gesetzmäßigkeit für jeden Gruppenteilnehmer verständlich zu benennen. Statt dessen wird ein bißchen Psychoanalyse, ein bißchen Feldtheorie, ein bißchen naive Verhaltenstheorie praktiziert. Daran hat auch der neuerdings in den Ausbildungsrichtlinien geforderte Nachweis theoretischer Kenntnisse nichts zu ändern vermocht.

Leitbegriffe der Gruppendynamik sind weder operationalisiert noch validiert (empirisch abgesichert) und damit einer wissenschaftlichen Öffentlichkeit vertraut gemacht worden.
Ich will es zunächst an dem Begriff »Sensitivity« darstellen. Sensitivity meint global die Fähigkeit, eigenes und fremdes Verhalten subtil aufeinander abzustimmen (DÄUMLING, 1968), d.h. Sensibilität, Gespür, Einfühlung, Lauschen mit dem »dritten Ohr«, schnelles Erfassen, Feingefühl, Feinabstimmung in Erleben und Verhalten. Die klientzentrierte Empathie*, über die übrigens auch der Klient selbst verfügt (PAULS, 1978), erfaßt nur einen Teil dessen, was Sensitivity bedeutet. Ich versuche im folgenden, einige Aspekte eines umfassenden Sensitivity-Konzepts darzustellen.

(1) *Sensitivity ist Sensibilität für das eigene Erleben,* d.h. die Fähigkeit zum Spüren des eigenen inneren Erlebnisraumes, ein Gespür für das, was im eigenen Inneren an unterschiedlichen seelischen Regungen vor sich geht. Mir selbst wird dieser Aspekt von Sensitivity immer am deutlichsten in einem Kalauer, der das Gegenteil dieser Art Sensitivity beschreibt:
Zwei Freunde treffen sich.
Sagt der eine: »Ach, es ist alles so langweilig.«
Sagt der andere: »Geh doch ins Kino!«
Sagt der erste: »Ach, ewig diese Sex-and-crime-Filme!«
Sagt der andere: »Lies ein gutes Buch!«
Sagt der erste: »Ach, ewig diese Bestseller!«
Sagt der andere: »Geh doch ins Theater!«
Sagt der erste: »Ach, immer diese modernen Stücke, die kein Mensch versteht!«
Sagt der andere: »Dann geh doch mal in dich!«
Sagt der erste: »War ich schon. Ist auch nichts los!«
Von mangelnder Sensitivity ist zu sprechen, wenn jemand mit zitternder Stimme und Schweiß auf der Stirn behauptet, er sei ganz ruhig und auch daran glaubt. Zur Sensitivity gehört auch die Fähigkeit, den Wechsel in den eigenen Gefühlen wahrzunehmen.

(2) *Sensitivity ist das Gespür für die eigene Wirkung auf andere*

* »Einfühlung« – FENGLER verweist darauf, daß der Begriff »Empathie« »in der Gegenwart vom klientzentrierten Ansatz (ROGERS) gepachtet« sei. – Der Hrsg.

Personen. Feedback ist deshalb eine so persönlich berührende Sache, weil es uns Auskunft gibt über die Wirkung, die wir auf andere haben, ohne es auch nur zu ahnen:
Nach der mündlichen Prüfung sagt z.B. ein Kandidat zu mir: »Sie haben mich ja ganz schön im Zick-Zack getrieben«, während ich der Meinung war, wir hätten eine amüsante, intelligente Diskussion geführt.
Sensitivity dieser Art bedeutet also, abschätzen zu können, welche Gefühle und Verhaltensweisen das eigene Verhalten beim anderen auslöst. Dabei genügt es nicht, einmal einem Feedback zu lauschen und dann zu wissen: »Aha, ich wirke lässig, mächtig usw.« Sensitivity ist vielmehr die stets gegenwärtige Wachheit gegenüber der Wirkung auf jeweils andere Bezugspersonen oder die gleichen in unterschiedlichen Kontexten.

(3) *Sensitivity bedeutet Einfühlung in fremdseelisches Geschehen* und entspricht hier dem Begriff der Empathie.* Die Vielzahl der Reize, die der andere darbietet – Inhalt und Form der Sprache, Gestik, Mimik, Körpersprache –, werden simultan aufgenommen, und aus den Einzeldaten formt sich ein Bild von seinem augenblicklichen Zustand in emotionaler, kognitiver und verhaltensbezogener Hinsicht. Das Gegenteil von dieser Art Sensitivity, also das Nichtverstandenwerden, ruft beim Leidtragenden Enttäuschung und Entmutigung hervor. Er sagt dann: »X hat gar nicht verstanden, wie es in mir aussah und worum es mir ging.« Sensitivity dieser Art wird im klientzentrierten Ansatz z.B. in der *Variablen Verbalisierung emotionaler Erlebnisinhalte* geübt.

(4) *Sensitivity ist auch ein Gespür für die Art und Weise, wie jemand auf einen Dritten wirkt.* Bei allen Interaktionskonflikten in der Gruppe muß der Trainer den Standpunkt des einen und den des anderen, vor allem aber die gegenseitige Wahrnehmung der Betroffenen verstehen, einschließlich ihrer projektiven Anteile. Hier gilt es für den, der Sensitivity realisieren will, drei Datenquellen zu berücksichtigen:
a) die eigenen subjektiven Anteile der Wahrnehmung
b) das Verhalten der einen Person einschließlich seiner Wirkung auf mich und den Partner
c) das Verhalten der anderen Person und seine Wirkung auf mich und den Partner.

* Siehe Anm. S. 150.

(5) *Sensitivity ist die Fähigkeit zur instrumentenfreien Diagnostik von Gruppenstrukturen und Gruppenprozessen.* Hier geht es darum, das, was in der Gruppe geschieht, und die Art, wie es geschieht, zu erfassen und zu benennen, z.B. Führungsstruktur und Rollenverteilung, Kommunikation und ihre Störungen usw.

(6) *Sensitivity ist auch das Gespür dafür, wie die Gruppe auf einzelne Gruppenmitglieder und auf den weiteren Fortgang ihrer eigenen Entwicklung einwirkt.* Eine bedrückte Gruppenstimmung vermag z.B. nicht-bedrückte Mitglieder anzustecken. Anfängliche Passivität oder Aktivität der Gruppe sind häufig stilprägend für den ganzen Verlauf des Laboratoriums.

Der Zweck dieser Ausführung? Zu demonstrieren, daß konzeptuelle Schärfe der Leitbegriffe durchaus möglich, für Forschung und wissenschaftliche Kommunikation erforderlich und offenbar auch zu bewerkstelligen ist. Sie besteht noch kaum.

Ein zweites, kürzeres Beispiel: Die Begriffe der Institution und Organisation werden in der Gruppendynamik in sehr vielfältigen Bedeutungen verwandt. Das ist im Prinzip kein Fehler, wenn dabei in einem Laboratorium gleichsam per Gruppenleistung die vielfältigen Facetten der Phänomene Institution und Organisation zum Ausdruck gebracht werden. Fatal und oft ermüdend ist es aber dann, wenn das Laboratorium selbst, in dem man gerade arbeitet, als Institution, Organisation, System, Gesamtsystem, gesellschaftliches Subsystem, Struktur, Hierarchie, Paradigma, Gruppensupersystem u.a. bezeichnet wird, wobei jeder der Begriffe andere Implikationen enthält, die unterschiedliche Interventionen nahelegen. Entsprechend diesem Verwirrspiel wird das Laboratorium dann als Abbild gesellschaftlicher Verhältnisse, institutioneller Herkunftsbedingungen der Teilnehmer, als Abbild der Staffgruppe u.a. verstanden; die Folge ist ein heilloses Spekulieren. Neuere Arbeiten, z.B. von KIESER und KUBICEK, bleiben dabei unberücksichtigt. Notfalls würde ja auch das Vokabular der Sozialpsychologie der Gruppe ausreichen; aber der Rückgriff darauf erfolgt ebenfalls unzusammenhängend.

10. Zur Frage der Gefährdung

Die Beobachtung, daß die Teilnahme an einem gruppendynamischen Laboratorium einen intensiven Eingriff in die Biographie einer Person darzustellen vermag, hat Gruppenleiter noch kaum zur Beantwortung der weiterführenden Frage veranlaßt, unter welchen Bedingungen ein solcher Eingriff sich schädigend auswirken kann. Ich denke hier an das gelegentliche Auftreten psychotischer Reaktionen. Rein quantitativ ist der Punkt kaum der Erwähnung wert.* Ich bin auch nicht der Meinung, daß psychotische Reaktionen in Laboratorien entstehen, sondern eher, daß sie hier gelegentlich ausgelöst werden. Immerhin scheint es mir notwendig, über die spezifischen Bedingungen der Auslösung in Laboratorien nachzudenken.

In einer Podiumsdiskussion haben ULLRICH RÜGER und ich 1978 übereinstimmend festgestellt, daß im Bereich psychischer Phänomene nur solche Verfahren als wirksam gelten können, denen auch die Potenz zur Schädigung der Person innewohnt. Worin nun liegt die Gefahrenquelle bei der Teilnahme an gruppendynamischen Laboratorien? YALOM und LIEBERMAN (1973) haben eine empirische Antwort versucht: In zehn von ihnen untersuchten Gruppenformen (Gruppendynamik, Gestalt, Encounter, Bioenergetic usw.) traten psychotische Reaktionen unter den Teilnehmern mit 1,5prozentiger Häufigkeit auf.** Wiederholt lag dem eine Konstellation zugrunde, in der ein abhängiges Mitglied mit idealisierenden Vorstellungen gegenüber Verfahren und Gruppenleiter auf einen Leiter stieß, der in charismatischer, heilverkündender Weise diesen Erwartungen entgegenkam.

Ausschlaggebend für das Auftreten psychotischer Reaktionen sind augenscheinlich nicht Persönlichkeitsmerkmale, die im übrigen durch Persönlichkeits-Fragebögen nicht hinlänglich erfaßt werden und im Falle, daß die Zulassung zu einer Gruppe vom Ergebnis abhängt, leicht gefälscht werden können.

* Vgl. zur Frage der Häufigkeit psychotischer Reaktionen den Aufsatz von BORNEMAN in diesem Band, insbesondere S. 101. Die unterschiedliche Beurteilung von Untersuchungsergebnissen zeigt, wie sehr eine solche Interpretation abhängig ist von den jeweiligen Voraussetzungen (Theorie, Handlungsansatz, Erfahrungsfeld, Einstellung etc.) beim Beurteiler, und welcher Art von Beweisführung die Bewertung der Ergebnisse dient. – Der Hrsg.

** BORNEMAN erwähnt ebenfalls die 1969 von YALOM und LIEBERMAN im Auftrag der American Psychiatric Association geleitete Untersuchung (vgl. S. 102ff.). Es zeigt sich, wie groß der Spielraum von Interpretationen ist. – Der Hrsg.

Aber auch die Gruppenleiter-Gruppenmitglied-Hypothese erscheint mir unzulänglich. Charismatische Heilsbringer treten auch im Alltag auf und finden ihre Jünger, ohne daß dies psychotische Reaktionen zur Folge hat. Vielmehr scheint mir das setting dadurch charakterisierbar zu sein, daß es nachgerade dazu einlädt, solche irrationalen Beziehungen einzugehen, und daß eine im Alltag eintretende Selbstkorrektur (»Moment mal, was mache ich da jetzt eigentlich?«) und Distanzierung *nicht* erfolgt. Auch dieses Gebiet ist noch nicht erforscht. Kein Wunder, daß die Ausbildungskandidaten sich immer wieder ein Fortbildungsseminar mit dem diskreten Titel »Krisenintervention« wünschen.

11. Kommunizierbarkeit von Gruppendynamik

Die Kommunizierbarkeit von Erfahrungen aus gruppendynamischen Laboratorien ist nach wie vor gering. Dieser Mangel betrifft drei Adressatenkreise: (1) Fachleute aus verwandten Disziplinen: Klinische Psychologie, Sozialpsychologie, Soziologie, Pädagogik, Psychiatrie; (2) Fachleute aus entfernteren Gebieten: Vertreter der psychologischen Grundlagenfächer, Methodiker, experimentelle Psychologen; (3) Laien.
Zu (1): Unter Fachkollegen, die der Gruppendynamik keineswegs skeptisch oder feindselig gegenüberstehen, gibt es vielfältige Mißverständnisse gegenüber dem Gegenstand.
Dazu zwei Beispiele: Eine Internistin und Psychotherapeutin meldet sich zu einem Laboratorium an. Drei Tage nach Beginn des Trainings und nachdem die Trainingsgruppenarbeit schon ein Stück weit gediehen ist, nimmt sie mich nach meiner Mahlzeit beiseite und fragt: »Wann kommen denn die Sitzungen, wo jeder mal auf einer Matte liegen und *Mama, Mama!* schreien darf?« Nach meinem Hinweis, was sie da erwarte, sei nicht Gruppendynamik, stellt sich heraus, daß sie von ihrem Vorgesetzten, dem Klinikchef, gleichsam als Späherin zu dem Laboratorium geschickt wurde, um das nur vom Hörensagen bekannte und als etwas anrüchig geltende Verfahren im Selbstversuch zu erproben.*

* Anspielung auf die *Urschrei*-Theorie von ARTHUR JANOV (»Der Urschrei – Ein neuer Weg der Psychotherapie«, deutsch: Frankfurt am Main 1973). – Der Hrsg.

Eine andere Kollegin kündigt für einen Kongreß ein Seminar mit dem Titel *Zeichnen aus dem Unbewußten* an und vermerkt in der Kurzbeschreibung ausdrücklich: *Das Seminar ist nicht gruppendynamisch angelegt.* Ich frage sie nach der Bedeutung des Hinweises, und sie erklärt: »Letztes Jahr habe ich die Teilnehmer selbst aus dem Unbewußten zeichnen lassen. Da ist in den Zeichnungen dieser gestandenen Psychotherapeuten so viel Krankes, Verrücktes und Bizarres zum Ausdruck gekommen, daß ich mich entschlossen habe, in diesem Jahr nur Dias von Zeichnungen meiner Patienten vorzuführen.« Ich entferne mich mit Grausen: Gruppendynamik wäre demnach die Technik, Krankes, Verrücktes und Bizarres zu evozieren.
Zu (2): Die Kommunikation zwischen Gruppenleitern und Kollegen aus den psychologischen Grundlagenfächern krankt nach wie vor an der geringen Auskunftsfähigkeit und -bereitschaft der Trainer. Auf Anfragen, die keineswegs allesamt spöttisch und gehässig sind, folgen unzulängliche Antworten, was Theorie, Methodik und Ergebnisse angeht. Dabei rekurriert Gruppendynamik auf Theorien, die von Praktikern *und* Wissenschaftlern akzeptiert und zu Rate gezogen werden (LEWIN, 1963; FESTINGER, 1957; HOMANS, 1950; MILLS, 1969). Es gibt Untersuchungen über Dimensionen der Intervention (LOMRANZ et al., 1973; EDDING, 1977) und über Parameter der Veränderung und Nichtveränderung (CAMPBELL und DUNNETTE, 1968; FENGLER, 1975). In Gesprächen bleiben solche Angaben auf seiten der Befragten häufig seltsam blaß und dünnmilchig; man flüchtet in Globalformulierungen (»Kooperation lernen«; »sensibler werden«), die im Wortlaut aus LEWINs Programmatik von 1947 (deutsch: 1978) stammen könnten. Nur: Für LEWIN war dies vor über drei Jahrzehnten Neuland, ein Terrain, das erst in Umrissen abgesteckt werden mußte. Heute liegen die Ergebnisse von dreißig Jahren Wissenschaft am Gegenstand Gruppendynamik vor.
Besonders fatal wirkt sich diese Kommunikationsunfähigkeit mit Kollegen da aus, wo der – nur phantasierte – Angriffsspieß umgedreht (»Kommen Sie mal zu mir in die Gruppe, da werden Sie erfahren, was Gruppendynamik ist«, oder: »Die Herren Kollegen aus der Abteilung Sozialpsychologie wagen es wohl nicht, sich einem wirklichen Gruppenprozeß auszusetzen«) und die subjektive Beweisnot zur Beweistugend umgemünzt wird. Es ist dann kein Wunder, daß Kollegen auf Wünsche nach zusätzlichen Lehraufträgen, Räumen, Block-

zeiten in Universitäts-Instituten verhärmt reagieren und dem Verfahren geringen Wert beimessen.

Zu (3): Teilnehmer an gruppendynamischen Laboratorien können Angehörigen und Berufskollegen nur schwer vermitteln, was sie im Verlauf des Laboratoriums getan haben. Äußerungen wie »Es war unglaublich«, »Wir haben ständig Beziehungen geklärt« oder »Da waren irrsinnige Konflikte«, oder auch »Ja, was eigentlich? Wir haben den ganzen Tag in verschiedenen Gruppen gesessen und geredet« sind wenig geeignet, den Außenstehenden von der Rationalität und Effizienz des Verfahrens zu überzeugen. Sehr viel häufiger entsteht der Eindruck, es habe eine Art Psycho-Dauerberieselung stattgefunden, die den Teilnehmer nach seiner Rückkehr veranlaßt, die Flöhe husten zu hören, aus Belanglosigkeiten eine Prinzipienfrage zu machen (»Sag nicht: *Das ist blöd,* sondern sag: *Ich finde das blöd!*«) und sich in seiner bisherigen Umgebung nicht mehr zurechtzufinden. Auch da, wo die Kommunikation in Partnerschaft und Beruf sich nach einer Laboratoriumsteilnahme verbessert, bleibt häufig unklar, wie der Wandel in Gesinnungs- und Kommunikationsstil des Betreffenden zustande gekommen ist. Fünfzehn Jahre Überlegungen zur Back-Home-Problematik haben hier offenbar nicht zu einer Verbesserung der entsprechenden Interventionen geführt.

Gruppendynamik wird in Zukunft daran gemessen werden, wie ihre bisherigen Unzulänglichkeiten wenn nicht behoben, so doch zumindest sichtbar und glaubhaft angegangen werden.

WALTER GIERE

Der Trainer und die Macht*

Ideologiekritische Anmerkungen zum Verständnis und zur Reichweite gruppendynamischer Lernprozesse

1. Ausgangssituation

Es gibt heute kaum eine Stadt in der Bundesrepublik, in der nicht von irgendeiner Organisation oder einem Institut gruppendynamische Seminare angeboten werden.
Desgleichen ist das Angebot an einschlägigen Büchern nach wie vor sehr groß, und wir können davon ausgehen, daß eine Großzahl derjenigen Menschen, die in Bildungs- oder Pflegeberufen tätig sind, mit gruppendynamischen Lernverfahren in der einen oder anderen Form, sei es durch Teilnahme an entsprechenden Seminaren, sei es durch Lektüre, sei es durch Informationen aus zweiter Hand, in Berührung gekommen sind.
Die programmatischen Leitbegriffe der meisten Veranstaltungen sind Selbsterfahrung, Selbstverwirklichung, Persönlichkeitsentwicklung, kreative Kommunikation, lebendiges Lernen. Kennzeichnende Benennungen sind: Bioenergetik. Marathon, Gestalttherapie, Encounter, Sensitivitytraining, themenzentrierte Interaktion, Aggressions-Laboratorium, Psychodrama.
Der Anspruch, der sich hinter der gesamten Begrifflichkeit verbirgt, ist ein sehr hoher. Die beschädigte Menschlichkeit in den hochindustrialisierten Staaten soll gerettet werden, der kultur- und gesellschaftskritische Aspekt ist unübersehbar:

* Der Begriff Trainer als Bezeichnung einer teilweise professionellen Tätigkeit ist an sich im Sport zu Hause. Gleichwohl hat er sich im Bereich gruppendynamischer Seminare eingebürgert, obwohl immer wieder Anstrengungen unternommen werden, ihn zu ersetzen (z.B. durch Leiter, Moderator, Animateur, facilitator u.ä.m.).
Ich halte an diesem Begriff fest, nicht nur, weil er eingebürgert ist, sondern weil er die Tätigkeit zureichend realistisch beschreibt und nicht verschleiert. Im übrigen verwende ich ihn nicht geschlechtsexklusiv. – W. G.

Gegen die Zwänge des bürokratisierten, manipulierten, schablonisierten Alltagslebens soll die wahre Menschlichkeit erhalten oder wiedergewonnen werden, Masken und Fassaden sollen beseitigt und die authentische Persönlichkeit zu ihrem Recht und ihrer Entfaltung kommen.
Die therapeutischen Konnotationen und Implikationen all dieser Veranstaltungen liegen auf der Hand; die Nachfrage nach solchen Veranstaltungen steht in Beziehung zu dem Leidensdruck, den die Gesellschaft den Individuen auferlegt. Dieser Leidensdruck äußert sich, bedingt durch unterschiedliche berufliche Situationen und individuell-lebensgeschichtliche Konstellationen, in mannigfaltiger Weise und unterliegt darüber hinaus generellen gesellschaftlichen Wandlungen.[1]
So diffus und vielfältig die Teilnehmer-Erwartungen an gruppendynamische Seminare sich darstellen mögen: gemeinsam ist ihnen das Moment existentieller Bedeutsamkeit.
Das meint die Bereitschaft der Teilnehmer, sich – bewußt oder vorbewußt – auch mit den affektiv-emotionalen Anteilen ihrer Person von Lernprozessen affizieren zu lassen, sich Aufklärung zu verschaffen über die Beschaffenheit und Wirkung ihrer Person im Kontext ihres Verhaltens und ihrer Einstellungen, um letztlich Aufschuß zu gewinnen über angemessene, die eigene Person mit einbeziehende Änderungsperspektiven.
Dieser personbezogene Lernprozeß impliziert die Fragen: Wer bin ich? Was kann ich? Was kann ich anders machen? Welches sind meine Grenzen?
Adressaten dieser Lerninteressen sind in aller Regel Trainer; das sind diejenigen Personen, die gegen Honorar, aufgebracht in den meisten Fällen von den Teilnehmern, Richtung und Umfang der Lernprozesse bestimmen und dabei unterschiedliche Methoden anwenden.
Die Trainer bestimmen Richtung und Umfang der gruppendynamischen Lernprozesse: Diese Formulierung enthält eine generelle, objektivierende Feststellung. Sie verweist nämlich auf die Tatsache, daß Trainer Macht haben. Der Begriff Macht hat hierbei zwei Dimensionen. Er bezeichnet 1. das Vorhandensein einer hervorgehobenen oder herausragenden Position als Bedingung der Möglichkeit zu 2. einem Handeln, das mit seinen offenen oder geheimen Intentionen eine hohe Durchsetzungswahrscheinlichkeit hat.
Während in vielen Bereichen der sozialen Realität die Durchsetzung positionsbezogenen Machthandelns mit Hilfe direkter

oder angedrohter Verwendung bestimmter Sanktionsmaßnahmen sich abspielt, korrespondiert dem Trainerhandeln in gruppendynamischen Seminaren viel eher eine ausgeprägte Folgebereitschaft der Teilnehmer.
Sie reicht von der ganz normalen Anerkennung eines Wissens- und Erfahrungsvorsprungs bis hin zur bedingungslosen Unterwerfung unter einen fremden Willen. Machtposition des Trainers und Folgebereitschaft des Teilnehmers sind zentrale Daten der Interaktionsstruktur eines gruppendynamischen Seminars, deren konkrete Ausprägung mit davon abhängt, in welch unterschiedlichen Formen Wünsche, Hoffnungen, Erwartungen auf die Figur des Trainers projiziert werden.
Dabei kann es sich um Übertragungen[2] handeln, resultierend sowohl aus dem besonderen Merkmal des gruppendynamischen Lernprozesses: Selbstreflexion als zunächst ganz ungewohnter Aufgabe und Fehlen eines klar definierten Sachthemas, als auch aus der lebensgeschichtlich-existentiell bedeutsamen Disposition von Teilnehmerinteressen. Diese Übertragungen kreuzen sich mit den Erwartungen, Wünschen, Phantasien und Übertragungen des Trainers, schlagen sich in einem entsprechenden Verhalten nieder und lösen ihrerseits Gegenübertragungen auf beiden Seiten aus.
Im Kontext eines gruppendynamischen Seminars entsteht relativ rasch ein dichtes Geflecht solcher gleichsam unterirdischen Beziehungen, die dem realen Geschehen ihre Bedeutsamkeit, Kontur und Richtung verleihen. Die Aufhellung und Aufklärung dieses die Interaktionen bestimmenden Geflechts ist die eigentliche Arbeit in einem gruppendynamischen Seminar. Aufklärung in diesem Sinne ist direkt abhängig vom Trainerverhalten.
Das Verhältnis zwischen Trainer und Teilnehmergruppe ist in seiner Struktur sehr komplex. Weder ist die Macht des Trainers in herkömmlichen gruppendynamischen Seminaren grenzenlos, noch ist die Folgebereitschaft der Teilnehmer bedingungslos. Bei näherem Hinsehen haben sich die gegenseitigen Erwartungen, Hoffnungen und Übertragungen zu einem Vertragsverhältnis verdichtet, innerhalb dessen die Teilnehmer gegen die Entrichtung von Geld ein Anrecht auf bestmögliche Betreuung und Bedienung erwerben, ein Anrecht auf Hilfe und Sicherheit.
Der Trainer als Vertragspartner hat diesen Lernzuwachs, diesen Zugewinn an Sicherheit zu garantieren; er muß zumindest insoweit den Erwartungen, den bezahlten Ansprüchen der

Teilnehmer nachkommen und dafür sorgen, daß Zufriedenheit und Wohlbefinden der Teilnehmer sich deutlich dominierend einstellen.
Die Abhängigkeit des Trainers von dem Urteil der Teilnehmer erfährt in den normalen gruppendynamischen Veranstaltungen eine spezifische Erweiterung: Er ist nämlich auch abhängig vom Urteil der Kollegen und vom Urteil der Institution, mit der er den eigentlichen Geschäftsvertrag abgeschlossen hat. Alle Momente zusammengenommen konstituieren den Marktwert eines Trainers und bezeichnen recht genau die Präsenz gesellschaftlich sanktionierter Verwertungsmechanismen.
Die Analogie zu einem Warenhaus, in dem alles verkauft wird, was die Kunden wünschen, und gleichzeitig den Kunden auch Wünsche verkauft werden, ist naheliegend. Der Zusatz allerdings, daß entgegen der landläufigen Behauptung der Kunde keineswegs der König ist, ist wichtig, weil ansonsten die Realität der Machtverteilung verschleiert wird.
Das Verhältnis von Trainer und Teilnehmer stellt sich als komplementär dar: Ohne zureichende Beachtung des Erwartungshorizontes von Teilnehmern kann ein Trainer nicht arbeiten, gleichwohl liegt die Ausleuchtung und Veränderung dieses Erwartungshorizontes in der Zuständigkeit des Trainers. Mit anderen Worten: Es liegt in der Macht des Trainers, ob eine solche Veränderung nur bedeutet, daß vertraute Dinge wiederentdeckt beziehungsweise aufpoliert werden, oder ob neue Horizonte, neue Sichtweisen entdeckt werden; ob falsches Bewußtsein verklärt oder radikal in Frage gestellt wird.

2. *Vom Umgang mit Macht*

2.1 Vorbemerkung

Ich möchte im folgenden versuchen, in typisierender Beschreibung bestimmte Aspekte, bestimmte Spielarten des Umgangs mit Trainermacht vorzustellen und zu analysieren.
Dieses Verfahren hat den Vorzug der Anschaulichkeit, der Exemplifizierung. Bei der Schilderung der einzelnen »Fälle« stütze und beziehe ich mich auf eigene Erfahrungen, schrift-

liche wie mündliche Berichte über verschiedene Veranstaltungen, sowie auf Diskussionen mit Freunden und Mitarbeitern.

2.2 Der gütige Trainer, der alles versteht

In der ersten Gruppensitzung eines gruppendynamischen Seminars für Lehrer wird darüber diskutiert, aus welchen Gründen und Erwartungen die einzelnen Teilnehmer sich in dieser Gruppe zusammengefunden haben. Dabei kommen vereinzelt auch schon die Wünsche an den Trainer zur Sprache.

Man wolle sich von ihm verstanden und akzeptiert wissen, man wolle zu ihm Vertrauen haben können, und er möge allen behilflich sein. Im übrigen meinen einige Teilnehmer, sie hätten sich von Anfang an zu diesem Trainer hingezogen gefühlt, weil er im Unterschied zu seinen zwei Kollegen im Eröffnungsplenum des Seminars so freundlich gewirkt habe. Der Trainer seinerseits erläutert daraufhin kurz seine Vorstellungen von der Arbeit mit der Gruppe: Er sagt, es komme ihm besonders darauf an, den Teilnehmern dazu zu verhelfen, einander besser zuzuhören und die anderen besser verstehen zu lernen.

Jeder einzelne habe zwar seine Eigenheiten, nichtsdestoweniger gäbe es für jeden ein Recht auf personale Akzeptanz. Den anderen in seinem Anderssein zu akzeptieren, sei die grundlegende Voraussetzung für gemeinsames Handeln. Es ginge ihm also um die Verbesserung der kommunikativen Kompetenz: genauer hinsehen, genauer hinhören lernen, sich offener verhalten, authentisch werden, die hemmenden Masken ablegen.

Das ist ein sehr schönes Lernprogramm, und alle fühlen sich richtig geborgen. Dankbarkeit und Zufriedenheit überall. Als im Verlauf der nächsten Sitzungen Spannungen zwischen einzelnen Gruppenmitgliedern entstehen, ist es immer wieder der Trainer, der diese Spannungen und Aggressionen benennt und sie als etwas darstellt, das überwunden werden muß. Nur besseres Verstehen könne hier helfen, und so fordert er in einer Sitzung die beiden Hauptakteure dazu auf, sich jeweils in die Person des anderen hineinzuversetzen und als dieser andere zu sprechen. Daraufhin schreit einer der beiden den Trainer an: »Jetzt reicht's mir. Du bläst hier dauernd die

Friedensschalmei und salbaderst herum und versuchst, mir wegen meiner Wut auf den da ein schlechtes Gewissen zu machen. Ich würde dir am liebsten eins auf die Schnauze hauen.«
Die Gruppe saß wie versteinert. Nach einer längeren Pause sagte der Trainer sehr ruhig und mit etwas Traurigkeit in der Stimme: »Ich kann dich sehr gut verstehen, aber du brauchst wirklich keine Angst zu haben, daß ich dich jetzt nicht mehr akzeptiere.« Ergriffenheit breitete sich aus in der Runde, zwei Gruppenmitglieder kämpften mit den Tränen, und der Wütende fing an sich zu schämen.
Als sich dann zwei andere aus der Gruppe ihm zuwandten und ihm versicherten, sie wollten ihm wirklich helfen, und eine Frau sich neben ihn setzte und ihn mit ihrer Hand berührte, da war es um seinen Protest geschehen: Er ließ sich bemitleiden, streicheln und pflegen.
Fortan herrschten in der Gruppe die leisen Töne, jeder nahm auf den anderen Rücksicht, jeder war Pfleger und Patient zugleich, der Trainer liebte alle und wurde von allen geliebt.

Was hat in diesem Fall der Trainer mit seiner Macht bewirkt? Das Gruppenverhalten ist in seinem inhaltlichen Aspekt gekennzeichnet von der Überzeugung, daß alle Schwierigkeiten, Probleme und Konflikte des Alltagslebens auf Mißverständnissen beruhen, auf der Unfähigkeit der Menschen, den anderen als prinzipiell Gleichberechtigten zu akzeptieren, ihm zuzuhören, ihn zu seinem Recht kommen zu lassen.
Was hat sich nun auf der Beziehungsebene innerhalb der Gruppe abgespielt? Die Unsicherheit und Ängstlichkeit der Teilnehmer zu Beginn des Seminars bündelte sich in die Erwartung, im Trainer jemanden zu finden, der für alles Verständnis hat, dem man sich mitteilen kann, der einem hilft.
Versagungserlebnisse aus der frühen Kindheit, aber auch aus der aktuellen Gegenwart verdichten sich zu der Projektionsfigur des guten, verständigen Vaters und der hilfreich-tröstenden Mutter. Das Gruppengeschehen erhält ein familiäres Beziehungsmuster: der Vater, die Mutter, die Geschwister als konstante invariable Rollenbesetzung. Der Aufstand gegen den Vater allerdings bricht in sich zusammen; der Psycho-Logik entspricht keine Entwicklungs-Logik. Die Abhängigkeit der Gruppe vom Trainer bleibt erhalten und stabilisiert sich auf dem Niveau eines sonntäglichen Familientreffens.

Der Trainer registriert sehr wohl die familiär getönten Beziehungswünsche, läßt sich jedoch, seinen unbewußt-vorbewußten Strebungen folgend, in das Familienspiel einbeziehen. Seine Angst vor Ablehnung, vor Liebesentzug und sein Bemühen, die Gruppe zusammenzuhalten, den Teilnehmern ein schönes Erlebnis zu vermitteln, lassen ihn mitagieren.
Im Einklang mit seinen humanistischen Harmonievorstellungen verwischen sich die Konturen von Person und Rolle des Trainers. Seine Beziehungswünsche, seine Übertragungen und Gegenübertragungen bleiben unaufgeklärt; rollenspezifische Distanz, analytische Schärfe und konfliktbereite Widerständigkeit liegen außerhalb seiner Verhaltensmöglichkeiten.
Er richtet sich ein in der Familienidylle und liefert als allseits akzeptierte Autorität die normierenden Maßstäbe für das Gruppenverhalten: allen wohl und niemand weh.

2.3 Der Trainer als Detektiv für therapeutische Fälle

In der ersten Gruppensitzung eines gruppendynamischen Seminars herrscht bei den Teilnehmern Ratlosigkeit. Ihre von Unsicherheit geprägten Fragen an den Trainer, was denn nun eigentlich geschehen solle, werden von diesem nicht beantwortet. Er bedeutet ihnen vielmehr, sich mit ihrer Ängstlichkeit zu beschäftigen und dem nachzuspüren, was ihre Ängste ihnen ausmachen.
Wütende Proteste einzelner gleiten an der verweigernden Fassade des Trainers ab. Es entsteht eine starke Spannung, die bei einigen Teilnehmern zu scherzhaften Albereien führt, sich aber bei zwei Teilnehmern bis zum Gefühl der Unerträglichkeit steigert. Auch in der nächsten Sitzung verbleibt der Trainer in seiner unnahbaren Haltung: Enttäuschung und Wut der Teilnehmer lassen ihn kalt, ein Teilnehmer vergleicht die Situation der Gruppe mit der einer U-Boot-Besatzung, die unter Wasser eingeschlossen ist und einen Kommandeur hat, der sich weigert, die ängstigende Drucksituation zu beendigen, die Lukendeckel vielmehr fest geschlossen hält.
Der Trainer sagt daraufhin: »Fangt an zu arbeiten!« Die Gruppe ist sprachlos. Nach längerem Schweigen schlägt ein Teilnehmer vor, man könne sich ja mal etwas mehr miteinander bekannt machen, indem man reihum von seiner beruflichen Situation erzähle.

Mühsam entwickelt sich ein Gespräch, das ziemlich bald zu einer Pflichtübung wird. Die Spannung, nämlich der Konflikt zwischen der Gruppe und dem Trainer, ist nicht beseitigt. In der folgenden Sitzung kommt es zur Eskalation: Eine Teilnehmerin wirft sich dramatisch vor den Trainer auf die Knie und bittet unter Tränen, ihr und der Gruppe zu helfen. Jetzt macht sich die aufgestaute Erregung Luft, es herrscht ein wildes Durcheinander, einige Teilnehmer schreien die Frau an, von Erniedrigung und Unterwürfigkeit ist die Rede, nach einiger Zeit erst wird es leiser. Dann sagt der Trainer zu der Frau: »Du hast wohl früher nicht allzuviel Zuwendung bekommen.« Die Teilnehmerin fühlt sich verstanden, die übrigen Gruppenmitglieder sind leicht beschämt. In der abendlichen Freizeit sieht man den Trainer und die Teilnehmerin in ein sehr intensives Gespräch vertieft, und am nächsten Morgen erzählt die Frau, daß ihr der Trainer sehr geholfen habe.

Leise Traurigkeit überkommt die anderen Gruppenmitglieder. Der Trainer verhält sich jetzt direkter und fordernder. Er spricht davon, daß man die eigenen Gefühle herauslassen solle, auch und gerade die Wünsche nach Wärme und Nähe. Einem Teilnehmer zugewandt bemerkt er sodann, daß dieser ihm besonders hart gepanzert erscheine, so wie er dasitze und wie er rede, und ob es da nicht doch etwas gäbe in ihm, was gerne heraus möchte.

Alle schauen den Teilnehmer an, dieser ist ziemlich betroffen und erzählt dann stockend und zögernd von seinem tiefen Mißtrauen gegenüber anderen Menschen, von seiner Angst, abgelehnt zu werden und von seinen schlechten Erfahrungen. In kürzester Zeit ritualisiert sich das Gruppengeschehen: »Befreiende« Bekenntnisse erfolgen reihum, bis auch der letzte »bedient« ist.

Ein Ritual ist es insofern, als nach jeder Selbstoffenbarung eine Tröstung stattfindet: Trainer und Gruppe versichern dem Betreffenden Verständnis, ihre Aufmerksamkeit und Zuwendung. Darüber hinaus läßt es sich der Trainer angelegen sein, mit jedem Protagonisten vertiefende Gespräche im Freizeitbereich zu führen.

In den anschließenden Gruppensitzungen hat der Trainer stets das letzte Wort, seine Interpretationen und deutenden Fragestellungen erscheinen als das letztlich Gültige. Dies um so mehr, als mittlerweile drei Teilnehmer gläubige Jünger des Meisters geworden sind, sein Verhalten und seine Person rückhaltlos bewundern. Das zeigt sich deutlich, als ein Teilnehmer sagt, er könne mit den Interventionen des Trainers nichts anfangen, sie bedeuteten ihm nichts. Als daraufhin der Trainer diesen Teilnehmer und die Gruppe auffordert, diese Widerständigkeit zu bearbeiten, findet er nachdrücklich Unterstützung bei den erwähnten drei Jüngern, die den »renitenten« Teilnehmer als verstockt, ungläubig und letztlich asozial beschimpfen. Als Außenseiter abgestempelt und zum therapeutischen Fall erklärt, resigniert er schließlich.

Was sich hier abgespielt hat, ist die Instrumentalisierung einer ganzen Gruppe. Die anfänglich ambivalente Beziehungsstruktur zwischen Teilnehmern und Trainer ist von diesem zugerichtet worden zu einer eindimensionalen Gefolgschaftsbeziehung. In der gruppenpsychologischen Literatur wird fast durchgängig das Moment der Regression als notwendiger Bestandteil von Gruppenentwicklung beschrieben; Regression verstanden als Suchbewegung nach Sicherheit, als Rückzug auf Verhaltensdispositionen, deren Grundmuster früheren Entwicklungsstufen entlehnt sind. Die schockartige Verunsicherung der Teilnehmer in der Anfangssituation wiederbelebt Erinnerungsspuren zum Teil aus der frühen Kindheit, reproduziert problematische, der Verdrängung anheimgefallene Erfahrungen in Form von Übertragungen. Dies geschieht naturgemäß in unterschiedlicher Stärke bei den einzelnen Teilnehmern, kennzeichnet jedoch nichtsdestoweniger die Situation als explizit therapeutische.

Übertragungen nämlich, vorwiegend und in dieser Gruppe zentral auf den Trainer gerichtet, signalisieren lebensgeschichtlich-biographische Konflikte, sind Hinweise auf unabgeschlossene, schlecht verarbeitete Situationen im Kontext von Primärgruppen und beinhalten das Moment des Widerstandes. »Regression im Dienste des Ich« oder »nachholende Ich-Entwicklung« sind therapeutische Schlüsselbegriffe, die zugleich die Richtung der weiteren Arbeit andeuten: Stärkung beziehungsweise Weiterentwicklung der autonomen Ich-Funktionen.

Es liegt auf der Hand, daß die angemessene Bearbeitung solcher psychischen Formationen eine professionelle therapeutisch-analytische Kompetenz des Trainers voraussetzt, vor allem im reflektierten Umgang mit seinen Gegenübertragungen. Der oben geschilderte Trainer erzeugt geradezu planmäßig eine Gruppenregression, die stark ritualisierte Züge aufweist. In der zwanghaften Selbstisolierung, in der permanenten Konfrontation der Teilnehmer mit sich selbst wird der

Trainer zum Maß aller Dinge, letzter Halt und magischer Erlöser. Er hat Macht über die Gruppe, und zwar unumschränkte. Jeder Widerspruch gegen seine Interpretationen und Interventionen wird als Widerstand gedeutet, der betreffende Teilnehmer erhält den Angeklagtenstatus.
Die Zugehörigkeit zur Gruppe definiert sich über die Beziehung zum Trainer; als Alternative verbleibt dem protestierenden Teilnehmer nur der Abbruch des Seminars oder die Unterwerfung, und das ist bei näherem Hinsehen eine Scheinalternative. Die Unterwerfung zudem vollzieht sich in aller Regel nach dem Muster der Identifikation mit dem Aggressor und ist ihrerseits wiederum eine spezifische Form der Abwehr. Die nicht weiterbearbeitete Unterwerfung stellt die Abhängigkeit der Teilnehmer vom Trainer auf Dauer und erhöht diesen zur charismatisch aufgeladenen Figur.
Diese Beziehungsstruktur enthält eine teuflische Versuchung: Die Omnipotenz-Phantasien der Teilnehmer in Richtung Trainer werden von diesem erwidert. Er hat Macht über Menschen, er wird gefürchtet und bewundert, er ist unangreifbar. In diesem Kontext können sich beim Trainer unbewußte, möglicherweise narzißtisch-sadistische Strebungen breit entfalten; seine Schwierigkeiten, persönliche Beziehungen zu anderen aufzunehmen (es sei denn, er macht sie zu therapeutischen Fällen), finden eine glänzende, quasi professionelle Kaschierung.
Diesen defizitären persönlichen Anteil im Gruppengeschehen zu erkennen, verhindert die Theorielosigkeit seines Tuns. Der platte Glaube nämlich an die kathartische Wirkung von Selbstoffenbarung und dramatischen Gefühlsinszenierungen läßt unter der Hand die in den täglichen Trainerbesprechungen geschilderten Dekompensations-Erscheinungen von Teilnehmern zu Erfolgsmeldungen und zu einem Kriterium für Trainerqualifikation werden.
Diese pervertierte Form eines verantwortlichen therapeutischen Handelns erweist sich für übergreifende und transzendierende Sinnfragen als undurchlässig. Das bloße Faktum eines Gefühlsausbruchs zählt mehr als die geduldige Untersuchung seines Bedeutungsgehalts und seiner Entstehungsbedingungen. Damit wird die konkrete Artikulation subjektiver Befindlichkeit als das Wahre und Authentische prädikatisiert, wohingegen doch erst der Rückbezug auf das Abstrakt-Theoretische eine Unterscheidung von wahr und falsch ermöglicht. Theorielosigkeit bewirkt charismatische Aufladung, der

Verlust kritischer Maßstäbe drückt Trainerverhalten und Gruppengeschehen den Stempel der Je-Beliebigkeit und damit der Willkür auf. Erlaubt ist alles, was ein tiefes und schönes Erlebnis bringt, nach dem Motto: Ich fühle, also bin ich.
Der Umgang des Trainers mit seiner Macht ist kurzgeschlossen an die persönlichen Eigenheiten des Trainers. Seine Macht ist kritikfest und unangreifbar; er kann sie benutzen, wie er es für richtig hält. Die Reduktion menschlich-gesellschaftlicher Verhältnisse zu therapeutischen Situationen im Kontext einer Gruppe ist nur *eine* Spielart theorielosen Trainerverhaltens, das dennoch – oder vielleicht gerade deswegen – ein ausgeprägt gutes Gewissen besitzt.

2.4 Der Trainer als Arrangeur und Moderator von Spielen

Am »einfachsten« macht es sich jener Trainer, der seiner Gruppe eine Art Beschäftigungstherapie verordnet, indem er sogenannte Spiele veranstaltet. In der Regel handelt es sich um szenische Arrangements mit klarer Aufgabenstellung und Zielsetzung.
Diese Spiele finden sich in zahlreichen einschlägigen Publikationen; sie sind für die unterschiedlichsten Zielgruppen entwickelt oder weiterentwickelt worden und beinhalten ein Training bestimmter gewünschter Verhaltensweisen.
Die Spiele sind größtenteils recht spannend und lassen teilweise die Zeit wie im Fluge vergehen. Sie eignen sich vorzüglich zur Beschäftigung der Teilnehmer, sie kräuseln auf angenehmerregende Weise die Oberfläche. Das allein ist vielerorts für ihre Verwendung schon zureichend: Der Trainer hat ein Instrument, die Klienten bei Laune zu halten, sie etwas tun zu lassen.
Entscheidend für die weite Verbreitung solcher gruppendynamischen Spiele ist allerdings ein anderer Umstand: der behavioristisch eingekleidete Anspruch, menschliche und gesellschaftliche Realität zum Positiven hin zu verändern.
An dieser Stelle interessiert nur die Bedeutung der »Spiele« für die Beziehungsstruktur zwischen Trainer und Gruppe; nicht die Verwendung von Spielen überhaupt ist Gegenstand der kritischen Reflexion, sondern ihr Ersatzcharakter: Die simple Aneinanderreihung von Spielen konstituiert eine Beziehung, die in ihrer Struktur und Dynamik den Reduktio-

nen des Alltagshandelns entspricht. Ein Trainer, der sich als Moderator von bestimmten Spielen versteht, ist nicht die Figur, an der sich Ängste und Widerstände der Teilnehmer festmachen und bearbeiten lassen. Und Teilnehmer, die das didaktische Vehikel von Spielen als einziges Fortbewegungsmittel akzeptieren, haben recht bescheidene Lernintentionen: partielle Modifizierung und Erhellung verschiedener Verhaltensdispositionen, aber keine radikale Aufklärung und Veränderung. Ihr Interesse ist ein handwerklich-pragmatisches. Dieser Anspruchslosigkeit korrespondiert das Trainerverhalten, und es wäre nichts dagegen einzuwenden, wenn nicht – wie oben schon angedeutet – das artikulierte Selbstverständnis eines solchen Spieltechnologen diese realistische Beschränktheit im Hinblick auf die persönlichen und methodischen Grenzen in aller Regel vermissen ließe.

Für beide Seiten, Trainer wie Gruppenteilnehmer, haben die Spiele nämlich eine angstreduzierende Wirkung. Lähmendes Schweigen, stumme Vorwürfe und massiver Protest lassen sich kanalisieren durch ein entsprechendes Spielarrangement, ja teilweise überhaupt erst einer Bearbeitung zugänglich machen. Die Absolvierung gruppendynamischer Spiele als Merkmal einer Dauerstruktur jedoch hat nurmehr besänftigende, zudeckende Funktion. Weder wird der Trainer in die Lage versetzt, seine Ängste gegenüber den Teilnehmern klar zu erkennen, noch erhalten die Teilnehmer eine Möglichkeit, Konflikte und Widersprüche bis auf ihren realen Kern zu erhellen. Die Spiele verselbständigen sich also zu Vehikeln von Abwehr.

Was wird abgewehrt? Vor allem die Angst des Trainers vor Ablehnung durch die Gruppe, weil in der einen oder anderen Situation Schwächen des Trainers zutage treten könnten; ebenso unterliegen Angstreaktionen des Trainers z. B. im Gefolge direkter Konfrontationen zwischen Teilnehmern oder zwischen Teilnehmern und dem Trainer sowie die Angst vor der Reproduktion früher Einsamkeitserlebnisse der Abwehr. Mit diesen Strebungen angemessen umzugehen, sie bearbeiten zu können, wird erschwert durch die Verhaltenserwartungen und Rollenzuschreibungen seitens der Gruppenmitglieder und seitens der Trainerkollegen.

Die Gruppe erwartet vom Trainer Souveränität und professionelle Kompetenz, das alles mehr oder weniger stark durchmischt mit individualtherapeutischen Erwartungen. Die Ambivalenz dieser Erwartungsstruktur ist offenkundig. Auf

der einen Seite steht ein verführerisches Angebot, auf der anderen eine belastende Hypothek.
Es ist verführerisch, sich auf das diesen Erwartungen zugrundeliegende Beziehungsangebot einzulassen, die verschiedenen Positionen und Rollen komplementär zu gestalten und innerhalb dieses Beziehungsangebotes sich zu verhalten. Damit jedoch ist gleichzeitig die Begrenzung, die Hypothek gesetzt. Die volle Übernahme der Teilnehmererwartungen – bewußt oder unbewußt – veranlaßt den Trainer, sich abzusichern, keinen »Fehler« zu machen, denn dann hätten die Teilnehmer Grund zur Klage. Er darf die Teilnehmer nicht enttäuschen, weil sie ihm ja so viel Vertrauen entgegenbringen. Teilnehmer werden dann nicht enttäuscht, wenn der Trainer einen vorsichtigen Mittelkurs steuert und dabei seine Verantwortlichkeit für das Gruppengeschehen an eine Außeninstanz delegiert. Diese Außeninstanz repräsentieren die Spielkonzepte.
Die Angst vor Ablehnung bezieht sich auch auf die Trainerkollegen: »Wenn in meiner Gruppe etwas schiefläuft, was werden dann die anderen sagen? Möglicherweise würde ich nicht mehr engagiert werden. Am sichersten ist es, wenn ich mich auf kein Risiko einlasse und auf bewährte Spielvorlagen zurückgreife.« So ähnlich könnte ein innerer Monolog bei einem spieltechnologisch orientierten Trainer ablaufen. Die Abhängigkeit gerade eines Neulings im Geschäft vom Urteil der erfahrenen Kollegen und das Moment der Konkurrenz sollten nicht unterschätzt werden. Von daher gesehen sind die geschilderten Sicherheitsüberlegungen erklärlich und als Merkmale eines Durchgangsstadiums verständlich. Wenn allerdings aus der Not eine Dauertugend gemacht wird, wenn Begrenztheit zum marktgängigen Programm erhoben wird, dann ist der kritische Einwand berechtigt, daß ein solcher Trainer seine Macht, seine Möglichkeiten nur zur Errichtung einer Wechselstube für Kleingeld benutzt hat, seinen Kunden jedoch erzählt, sie könnten sich dafür die Welt kaufen.

2.5 Zur Legitimation von Trainerhandeln

Trainer sind Lehrer. Sie wollen andere Menschen zu etwas befähigen, von dem sie glauben, daß es sinnvoll und hilfreich wäre. Sie vertreten einen Anspruch und besitzen darüber hinaus ein Privileg. Sie haben es nämlich im Unterschied zum Normallehrer mit »Schülern« zu tun, die freiwillig zu ihnen

kommen und in den meisten Fällen dafür noch etwas bezahlen.
Trainer werden recht unterschiedlich in Anspruch genommen und verhalten sich recht verschieden. Sie sind Vater und Mutter, älterer Bruder und ältere Schwester, Onkel und Tante; sie nehmen die Beichte ab und erteilen Absolution, sie sind Heilige und Zuchtmeister, sie wirken als Katalysatoren und leisten aktive Hebammendienste, sie sind unnahbar-distanziert und freundlich-kumpelhaft.
Das, was sie vor allem miteinander verbindet, was ihrem Tun eine Legitimation verschafft, ist die Nachfrage nach ihren Dienstleistungen, so unterschiedlich diese in ihren Angeboten und Auswirkungen auch sein mögen. Innerhalb eines Marktgeschehens entwickeln sich Strömungen und Tendenzen; nach einem »Artikel« wird stärker gefragt als nach einem anderen, es entstehen Modetrends – aber bei alledem gilt: Was sich verkaufen läßt, ist legitim.
Diese Marktlogik ist durchschlagend in dem Sinne, daß der Verkäufer sich nach den Wünschen der Käufer zu richten hat. Die Käuferwünsche wiederum sind nichts Genuines, sondern ein Vermitteltes. Sie entspringen dem Kontext von persönlicher Sozialisation und beruflicher Umwelt; kurz, sie repräsentieren immer schon Gesellschaft in ihrer subjektiv-individuellen Fassung. Käuferwünsche sind erkennbar, vorwegbestimmbar und beeinflußbar. Innerhalb eines Bedürfnishorizonts, dessen Gerichtetheit angegeben werden kann, kommt den Momenten von Präsentation, Werbung und Verkaufsplanung beim Absatz der Ware erhebliche Bedeutung zu.
Das zuvor skizzierte Trainerverhalten, der unterschiedliche Umgang mit der Macht, erscheint auf den ersten Blick als Ausdruck von Freiheit. Der erste Trainer bietet die Ware Toleranz an, der zweite »verkauft« Führung und Gefolgschaft und der dritte Gesellschaftsspiele. Während jedoch jeder Verkäufer im Warenhaus, von Ausnahmen abgesehen, sich über den Warencharakter seines Angebots, die Relativität von Preisgestaltung und qualitativer Beschaffenheit im klaren ist und seine Person in Distanz zum jeweiligen Verkaufsschlager zu halten vermag, investiert der Trainer erheblich mehr: Er identifiziert sich mit dem, was er tut, er glaubt an sein Produkt. Tendenziell unterliegt er dabei einer doppelten Täuschung: Zum einen verdrängt er die Einsicht in eine bewährte Verkaufsstrategie, wonach eine Ware um so attraktiver und wertvoller *erscheint*, je mehr der Verkäufer mit seiner gesam-

ten Person dahintersteht, zum anderen ist ihm die Sicht versperrt auf die bestimmende Funktion seiner persönlichen Anteile und Eigenheiten in der Rolle des Trainers.
So einfach es wäre, sein Tun und Lassen aus dem Mechanismus des freien Marktes zu legitimieren – wie es jeder Kaufmann tut –, so schwierig, ja prinzipiell unmöglich stellt sich dies im Bereich des Psychomarktes dar. Gerade weil es sich – vom Anspruch her – um die Humanisierung alltäglich erfahrener Unmenschlichkeit handelt, muß dieses Unternehmen sich anders begründen als aus dem Verwertungszusammenhang des »normalen« Marktgeschehens. Die Ware Menschlichkeit darf nicht als Ware erkennbar sein.
Diese zirkuläre Verblendung macht die Suche nach der Legitimation von Trainerhandeln einerseits so schwierig, andererseits so spannend. Schwierig, weil die Akzeptanz der Marktlogik sich verbietet, spannend, weil die Suche nach moralisch-ethischen Begründungen in einer schillernd bunten Formenvielfalt ihren Niederschlag gefunden hat.

3. Das Dilemma der Humanistischen Psychologie

Die programmatischen Ankündigungen gruppendynamischer Seminarveranstaltungen und das hierin aufscheinende Selbstverständnis der jeweiligen Trainer enthalten bei aller methodischen Vielfalt – der Bogen spannt sich vom klassischen Sensitivity-Training über Gestalttherapie, Psychodrama, Bioenergetik bis hin zur Primärtherapie und den Verheißungen fernöstlicher Gurus – gemeinsame Elemente. In ihrer teils polemischen Absetzung von der FREUDschen Psychoanalyse beziehen sich die Nachfolger von KURT LEWIN und therapeutisch orientierte Denker wie FRITZ PERLS, ABRAHAM MASLOW, GORDON ALLPORT, RUTH COHN und CARL ROGERS auf eine existentialistische Tradition innerhalb der Psychologie. Die Sammelbezeichnung »Humanistische Psychologie«[3] bezeichnet eine dritte Kraft zwischen Psychoanalyse und Behaviorismus.
Weil sich das Trainerverhalten in den am weitesten verbreiteten Veranstaltungsformen implizit und explizit auf die Denkmuster der Humanistischen Psychologie zurückführen läßt, möchte ich im folgenden deren Hauptaspekte vorstellen und beleuchten. Entscheidend für den zur Debatte stehenden

Zusammenhang: die Untersuchung von Reichweite und Wirkung der Trainermacht ist dabei das Gesellschaftsbild, das Sinnverständnis menschlicher Existenz.

Im Unterschied zum FREUDschen Pessimismus, seiner Skepsis gegenüber der Autonomie des Subjekts, verstehen sich die Wortführer der Humanistischen Psychologie als Fürsprecher des gesunden Menschenverstandes.

Die Psychologie des Unbewußten, die Erforschung der Tiefenschichten des Subjekts durch FREUD haben beunruhigend deutlich werden lassen, in welch starkem Maße das Individuum von Kräften außerhalb und unterhalb seines Bewußtseins bestimmt ist. Die bürgerlich-idealistische Vorstellung vom Individuum als Träger autonomer Privatheit ist von FREUD zerstört worden. Die negative Dialektik des FREUDschen Denkens, das Unpersönliche, das Intellektuelle und Materialistische der Psychoanalyse werden als Lebensfeindlichkeit ausgelegt; von ADLER bis ROGERS zieht sich die Linie der Revision FREUDscher Negativität. Zwar ist auch hier sehr viel die Rede von den negativen Seiten der modernen Industriegesellschaft: der unpersönlichen Bürokratisierung, Entfremdung, den Ungerechtigkeiten, doch es handelt sich offenbar vorwiegend um leicht zu behebende Konstruktionsfehler.

Denn der Mensch ist im Grunde genommen gut; die Möglichkeiten, die seine Umwelt ihm bietet, sind sehr vielfältig; so bedürfe es eigentlich nur gezielter Anstrengungen, um das menschliche Individuum zur vollen Nutzung seiner Talente und zum Zustand des Glücks zu bringen. ROGERS glaubt, »daß die intensive Gruppenerfahrung dem Individuum oft Gelegenheit bietet, in sein Innerstes zu blicken und die Einsamkeit seines wahren Selbst zu erkennen, das hinter seiner Alltagsfassade oder hinter dem Schutz seiner Rolle existiert«.[4]

Dieses Zitat enthält einige Schlüsselbegriffe der Humanistischen Psychologie, ihres Selbst- und Weltverständnisses. Es ist verführerisch simpel: Der im Prinzip unzerstörbare Kern des Individuums, die authentische Person, ist in der vollständigen Entfaltung behindert durch die Strenge des Alltags, die dem einzelnen ein Fassadenverhalten, eine maskierende Rolle auferlegt.

Dieses mechanistische Bild lokalisiert die Gesellschaft als bloß externen Faktor, der das Subjekt eben nur rein äußerlich tangieren könne. Rollen sind dementsprechend etwas Äußeres, Symptome von Entfremdung, die wiederum mittels Gruppenerfahrungen beseitigt werden können. Diese Reduktion auf das menschliche Individuum, diese fast schon trotzig anmutende Behauptung des autonomen Subjekts macht es dem einzelnen geradezu zur Pflicht, sein wahres Selbst, die authentische Person zu finden, sich selbst zu verwirklichen, und überall Menschlichkeit zu verbreiten. Das alles liegt in der Reichweite des einzelnen, sofern er sich bestimmten Exerzitien im Kontext von Gruppen öffnet.

Wie anders dagegen FREUD, der eine begrenzte Reichweite seiner Therapie von vornherein unterstellt: »Ich habe wiederholt von meinen Kranken, wenn ich ihnen Hilfe oder Erleichterung durch eine kathartische Kur versprach, den Einwand hören müssen: Sie sagen ja selbst, daß mein Leiden wahrscheinlich mit meinen Verhältnissen und Schicksalen zusammenhängt: daran können Sie ja nichts ändern; auf welche Weise wollen Sie mir denn helfen? Darauf habe ich antworten können: – Ich zweifle ja nicht, daß es dem Schicksale leichter fallen müsse als mir, Ihr Leiden zu beheben: aber Sie werden sich überzeugen, daß viel damit gewonnen ist, wenn es uns gelingt, Ihr hysterisches Elend in gemeines Unglück zu verwandeln.«[5]

Während FREUD also daran festhält, daß auch die gelingende Therapie das Moment der Unterdrückung, der Anpassung enthält, das Subjekt demnach immer schon gesellschaftlich vermittelt ist und die Veränderung der gesellschaftlichen Realität politisches Handeln impliziert und außerhalb der Reichweite von individuumszentrierter Therapie liegt, löst der eindimensionale Humanismus eines ROGERS diesen Widerspruchszusammenhang auf, indem er suggeriert, die Veränderung schlechter Realität hänge primär vom Wollen des einzelnen ab.

Idealistischer Existentialismus und optimistischer Fortschrittsglaube verbinden sich zu einer Lebensphilosophie, die all denen trefflich zupaß kommt, die tagtäglich, mindestens sonntäglich, damit zu tun haben, die unmenschlichen und krankmachenden Gesellschaftsformationen zu erklären. Sie haben jetzt eine tröstende Botschaft zur Hand: die Realität sei zwar schlimm, aber mit einiger Mühe könne man ihr auch positive Seiten abgewinnen; man müsse nur genau hinschauen und das Positive wollen. Das ist der ins Alltagspragmatische gewendete »gesunde Menschenverstand« und erinnert lebhaft an die vielerorts in Städten gemachten Anstrengungen, schäbige Häuser mittels einer freundlichen Fassadenbemalung zu ästhetischen Pluspunkten mit der Wirkung eines Sedativums zu machen.

Die Grundaussagen der Humanistischen Psychologie enthalten explizit oder implizit einen trotzig-heroischen Anspruch auf die unbeschädigte Existenz des Individuums. Die emphatische Beschäftigung mit Subjektivität signalisiert gleichzeitig die Angst vor dem Verlust, vor der Vernichtung des Subjekts durch die sich immer weiter entwickelnde Industriegesellschaft. Der Moloch Gesellschaft überrollt das Individuum. Der aufkommenden Angst jedoch kann abgeholfen werden, denn es gibt diesen unzerstörbaren Kern, diese positive Grundsubstanz in jedem, sie muß nur zur Entwicklung kommen. Das Festhalten an der Subjektivität, an der vorrangigen Werthaftigkeit des Individuums fällt um so leichter, als es jedem freisteht, zu seiner konkreten Existenz ja zu sagen.

Das Ja zur eigenen Existenz erlernt sich in der Bejahung des Hier-und-Jetzt einer Gruppe, im Akzeptieren des eigenen Selbst und der anderen in der Gruppe, und es mündet in die Akzeptanz einer Gesellschaft, die »an sich« materielle Güter im Überfluß bereitstellt. Das einzige, was dabei vielleicht zu kurz kommt, ist die moralisch-geistig-ethische Zurüstung der Menschen. Das wiederum kann nachgeholt werden. Durch alle Schriften der Vertreter einer Humanistischen Psychologie zieht sich dieser unbändige Optimismus, der dem Subjekt in der Gesellschaft großartige Chancen zuschreibt, sofern es sich ganz auf seine ihm innewohnenden Potenzen konzentriert. Die Bejahung individueller Subjektivität enthält die Aufforderung an den einzelnen, sich selbst für das Wichtigste im Leben zu halten.

Die Identifizierung mit dem eigenen Selbst ist ein moralischer Imperativ mit gewichtigen Implikationen. Die Aufwertung der Subjektivität gelingt nur um den Preis einer Verleugnung der Realität objektiver gesellschaftlich-historischer Strukturen. Die Freiheit des Subjekts, die Einzigartigkeit der individuellen Existenz bezieht sich zum einen auf den Bereich des inneren Bewußtseins, zum anderen auf die Interaktionsbezüge einer Gruppe, die sich aus der Arbeitswelt des Alltags ausgrenzt. Postuliert ist also Subjektivität, die die Niederschläge des Objektiven beiseite schiebt und Freiheit gewinnt als dezisionistische Je-Beliebigkeit einerseits und resignierende Affirmation andererseits; Subjektivität als Freiheit, das objektive Elend der Subjektivität in einer kapitalistischen Gesellschaft

positiv zu etikettieren und damit das eigene Elend halluzinatorisch aufzulösen.
Dem Begriff der Subjektivität innerhalb der Humanistischen Psychologie liegt das den Abwehrformen zuzurechnende Muster der Identifikation mit dem Aggressor zugrunde. Das bedeutet, daß die emphatische Betonung des Subjekts ein Reflex ist auf die äußerste Bedrohung eben dieses Subjekts; bedroht wird das bürgerliche Subjekt – oder besser gesagt: die bürgerliche Vorstellung von Autonomie und Individualität. Das schon in dieser normativen Denkfigur enthaltene falsche Bewußtsein potenziert sich durch den idealistischen Kraftakt der Humanistischen Psychologie: Subjektivität wird parzelliert und in Reservate abgedrängt; das alles begleitet von der Versicherung, das Reich der Freiheit sei angebrochen. Das Bewußtsein von Entfremdung löst sich gleichsam magisch auf; die Ich-Funktion der Realitätstüchtigkeit, auch und gerade vermittelt durch die Einsicht in die Notwendigkeit, erfährt ihre Perversion in der gläubigen Affirmation. Die Reduktion von Subjektivität auf die narzißtische Dauerreflexion der eigenen Befindlichkeit vollzieht sich im Kontext einer Gruppe, die ihrerseits ein Kunstgebilde darstellt.
Die durch Zeremonienmeister und Exerzitien stimulierte Sensibilität bleibt introspektiv, einem Scheinwerfer vergleichbar, der nur das Innere eines Raumes ausleuchtet. Haltgebende, handlungsleitende Orientierung erwächst aus dieser Binnenschau nicht mehr, die erkenntnisstrukturierenden Koordinaten von Raum und Zeit verschwinden. Was bleibt, ist eine Subjektivität, der jede Radikalität fehlt; eine spielerische Heiterkeit, wie sie sich bei dem selbstvergessenen Spielen der Kinder im Sandkasten häufig einstellt. Nicht nur wird der modus deficiens dieser Art von Subjektivität nicht erkannt, sie wird vielmehr mit dem »Jargon der Eigentlichkeit« aufgeladen.
Authentizität, Selbstwerdung, Person, Wert sind die adelnden Begriffszuschreibungen. In zahlreichen Darstellungen der Humanistischen Psychologie macht die emphatische Behauptung von Subjektivität aus ihr einen kunstgewerblichen Gegenstand, dessen gesellschaftlicher Gebrauchswert darin besteht, die Ketten und Fesseln mit Blümchen zu verzieren. Diese Reduktion von Subjektivität ist gleichzeitig ihre Entsubjektivierung. Zurückgeworfen auf bloße Introspektion bezeichnet der Begriff Mensch nur noch Oberfläche.
Das Subjektive erweitert sich zum Menschlichen, zum distanz- und konturenlosen Zentralbegriff des Alltagsbewußtseins.[6]

Die schneidende Schärfe z.B. des Klassenbegriffs gerät der »neuen Menschlichkeit« zur bloßen Reminiszenz an primitive, überwundene Zustände. Die lebensgeschichtlich bedeutsamen, dem einzelnen erst Kontur verleihenden Engramme* der Gesellschaft, die Spuren und Narben von Privilegiertheit und Ungerechtigkeit, werden zu Zufallseigenschaften erklärt, die in jedem Fall marginal bleiben und das eigentlich Menschliche, das Authentische und Verbindende nicht tangieren.
Hier walten die Kategorien des persönlichen Schicksals und der persönlichen Verantwortlichkeit. Unsicherheit, Gewalt und Angst werden entweder zu Grundtatbeständen menschlicher Existenz erklärt oder den moralisch-kulturellen Tugendpotentialen des einzelnen überantwortet, seinem Mut, seiner Disziplin, seinem Selbstvertrauen, seiner Stärke und Bescheidenheit. Die Subjektivität büßt ihren objektiven Gehalt ein, sie wird zur »reinen Subjektivität«; das Subjekt verliert damit die Unterscheidungskriterien für Schein und Realität. Solchermaßen falsche Subjektivität muß sich trotz aller wohltönenden Verlautbarungen mit Tröstungen zufriedengeben, mit Appellen und Psychokosmetik.
Darin liegt indes ein gesellschaftlich durchaus wichtiger Sinn: Tröstung der Trostlosen, Beruhigung der Unruhigen und Stärkung der Schwachen. Die sozialtherapeutische Bedeutung gruppendynamischer Veranstaltungen ist evident; die Resultate legitimieren die Formen der Therapie, und es ist positiv zu werten, wenn Gruppendynamik zum Weiterleben oder sogar zum Überleben von Menschen beiträgt. Auch als gesellschaftliche Form von Therapie ist Gruppendynamik – wie jede Therapie – beschränkt durch die Grenzen der Gesellschaft, sie ist Bestandteil der Gesellschaft.
Veränderung im fundamentalen Sinne, also Beseitigung gesellschaftlicher Gewaltstrukturen, liegt außerhalb der Reichweite der Humanistischen Psychologie. Denn objektive Realität als Eigenständig-Widerständiges, als dialektischer Widerpart und Bedingung von Subjektivität ist nicht mehr vorhanden; statt dessen falsches Bewußtsein, Ideologie also mit Tröstungs- und Ablenkungsfunktion. Indem nämlich gesellschaftliche Strukturen, Konflikte und Entwicklungen als psychologische Modi von Kommunikation dechiffriert werden, verflüchtigt sich Gesellschaft zu einer Partnerschaft von Menschen guten Willens, zu einem Kommunikationsclub.

* Gedächtnisspuren, Erinnerungsbilder. – Der Hrsg.

Es ist denn auch nicht weiter verwunderlich, wenn vorgeschlagen wird, die Probleme der Welt durch den »kontrollierten Dialog« der Mächtigen (so z.B. C. ROGERS)[7] oder andere Kommunikationsübungen zu lösen. Diese Überschreitung der Grenzen von Gruppendynamik ist das eigentlich Ärgerliche, denn diese Form des Selbstbetrugs verstellt den Blick für die realen Bedingungen der Möglichkeiten von gesellschaftlicher Veränderung, indem sie den Unterschied zwischen Kommunikation und politischem Handeln verwischt.
Die »Rettung« der Subjektivität durch ihre Reduktion folgt der prozessualen Logik des Vergessens. Das vermeintlich Fernerliegende: das Konflikthafte, Widersprüchliche und Gewalttätige gesellschaftlicher Realität fällt dem Vergessen anheim, die historisch-gesellschaftliche Dimension des Subjekts wird amputiert und die Vermitteltheit menschlicher Existenz löst sich auf. Was bleibt, ist das direkt Vorfindbare, die Konkretheit der eigenen Person und die Konkretheit des Gegenwärtigen. Diese Hinwendung zu sinnlicher Unmittelbarkeit ist der imperativischen Kategorie des Hier-und-Jetzt, der dominanten Ich-Bezogenheit und der Forderung nach Selbstverantwortlichkeit immanent. Die heuristische Fruchtbarkeit dieser analytisch durchaus bedeutsamen Perspektiven verflüchtigt sich in dem Maße, in dem sich Durchdringung und Bearbeitung der gesellschaftlichen Vermittlungsstrukturen als höchst kompliziert und mühselig erweisen. Die alltägliche Erfahrung nämlich, daß Subjektivität, Spontaneität und Kreativität nicht mehr gefragt sind, ja geradezu als Störfaktor im Gefüge kapitalistischer Verwertungsnormen erscheinen, mündet nicht ein in eine »klinische« Untersuchung dieser Unterdrückungsmechanismen, sondern in den freiwilligen Rückzug ins Reservat.
Künstliche Arrangements ermöglichen die Wiederbelebung unterdrückter oder obsolet gewordener Wunschträume. Sich direkt als Person erfahren, sich unmittelbar und unvermittelt seinen Gefühlen hingeben und diese ausdrücken können, sich ganz in der Gegenwärtigkeit des konkreten Moments verlieren dürfen, Masken, Rollen und starre Abgrenzungen aufgeben können, wieder zurückkehren können zu ungeteilter Ganzheit: Das gelingt eben nur noch in geschützten Zonen der Freizeit, in deutlicher Abgrenzung zur Alltagsrealität. Die Humanistische Psychologie adelt die hilflosen, verzweifelten Versuche derjenigen, die immer noch an das autonome Individuum glauben, indem sie die Unmittelbarkeit des Hier-und-

Jetzt und die Expressivität subjektiv-persönlicher Gefühle zum Wesen des Wahren, zum Prinzip der reinen Anschauung erklärt.

Die Suche nach Unmittelbarkeit erfolgt auf dem kurzen Weg: nicht die Untersuchung, sondern die direkte Äußerung subjektiver Gefühle, nicht mehr der inhaltliche Begründungszusammenhang, sondern die Intensität der Gefühle stehen im Mittelpunkt des Interesses. Gefühle und ihre Expressionen werden fetischisiert, Theorie und Denken als lästiger Ballast, als vermeintlicher Umweg über Bord geworfen. »Die nicht enden wollende Rede von menschlichen Beziehungen und Verhaltensweisen ist utopisch; sie unterstellt, was überholt oder noch zu verwirklichen ist: nämlich *menschliche* Beziehungen. Heute sind diese Beziehungen unmenschliche; sie haben eher etwas mit Ratten gemein als mit Menschen, mehr mit Dingen als mit Personen. Und dies liegt nicht an bösem Willen, sondern an einer unheilvollen Gesellschaft. Das zu vergessen heißt, sich der Ideologie von Sensitivitätsgruppen zu verschreiben, die eine Desensibilisierung bewirken, indem sie die menschlichen Beziehungen von den gesellschaftlichen Wurzeln, die sie zu gewalttätigen haben werden lassen, abtrennen. Mehr Empfindlichkeit bedeutet heute Revolution oder Wahnsinn.«[8]

Die polare Entgegensetzung von Denken und Fühlen ist ihrerseits ein Produkt falschen Bewußtseins. Die Aufspaltung des dialektischen Zusammenhangs bewirkt Richtungslosigkeit, Je-Beliebigkeit und blinde Wiederholung. Die schlechte Unmittelbarkeit einer fetischisierten Subjektivität resultiert aus der falschen Alternative von reiner Subjektivität und reiner Objektivität. »Der Übergang zur theorielosen Praxis wird motiviert von der objektiven Ohnmacht der Theorie und vervielfacht jene Ohnmacht durch die Isolierung und Fetischisierung des subjektiven Moments der geschichtlichen Bewegung, der Spontaneität.«[9]

Die Zerstörung des Vermittlungszusammenhangs von Theorie und Praxis, Subjekt und Objekt, Individuum und Gesellschaft bewirkt Gleichgültigkeit in doppelter Hinsicht: Gleichgültigkeit gegenüber dem Inhalt von Gesellschaft und Geschichte zugunsten einer absoluten Vorrangigkeit privatsubjektiver Existenz und Gleichgültigkeit gegenüber eben diesem subjektiven Individuum zugunsten einer fetischisierten Sachzwangstruktur von Staat und Gesellschaft. Die Stillegung der Reflexion durch den Rekurs auf pure Unmittelbarkeit schneidet nämlich Subjektivität ab von ihren tragenden Bezügen und macht sie wirkungslos; wirkungslos in Hinblick auf wirkliche Befreiung des Subjekts. Die reine Expression von Angst z.B. und deren Lokalisierung als psychische »Leistung« des verantwortlichen Individuums tangiert nicht die gesellschaftlichen Ursachen von Angst. Diese bleibt herkunftslos, zeitlos und ungerichtet. Der Rückzug auf Innerlichkeit und Unmittelbarkeit des Subjektiven läßt die objektiven Strukturen der Gesellschaft versteinern. Ihr Vergessen sichert ihre Dauerhaftigkeit.

Der Humanismus der Humanistischen Psychologie ist doppelt ideologisch. Er bezieht sich auf die Privatheit des bürgerlichen Individuums, dieser normativen Figuration des autonomen Subjekts, das glaubt, ihm stehe die Eroberung der Welt offen, ohne zu erkennen, daß jener Freiraum selbst ein begrenzter und vermittelter war und ist, nämlich Freiraum für die Zurichtung des Subjekts im Prozeß bürgerlich-kapitalistischer Entwicklung.

Die Freiheit des Individuums war immer schon die Freiheit des privilegierten Bürgers und nicht die des Arbeiters. Dieser Begriff von Freiheit enthielt von Anfang an die tendenzielle Regression auf den Bereich des privaten inneren Bewußtseins: innerer Reichtum und äußere Armut. Nichtsdestoweniger war der politisch-gesellschaftliche Gehalt des bürgerlichen Begriffs von Subjektivität in den sozialen Kämpfen des 19. und des frühen 20. Jahrhunderts immer noch präsent als real utopische Forderung nach voller Verwirklichung von Freiheit, Gleichheit, Brüderlichkeit, nach Veränderung gesellschaftlicher Realität. Die Verknüpfung und das dialektische Spannungsverhältnis von Person und Politik, von Individuum und Gesellschaft, waren für das politische Bewußtsein der Arbeiterbewegung konstitutive Momente.

Während die marxistische Orthodoxie diese dialektische Logik zerreißt und die eherne Gesetzlichkeit des Objektiven postuliert, fetischisiert die Humanistische Psychologie die Unmittelbarkeit des Subjektiven. Beide Male wird das Subjekt preisgegeben, einmal durch das luftabschnürende Gesetz eines soziologisch-positivistischen Erklärungsmusters, das andere Mal durch die totale Psychologisierung des gesellschaftlichen Geschehens. Dem Nichterkennen der Begrenztheit und des vermittelten Charakters bürgerlicher Subjektivität folgt im Gewande der Humanistischen Psychologie die Verherrlichung eben dieser Begrenztheit.

Die Hypostasierung des freien, autonomen und selbstverantwortlichen Subjekts überantwortet das Subjekt der Irrationalität und dispensiert es gleichzeitig vom mühseligen Geschäft der politischen Veränderung. Die Amputation wird zum Kunstgriff erhoben, der Kranke zum unheilbar Gesunden erklärt. Ein doppelt ideologisches Bewußtsein, das in seiner Entfremdung auch das Bewußtsein der Entfremdung vergessen hat.
Die Humanistische Psychologie ist nicht nur nicht in der Lage, die bedrohte Subjektivität zu retten, sondern macht darüber hinaus die Subjekte blind, das Objektive zu erkennen, nämlich ihr Bedrohtsein. Die Humanistische Psychologie stimmt die Opfer frohgemut und überantwortet sie damit um so mehr und um so rascher ihrem Verwertungsschicksal.

4. Abschließende Bemerkungen zur Trainermacht

Die meisten Trainer im deutschen Sprachraum beziehen sich im Verständnis ihres Tuns auf die Grundannahmen der Humanistischen Psychologie. Der fast unüberschaubaren Vielfalt an methodischen Arrangements und den zum Teil eifersüchtig abgegrenzten »Schulen«, die sich auf ihre jeweiligen Meister berufen – z. B. FRITZ PERLS, RUTH COHN, CARL R. ROGERS –, liegt der gleiche idealistische Optimismus zugrunde: die Hoffnung, abgespaltene, unterdrückte Anteile der Person wieder zu entdecken und neu zu beleben, und der Glaube, daß es trotz allem möglich sein müsse, in dieser Zeit und in dieser Gesellschaft Mensch zu werden und Mensch zu bleiben. Das durchaus vorhandene Gefühl des Bedrohtseins verleiht den programmatischen Aussagen, aber auch dem jeweiligen Trainerverhalten heroische Züge. Die Folgebereitschaft von Teilnehmern in gruppendynamischen Seminaren erweist sich, bezogen auf die Verheißung eines guten und glücklichen Daseins, als Bedingung der Möglichkeit autoritärer Herrschaft. Das »Abfüttern« von Teilnehmern mit strukturierten Spielen hat seine gesellschaftliche Entsprechung im Showbusineß. All das sind Veranstaltungen, die den Entfremdungs-Zusammenhang bürgerlicher Existenz nicht durchbrechen, sondern ihn verschleiern und ideologisch überhöhen.
Die Macht der Trainer ist bürgerliche Macht, Instrument

bürgerlicher Herrschaft. Diese Macht ist nicht emanzipativ, sondern stiftet Abhängigkeit und Blindheit. Die Ersetzung von Theorie und kritischem Denken durch gehorsame Gläubigkeit, der Verfall kritischer Mündigkeit also, ist eine Grundbedingung für das »Funktionieren« gruppendynamischer Seminare und ist ihrerseits nichts anderes als eine Entsprechung zur Ächtung kritischer Vernunft im gesellschaftlichen Gesamtzusammenhang. Diese Theorielosigkeit von Gruppendynamik macht Trainermacht unangreifbar und verleiht der Abhängigkeit Dauer. Denn wie sollte der große Toleranzprediger des ersten Fallbeispiels kritisiert werden, wenn nicht von einer Position aus, die den realen Herrschaftscharakter kapitalistisch verfaßter Gesellschaften dialektisch durchdringt und als Theorie zur Sprache bringt? Wie anders sollte das stilisierte Charisma des selbsternannten Therapeuten aus dem zweiten Fallbeispiel destruiert werden, wenn nicht durch ein reflektiertes politisches Bewußtsein? Und schließlich: Wie anders kann der Spiel- und Zeremonienmeister des dritten Fallbeispiels gebremst werden, wenn nicht von der artikulierten Erkenntnis des Ersatzcharakters von Spielen und Zeremonien in diesem Kontext?

Nun ist es schlecht utopisch anzunehmen, diese Position der Kritischen Theorie, die nicht dem großen Vergessen anheimgefallen ist, sondern festhält an der Widerständigkeit und Negativität von FREUD, ADORNO und MARCUSE, könnte von denjenigen vertreten werden, die die Klienten dieser Überlebensveranstaltungen sind. Wer also klärt darüber auf, daß es keine heile Welt gibt, daß Leiden und Beschädigungen für diese Gesellschaftsformation konstitutiv sind, daß also das individuelle Glück im Winkel unmöglich ist, daß ohne die Veränderung objektiver Strukturen der Gesellschaft durch politisches Handeln – und eben nicht durch Psychotraining – Subjektivität endgültig auf der Strecke bleibt? Die Macht dazu hätten die Trainer. Von ihnen jedoch diese Aufklärung zu erwarten, diese dialektische Anstrengung des Begriffs, hieße an Wunder glauben oder an die List der Vernunft. Nicht nur nämlich sind sie selbst Gefangene des Verblendungs-Zusammenhangs der Humanistischen Psychologie, sondern gleichzeitig auch Unternehmer, die mit diesen Krisenveranstaltungen, genannt gruppendynamische Seminare, Geld verdienen und daran interessiert sind – bewußt oder unbewußt –, ihren Marktanteil zu halten.

Der immanente Wiederholungszwang (und damit die Verwertbarkeit solcher Veranstaltungen) bleibt gebunden an den Kontext der zuvor skizzierten umfassenden Psychologisierung von Gesellschaft und Geschichte. Die Reichweite der Trainermacht ist begrenzt durch die harten Richtlinien einer Gesellschaft, für die das Subjekt ein Verwertungsgegenstand neben anderen ist.

Die Dialektik von Widerstand und Anpassung, wie sie auch und gerade in gruppendynamischen Seminaren aufscheint, emanzipatorisch aufzugreifen und realitätsbezogen in eine Handlungsorientierung zu übersetzen, die tendenziell schlechte Realität aufhebt, und die Verdoppelung schlechter Realität in Form ihrer eindimensionalen Auslegung zu vermeiden, ist nur einer Position möglich, die gekennzeichnet ist von Mut, reflektorischer Schärfe und Unabhängigkeit. Diese Position ist – zumindest idealtypisch – der kritischen Wissenschaft zuzuschreiben, die ihre Heimstätte noch in Universitäten und in einigen Bildungsinstitutionen hat, deren Rahmenbedingungen so beschaffen sind, daß ein Nachdenken über die Gesellschaft und nicht nur ein Auftragsdenken möglich bleibt.

JÜRGEN FRITZ

Kritische Gruppendynamik und Schule

Einführung

Das Begriffspaar »Gruppendynamik und Schule« weckt unterschiedliche Erwartungen. Zunächst denkt man an ein *Lernkonzept* in der Schule, das durch verschiedene Methoden und Techniken Gruppenprozesse und Interaktionsweisen von Schülern bewußt macht und neue Möglichkeiten des Verhaltens trainiert. Dieses gruppendynamische Training zielt auf soziales Lernen, auf das Bewußtmachen und Weiterentwikkeln von Einstellungen und Verhaltensweisen zwischen Schülern sowie zwischen Schülern und Lehrer.

Zum zweiten deutet »Gruppendynamik und Schule« auf einen *Forschungsgegenstand* hin. Es wird untersucht, welche Interaktionen zwischen den an der Schule Beteiligten ablaufen, welchen »Gesetzmäßigkeiten« sie gehorchen, wodurch sie bedingt und strukturiert werden.

Mit Blick auf die Lehrer ist drittens ein auf professionelle Qualifikationen abzielendes *gruppendynamisches Training für Lehrer* gemeint. Dabei geht es nicht um das Erarbeiten und Vermitteln einer wie auch immer beschaffenen »Didaktik des sozialen Lernens«, sondern um Fortbildungsveranstaltungen, die der »berufszentrierten Selbsterfahrung«, der Auseinandersetzung mit der Institution, der soziodynamischen Beratung von Lehrergruppen, der Beschäftigung mit Arbeitsproblemen in der Schule dienen, aber auch auf das Training professioneller Qualifikationen abzielen können.

Aspekte aus allen drei Bereichen sollen nachfolgend vorgestellt und diskutiert werden. Der Titel des Buches und auch dieses Beitrags enthält das Eigenschaftswort »kritisch«. Damit ist der Anspruch verbunden zu klären, warum es zu den noch zu beschreibenden Entwicklungen gekommen ist, wofür sie

Ausdruck sind, was mit ihnen verbunden ist, was sie ermöglichen und was sie verhindern, welche Alternativen denkbar und realistisch sind.

1. Möglichkeiten lernorientierter Gruppendynamik in der Schule

1.1 Interaktionen als Gegenstand gruppendynamisch orientierten Unterrichts

Im Gegensatz zum inhaltsbezogenen Fachunterricht steht nun das Verhalten der Beteiligten im Mittelpunkt: die Selbsterfahrung, das Sich-selbst-Kennenlernen in Interaktionsprozessen der Klasse. Es geht also nicht um eine theoretische Unterrichtsstunde über das Thema »Interaktion«, sondern um die in der Klasse ablaufenden Interaktionen, die Gegenstand des Lernens sind: die Selbsterfahrung wie auch die Veränderung des zwischenmenschlichen Verhaltens. Um diese experimentierende Praxis zu ermöglichen, bedarf es in der Schule einer wenigstens teilweisen Entlastung vom Ernstcharakter der schulischen Lern- und Beurteilungspraxis. Das hat dazu geführt, daß gruppendynamisch orientierter Unterricht organisatorisch und methodisch – wenn überhaupt – ein »Gettodasein« in der Schule führen muß; er wird zu einer »Spielwiese«, auf der die im üblichen Unterricht unabgegoltenen emotionalen und sozialen Bedürfnisse berücksichtigt werden dürfen. Daher beziehen sich die meisten Erfahrungsberichte und Empfehlungen auch auf randständige, vom üblichen Lernstoff »gereinigte« Bereiche schulischen Lernens.
So gibt es an Hamburger Gesamtschulen ein Tutorensystem, um den Bedürfnissen der Schüler nach intensiveren Sozialkontakten in der Gruppe entgegenzukommen und die sozial negativen Auswirkungen der Leistungsdifferenzierung zu mildern.[1] In ähnlicher Weise läßt auch die Organisation der »Reformierten gymnasialen Oberstufe« insbesondere im Eingangsbereich Kursangebote zu, die sich mit der Thematik des sozialen Lernens befassen. Gruppendynamisch orientierter Unterricht bleibt die große Ausnahme. Er findet statt, wenn ein Sozialwissenschaftler die Möglichkeiten eines solchen Unterrichts erproben läßt und dazu Beobachtungsdaten gesammelt wer-

den sollen[2] oder wenn aktuelle Krisen und Konflikte in der Klasse Schwierigkeiten bei der Durchführung des »üblichen« Unterrichts hervorrufen.[3] Vorformen gruppendynamischen Trainings treten in der Schule in Gestalt separierter Spielstunden auf.[4]

Mit dieser organisatorischen Ausgrenzung eng verbunden ist eine inhaltlich-methodische Beschränkung: Es werden zwar Methoden und Techniken der Interaktionspädagogik[5] wie Kommunikationstraining, Kooperationstraining, Rollen- und Planspiel sowie aus unterschiedlichen Bereichen stammende oder für die Schule speziell entwickelte Interaktionsspiele[6] eingesetzt, um die sozialen Lernziele zu erreichen. Eine Verbindung mit den »üblichen« schulischen Lerngegenständen wird jedoch nicht gesucht. Fachunterricht und gruppendynamisch orientiertes soziales Lernen stehen unverbunden nebeneinander. In dieser Entmischung werden schulische »Stoffe« uneigentlich, lediglich Bezugspunkte einer immer unbarmherziger werdenden Leistungsolympiade, und soziale Beziehungen beziehungslos, Zeitvertreib, bestenfalls Entspannung. Das wird dadurch noch verschärft, daß der Lehrer Gruppendynamik als Methoden- und Instrumenteninventar mißversteht, aufgrund der vielen auf den Markt geschwemmten gruppendynamischen »Kochbücher« und seiner mangelnden Erfahrung und Ausbildung vermutlich auch mißverstehen muß. Er verwendet die Spiele, Verfahren und Techniken als Mittel, um mit seiner Situation in der Klasse fertigzuwerden; er zieht sich auf die Rolle des Moderators eines Spiel- und Selbsterfahrungsszenariums zurück, ohne die Realität seiner Schüler überhaupt in den Blick nehmen zu wollen. Er verwendet das Instrumentarium, um sich seine Schüler vom Leib zu halten; er bietet ein (lediglich kurzfristig wirkendes) Unterhaltungsprogramm, statt für die Schüler relevante Lernprozesse und Aktivitäten zu initiieren.[7]

Was sind die Gründe für diese Entwicklung? Mit dem Versprechen der »Chancengerechtigkeit« auf den Lippen hat die Selektionsfunktion der Schule die alle anderen Aufgaben überragende Bedeutung erlangt. Leistungsdruck und Beurteilungszwang sind die notwendigen Folgen in einer Gesellschaft, deren Profitprinzip über zunehmende Rationalisierung und Technisierung der Arbeitsabläufe dazu führt, Arbeitskräfte überflüssig zu machen, sie »freizusetzen«. Bedingt durch diese gesellschaftlichen Tendenzen und Kräfte entwickelt sich der Lehrer in erschreckender Weise zum »Profi«, zum fachwissen-

schaftlich ausgebildeten Unterrichtstechnologen und Prüfungsbeamten – eher den gewerkschaftlichen Forderungen als einem wie auch immer geprägten berufsbezogenen Ethos verpflichtet. Professionalisierung und Spezialisierung sind Begriffe, die zunehmend auch den Lehrerberuf kennzeichnen, mit der Folge, daß die auf den Lehrer sich vereinigenden Erwartungen und Funktionen Schritt um Schritt entmischt werden. Es gibt Fachleute für Mathematik und Deutsch (und auch diese Fachleute spezialisieren sich), bis es dann schließlich auch Lehrer für Gruppendynamik geben wird, die die anderen Lehrer von Teilen ihrer Aufgaben »entlasten«. Keiner dieser »Fach«lehrer repräsentiert für die Schüler mehr den »ganzen und heilen Menschen«, das Vorbild. In ihrem »Fachspezialistentum« sind sie allenfalls Facetten, deformierte und deformierende Glassplitter, Teile eines Ganzen, das längst zersprungen ist und in denen sich die Schüler kaum mehr spiegeln können.
Indem Gruppendynamik auf in der Schule vorhandene soziale Defizite hinweist, sich ihrer annimmt und sie verwaltet, geraten sie ins öffentliche Bewußtsein; ihre gesellschaftlich und schulorganisatorisch mögliche Form verhindert jedoch zugleich, daß das in eine »Spezialistenecke« abgedrängte pädagogische Anliegen Wirkungen in der Schule entfalten kann. Dabei muß das Argument ernst genommen werden, daß eine solche Spezialisierung und organisatorische Entmischung es überhaupt erst möglich macht, daß gezieltes soziales Lernen einen Stellenwert in der Schule erhält. So gesehen kann gruppendynamisch orientierter Unterricht trotz aller Kritik eine begrenzte Bedeutung haben als Erinnerung daran, daß dem fachbezogenen Unterricht entscheidende Anteile fehlen, daß gruppendynamische Vorstellungen und Ansätze in den üblichen Unterricht einbezogen werden müßten. Erst in dem Maße, als dies geschieht, als der allgemeine Unterricht an der Schule »emotional aufgeschlossen« wird, können sich gruppendynamisch orientierter Unterricht und Fachunterricht wechselseitig befruchten: Die in gruppendynamisch orientierten Tutorengruppen, Arbeitsgemeinschaften oder Kursen erworbenen Erfahrungen und Fähigkeiten können den Fachunterricht emotional, vom Lernklima und den Beteiligungsmöglichkeiten her verbessern. Ebenso kann die inhaltliche Substanz des Fachunterrichts anregend auf den gruppendynamisch orientierten Unterricht wirken. Das setzt jedoch auf der einen Seite Interesse an inhaltlichen Problemen vor-

aus, und auf der anderen Seite erfordert es, daß der Inhalt und die Lernorganisation den sozialen Lernzielen nicht zuwiderläuft, daß etwas gelernt wird, was die Lernenden als für sie nützlich bzw. sinnvoll anerkennen.

Was ist nun aber »nützlich« und »sinnvoll«? Da ein allgemein gültiger, diese Gesellschaft umfassender und mitteilbarer Sinn nicht mehr auszumachen ist, lassen sich die Nützlichkeit und der Sinn von Inhalten zunächst nur danach beurteilen, ob und inwieweit die in Betracht kommenden »Stoffe« sich in die gebildete und balancierte Identität des jeweiligen Schülers sinnvoll einbeziehen lassen, damit er sich und die Welt besser versteht und sich in ihr zurechtfindet. Zu festen Lehrstoffen »versteinerte« Inhalte führen meist zu nutzlosem Pauken. »Subjektsensible Inhalte« verflüssigen die Erfahrungen des Lernenden, entsprechen den Anforderungen des integrierenden Ich, weil es sich in den Inhalten und ihren Bedeutungen wiederfindet. Nützliches und Sinnvolles kann also gelernt werden, wenn die Inhalte und die sie befördernden Methoden die lernende Person als Subjekt einbeziehen, d.h. auf dem aufbauen, was an Erfahrungen, Meinungen, Vorstellungen, Werten bei den Schülern vorhanden ist, und wenn die Schüler in ihrem Verhalten, ihren Bedürfnissen, ihren Neigungen berücksichtigt bleiben. Das gelingt dem Lehrer jedoch nur dann, wenn er sich mit seinen Schülern auseinandersetzt und zumindest in Ansätzen personenhafte Beziehungen zu ihnen aufnimmt.

Der Möglichkeit von Schule, angemessene Inhalte bereitzustellen, sind sehr bald enge Grenzen gesetzt: Es hängt nichts unmittelbar davon ab, ob der Schüler seine Aufgabe erfüllt, daß er etwas hinzulernt, daß er es anderen verständlich mitteilt. Er erhält dafür »nur« eine Note. Wo Ernstforderungen von Schulforderungen abgelöst werden, haben Beziehungen in der Schule nur Bestand und Wirkung, wenn sie sich personenhaft verdichten, wenn Schulforderungen subjektsensible Inhalte, Ich-Forderungen werden und damit dem nahe kommen, was früher einmal »Bildung« bedeutet haben mag. Darin liegt die Chance von Gruppendynamik, ja von Schule überhaupt. Der Lehrer an der »pädagogischen Front« wird zu Recht diesen Empfehlungen mißtrauen: spiegeln sie doch seine Realität nicht wider. Es muß auch bezweifelt werden, daß eine organisatorische Trennung von Fachunterricht und gruppendynamisch orientiertem Unterricht solche Entwicklungen begünstigt. Eher ist das Gegenteil anzunehmen: Hie pauken und Zensuren, da Zeitvertreib mit Emotionalem.

1.2 »Naturwüchsige« Gruppendynamik: Selbsterfahrung im alltäglichen Unterricht

Wenn darauf bestanden werden soll, daß in der Schule sowohl der Inhalt als auch die sozialen Prozesse des gemeinsamen Lernens miteinander verschränkt ihr Recht erhalten müssen, dann liegt es nahe, dies im Rahmen des täglichen, fachbezogenen Unterrichts zu versuchen. Verfolgt man die sozialen Lernziele getrennt, muß man sie aus ihrem sozialen Zusammenhang herausbrechen, sie von situativen Bedingungen »reinigen«, sie didaktisch »aufbereiten«. Derart »stilisiert« und zum ausdrücklichen Programm erhoben, verlieren sie an »Tiefgang« und Wirksamkeit, entwinden sie sich der Erreichbarkeit, weil nicht etwas erzwungen werden kann, was sich nur von selbst entwickelt: das lebendige Geschehen zwischen Menschen, der Schritt zum Du.

Diese Gefahr ist nicht so groß, wenn inhaltliches Anliegen und gruppendynamisch orientierte Zielvorstellungen miteinander verbunden werden. Die von RUTH COHN entwickelte »TZI« (Themenzentrierte Interaktion)[8] ist ein methodisch-didaktischer Ansatz für ein Lernen in Arbeitsgruppen, das vom Lernenden als anregender und engagierter Prozeß erlebt wird, weil er soziales Lernen und sachbezogenes Lernen miteinander verbindet. Aber läßt die »TZI« die Übertragung auf eine Schulklasse zu? Zunächst wird man in der »TZI« eine vorzügliche Methode zur Bereicherung der Gruppenarbeit und der Arbeit in der Klasse vermuten, eine gute Lösung des Problems, in der Zusammenarbeit sachliche und emotionale Gesichtspunkte miteinander zu verbinden. Aber die »TZI« setzt Schüler voraus, die gelernt haben, ihre eigenen Bedürfnisse ebenso zu respektieren wie die ihrer Mitschüler. Viele »TZI«-Regeln setzen ein Vertrauensverhältnis unter den Beteiligten voraus, das sich in einer Schulklasse nur sehr mühsam erringen läßt. Sprechdisziplin und die Einsicht in die Notwendigkeit dieser Disziplin erfordern langwierige Lernprozesse der Klasse. Die größte Schwierigkeit der Übertragung liegt darin, daß in der »TZI« Selbstbestimmungsprozesse der Beteiligten als grundsätzlich möglich und erforderlich vorausgesetzt werden. Schule aber gewährt grundsätzlich keine Selbstbestimmung, und selbst wenn sie diese gewährt, müßten Schüler erst über einen längeren Zeitraum lernen, die Selbstbestimmungsmöglichkeiten konkret auszufüllen. Diese »TZI« ist also nicht voraussetzungslos; sie bedarf eines gewäh-

renden und begünstigenden institutionellen Rahmens (z.B. Seminare auf freiwilliger Basis), und sie bedarf solcher Teilnehmer, die in ihren kommunikativen Fähigkeiten bereits fortgeschritten sind. Beides kann man im System der Schule nicht voraussetzen. Unter Leistungs- und Lernzwang könnte die Methode ihre Wirkungen nicht entfalten. Gleichwohl darf man die »TZI« für die Schule nicht verwerfen. Die Bedingungen für ihre Verwirklichung in der Schule müßten jedoch erst geschaffen werden in einem langwierigen Prozeß der Veränderung der institutionellen Gegebenheiten, des Bewußtseins und des Verhaltens der Schüler. Ähnliche Einwände sind auch gegen die »Institutionelle Pädagogik«[9] vorzubringen.
Gruppenpädagogische Arbeit mit der Klasse kann die sozialen Fähigkeiten der Schüler im Zusammenhang mit sachbezogener Arbeit weiter ausbilden. Aber auch diese Form der Unterrichtsgestaltung ist nicht voraussetzungslos, braucht nicht etwa nur schlicht gewährt zu werden.[10] Vielmehr setzt sie eine ständige sozialpädagogische, besser: menschliche und verständnisbereite Auseinandersetzung des Lehrers mit seinen Schülern voraus. Der Lehrer muß seine Schüler als eigenständige Menschen akzeptieren, die in ihrer eigenen Welt leben, einer Welt, die dem Lehrer fremd oder nur schwer zugänglich sein mag. Ob die Gruppenarbeit gelingt oder nicht, hängt entscheidend davon ab, inwieweit der Lehrer und die Schüler das soziale System ihrer Klasse und der verschiedenen Gruppen verstehen und zu handhaben gelernt haben.
Hierbei ist es eine entscheidende Hilfe, gruppendynamische Prinzipien intermittierend in die Arbeit einzubeziehen. Besonders geeignet ist das Prinzip des Hier-und-Jetzt. Aus der Überlegung, daß in der Schule die Lernbedürfnisse der Schüler unterdrückt werden, weil schulisches Lernen als ein von der Wirklichkeit abgesondertes Feld erscheint, das mit künstlichen Erfahrungsgegenständen ausgestattet wird, fordert VON HENTIG[11], die wirklichen Probleme und Erlebnisse der Schüler zum Gegenstand schulischen Lernens zu machen. Er betont, daß die in der Schule vermittelte Theorie bisher unnötig von den wirklichen Erfahrungen der Schüler abgeschottet wird und die Erlebnisse, die in der Schule anfallen, auf eine erschreckende Weise ungenutzt und unreflektiert bleiben. Als eine Möglichkeit, zwischen »unwirklicher« Theorie und wirklichen Erlebnissen zu vermitteln und so reflektierte Erfahrungen zu ermöglichen, betrachtet VON HENTIG Lernprozesse, die bei Hier-und-Jetzt-Problemen der Schüler ansetzen. Zum

einen sind es Probleme, die sich aus der besonderen Lage des Schülers ergeben: klein zu sein[12], nicht beachtet zu werden, keinen »Erfolg« bei Mädchen zu haben usw. Zum anderen sind es auch Interaktionsprobleme.

Beispiel: In einer achten Klasse an der Robert-Bosch-Gesamtschule Hildesheim war das Verhältnis zwischen den Mädchen und den Jungen gekennzeichnet durch ein ablehnendes Desinteresse der Mädchen gegenüber den Jungen. Die Mädchen hatten überwiegend Kontakte zu älteren Schülern außerhalb der Schule und bezeichneten ihre Mitschüler in der Klasse häufig als »unreife, kleine Jungen«. Die Jungen antworteten darauf mit verschiedenen Formen der Aggression.

Diese Beziehungsstruktur spitzte sich dramatisch während einer Übung zur Unterrichtseinheit »Kommunikationstraining« zu. Die Schüler hatten die Aufgabe, in kleinen Gruppen »absurde Szenen« vorzubereiten und sie dann der gesamten Klasse vorzuspielen. Die meisten Mädchen bildeten unter sich Gruppen und schlossen die Jungen aus. Die Jungen zogen »beleidigt« in den Gemeinschaftsraum und wollten ohne die Mädchen nichts vorbereiten. Ich schlug den Jungen vor, doch mit den Mädchen zu reden und ihnen die Situation klarzumachen. Das lehnten sie als »unter ihrer Ehre« ab. Schließlich gingen doch zwei und wurden prompt abgewiesen. Die Erregung steigerte sich unter den Jungen. Ich selbst ging zu den Mädchen und fragte nach den Gründen. Ich hörte Äußerungen wie: »Sind doch alle unreif«, »kleine Jungen – die sind viel zu albern«, »die stören uns doch nur«. Ich versuchte, den Mädchen die emotionale Situation der Jungen klarzumachen und bat sie, ihnen doch eine Chance zu geben, so lernten die Jungen doch eher das gewünschte »reife« Verhalten. Die Mädchen versprachen, es sich zu überlegen. Nach einigen Minuten erschien eines der »selbstbewußteren« Mädchen und erklärte den Jungen »etwas von oben herab«, man habe es sich überlegt, einige der Jungen könnten im Chor mitmachen. Empörung brandete ihr entgegen. Gleichwohl folgte ein Schüler (ein »Außenseiter«) dieser Aufforderung. Das wurde von den Jungen mit starkem Mißfallen quittiert.

Man setzte sich zusammen und redete sich den ganzen Unmut vom Leibe. Vorsichtig versuchte ich das Gespräch zu strukturieren. Zunächst ging es um den »verräterischen« Außenseiter. Man sammelte »Unrat auf seinem Haupt«. Auf die Frage: »Warum macht er das eigentlich?« änderte sich die aggressive Grundstimmung ein wenig. »Ja, wie wir den behandeln, da würde ich auch so handeln«, sagte schließlich ein Schüler. Man stellte bestürzt fest, daß das kritisierte Verhalten auch Reaktion auf eigenes Verhalten sein kann und überlegte sich, wie man sich wohl verhalten müsse, um ihrem »Außenseiter« ein anderes Verhalten zu ermöglichen. Mitten in diese Überlegungen platzte ein Schüler mit der Bemerkung: »Es ging doch um die Mädchen, warum beschäftigt man sich denn so lange mit V. (dem »Außenseiter«)? Man kam wieder auf die Mädchen zurück und interpretierte die Situation auf dem Hintergrund der Erfahrungen mit »V«. Man überlegte sich, was an ihrem eigenen Verhalten denn so verkehrt sei, daß die Mädchen so reagierten. Man fand keine befriedigenden Antworten. Ich schlug »naiv« vor, die Mädchen doch einfach zu fragen. Man winkte »müde« ab, mit einer Geste, die mir zeigen sollte, daß ich von »diesen« Mädchen keine Ahnung hätte. »Das hat keinen Zweck«, sagte einer der Jungen, »die machen sich dann doch nur lustig über uns, die nehmen uns ohnehin nicht für voll.« »Und wenn wir mit der ganzen Klasse darüber reden würden? Wär' das sinnvoll?« schlug ich vor. Das wurde bezweifelt: »Dann gibt's Streit: Die machen uns Vorwürfe – wir machen ihnen Vorwürfe; das führt zu nichts.« Ob man das nicht ändern könne, fragte ich. Nein, das ginge nicht, das sei nun mal so, das könne man nicht ändern, wurde mir kategorisch erklärt. Ich machte ein zweifelndes Gesicht. »Naja, wenn wir sie so verblüffen könnten, daß ihnen das Wort im Halse stecken bliebe, dann könne sich was ändern«, räumte einer ein. »Aber die lassen sich doch nicht verblüffen, denen fällt zu allem etwas ein und wir ziehen den kürzeren«, bezweifelte ein anderer. »Könnte es sein«, brachte ich ein, »daß ihr vor den Mädchen Angst habt?« Empörung brannte auf. »Und die Mädchen vor euch?« fuhr ich fort. Man überlegte und gab mir schließlich recht. »Aber hilft uns das weiter?« gab ein Schüler zu bedenken. »Mir fällt dazu eine Geschichte ein«, sagte ich. Man wollte sie hören. »Ihr erinnert mich an einen Jungen und an eine Katze«, begann ich, »die Katze hat sich auf einem Baum verstiegen; sie hat Angst herunterzufallen und krallt sich mit aller Kraft an dem Ast fest. Der Junge sieht das und möchte sie aus der Lage befreien. Aber sobald er das versucht, kratzt und beißt die Katze. Sie hat Angst vor dem Jungen und der kleine Junge hat jetzt Angst vor der Katze.« »Ja, alle haben Angst: Katze und Junge – wir und die Mädchen«, sagte einer. »Aber dabei brauchte doch keiner Angst zu haben«, setzte ein anderer fort. »Aber das mußt du der dummen Katze ja erst klarmachen, die spricht doch kein Deutsch«, hielt ein Schüler dem entgegen. »Dann müßte unser Problem ja leicht zu lösen sein«, warf einer ironisch ein, »wir sagen den Mädchen einfach, daß sie keine Angst vor uns zu haben brauchen.« Gelächter. »Aber wie machen wir es ihnen denn klar, daß sie vor uns keine Angst zu haben brauchen?« brachte jemand vor. Schweigen. Man sah mich an. »Wie ging denn die Geschichte mit der Katze aus?« wurde ich gefragt. »Nun, der Junge hat seine Angst vor der Katze überwunden, sich direkt unter die Katze gestellt, seinen Rücken krumm gemacht. Nach einiger Zeit ist die Katze draufgesprungen und dann auf die Erde«, entgegnete ich. »Na, die Katze hätte ihn ja ganz schön zerkratzen können«, meinte einer. »Das war sein Risiko«, entgegnete ich. »Und Sie meinen, wir müßten auch solch Risiko eingehen, ›zerkratzt‹ zu werden«, erkundigte sich ein Schüler. Ich bejahte es: »Wenn ihr euch verwundbar darstellt, habt ihr die besten Chancen.« »Wenn wir also offen sagen, was Sache ist und wie uns zumute ist, dann glauben Sie, daß das etwas helfen würde?« folgerte ein Schüler. Ich stimmte dem zu. Zweifel kamen auf: »Dann lachen die über uns und wir sind bis auf die Knochen blamiert«, warf einer ein. »Das ist euer Risiko«, meinte ich, »und schließlich bin ich ja auch noch da, um das Schlimmste zu verhüten.« Die Schüler diskutierten eine Zeitlang und fanden dann das Risiko dosiert.

Man bereitete sich sorgfältig auf die Aussprache vor, die »Aggressiven« wurden »vergattert«, sich zurückzuhalten. Man legte fest, was gesagt werden sollte, um die Mädchen nicht zu Aggressionen zu reizen, was auf Gegenargumente etwa entgegnet werden könnte usw. Die nachfolgende Mathematik-Stunde wurde kurzentschlossen abgesagt, die Klasse setzte sich in Kreisform. Es war so still wie noch nie in dieser lebhaften Klasse. Die Jungen brachten wie abgesprochen ihre Gefühle, Argumente und Fragen vor. Die Mädchen antworteten: Mit den Jungen könne man »persönliche Sachen« nicht besprechen, dann würden die Jungen lachen. Außerdem seien die Jungen so grob, hätten so wenig Verständnis für ihre Situation und Gefühle. Die Jungen waren betroffen: Man erkannte im Laufe des Gesprächs, daß man sich in einer Situation befand, die durch fehlende Aussprachefähigkeit und mangelndes Verständnis füreinander, Mißtrauen und Angst gekennzeichnet war. Man sprach über die Ursachen und diskutierte über Strategien zur Veränderung der Situation. Es wurde ein langes Gespräch. Der Beginn der Mittagspause

wurde beharrlich ignoriert. Hinterher fühlten sich alle erleichtert und befriedigt. In der Klasse kam zum erstenmal so etwas wie ein Wir-Gefühl auf. In diesen beiden Stunden haben die Schüler wahrscheinlich mehr erfahren und gelernt als in vielen Stunden vorher. Dieses Gespräch sollte noch viele Wochen und Monate danach seine Wirkungen zeigen: Man veränderte die Sitzordnung, Jungen und Mädchen setzten sich in Tischgruppen zusammen; das Verhältnis zwischen Jungen und Mädchen wurde positiver und verständnisvoller.
Einige mir wesentlich erscheinende Punkte dieses Beispiels möchte ich herausstellen:

a) Gruppendynamisches Training, das intermittierend an die unmittelbaren Interessen der Schüler anknüpft und entstehende Probleme lösen hilft, kann als angemessene Form sozialen Lernens angesehen werden.
b) Situationen wie die geschilderte sind nicht planbar. Es ist daher unsinnig, ein »geschlossenes Curriculum« auf dem Gebiet des sozialen Lernens zu entwickeln.*
c) Es ist vielmehr notwendig, daß der Lehrer in die Klasse »hineinhorcht« und flexibel als Mensch und mit einem breiten Bestand verschiedener Methoden zu reagieren lernt, um Probleme lösen und Defizite ausgleichen zu helfen.
d) Der »fruchtbare Moment im Bildungsprozeß« (wenn wir Situationen wie die geschilderte einmal so nennen wollen) ist zwar nicht planbar und direkt herstellbar, aber durch die Förderung angemessener Bildungsprozesse und der »fortschrittlichen Tendenzen« in der Klasse können solche Momente ermöglicht und vorbereitet werden.
e) Gruppendynamisches Training in der Schule erfordert eine intensive, reflektierte Interaktion zwischen Lehrer und Schülern und eine Beziehungsstruktur, in der der Lehrer nicht »Erzwinger«, »Durchsetzer«, »Zuchtmeister«, »Psychotechniker«, »Unterrichtstechnologe« ist, sondern »Ermöglicher«, »Gewährender«, Verstehender«, d.h. mit Verstand, Gefühl und Willen aktiv beteiligter Mensch.

»Naturwüchsige« Gruppendynamik, wenn man dies als Quintessenz festhalten will, »lebt« vom »fruchtbaren Moment« im

* FENGLER kommt hinsichtlich der »Curriculum-Entwicklung« zu einem anderen Ergebnis (vgl. S. 143), freilich auf dem Hintergrund einer anderen Lernzielbestimmung, die sich nicht aus dem Kontext von Gruppendynamik und Schule ableitet. – Der Hrsg.

Bildungsprozeß, vom flexiblen Reagieren und Sich-in-Beziehung-Setzen des Pädagogen, von »richtigen Antworten« auf wichtige Fragen. All dies ist letztlich nicht planbar: Es ergibt sich oder es ergibt sich nicht. Der Pädagoge kann allenfalls die Voraussetzungen dafür schaffen, daß es zu einem solchen »fruchtbaren Moment« überhaupt kommen kann. Der Unterrichts»erfolg« bleibt ein Geschenk, und das macht im Kern die Lebendigkeit dieses Lernens aus. Die Gruppendynamik ist nicht Selbstzweck, zu Programmen und Zielkatalogen »geronnen«, sondern eine mögliche »Antwort« des Pädagogen auf das, was er bei seinen Schülern gesehen und als Bedürfnisse, Interessen, Probleme, Defizite wahrgenommen hat. So beglückend die Ergebnisse »naturwüchsiger« Gruppendynamik in der Schule auch sein mögen, so deutlich lassen sich auch deren Grenzen ausmachen. Die Lernprozesse sind dem Zufall überlassen; die Inhalte werden zwar mit den sozialen Lernprozessen verbunden, Schwergewicht hat jedoch das soziale Lernen. Wie bei der »TZI« sind die inhaltlichen Teile dialogisch, d.h. durch Gespräch und Diskussion zu erschließen und nicht so sehr durch praktisches Tun. »Naturwüchsige« Gruppendynamik bleibt in einer Schule, die »Stoffe« zu bewältigen hat, der Ausnahmefall, der »soziale Lichtblick«.

1.3 Projektbezogenes Arbeiten, soziales Lernen, ästhetische Erziehung

»Naturwüchsige« Gruppendynamik kann in seltenen Augenblicken so etwas wie »Ganzheit des pädagogischen Prozesses« vermitteln. Ist es möglich, im Rahmen des täglichen Unterrichts Schritte in Richtung auf diese »Ganzheit« zu tun? Die Wirklichkeit der Schüler wird spätestens nach der Primarstufe vom Fachlehrerprinzip bestimmt, von einer zunehmenden Zergliederung und Partialisierung des Lernstoffes, der nicht mehr für sich wichtig ist, sondern seine Bedeutung im Rahmen permanenter Prüfungen erlangt hat. Die Lehrer sind in der Regel als Fachlehrer ausgebildet, verstehen vom sozialen Lernen wenig, von benachbarten Fächern fast gar nichts – zumindest bilden sie sich das ein, und ihre Kollegen lassen sie in diesem Glauben.
Die Schulzeit wird so für die Schüler zu einer quälenden Nachtfahrt; die Schulen erlangen den Charakter von Bahnhöfen unserer Wirklichkeit: kleinen, verfallenen oder seelen-

los-funktionalen, großen, unüberschaubaren. Bunte Werbe-, Comic- und Fernsehwelten überdecken plakativ Risse, leere Wände, graues Gemäuer. In einem schlecht geheizten Wartesaal der Hoffnung füllen Bilder der Illusion die Zeit. Ein Bahnhofsvorsteher, traditionell mit Kelle und Pfeife, gibt Kommandos für Maschinen, Funktionen, Abläufe. Die Schüler, dichtgedrängt zusammenstehend, sind allein, gehorchen Lautsprechern und Hinweistafeln. Sie besteigen schlecht geheizte Züge, kämpfen um ihre Plätze, fahren von Station zu Station, immer allein, immer in Angst, daß die Fahrkarte für die nächste Station nicht mehr ausreiche, daß ein Kontrolleur sie aus dem Zug weisen, daß der Anschlußzug schon überfüllt oder abgefahren sein könnte. Die den Schülern je nach Anspruchsniveau, Herkunft und Können angesonnenen Züge verheißen Ziele, nahe und ferne, rasch zu erreichende und zeitraubende, in jedem Fall Ziele, die als lohnend hingestellt wurden, die Mühe, Strapazen, Leid, ja Unglück rechtfertigen sollen. In den Zug eingestiegen, werden die Fragen nach dem Sinn der ganzen Fahrt immer drängender. Der Lehrer: Lokführer, Zugführer und Fahrkartenkontrolleur in eins, gewohnt, lediglich den Zug in Fahrt zu halten, auf Fahrsicherheit und Einhaltung der Beförderungsbedingungen zu achten, Fahrkarten zu kontrollieren und Fragen zum Fahrplan zu beantworten, ist verwirrt und verunsichert: Darauf weiß auch er, auch für sich keine Antwort. Eine solche Frage stellt man nicht in einem solchen Zug. Die Schüler, um die für sie wesentliche Antwort gebracht, fühlen sich allein gelassen, rebellieren, bis der Lehrer eingreift, sie diszipliniert, froh ist, wenn geschäftiges Schweigen eintritt – bis die Schüler verstehen, daß in dem Weg, in der Zugfahrt kein Ziel für sie ist, daß auch der Endpunkt der Zugfahrt kein Ziel, bestenfalls nur der Ausgangspunkt eines weiteren Weges ist.
Wohin soll die Fahrt nun gehen, wenn sich neue Züge nicht so schnell beschaffen, neue Strecken nicht so schnell legen lassen und die Leute vom Zugpersonal Beamte auf Lebenszeit sind? Ziel der Zugfahrt ist diese Zugfahrt selber! Das konkrete, umfassende Ziel steht nicht fest. Es können nur Wege in Richtung eines vorläufigen, probehaft eingesetzten Ziels eingeschlagen werden. Das Ziel nun, das sich schließlich verwirklicht, sieht nicht anders aus als der Weg, auf dem es erreicht wurde: Es findet sich in der Gestaltung menschlicher Beziehungen; die Zugfahrt ist sich selbst genug. Der »Un-Sinn« einer von Angst, Monotonie, Vereinsamung, Streß gekenn-

zeichneten, leidvoll langen Fahrt sind Umsteigebahnhöfe, neue Wartesäle der Hoffnung, neue leidvolle Fahrten, Züge in die Nacht.
Wie nun die Zugfahrt selbst als sinnvolles Ziel gestalten? Zum einen sind die äußeren Bedingungen von Schule zu verändern. Ausbildung und Bildung sind mit Berechtigungen verkoppelt: Bestimmte »Bildungsgänge«, in »Schulabschlüssen« und »Reifezeugnissen« papieren ausgewiesen, berechtigen zu bestimmten Studien, Berufen, Lebenschancen. Die unsachliche Anbindung der Bildung an berufliches Fortkommen, die auf die Bedarfsorientierung der Interessengruppen und das Aufstiegsstreben der Menschen zugeschnitten ist, läßt Bildung zu einem mörderischen Wettkampf zwischen den »Bildungsbewußten« werden und zur ereignislosen Langeweile, wenn es nicht um Punkte, Zensuren, Abschlüsse geht oder man aus dem Rennen geworfen wurde, lediglich noch »aufbewahrt« wird. Die erhobene Forderung, Ausbildung und Berechtigung zu entkoppeln, Bildung als etwas Eigenes, gesellschaftlich und individuell Notwendiges dem Streben nach beruflichem Fortkommen entgegenzusetzen, hat von daher sicher Berechtigung. Wenn Bildung nun aber ihre Funktion als Voraussetzung einer Berechtigung verliert, kann sie nur dann etwas Eigenes und Notwendiges werden, wenn sie von den lernenden Menschen als sinnvoll angesehen wird. Ich hatte an anderer Stelle bereits gesagt, daß dies »subjektsensible Inhalte« voraussetzt, Inhalte, die das Verhalten, die Bedürfnisse und Neigungen der Lernenden berücksichtigen und auf dem aufbauen, was an Erfahrungen, Meinungen, Vorstellungen, Werten bei ihnen vorhanden ist. Eine Hilfe, diese Inhalte zu finden und sich sinnvoll mit ihnen auseinanderzusetzen, bietet das projektbezogene Arbeiten.
Was kennzeichnet ein Projekt? OTTO[13] stellt sieben Kriterien vor und erläutert die Schwierigkeiten, die mit ihrer Verwirklichung in der Schule verbunden sind:

1. Die Bedürfnisse der Lernenden stehen im Mittelpunkt, lösen das Projekt aus und treiben es voran. Damit kehrt sich um, was bislang Prinzip schulischen Lernens war: das zu lernen, was vorgegeben wird.
2. Das Projekt soll etwas zur Bewältigung von Lebenssituationen der Schüler beitragen. Ein solches Lernen ist dem lehrgangsmäßigen Schulunterricht, der auf Isolierung von Sachverhalten und Zusammenhängen, auf Systematisierung, auf Zerlegung der Sachverhalte und auf Vorentscheidun-

gen der Lernenden hin angelegt ist, in seiner Mehrschichtigkeit, seinem verknüpfenden, beispielhaften Charakter genau entgegengesetzt.

3. Der Projektbezug erfordert einen interdisziplinären Zugang, will er die komplexen Lernaufgaben lösen. Dies stößt in einer kooperations- und integrationsfeindlichen Schule auf erhebliche Schwierigkeiten. Der interdisziplinäre Zugang widerspricht der schulischen Tradition, komplexe Situations- und Problemzusammenhänge nach Schulfächern zu trennen und auf fachimmanent organisierte Lehrgänge zu verteilen.
4. Die Schüler bestimmen gemeinsam mit dem Lehrer Ziele, Durchführung und Bewertung. Auch dies widerspricht gängiger Schultradition und den Rollenvorstellungen des Lehrers, der häufig genug die Kompetenz der Schüler auf diesem Gebiet gering schätzt.
5. Ergebnis des Lernprozesses soll ein gemeinsames Werk oder eine Aktion sein, die über den Rahmen der Klasse hinaus wirken will. Dies ist in der Schule der große Ausnahmefall; meist sind die Wirkungen der Lernprozesse so dürftig, daß sie nicht einmal für die Klasse eine Bedeutung haben.
6. Projekte sollen die gesellschaftlichen Bedingungen thematisieren, unter denen die Schüler ihre Bedürfnisse mit Blick auf das Projekt geäußert haben.
7. Projekte werden in Zusammenarbeit der Schüler und des Lehrers verwirklicht. Konkurrenzgefühle und Rivalität werden für die Zeit des Projektes ausgesetzt – auch wieder in krasser Abkehr zu sonst üblichen Verhaltensweisen.

Betrachtet man diese Kriterien mit Blick auf die Schulwirklichkeit, wird das Modell einer »Gegenwelt« deutlich: Projektbezogenes Arbeiten ist genau das, was an der Schule nicht getan wird, aber getan werden sollte. Der Ruf nach dem Projektunterricht ist das manifestierte »schlechte Gewissen« derer, die ihren Schülern täglich von einem übelriechenden pädagogischen Gebräu zu trinken geben müssen, wohl wissend um seine schlechte Bekömmlichkeit und geringe Nährkraft. Projektarbeit, die verbal so gehätschelte Orchidee unter den Unterrichtsformen, ist eigenwillig und schwierig zu pflegen. Sie braucht ein besonders freiheitliches Klima, um zu gedeihen, und sie erfordert viel Zeit bis zur Blüte. Die Blätter der Orchidee entfalten sich quer zu allen herkömmlichen

Lehrplänen, Schulfächern, Einzeldisziplinen und Lehrgewohnheiten. Daher ist es auch so schwierig, im durchorganisierten Plan der Schule einen Ort zum Wachsen und Blühen zu finden.

Nicht jeder Boden ist für die Orchidee geeignet. Es müssen erst eine Reihe von Voraussetzungen geschaffen werden, wie Kultivierung, Bewässerung, Düngung: Die Schüler sollten mit Gruppenarbeit vertraut sein, selbständig arbeiten können, einfache sozialwissenschaftliche Methoden (Befragung, Interview, statistische Darstellung) und Formen der Präsentation ihrer Arbeit in Grundzügen beherrschen. Gleichwohl werden die ersten Orchideen meist noch Kümmerlinge sein und sich nur bei näherem Hinsehen von den blassen verkümmerten Gettopflanzen unserer Schulwirklichkeit unterscheiden. Erst wenn die Wurzeln kräftiger geworden sind, ist es zumutbar und sinnvoll, umfangreiche Projekte anzugehen. Zu umfangreiche und anspruchsvolle Projekte gleich zu Beginn überfordern die Fähigkeiten und das Durchhaltevermögen der mit dieser Arbeitsform noch wenig vertrauten Schüler, führen zu Enttäuschungen auf beiden Seiten und vermindern die Chance, neue Projekte anzufangen. Was nun ist unter den Bedingungen von Schule und bei dem Vermögen von Schülern und Lehrern, realistisch betrachtet, allenfalls möglich – nicht als Ausnahmefall, sondern als Regel schulischen Lernens? Nennen wir es »projektorientierte Arbeitsweise«. Was ist darunter zu verstehen?

Das Grundprinzip ist fächerübergreifender Unterricht. Lehrer und Schüler einigen sich auf ein Unterrichtsvorhaben, das sowohl den Absichten und Zielen der Lehrer als auch den Interessen der Schüler entspricht. Die Lehrer planen gemeinsam, aus ihrem jeweiligen Fachverständnis heraus, das Unterrichtsvorhaben. Erkenntnisbestände und methodische Möglichkeiten der Gruppendynamik werden in ein solches Vorhaben einbezogen und verbinden sich mit den Inhalten. Die Zusammenarbeit, die als soziales Lernziel von den Schülern erwartet wird, müßten die Lehrer vorher leisten: nicht nur als sachlich-fachliche Fundierung, sondern zugleich auch als Möglichkeit zur gruppendynamischen Selbsterfahrung in Prozessen kollegialer Zusammenarbeit. Die Entwicklung einer solchen Zusammenarbeit wird begünstigt, wenn maximal drei Lehrer mindestens zwei Drittel des in der Klasse zu erteilenden Unterrichts geben (Team-Lehrer-Modell). Die gemeinsame Planung würde sich dann nicht nur auf die inhaltliche Ausein-

andersetzung beschränken, sondern auch die soziale Situation der Lernenden einbeziehen. Ist eine solche Zusammenarbeit nicht möglich, bietet sich als »kleine Lösung« an, daß der einzelne Lehrer »mit sich selbst kooperiert«, d.h. die für das Unterrichtsvorhaben wichtigen Fächer selbst (und sei es »fachfremd«) gibt. Möglicherweise hätte der Lehrer Gelegenheit, mit ähnlich arbeitenden Kollegen aus anderen Fächern zu kooperieren. So oder so stünde dann eine ausreichende Zahl von Stunden zur Verfügung, sowohl, um den inhaltlichen Anspruch abzugelten als auch, um Zeit dafür zu haben, eine personale Beziehung zu den Schülern anzuknüpfen, sie kennenzulernen, mit ihren Eigenarten, Vorstellungen, Denkweisen, Problemen, Gefühlen vertraut zu werden.
Welche Struktur hat die projektorientierte Arbeitsweise? Sie besteht aus einem Fundamentum und unterschiedlichen Projektteilen. Begonnen wird mit dem Fundamentum, und zwar in einer flexiblen, ineinander verzahnten Abfolge von Lernschritten. Dabei sollte nach Möglichkeit der Gruppenunterricht wesentliche Organisationsform des Lernens sein. Sobald sich bei den Lernenden Ansätze für eigenständige Arbeit oder ausgeprägte Interessen zeigen, werden diese aufgegriffen und wird den Lernenden zunehmend mehr Zeit dafür zur Verfügung gestellt. Die Fortentwicklung im Fundamentum müßte sich flexibel auf das entstehende projektorientierte Arbeiten einstellen; die Akzente sollten dann so gesetzt sein, daß dieses Arbeiten kontinuierlich davon angeregt und befruchtet wird. In dem Maße, als sich das projektorientierte Lernen fortentwickelt und die Motivation der Lernenden stärker erfaßt, kann das Fundamentum in seinem Umfang abnehmen, sich zunehmend stärker den im projektorientierten Arbeiten herausgebildeten Inhalten zuwenden und von ihm angeregt werden, bis schließlich die projektbezogene Aktivität so erstarkt ist, daß sie unter Fortfall des Fundamentums in die eigentliche Projektphase einmünden kann: mit Wirkungen nach außen, Ausstellungen, Aktionen, Untersuchungen. Die Abbildung verdeutlicht die Verzahnung von Fundamentum und Projekt. Bilden sich keine Ansätze für eigenständige Arbeit oder ergeben sich zeitliche beziehungsweise organisatorische Schwierigkeiten, kann dieser Teil fortfallen oder wesentlich verkürzt werden.
Was haben das soziale Lernen und die Gruppendynamik mit dieser projektorientierten Arbeitsweise zu tun? Einstellungen und Verhaltensweisen zwischen Schülern sowie zwischen

Schülern und Lehrern im Zusammenhang mit der projektorientierten Arbeitsweise können bewußtgemacht und weiterentwickelt werden. Das wird zum einen dadurch erreicht, daß wichtige bzw. problematische Gruppenprozesse zum Gegenstand der Reflexion gemacht werden können. Zum anderen werden mit den fachbezogenen Inhalten und Zielen soziale Lernziele eng verknüpft und Methoden bereitgestellt, Selbsterfahrungen zu machen, die der inhaltlichen Problematik eine weitere Dimension erschließen. Gruppendynamik würde sich also nicht separieren, auf ein isoliertes und isolierendes Experimentierfeld zurückziehen, sondern sich auf schulische Realität, auf Unterrichtswirklichkeit einlassen und Lernprozesse unterstützen. Gleichwohl: Es bleibt ein schwieriges Problem, die unterschiedlichen Fachansprüche und die auf das soziale Lernen gerichteten Zielvorstellungen sinnvoll miteinander zu verschränken und zu einem für die Schüler wichtigen Problem zu verdichten. An dieser Stelle vermag die ästhetische Erziehung zu einem Gelenkstück für die auf Mehrdimensionalität angelegten Lernprozesse zu werden.
Was ist »ästhetische Erziehung«? Der Begriff Erziehung macht deutlich, daß es nicht nur um Kenntniserwerb und Fertigkeitstraining geht, sondern daß auch eine Veränderung von Einstellungen, Werthaltungen und Verhaltensweisen angestrebt wird, die generellen Zielvorstellungen (z.B. denen der Emanzipation) verpflichtet ist. Von daher ist Erziehung mehr als Unterricht und schulisches Lernen. Diese Erziehung soll nun – das signalisiert der Begriffsanteil »ästhetisch« – erfolgen aufgrund von Objekten, die auf Wahrnehmung hin entwickelt sind (Bilder, Texte, Musik, Plastiken usw.). Ästhetische Erziehung umfaßt alle durch Wahrnehmung erschließbaren Phänomene, d.h. nicht nur sämtliche Künste, sondern z.B. auch die »Schönheit« von Menschen, Landschaften, Gebrauchsgegenständen, Bewegungen. Ebenso sind Produkte der Massenkommunikation, das Wohnen und das Modeverhalten Gegenstand der ästhetischen Erziehung. Dabei beschränkt sich diese Erziehung nicht auf das je eigene Schaffen und Machen, sondern erstreckt sich immer auch auf das Erkennen, Genießen, Beurteilen und Interpretieren von ästhetischen Phänomenen. Damit ist die Bildende Kunst ebenso angesprochen wie die Musik, die Literatur und das darstellende Spiel.[14] Die Erarbeitung systematischer Zusammenhänge zwischen den verschiedenen ästhetischen Disziplinen und Objekten steht erst am Anfang.[15] Gleichwohl bieten

Verzahnung von Fundamenten und Projekt

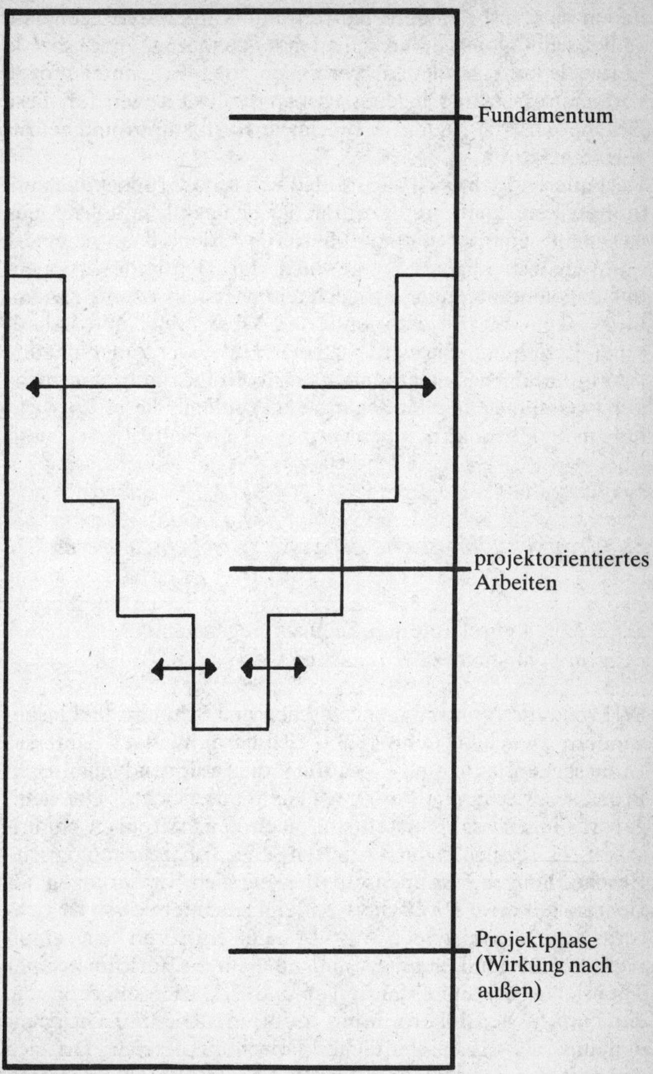

ästhetische Objekte aus unterschiedlichen Bereichen (z. B. Bilder, Texte, Musikstücke), wenn man sie aspekthaft verdichtet, gute Möglichkeiten, die Vielschichtigkeit eines Problems zu erschließen. Bei problemorientierten Unterrichtsvorhaben sind insbesondere Satiren und Karikaturen geeignete ästhetische Objekte, verschiedene Fachbezüge und soziale Lernziele miteinander zu verbinden, den Erkenntnisprozeß voranzutreiben und eigene, wirkungsvolle Formen für diese Erkenntnisse zu finden: z. B. eigene Karikaturen und selbstverfaßte Satiren.[16]
Resümierend läßt sich sagen, daß kritische Gruppendynamik in ihrer lernorientierten Form in der Schule nicht Selbstzweck ist, nicht separiert und partialisiert werden, d. h. zu einem quasi eigenständigen Fach gerinnen darf. Kritische Gruppendynamik entfaltet ihre Möglichkeiten erst in einem Zusammenwirken von projektorientierter Arbeitsweise und ästhetischer Erziehung. Sie wird zu einer Hilfe, der zunehmenden Atomisierung des schulischen Lernvollzuges entgegenzuwirken, weil nur sie in aller Schärfe die Probleme dieser Entwicklung in den Blick zu nehmen vermag.

2. *Gruppendynamische Prozesse zwischen Lehrern*

2.1 Lehrer-Lehrer-Interaktionen als Gegenstand gruppendynamischer Forschung

Während die Interaktionen zwischen den Schülern und insbesondere zwischen Lehrer und Schülern häufiger Untersuchungsgegenstand sind[17], wurden die gruppendynamischen Prozesse zwischen Lehrern noch kaum untersucht.[18] Die wenigen vorliegenden Arbeiten sind auch keine strengen empirischen Untersuchungen, sondern eher phänomenologische Beschreibungen, Kondensate der eigenen Erfahrungen als Lehrer, teilweise abgesichert mit einigen Interviews von Lehrern. Auch die folgenden Ausführungen enthalten keine empirisch gesicherten Daten. Es sind vielmehr zu Vorformen einer Theorie verdichtete Erfahrungen und Erklärungsmodelle, die der empirischen Überprüfung bedürfen. Kritische Gruppendynamik als wissenschaftlicher Forschungsbereich darf sich nicht darauf beschränken, Lehrer-Lehrer-Interaktionen ausschließlich nach dem Muster der Kleingruppenforschung zu untersuchen. Vielmehr sollte der Blick dem gesamten Feld gelten, das auf den Lehrer einwirkt. Nur insofern wird es gelingen, die Mechanismen der gruppendynamischen Prozesse zwischen Lehrern zu erfassen, zu verstehen und realistische Möglichkeiten zur Veränderung aufzuzeigen. Die folgenden Aussagen, Beschreibungen und Erklärungen haben für diese noch ausstehende Forschungsarbeit den Charakter von Hypothesen. Sie sind Anregungen, welchen Fragestellungen man nachgehen könnte.

2.2 Stigmatisierende Vorgaben

In der Regel ist der Lehrer psychisch und von seiner Ausbildung her nicht den Belastungen gewachsen, die der Aufbau von Beziehungen zwischen ihm und den Schülern und die Entwicklungsprozesse in der Klasse mit sich bringen. Während des Studiums ist er nicht oder nur unzureichend im Umgang mit Kindern ausgebildet worden. Die Prozesse, die sich zwischen ihm und seinen Schülern abspielen, sind ihm kaum bewußt: Er ist ein Nichtschwimmer, ins kalte Wasser der Praxis gestoßen, unterschiedlichen Strömungen ausgesetzt, mit Theoriebündeln auf dem Rücken, die ihn nicht tragen, sondern in Unsicherheit und Resignation hinabziehen. Diese negativen Ausgangsbedingungen verschlechtern sich noch dadurch, daß die Schule und das sie umgreifende System weitere Schwierigkeiten produzieren: organisatorische Zwänge wie zu große Klassen, zu geringe Stundenzahl in der jeweiligen Klasse, Lehrplananforderungen, Prüfungen, Zensuren, starke zeitliche Inanspruchnahme durch außerpädagogische Arbeiten, Kontrolle des Lehrers, Anpassungsdruck in Richtung auf eine »ruhige, disziplinierte Klasse«, funktionale Eingliederung in das System.
Wie reagieren Lehrer nun auf die vielfältigen einschränkenden Bedingungen? Wie wirken sich diese Reaktionen auf das Verhalten untereinander aus? Da sich die gewünschte Qualität der Beziehung zu den Schülern in der Regel nicht einstellt, wendet sich der Lehrer innerlich von den Schülern ab, vermindert zunehmend sein Engagement gegenüber der Klasse und den Schülern, wird »Profi«. Er verdrängt sein »schlechtes Gewissen« und das Bewußtsein, als Mensch und Erzieher seiner Aufgabe nicht gerecht geworden zu sein; aber es tritt

immer dann zutage, wenn der Lehrer es mit jungen Kollegen und ihrem häufig noch ungebrochenen Anspruch auf menschliche Lehrer-Schüler-Beziehungen zu tun bekommt, sei es bei Bitten um Hilfe oder auf Konferenzen. Bekannte Abwehrformen sind dann Hinweise auf mangelnde Berufserfahrungen der jungen Kollegen, die Unangemessenheit des in der Hochschule Gelernten für die Praxis und die geringeren »Disziplinprobleme« der »erfahrenen« Lehrer.

Was wie ein Triumph der »Praxis« über die »Theorie« aussieht, ist eher der Versuch, die resignative eigene Position abzusichern gegen die menschlichen Ansprüche, die an den Lehrer und den Lehrerberuf gestellt werden. Auf der anderen Seite setzt der junge Kollege gegen die »Praxis«, d.h. die Berufserfahrungen der älteren Lehrer, keine wissenschaftlichen Theorien, sondern allenfalls pädagogische und menschliche Überzeugungen. Was wie eine Auseinandersetzung zwischen »Theorie« und »Praxis« aussieht, sind häufig Recht-fertigungs-Versuche, Rationalisierungen jüngerer Kollegen, die zwischen pädagogischen Überzeugungen und schulischer Wirklichkeit noch zu keinen tragfähigen (d.h. auch: für sie erträglichen) Lösungen gelangt sind. Lehrer z.B., die um pädagogischen »Erfolges« willen »Konzessionen« an die Schüler machen und dabei immer mehr preisgeben, ihr eigenes pädagogisches System unterhöhlen, »Freiheiten« gewähren, die die Schüler nicht mehr ausfüllen können – diese Lehrer rationalisieren häufig ihren Rückzug und ihre vorgebliche »Toleranz« mit beliebigen pädagogischen Theorien und Sollensbeschreibungen, um sich selbst zu stabilisieren und sich vor Angriffen und Geltungsverlust zu schützen.

2.3 Lehrer als Konkurrenten

Man kann davon ausgehen, daß alle Lehrer auf die Zuneigung »ihrer« Schüler angewiesen sind – sie mögen sich das eingestehen oder nicht.[19] Gerade dieser Sachverhalt ist in den Interaktionen der Lehrer tabuisiert. Obwohl an den Beziehungen zu den Schülern alles hängt: die Identität als Lehrer und als Person, ist das Verhältnis zu den Schülern eher das der unterrichtlichen Distanz als das der erzieherischen Nähe – ein Ausdruck davon, wie stark durch die stigmatisierenden Vorgaben der »cooling-out-Prozeß« des Lehrers vorangeschritten ist. Aber das verdrängte »schlechte Gewissen« wegen dieses

Zustands bleibt »wachsam«. Es äußert sich in mehr oder weniger Eifersucht gegen die anderen Kollegen in der Klasse oder in der Schule. Das »schlechte Gewissen« rührt sich insbesondere dann, wenn ein Lehrer sich den »pädagogischen Idealen« anzunähern versucht und gegenüber Kollegen den Standpunkt des Kindes vertritt, zu erkennen gibt, daß er sich mit diesem solidarisch fühlt. Denn: Gelingt es einem Lehrer, zu seinen Schülern eine intensive, menschlich befriedigende und pädagogisch fruchtbare Beziehung aufzubauen, so hat das eine fatale Folge: die enge, pädagogisch fruchtbare Zusammenarbeit mit den Schülern bezieht die Lehrer-Kollegen nicht ein, kann im Gegenteil nur in Konkurrenz zu ihnen erreicht werden. Der andere Lehrer ist ausgeschlossen, da seine Person, seine Art der Beziehungsaufnahme, seine Eigenarten und Normensetzungen anders sind. Die Zuwendung der Schüler zu dem einen Kollegen gefährdet die pädagogische Existenz und die Einflußmöglichkeiten all seiner Kollegen.

Damit befinden sich die Lehrer in ständiger Konkurrenz zueinander, und alle Formen des Umgangs miteinander werden untergründig davon mitbestimmt. Deutlich sichtbare Zuwendungen der Schüler zu einem Lehrer gefährden die prinzipielle »Gleichheit« der Lehrerkollegen und erfordern eine besondere psychische Verarbeitung. Die »ungleichen« Lehrer müssen Gründe für den Erfolg ihres »Kollegen« finden – und diese Gründe können nur negative sein, will man die eigene, mühsam gewonnene Identität als Lehrer nicht gefährden: Der Kollege gibt zu gute Zensuren, läßt alles durchgehen, hält nicht auf Disziplin und Ordnung. Ein zweiter Mechanismus besteht darin, den erfolgreichen Lehrer mit »seiner« Klasse ineins zu setzen und die eigenen Mißerfolge damit ihm anzulasten: Er ist dann »schuld«, wenn die Klasse bei einem anderen Lehrer die Hausaufgaben nicht macht, dem Unterricht nicht folgt, weil »seine« Klasse »undiszipliniert« ist und (von ihm) schlecht geführt wird. An dieser Stelle zeigt sich erneut die pädagogische Problematik des Fachlehrerprinzips, deren Schärfe durch das bei 1.3 erläuterte Modell eines Lehrerteams für eine Klasse gemildert werden könnte.

Lehrergespräche in den Pausen, im Lehrerzimmer tragen überwiegend den Charakter der Entspannung, der Auffrischung nach dem Unterricht. Schulische und private Inhalte herrschen in gleicher Weise vor: Ärger über organisatorische Mängel in der Schule macht sich Luft, Kenntnisse über andere Lehrer und über verschiedene Schüler werden ausgetauscht, Probleme mit Klassen berichtet, »Unterrichtserfolge« dargestellt – Krankheiten, Urlaub, Neuerwerbungen wie Kleidung, Auto, Haus sind häufiger Gesprächsgegenstand. Kennzeichen der meisten Gespräche ist ihre Oberflächlichkeit und Unverbindlichkeit, das Vermeiden von Konflikten, die wechselseitige Bestätigung von Meinungen und Verhaltensweisen, das Signalisieren wechselseitigen Interesses, das Suchen von Trost und Beruhigung, das Geben und Empfangen von Ratschlägen.

Einem Außenstehenden fällt bereits nach kürzerer Beobachtungszeit auf, daß in der Regel jeder Lehrer seinen »festen« Platz im Lehrerzimmer hat, daß sich die Lehrer zu bestimmten Gruppen zusammenfinden. Diese Gruppen unterscheiden sich in den Eigenarten ihrer Gespräche: in bestimmten, bevorzugten Inhalten, in bestimmten Einstellungen den Schülern, der Schule, den pädagogischen Zielen, dem schulischen Engagement gegenüber. Die Gespräche in den einzelnen »Stabilisierungsgruppen« sind kaum geeignet, Konfliktpotentiale abzubauen. In den Gruppen werden die Lehrerängste und -zweifel oberflächlich beruhigt und beschwichtigt, Standards ausgebildet, Bestätigungen gesucht, »Sündenböcke« gefunden. Dazu eignen sich besonders Klatsch und Tratsch über Lehrer aus anderen Cliquen, über Einzelgänger, die durch Besonderheiten, wie z.B. stärker abweichende Verhaltensweisen oder pädagogische Einstellungen, auffallen und damit von den verschiedenen Cliquen die Rolle des von allen gehackten Huhns (»Omega«*) übertragen bekommen. Das Bedürfnis von Lehrergruppen, solche Omegas zu finden, steigt, wenn die eigenen Spannungen, Ängste und Konflikte stärker werden (Omega-Erwartung). Die schließlich gefundenen und für die Lehrer häufig notwendigen Omegas sind die »Stellvertreter«

* Einteilung der Gruppe in Alpha- bis Omega-Mitglieder = Verfahren der Soziometrie. Für die therapeutische Gruppe hat zuerst R. SCHINDLER 1969 solche Rollen benannt: Alpha-, Beta-, Gamma- und Omega-Position. – Der Hrsg.

für die eigenen Schwächen, Unzulänglichkeiten, Ängste, verdrängten Bedürfnisse; ob es sich darum handelt, Pausenaufsichten nicht regelmäßig wahrzunehmen, pünktlich und gewissenhaft die Listen zu führen, Disziplinprobleme mit Klassen und Schwierigkeiten mit Eltern zu haben, sich ungeschickt zu verhalten – oder auch darum, in besonderer Weise aggressiv und dominant zu sein, auf strenge Disziplin zu achten und damit das zu tun, was der Kollege manchmal auch verwirklichen möchte, es jedoch nicht kann, weil er nicht mit seinen pädagogischen Vorstellungen in Konflikt geraten will oder weil er befürchtet, damit die Zuneigung seiner Schüler aufs Spiel zu setzen. Lehrercliquen »bestrafen« die gefundenen Omegas exemplarisch für eigene Defizite, indem sie sich von diesen Rollenträgern distanzieren, wie sie sich von ihren eigenen verdrängten Konflikten befreien möchten. In der Regel wird der offene Konflikt vermieden: Nichtbeachtung, Ironie, Vermeiden von Kontakt, keine Weitergabe von Informationen, Verweigern von Hilfe und Zusammenarbeit sind die üblichen Formen der Distanzierung. Um so heftiger entwikkelt sich die Kritik in den Cliquen. Die Klärung von Konflikten wird nicht vorbereitet: Es geht vielmehr um die Stabilisierung der eigenen angeschlagenen und ständig gefährdeten Person. Je weniger es dem Lehrer gelingt, eine auch für ihn befriedigende Beziehung zu seinen Schülern herzustellen, desto eher entsteht für ihn die Notwendigkeit, sich in den Lehrer-Lehrer-Interaktionen zu stabilisieren.

2.5 Zusammenarbeit der Lehrer

Konferenzen sind ritualisierte Formen der Zusammenarbeit zwischen Schulleitung und Lehrerkollegen. Obgleich die Teilnahme an Konferenzen die einzige offiziell hergestellte Arbeitsbeziehung zwischen Lehrern ist, tritt in der Regel der sachbezogene Aspekt zugunsten affektiver Bedürfnisse (Wünsche nach Beachtung, Bestätigung, Spannungsentlastung, Stabilisierung) in den Hintergrund. Schlechte organisatorische Ausgangsbedingungen, etwa bei Gesamtkonferenzen (große Teilnehmerzahl, Handlungs- und Zeitdruck, Ansammlung unerledigter Probleme, Überlastung mit organisatorischen und formalen Fragen), machen eine sachliche Auseinandersetzung kaum möglich, geben aber bestimmten, meist den jeweils gleichen Kollegen (»Konferenzwölfe«) Gelegenheit, mit sattsam

bekannten Meinungen und Argumenten die Gesamtkonferenz zu bestreiten und dabei ihre individuellen Dispositionen (narzißtische Selbstdarstellungen, Imagepflege, Abgrenzungsversuche, Konfliktvermeidungs-Bedürfnisse usw.) auszuagieren. Um die »Konferenzwölfe« sind die »Konferenzschafe« geschart: unzufriedene, »gutbürgerliche« Lehrer, die endlich nach Hause wollen, die längst aufgegeben haben, gemeinsam sachliche Probleme zu erörtern, die der Konferenz nicht folgen, die Hefte korrigieren, hinter vorgehaltener Hand vom »Affenstall« reden und bei Abstimmungen »mit ihren Wölfen heulen«. Wenn allgemeine pädagogische Fragen erörtert, Gruppeninteressen berührt werden, sind Anlässe geschaffen, sich in den Cliquen durch gleiches Meinen und gemeinsame »Feinde« wiederzufinden. Der affektive Schlagabtausch wird meist durch die »Konferenzlöwen«, die Konferenzleitung, die Schulleiter nach kurzer Zeit abgewiegelt: in der Beschwörung der »gemeinsamen Verantwortung«, in der Kanalisierung des Konflikts, in der Einschwörung auf »Feinde« der Schule (eine politische Partei, eine Zeitung, negative Strömungen im Ministerium, in den kommunalen Entscheidungsgremien). Die »gemeinsame Sache« erscheint am Ende als alle Konflikte überwindendes und verbindendes Element im Kollegium. Die Gesamtkonferenz (insbesondere in größeren Schulen) erweist sich damit in vielfacher Hinsicht als Institution zur Stabilisierung der Lehrer: Konflikte, die Lehrer in ihrer Identität erschüttern könnten, werden vermieden, verdeckt, nicht ausgetragen, Frustrationen und Aggressionen können durch »sachbezogene Aggression« in der Konferenz und Bestätigung innerhalb der Cliquen abreagiert werden.
In etwas anderer Weise wirken auch Absprachen zwischen Lehrern auf Jahrgangs- oder Fachebene stabilisierend und konfliktvermeidend. Diese Konferenzen (aber auch »private« Absprachen) sind die Drehbühne, auf die die Kulissen für den nächsten Akt der Lehrer-Schüler-Interaktionen geschoben werden. Sicher herrscht in solchen Konferenzen ein höheres Maß an Sachbezogenheit vor als auf Gesamtkonferenzen. Gleichwohl sollte nicht unterschlagen werden, daß es unterhalb der Sachbezogenheit um das Aushandeln von Rechten und Pflichten an Schülern, das Abstecken von Grenzen, das Beschneiden pädagogischen »Erfolges« (und damit auch des Mißerfolges des anderen Kollegen) geht. Indem Absprachen getroffen werden, minimalisieren sich Unterschiede, verringern sich Abstände zwischen den Kollegen in ihrem pädagogi-

schen »Erfolg« bzw. Mißerfolg, verringert sich ihre Unsicherheit. Konferenzen dieser Art bauen mit ihren Absprachen über Unterrichtsinhalte, Methoden, Lernzielüberprüfungen usw. Wälle gegen die Angst: Konkurrenzängste in bezug auf die Kollegen, Ängste vor den Schülern, Ängste vor Fehlentscheidungen, Ängste, den eigenen Ansprüchen als Lehrer nicht gerecht zu werden. Um den Wall errichten zu können, schließen die Lehrer vordergründig eine Art »Waffenstillstand«: Sie unterdrücken ihre Rivalität um die Gunst der Schüler, sie enthalten sich offener Kritik an Vorstellungen und Meinungen der Kollegen, sie akzeptieren Vorschläge, auch wenn sie diese eigentlich nicht mittragen können, sofern nur gewährleistet ist, daß ihre eigenen Vorstellungen in die Absprachen mit einfließen. Eingehüllt in einen pluralistischen Mantel an Konfliktarmut, wechselseitigen Akzeptierens und partieller Blindheit ist es nicht mehr wichtig, *was,* sondern *daß* etwas vereinbart wurde. Man mag solche Formen der Zusammenarbeit, solche Stabilisierungsversuche kritisieren. Aber: Welche anderen Möglichkeiten stehen dem Lehrer angesichts seiner Ausbildung, in seiner Situation überhaupt offen, um »überleben« zu können? Ist es nicht schon ein Fortschritt, wenn Lehrer ihre Rivalität so weit gedämpft haben, daß es ihnen möglich ist, etwas zu vereinbaren gegenüber dem zuvor bestehenden Gemisch aus Angst, verhaltener Aggression und »Sprachlosigkeit« zwischen den Kollegen?

2.6 Was ließe sich wie ändern?

Ich habe Lehrer-Interaktionen als ein Syndrom aus Konfliktverdrängung und Stabilisierung beschrieben. Was ließe sich dagegen tun? Langfristig wäre daran zu denken, das Pädagogik-Studium stärker mit Praxiselementen anzureichern, z. B. das Studium parallel zur Ausbildung in der Schule durchzuführen. Dies müßte verbunden werden mit der Vermittlung von gruppendynamischen Kenntnissen und Erfahrungen zum Bereich Schule. Dadurch können Studenten befähigt werden, ohne starken identitätsgefährdenden »Praxisschock« realitätsbezogene Beziehungen zu Schülern aufzubauen. Die Junglehrer wären dann nicht in dem jetzigen Maße von Stabilisierungs-Bedürfnissen geprägt, wären konfliktfähiger und zur Regelung sachlicher Probleme eher in der Lage. Ob ein solches ausbildungsbezogenes Studium von den derzeit bestehen-

den Hochschulen überhaupt angeboten werden kann, ist jedoch sehr fraglich. Positiv könnten sich organisatorische Veränderungen auswirken: Verkleinerungen der Klassenfrequenzen, der Schulen, der Lehrerkollegien; Abbau des Fachlehrerprinzips für untere Klassen zugunsten von Teams aus etwa drei Lehrern, die den überwiegenden Unterricht in der jeweiligen Klasse abdeckten; Verminderung der Pflichtstundenzahl zugunsten von Kooperationszeit für Lehrer und Lehrerteams.
Neben diesen Forderungen – manchen erscheinen sie realitätsfern – bleibt zu überlegen, was unter den derzeitigen Bedingungen Besserung verspricht. Grundlage für ein vertrauensvolles Miteinander der Lehrer, das wiederum Bedingung dafür ist, daß Konflikte offen ausgetragen und nicht mit den beschriebenen Abwehrtechniken kaschiert werden, können z.B. stabile Arbeitsbeziehungen sein.[20] Sie aufzubauen kostet Zeit und Engagement, denn die Entwicklung dieser Beziehungen sollte vorwiegend in der Freizeit erfolgen. Sind dann gleiche Interessen und Vertrauen genug vorhanden, können wechselseitige Unterrichtsbesuche eine ausgezeichnete Möglichkeit sein, starre, eingefahrene Verhaltensweisen zu erkennen und zu verändern. Diese Arbeitsbeziehungen sollen in »Basisorganisationen« einmünden, die Probleme am Arbeitsplatz aufgreifen und analysieren.[21] Diese Vorschläge sind sicherlich geeignet, die Situation des einzelnen Lehrers ein wenig zu verbessern, ihn zu stärken, daß er seine Aufgaben als Lehrer und Kollege besser wahrnehmen kann. An der grundsätzlichen Problematik und ihren Hintergründen würde jedoch kaum etwas verändert: Die Qualität der Lehrer-Schüler-Beziehung bleibt von diesen Vorschlägen unberührt und damit auch der Ursprung beruflicher Frustrationen und Ängste. Das Ideal eines mit den Kindern solidarischen Erziehers, der Mitverschworener ist gegen die Übermacht von Elternhaus und Schule, läßt sich in einem Schulsystem, in dem Erziehung für den Lehrer zugleich auch Berufsausübung und damit Gelderwerb darstellt, kaum realisieren. Eine solche Forderung zu erheben, würde bedeuten, die Entwicklung fruchtbarer zwischenmenschlicher Beziehungen zur Pflicht zu machen. Dies würde jedoch der Eigenart *dieser* Beziehungen widersprechen. So wird es stets Lehrer geben, denen der Schritt zum Du seiner Schüler gelingt, und es wird stets andere geben, »Profis«, denen die Schüler als Menschen gleichgültig (geworden) sind.

So gesehen können auch feste Arbeitsbeziehungen »Wälle gegen die Angst« sein, ablenken von menschlichen und erzieherischen Problemen mit den Schülern. Andererseits können jedoch feste Arbeitsbeziehungen, kann eine bessere Ausbildung den Lehrer befähigen, Geröll, Dornen, Gestrüpp auf dem Weg zum Du seiner Schüler mit mehr Kraft, Mut, Realitätssinn und Kenntnissen anzugehen. Eine gute Ausbildung und feste Arbeitsbeziehungen, eine bessere Organisation der Schule und menschlichere Rahmenbedingungen vermindern die Barrieren zwischen dem Lehrer und seinen Schülern, lassen fruchtbare pädagogische Beziehungen eher möglich werden. Ob sie sich jedoch einstellen, hängt von den Beteiligten ab, ist entscheidend an die Person des Lehrers gebunden.

3. Anregungen für Interventionen und Trainings

Die vielfältigen Schwierigkeiten von Lehrern, mit ihren Schülern und untereinander zurechtzukommen, haben Fachleute auf den Plan gerufen. Da ist zunächst die Gruppe derer, die mit Lehrern und Studenten gruppendynamische Trainings betreiben in der Hoffnung, daß sich die Ergebnisse dieser Kurse irgendwie auf die Arbeit in der Schule auswirken werden.[22] Wesentlich stärker auf die individuellen Probleme der einzelnen Lehrer in der Schule bezogen sind gruppendynamische Seminare in der Lehrerfortbildung, wie sie von der Hessischen Landeszentrale für politische Bildung durchgeführt werden.[23] Trainings dieser Art zielen auf eine allgemeine psychische Stärkung der Beteiligten ab, auf eine Erweiterung ihres Bewußtseins und ihrer Handlungsmöglichkeiten. Ob diese Trainings jedoch dazu beitragen können, die Problematik der einzelnen Lehrer im Verhältnis zu ihren Kollegen und zu ihren Schülern abzutragen, ist mehr oder weniger dem Bereich des Spekulativen zuzuweisen. Vermutlich teilen sie das Schicksal fast aller gruppendynamischen Seminare: Ihre Folgen für die Berufssituation der einzelnen Teilnehmer lassen sich nicht empirisch nachweisen.
Nicht die allgemeine Ausbildung sozialer Fähigkeiten, sondern ein gezieltes Training sozialer Fertigkeiten für die Anforderungen des Unterrichts steht im Mittelpunkt der Bestrebun-

gen einer anderen Gruppe von Fachleuten.[24] So wichtig und bedeutsam die (insbesondere von GRELL) entwickelten Anregungen sind, so problematisch ist es, gezielt professionelle Verhaltensweisen zu erwerben und dann zu glauben, damit ändere sich das Lehrer-Schüler-Verhältnis. Sicher sind viele gelernte Formen des Umgangs mit den Schülern »ineffektiv«, führen zu Reibungsverlusten und Behinderungen des Unterrichts. Ein gezieltes Training könnte den Lehrer befähigen, effektiver zu unterrichten. Aber wovon sind die so gelernten Verhaltensweisen Ausdruck? Repräsentieren sie die Gefühle, Einstellungen und Beziehungsaufnahmen des Lehrers gegenüber seinen Schülern? Verhindern sie nicht, um der Effektivität eines gleichwohl meist folgenlos bleibenden Unterrichts willen, daß dem Lehrer die Brücke zum Du seiner Schüler gelingt und daß er aus dieser Beziehung heraus fruchtbar werden kann? Macht die Lehrertechnik den Lehrer für die Schüler nicht menschlich unkenntlich und wird er daher nicht viel stärker abgelehnt als sein weniger »perfekter« Kollege, der gerade mit seinen Unzulänglichkeiten von den Schülern viel eher akzeptiert wird, weil man sich mit ihm auseinandersetzen, sich an ihm reiben, sich durch ihn weiterentwickeln kann? Die wenigen Fragen sollen genügen. Eine notwendige detailliertere Auseinandersetzung erfordert wesentlich mehr Raum, als in diesem Aufsatz zur Verfügung steht.[25]
Der problematische Punkt gruppendynamisch orientierter Lehrerbildung liegt in den Fachleuten dieser Lehrerbildung selbst. Sie, die von Schulpraxis abgehoben forschen, lehren und beraten, sind in die Dialektik verstrickt, daß sie einerseits Problemsicht bei den betroffenen Lehrern bewirken, daß sie aber zum anderen gerade durch ihre Interventionen die Lehrer »entmündigen«, sie inkompetent machen, ihre Probleme selber zu lösen, weil Forschung, Lehre und Beratung durch die Fachleute von deren Notwendigkeit künden und damit ausdrücken, daß die Betroffenen sich nicht aus eigener Kraft helfen können. Allen Interventionen und Trainings haftet daher die Erkenntnis an, daß letztlich nicht geholfen werden kann, sondern daß die betroffenen Lehrer ihre Probleme nur selber angehen können. Wirkliche Hilfe erwächst nur, wenn die Fachleute selbst Betroffene werden, Lehrer, die solidarisch zu ihren Kollegen stehen. Das setzt eine Abkehr vom individuellen Aufstiegs- und Profilierungsstreben voraus, also etwas, was man in unserer Konkurrenzgesellschaft nicht vor-

aussetzen kann, was im Gegenteil ihren tragenden Prinzipien widersprechen würde. Entgegen der Erkenntnis, daß das Korn nicht im Himmel wächst, wird also auch weiterhin dort gesät – und ab und zu fällt eines der wenigen keimfähigen Körnchen auch auf fruchtbaren Boden.

HILARION G. PETZOLD

Das Hier-und-Jetzt-Prinzip und die Dimension der Zeit in der psychologischen Gruppenarbeit

Hier-und-Jetzt ist ein Zauberwort in der Gruppenpsychotherapie, der Gruppendynamik und den Encounter- und Wachstumsgruppen des »Human Potential Movement«, denn in praktisch allen wichtigen Ansätzen der »psychologischen Gruppenarbeit«, um diesen Terminus als Oberbegriff zu verwenden (PETZOLD 1971), wird die Bedeutung des Hic-et-nunc-Prinzips herausgestellt (SAGER, KAPLAN, HEIGL-EVERS 1973; YALOM 1970; SHAFFER, GALINSKY 1977). Was den Charakter einer magischen Formel noch unterstreicht, ist das Faktum, daß sich weder in den Standardwerken der Gruppendynamik (BRADFORD, GIBB, BENNE 1964, 1975[2]; BENNIS, BENNE, CHIN 1961; GOLEMBIEWSKI, BLUMBERG 1970), der Gruppenpsychotherapie (BATTEGAY 1979[3]; CORSINI 1978; YALOM 1970) oder des Human Potential Movement (SOLOMON, BERZON 1972; SIROKA, SIROKA, SCHLOSS 1971) noch in einschlägigen Handbuchartikeln (DÄUMLING, FENGLER 1978; HEIGL-EVERS, STREEK 1978) oder Werken zur Psychotherapieforschung (BERGIN, GARFIELD 1971) eine gründliche Auseinandersetzung mit dem Hier-und-Jetzt-Konzept findet.
Die in der Regel marginalen Ausführungen beschränken sich darauf festzustellen, daß im Hier-und-Jetzt der Gruppe sich relevante, innerpsychische Strukturen sowie Verhaltensweisen aus dem Außenfeld reproduzieren (FOULKES 1974; FINGER 1978, S. 125; BION 1959) – eine naheliegende, aber bislang noch nirgends empirisch verifizierte Hypothese. Ähnlich steht es mit Aussagen wie: »Die Hier-und-Jetzt-Fokussierung führt zu einer erheblichen Intensivierung der auftretenden Gefühle« (DÄUMLING, FENGLER 1978, S. 2801). Auch im Hinblick auf die Effizienz von hier-und-jetzt-zentriertem Vorgehen gegenüber vergangenheitszentriertem läßt sich nichts Gesichertes aussagen. Eine Untersuchung von INGERSOLL und SILVERMANN (1972) konnte zwischen zwei nach diesen unterschiedlichen

Akzentuierungen geführten Gruppen keinen signifikanten Unterschied finden. Schaut man die gruppentherapeutische und gruppendynamische Literatur durch, so fällt auf, daß sich fast keine Arbeiten finden, die sich theoretisch oder empirisch mit dem Problem der Zeit in Gruppen befassen. Lediglich aus den beiden Therapieschulen, die die radikalste Hier-und-Jetzt-Ausrichtung haben, Gestalttherapie und Psychodrama, ist eine größere Zahl von Arbeiten zu diesem Thema hervorgegangen (MORENO 1922, 1969; ZINKER 1975; NARANJO 1970; CURRY 1970; HOAGLAND 1971; MILLER 1973), die sich allerdings im wesentlichen darauf beschränken, das Konzept des »I and Thou in the Here and Now« (PERLS 1969; NARANJO 1968) zu entfalten oder eine Philosophie des Jetzt unter – oft oberflächlichem – Rückgriff auf fernöstliche Traditionen, insbesondere auf Zen-Lehren vorzutragen (JOSLYN 1977; HORNE 1973).
Zumindest was das Hic-et-nunc-Konzept anbelangt, kann man PONTALIS uneingeschränkt zustimmen: »Die Literatur über die kleinen Gruppen ist viel mehr durch Ideologie gekennzeichnet als jedes andere von der Psychologie betrachtete Gebiet« (1968, S. 229). Dagegen wäre nichts einzuwenden, läge diese Situation offen, d.h. wäre sie eingestanden – wie z.B. im Human Potential Movement – und fände sich eine elaborierte theoretische Begründung des ideologischen Ansatzes.
Im folgenden soll das Hier-und-Jetzt-Konzept in den wichtigsten Verfahren psychologischer Gruppenarbeit vorgestellt werden: in Growth-Gruppen, Gruppendynamik, analytischer Gruppentherapie, Psychodrama, Therapeutischem Theater, Gestalttherapie; anschließend wird ein integratives Modell vorgelegt. Einzeltherapeutische Verfahren wie z.B. die existential-psychiatrischen Ansätze von BINSWANGER, BOSS und FRANKL, die auf Gruppentherapie und Gruppendynamik keinen nennenswerten Einfluß gewonnen haben, bleiben trotz ihrer Hier-und-Jetzt-Ausrichtung unberücksichtigt.

1. Die Hier-und-Jetzt-Ideologie in den Growth- und Encountergruppen des Human Potential Movement

»Die humanistische Ethik stellt eine existentielle oder ›Hier-und-Jetzt‹-Perspektive auf und betont damit, daß ›man immer nur im gegenwärtigen Augenblick lebt‹. Dieser Begriff der

Vitalität, wie sie jedem vorüberziehenden Augenblick innewohnt, wird zum Ausdruck gebracht, ›wenn ein Mensch so gut wie möglich zu erkennen sucht, was er in jedem einzelnen Moment erlebt und was es mit der Situation, in der er sich befindet, in Wahrheit auf sich hat‹.« (BÜHLER, ALLEN 1974, S. 82)
Die Ideologie des Hier-und-Jetzt in der Bewegung aufzuzeigen, die sich die Förderung der menschlichen Potentiale zum Ziel gesetzt und seit Anfang der sechziger Jahre eine ständig wachsende Verbreitung gefunden hat, würde den Rahmen dieser Arbeit sprengen. Nachgezeichnet werden müßten die Entwicklung der »Humanistischen Psychologie« (VÖLKER 1980) und ihrer Quellen, die Impulse und Strömungen, die zu den Encounter-, Marathon- und Growth-Gruppen geführt haben (HOWARD 1970), das komplexe soziokulturelle Klima der amerikanischen Westküste in den Jahren 1962–1969, die Einflüsse der »counter culture« (ROSZAK 1972). Die Wurzeln dieser bunten, verwirrenden Vielfalt von Gruppenformen des »Human Potential Movement« gehen zurück auf europäische Denker wie BERGSON, BUBER, HUSSERL, auf die Psychiater MORENO und PERLS, die JANE HOWARD (1970) als die »Väter des Human Potential Movements« bezeichnet, auf KURT LEWIN und die von seinen Schülern LIPPITT, BRADFORD und BENNE (sie waren auch MORENOs Schüler) gegründeten »National Training Laboratories«, die Wiege der modernen Gruppendynamik. Weitere Wurzeln verlaufen zu WILHELM REICH, dem Begründer körperzentrierter Therapie, zu ELSA GINDLER, die Atem- und Bewegungsarbeit über ihre Schülerin CHARLOTTE SELVER einbrachte, zu fernöstlichen Religionen und Meditationsformen, zu den Praktiken und Ritualen nord- und südamerikanischer Indianer bzw. Indios: Good old Europe in amerikanischer Verarbeitung mit asiatischen und indianischen Gewürzen.
Die Humanistische Psychologie und das Human Potential Movement sind eine Antwort auf die Entfremdung der amerikanischen Gesellschaft zu Beginn der sechziger Jahre, eine Antwort auf den Primat der Rationalität, das wirtschaftliche Optimum, die Entleertheit der zwischenmenschlichen Beziehungen, auf das zukunftsgerichtete Jagen nach Geld und Erfolg. Auf diesem Hintergrund muß die Popularität des Hier-und-Jetzt-Konzepts gesehen werden, bietet es doch eine Möglichkeit, bedrückender Vergangenheit sowie bedrohlicher Zukunft zu entgehen und in Unmittelbarkeit die gegenwärtigen Körpersensationen, Gefühle und Kontakte zu leben. Der

ideologische Charakter dieses Konzeptes wird bei Berücksichtigung dieser historischen und soziokulturellen Zusammenhänge evident. Verfahren wie die gefühls- und hier-und-jetzt-zentrierte Gestalttherapie oder die Bioenergetische Analyse, die seit Anfang der fünfziger Jahre unbeachtet und unbekannt dahinvegetierten, wurden sozusagen »über Nacht« populär, zusammen mit der Hare-Krischna-Bewegung, der Transzendentalen Meditation, der Hippy Culture, den Jesus People. Es hat sich ein Aufbruch vollzogen, eine Wende, insbesondere unter jüngeren Menschen, die aus einer Mangelsituation nach neuen Wegen suchten: Drop-Out-Existenz und Drogenkonsum im Negativen, Alternativkultur, Körper- und Umweltbewußtheit im Konstruktiven. Die Hier-und-Jetzt-Ideologie der Gruppendynamik, der Gestalttherapie, des Yoga und der Meditation kam einem aktualen Bedürfnis entgegen.

Wie sehr Ideologie bereits auf die Handhabung des Hier-und-Jetzt im klassischen, T-group-zentrierten gruppendynamischen Laboratorium einwirkt, das mit leichten Variationen bis heute bei den National Training Laboratories (NTL) praktiziert wird, läßt sich an Teilnehmerberichten von »Laien« und »Experten« ersehen (z. B. KLAW 1961; GOTTSCHALK 1966). BRADFORD stellt die ganze Laboratoriumsarbeit unter das Motto: »Our idea would be simply that we observe our behavior in the here and now« (bei KLAW 1961, S. 115). Eine weitere Differenzierung wird nicht vorgenommen. In den Personal-Growth- und Encounter-Gruppen wird das Hier-und-Jetzt-Prinzip noch nebulöser. Aus der Arbeit von MORENO und PERLS wird der bloße Begriff übernommen, ohne die dahinterstehenden theoretischen Überlegungen. Die Unmittelbarkeit körperlicher Reaktionen und emotionalen Erlebens, wie sie aus der körperorientierten Arbeit REICHs und LOWENs in die Encounter- und Marathongruppen kam (SCHUTZ 1967, 1971; MINTZ 1967; BACH 1966), wurde ins Zentrum gestellt: to get more living out of life. Es entsteht eine Ideologie der Emotionalität, und Emotionen können nur hier-und-jetzt erlebt und ausgetauscht werden. PAUL BINDRIM formuliert für das von ihm kreierte »nude marathon«: »Diese emotionale Stufe von Intimität und Transparenz kann sich dann zuweilen weiter entwickeln in Richtung einer intensiviert erlebten persönlichen Identität und Grundeinheit mit allem Leben, die als Höhepunktserfahrung, Selbsttranszendierung oder als die basale spirituelle Erfahrung des Eins-Seins beschrieben worden ist. Bei der Strukturierung des Marathons hofften wir, jedem Teilnehmer zu helfen, sich ein bißchen weiter auf dem Weg zunehmender Authentizität und wechselseitiger Verbundenheit zu bewegen« (BINDRIM 1968, S. 181). Das also soll im Hier-und-Jetzt des Nacktmarathons zuwege gebracht werden. BACH (1966) hat in den »Ten Marathon Commandments« (sic!) beschrieben, wie das zu geschehen hat. Das 7. Gebot lautet: *»Show me now... Do not tell me when is the* Marathon Leitmotif. Owning up to feelings *here and now* and sharing them is *the* mode of participation.« Steht bei CARL ROGERS in seinem Modell der »Basic Encounter Group« (1967) noch ein anthropologisches Konzept hinter dem »expression of genuinely significant ›here-and-now‹ feelings«, nämlich BUBERs »Ich und Du«, (allerdings sehr dünn rezipiert und verarbeitet) und hat sie, sofern der »Experiencing-Ansatz« von GENDLIN (1970) inkorporiert wird, einen methodisch klaren, hier-und-jetzt-bezogenen Ansatz, so ist das »Hier-und-Jetzt« in den ohnehin nicht sehr klaren Vorstellungen des Human Potential Movement häufig eine Leerformel, oft eine Technik, zuweilen ein Zauberwort, meistens eine verwaschene Ideologie und selten ein philosophisch oder religiös *fundiertes* Konzept.

Differenzierter als in den Encounter-Gruppen vom klassischen »La Jolla«-Typ*, wie sie ROGERS und seine Mitarbeiter durchführen, wird von G. EGAN (1970) mit dem Hier-und-Jetzt umgegangen. Sein Modell der Encounter-Gruppe steht in der Tradition von ROGERS, verarbeitet aber die theoretischen und methodischen Ansätze der NTL-Gruppendynamik und humanistischer Psychotherapie. Nach EGAN wird die Arbeit im Hier-und-Jetzt notwendig, um die gegenwärtige Raum/Zeit-Dimension der Gruppe wirklich zu erfassen. »... Der Hauptfokus der Gruppenarbeit ist die Gegenwart, das Hier-und-Jetzt. Die Inhalte der Interaktionen in der Gruppe müssen in gewisser Weise ihre Raum/Zeit-Distanz verlieren. Die Suche eines Teilnehmers nach seiner Identität mag durch das Faktum kompliziert werden, daß sein Vater ihn eingeschränkt hatte, ihm die Freiheit, als Persönlichkeit zu wachsen, versagt hat. Was aber für die Gruppe wichtig ist, ist die Art, wie das Mitglied sich gegenwärtig in der Welt bewegt... Das Mitglied mag durchaus über die Vergangenheit sprechen, aber die Vergangenheit muß für die Gegenwart relevant gemacht werden. Es mag darüber sprechen, was außerhalb der Gruppe geschehen ist

* Bezogen auf das Center for Studies of the Person in La Jolla, Kalifornien. – Der Hrsg.

oder geschehen wird, aber dieses ›dort‹ muß gleichfalls zu einem ›hier‹ gemacht werden.« (EGAN 1970, S. 93)* Es geht also um Konkretisierung von Dort-und-Dann-Material im Hier-und-Jetzt. Die Vergangenheit wird im Ansatz von EGAN nicht ausgeschlossen. Sie soll nur aus ihrer erlebnismäßigen Distanz und Enthobenheit in die gemeinsame Erfahrung der Gruppe gebracht werden. »Wenn eine vergangene oder zukünftige Angelegenheit für die Aktivität innerhalb der Gruppe relevant gemacht werden kann, dann verliert sie ihre Raum/Zeit-Distanz. Der Gruppenleiter kann sehr hilfreich dabei sein, Wege zu finden, die Dort-und-Dann-Angelegenheiten einer Gruppe nahezubringen und für sie relevant zu machen.« (ibid. S. 94)

EGAN bezieht sich auf das LEWINsche Feldkonzept, wie es von DEUTSCH (1954) expliziert wurde: »Es geht nicht darum, die Bedeutung der Vergangenheit zu verleugnen, die das Verhalten indirekt beeinflußt. Jedoch selbst wenn die Vergangenheit eine bestimmte Bedingtheit schaffen kann, die in die Gegenwart hereingetragen wird, ist es gleichwohl die gegenwärtige Bedingung, die für die Gegenwart Einfluß gewinnt. Strenggenommen ist die Verbindung gegenwärtigen Verhaltens mit vergangenen Ereignissen ein äußerst schwieriges Unterfangen. Es setzt voraus, daß man in ausreichender Weise weiß, wie das vergangene Ereignis das psychologische Feld zu jener Zeit beeinflußte und ob oder ob nicht in der Zwischenzeit andere Ereignisse das Feld weiter modifiziert haben.« (DEUTSCH 1954, S. 186) EGAN versucht, seine Position durch zwei weitere Ansätze zu fundieren: die *»Self-disclosure«*-Theorie und die gesprächstherapeutischen Variablen der Unmittelbarkeit und Konkretheit (*immediacy, concreteness*, TRUAX, CARKHUFF 1964). Konkretheit impliziert immer Gegenwärtigkeit im Erleben. Unmittelbarkeit und Konkretheit führen zu direktem emotionalem Ausdruck. Dieser ist immer »gegenwärtiges Geschehen«. Diese Regel gilt nicht nur für das Verhalten der Gruppenmitglieder, sondern auch für das des Therapeuten. Es ist die Grundlage für eine sich öffnende und sich zeigende Trainer- beziehungsweise Therapeutenhaltung. Die von JOURARD, MOWRER u.a. entwickelte *»self-disclosure-theory«* (vgl. WEINER 1978) akzentuiert die Unmittelbarkeit

* Der Verfasser teilt mit, daß er die fremdsprachlichen Zitate entweder selbst übersetzt oder die angegebenen deutschen Übersetzungen durch Vergleich mit den Originalausgaben richtiggestellt hat. – Der Hrsg.

des persönlichen Ausdrucks, der persönlichen Öffnung. Dieser jedoch ist nicht ahistorisch. Wenn die Pathogenese im *»concealment«,* im *»pathogenic secret«* gesehen wird, so handelt es sich doch meistens um Dinge aus der Vergangenheit, vergangene Geheimnisse, die nicht offenbart werden dürfen. So ist in der Regel das *»self-disclosure«* der Gruppenmitglieder mit vergangenen, belastenden Ereignissen befaßt, die erlebnishaft konkretisiert und so von der Gruppe gegenwärtig miterlebt werden können. Weiterhin wird betont, daß die Selbstenthüllung der Unmittelbarkeit und Konkretheit der gegenwärtigen Bedürfnislage der Teilnehmer und der Gruppe entspricht, d.h. also in der Gegenwart verankert ist. ROGERS hat dies bereits als wesentlich für die therapeutische Situation erkannt. Für die Motivation »existieren alle wirksamen Elemente in der Gegenwart. Verhalten ist nicht ›verursacht‹ durch etwas, was in der Vergangenheit geschah. Gegenwärtige Spannungen und gegenwärtige Bedürfnisse sind das einzige, was der Organismus reduzieren und befriedigen will. Zwar ist es wahr, daß vergangene Erfahrungen sicher dazu dienen, die Bedeutung dessen zu modifizieren, was in gegenwärtigen Erfahrungen wahrgenommen wird, indes findet sich kein Verhalten als solches, das ein gegenwärtiges Bedürfnis befriedigen will.« (ROGERS 1951, S. 294)

Wenn auch in den meisten Gruppenverfahren des »Human Potential Movement« *self-disclosure* als Interventionsstil praktiziert wird, so wird dennoch zur Begründung des Hier-und-Jetzt-Prinzips nicht auf dieses Konzept rekurriert. Vielmehr sind es die folgenden drei Quellen, die zur Hier-und-Jetzt-Ideologie in den Gruppenverfahren der Humanistischen Psychologie beigetragen haben: die Verbreitung taoistischen und zenbuddhistischen Gedankengutes durch ALAN WATTS (1961 a) – auch MASLOW bedient sich aus dieser Quelle (1966) –, die Popularität indianischer Lebensweisheit, sei sie nun durch »Seven Arrows« oder CASTAÑEDAs »Don Juan« vermittelt (1970), und schließlich die erneute Aktualität einiger indischer Gurus und ihrer Lehren.

RICHARD ALPERT, ehemaliger Universitätsdozent in Berkeley und Harvard und als Mitstreiter von TIMOTHY LEARY einer der Promotoren der psychedelischen Bewegung, mag als ein Beispiel dienen: Nach fünf Jahren Psychoanalyse, Erfahrungen als Gruppentherapeut, Experimenten mit Psilocybin und LSD (seit 1961) macht sich 1967 auf nach Indien, wo er im Himalaya einen Winter lang »unter der Führung von NEEM KAROLI

BABA, seinem Guru, studierte« (sic!, RAM DASS 1976). 1968 kehrte er als RAM DASS nach Amerika zurück, selbst ein Guru (so schnell geht das heute), der Vorträge, Meditationen und Wachstumsgruppen durchführt. ALPERT verdanken wir ein Buch »Be Here Now« und einige an Kliniken wie der Menninger Foundation, Topeka und dem Spring Grove Hospital gehaltene Vorträge (1976), die die Hier-und-Jetzt-Ideologie in einer Mischung von kreativen Gedankensplittern, psychologischem Fachwissen, verkürzter Wedenweisheit und philosophischer Plattheit darstellen. Mit dem depressiven Vater macht ALPERT Himbeermarmelade: gegenwartszentriertes Tun. Mit dem psychotischen Bruder versucht er, in der Beziehung »ebenso im ›Hier & Jetzt‹ zu sein, wie es mir überhaupt möglich war und wie ich es mit meinem Vater versucht hatte« (1976, S. 57) und siehe da, auch sein Vater wird ein Adept des *hic et nunc.* »Eine Depression gibt es nicht mehr, weil er damit begonnen hat, im Hier & Jetzt zu leben« (ibid. S. 53). Hier ist nichts mehr von der Frische der Zen-Geschichten oder der tiefgründigen Weisheit buddhistischer, hinduistischer oder taoistischer Texte, und es fehlt das profunde Wissen, das WATTS oder DÜRCKHEIM auszeichnet.
Extremes Beispiel kommerzialisierter Verflachung des Hier-und-Jetzt-Ideals findet sich in ELTENs Buch »Ganz entspannt im Hier und Jetzt« (1979), einem Erlebnisbericht aus dem Ashram von BHAGWAN SHREE RAJNEESH. Auch dieser Guru findet in Kreisen des Human Potential Movement und darüber hinaus enorme Resonanz, weil seine »Botschaft« bei vielen Menschen in ein existentielles Vakuum trifft, auf einen Hunger nach dem »ganz anderen«, nach dem »Eigentlichen«. BHAGWAN kombiniert in seinem Ashram Weisheitslehren aus allen großen Religionen mit psychologischer Gruppenarbeit aus dem Bereich Humanistischer Psychologie: Bioenergetik, Primärtherapie, Tagtraumarbeit usw. sowie mit Meditationsmethoden und Tantra-Yoga – eine synkretistische Mischung, konsumgerecht und nicht ohne Originalität. Kernkonzept: das *Hier-und-Jetzt.*

»Das Dasein ist einfach *da.*
Und das Leben ebenso.
Es zielt auf nichts ab.
Und es kennt keinen Zweck.
Oh! Fühl es!
Hier und Jetzt.« (BHAGWAN 1979, S. 16)

»Das Sein ist nicht Zeit.
Sondern ist *Ewigkeit.*
Es ist im ewigen *Jetzt.*
Da gibt es weder Vergangenheit noch Zukunft.
Nur die *Gegenwart.*
Oder nicht einmal das.
Denn ohne Vergangenheit und Zukunft ist es sinnlos,
von Gegenwart zu sprechen.« (ibid. S. 9)

Der Meister gibt hier uraltes religiöses Gemeingut wieder – wir finden es, in fast gleichen Formulierungen, in den Elogen des Hier-und-Jetzt von ERICH FROMM (1976, S. 126). Aber was bei BHAGWAN noch das Flair des Gurus trägt, wird bei ELTEN zur Platitüde.
Das Hier-und-Jetzt-Prinzip ist aus der Gruppenarbeit des Human Potential Movement beziehungsweise der Humanistischen Psychologie nicht mehr wegzudenken als »Technique, prescription and ideal«, wie NARANJO (1970) es für die Gestalttherapie formuliert hat; jedoch muß in allen drei Bereichen eine theoretische Fundierung geleistet werden, die noch nicht in Sicht ist. Auch die Einflüsse fernöstlicher Zeitphilosophie werden spürbar bleiben. Eine solche weltanschaulich-ideologische Komponente im Kontext psychologischer Gruppenarbeit braucht nicht zu beunruhigen, wenn man sich darüber Rechenschaft gibt, wieviel an Gruppendynamik und Psychoanalyse Ideologie ist. Zumindest hat die Zeitphilosophie des Zenbuddhismus (NISHITANI 1976) wertvolle Konzepte für eine Theorie des Hier-und-Jetzt in der psychologischen Gruppenarbeit anzubieten, die dem wenigen, was die gruppenpsychologischen und -therapeutischen Autoren unter Rekurs auf ihre jeweiligen Theorien bisher geboten haben, nicht nachsteht (JOSLYN 1977). Aber auch hier ist sorgfältige Ausarbeitung und Vertiefung anstelle der üblichen Schlagworte und verdünnten »philosophy« der meisten Gruppentrainer und -therapeuten erforderlich, um die Grundlagen für eine fundierte Praxis »humanistisch-psychologischer« Gruppenarbeit bereitzustellen.

»Reine Aufmerksamkeit ist nur mit der *Gegenwart* befaßt. Sie lehrt das, was so viele vergessen haben: mit voller Bewußtheit im Hier-und-Jetzt zu leben. Sie lehrt uns, uns der Gegenwart *zu stellen,* ohne zu versuchen, in Gedanken über die Vergangenheit oder die Zukunft ihr zu entkommen. Vergangenheit und Zukunft sind für das gewöhnliche Bewußtsein kein Gegenstand der Beobachtung, sondern der Reflexion.« (NYAPONIKA THERA 1962, S. 41)

2. *Das Hier-und-Jetzt als Methode in der Gruppendynamik und das Zeitkonzept* LEWINs

SHAFFER und GALINSKY (1977, S. 236) schreiben über das Hic-et-nunc-Konzept in der Gruppendynamik: »Alle Theoretiker stimmen darin überein, daß die Betonung des ›Hier und Jetzt‹ ein wichtiges Konzept der T-Gruppen ist.« Nur – die theoretischen Ansätze zur Begründung dieses Konzeptes sind nicht mehr als Skizzen.

Die Urheber der Laboratoriums- und T-Gruppen-Methode, BENNE, BRADFORD und LIPPITT, Schüler LEWINs und – was weniger bekannt ist – MORENOs (vgl. PETZOLD 1979d, 1980a) begründen die »Betonung des Hier-und-Jetzt« wie folgt: »Unmittelbare Erfahrungen der Teilnehmer bilden die Grundelemente des Laboratoriumslernens. Das Ringen der Gruppen um eine befriedigende Organisation und um Gruppenfortschritte, die Anstrengungen der Mitglieder, in der Struktur und Funktionsweise ihrer Gruppen einen Platz zu finden, ihr Bemühen um eine Integration der widersprüchlichen Anforderungen, die sich aus ihren multiplen Gruppenzugehörigkeiten innerhalb und außerhalb des Laboratoriums ergeben – alle diese Erfahrungen vermitteln lebhafte und persönliche Lerninhalte. Ein solches Lernen kommt am besten zustande, wenn den Teilnehmern bei der Sammlung von Daten über ihre eigenen Bemühungen und bei der Analyse dieser Daten geholfen wird. Ein Hauptschwerpunkt jedes Laboratoriumsprogramms liegt in der Freisetzung wesentlicher Erfahrungen im Hier-und-Jetzt für die Analyse, Konzeptualisierung, praktische Erprobung und Verallgemeinerung« (BENNE, BRADFORD, LIPPITT Erstveröffentl. 1964; 1972, S. 68f.).

Die in der Interaktion zwischen den Teilnehmern entstehenden Phänomene, ja diese Interaktion selbst sind der Fokus der Beobachtung und Reflexion. Wenn angenommen wird, daß in der Gruppe sich allgemeine Muster des Sozialverhaltens reproduzieren, vor den Augen aller Beteiligten, so scheint es in der Tat sinnvoller, sich diesem Material zuzuwenden, als mehr oder weniger entfernte oder abstrakte Berichte aus dem »Dort-und-Dann« zu analysieren. Die Wurzeln für eine solche Betrachtungsweise liegen in der Soziometrie MORENOs (1934), den von LIPPITT unter Begleitung LEWINs durchgeführten Untersuchungen über Führungsverhalten (1938) und den von MORENO und seinen Mitarbeitern durchgeführten Interventionen *in situ,* d.h. einer konkreten sozialen Situation im Alltag oder in einem Gruppensetting. MORENO hat seine Forderung, Verhalten in *statu nascendi* zu erforschen, 1934 und ausführlicher 1941 in seinen Überlegungen zu einer »philosophy of the moment« dargelegt. Die soziometrische Untersuchung von Gruppen »leaves man in the state in which he is spontaneously inclined to be and to join the groups he is spontaneously inclined to join«; die »patterns resulting from their spontaneous interactions« werden untersucht (MORENO 1941, S. 5). HENRIK F. INFIELD (1943) hat die Bedeutung eines solchen Ansatzes für die soziologische Untersuchung von Gruppen herausgestellt. »Such emphasis upon the concept of the moment seems to have significant implications for the development of sociology... and makes it face the world confronting us now and here... The interest in group construction dominates all work done by MORENO and others working along the same lines« (INFIELD 1943, S. 244). RONALD LIPPITT beschreibt 1943, drei Jahre bevor er mit BENNE, BRADFORD und LEWIN das erste Laboratorium »in human relations« in New Britain, Connecticut, durchführte, das gemeinhin als die Geburtsstunde der modernen Gruppendynamik und der T-Group angesehen wird (SCHLOSS, SIROKA, SIROKA 1971, S. 3; DÄUMLING, FENGLER 1978, S. 2796 u.a.), wichtige Prinzipien für eine Hier-und-Jetzt-Einstellung in seinem Artikel »The psychodrama in leadership training«, wobei er die Konzepte MORENOs, bei dem er Soziometrie und Psychodrama erlernte, einbezieht:

»The most efficient training-to-effect-behavior would seem to be at-the-elbow training in the real life situation« (LIPPITT 1943, S. 86). Einem solchen Vorgehen stehen aber vielfältige Hindernisse im Wege. Deshalb greift er MORENOs Konzept des »social laboratory« auf, indem er in einem »role-playing laboratory« (ibid. S. 287) folgende Ziele ansteuert: (1) soll dem Trainer die Möglichkeit gegeben werden, den Führungsstil im Alltagsleben eines jeden Trainees zu beobachten und zu diagnostizieren, (2) soll er sich auf die Führungsprobleme zentrieren, die in den Alltagssituationen der verschiedenen Trainees bestehen, jedoch innerhalb der gemeinsamen lebendigen Erfahrung der Trainingsgruppe (within the common life experience of the *training group,* Hervorhebung von H. P.), anstatt draußen ›vor Ort‹; (3) soll es allen Mitgliedern der Gruppe möglich gemacht werden, zur gleichen Zeit von den gleichen Erfahrungen zu profitieren, zusammen mit ihrem Trainer; (4)

soll eine Atmosphäre der Objektivität geschaffen werden, in der es Personen leichtfällt, kritisch auf ihre eigenen Verhaltensstile zu schauen ohne abzuwehren (without ego-defensiveness) (LIPPITT 1943, S. 286). Es sei die interessante Tatsache vermerkt, daß LIPPITT hier schon den Begriff »training group« benutzt (übernommen von MORENO, der seit 1932* diesen Terminus für die mit dem »spontaneity training« arbeitenden Gruppen [1934, S. 312–331] verwandte) und die T-Gruppenarbeit kennzeichnenden Ziele formuliert. Für die Hier-und-Jetzt-Einstellung ergeben sich daraus folgende Argumente: (1) Im Hier-und-Jetzt reproduziert sich Alltagshandeln, ist (2) Konkretheit und Unmittelbarkeit der Erfahrung gegeben, ist (3) die Gemeinsamkeit der Erfahrung für alle Beteiligten gewährleistet, werden (4) Schwierigkeiten von Dort-und-Dann-Situationen vermieden – ein Aspekt, der später in der Gruppendynamik als »Schutzraumkonzept« (BENNE 1972, S. 248; BROCHER 1972, S. 131) Bedeutung gewinnen sollte.

In das erste Laboratorium wurden einige dieser Konzepte eingebracht (LIPPITT 1949), obgleich BENNE berichtet: »Die Analyse des Hier-und-Jetzt-Verhaltens war als Lernmöglichkeit im formellen Lehrplan nicht vorgesehen.« (1972, S. 96) »Zu dieser Zeit dachte man nicht daran, andere Inhalte auszuschließen, wie etwa vom Stab vorgetragene Fälle, Berichte der Teilnehmer über Situationen außerhalb der Gruppe oder die Darstellung von Geschehnissen im Rollenspiel. Die Idee war anfänglich die, den Dort-und-Dann-Inhalt durch die Sammlung und die Analyse von Daten über das Verhalten hier und jetzt zu ergänzen.« (ibid. S. 98)

Der Verlauf des Experimentes aber zeigte den Wert von Verhaltensdaten, die in der Hier-und-Jetzt-Interaktion der Teilnehmer entstanden. BENNE (ibid.) und BLAKE (1958) berichten, wie die *Hic-et-nunc*-Ausrichtung immer ausgeprägter wurde und das *tum et olim* aus der T-Gruppenarbeit verbannt wurde. Die Begründung für diese Entwicklung ist ideologischer Natur, da empirische Untersuchungen zum Lerntransfer für aufgabenorientierte Situationen sehr widersprüchliche Ergebnisse brachten (vgl. BASS 1962, WAGNER 1965 und die Übersicht bei DÄUMLING, FENGLER 1978, S. 2808ff.). Es hat ein »change of values« stattgefunden. Sollten ursprüng-

* Persönliche Mitteilung von MORENO 1972 (vgl. PETZOLD 1979d, 1980a und BLAKE 1958, S. 3). – H. P.

lich im Laboratorium durch die Diskussion, Analyse und Simulation von Problemsituationen aus der Alltagswelt die Human Relations im Arbeitsfeld der Teilnehmer verbessert werden, so wurde in der Zeit von 1949 bis 1956 das offene Sozialverhalten der Teilnehmer im Hier-und-Jetzt der Gruppe untersucht, die interpersonale Kommunikation. Diese wurde nach Offenheit, Direktheit, emotionaler Beteiligung bewertet. Dabei stellte sich heraus, daß soziale Rollen, Status, Positionen für eine »unverstellte Kommunikation« oftmals ein Hindernis waren. Erst hinter diesen Attributionen steht die »reale« Persönlichkeit, die existentielle Wirklichkeit der Person. Ziel des Human Relations Training ist es, den Zugang zur realen Persönlichkeit zu eröffnen und damit wirkliche Kommunikation zwischen den Teilnehmern zu ermöglichen. »Insofern das Trainingsziel die normative Umorientierung des Teilnehmers einschließt*, muß die Aufmerksamkeit im Training dieser Ansicht zufolge auf die inneren Lebenswerte der Persönlichkeit gelenkt werden. Diese Lebenswerte offenbaren sich am authentischsten in der Sprache der Gefühle und des Verhaltens, in den hautnahen Begegnungen im Hier-und-Jetzt der Laboratoriumssituation.« (BENNE 1972, S. 134) Diese Ende der fünfziger Jahre einsetzende Entwicklung kennzeichnet die beginnende »Personal-Growth-Bewegung«, die zu »personal growth labs« bei den NTL führen sollte.
Für die skizzierten Ziele ist eine Hier-und-Jetzt-Einstellung *conditio sine qua non*. Nur die konsequente Ausklammerung des Dort-und-Dann und Dort-und-Jetzt ermöglicht Beseitigung von Rolle und Status – zumindest für die Zeit des Laboratoriums. Es erfolgt damit in dieser Richtung der Gruppendynamik eine Umorientierung von der rein sozialpsychologischen Ausrichtung, den *»behavioral sciences«* zu einer mehr »humanistisch-psychologischen«, »therapeutischen« Orientierung. I. WESCHLER, F. MASSARIK und R. TANNENBAUM mit ihrem Konzept des »Sensitivity Trainings« (1962) bezeichnen diese Form der Arbeit geradezu als »Therapie für Normale« (was heißen soll: Gesunde). Obgleich ein Kennzeichen für dieses Konzept – wohl auch in Abgrenzung zur »Therapie für Kranke« – die Hier-und-Jetzt-Zentrierung und das Ausklammern der Biographie des Klienten ist, obgleich das Umlernen, die »re-education«, durch die aktuale Interaktion der Teilnehmer geschehen soll, wird mit dem Therapiebegriff die Genese,

* Sic! – Der Hrsg.

das *tum et olim* wieder mit ins Spiel gebracht. BENNE schreibt über die re-education durch Gruppenarbeit, die durch eine Verschiebung der Grenzen des pädagogischen Bereichs hin zum therapeutischen erfolgt: »Eine solche *therapeutische Ausrichtung* aber erweist sich als gültige Grundlage für ein erzieherisches Konzept, das sich die Reduktion von Entfremdung in unserer Zeit zum Ziel gesetzt hat. Dieser Vorgang wird besser als ›Neuerziehung bzw. Umerziehung‹ (reeducation) zu ›Human relationships‹ bezeichnet.« (BENNE Erstveröffentl. 1967; 1973, S. 17) Es sollen in der Sozialisation erworbene, »tief in der Persönlichkeitsstruktur verwurzelte« (ibid.) Verhaltensweisen verändert werden. Die Arbeit im Hier-und-Jetzt verweist damit auf das Dort-und-Dann, ja dieses wird in den Laboratorien von manchen Trainern explizit einbezogen: »Auch Laboratoriumstrainer unterscheiden sich in dem Grad, in dem der Akzent der Trainingsgespräche auf biographisch-lebensgeschichtliche Inhalte oder auf die Hier-und-Jetzt-Situation gelegt wird.« (BENNE, BRADFORD, LIPPITT 1972, S. 47) WARREN G. BENNIS (1972, S. 295) sieht sogar in dem »Grad, in dem der Trainer das Eingehen auf einen äußeren Kontext ›zuläßt‹..., verglichen mit dem Grad, in dem er zur Beachtung des Hier-und-Jetzt ermutigt, eine geeignete Dimension für die Analyse verschiedener Arten von Trainingsmethoden«.

Das Hier-und-Jetzt des Laboratoriums und der T-Gruppe unterscheidet sich in seiner Ideologie von dem *hic et nunc* der Growth-Gruppen und der Gestaltisten (nicht Gestalttherapeuten), die die Gegenwartszentriertheit als Lebensideal ansehen (vgl. B. STEVENS 1970; NARANJO 1970). Es bezieht sich auf das Dort-und-Dann, denn es ist auf Lerntransfer gerichtet (BENNE, BRADFORD, LIPPITT 1972; BENNE 1972; LIPPITT 1949), und es umfaßt nicht nur den »Augenblick«, sondern die nähere Vergangenheit und Zukunft der Gruppe, das Hier-und-Jetzt des gesamten Laboratoriums (BENNE 1972, S. 254ff.). Das Hier-und-Jetzt wird als Technik *instrumental* eingesetzt zur Statusentkleidung, zur »Primitivierung des Verhaltens« (ibid. S. 257), um sozusagen die ›rohe Person‹ zu schaffen, die durch das *»Feedback«* (SBANDI 1970) der Gruppe in der entstandenen Gruppenkultur neues Verhalten aufbaut. »Wenn sich die Mitglieder einander zuwenden, um Hilfe bei einer neuen Definition zu erlangen, wer sie sind und wofür sie einstehen, so werden sie zur Validierung ihrer Interpretationen durch verläßliches empirisches Material auf das im Hier-

und-Jetzt zutage tretende Verhalten zurückverwiesen.« (BENNE 1972, S. 258) Die Hier-und-Jetzt-Methode dient also sowohl der Demontage als auch dem Aufbau von Verhalten. Indem die im Dort-und-Dann gültigen Normen und Verhaltensstrategien durch das unstrukturierte, gegenwartszentrierte Setting außer Kraft gesetzt werden, entsteht das *»unfreezing«* (LEWIN 1951) von Verhaltensmustern, das Voraussetzung des *»change«* ist, auf den das *»refreezing«* folgt (WALTER 1977).

Die Hier-und-Jetzt-Methode wird also zur Labilisierung eines personalen Systems eingesetzt, führt – ganz im Sinne der Ausführungen von AGUILERA und MESSICK (1974) über die Genese von Krisen – zu einer krisenhaften Situation. Die Gruppenmitglieder »müssen einen neuen Status aufbauen, der dem sozialen System im Hier-und-Jetzt, so wie es in der T-Gruppe entsteht, angemessen ist. Durch diesen *Schock* (Hervorhebung von H. P.), des gewohnten Status entkleidet zu werden, und aus der Herausforderung, einen neuen Status zu erlangen, können bedeutsame Lernerfahrungen sowohl über sich selbst als auch über soziale Systeme zustande kommen.« (BENNE 1972, S. 257) Eine so applizierte Hier-und-Jetzt-Technik ohne die ideologische Abstützung durch das Hier-und-Jetzt-Ideal (JOSLYN 1977) dürfte auch die Ursache für die zahlreichen Dekompensationen in gruppendynamischen Laboratorien sein (LOOMIS 1956; GOTTSCHALK 1966; GOTTSCHALK, PATTISON 1972; PETERSEN 1977).

Die Zentrierung auf das Hier-und-Jetzt-Verhalten soll dem Gruppenteilnehmer eine vertiefte Einsicht in sein Verhalten vermitteln, ja ihn vielleicht erstmalig damit konfrontieren, wie sein Verhalten auf andere wirkt. Dabei wird die Reproduktion von Alltagsverhalten in der Gruppe unterstellt. Die Verhaltensstrukturen, »die sich aus ihren Erfahrungen« (denen der Teilnehmer nämlich) »mit anderen Menschen, anderen Gruppen und Organisationen herleiten, werden in die T-Gruppe *transferiert*«. (BENNE 1972, S. 257) Die gruppendynamische Feedback-Technik ist das Instrument dieser Verhaltensrückmeldung und damit eine spezifische Hier-und-Jetzt-Technik, da sie sich auf aktual beobachtbares Verhalten beziehen soll und auf nichts sonst (LIPPITT 1949), ganz gleich, ob es sich um »feeling-oriented-« oder »task-oriented-feedback« handelt (ROBERTS et al. 1955). Im Sinne einer *strikten* Hier-und-Jetzt-Konzeption bezieht sich das Feedback auf etwas schon Vergangenes. Es wird damit nochmals deutlich, daß das *hic et nunc* der Gruppendynamik kein existentielles, sondern bei aller *»value orientation«* ein sozialtechnologisches Konzept ist, Instrument eines *»social engineering«* (BENNE 1949). Es ist nicht der zeitenthobene Augenblick FROMMs (1976, S. 127) oder die gelassene Gegenwärtigkeit der Sensory Awareness (BROOKS, SELVER 1979), nicht die immer neue, spontane Aktion des frühen MORENO (1922, 1941) oder die wache Aufmerksamkeit (awareness) für die Wahrnehmungen des Organismus (PERLS 1969), sondern Medium für Beobachtungs- und Problemlösungsprozesse.

Der von MORENO begründete und von LEWIN weiterentwickelte Aktionsforschungsansatz (PETZOLD 1979b) steht hier im Hintergrund mit seinem Anspruch, aktuale Situationen vor Ort im konkreten Hier-und-Jetzt zu untersuchen. Das Hier-und-Jetzt der gruppendynamischen Situation generiert Material für Aktionsforschungsprozesse, läßt Konflikte entstehen, für die Problemlösungsstrategien *»sur place«* erarbeitet werden können. Die dahinterstehende Annahme, die ein solches Vorgehen erst sinnvoll macht, ist, daß sich in sozialen Gruppen Regeln, Normen, Konflikte nach ubiquitär gültigen Mustern entwickeln, ansonsten müßte jeder Anspruch auf Lerntransfer aufgegeben werden. Die T-Gruppe bliebe »ein Spiel ohne Folgen« (GIERE 1970). So formuliert denn BLAKE auch: »Members of a training group can, therefore, study how controls, regulations, and standards develop. They are aspects of group functioning that are of central significance in any work situation. For these multiple reasons, the training group can be regarded as a fundamental unit for studying social problemsolving« (BLAKE 1958, S. 5). Diese Annahme ist zumindest in solcher Generalisierung bezweifelbar und auch bezweifelt worden (HORN 1972; WHITMAN 1972; PRIM, RECKMANN 1975). Die böse Frage WIERINGAs, »ob Menschen in unstrukturierten Situationen noch etwas anderes lernen, als sich in unstrukturierten Situationen zu verhalten« (1973, S. 88), spricht das Evaluations- und Transferproblem der Gruppendynamik an (bezeichnenderweise fehlt im Übersichtsartikel zur Gruppendynamik von DÄUMLING und FENGLER [1978] ein Abschnitt über Transfer); es hat für die Hier-und-Jetzt-Konzeption der Gruppendynamik zumindest die Konsequenz, daß bei fehlender Transferwirkung eine wichtige Legitimationsbasis für den ahistorischen Trainingsstil in Laboratorien und T-Gruppen fortfallen würde. Auf die damit angesprochene Problematik einzugehen, würde den Rahmen dieser Arbeit sprengen, und so mag es genügen, auf sie hinzuweisen.

Aus der gruppendynamischen Praxis hat MAX PAGÈS (Erstveröffentl. 1968; 1974) eine Theorie und Praxis psychologischer Gruppenarbeit entwickelt, in der der Gegenwärtigkeit, dem Hier-und-Jetzt, besondere Bedeutung zukommt. In Auseinandersetzung mit Konzepten psychoanalytischer Gruppenarbeit, z.B. denen von BION, und den Vorstellungen LEWINs und seiner Schule (BENNE, BENNIS u.a.) kommt er zu der Auffassung, daß die »existentielle Ebene der Beziehung die primäre, bestimmende und eigentlich genetische Ebene des Verhaltens darstellt« (PAGÈS 1974, S. 130). Authentische, wirkliche Beziehung zwischen Menschen aber ist immer »unmittelbar erlebter Kontakt«. Beziehung wird »erlebt und Gefühl ist das Erlebnis der Beziehung zum anderen« (ibid. S. 121). Da Gefühle und Beziehungen also nur unmittelbar erlebte Gegenwart sein können, muß Gruppenarbeit im Hier-und-Jetzt stattfinden. Die »affektive Erfahrung der Beziehung ist allen Mitgliedern einer Gruppe gemeinsam. *Sie ist die Grundlage der Gruppenbindung. ... Das Leben der Gruppe ist nichts anderes als ein permanenter Dialog, um diese Erfahrung, die die Gruppenmitglieder gemeinsam machen, zu erhellen.«* (ibid. S. 122) MAX PAGÈS stellt daher die »Hypothese eines kollektiven Unbewußten auf, das in der *jeweiligen Gegenwart* liegt; es besteht in der affektiven Erfahrung der Beziehung, und es steuert die Gruppenphänomene« (ibid. S. 122, Hervorhebung von H. P.).
In einer solchen Auffassung wird die historische Sicht zugunsten einer »existentiellen Genese« (ibid. S. 108) zurückgestellt. Wenn die Gruppenarbeit in gegenwärtigen Beziehungen der Gruppenmitglieder zueinander wurzelt und diese »Ursachen« und Ausdruck des Verhaltens sind, so muß eine »existentielle, ahistorische Genese des Verhaltens« angenommen werden. Andererseits sieht PAGÈS das Fortwirken historischer Fakten im Hier-und-Jetzt, wenn auch nicht im Sinne einer linear kausalen Ursache-Wirkung-Kette. Er arbeitet einen interessanten Entwurf aus, Gegenwartszentriertheit und psychoanalytische Vergangenheitsorientierung zu integrieren: »Uns scheint, daß die vergangene Erfahrung als ein Repertoire abwehrender Antworten auf die gegenwärtige Beziehung gesehen werden kann. *Die vergangene Erfahrung ist eine Sprache, über die das Individuum verfügt, um die gegenwärtige Beziehung zum Ausdruck zu bringen.* Die historische Erfahrung schafft und produziert daher nicht die gegenwärtige Erfahrung, sie stattet das Individuum nur mit einer Palette möglicher Antworten auf die zwischenmenschliche Situation

aus. Diese Antworten haben jedoch einen Sinn im Bezug auf die reale Situation, der sie Ausdruck verleihen wollen; das Individuum empfindet real die gegenwärtige Situation, die Quelle seiner Emotionen ist.« (1974, S. 128f.) Ich habe an anderer Stelle (PETZOLD 1980c) eine ähnliche Argumentation aus der »Szenentheorie« entwickelt: Die im Leib »archivierten« Szenen meiner Vergangenheit ragen in die Gegenwart hinein, so daß ich, wenn ich eine »neue« Szene betrete, nur in den seltensten Fällen meinen Fuß auf unberührten Boden setze. Ich habe schon in vielen Szenen dieser Art gespielt. Sie geben mir Handlungssicherheit. »Dieser Gesichtspunkt schließt den historischen Determinismus aus. Die Gegenwart ist keineswegs die Konsequenz aus der Vergangenheit. Die vergangene Erfahrung liefert, wenn man so will, nur eine erste Antwort, die von der gegenwärtigen Beziehung sofort revidiert und modifiziert wird. Gewiß ist das Individuum von seiner Vergangenheit beeinflußt, ihr Gefangener ist es nicht. ... Die erlebte Vergangenheit, wie sie in der Gegenwart mobilisiert wird, ist eine Schöpfung der Gegenwart und wird von ihr laufend modifiziert. Unser Standpunkt ist konträr dem historischen Determinismus der Psychoanalyse.« (PAGÈS 1974, S. 129)

Für die gesunde Persönlichkeit teile ich die Auffassung von PAGÈS. Die kranke Persönlichkeit ist aber meines Erachtens gerade dadurch gekennzeichnet, daß sie »Marionette der eigenen Geschichte wird« oder daß sie »ohne Geschichte, ohne Szenen im Hintergrund, der Gegenwart hilflos ausgeliefert ist« (PETZOLD 1980c). Die zwingende Kraft von Szenen und Szenensequenzen dürfte stärker in der Gegenwart wirksam sein, als PAGÈS dies annimmt. Zwar bringt die Gegenwart nicht nur die Vergangenheit zum Ausdruck, indem sie »sozusagen die Sprache der Vergangenheit« ist (PAGÈS 1974, S. 130), und sicherlich ist die gegenwärtige, existentielle Beziehung »die primäre, bestimmende und eigentlich genetische Ebene des Verhaltens« (ibid.), aber diese ist, wie er selbst affirmiert, nicht »ahistorisch«. Beziehung hat Geschichte, generiert Geschichte, ist in meine Geschichte mit Beziehungen eingebunden. Die FREUDsche Konzeption der historischen Entstehung des Verhaltens muß in der Tat durch »eine existentielle Konzeption der Entstehung und eine neue Konzeption der Geschichtlichkeit ersetzt werden. ... Das Bewußtwerden der verdrängten gegenwärtigen existentiellen Erfahrung gewänne die Oberhand über die Analyse der Vergangenheit.« (ibid.

S. 212) Verdrängtes aber ist nicht nur Gleichzeitiges, sondern auch Vorgängiges. PAGÈS zentriert auf die unmittelbare Beziehung, die Sprache des Gefühls, in der man äußert, »was in der gegenwärtigen Situation hier und jetzt erlebt wird« (ibid. S. 276). Er kommt aus seiner Theorie gegenwärtiger Beziehungen zu einer neuen »Auffassung der Geschichtlichkeit«: »Der Akzent wird nicht nur auf die Klärung der vergangenen Erfahrung gelegt, sondern auf den Abbau der Abwehrhaltungen gegen die gegenwärtige Beziehung« (ibid. S. 131). Da das Individuum diese Abwehrhaltung aber »von seiner Vergangenheit erbt« (ibid. S. 130), kann der Einfluß der Vergangenheit nicht unterschätzt werden. Auch in die »existentielle Ebene der Beziehung« spielt die Geschichte hinein, und sei es durch die erlernten Formen der Abwehr. Als stringent ahistorischer Ansatz kann das Modell von PAGÈS also nicht betrachtet werden. Sein Hier-und-Jetzt steht im Horizont einer nicht kausalfixierenden Geschichtlichkeit. Geschichtlicher Determination entgeht PAGÈS in seinem Ansatz indes nicht, da die Vergangenheit sich in den Abwehrstrukturen zu Wort meldet. Ihre Sprache ist unüberhörbar, wenn auch nicht omnipotent. PAGÈS übersieht, daß die Freiheit von der Geschichte im Hier-und-Jetzt vielfach erst gewonnen werden muß. So möchte ich einen Satz von ihm modifizieren: »Gewiß ist das Individuum von seiner Vergangenheit beeinflußt, doch ihr Gefangener *muß es nicht bleiben*.«

PAGÈS' Konzept ist dem LEWINschen ähnlich, wenngleich er sich auf die *Zeit*-Interpretation LEWINs nicht bezieht. Das nimmt nicht wunder, denn PAGÈS grenzt sich von LEWINs sozialtechnologischer Interpretation der Gruppenprozesse ab. Seine im Detail sicher nicht immer haltbare LEWIN-Kritik trifft gleichwohl die Problematik des LEWINschen Ansatzes im Kern, die im Bewußtseins- und Beziehungsbegriff des Berliner Gestaltpsychologen liegt. (WALTER, 1977a und b, hat in der Zurückweisung der Kritik von PAGÈS dessen Intentionen offenbar nicht verstanden.) PAGÈS geht in zwei Richtungen über LEWIN hinaus: durch seine Konzepte des unbewußten Gefühls, der Trennungsangst und der Solidarität sowie durch sein Konzept der Abwehr. Hier erscheint mir eine Verschmelzung der Ansätze von PAGÈS und LEWIN als außerordentlich fruchtbar.

Was bei Durchsicht der gruppendynamischen Literatur auffällt, sind indes nicht nur die spärlichen Ausführungen zur Begründung des Hier-und-Jetzt-Ansatzes – einzig BENNE (1972, S. 257–259) hat sich auf drei Buchseiten damit befaßt –,

sondern ist auch die Tatsache, daß keiner der Autoren, die unmittelbaren LEWIN-Schüler einbezogen, auf die theoretischen Erörterungen des Berliner Gestaltpsychologen zum Zeitproblem zurückgreift. LEWINs Konstrukt des psychologischen Lebensraumes kann, auf die Gruppensituation angewandt, das Hier-und-Jetzt der T-Gruppe weitaus besser begründen als BENNEs Ideologie der »Rebarbarisierung«: »Eine Rationalität, die das beständige Lernen aus dem Hier-und-Jetzt sucht und die ›Rebarbarisierung‹ der Erfahrung als Bedingung für eine bedeutsame Entfaltung von Persönlichkeit und Gesellschaft anerkennt, anstatt den Tatsachen, Gefühlen und Möglichkeiten der Gegenwart willkürlich ihre gewohnten Formen aufzuzwingen, ist eine Rationalität als Werkzeug der Entfaltung und Veränderung, nicht eines dogmatischen Konservatismus oder einer doktrinären Reform.« (BENNE 1972, S. 259) LEWINs Konzepte sind nüchterner, psychologischer. Sie benötigen keinen Rekurs auf hier-und-jetzt-evozierte Regressionsphänomene zur Begründung des Hier-und-Jetzt.
Als *»psychologischen Lebensraum«* bezeichnet LEWIN (Erstveröffentl. 1936; 1969, S. 34) »den Gesamtbereich dessen..., was das Verhalten eines Individuums in einem gegebenen Zeit*moment* bestimmt« (Hervorhebungen von H. P.). Dieser Zeitmoment ist gegenwärtiges Hier-und-Jetzt, aber er ist nicht ahistorisch. »Es ist wichtig, sich zu vergegenwärtigen, daß die psychologische Vergangenheit und Zukunft gleichzeitig Teile des psychologischen Feldes sind, das zu einer bestimmten Zeit existiert.« (idem 1943, S. 303) Im Hier-und-Jetzt, im gegenwärtigen Lebensraum der Person sind Vergangenheit und Zukunft in der »gegebenen Zeit« anwesend, d. h. daß sie nicht als solche, sondern in ihrer jeweiligen, erlebnishaft aktualen Repräsentanz bedeutsam sind. Im Lebensraum der Gruppe beziehungsweise im Lebensraum des jeweiligen Teilnehmers ist hier und jetzt an gruppaler beziehungsweise persönlicher Vergangenheit und Zukunft das »da«, was im konkreten Erleben gegenwärtig ist. Diese Auffassung wird bekräftigt durch LEWINs Unterscheidung zwischen *Lebenssituation* und *Momentansituation*. Beide sind aufs engste miteinander verknüpft. Die Lebenssituation bildet den ständig mehr oder weniger präsenten »Hintergrund« der Momentansituation. »Es läßt sich beobachten, wie sich der in strukturierter Weise gegenwärtige Bereich des Lebensraumes unter dem Einfluß eines neuen Ereignisses ausweitet oder verengt. ... Je nach dem Problem, um das es sich handelt, tritt manchmal die

Lebenssituation, manchmal die Momentansituation stärker in den Vordergrund. Die Lebenssituation erweist sich im allgemeinen als konstanter; man kann bei ihrer Darstellung mit größeren Zeiteinheiten rechnen.« (LEWIN Erstveröffentl. 1936; 1969, S. 45)

Diese Ausführungen scheinen eine weitgehende Gleichsetzung von »Lebensraum« und »Zeitperspektive« nahezulegen, was WALTER zu dem Fehlschluß verleitet: »Der Begriff der ›Zeitperspektive‹ kann deshalb vielfach im Rang eines Synonyms für Lebensraum eingesetzt werden« (WALTER 1977, S. 123). »Der Lebensraum eines Menschen schließt, weit entfernt, auf das begrenzt zu sein, was er für die gegenwärtige Situation hält, die Zukunft, die Gegenwart und auch die Vergangenheit ein. Die Handlungen, die Gefühle und bestimmt die Moral eines Menschen hängen in jedem Augenblick von seiner totalen Zeitperspektive ab« (LEWIN Erstveröffentl. 1942; 1953, S. 153). Dieser Text differenziert bei aller begrifflichen Nähe die Raum- und die Zeitdimension, wie wir es bei LEWIN durchgängig finden, und zwar unter Bezug auf die Raum-Zeit-Quanten der Quantenphysik (vgl. 1963, S. 95). Die Verschränkung von Raum und Zeit darf nicht, wie bei WALTER, zu einer Nivellierung dieser Größen führen.

LEWIN versucht durch Rückgriff auf das von FRANK (1939) entwickelte Konzept der *»time perspective«** die Zeitdimension des Feldes zu fassen. »It is important to realize that the psychological past and the psychological future are simultaneous parts of the psychological field existing at a given time *t*« (1951, S. 54). Damit wird jedoch die *Bewegung in der Zeit* – auch die subjektiv erlebte – nicht erfaßt. Im LEWINschen Ansatz »kann man die Situationsstruktur (das Feld S_t als Handlungs-Determinans) und den Zeitablauf nicht in einem Gedankengang gemeinsam analysieren« (MEY 1965, S. 51). Das Problem wird durch die summative Auffassung der Raum-Zeit-Konfiguration als Aneinanderreihung unendlich kleiner Situationsquerschnitte akzentuiert. Der Zeitverlauf kann aber auch als *Zeitgestalt* gesehen werden, was letztlich zur Auffassung von Lebensabschnitten, ja des Lebensganzen

* LEWIN hat den Begriff im psychologischen Bereich bekannt gemacht, aber nichts wesentlich über FRANK Hinausgehendes zu dem Konzept beigetragen, zumal er nur die *bewußte* Bezogenheit auf einen mehr oder weniger langen Zeitraum der Vergangenheit und Zukunft unter dieses Konzept faßt. BERGIUS (1957) bezieht auch die nicht bewußten Strebungen des psychischen Geschehens ein. – H. P.

(life span) als »Gestalt« führen könnte. LEWIN jedoch zentriert sich auf die Zeitperspektive als die von der jeweiligen Gegenwart ausgehende Spannweite des zeitlichen Erlebens. Erinnerungen und Erwartungen gehen ein in einen Zeitentwurf, welcher zum Wegweiser von Handeln und Verhalten des Entwerfenden wird. LEWIN betont für die Beziehung auf Vergangenheit und Zukunft das »Prinzip der *Gegenwärtigkeit*« und stellt fest, »daß weder vergangene, noch zukünftige psychologische Fakten das gegenwärtige Geschehen beeinflussen, sondern lediglich die gegenwärtige Gesamtsituation. Diese These folgt unmittelbar aus dem Grundsatz, daß nur konkret Existierendes wirken kann. Da sowohl Vergangenes wie Zukünftiges gegenwärtig nicht existiert, kann es auch gegenwärtig nicht wirken. In die Darstellung des Lebensraumes ist also nur Gleichzeitiges aufzunehmen« (Erstveröffentl. 1936; 1969, S. 55, so auch 1963, S. 105). Die ahistorische Praxis der T-Gruppe, die alle Äußerungen aus dem Dort-und-Dann ablehnt, kann sich nicht auf diese Vorstellungen LEWINs beziehen (und sie tut es auch nicht), denn die Lebenssituation als Vergangenheitshintergrund und Zukunftsentwurf ist in der Gegenwärtigkeit – LEWIN verwendet den Begriff des Hier-und-Jetzt in seinen Schriften *nicht* – präsent. Zum einen ist sie es, insoweit sie konkret fortwirkt als Ausdruck des »*Beziehungscharakters* der verursachenden Fakten« (1969, S. 53): oft genug kann »der Zustand eines Lebensraumes aus dem Zustand desselben Lebensraumes in früheren Zeitmomenten abgeleitet« werden (ibid. S. 87). Zum anderen können Zukunft und Vergangenheit insbesondere als soziale und epochale Zeit, als »Randpunkte des Lebensraumes« (ibid. S. 90) aufgefaßt werden, deren Wirkungen auf den Lebensraum beträchtlich werden können.

In einem solchen Konzept von Gegenwärtigkeit ist die Geschichte nicht ausgeschlossen. Sie erhält nur einen anderen Stellenwert. Sie ist nicht mehr im Sinne einer linear-kausalen Determination gegenwärtigen Verhaltens aufzufassen. LEWIN wertet »die Herleitung des Verhaltens aus der Vergangenheit« als »metaphysisch« ab (1963, S. 105). Diese Aussage aber bezieht sich lediglich auf einen »historischen Ursachenbegriff«, der lineare Kausalbeziehungen beziehungsweise -ketten herstellen will. In LEWINs »systematischem Ursachenbegriff« (1969, S. 51 vgl. 1933, S. 328) wird das Geschehen »hier also ›zurückgeführt‹ auf die dynamischen Eigenschaften der gegenwärtigen Situation. Die ›Ursache‹ des Geschehens besteht in der Eigenheit dieses gegenwärtigen Lebensraumes« (1969, S. 51). Wieder ist darauf zu verweisen, daß der Lebensraum nicht »zeitlos« ist, wie aus LEWINs graphischer Darstellung des Lebensraumes auf zwei Entwicklungsstufen deutlich zu ersehen ist (1963, S. 279). Beim jüngeren Kind nehmen psychologische Vergangenheit und Zukunft einen kleineren Raum ein als beim älteren. Lebensraum und Zeitperspektive korrespondieren. LEWINs »Prinzip der Gegenwärtigkeit«, seine »Momentansituation« unterscheidet sich damit vom Moment, vom Hier-und-Jetzt des frühen MORENO (vgl. Kap. 4) und vom Hic-et-nunc-Konzept bei PERLS und FROMM, oder von ILJINEs »Kairos« (vgl. Kap. 5 und 6). Es ist weniger radikal, weniger ahistorisch auch als YALOMs gegenwartszentrierte Gruppentherapie (vgl. Kap. 3).

LEWIN sieht das Hier-und-Jetzt im ›historischen‹ Zusammenhang des jeweiligen Lebensraumes. »Welche Bedeutung Zukunft und Vergangenheit in einem Lebensraum besitzen, ist von Fall zu Fall verschieden« (1969, S. 58); daß sie aber Bedeutung besitzen, steht für ihn außer Zweifel: »Die Ableitung des psychologischen Geschehens geschieht durch ein Zurückführen auf die dynamischen Zusammenhänge, aus denen es entspringt« (1969, S. 51). LEWINs Geschichtsverständnis ist somit ein dynamisches. Es ist nicht mehr »aristotelisch«, sondern »galileisch«. (LEWIN 1931 – eine im Hinblick auf die derzeitige Kritik des galileischen Denkansatzes durch C. F. VON WEIZSÄCKER 1972, A. M. K. MÜLLER 1974, S. 53 u.a. nicht eben glückliche Gegenüberstellung.)* LEWIN wendet sich gegen linearhistorische Kausalität, gerade im Hinblick auf den oben erwähnten »Beziehungscharakter der verursachenden Fakten« (1969, S. 53): »Ein Geschehen kann nur durch ein ›Zueinander‹ verschiedener Gebilde verursacht werden« (ibid. S. 54). »So berechtigt an sich die ›historische‹ Fragestellung und das Aufsuchen historischer Kausalketten ist, so sorgfältig wird man historische oder halbhistorische Antworten auf ›systematische‹ Kausalfragen zu vermeiden haben« (ibid. S. 55). Er

* MÜLLER (1978, S. 211) kritisiert am galileischen Ansatz »a) das Ausschnitthafte, b) die Mathematisierbarkeit, c) die Wiederholbarkeit«. Auf dem Hintergrund der Quantentheorie formuliert er: »Das Mörderische am theoretischen Ansatz der Galileischen Physik ist, daß er ausschnittartig gewisse Wirkungen und Wirkungszusammenhänge in Begriffe stilisiert, zugleich aber für die seinen Begriffsapparat überschreitende Totalität der vollen *Aus*wirkungen notwendig blind ist. Der Erfolg bleibt prinzipiell ein partikularer, die Abblendungen durch die Begriffsanalyse können durch keine physikalische Synthese wieder rückgängig gemacht werden« (1978, S. 213). – H. P.

sieht Geschichte »als eine Folge von Situationen (›Momentschnitten‹)« (ibid.), womit die raumzeitliche Verschränkung (Hier-*und*-Jetzt) des Lebensraumes hervorgehoben wird, die den Feldbegriff kennzeichnet. »Der Lebenslauf läßt sich durch eine Abfolge« von Momentschnitten, von jeweilig bestehenden Lebensräumen beziehungsweise Feldern verstehen, »wovon jedes die Situation in einem bestimmten historischen Stadium darstellt« (1963, S. 131).

Vielleicht verwendet LEWIN den Begriff des Hier-und-Jetzt, der ihm aus MORENOs Arbeiten von 1934 und 1941 bekannt sein mußte*, deshalb nicht, weil er als zeitenthobener Augenblick die Zeitperspektive ausschließt, jenen zeitlichen »Hintergrund« der Vergangenheit und Entwurf zur Zukunft hin, jene »Dauer« und Ausdehnung, die für die »Momentschnitte« kennzeichnend ist (1969, S. 55). »Eine Methode, welche die Eigenschaften einer Situation *S* durch ihre Überprüfung zum Zeitpunkt *t* bestimmt, vermeidet die Unsicherheit historischer Schlußfolgerungen. Daraus folgt aber keineswegs, daß eine solche Methode jede zeitliche Betrachtungsweise über Bord wirft. Eine ›Situation zu einer gegebenen Zeit‹ ist in Wirklichkeit nicht eine Situation ohne zeitliche Dauer, sondern stellt eine bestimmte Periode dar. Diese Tatsache ist für die Psychologie von großer theoretischer und methodischer Bedeutung« (1963, S. 92, vgl. auch 1942 und 1943).

LEWIN hat mit seiner strikten Ablehnung von Ursachen aus der Vergangenheit für Verhaltensweisen in der Gegenwart (z. B. 1963, S. 105; 1969, S. 55) einem Mißverständnis seines Konzeptes Vorschub geleistet und sich den Vorwurf eingehandelt, er verfahre ahistorisch (z. B. STRAUS 1956, S. 132). Dieser Vorwurf ist nur insoweit richtig, wie er sich auf LEWINs völlige Vernachlässigung der übergeordneten historischen Situation mit ihrem ökonomischen, politischen und sozialen Bedingungsgefüge bezieht – und hier wiegt er in der Tat schwer! Im Hinblick auf das Lebensraumkonzept aber ist er unzutreffend, weil bei LEWIN die Momentansituation die Lebenssituation zum Hintergrund hat, weil der Momentschnitt Dauer hat, weil die Zeitperspektive beziehungsweise der Lebensraum Vergangenheit und Zukunft als »Randpunkte« haben, weil der Vor-

* MORENO (1953^2) berichtet von seinem Zusammentreffen mit LEWIN 1935, daß dieser »Who shall survive?« (1934) gelesen hatte. LEWIN veröffentlichte seit Begründung der Zeitschrift »Sociometry«, in der 1941 MORENOs »Philosophy of the Moment« erschien, und war von 1942 bis zu seinem Tode »Contributing Editor« der Zeitschrift (vgl. PETZOLD 1980a). – H. P.

geschichte zumindest indirekte Wirkung zukommt. »In der Tat hängen der strukturelle Aufbau der Person und die psychologischen Eigenschaften der Gebilde der Umgebung – wie gerade die experimentellen Untersuchungen eindringlich zeigen – *in jedem Punkte und in jedem Moment entscheidend von der Vorgeschichte ab* (vgl. HOPPE 1930). Diese Wirkung der Vorgeschichte ist aber unter dynamischen Gesichtspunkten als indirekt zu bezeichnen: Ein Ereignis der Vergangenheit kann auf gegenwärtiges Geschehen nicht Wirkungen im Sinne der Systematik ausüben, sondern es kann nur *eine* Stelle in der historischen Kausalkette einnehmen, deren *Verschlingungen* die gegenwärtige Situation geschaffen haben« (1969, S. 56, Hervorhebungen von H. P.).

LEWIN zeigt hier die Vieldimensionalität von Kausalzusammenhängen an, die nur, soweit sie als Wirkkräfte eines Feldes hier und jetzt präsent sind, Wirkung haben können, ohne daß damit die Bedeutung vorgängiger Fakten negiert würde (vgl. 1969, S. 91). »Die Feldtheorie ist an historischen und an Entwicklungsproblemen interessiert, doch fordert sie eine wesentlich exaktere analytische Behandlung dieser Probleme, als es, besonders in der Assoziationstheorie, üblich ist« (LEWIN 1963, S. 96). Ursache und Verursachung werden differenziert, die kausalhistorische Betrachtung wird als eine gültige Möglichkeit neben die systematisch-historische gestellt, wobei letzterer die größere explikatorische Bedeutung zugewiesen wird. LEWINs Entwürfe zur Frage der Zeit bieten ein differenziertes Raster zur Betrachtung gruppendynamischer und gruppentherapeutischer Situationen; jedenfalls ist es differenzierter als die verkürzenden Konzepte, die wir in der gruppendynamischen Literatur finden und die das Hier-und-Jetzt auf eine Technik oder allenfalls auf einen methodischen Zugang reduzieren. Der Rekurs auf die Entwürfe LEWINs böte die Möglichkeit zu einem hier-und-jetzt-zentrierten gruppendynamischen Stil, der nicht ahistorisch ist, sondern Vergangenheit und Zukunft als erlebte Zeit der Teilnehmer, als im »fraglichen Moment wirklich ›existierende‹ psychologische Tatsache, die einen wesentlichen Bestandteil des gegenwärtigen Lebensraums ausmacht« (1969, S. 57), in die Gruppenarbeit einbezieht.

Es dürfte aber im Rückblick auf die Konzeption des Hier-und-Jetzt der »klassischen« T-Gruppe bei den »National Training Laboratories« auch deutlich werden, daß damit ein anderes Trainingsgruppen-Modell geschaffen würde, das von den drei

LEWINschen Prinzipien »Gegenwärtigkeit«, »Konkretheit« und »Beziehungscharakter der verursachenden Fakten« bestimmt ist. Die Formel V=f (PU) – d.h. welche zeitliche Beziehung besteht zwischen dem Verhalten (V) und den beiden Konstituenten des Lebensraumes, Person (P) und Umwelt (U)? – schließt auch bei strikter Anwendung des Prinzips der Gleichzeitigkeit Fakten aus dem Dort-und-Dann und dem Dort-und-Jetzt nicht aus, sofern sie erlebnishaft konkret für den einzelnen und die Gruppe präsent sind. Damit ist das »aus dem Augenblick generierte Material« der unstrukturierten Situation durchaus nicht obsolet. In T-Gruppen, die in das Hier-und-Jetzt unter dem Prinzip der »Konkretheit« Dort-und-Dann-Fakten einbeziehen, entsteht noch genügend ahistorische Interaktion – oder zumindest Interaktion, die nur vom Miteinander der Gruppenmitglieder (und auch das hat, wie BENNE zeigt, Geschichte) bestimmt ist. In der Praxis verfahren viele Trainer in T-Gruppen nach diesem Modell, was durch das Aufkommen der *Sensitivity Trainings*, der *Personal Growth Labs* in den sechziger Jahren* und der *Task oriented Labs*** (zu den Formen von gruppendynamischen Trainings vgl. DÄUMLING, FENGLER 1978) sich geradezu als Forderung der Situation ergab. Die Begründungen für das Hier-und-Jetzt-Prinzip der klassischen T-Gruppe greifen bei diesen Trainingsformen nicht, aber theoretische und methodische Neubegründungen wurden bislang nicht gegeben. Das Hier-und-Jetzt-Modell der Tavistock-Schule (vgl. Kap. 3) steht in einer anderen Tradition als die aus der NTL-Schule und der Personal-Growth-Bewegung hervorgegangenen Trainingsformen und kann für diese kaum herangezogen werden. So bietet die Ausarbeitung der Konzepte LEWINs zweierlei: Möglichkeiten, die Hier-und-Jetzt-Formel derart zu fundieren, daß diese aus

* Vgl. hierzu den Beitrag von JÖRG FENGLER in diesem Band. – Der Hrsg.

** Aufgabenorientierte Gruppen, auch Problemlösegruppen oder leistungsorientiertes Training genannt, standen anfangs neben der »klassischen« Trainingsgruppe und der Therapiegruppe, eigentlich in deren Schatten. Dazu gehört beispielsweise das sogenannte Efficiency-Training zur Erzielung »sozialer Kompetenz«, bei dem es um Team-Fähigkeit (unter dem Aspekt der Leistung) geht. DOPPLER/VOIGT (vgl. deren Beitrag in diesem Band) sehen das Social-Skill-Training zur Erlangung sozialer Fertigkeiten – wie ich meine, mit Recht – als Weiterentwicklung der T-Gruppe an. Am (vorläufigen) Ende dieses Zweiges der Gruppendynamik steht die meist nur mit dem Kürzel OE bezeichnete »Organisationsentwicklung«, zuweilen abgewertet als »Modetrend«, von seiten der Gewerkschaften durchaus nicht vorbehaltlos akzeptiert. Mit den »kritischen Aspekten der Organisationsentwicklung« beschäftigt sich auch KLAUS KRÄMER in diesem Band. – Der Hrsg.

dem Bereich des Nur-Ideologischen gehoben wird; darüber hinaus Anregungen, theoretische Modelle zur Handhabung der Zeitdimension in Gruppen zu entwickeln. Weitere Ansätze sollen im folgenden gezeigt werden.

3. *Vergangenheit in der Gegenwart. Hier-und-Jetzt in der psychoanalytischen Gruppenarbeit*

YALOM (1974, S. 175) stellt im Hinblick auf die Einführung des Hier-und-Jetzt-Begriffes fest: »Abgesehen von einer Äußerung MORENOs aus dem Jahre 1922, der den Ausdruck etwas anders gebrauchte, ist der Ausdruck ›Hier-und-Jetzt‹ in der psychiatrischen Literatur (nach meinem besten Wissen) zum erstenmal 1950 in EZRIELs Artikel ›Ein psychoanalytischer Ansatz in der Gruppenbehandlung‹ erschienen.« Diese Angabe ist mit Sicherheit nicht zutreffend. MORENO (1934, S. 426) und ILJINE (1942, S. 32) verwenden den Begriff in eindeutig therapeutischem Kontext; ebenso verwendet der Berliner Psychoanalytiker FRIEDRICH S. PERLS das Hier-und-Jetzt-Konzept in seinen Arbeiten von 1942 und 1948 und führt es 1951 zusammen mit HEFFERLINE und GOODMAN weiter aus. Es wird zum Kernkonzept der Gestalttherapie. PERLS kam in der Auseinandersetzung mit dem Problem der Verzerrung des interpersonalen Kontaktes durch Übertragungssituationen zu dem Schluß: »Aus diesem Dilemma kann ich keinen anderen Ausweg sehen als mit dem Offensichtlichen zu beginnen, mit der Situation, in der sich der Patient während des Gesprächs selbst vorfindet. Ich empfehle zum Beispiel folgendes Experiment: ihn jeden Satz beginnen zu lassen mit den Worten ›hier und jetzt‹ und zu beobachten, wie er darauf reagiert. .... Formulierungen wie ›hier und jetzt‹ oder ›jetzt merke ich gerade‹ werden nicht nur gewählt, um die wichtigste Ebene der Charakterbildung sowie einige der primitiveren Widerstände ans Licht zu bringen, sondern um auch den Weg zu klären, wie alle seine Funktionen, besonders seine Dysfunktionen, Konflikte, ausweichenden Einstellungen erkannt werden können« (PERLS Erstveröffentl. 1948; 1978, S. 10f).

Verwendet PERLS auch den Begriff »Hier und Jetzt« explizit, so führt er doch nur aus, was sein Lehranalytiker WILHELM REICH der Sache nach schon 1933 in der »Charakteranalyse«

vertreten hat: »Das ›Wie‹ steht als zu deutendes ›Material‹ gleichberechtigt neben dem, *was* der Patient sagt. ... Für den Charakterwiderstand ist bezeichnend, nicht was der Patient zeigt und tut, sondern wie er spricht und handelt« (REICH 1933, amerik. 1949[3], S. 46f). Auch in der ungarischen Schule SANDOR FERENCZIs, mit der PERLS über HITSCHMANN, bei dem er einen Teil seiner Analyse machte, in Kontakt kam, wurde dem Hier-und-Jetzt-Verhalten der Patienten große Beachtung geschenkt. FERENCZI hat aktuales Verhalten aufgegriffen und ist es unmittelbar (nicht nur vermittels Deutungen) durch seine »aktive Technik« angegangen. Inwieweit FERENCZI durch den russischen Mediziner und Philosophen VLADIMIR ILJINE, Begründer des »Therapeutischen Theaters«, der bei ihm seine Analyse machte, inspiriert wurde, läßt sich nicht mehr feststellen. FERENCZIs Schülerin MELANIE KLEIN akzentuierte durch ihre Arbeit mit Kindern, die ja noch keine große Historie haben (vgl. SEGAL 1974), die Hier-und-Jetzt-Zentrierung. In ihrer Deutungsarbeit sollten Gegenwart und Vergangenheit, Innenwelt und Außenwelt integriert werden. Ihr Einfluß auf JOHN RICKMAN und WILFRIED BION (1943) sowie auf HENRY EZRIEL (1950) dürfte zu der Hier-und-Jetzt-Orientierung dieser Therapeuten und der Tavistock-Schule der Gruppendynamik und Gruppentherapie entscheidend beigetragen haben.

Letztlich ist die Bedeutung der Hier-und-Jetzt-Position schon im Werk FREUDs angelegt. Es war seine Auffassung, »daß das Bewußtsein überhaupt nur ein höchst flüchtiger Zustand ist. Was bewußt ist, ist es nur für einen Moment« (FREUD, Abriß der Psychoanalyse, 1938; GW XVII, S. 81). Die analytische Arbeit muß deshalb auf den gegenwärtigen Moment, das Geschehen zwischen Therapeut und Patient gerichtet sein, dem mit der Entdeckung der Übertragung als einem hier und jetzt entstehenden und faßbaren Phänomen zentrale Bedeutung zukommt. Zwar bleibt bei FREUD die Gegenwart immer bestimmt vom Verweis auf die Vergangenheit, jedoch nicht im Sinne einer Nachordnung, sondern eines Ineinander. »Wenn ein Dorf zur Stadt, ein Kind zum Manne heranwächst, so gehen dabei Dorf und Kind in Stadt und Mann unter... Anders geht es bei der seelischen Entwicklung zu... Jede frühere Entwicklungsstufe (bleibt) neben der späteren, die aus ihr geworden ist; die Sukzession bedingt eine Koexistenz...« (FREUD GW X, S. 337). Diese Verschränkung von Gegenwart und Vergangenheit, die übrigens auch für die Auffassung von FERENCZI kennzeichnend ist (DE FOREST 1942), wird durch analytische Autoren von STRACHEY (1934) über BIBRING (1954), LEVY (1963, S. 24) bis LOCH (1965, S. 26) und GREENSON (1975, S. 318ff.) – um nur einige zu nennen – immer wieder betont. STRACHEY sieht die Deutungsarbeit in der aktuellen Gegenwart der analytischen Situation auf diesem Grund: »Jede mutative Deutung muß emotional unmittelbar sein; der Patient muß sie als etwas Aktuelles erleben« (1934, S. 143).

Die Übertragung als aktualisierte, hier und jetzt erfahrbare Vergangenheit, durch die sich Analytiker und Patient in einer konkreten Gegenwart und einem konkreten Raum mit der Realität unbewußter Phantasien und archaischer Triebwünsche konfrontiert sehen, ist nichts Memoriertes, in fernen Zeiten Ruhendes. Sie ist lebendig, »greifbar« und »auf diesem Felde muß der Sieg gewonnen werden, ... denn schließlich kann niemand *in absentia* oder *in effigie* erschlagen werden« (FREUD GW VIII, S. 374).

Gerade diese »historische« Auffassung des Hier-und-Jetzt, die sich bei FREUD und der Mehrzahl seiner Nachfolger findet, ist Gegenstand der Kritik geworden. LEWIN (1963, S. 131, 92; 1969, S. 52) hat die kausal-historische Ausrichtung der Psychoanalyse, ihren Anspruch, gegenwärtiges Verhalten aus der Vergangenheit durch Kausalschlüsse zu erklären, kritisiert. Ihm zufolge ist Verhalten nur aus den gegenwärtig wirksamen Kräften des Feldes zu erklären. Nach psychoanalytischer Position ist es jedoch »epigenetisches Produkt« (ERIKSON 1940). RAPAPORT (1970, S. 47) vertritt hierzu die Auffassung: »Der genetische Standpunkt steht *nicht* im Widerstreit mit K. LEWINs Satz, daß nur Kräfte und Bedingungen, die *jetzt und hier* vorhanden sind, im Hier und Jetzt eine Wirkung ausüben können; er besagt nur einfach, daß vieles von dem, was hier und jetzt im Individuum ›vorhanden ist‹, nur durch eine genetische Erforschung dessen, was voranging, erkannt werden kann. Das bedeutet, daß deskriptiv identische Verhaltensformen verschieden in ihrer psychologischen Bedeutung sein können, je nach ihren genetischen Wurzeln. Aber es bedeutet auch, daß die empirische Relevanz eines Verhaltens zu einer Situation, in der es auftritt, allein noch nicht notwendig dieses Verhalten erklärt, und daß die Erklärung auch die epigenetischen Gesetze, die das Verhalten hervorbrachten, berücksichtigen muß.« LEWIN könnte einer solchen Position durchaus zustimmen, sofern ein systematischer Kausalitätsbegriff verwandt wird: »Man darf aus der ›Ungeschlossenheit‹ der psychischen Welten nicht den Schluß ziehen, daß es letzten Endes keinen Sinn hat, von einem psychologischen bzw. psychobiologischen Kausalzusammenhang zu sprechen.« (1969, S. 91) Ich habe gezeigt, daß über die Zeitperspektive im Lebensraum und die Randpunkte auch LEWINs Hier-und-Jetzt eine historische Dimension hat. Die Aktualgenese ist nicht ohne vorgängige Geschichte. Die Unterschiede zwischen dem LEWINschen und dem FREUDschen Ansatz liegen einerseits in der Bewertung des Materials, der Zeitmodi, und andererseits im Verständnis der Kausalität.

Von anderer Position wendet sich KAREN HORNEY gegen die Überakzentuierung der historischen Determinierung. Sie ist der Auffassung, FREUD ginge fehl zu glauben, »daß die Gefühle der Liebe, der Feindschaft, des Mißtrauens, der Eifersucht sich an den Analytiker binden ohne Rücksicht auf dessen Alter, Geschlecht, Verhalten oder dessen, *was sich in der Analyse real abspielt«* (1939, S. 136). Ist auch zu fragen, ob diese FREUD-Kritik zutrifft und welches »Realitätsverständnis« HORNEY hier der analytischen Situation zugrunde legt (vgl. hierzu PONTALIS 1968, S. 176ff.), so zeigt sich doch eine deutliche Akzentverschiebung: »Ich unterscheide mich von FREUD darin, daß er nach dem Erkennen der neurotischen Tendenzen zunächst ihrer Entstehung nachgeht, während ich in erster Linie ihre gegenwärtigen Funktionen und Auswirkungen untersuche« (HORNEY 1939, S. 282f.).

F. S. PERLS, der einen Teil seiner Analyse bei HORNEY gemacht hat, zielt in eine ähnliche Richtung: »Mit seiner Ansicht, der Kontakt mit der Gegenwart sei wesentlich, hat FREUD die richtige Intuition gehabt. Er fordert freischwebende Aufmerksamkeit, was ein Gewahrsein aller Gefühle und Erfahrungen* bedeutet.« Aber in der Praxis kommen Analytiker und Patient in eine Situation, in der es aussieht, als würden sie »zu einem nach Erinnerungen fischenden Zweckverband werden, wobei die freischwebende Aufmerksamkeit davonschwebt. Aufgeschlossenheit wird in der Praxis auf das fast ausschließliche Interesse an der Vergangenheit und an der Libido eingeschränkt.« (Erstveröffentl. 1942; 1978, S. 112)

Für PERLS zählt, ja existiert nur gegenwärtiges Geschehen. »Das gilt für alles, und natürlich auch für die psychoanalytische Behandlung. Hier ist die einzige existierende Realität das analytische Gespräch. Was wir dort auch immer erleben – wir erleben es in der Gegenwart.« (ibid. S. 111) PERLS und HORNEY

* Im Original: »... awareness of all experiences.« – H. P.

vertreten in der Psychoanalyse also schon sehr früh für die Praxis eine ahistorische Position. ERICH FROMM hat diese sich auch bei BINSWANGER und BOSS aufgrund existentialphilosophischen und phänomenologischen Einflusses zeigende Entwicklung einer psychoanalytischen »Richtung zur Gegenwart« neuerdings pointiert. Durch den Rückgriff auf GABRIEL MARCELs Unterscheidung von *Sein* und *Haben* (1935) muß die analytische Situation, soweit ihr lebensvolles Sein zukommen soll, augenblickszentriert sein; denn »der Seinsmodus existiert nur im *hic et nunc,* dem ›Hier und Jetzt‹, und nicht in der Vergangenheit, Gegenwart oder Zukunft« (FROMM 1976, S. 126). Die anderen Dimensionen der Zeit sind dem »Haben-Modus« zuzuordnen. Er führt damit seine früheren Arbeiten konsequent weiter, nach denen alle wesentlichen Geschehnisse zwischen Menschen, so auch zwischen Analytiker und Patient, sich im aktualen Lebensraum vollziehen. »Das Erlebnis des Liebens, der Freude, des Erfassens einer Wahrheit geschieht nicht in der Zeit, sondern im Hier-und-Jetzt« (ibid. S. 127, vgl. auch FROMM 1971, 1972). Damit aber ist der Rahmen des analytischen Denkmodells überschritten in Richtung einer – allerdings zu diskutierenden – philosophischen Zeitauffassung, die offenbar durch FROMMs Auseinandersetzung mit dem Zenbuddhismus geprägt ist (FROMM, SUZUKI, MARTINO 1972).
In ganz anderer Richtung, und für die psychologische Gruppenarbeit, die analytische Gruppentherapie und Gruppendynamik bedeutsamer, wurde die ahistorische Methode von Therapeuten aus der FERENCZI-Schule entwickelt, insbesondere aus dem Kreis MELANIE KLEINs, die ihre Hier-und-Jetzt-Ausrichtung wie folgt ausdrückt: »Es ist eine höchst kostbare Qualität eines Analytikers, wenn er fähig ist, in jedem Augenblick den dringlichsten Punkt aufzugreifen« (zit. bei STRACHEY 1934). W. R. BION, neben A. K. RICE und H. EZRIEL der bedeutendste Vertreter der gruppentherapeutischen Richtung der Tavistock-Klinik, lenkt schon in seiner ersten, 1943 mit JOHN RICKMAN verfaßten Arbeit zur Gruppentherapie die Aufmerksamkeit auf die Realität der Gruppe in ihrer konkreten, gegenwärtigen Interaktion, wenn er die »Neurose als Gebrechen der Gemeinschaft« sieht (BION, RICKMAN 1943, dt. BION 1971, S. 9). RICKMAN kommt nach einem ersten Experiment mit Gruppentherapie zu dem Schluß, »daß es dem Kliniker möglich ist, die Aufmerksamkeit auf die Struktur einer Gruppe und die in dieser Struktur wirksamen Kräfte zu lenken, ohne den Kontakt mit seinen Patienten zu verlieren«

(ibid. S. 18). BION geht von den hier und jetzt (er verwendet diesen Terminus nicht) beobachtbaren Phänomenen aus, um zu den ihnen zugrunde liegenden, hier und jetzt wirksamen Strukturen zu finden; den drei »Grundannahmen«*, die wiederum der Abwehr sehr früher, aus Partialobjekt-Beziehungen stammender Gefühle der Verschmelzung oder Zerstörung dienen. »Klinisch gehe ich psychologisch vor und beachte daher Phänomene nur, wenn sie als psychologische Manifestationen auftreten. Ich finde jedoch die Annahme nützlich, daß der Gefühlszustand schon vor der Grundannahme liegt und auf gewisse protomentale Phänomene folgt, die in ihm Ausdruck finden. Selbst diese Formulierung ist angreifbar, weil sie eine strengere Reihenfolge von Ursache und Wirkung aufstellt, als ich tatsächlich für richtig halte, denn klinisch empfiehlt es sich, diese Vorgänge als Glieder einer kreisförmigen Serie zu betrachten« (1971, S. 73f.). Es zeigt sich, daß BION nur vom methodischen Ansatz her ahistorisch ist, nicht aber von der Gesamtschau her, denn sie verdeutlicht, daß in jeder Gruppe ein gesellschaftlicher Entwicklungsprozeß stattfindet; dieser weist zwar keine kausal-lineare Folge auf, ist aber auf archaische Phänomene bezogen, die hier und jetzt wirksam werden und gegen die er sich immer wieder von neuem durchsetzen muß, was in den »Augenblicken« (ibid. S. 103) gegenwärtiger Beobachtung erfaßbar wird. »Diese Situationen liefern das Rohmaterial, auf dem man Deutungen aufbaut«, die zusammenfassen, was gegenwärtig in der Gruppe vorgeht, und zwar »zur Aufhellung des momentanen Vorgangs und zur Bloßlegung von Kernen weiterer Entwicklungen« (ibid.). Dem Gruppengeschehen, d.h. den sich darstellenden Phänomenen, liegen also immer Strukturen zugrunde, die sich gegenwärtig artikulieren. Abweichend von FREUD nimmt BION an, daß es sich nicht um die Grundstruktur der Familiengruppe handelt. »Nach meiner Ansicht ist es nötig, sowohl durch die Spannungen der Familienstruktur hindurchzudringen wie durch die noch primitiveren Ängste der Teilobjekt-Beziehungen. Ja ich bin der Ansicht, daß sich in den letzteren die tiefsten Ursprünge allen Gruppenverhaltens finden« (Erstveröffentl. 1959; 1971, S. 141).
HENRY EZRIEL ist in seinem Ansatz, ähnlich wie BION, an dessen

* Nach BION (1971, S. 140) kann man annehmen; »daß die Gruppe affektiv so handelt, als habe sie gewisse Grundannahmen über ihre Ziele..., die mit den drei Formeln Abhängigkeit, Paarbildung, Kampf oder Flucht einigermaßen umrissen sein dürften«. – H. P.

Gruppen er teilgenommen hat, gegenwartszentriert. Er verwendet den Terminus »Hier-und-Jetzt« explizit (1950) zur Kennzeichnung seiner Ausrichtung auf die Arzt-Patient- bzw. Gruppe-Therapeut-Beziehung. Er unterscheidet drei Beziehungsmodalitäten: die geforderte Beziehung, die vermiedene und die katastrophenhafte. Die zweite und die dritte sind unbewußt. In der Gruppe zeigen die einzelnen Patienten das Wechselspiel dieser Modalitäten. »Dies veranlaßt die Patienten, aufeinander zu reagieren, die Äußerungen der anderen jeweils auszuwählen, abzulehnen und zu verzerren..., bis allmählich eine gewisse *gemeinsame Gruppenstruktur* sich herausschält. Die gemeinsame Gruppenstruktur ist also ein Vektor*, das Ergebnis der individuellen Beiträge aller Mitglieder der Gruppe« (EZRIEL 1956). Wenn das Verhalten der Teilnehmer aus einer aktualen Konfiguration entsteht, kann die Deutung sich auch nur auf diese beziehen. Da die Annahme im Zentrum steht, daß sich der Patient dem Therapeuten gegenüber so verhält, daß er ein anderes, Ablehnung und Katastrophe auslösendes Verhalten vermeidet, ist das Aufdecken einer solchen irrealen Annahme für EZRIEL wichtiger als das Aufgreifen von Vergangenheitsmaterial. Dieses kann dem Therapeuten zwar helfen, eine richtige Deutung zu formulieren, und dem Patienten, eine Hier-und-Jetzt-Deutung besser anzunehmen, grundsätzlich aber ist der Rekurs auf die Vergangenheit zur Explikation der jeweils gegenwärtigen *Gruppenspannung* und *-struktur* nicht erforderlich (EZRIEL 1952, 1956).
War bei BION schon deutlich ein Übergang von der Gruppenarbeit als Behandlungsmodus zur psychologisch ausgerichteten Arbeitsgruppe erkennbar und theoretisch skizziert, so liefert EZRIELs Ansatz weitere Konzepte für eine hier-und-jetzt-zentrierte psychoanalytische Gruppendynamik, wie sie schließlich von RICE als zusammenfassende Darstellung der am *Tavistock Institute of Human Relations* ausgearbeiteten Methode vorgelegt wird (1965). RICE und MARGRET RIOCH, die für den Tavistock-Ansatz der Gruppendynamik die wichtigsten Beiträge zur Umsetzung der Ideen BIONs in gruppendynamische Praxis geleistet haben (RIOCH 1970), verfolgen eine strenge Hier-und-Jetzt-Konzeption, zumindest für die *»small study group«*, Kernstück der Tavistock-Konferenz, deren Ziel es ist, Infor-

* *Vektor* = physikalisch-mathematische Bezeichnung: Größe, die durch einen Zahlenwert und eine Richtung bestimmt ist oder die Richtung bestimmt. Der Begriff »Vektorenpsychologie« wird als Synonym für »Feldtheorie« gebraucht. – Der Hrsg.

mationen über zwischenmenschliche Beziehungen in einer Gruppe zu liefern. »Nach Möglichkeit kümmert sich der Berater nur um das Geschehen ›hier und jetzt‹. Alles, was anderswo oder sogar ›hier‹ geschehen ist, aber schon eine kurze Zeit zurückliegt, hat nur insofern Bedeutung, als es etwas über die Situation im Augenblick der Intervention aussagt« (RICE Erstveröffentl. 1965; 1971, S. 36). In Anlehnung an BION werden in der Gruppe zwei Ebenen angenommen: die manifeste, die sich an einer gegebenen oder beschlossenen Aufgabe orientiert, und die gleichzeitig wirkende der »Grundannahmen«, deren Manifestationen im Hier-und-Jetzt es aufzuzeigen gilt, um »neue Möglichkeiten des Lernens am ›Hier-und-Jetzt‹« zu erschließen (ibid. S. 37).

Lernen wird hier als ein »Prozeß der ›Internalisierung‹ gelebter Erfahrung in die innere Welt der Phantasie und der Vernunft« verstanden (ibid. S. 33), der durch unbewußte Mechanismen sowohl eingeschränkt als auch gefördert werden kann. Diese Mechanismen werden von BION wie auch von EZRIEL als ubiquitäre Gruppen-Phänomene angesehen, die weitgehend unabhängig von der persönlichen Biographie sind, da sie zum allgemeinen Entwicklungsgeschehen jedes Menschen gehören, d.h. Teilobjekt-Beziehungen darstellen. Sie führen zum Auftreten der unbewußten Phantasien, und es geht darum, durch eine »Überprüfung der eigenen Gefühle und im Vergleich mit den Gefühlen anderer anhand bestimmter Situationen« Phantasie und Wirklichkeit einander gegenüberzustellen (ibid. S. 35). Bei diesen Annahmen können die gruppen- und leiterbezogenen Deutungen – und nur solche werden gegeben – biographisches Material vernachlässigen. Selbst wenn man die dahinterstehenden Konzepte der KLEINschen Entwicklungstheorie einmal als zutreffend gelten läßt, erhebt sich die Frage, wie der individuellen Ausformung der Teilobjekt-Beziehungen durch spätere Sozialisationsschritte Rechnung getragen wird. Weiterhin scheint die alleinige Zentrierung auf die Manifestationen der BIONschen Grundannahmen den Blick für andere Gruppenphänomene zu verstellen, z.B. die der Rangfolge (R. SCHINDLER, 1957/58, 1960/61, 1969), der »soziodynamischen Funktionsverteilung« (HEIGL-EVERS 1972, S. 69), der Reproduktion spezifischer Familienkonstellationen (FOULKES 1974). Es ist sehr fraglich, ob hier nach einem Prinzip der »Priorität des Archaischen« verfahren werden kann. Ein solches aber muß angenommen werden, wenn das Hier-und-Jetzt gruppalen Verhaltens als ubiquitäre Repro-

duktion von Grundmustern im Zentrum eines Verfahrens steht, das »ahistorisch« vorgeht, und zwar auf dem Hintergrund eines allgemeinen Modells der Geschichte individueller und kollektiver Strukturen.
Stärker in die therapeutische Richtung wurden die Konzepte BIONs von ARGELANDER (1963/64, S. 1972) ausformuliert. ARGELANDER akzentuiert die ahistorische Position. Ihm zufolge beginnt die Geschichte der Gruppe im Moment ihrer Gründung. Die Gruppe ist im eigentlichen Sinne geschichtslos. Eine solche Annahme ist insoweit fragwürdig, als jeder einzelne seine Geschichte und seine Geschichten mit Gruppen in die Gruppe einbringt und aus dem Zusammenwirken der Partikel persönlicher Geschichten und gruppaler Erfahrungen eine Qualität von Geschichte mit in die Gruppe kommt. Die Konsequenz eines solchen Konzeptes ist, wie es ARGELANDER auch deutlich formuliert, die totale *Entpersönlichung,* der Verlust von Individualität und Identität in der Gruppe und durch die Gruppe. Erst auf einem solchen Grund kann in langwierigen Differenzierungs- und Integrationsprozessen die Individualität der einzelnen Gruppenmitglieder reifen: »In jeder Gruppeneinstellung hat die Gruppe einen absolut geschlossenen Charakter. Sie verhält sich einheitlich, wobei die Individualität der einzelnen vollkommen verschwindet« (1963, S. 490). Wir finden hier ein ähnliches Modell wie das auf LEWIN zurückgehende und von BENNE ausformulierte Konzept der »Primitivierung«, gegen das ein schwerwiegender Einwand geltend gemacht werden kann: Ist es nötig, alle vorhandenen »gesunden« Funktionen zu demontieren, um von einem künstlich herbeigeführten »Punkt Null« ausgehend die Individualität aufzubauen? Diese Hypostasierung der Gruppe geht dann überdies zu Lasten der Teilhypostasen. Die »Übersummativität« verliert jedoch ihre Teile nicht. Die Gruppe als Ganzes ist niemals ein Ganzes ohne Teile.
Ein weiterer ahistorischer Ansatz, der einige Bedeutung erlangt hat, ist die Rangordnungsdynamik von R. SCHINDLER (1957/58, 1960/61, 1969), die sich sowohl auf gruppentherapeutische als auch auf gruppendynamische Arbeit beziehen läßt. Die im Hier-und-Jetzt wirkenden dynamischen Kräfte in einer Gruppe führen zur Ausprägung spezifischer Rollen und Positionen: Alpha, Beta, Gamma, Omega, die sich nach der »soziodynamischen Grundformel« (ibid. 1957/58) gegen einen Gegner formieren. Im Zentrum der Arbeit stehen die Interaktionsstile und die Deutung der Positionen, wodurch der histo-

rische Aspekt in den Hintergrund tritt. Das Göttinger Modell (HEIGL-EVERS, HEIGL 1975) greift auf die Konzepte SCHINDLERs zurück, ergänzt und erweitert sie. In Analogie zur ersten Topik FREUDs* wird ein Schichtenmodell der Gruppe entwikkelt: Es umfaßt die Soziodynamik der Hier-und-Jetzt-Interaktionen sowohl auf der »manifesten Verhaltensebene« als auch aus den *»endogenen* Motivationen«, die »aus dem lebensgeschichtlich, dem sozialisationsgeschichtlich determinierten habituellen Verhaltensstil, d.h. der Persönlichkeitsstruktur des Individuums« resultieren (HEIGL-EVERS 1978, S. 74). Aber auch die »exogenen Motivationen«, die aus der aktualen Gruppensituation entstehen, sind nicht ahistorisch, denn sie resultieren »aus den aktuellen interpersonellen Beziehungen in der Gruppe und aus der Geschichte dieser Beziehungen (aus der Historie der Gruppe)« (ibid.). Das Göttinger Modell mit seinen drei Ebenen – normative Verhaltensregulierung, psychosoziale Kompromißbildung und unbewußte Phantasien – erweist sich als ein differenzierter Versuch, sozialpsychologische und psychodynamische Positionen zu verbinden, d.h. auch gegenwartszentriertes und vergangenheitszentriertes Vorgehen. Das wird mit zunehmendem Problemdruck, »wenn die Gruppenleistungen der normativen Verhaltensregulierung und der psychosozialen Kompromißbildung nicht mehr ausreichen, ängstigende ödipale und präödipale Rivalitätskonflikte sowie narzißtische Bedrohtheit abzuwenden« (ibid. S. 81), aufdeckendes Vorgehen notwendig. So bleibt die historische Sicht und Vorgehensweise auch im Göttinger Modell die beherrschende Ausrichtung.

Ähnliches ist von der Handhabung des Hier-und-Jetzt bei BATTEGAY (1979[3], S. 31, 116, 146, 153 u.a.) zu sagen: »Im Hic et Nunc der Gruppe werden die Beteiligten, wenn sie sich abwechselnd teilweise mit anderen gleichsetzen, einerseits eine Gruppenverbundenheit erleben, andererseits aber durch das Feedback, das sie durch die anderen erhalten, erkennen, in welchem Maße ihre narzißtischen Fusionsphantasien und ihre Identifikationstendenzen unbewußten Wünschen und nicht den realen Gegebenheiten entsprechen« (ibid. S. 31). »Es kommt dazu, daß die Beteiligten regressive Tendenzen entwickeln, kindliches Gebaren unbewußt erinnern, es im Gruppenverband wiederholen und damit am Hier und Jetzt

* Lehre von den psychischen Systemen, als Theorie 1915 ausgeführt (in der Abhandlung über »Das Unbewußte«). – Der Hrsg.

der Gruppenkonstellation, an der äußeren Realität, anstoßen« (ibid. S. 116). Somit wird es möglich, »sich mit bisher unbekannten Konflikten, die bis in die Gegenwart weiterwirken, auseinanderzusetzen« (ibid.). Daneben soll aber »die soziale Realität, das Hier und Jetzt der therapeutischen Situation auch als solches genommen und nicht nur auf der Übertragungsebene verstanden werden« (ibid. S. 153). Die Vielzahl gruppenanalytischer Ansätze (BATTEGAY 1979[3]; KUTTER 1978) in ihrer Handhabung des Hier-und-Jetzt darzustellen, ginge über den Rahmen dieser Arbeit hinaus und erweist sich auch nicht als notwendig, da nirgendwo eine theoretische Konzeption entwickelt wurde, die über das Deuten gegenwärtiger Übertragungsphänomene zur Entschlüsselung latenten, unbewußten Materials hinausgeht – selbst nicht in Ansätzen, die von sozialpsychologischen Konzepten nachhaltig geprägt sind (RICHTER 1972; HEIGL-EVERS, HEIGL 1975; KUTTER 1976). Sie bleiben damit historisch ausgerichtet. Eine Auseinandersetzung mit der Frage der Handhabung der Zeit oder der Zeitdimensionen findet in all diesen Modellen analytischer Gruppenarbeit nicht oder nur am Rande statt. Es fehlt die Konsequenz in der Konzeptbildung, wie sie sich im Tavistock-Modell im Hinblick auf das Hier-und-Jetzt findet, und es werden die Zeitmodi ohne gründlichere theoretische beziehungsweise metatheoretische Reflexion »verschnitten«.
Beispielhaft für die Mischung des historischen Ansatzes mit dem Hier-und-Jetzt-Prinzip sind die Arbeiten von S. H. FOULKES. Ihm zufolge ist »die Gesamtsituation... der Bezugsrahmen für alle Unternehmungen und für die Deutung« (das Verständnis) »aller bemerkbaren Ereignisse«, wobei die Situation »alle realitätsbezogenen Umstände und die Regeln, explizit und implizit, die man bei der Begegnung beobachtet«, umfaßt (1978, S. 13). Sowohl von GOLDSTEIN und MORENO als auch von LEWINschen Konzepten beeinflußt (FOULKES hatte mit allen dreien persönlichen Kontakt), übernimmt er MORENOs Begriff des »psychosozialen Netzwerks« (MORENO 1934, S. 252ff.), richtet er seine Aufmerksamkeit auf die gegenwärtige Interaktion der Teilnehmer; als ersten Bereich der Deutung stellt er »den stattfindenden Gruppenprozeß und die Interaktion innerhalb der Gruppe« heraus (FOULKES 1978, S. 117). Dieser Bereich wird, soweit angezeigt und möglich, mit der historischen Dimension verbunden, und zwar durch Aufzeigen »früherer Erlebnisse, insbesondere aus der Kindheit, die sich offenbaren, *ohne daß man sie sucht*« (ibid., Hervorhebung von

H. P.). Deshalb »sollen alle Deutungen den von FREUD festgesetzten Richtlinien folgen. Sie sollen nämlich immer von der Oberfläche der Dinge ausgehen, von dem, was gegenwärtig manifest ist« (ibid. S. 109). »Im ganzen können wir sagen, daß der Leiter vom Manifesten zum Latenten, zur versteckten Bedeutung, vordringt. Das bezieht sich nicht nur auf das Gesagte, sondern auch darauf, *wie* es gesagt wird, *was* geschieht und warum« (ibid. S. 106). Die Warum-Frage öffnet die historische Dimension, dies aber nicht mehr mit der Stringenz des FREUDschen Archäologie-Konzeptes. »Die Frage ›warum‹ bedeutet nicht ausschließlich ›warum letzten Endes‹, sondern sie bezieht sich auf die unmittelbare Gegenwart; ›warum gerade auf diese Weise?‹, ›warum ausgerechnet bei ihm oder bei ihr?‹ Wir gehen also *vom Symptom* im weitesten Sinne des Wortes *zum dahinterstehenden Konflikt* oder Problem« (ibid.) – und wieder kommt die historische Perspektive mit hinein, denn FOULKES sieht einen großen Teil dieser Phänomene als Übertragungen, die den Leiter oder die Teilnehmer zu einer »Figur der Vergangenheit, die in der Gegenwart lebendig wird«, machen (ibid. S. 106).
Einen differenzierten und theoretisch ausgearbeiteten Ansatz »ahistorischer Gruppentherapie«, der in seiner Stringenz dem der Tavistock-Schule vergleichbar ist, hat IRVIN D. YALOM (1970) vorgelegt. Von ihm wird das Hier-und-Jetzt-Prinzip als theoretisches und methodisches Konzept vertreten. Er betrachtet die Gruppe als »sozialen Mikrokosmos«, in dem der Patient »anfangen wird, er selbst zu sein, mit den Gruppenmitgliedern so zu interagieren, wie er mit anderen in seiner sozialen Umgebung interagiert, in der Gruppe das gleiche interpersonale Universum zu erschaffen, in dem er immer gelebt hat« (YALOM 1974, S. 40f.). Dieser Gedanke, der bei SLATER (1966) die konsequenteste Ausformulierung erfahren hat (seiner Auffassung nach wiederholt sich in der Gruppe die gesamte psychosoziale Entwicklung des Menschen), impliziert, daß im Hier-und-Jetzt der Gruppe alle wichtigen Faktoren zur Heilung präsent sind, ohne daß ein Rekurs auf genetische Zusammenhänge notwendig wird. Die Pathologie zwischenmenschlicher Beziehungen geht zwar aus einem gestörten interpersonalen Gefüge hervor, Veränderung aber wird durch interpersonales Lernen im Hier-und-Jetzt bewirkt, durch Einsicht in offenes Verhalten (d.h. durch Feedback), in Motivationen und schließlich in die Genese von Haltungen und Verhalten. Die genetische Betrachtungsweise ergänzt

YALOM durch LEWINs Konzept der »galileischen Kausalität«, indem alle gegenwärtig wirkenden Fakten einbezogen werden (LEWIN 1935). Verbunden mit Einsicht und interpersonalem Lernen sind »korrektive emotionale Erfahrungen«. FRANZ ALEXANDER, dessen Auffassungen sich YALOM hier zu eigen macht, hat ein gegenwartszentriertes Vorgehen vertreten, als er schrieb, daß das Grundprinzip der Behandlung darin bestehe, »den Patienten unter günstigeren Umständen emotionalen Situationen auszusetzen, mit denen er in der Vergangenheit nicht fertig geworden ist. Damit dem Patienten geholfen werden kann, muß er eine korrektive emotionale Erfahrung machen, die geeignet ist, den traumatischen Einfluß früherer Erlebnisse wiedergutzumachen« (ALEXANDER 1946). Neben der Verbindung verschiedener gegenwartszentrierter Modelle wie dem von ALEXANDER, dem der Tavistock-Schule, dem von LEWIN greift YALOM für seine »ahistorische Einstellung« (1974, S. 167–178) auf die Vielzahl analytischer Ansätze zurück, die dem Hier-und-Jetzt der therapeutischen Situation besondere Aufmerksamkeit geschenkt haben und die auch hier z. T. dargestellt wurden.
YALOM formuliert: »Der Ausdruck ›Hier-und-Jetzt‹ macht aus einem komplexen Therapiekonzept einen täuschend einfachen Begriff« (ibid. S. 130). Das gegenwärtig ablaufende Geschehen in der Gruppe wird als *Prozeß* der Weiterbewegung interpersonaler Beziehungen aufgefaßt. »Der Ausdruck ›Prozeß des Hier-und-Jetzt‹ ist, genaugenommen, tautologisch, da ›Prozeß‹ nach unserer Definition das Konzept des ›Hier-und-Jetzt‹ beinhaltet. ... Eine ›Hier-und-Jetzt-‹ oder ahistorische Einstellung zur Therapie konzentriert sich auf das, was gegenwärtig in der Gruppe geschieht – im jetzigen Augenblick. Die historische Vergangenheit des Patienten oder Einzelheiten seiner aktuellen Lebensprobleme werden weniger betont; viel wichtiger sind die unmittelbaren Muster der interpersonalen Interaktion in der Gruppe. ... Indem der Gruppenleiter dieses Material benützt, das alle Gruppenmitglieder miterleben, und nicht Material aus der Vergangenheit (dem ›Dort-und-Dann‹) oder aus dem aktuellen Leben des Patienten außerhalb der Gruppe (›Dort-und-Jetzt‹), das vielleicht nur einen Patienten angeht, kann er alle Mitglieder sinnvoller für die gruppentherapeutische Arbeit engagieren« (ibid. S. 131), d.h. dazu beitragen, den »sozialen Mikrokosmos« zu konstituieren.
Bei YALOM finden gegenüber den bisher beschriebenen Modellen analytischer Gruppenarbeit wichtige Akzentverschiebun-

gen statt, die eine »ahistorische Einstellung« erst ermöglichen. Die Übertragung steht nicht mehr im Zentrum der therapeutischen Arbeit, und damit wird auch der »Einsicht« in die Genese weniger Beachtung geschenkt (ibid. S. 50). Insbesondere Übertragungssituationen zum Therapeuten erhalten einen geringeren Stellenwert als in den bisher vorgestellten Modellen. Übertragungsarbeit wird, soweit Übertragungsverzerrungen manifest werden, in den Prozessen interpersonalen Lernens geleistet. Die Frage nach den unbewußten Antrieben wird als Frage nach den Motivationen formuliert, so daß dem Aufdecken biographischen Materials, der Rekonstruktion biographischer Zusammenhänge, wenig Bedeutung zukommt. Wenn der Therapeut sich »auf den Prozeß des ›Hier-und-Jetzt‹ konzentriert, schafft (er) optimale Bedingungen für das Wirksamwerden der wichtigsten Heilfaktoren. Die Aufmerksamkeit der Gruppe wird auf die Gruppe selbst gerichtet; Menge und Intensität der interpersonalen Interaktionen werden vermehrt; dadurch wird die Entwicklung der Gruppenkohäsion gefördert, ebenso gibt er mehr Gelegenheiten für interpersonales Lernen« (YALOM 1974, S. 131).
Zusammenfassend kann man feststellen, daß sich in den verschiedenen Ansätzen psychoanalytisch ausgerichteter Gruppenpsychotherapie und Gruppendynamik, die das Hier-und-Jetzt-Konzept verwenden, drei Richtungen finden lassen:

1. Theoretisch biographisch*, methodisch hier-und-jetzt-orientiert (FOULKES, HEIGL-EVERS);
2. Theoretisch historisch* *und* hier-und-jetzt-orientiert, methodisch hier-und-jetzt-ausgerichtet (BION, EZRIEL, RICE);
3. Theoretisch ahistorisch, methodisch ahistorisch (YALOM).

4. MORENOs *»Philosophie des Augenblicks«: Hier-und-Jetzt im Psychodrama*

MORENO (1969, S. 139; vgl. Z. MORENO 1966, S. 36) beansprucht, den Terminus *Hic et Nunc, Hier-und-Jetzt,* in die gruppentherapeutische Literatur eingeführt zu haben. Das trifft in der Tat zu, nämlich 1934 (S. 426). Nur ist es MORENO

* »Biographisch« meint hier die persönliche Geschichte, »historisch« meint die strukturelle, ubiquitäre Entwicklung, die jeder Mensch durchläuft. – H. P.

selber bei seinem umfangreichen Oeuvre entgangen, wann und wo das geschah, denn an den von ihm angegebenen Stellen findet der Begriff sich nicht. Weder im »Stegreiftheater« (1924) noch im »Psychodrama« vol. I (1946), aber 1964 (3. Aufl. S. XII) läßt er sich nachweisen. Auch in der von MORENO angegebenen »Rede über den Augenblick« (1922) taucht der Terminus – trotz der eher als Paraphrasierung anzusehenden, sehr freien Übersetzung seines eigenen Textes – explizit nicht auf.

MORENO 1922, S. 27:

»... Sie ist vollendet. Ein Gefühl muß beim Gegenstand sein des Gefühls. Ein Gedanke muß beim Gegenstand sein des Gedankens. Eine Wahrnehmung muß beim Gegenstand sein der Wahrnehmung. Eine Berührung muß beim Gegenstand sein der Berührung. Diese Rede ist der Gegenstand unserer Berührung. Sind nun alle Gefühle, die zu ihr, unserem Gegenstand gehören, *jetzt** entstanden?« Nach einer halbseitigen Reihung von Fragen, ob der Autor und der Leser Gefühle und Gedanken zur Rede gehabt hätten, »die auf der Zeitstrecke ohne sie entstanden und erloschen sind«, kommt MORENO zu der Feststellung: »Wir haben sie nicht gehabt: Gefühle für sie, Gedanken über sie. Wahrnehmungen von ihr, Berührungen mit ihr, die nur hier zu entstehen und zu vergehen haben, sind nur *hier** entstanden und erloschen.«

MORENO 1969, S. 140; vgl. Z. MORENO 1966, S. 36:

»How does a moment emerge? A feeling must be related to the object of the feelings, a thought must be related to the object of thoughts, a perception must be related to the object of perceptions, a touch must be related to the object of touching. You are the object of my feelings, the object of my thoughts... Such is an encounter in the *Here and Now.*«

So formuliert MORENO, immerhin unter Verwendung der Begriffe *hier* und *jetzt,* 1922 eine »Philosophie des Augenblicks«, die inhaltlich auf den Hier-und-Jetzt-Begriff hinausläuft und die er zur Grundlage seiner späteren sozialpsychiatrischen und

* Hervorhebungen von H. P.

gruppentherapeutischen Arbeit macht: Das lebendige Erleben eines Geschehens mit Gefühlen, Gedanken, Berührungen, Wahrnehmungen konstituiert den Augenblick, das Hier-und-Jetzt (idem 1941).

In seinem ersten bedeutenden sozialwissenschaftlichen und therapeutischen Werk »Who shall survive?« beschreibt MORENO das von ihm entwickelte Verfahren der *Soziometrie* und Praktiken therapeutischer Gruppenarbeit, in deren Zentrum das spontane Rollenspiel stand, die Vorform des *Psychodramas.* In diesem Verfahren ging es nicht darum, die Teilnehmer »auf eine emotionale Erfahrung oder einen Konflikt in der Vergangenheit zu richten, sondern auf ein Thema in der *Gegenwart,* zu dem die emotionale Verbundenheit entwickelt werden muß. Diese Gegenwart bedarf keiner analytischen Reflexion« (1934, S. 352). MORENO setzt sich in seinem Ansatz dezidiert vom psychoanalytischen Konzept ab:

»NIETZSCHE und FREUD sind im Kern Historiker. NIETZSCHE, der Philosoph, kreiste um die Analyse und Interpretation vergangener Ereignisse. FREUD, der Arzt, kreiste um Anamnese, die traumatischen Ursprünge seelischer Störungen. Beide sind sie Psychoanalytiker in der Hinsicht, daß sie glaubten, seelische (mental) Katharsis geschähe durch die Reflexion der Vergangenheit und dies, um so genauer sie reflektiert würde und je weiter es gelänge, sie zu durchdringen. Sie empfahlen dieses Zurückgehen, Erinnern und Analysieren als eine Therapie in sich. Für sie erschien das ›jetzt und hier‹ oberflächlich. (To them the *›now and here‹* seemed superficial – Hervorhebung von H. P.). Sie wußten nichts mit dem *Augenblick (moment)* anzufangen. Sie nahmen den Augenblick nicht ernst. Für sie schien es nur eines zu geben, was man mit dem Augenblick und seinen Konflikten anfangen könne: diese erklären, d.h. die Assoziationen bis zu ihren Ursachen hin entdecken. Die Alternative würde ihnen als eine Absurdität erschienen sein: zu leben, im Augenblick zu handeln (act), unanalysiert zu handeln. Dies würde das Ende der Psychologie und des Psychologen bedeutet haben. Spontanes Handeln wäre von ihnen zurückgewiesen worden, weil es eine Bestätigung von Unreife, von Kindsein, unbewußtes Leben gewesen wäre – gefährlich in der Hinsicht auf das, was der Psychologe zu erhellen bemüht ist. Aber es gibt eine Alternative: eine Technik zu entwickeln, die vom Moment ausgeht in die Richtung spontaner Evolution, in die Richtung von Leben und

Zeit« (ibid. S. 426)*. MORENO verweist an dieser Stelle auf seine »Rede über den Augenblick« (fälschlich mit 1923 statt 1922 zitiert). Er formuliert seinem eigenen Anspruch gemäß das »principle of A-Historical Treatment, The Here and Now« (1969, S. 140).

Die Ursprünge für seine Auffassung liegen in seinen frühen Theaterexperimenten, die, wenngleich sie noch nicht als intendiertes therapeutisches Handeln beziehungsweise als Gruppentherapie bezeichnet werden können, doch die Grundelemente für die psychodramatische Gruppentherapie bereitgestellt haben. Das Theater in MORENOs Verständnis ist »Augenblickskunst« (1924, S. 10). »Theater ist nur die Premiere, Theater die Idee voller Einfallswäme, Theater das Ideal des Augenblicks, Augenblick das Ideal des Theaters« (ibid. S. 9).

In der psychodramatischen Gruppenarbeit, sei sie nun therapeutisch oder pädagogisch ausgerichtet, zählt nur das Geschehen hier-und-jetzt. Wie im alten Stegreifspiel der zwanziger Jahre »ist Ort wie Augenblick original, es fallen die wahre Zeit und der wahre Raum zusammen« (ibid. S. 75). Die *Rekonstruktion* muß der *Kreation* weichen. Wie im historischen Theater die Festschreibung durch Stücke, die Wirklichkeit rekonstruieren wollen, zu einer Wiederbelebung von Konserven wird, »Totendienst und Auferstehungskult« (ibid. S. 10), wird die *recherche du temps perdu*** in der Psychoanalyse nach MORENOs Auffassung »its own block against a further advance«. Deshalb »drehten wir die psychoanalytische Technik um und lösten das Subjekt in seiner Totalität, führten es zu spontaner Aktion, verwandelten es in einen spontan Spielenden (spontaneous actor, auch spontan Handelnder – H. P.). Anstatt nach vergangenen Erfahrungen zu suchen, lenkte die Person ihren Sinn auf das Gegenwärtige, auf unmittelbare Handlung (production). Statt freier Assoziationen suchten wir das volle Gelöstsein der Person zu erreichen, ihren geistigen und mimischen Ausdruck. Wenn andere Personen an dem gleichen Handlungsrahmen teilnahmen, wurden auch die Inter-Aktionen dieser Personen frei« (1934, S. 8).*** Das autonome Beherrschen der Vergangenheit ist genausowenig Garant für einen lebendigen, kreativen Lebensvollzug, wie die auto-

* Übersetzt von H. P.

** Suche nach der verlorenen Zeit; Anspielung auf den Roman von PROUST. – Der Hrsg.

*** Übersetzt von H. P.

nome Beherrschung des Metiers durch den Schauspieler schon ausreicht für ein lebendiges Theater. »Die Autonomie ist kein Heilmittel. Die Frage nach dem wahren Mittel fällt zusammen mit der Frage nach der Möglichkeit einer Augenblickskunst und ihrer Methode« (1924, S. 10).

Für das Theater sieht MORENO diese Frage durch das Stegreifspiel, für die Therapie durch das Psychodrama beantwortet. Da das Psychodrama als Therapiemethode die Fähigkeit zum spontanen, kreativen Handeln als Ausdruck des gesunden Individuums ins Zentrum stellt, Pathologie wesentlich in der Zerstörung dieser Fähigkeit sieht (»Kreativitätsneurose«, MORENO 1959) und Heilung als die Restituierung dieser Fähigkeiten begreift (vgl. LEUTZ 1974; YABLONSKY 1978; PETZOLD 1979), müssen vom theoretischen Ansatz her die Bedingungen untersucht werden, die für spontanes Handeln konstitutiv sind. Die Betrachtung der Zeit und die Konzipierung des Hier-und-Jetzt-Prinzips sind damit vom Ansatz der Methode her begründet. Leben und Handeln als spontanes Geschehen können sich nur von Augenblick zu Augenblick vollziehen. Handeln in der Vergangenheit und in der Zukunft ist nicht möglich, sondern nur Handeln in der Gegenwart, und zwar nicht in der Gegenwart als Zeitmodus, sondern als erlebte Zeit. MORENO führt dies aus, wenn er sich von GEORGE HERBERT MEADs »Philosophie der Gegenwart« (1932) absetzt: »MEADs Gegenwart ist eine universale, statische, passive ›Kategorie‹, sie ist sozusagen ein automatisches Korrelat jeder Erfahrung. Als ein Übergang von der Vergangenheit zur Zukunft ist sie immer da. Die Gegenwart ist eine formale Kategorie im Gegensatz zum *Augenblick (moment),* der eine *kreative* und dynamische Kategorie ist. Durch einen spontanen, kreativen Prozeß erhält die formale Kategorie der Gegenwart dynamische Bedeutung, wenn sie sich nämlich in einen Augenblick verwandelt« (MORENO 1951, S. 120). So kann eine Filmvorführung zwar Gegenwart haben, aber kein Augenblick sein.

Dieses Konzept ist für MORENO keine bloße philosophische Spekulation, sondern ein Programm, das seine Forschung, seine sozialwissenschaftliche und therapeutische Arbeit bestimmt. Er ist nicht an »sozialen oder kulturellen Konserven«, gefrorenen Momenten interessiert. »Ich begann mit Rollenspiel in *statu nascendi,* indem ich mit der spontanen, dynamischen Produktion von Rollen in Richtung ihrer stereotypen Formation experimentierte« (1951, S. 121). So ist denn auch seine Rollentheorie eine Handlungstheorie (MATHIAS, PETZOLD 1980), wird sein Forschungsansatz *»action research«* (der Begriff stammt von MORENO, nicht von LEWIN, vgl. PETZOLD 1979a), wird seine Therapie »action therapy in the here and now«. Programmatisch formuliert MORENO: *»In the social sciences, the subjects must be approached in the midst of an actual life-situation and not before or after it«* (1951, S. 115). Auch wenn das Psychodrama nicht als Milieutherapie betrieben wird – MORENO forderte und praktizierte seit Beginn seiner ärztlichen Tätigkeit (1917) die Arbeit *in situ,* vor Ort –, so stellt es doch einen konkreten Handlungsraum bereit, in dem *Begegnung* und *Handlung sub specie momenti* geschehen konnten. Der Augenblick wird damit zwischenmenschliches Ereignis, und so verbindet MORENO in der sozialwissenschaftlichen Darstellung seines Systems 1951 (S. 204–210) die »Rede über den Augenblick« (1922) mit der »Rede über die Begegnung« (1923):

»Die Theorie der zwischenmenschlichen Beziehungen und der situative Imperativ wuchsen deshalb Hand in Hand. Der locus nascendi stimulierte die Geburt einer neuen Bedeutung für den Begriff ›Augenblick‹. Der Augenblick ist jetzt bezogen auf eine Situation und ein Teil von ihr. Es ist nicht länger ein Teil der ›Zeit‹, wie die immer-vergehende Zeit, die mit Vergangenheit und Zukunft verbunden ist, Endpunkt vergangener Episoden und Anfangspunkt für künftige, Ursache und Wirkung ausgesetzt sowie psychologischem und sozialem Determinismus« (MORENO 1951, S. 207f.). Diese existentielle Interpretation des Hier-und-Jetzt ist, wie MORENO selbst erkennen läßt (ibid. S. 120), von BERGSONs »durée« beeinflußt (vgl. BERGSON 1920). ERICH FROMM hat neuerdings eine mit MORENO weitgehend konform gehende Interpretation des Hier-und-Jetzt und der Zeit vorgelegt. »Die *Gegenwart* ist der Punkt, an dem Vergangenheit und Zukunft aufeinandertreffen, eine Grenzsituation der Zeit, aber qualitativ nicht anders als die beiden Reiche, die sie verbindet... Das *Hier und Jetzt ist Ewigkeit,* d.h. Zeitlosigkeit« (FROMM 1976, S. 127).

In der Gleichsetzung von Ewigkeit und Hic et Nunc allerdings vertritt MORENO eine andere Konzeption. Er sieht Momente entstehen und vergehen, wie im zitierten Text aus der »Rede über den Augenblick« deutlich wird. Der Augenblick ist qualitativ von der Zeit verschieden, aber damit nicht »ewiger Augenblick« (KARL BARTH) oder Dimension zeitenthobener

Ewigkeit. In der Psychodrama-Therapie hat die Zeit, wie schon im Stegreiftheater, »einen anderen Sinn (als) im historischen Theater oder im Leben« (MORENO 1924, S. 36), über die Kategorie des Augenblicks wird »Beherrschung der Zeit« möglich (ibid.). Verdichtungen, Verkürzungen, Dehnungen hängen von der Erlebnisintensität der Beteiligten ab (ibid. S. 37). »Es wird nicht ›Zeit‹ gespielt, sondern Momente. Die Akte eines Stückes sind voneinander gelöst: sie bilden eine Schnur von je und je aufleuchtenden Impulsen« (ibid.). Sie zeigen »das Ende eines Dinges und den gleichzeitigen Beginn eines zweiten« (ibid. S. 8). Jede Handlung steigt »spontan« aus dem Moment auf, sie ist neu und in ihrer spezifischen Charakteristik auch unwiederholbar, Ausdruck der Urkraft »Spontaneität«. In seinen frühen Schriften hat MORENO das Unbewußte und die Spontaneität in Verbindung gebracht. Es findet sich damit eine Bestätigung für MATISSONs These (1973, S. 47), MORENO habe das Konzept der Spontaneität an die Stelle des Konzepts des Unbewußten gestellt.

»Die Stegreifkunst macht vom Bewußtsein keinen Gebrauch, das Unbewußte steigt unverletzt auf« (MORENO 1924, S. 18 vgl. S. 29 u. 71). Die ganze Wirklichkeit ist da, erlebt, hier, jetzt, in der Situation der Begegnung. MORENO entwickelt zu diesem Geschehen folgende Gedanken: »Der erste Schritt zu einer Philosophie des Augenblicks besteht darin, den Moment als Konzept zu definieren und dieses in seine Rechte einzusetzen. Frühere Versuche zum Problem des Augenblicks haben dies verfehlt oder überhaupt übergangen. Eine Untersuchung des Augenblicks in experimentellen Situationen parallel zu und als Nachbereitung einer philosophischen Analyse des Gegenstandes stellt ein Instrument bereit, um zu einer Definition des Augenblicks zu kommen. Beim Herstellen eines Beziehungspunktes müssen drei Faktoren betont werden: der *status nascendi,* der *locus* und die *matrix.* Diese repräsentieren verschiedene Phasen ein und desselben Prozesses. Es ist kein Ding ohne seinen locus, kein locus ohne seinen status nascendi, und kein status nascendi ohne seine matrix« (1941, S. 206). »Every human act or performance has a primary action pattern – a status nascendi« (1951, S. 142).

Welchen Platz haben in einem solchen »ahistorischen« Konzept Vergangenheit und Zukunft? MORENO hat sich in seinen Frühschriften hierzu eindeutig geäußert, wie zu zeigen war, und er hält an dieser Konzeption auch in seinem späteren Werk fest, ja er macht sie nachgerade zu einem Unterschei-

dungsmerkmal gegenüber anderen psychotherapeutischen Schulen: »Sowohl FREUD als auch JUNG haben den Menschen als eine historische Entwicklung untersucht, der eine vom biologischen, der andere vom kulturellen Aspekt her. Unser Ansatz war demgegenüber der des direkten Experimentes, mit dem Menschen in Aktion, dem Menschen, der in die Aktion geworfen ist; der Moment nicht als ein Teil der Geschichte, sondern die Geschichte als Teil des Augenblicks – sub specie momenti« (1957, S. 21).* In diesem Text wird deutlich, daß »ahistorische« Betrachtung bei MORENO keine geschichts*lose* Betrachtung ist, sondern daß Geschichte relevant ist, soweit sie in einem gegebenen Augenblick *präsent* ist. Hier kommt MORENO den Positionen von LEWIN und PERLS nahe.** Die Vergangenheit kann insofern nicht als inexistent erklärt werden, weil als Produkte kreativer Handlungen »soziale und kulturelle Konserven« entstehen und auch erstarrte Rollen als solche aufzufassen sind (MORENO 1960, S. 84: role conserve). Die Kategorie des Augenblicks wird in ihrer Dynamik letztlich erst in der Abhebung vom Sediment geronnener Spontaneität voll einschätzbar:
»Das wichtigste Konzept im gesamten menschlichen Denken, das Konzept des Augenblicks – Augenblick des Seins, Lebens, Schaffens –, ist ein Stiefkind aller bekannten philosophischen und therapeutischen Systeme gewesen. Der Grund dafür ist, daß es schwierig ist, den Augenblick zu definieren. Er erscheint den meisten Philosophen als ein fließender Übergang zwischen Vergangenheit und Zukunft ohne wirkliche Substanz, d. h. daß er unberührbar und flüchtig ist und damit eine unbefriedigende Grundlage für ein System theoretischer und praktischer Philosophie abgibt. Es mußte ein Phänomen auf einer anderen Ebene als der des Augenblicks gefunden werden, eines, das greifbar und klar definierbar war, zu dem der Augenblick jedoch *integral* in Beziehung stand. Ich glaube, daß ich dies zuwege brachte, indem ich die ›kulturellen Konserven‹ analysierte. Eine kulturelle Konserve ist alles, was die Werte einer bestimmten Kultur aufbewahrt. Es ist das fertige Produkt eines kreativen Prozesses, z. B. ein Buch, ein Film, ein Gebäude oder Musikstück. Die kulturelle Konserve ist ein Konzept, in dessen Licht die dynamische Bedeutung (meaning) des Augenblicks reflektiert und bewertet wer-

* Übersetzt von H. P.
** Vgl. S. 223ff. und S. 265ff.

den kann. Sie wird auf diese Weise ein Bezugsrahmen« (1940, S. 209–210).*

Soweit kulturelle Konserven, Rollenkonserven ins Erleben treten, wird gegenwärtige Vergangenheit relevant, ja sie kann sogar mobilisiert, in die Kategorie der Momente übergeführt werden. MORENO schenkt in seinem Spätwerk den Zeitmodi größere Beachtung. Er schafft Techniken, die Vergangenheit und die Zukunft zu explorieren (vgl. PETZOLD 1971b, 1979a), indem er das memorierte oder antizipierte Geschehen im psychodramatischen Spiel »gegenwärtigsetzt«, in das *Hier-und-Jetzt* des Erlebens und Handelns bringt. Seine rigorose Position, die er im Frühwerk vertreten hat, wurde dabei gemildert, jedoch nicht aufgegeben. Die »sozialtechnologische Wende« (PETZOLD 1979a) in MORENOs Werk, die mit der Entwicklung der Soziometrie (1930) einsetzte, wird in seinem Spätwerk abgeschwächt. Sie hat MORENOs Zeitverständnis nur unwesentlich beeinflußt, insbesondere weil die Soziometrie selbst auf die Untersuchung »flüchtiger Phänomene«, nämlich die im Hier-und-Jetzt einer Gruppe vorhandenen Anziehungen und Abweisungen gerichtet ist (MORENO 1934, 1953[2], vgl. DOLLASE 1975). In der psychotherapeutischen Gruppenarbeit kommt den Zeitmodi jedoch größere Bedeutung zu als in der Soziometrie, so daß MORENO 1966 in seinem berühmten Referat »Die Psychiatrie des zwanzigsten Jahrhunderts als Funktion ihrer Universalia Zeit, Raum, Realität und Kosmos« auf dem 2. Internationalen Kongreß für Psychodrama in Barcelona eine präzisere Darstellung seiner Zeitauffassung gab:

»In welchem Maße tritt also die Dimension der Zeit in die psychotherapeutische Situation ein, und welche Funktion kommt ihr innerhalb derselben zu? Der Mensch lebt in der Zeit. Er lebt in Vergangenheit, Gegenwart und Zukunft und mag unter einem pathologischen Zustand leiden, der zu diesen Aspekten der Zeit in Beziehung steht. Es stellt sich daher die Frage, wie diese drei Dimensionen in ein wirksames therapeutisches Vorgehen einbezogen werden können. Natürlich genügt es nicht, sich ihrer lediglich als abstrakte Referenzen zu bedienen. Während der Behandlung müssen sie in ihrer lebendigen Bedeutung zum Tragen kommen und in toto als psychologische Aspekte der Zeit in Erscheinung treten« (MORENO Erstveröffentl. 1966; 1978, S. 101).

MORENO wendet sich ausdrücklich gegen die psychoanalytische

* Übersetzt von H. P.

Vergangenheitszentrierung: »Trotz ihrer Wichtigkeit bedeutet die Vergangenheit eine ›Reduktion der Zeit‹« (ibid. S. 102). Hier liegt eine Inkonsistenz in der Konzeptbildung vor. Es kann sich nur um die Reduktion der Kategorie des Augenblicks handeln. Erst wenn Vergangenes und Zukünftiges im *Hier und Jetzt* konkretisiert werden, erst wenn sie »als Aktualität in den therapeutischen Prozeß einbezogen werden und dort für den Klienten und Therapeuten an Wichtigkeit gewinnen« (ibid.), ist Veränderung möglich. MORENO hat diesen Aspekt der Konkretisierung im *Hic et Nunc,* diese Gegenwärtigsetzung, die keine Vergegenwärtigung, keine Rekonstruktion ist, sondern Neuschöpfung von Vergangenem, in seinem »Stegreiftheater« 1924 beschrieben und damit (wie schon erwähnt: ohne therapeutische Intention) das Kernprinzip seiner Psychodrama-Therapie vorweggenommen:

»Sein und Schein werden gleichnamig und gleichzeitig.« Die Personen... »wollen das Sein nicht mehr überwinden, sie bringen es hervor. Sie wiederholen es: nicht nur als Scheinende, sondern auch über ihr eigenes Sein. ... *Die ganze Vergangenheit ausgefahren in einem Augenblick*... Doch diese wahnsinnige Passion, diese Aufrollung des Lebens im Schein, wirkt nicht wie ein Leidensgang, sondern bestätigt den Satz: *jedes wahre zweite Mal ist die Befreiung vom ersten.* Befreiung ist eine idealisierende Benennung, denn restlose Wiederholung macht ihren Gegenstand lächerlich. Man gewinnt zu seinem eigenen Leben, zu allem, was man getan hat und tut, *den Aspekt des Schöpfers*...« (1924, S. 77f. – Hervorhebungen von H. P.).

In seinen späteren Arbeiten ersetzt MORENO den Begriff des Scheins aus der Theatersprache durch den der *»surplus reality«* (Erstveröffentl. 1966; 1978, S. 105f.), der Realität der psychodramatischen Szene, die eine die Alltagsrealität überschreitende Wirklichkeitsebene darstellt. Das im Spiel realisierte, neugeschaffene Vergangene, die konkretisierte Antizipation von Zukünftigem, hier, jetzt, gewinnt im Erleben des Protagonisten und der Gruppe eine solche Intensität, daß es greifbar und wirklich wird: surplus reality.

So ist das Hier-und-Jetzt-Prinzip der Psychodrama-Therapie eines der zentralen Elemente dieses Verfahrens. Im Unterschied zu anderen Ansätzen psychologischer Gruppenarbeit ist es philosophisch und methodologisch wohlbegründet und integraler Bestandteil von MORENOs Entwicklungs- und Spontaneitätstheorie, die an dieser Stelle nicht dargestellt werden kann (vgl. MATHIAS, PETZOLD 1980). MORENOs Hier-und-Jetzt hat auch die Konzeptionen britischer, analytisch ausgerichteter Gruppentherapeuten beeinflußt. EZRIEL, BION, BIERER waren mit den Arbeiten MORENOs vertraut. Er wurde gegen Ende des Zweiten Weltkrieges an die Tavistock-Klinik eingeladen. FOULKES und MAXWELL JONES hatten das Psychodrama-Institut in New York besucht und verbanden »MORENO's ideas – the here-and-now, the sociogenesis, the social atom, the psychosocial network – with psychoanalytic views and field theory« (Z. T. MORENO 1966, S.95).

5. *Kairos, Zeitqualität und Zeittransparenz bei* ILJINE: *Hier-und-Jetzt im Therapeutischen Theater*

Der Sache nach wurde das Hier-und-Jetzt-Konzept im gruppentherapeutischen Kontext zuerst von VLADIMIR N. ILJINE, dem Begründer des »Therapeutischen Theaters« (vgl. PETZOLD 1973c, 1978), mit seinem Konzept des »Καιϱος« vertreten. »Kairos, die überwältigende Erfahrung des *rechten Augenblicks am rechten Ort,* die die Seele berührt und verändert, das ist das Herzstück des Therapeutischen Theaters. Mehr als bloße Gegenwart, die Zeit des Theaters, wird wirksam. Die dramatische Handlung des persönlichen Lebensschicksals kulminiert in einem Moment existentieller Betroffenheit. Das ist wahrhaft Krisis und Peripetie. Kairos, der Augenblick, in dem die Entscheidung über das Leben fällt, wenn der Schleier zerreißt und der Patient *sieht:* die Vergangenheit, Gegenwart und Zukunft *in einem,* sein gesamtes Lebensspiel. Jetzt kann *er* entscheiden. In dieser Stunde, an diesem Ort ist die Zeit transparent geworden und eine Neue *Form* kann auftauchen – Metamorphose. Die Deformation (ἀναμόϱφωεις) der Krankheit kann überwunden werden« (ILJINE 1910, S. 12).
ILJINE unterscheidet die Zeit des Theaters, das sich immer in der Gegenwart, im Hier-und-Jetzt von Bühne und Aufführung abspielt, vom Höhepunkt der Dramatisierung eines individuellen Lebensschicksals, wie es im Therapeutischen Theater inszeniert wird (SCHMIDT-RANSON 1976). Hier wird im Höhepunkt des Geschehens, in der Krise, in der der Patient seine verdrängten Konflikte erkennt, sich die Misere seines Schicksals erlebnishaft konkretisiert, die Zeit »transparent«. Ich

kann an dieser Stelle nicht die im philosophischen Werk ILJINEs (1928, 1956) entwickelten Konzepte zur Zeitphilosophie referieren, die auf eine »Transfiguration der Zeit« hinzielen, sondern muß mich auf die für die therapeutische Arbeit relevanten Aussagen beschränken. Charakteristisch für die »transparente Zeit« ist die Durchdringung der Zeitmodi im Kairos, im Hier-und-Jetzt. Im Moment existentieller Betroffenheit wird eine »Zusammenschau« möglich, aus der heraus der Patient zu dem, was geschehen ist, Distanz gewinnen kann, die ihm die Kraft zur Veränderung gibt. »Der Patient beginnt, sich in der Zeit zu verstehen, seine Persönlichkeit, so wie sie geworden ist, und darüber hinaus gewinnt er eine Vision seiner Zukunft, seines Lebensentwurfs. Er erhält im Kairos die Möglichkeit zu entscheiden, ob er weiter unter den Schatten der Vergangenheit stehen will, die ihre düsteren Figuren bis in die Zukunft hinein werfen, oder ob er aus dem Schatten treten will, um die *Form* seines Lebens selbst zu gestalten. Hier entscheidet sich, ob die Peripetie zur Lysis oder zum Abyss*, zur Katastrophe, gereicht.« (1910, S. 13)

Das Spiel im Therapeutischen Theater verläuft für alle Mitspieler in der Gegenwart. »Alle Vergangenheit ist in der Gegenwart anwesend, soweit sie gegenwärtig erlebt, gegenwärtiggesetzt ist. Alle Zukunft ist in der Gegenwart anwesend, soweit die erahnten oder geplanten Möglichkeiten in gegenwärtiges Spiel geholt werden. So ist keine Gegenwart ohne Vergangenheit und Zukunft, sie sind ineinander, füreinander transparent« (ibid. S. 12).

ILJINE vertritt die Auffassung, daß Erleben in der Gegenwart ohne Vergangenheit und Zukunft als »Horizont«, der ständig virtuell *präsent* ist, gar nicht möglich sei. Hier-und-Jetzt ist nicht gleichbedeutend mit ahistorisch. »Jedes Hier-und-Jetzt hat seine Vergangenheit und Zukunft. Beide repräsentieren sich im Erleben eines Menschen als eine konkrete, ihm ganz persönliche *Qualität,* als *seine* Vergangenheit und *seine* Zukunft, zu der er ein ›Verhältnis‹ hat, Gefühle, Gedanken, Einstellungen. Ich meine nicht, wie KANT, daß die Zeit eine reine Form der Anschauung sei, vertrete aber, daß jeder die Zeit in ihren Dimensionen Vergangenheit und Zukunft, das Fließen der Zeit, ja den Gang des Uhrzeigers, die sogenannte objektive Zeit, in einer ganz persönlichen, einzigartigen Art und Weise erlebt. Selbst wenn dieses Erleben geteilt wird,

* Lysis = (Auf)lösung, Abyss = das Bodenlose, der Abgrund. – Der Hrsg.

z. B. in einer Gruppe, so wird die *gemeinsame Zeit* von jedem der Anwesenden in *seiner* qualitativen Nuancierung erlebt. Im Hier-und-Jetzt ist gemeinsame Zeit als ›Näherung‹ der persönlichen Erlebnisweisen in der Gruppe möglich, und diese Gemeinsamkeit hat eine große verbindende Kraft, die jedoch mit dem zeitlichen Abstand verflacht, zerfällt. In der Erinnerung an eine gemeinsame Situation und Zeit fallen die Perzepte auseinander. So wird das Hier-und-Jetzt einer Gruppe einmalig, unwiederholbar und nicht zu vergegenwärtigen, wie dies im szenischen Spiel eines einzelnen und in seinen persönlichen Lebensereignissen möglich ist« (ILJINE 1942, S. 34).
Die Hier-und-Jetzt-Konzeption ILJINEs ist im Hinblick auf die Zeitmodi integral. In jedem Moment des Hier-und-Jetzt scheint Vergangenheit durch und ist Zukunft als Potentialität anwesend. Die Zentrierung muß deshalb in der therapeutischen Arbeit auf der »ganzen Gegenwart, d. h. der ganzen Zeit« liegen (ibid.), die sich darstellt als individuell erlebte, relativ *stabile* »Zeitqualität« und in einer *flüchtigen,* von der Gruppe erlebten, »gemeinsamen Zeit« durch Annäherungen persönlicher Erlebnisweisen. Nur im *Kairos* persönlicher – und in der Partizipation gruppaler – Höhepunktserfahrungen wird die Zeit transparent, wird sie im Erleben transfiguriert (transfigurer le temps) und damit konstitutiv für Verwandlung der Persönlichkeit, »weil Persönlichkeit die im Herzen und Gemüt, die im Leib eingegrabene Geschichte ist, die leibhaftig gelebte Lebens-*Zeit* im Sinne des Wortes von GABRIEL MARCEL: ›Dein Leib ist deine Geschichte.‹ Deshalb ist die Transfiguration der Zeit Verwandlung der bestimmenden Gültigkeit von Geschichte. Es wird das Gedächtnis verwandelt, nicht im Sinne einer Löschung, sondern im Sinne der Freisetzung *der anderen Möglichkeiten,* die in jeder Situation virtuell präsent sind, im Hier-und-Jetzt des Spiels als *Neue Formen* auftauchen und Geschichte, Gegenwart und Zukunft *reicher* machen« (ILJINE 1965, S. 17).

6. *Das »I and Thou in the Here and Now« in der Gestalttherapie von* FRITZ PERLS

FRIEDRICH SOLOMON PERLS, der zusammen mit seiner Frau LORE PERLS und PAUL GOODMAN die Gestalttherapie entwickelte, vertritt unter den Formen der Gruppentherapie den konsequentesten Hier-und-Jetzt-Ansatz, und zwar seit Mitte der vierziger Jahre. Die Einflüsse von FERENCZI und REICH auf PERLS wurden schon erwähnt.* Einen weiteren Zugang zur gegenwartszentrierten Arbeit dürfte PERLS durch seine Theatererfahrungen gewonnen haben. Als junger Mann war er begeisterter Verehrer von MAX REINHARDT und hat in dessen Aufführungen zuweilen Komparsenrollen übernommen. Als PERLS Ende der vierziger Jahre in New York mit MORENO in Kontakt kam, wurde er in seinem Ansatz einer Hier-und-Jetzt-Therapie bestärkt. Er übernahm aus dem Psychodrama wesentliche Techniken wie z. B. den Rollentausch.

Ein anderer, weniger bekannter Einfluß für das Hier-und-Jetzt-Konzept der Gestalttherapie ist im Ansatz von ELSA GINDLER zu sehen, die den Grund für die Sensory Awareness** (BROOKS, SELVER 1979) und die Konzentrative Bewegungstherapie (KIRCHMANN 1979) legte, und mit deren Arbeit LORE PERLS Kontakt hatte (L. PERLS 1978a). In der GINDLER-Arbeit geht es um das vollkommene »Geschehenlassen« der Wahrnehmung und der Regungen des Leibes hier und jetzt. ALAN WATTS hat diesen Ansatz der Sensory Awareness einmal als »angewandten Zen« bezeichnet (BROOKS, SELVER 1979). F. PERLS hat in den USA mit der GINDLER-Schülerin CHARLOTTE SELVER zusammengearbeitet. Die Bedeutung dieses Ansatzes für die Gestalttherapie, insbesondere das Gestalt-Awarenesstraining (STEVENS 1975), kann gar nicht hoch genug eingeschätzt werden.

PERLS vertritt das Hier-und-Jetzt-Prinzip schon 1942 in der ersten Ausgabe von »Ego, Hunger and Aggression«, dem Buch, das für PERLS' Ablösung von der Psychoanalyse kennzeichnend ist. »The time centre of ourselves as conscious human time-space events is the present. *There is no other reality than the present*« (Erstveröffentl. 1942; 1969, S. 92). »Das heißt aber keineswegs, daß ich ableugne, daß alles seinen Ursprung in der Vergangenheit hat und zu weiterer Entwicklung tendiert. Was ich festhalten möchte, ist, daß Vergangenheit und Zukunft ihre Bedeutung beständig von der Gegenwart her erhalten und auf sie bezogen sein müssen (ibid. S. 93***). PERLS geht dabei in seinen theoretischen Überlegungen von der bewußten, wachen Wahrnehmung (awareness)

* Vgl. Kap. 3., S. 240ff.
** Bewußtheit der Sinne, der sinnlichen Erfahrung. – Der Hrsg.
*** Übersetzt von H. P.

durch den Organismus aus, was besagt, daß dieser in jedem Moment die jeweilige Situation als *seine Wirklichkeit* wahrnimmt. »... Wirklichkeit *per se* gibt es für den Menschen nicht. Sie ist für jedes Individuum, für jede Kultur etwas Verschiedenes. Wirklichkeit wird durch die jeweiligen Interessen und Bedürfnisse des Individuums bestimmt. Alles fließt; alles ist im Wandel. Erst wenn wir überwältigt worden sind von der unendlichen Verschiedenheit der Vorgänge, die das Universum konstituieren, können wir das Organisationsprinzip verstehen, das aus dem Chaos Ordnung schafft, nämlich die Figur-Grund-Formation. Was das jeweils im Vordergrund stehende Bedürfnis des Organismus ist, läßt die Wirklichkeit so erscheinen, wie sie erscheint. Es läßt solche Gegenstände als Figuren hervortreten, die den jeweiligen Bedürfnissen entsprechen. Es erregt unser Interesse, unsere Aufmerksamkeit, unsere Kathexis* oder wie man es sonst nennen will« (PERLS Erstveröffentl. 1948; 1978, S. 7).

Die Wahrnehmung äußerer und innerer Wirklichkeit kann immer nur im Hier-und-Jetzt geschehen. Deshalb verwendet PERLS (ibid.) Wirklichkeit *(reality)* und Gegenwärtigkeit *(actuality)* als Synonyme, ja er stellt geradezu die Gleichung auf »now = experience = awareness = reality« (1970, S. 14). Der Begriff der Awareness, des wachen, gegenwärtigen Wahrnehmens, der Bewußtheit, ist für das Konzept des *Hic et Nunc* zentral. Awareness fließt von Moment zu Moment. Es entsteht ein *»continuum of awareness«,* ein Prozeß im und des Hier-und-Jetzt (1969a, S. 49). »*Jetzt* umfaßt alles, was existiert. Die Vergangenheit ist nicht mehr, die Zukunft ist noch nicht. *Jetzt* schließt das Gleichgewicht des Hierseins ein, ist Erleben, Engagement, Phänomen, Bewußtheit« (awareness) (1974, S. 52). Das *Jetzt* ist an das aktuale Erleben durch den Organismus in einem *Hier* gebunden. »Du kannst nicht in diesem Augenblick etwas erleben – d.h. es selber durchmachen, was außer Reichweite deiner Sinnesorgane liegt. Vorstellen kannst du es dir, ja, aber das heißt, daß du dir ein Bild davon machst, und das Bild ist *hier,* wo du bist« (PERLS et al.

* Konzentration aller geistigen Energien in einer bestimmten Richtung (Vorstellung, Gedächtnisinhalt, Gedankengang, Handlungsverlauf); in der Psychoanalyse: object cathexis oder Objektbesetzung = Verlagerung der Triebenergie auf Objekte oder Personen. »Besetzung« (synonym auch mit Erregungsladung oder Energiebesetzung) ist als ein energetisches Konzept in der FREUDschen Terminologie umfassend, gleichwohl sind die verschiedenen Besetzungsvorgänge nirgendwo bei FREUD als Theorie ausgearbeitet. – Der Hrsg.

Erstveröffentl. 1951; 1979a, S. 45). Und in Abhebung von der Psychoanalyse, die z.B. in der Traumarbeit in die Gegenwart die jüngste Vergangenheit einbezieht: »Wenn *wir* jedoch von Gegenwart sprechen, meinen wir immer die unmittelbare Gegenwart hier und jetzt, die Zeit in diesem Augenblick« (ibid., vgl. auch 1948/1978, S. 11).

Es wird hier ein streng phänomenologischer Ansatz in der Handhabung der Betrachtung von Wirklichkeit, sei es die des Patienten, die der Gruppe oder die des Therapeuten, praktiziert. NARANJO (1970) bezeichnet dieses Vorgehen als *»Gegenwartszentriertheit«* (present-centeredness) und weist auf die Verbindung zum Zen und zu taoistischem Gedankengut hin (JOSLYN 1977; PETZOLD 1980d). PERLS wurde sicherlich durch seine Kontakte mit dem Zen-Buddhismus über seine Freunde PAUL WEISS und ALAN WATTS und seinen mehrmonatigen Aufenthalt in den Zenklöstern von Kyoto, Japan (SIMKIN 1978), bestärkt in der Rigorosität, mit der er seine Hier-und-Jetzt-Ausrichtung praktizierte. Er formuliert unter Anspielung auf das berühmte Mu-Koan (Mu = Nichts, vgl. NISHITANI 1976) das Koan der Gestalttherapie: »Nichts existiert außer dem Hier-und-Jetzt« (PERLS 1974, S. 49).

Was für NARANJO, den späten PERLS und die Gestalttherapeuten der Westküste, die von FRITZ PERLS geprägt wurden (vgl. B. STEVENS 1970; J. O. STEVENS 1975), Lebensideal und Weltanschauung wurde: Leben im Hier-und-Jetzt, *I and Thou in the Here and Now,* das war für den frühen PERLS, für LORE PERLS, PAUL GOODMAN eine theoretische und methodische Position (und sie ist es für die Gestalttherapeuten der Ostküste bis heute geblieben, vgl. FEDER, RONALL 1980), die im wissenschaftstheoretischen Standort und in der Persönlichkeitspsychologie der klassischen Gestalttherapie begründet war. Erkenntnis gründet in der sinnenhaften Wahrnehmung, die immer präsentisch ist, und das Selbst wird als die Aktualisierung von Potentialen im Hier-und-Jetzt gesehen. »Die Gegenwart ist ein Durchgang aus der Vergangenheit in die Zukunft und dies sind die Stadien einer Handlung, in der das Selbst mit der Wirklichkeit in Kontakt tritt« (PERLS et al. Erstveröffentl. 1951; 1979b, S. 163). Die Zeiterfahrung selbst ist wahrscheinlich in erster Linie im Tun des Selbst begründet. In der Therapie ist Vergangenheit deshalb nur insoweit von Bedeutung, als sie in *»Aufzeichnungen«* präsent ist. Vergangenheit wird nur durch die in der Erinnerung bewahrten festen Formen relevant. »Für ein integratives Denken geht es... um

Aufzeichnungen von zurückliegenden Funktionen« (Erstveröffentl. 1948; 1978, S. 11). »Ob gesund aber oder neurotisch, *die Vergangenheit und jede andere Verfestigung dauern nur durch ihr gewärtiges Auftreten fort*« (Erstveröffentl. 1951; 1979b, S. 75f.).

Deshalb stehen in der Gestalt-Einzel- und -Gruppentherapie nur gegenwärtiges Verhalten, gegenwärtige Gefühle und Gedanken im Fokus der Arbeit. Das *Offen-sichtliche* wird aufgegriffen. Es gilt Vergangenheit und Zukunft, sofern sie über Erinnern und Erwarten hier und jetzt präsent sind, in der Gegenwart, d.h. »ihren Platz in der Struktur des Gegenwärtigen zu analysieren« (ibid. S. 73). Nur erlebte Zeit zählt, nicht aber »abstrakte Zeit« (ibid. S. 139), eine Zeitauffassung, die PERLS und seine Mitarbeiter der Psychoanalyse zuschreiben: »Schließlich isoliert FREUDs Theorie systematisch den Organismus von den laufenden Vorgängen im Organismus-Umwelt-Feld, und als weiteren Faktor isoliert er eine ›abstrakte Zeit‹.« (ibid.) Das *Jetzt* wird vom *Hier* getrennt und damit die untrennbare raum-zeitliche Verschränkung aufgehoben, ein Rückschritt hinter das vierdimensionale Raum-Zeit-Kontinuum (H. MINKOWSKI, A. EINSTEIN). »Doch dieses Feld existiert: seine Gegenwärtigkeit, seine dauernde Jetzigkeit, in der ständig Neues sich ereignet, ist wesentliches Moment seiner Definition und der Definition des Organismus« (PERLS 1979b, S. 139). Damit werden aber auch kausal-lineare »historische« Erklärungen oder Deutungen fragwürdig, denn die zu deutenden Fakten sind gegenwärtige und mit der aktualen Situation engmaschig verknüpft. Sie repräsentieren memorierte Verfestigungen, die zum Teil einen über Jahre verlaufenden Veränderungsprozeß in der Zeit durchlaufen haben, eine Anpassung an »immer neue Situationen, bei der sowohl Organismus wie Umwelt verändert werden, welche das Wachstum und die Zeitform der Organismen ausmacht – denn jeder Gegenstand der Wissenschaft hat seine eigene Zeitform. Für eine Geschichte sind Erneuerung und Unumkehrbarkeit das Wesentliche« (ibid. S. 140).

Geschichte wird damit etwas Unverfügbares. Sie ist nicht rekonstruierbar, genausowenig wie sie wiederholbar ist. PERLS (1974, S. 49f.) wirft der Psychoanalyse vor, Erinnerung, d.h. eine Abstraktion von Gewesenem, und Geschichte zu verwechseln. Sein ahistorischer Ansatz und seine Hier-und-Jetzt-Zentrierung wurzeln u.a. in der Überzeugung, daß »alles fließt« (HERAKLIT), daß Erinnerungen keine gültige Widerspie-

gelung vergangener Fakten sind, daß Kausalketten sich in der Regel nicht herstellen lassen beziehungsweise Sonderfälle darstellen, daß prozessuales Denken (*Wie* geschieht etwas?) an die Stelle des kausalen »Warum?« treten müsse. Dennoch befaßt sich die Gestalttherapie durchaus und in nicht geringem Maße mit Vergangenem, aber nur soweit es in einer gegebenen Situation, in einer Interaktion oder Handlung in den Vordergrund tritt und sich erlebnishaft konkretisiert. »Die Vergangenheit ist vergangen. Und doch tragen wir im Jetzt, in unserem Dasein, viel von unserer Vergangenheit mit uns herum. Aber wir tragen nur so viel an Vergangenheit mit uns herum, als wir unabgeschlossene Situationen haben. Was sich in der Vergangenheit ereignete, ist entweder assimiliert und ist ein Teil von uns geworden, oder wir tragen eine unabgeschlossene Situation, eine unvollständige Gestalt umher« (1974, S. 50). PERLS nimmt also, genauso wie die Psychoanalyse, das Fortwirken vergangener Ereignisse an, aber er richtet sein Augenmerk nur auf ihre gegenwärtig offen-sichtlichen Manifestationen. Er sucht nicht nach Ursachen, sondern nimmt die Materialien, wie sie sich in den Vordergrund des Erlebens schieben, wobei er allerdings durch Techniken der Erlebnisintensivierung, durch Verstärkung des Erlebnisprozesses im »continuum of awareness« (Wie erlebst du das *jetzt*?) zu einer größeren Erlebnisfülle und -prägnanz hinführt.
In ähnlicher Weise befaßt sich PERLS mit der Frage der Zukunft und ihrer Bedeutung in der und für die Therapie, der Frage ADLERs also. Pläne, Erwartungen, Wünsche, Sehnsüchte, Ängste, Befürchtungen sind »Prozesse, die hier und jetzt stattfinden... raumzeitliche Ereignisse« (PERLS 1948, S. 574). Das gedankliche Gerichtetsein auf die Zukunft dient der Abwehr von Zukunftsängsten und verhindert das Fortschreiten von Moment zu Moment in die Zukunft. »... wir dürfen kein Risiko eingehen, wir dürfen zur Zukunft hin nicht offen sein. Es könnte sich etwas ereignen, das neu und aufregend wäre und das zu unserem Wachstum beitragen würde. Es ist zu gefährlich, das Wagnis des Wachsens einzugehen« (1974, S. 53). So charakterisiert PERLS das neurotische Vermeiden der sich immer nur im Hier-und-Jetzt vollziehenden organischen Wachstumsprozesse, eine Haltung, die sich in Ängsten über künftige Katastrophen erschöpft. PERLS (ibid. S. 55) bezeichnet Angst geradezu »als die Spannung zwischen dem *Jetzt* und *Dann*« (ibid.). Im Kontakt mit dem, was ist, weicht die Angst den im Hier-und-Jetzt vorzufindenden Realitäten. Ist die anti-

zipierte Katastrophe so »real«, daß sie in der *awareness* des gegenwärtigen Erlebens Vordergrund bleibt, so kann diese »Anwesenheit« aufgegriffen, durchlebt und therapeutisch bearbeitet werden, indem die Bedeutung und Funktion der Angst im gegenwärtigen Kontext bewußt erfahrbar gemacht wird: Therapie im Hier-und-Jetzt*.

Noch in einem anderen Bereich der Gestalttherapie wird das Hier-und-Jetzt in seiner eminenten Bedeutung herausgestellt: in der interpersonalen Kommunikation. Begegnung zwischen mir und dir, zwischen den Mitgliedern einer Gruppe oder Familie (KEMPLER 1976) kann nur im unmittelbaren Kontakt hier und jetzt geschehen. Das *»I and Thou in the Here and Now«* (vgl. PERLS, LEVITSKY 1980) wird damit zum Grundprinzip der Gestalt-Einzel-, -Gruppen- und -Familientherapie. Die therapeutische Situation kann nur auf diese Weise mehr werden als »bloß ein statistisches Ereignis aus einem Arzt plus einem Patienten«, nämlich zu einer »*Begegnung* von Arzt und Patient« hier, jetzt (PERLS et al. Erstveröffentl. 1951; 1979a, S. 15). Vergangene Begegnungen sind Geschichte geworden. Als Kontaktphänomen ist Begegnung gegenwärtige Begegnung. In der Gestaltgruppenarbeit bedeutet das für die Interaktion zwischen Therapeut und Klienten und für das Miteinander der Gruppenmitglieder untereinander, daß in »direkter Kommunikation« (PETZOLD 1973b) Mitteilung auf Mitteilung, Verhalten auf Verhalten, Wort auf Wort, Gefühl auf Gefühl bezogen ist in der lebendigen Unmittelbarkeit des Hier-und-Jetzt.

Ganz ähnlich wie in der Gestalttherapie wird das Hier-und-Jetzt in der Gruppenarbeit der »Gestaltpädagogik« (PETZOLD, BROWN 1977) gehandhabt. Es handelt sich bei diesem Verfahren um die »Themenzentrierte Interaktion« (COHN 1975), die »Confluent Education« (BROWN 1971) und die »Integrative Agogik« (PETZOLD 1978), wobei letztere ein komplexeres Zeitverständnis zugrunde legt (vgl. Kap. 7). Zentral steht wiederum der Begriff der »awareness« (STOLZ 1977, S. 209). Hier-und-Jetzt-Erleben wird Lernziel: Wahrnehmen der eigenen

* Wenn also eine Psychologin als Teilnehmerin einer Gestalttherapie-Gruppe berichtet, sie habe keinen Wert darin gesehen, sich immer auf »Hier und Jetzt« einzugrenzen, »im Gegenteil, eine Verarmung: Erinnerung, Vorfreude, Phantasie und Planen können so manches ›Hier und Jetzt‹ bereichern und letztlich herbeiführen« (»psychologie heute« 7/1980, S. 17), so deutet das nur darauf hin, daß in dieser Gruppe nicht methodisch sauber gearbeitet wurde, jedenfalls nicht im Sinne PERLS'. – Der Hrsg.

Körperlichkeit, der emotionalen Regungen, des Kontaktes in der sozialen Interaktion, des Kontaktes mit dem Lernstoff (PHILLIPS 1976). Dabei wird Dort-und-Dann-Material nicht ausgeschlossen, sondern durch Rollenspiele, Imaginationsmethoden, Interaktionsspiele konkretisiert, in das gegenwärtige Erleben gehoben. Der Akzent liegt auf gegenwärtigem Geschehen. Dies wird im Ansatz von RUTH COHN durch das Postulat »Störungen haben Vorrang«, durch die zehnte Hilfsregel: »Beachte Signale aus der Körpersphäre« (COHN 1975, S. 116) sowie das Konzept der Authentizität – in jedem Moment dessen gewahr zu werden, was mit mir ist und dieses nach eigener Wahl hier und jetzt zu äußern – betont. COHN trägt aber auch dem Dort-und-Dann Rechnung. In ihrem Modell der »dynamischen Balance« sollen die Elemente der Gruppenarbeit in ausgewogenem Verhältnis gehalten werden: Individuum, Gruppe, Thema, (Ich – Wir – Es), kognitive und affektive Komponenten, »Hier-und-Jetzt« und »Da-und-Dann«, Intrapsychisches und Interpersonales (COHN 1975). Hier wird der strikte Ansatz von PERLS, bei dem COHN die Gestalttherapie erlernte, etwas relativiert. Sie bringt als Psychoanalytikerin die Vergangenheitsorientierung stärker mit in ihren gestaltpädagogischen Ansatz, als dies etwa bei der *Confluent Education* der Fall ist, die betont: »Nur die Gegenwart, das ›Hier-und-Jetzt‹ ist real; und das wird in der Schule fast immer ignoriert« (CASTILLO 1974, S. 8; BROWN, PETZOLD 1978). CASTILLO hat in konsequenter Anwendung der Hier-und-Jetzt-Auffassung von PERLS ganze Unterrichtseinheiten entwickelt, in denen das »Im Hier und Jetzt Sein« geübt wird, damit die Schüler die Fähigkeit gewinnen zu sagen, »was ich jetzt tue«, »wie ich mich fühle«, »zwischen Phantasie und Wirklichkeit zu unterscheiden« (CASTILLO 1974, S. 49).
Die dargestellten Konzepte haben die Interventionspraxis und die Art der Gruppenarbeit der Gestalttherapie und Gestaltpädagogik nachhaltig geprägt. Die Awareness-Übungen (PERLS et al. Erstveröffentl. 1951; 1979a; J. O. STEVENS 1975), die Fragen nach dem »Was und Wie?« (NARANJO 1970), die Ablehnung des »talking about« als Reden über vergangene, gegenwärtige oder zukünftige Ereignisse unter Vermeidung der emotionalen Erfahrung im Hier-und-Jetzt – all das sind Beispiele für »present-centeredness«. Das »continuum of awareness« (vgl. PETZOLD 1973c) als bevorzugter Arbeitsmodus der Gestalttherapie und Gestaltpädagogik zielt auf die Integration gegenwärtigen Erlebens ab unter Einbeziehung

der hier und jetzt präsenten Vergangenheits-Erinnerungen und Zukunfts-Erwartungen.
Obgleich die PERLSsche Kritik die Positionen von FREUDs Denken oft simplifiziert und damit schon gar nicht *die* Psychoanalyse (welche?) getroffen werden kann – ein Gleiches ist übrigens von MORENOs Kritik an der psychoanalytischen Zeitauffassung zu sagen –, trotz aller Vereinfachungen also stimmt die Stoßrichtung: FREUD ist in seiner Theorie und Praxis vergangenheitszentriert, und ihm geht es um Rekonstruktion. PERLS und MORENO geht es um Neukonstruktion, schöpferische Gestaltung und Wachstum im Hier-und-Jetzt.

7. Zwischenüberlegungen zur Handhabung des Hier-und-Jetzt

Im Rückblick auf die dargestellten Ansätze zum Hier-und-Jetzt-Prinzip in der psychologischen Gruppenarbeit ist festzustellen, daß das Verständnis dessen, was Hier-und-Jetzt eigentlich bedeutet oder welche Funktion diese Formel für die Interventionspraxis hat, sehr variiert, und dies selbst innerhalb *einer* Richtung der Gruppenarbeit, wie die psychoanalytischen Formen der Gruppentherapie, aber auch die unterschiedlichen Wertungen dieses Konzeptes in der Gruppendynamik zeigen. Die größte konzeptuelle Nähe findet sich noch bei den Verfahren »dramatischer Therapie« (PETZOLD 1980c), den Ansätzen von MORENO, PERLS und ILJINE; aber auch hier sind unverkennbare Divergenzen vorhanden. Stehen bei MORENO und ILJINE *Moment* und *Kairos* zwar als Synonyme für das Hier-und-Jetzt, so sieht der Begründer des Psychodramas den Augenblick gleichwohl nicht mehr »als Teil der Zeit« (MORENO 1951, S. 207f.), wohingegen ILJINE das *hic et nunc* in der Zeit, d.h. im »Horizont« von Vergangenheit und Zukunft erkennt. Im Kairos »verschärft sich das Hier-und-Jetzt im Sinne einer Durchlässigkeit, einer Transparenz der Zeitmodi« (ILJINE 1942, S. 35). Wird bei PERLS das Hier-und-Jetzt absolut als der tatsächlich vorhandene Augenblick gewertet (und darin stimmte er mit MORENO und ILJINE überein), so umfaßt das *hic et nunc* von LEWIN und BENNE sowie verschiedener gruppenanalytischer Autoren auch die nähere Vergangenheit und Zukunft. Wird in verschiedenen Strömungen der Gruppenarbeit im Human Potential Movement das Hier-und-Jetzt als Lebens*ideal* gesehen, so stellt es sich in der klassischen T-Gruppentheorie und -methodik als eine *Technik* dar. Geht es FOULKES um das Auffinden analytisch relevanten Materials aus der Vergangenheit des Patienten im Hier-und-Jetzt, so zählt für YALOM nur die aktuale Interaktion.

Auffällig ist, sieht man von LEWIN, MORENO, ILJINE und PERLS ab, daß sich bei der Mehrzahl der Autoren keine theoretische Auseinandersetzung mit dem Problem des Hier-und-Jetzt aus philosophischer, anthropologischer oder psychologischer Sicht (Zeitforschung) findet. Weiterhin wird unterstellt, daß das Konzept des Hier-und-Jetzt, das der jeweilige Autor vertritt, für alle diejenigen, die mit seinem Ansatz psychologischer Gruppenarbeit in Kontakt kommen, Gültigkeit haben müsse. Seitdem SOROKIN und MERTON 1937 das Konzept der *»social time«* eingeführt haben (vgl. auch MOORE 1963), ist aber neben der gängigen Differenzierung der Zeit in transeunte*, »objektive« *governmental time* und psychologische, »subjektive« *personal time* (GOODY 1958, 1966), in physikalische und Erlebniszeit, *temps vécu* (E. MINKOWSKI 1931, 1971, 1972; VON DÜRCKHEIM 1934), ein weiterer Zugang zum Problem der Zeit eröffnet worden, der gerade für die psychologische Gruppenarbeit von Bedeutung sein dürfte. Er wurde indes von keinem der Autoren direkt oder der Sache nach aufgegriffen. Eine Ausnahme stellt ILJINE mit seinem Konzept der *»Zeitqualität«* dar, unter der er das individuelle Erleben der Zeitmodi versteht: Jeder habe seine »ihm ganz persönliche Qualität, als *seine* Vergangenheit und *seine* Zukunft« (1942, S. 34). Die Zeitqualität des Individuums aber steht nicht jenseits des sozialen Kontextes. »Das persönliche Zeiterleben ist gewachsen. Es ist eingebettet in die Erfahrungen der Lebensgeschichte. Die Weite des russischen Landes, die Gelassenheit langer Winterabende formt eine andere Zeitqualität als die Begrenztheit und Hektik der Städte. So prägt jede Landschaft, jede Gesellschaft dem persönlichen Zeiterleben, der Zeitqualität ihren Stempel auf« (ibid. S. 36).

Das Hier-und-Jetzt des Zen-Mönchs ist aufgrund seines soziokulturellen Kontextes ein ganz anderes als das von YALOM oder selbst das von PERLS, der dieser Tradition noch am nächsten steht. Im *Hōkyō-ki* bringt der Zenpatriarch DŌGEN (vgl.

* d.h. »vorübergehende«, von einem Bereich in einen anderen übergehende. – Der Hrsg.

DUMOULIN 1958) die Hier-und-Jetzt-Auffassung seines chinesischen Meisters JU-CHING (1163–1268) auf die bekannte Formel: »*Zazen* ist das Fallenlassen von Körper-und-Geist, es ist einfach *nur Sitzen.*« Dieses *shikan taza,* »just sitting«, ist ein Aus-der-Zeit-Treten. »Here each ›time‹ is time only because it is not time, only because it is an atom of ›eternity‹ in temporality« (NISHITANI 1976, S. 66).

Vergleichen wir damit einen Text von YALOM (1974, S. 178): »In der Interaktions-Gruppentherapie konzentrieren wir uns aus mehreren Gründen auf das Hier-und-Jetzt: ... um die Aufmerksamkeit der Gruppenmitglieder auf die Gruppe zu konzentrieren, wodurch Beteiligung und Kohäsion gesteigert werden; um den Affekt dadurch zu steigern, daß Fragen behandelt werden, die die Gruppenmitglieder unmittelbar und gemeinsam angehen; um den Mitgliedern zu helfen, einen Stil der direkten interpersonalen Kommunikation zu üben« usw.

Hier Aktivität, dort »just sitting«. Bei YALOM ziel- und zweckgerichtete Technik, bei DŌGEN eine existentielle Haltung, »that hurdles an infinity of time in the flick of a finger« (GENKŌ DOKUAN 1630–1698, zit. bei NISHITANI 1976, S. 67). Auch PERLS (1974, S. 53) ist in seiner Hier-und-Jetzt-Auffassung aktiv. Er fordert seine Gruppenteilnehmer auf: Sprecht »über eure tatsächliche gegenwärtige Wahrnehmung, eure Bewußtheit von euch selbst und eure Wahrnehmung vom anderen ... Betont dabei immer das *Wie – wie* verhältst du dich *jetzt.*« Die Zielsetzung: »Echtheit, Reife, Verantwortung für die eigenen Handlungen und das eigene Leben, Fähigkeit zu antworten« (response-ability) »und im Jetzt leben, das Schöpferische des Jetzt zur Verfügung haben, das ist alles ein und dasselbe. Nur im Jetzt bist du in Kontakt mit dem, was geschieht« (ibid. S. 60). Hier ist nicht mehr die »Leere der Zeit« (NISHITANI 1976), aber durchaus noch Zentradition angesprochen; so beginnt das *Zen no kenkyū* mit der Feststellung: »Eine Erfahrung machen bedeutet, die Wirklichkeit zu erkennen, wie sie ist.« »Reine Erfahrung« aber ist »direkte Erfahrung« (ibid. S. 122). PERLS jedoch bietet ein »blending« mit Werten der »counter culture« (ROSZAK 1972) beziehungsweise der Humanistischen Psychologie (vgl. BÜHLER, ALLEN 1974)* wie »Echtheit und Reife« und ganz traditionellen Wertauffassungen: »Verantwortung für das eigene Leben.« Das Hier-und-Jetzt wird als

* Vgl. Kap. 1, S. 215f.

Wert, als Ideologie angeboten und weder in den Gruppen prinzipiell hinterfragt – somit zur bewußten Entscheidung dafür oder dagegen gestellt –, noch auf dem Hintergrund der soziokulturellen Situation gesehen, die, wie in Kap. 1 skizziert, eine solche Ideologie zumindest sehr begünstigt hat.
Die aufgeführten Beispiele dürften gezeigt haben – und sie ließen sich ohne weiteres vermehren –, wie die verschiedenen Interpretationen des Hier-und-Jetzt-Konzeptes selbst Ausdruck von *»social time«* sind, Zeitauffassungen, die von der Position eines Autors in seinem jeweiligen historischen, sozialen und kulturellen Kontext abhängen. Der Begriff der »psychologischen Zeit«, auf den MORENO, LEWIN, FOULKES USW. explizit oder implizit abstellen, ist ohne den der »sozialen Zeit« letztlich nicht sinnvoll, weil das Zeiterleben des Individuums von der Zeitauffassung seines sozialen Umfeldes geprägt ist. Es ist *sozialisiert* (PETZOLD 1971b, 1979b). Beim »Hier-und-Jetzt« geht es ja nicht um das *»punctum temporis«*, das »Nu« (VON UEXKÜLL 1928) als *physiologisches Moment* von $\frac{1}{6}$–$\frac{1}{10}$ Sek. (vgl. z.B. VROON, VAN OXTEL 1972). Es geht vielmehr um ein komplexes Erfassen der Zeit und ein ebenso differenziertes Umgehen mit dem Zeitbegriff, das Zeiterleben, Zeiterfahrung, Zeitgedächtnis, Zeitwahrnehmung, Zeitbewußtsein, Zeitvorstellung, Zeitschätzung, Zeitbewertung einschließt – um nur einige zumeist sozialisationsabhängige Größen zu nennen.
Seit der bekannten Arbeit von LESHAN (1952) zur Schichtabhängigkeit der Zeitperspektive und der sich anschließenden Forschung (z.B. GREENE, ROBERTS 1961; COTTLE, PLECK 1969), insbesondere zu den »deferred gratification patterns« sowie der schon von FRANK (1939) und LEWIN (1942) herausgestellten Altersabhängigkeit der Zeitperspektive, die sich von der Kindheit bis zum Alter verändert (TOBAN 1970; LEHR 1978), kann das Konzept der *»social time«* bei der Auseinandersetzung mit Fragen der Zeitstrukturierung in Gruppen nicht ausgeklammert werden. Auch die Veränderung des Zeiterlebens bei psychiatrischen Patienten dürfte nicht nur als Phänomen einer »Chronopathologie« (PAYK 1979, vgl. dazu PETZOLD 1980b) gesehen werden, sondern auch als Effekt der »totalen Institution« (GOFFMAN 1961), ihres ökologischen Rahmens und ihres sozialen Klimas. Leider ist bislang empirisches Material gerade zum letztgenannten Thema kaum vorhanden. Ebenso ist der Einfluß psychologischer Gruppenarbeit auf das Zeiterleben weder generell noch methodenspezifisch untersucht

worden, und es finden sich kaum Hinweise deskriptiver Art; Erfahrungen, die breit genug wären, um für einen empirisch abgesicherten Interventionsstil im Hinblick auf die Handhabung des Hier-und-Jetzt oder allgemeiner, der Zeitmodi, Leitlinien abzugeben. Es ist anzunehmen, daß die verschiedenen Methoden aufgrund ihrer inhärenten Ideologie einen sozialisierenden Einfluß auf den Umgang mit der Zeit haben (FENGLER et al. 1975). So konnte ich anhand der Analyse von Tonbandprotokollen fortlaufender Gestaltgruppen eine deutliche Zunahme der Hier-und-Jetzt-Aussagen im Gruppengespräch feststellen, die sich etwa mit der zwölften Sitzung stabilisierte. Die Auswertung von Bändern aus zwei Anfängergruppen, d. h. über die ersten fünf Sitzungen, im Vergleich mit fünf Sitzungen von zwei Zweitjahresgruppen (jeweils 62 Sitzungen) ergab: Die Zahl der Hier-und-Jetzt-Äußerungen lag bei den letztgenannten um 42% höher als bei den Anfängern, nach einer Stichprobe aus der zwölften Sitzung der Anfängergruppen aber nur noch um 15% höher. Es wurde in diesen Gruppen ein konsequenter Hier-und-Jetzt-Stil praktiziert, in den das Dort-und-Dann nur als (etwa durch Rollenspiel) gegenwärtig gesetztes Erleben und Handeln einbezogen wurde.

8. *Konzepte zu einer integrativen Gruppenarbeit im Hier-und-Jetzt*

Die im folgenden dargestellten *Konzepte* einer integrativen Handhabung des Hier-und-Jetzt können sich nur auf eine schmale empirische Basis stützen, was die Auswertung von »hard core data« anbelangt, aber auf eine breite Erfahrung mit dem auf der Grundlage der Verfahren »dramatischer Therapie«, insbesondere der Gestalttherapie, am *Fritz Perls Institut für Integrative Therapie* (vgl. Z. f. Gruppenpäd. 4, 1979, S. 230) entwickelten Ansatz integrativer Gruppenarbeit, den meine Mitarbeiter und ich seit 1971 praktizieren.

8.1 Anthropologische Vorbemerkungen – Leibzeit

Ich sehe den Menschen als »Leib-Seele-Geist-Subjekt in einem sozialen und ökologischen Umfeld« (PETZOLD 1974), in dem er durch Wahrnehmen, Erleben, Handeln, durch *Kontakt* mit seiner Leiblichkeit, den Dingen und den anderen Menschen seine Identität erhält, entwickelt und entfaltet.

Der Begriff der *Identität* wird dabei in seiner Doppelgesichtigkeit, seiner Verschränkung von Innen und Außen (WALDENFELS 1976), von Privatem und Gesellschaftlichem, von Rollenzuschreibung und Rollenverkörperung gesehen. Identität gewinnt der Mensch, indem er sich *in der Zeit*, in leibhaftigem Wahrnehmen und Handeln als der identifiziert, der er ist (Identifikation) *und* indem er von den Menschen seines relevanten Kontextes *in der Zeit* (d.h. im zeitlichen Zusammenhang, im Kontinuum) als der identifiziert wird, als den sie ihn sehen (Identifizierung). Identität (I) ist demnach das Zusammenwirken, die Synergie, von Leib (L) und Kontext (Kt) im Kontinuum (Kn) : I = Kn (L Kt). Ausgangspunkt der Überlegungen ist somit der »Leib im Umfeld«, wobei der Leib im Unterschied zum physikalischen Körper als »sujet incarné« (MERLEAU-PONTY 1945), als »bewußter« Leib, als der ganze Mensch mit all seinen Fähigkeiten verstanden wird: Leib-Subjekt (vgl. MARCEL 1978). Leiblichkeit aber bedeutet Geschichtlichkeit. Es ist die den Menschen kennzeichnende Bewußtheit der eigenen Endlichkeit und des eigenen Anfangs – Geburt und Tod, ich wurde geboren und ich muß sterben –, die den Menschen in die Zeit stellt. Es ist die Erfahrung von Wachstum und Verfall am »eigenen Leib«, die den Leib ganz eigentlich und jenseits aller chronometrischen Objektivität zum Ort der Zeit macht, mit jedem Atemzug und jedem Herzschlag: *Leibzeit*. Die »Rhythmen des Körpers« (LUCE 1974) sind zweifelsohne in die biologischen und kosmischen Rhythmen eingebunden – der Leib ist von der Welt, vom Kontext nicht zu abstrahieren: *être-au-monde* (MERLEAU-PONTY 1945, 1969). Indes: die Bewußtheit (awareness) solcher Rhythmik ist leibliches Bewußtsein, durch die Sinne, durch propriozeptive und exterozeptive Wahrnehmungen* vermittelt (GOODY 1966). Leibbewußtsein und Zeitbewußtsein sind nicht voneinander zu trennen. V. VON WEIZSÄCKER betont, »daß sich Wahrnehmungs-*prozesse in* der Zeit abspielen müssen« (1960, S. 41) und damit die organismischen Prozesse des »totalen Sinnesorgans Leib« (MERLEAU-PONTY 1945) – in ihrem aktualen, gegenwärtigen Verlauf, ihrer Gestaltbildung – Zeit

* Aus dem Körperinneren und von außen an die Sinne herangetragene Wahrnehmungen. – H. P.

entstehen lassen, »*hier und jetzt, ungeachtet* der Lage auf der objektiven Zeitachse und ungeachtet des Ortes im mathematischen Raum... Es muß jetzt klar sein, daß hier also Gestalt nicht *in* der Zeit entsteht oder besteht, sondern *Zeit in der Gestalt* entsteht und vergeht, als Anfang und Ende, als Dauern und Vergehen« (V. VON WEIZSÄCKER 1960, S. 42). Im Gegensatz aber zu V. VON WEIZSÄCKERs Annahme, daß die Gestalt zur Zeit primär stünde, gehe ich davon aus, daß Gestaltformation und Zeit »ineinander« sind.

Die biologische »Leibzeit« ist immer Gegenwärtigkeit, aber sie ist aufgrund ihres gestalthaften Charakters (Zeitgestalt ist Verlaufsgestalt) niemals ahistorisch. Wahrgenommene Zeit, Zeitgestalt impliziert immer ein »von dort her« und ein »nach da hin«. »Wahrnehmungsgestalt ist also eine anamnestisch-proleptische Vergegenwärtigung ihres Gegenstandes. ... Es ist die Struktur einer biologischen Zeit, welche sich allein als fähig erweist, die Vergänglichkeit der Gestalt und die Gerichtetheit der Gestalt mit ihrer Festigkeit in einer Gegenwart zu vereinen« (ibid. S. 50). Diese Auffassung der Zeit hat bedeutsame Implikationen für die Arbeit in Gruppen, für die Selbstwahrnehmung in der Zeit und die Wahrnehmung des anderen in der Zeit, wobei, wie noch zu zeigen sein wird, die »subjektive Zeit« (ibid. S. 55) nicht jenseits des gesellschaftlichen Kontextes steht, darüber hinaus auch geformte, »sozialisierte Zeit« (PETZOLD 1971 b) ist. Der Leib ist, was V. VON WEIZSÄCKER zu wenig berücksichtigt, Leib im ökologischen *und* sozialen Kontext. Seine Geschichtlichkeit ist in seinem biologischen Gegründetsein, in Entstehen und Vergehen, in der Gestalthaftigkeit des Gesamtlebens angelegt, wie V. VON WEIZSÄCKER herausgearbeitet hat, und im Gedächtnis des Leibes. Aber der Leib nimmt nicht nur sich wahr, er wird wahrgenommen, »voir et être vue«, wie MERLEAU-PONTY (1945, 1969) diese Ambiguität formuliert. Er ist immer *Leib mit anderen* und auch hieraus folgt Geschichte, nämlich unsere, die, die wir mit anderen gemeinsam haben und die sich im Erleben des anderen Leibes erschließt. GABRIEL MARCELs Überlegungen hierzu treffen sich mit denen VIKTOR VON WEIZSÄCKERs und stellen sie in einen breiteren Rahmen:

»Einen Leib kann ich nicht wahrnehmen, ohne zugleich seine Geschichte wahrzunehmen, mitzuerfahren, mitzuerleiden: zu *verstehen*. Insofern genügt es nicht zu sagen, daß ich mein Leib bin« (m. E. also ihn präsentisch aufzufassen). »Ich bin als mein Leib immer auch meine Vergangenheit, ja meine Zukunft«

(MARCEL 1978, S. 63). »Halten wir fest: Mein Leib als Gestalt meines Lebens und Sterbens ist nicht, wie der« (m. E. objekthaft-physikalische) »Körper nahezu zeitlos zu betrachten und zu verstehen, sondern nur geschichtlich ... Als Präsentation ist der Leib eine Zeitgestalt« (ibid. S. 64).
Auf dem Hintergrund dieser Überlegungen wird ein »ahistorisches Hier-und-Jetzt« als Methode einer psychologischen Gruppenarbeit, die nicht nur auf fragmentierte Verhaltensaspekte, sondern auf den ganzen Menschen gerichtet ist, absurd. Die Geschichte eines Menschen als leibliche Geschichte springt das Gegenüber an, mit jeder Gram- oder Lachfalte, mit jeder Geste. Die Abstraktion des Menschen von seiner Geschichte in einem wie auch immer interpretierten geschichtslosen Hier-und-Jetzt objektiviert ihn, beraubt ihn seiner Identität, denn diese erfordert Identifikation und Identifizierung *in der Zeit.* Geschieht dies auch in einem jeweils gegebenen Augenblick, so ist dennoch in ihm das Woher und Wohin der wahrgenommenen Zeitgestalt und die Geschichte als im Gedächtnis des Leibes eingefleischte sowie in der Gestalt des Leibes *präsent*ierte anwesend. Und wie für mich selbst *hier und jetzt* bewußt, mitbewußt oder unbewußt *meine* Vergangenheit und *meine* Zukunft (in Wünschen, Ängsten, Plänen, in Lebensentwürfen) gegenwärtig ist, so ist im sozialen Kontext unsere gemeinsame Vergangenheit und Zukunft – ganz gleich, wie ich deren Ausdehnung fasse – anwesend.

8.2 Vorbemerkungen zu Zeit und Zeitbewußtsein

Dum loquimur, fugerit invida aetas:
carpe diem, quam minimum credula postero.
HORAZ I, Carm. 11*

Dieser berühmte Vers kennzeichnet die Flüchtigkeit der Zeit: man »steigt niemals in den gleichen Fluß« (HERAKLIT), und es ist vielleicht nicht ohne Hintergründigkeit, daß HORAZ vom *Tag* spricht, den es zu ergreifen gilt, und nicht wie GOETHE vom Moment: »Der den Augenblick ergreift, / Das ist der rechte Mann.« Denn was ist der Augenblick? Er ist mit dem Hinschauen vergangen. AUGUSTINUS hat diese Paradoxie der Zeit in seinen »Confessiones« mit bedrängender Schärfe aufge-

* Noch während wir reden, enteilt die neidische Zeit: Genieße das Heute, dem Morgigen wenig vertraue. – Übers. H. P.

zeigt: sie ist nie »jetzt« und doch nichts anderes als der Fluß der sich ständig vernichtenden »Jetzte«. Chronos, der Vater der Zeit, verschlingt seine Kinder. AUGUSTINUS findet die Gegenwärtigkeit in der Innerlichkeit, in der erlebten Zeit, dem Zeitbewußtsein. Nur in ihm wird ihm die Zeit verfügbar, der objektivierbaren Explikation entzieht sie sich: »Quid est tempus? Si nemo a me quaerat, scio, si quaerenti explicare velim, nescio«* (Conf. XI, 14). Der große afrikanische Kirchenvater formuliert in den »Bekenntnissen« der Sache nach das Konzept der psychologischen Zeit, der Erlebniszeit (die, wie im voranstehenden Abschnitt zu zeigen war, Leibzeit ist).
Es kann hier nicht darum gehen, die Geschichte des »Zeitproblems im Abendland« nachzuzeichnen (vgl. hierzu GADAMER 1978), in deren Zentrum die Fragen um subjektive und objektive Zeit, ja um den Wirklichkeitscharakter von Zeit stehen. Nur, der Gegensatz zwischen »eigentlicher« Zeit und physikalischer »Weltzeit« (HEIDEGGER 1957) ist bis heute nicht aufgehoben und die Paradoxien der Zeit sind noch nicht gelöst (ORNSTEIN 1969).
Fest steht, daß »Zeit ein Strukturmoment der Welt selber« ist und daß das Zeiterleben des Menschen »in der organischen Einheit des lebenden Wesens« gründet (GADAMER 1978, S. 93 u. 97) sowie – muß man ergänzend hinzufügen – in der intersubjektiven Verständigung darüber, was Zeit ist und wie man mit ihr umgeht. Fest steht auch, daß die Zeit mit dem Raum immer eine Konfiguration bildet. Das ist nicht nur auf dem Hintergrund der Relativitätstheorie zu sagen, sondern auch und mit gleichem Gewicht aufgrund der Leibgebundenheit des Zeiterlebens. Der Leib ist immer auch Körper im Raum, der Mensch ist immer Mensch in einem Kontext. So hat jedes *Jetzt* notwendigerweise ein *Hier*. Fest steht weiterhin, daß jedes Jetzt in einem Kontinuum vergangener und kommender »Jetzte« steht und jedes Hier im Kontext umliegender »Hiers«, die als Konzentration von abnehmender Intensität das hic et nunc umgeben, einen *Horizont von Zeit und Welt* ausspannen. Dieser Horizont ist in seiner Bewertung und Erfahrung abhängig von der jeweiligen persönlichen Bewußtheit im jeweiligen sozialen Kontext. *Hier und Jetzt* ist zu denken als erlebtes Kontinuum, nicht als *»sensible présent«*, als kleinste, noch wahrnehmbare Zeiteinheit (DOBBS 1971).

* Was ist die Zeit? Wenn niemand mich fragt, weiß ich es, wenn ich es dem Fragenden erklären soll, weiß ich es nicht. – Übers. H. P.

Selbst PERLS (1980), der strikteste Verfechter eines Hier-und-Jetzt-Prinzips, spricht vom *»continuum of awareness«*. Die Art der damit »gegebenen« Zeitlichkeit ist für unseren Zusammenhang von Interesse. Denn die Zeit*struktur* ist durchaus nicht immer als *Vergangenheit, Gegenwart, Zukunft* anzusetzen. Es kommt auf die Modalität* der *social time* an, und es ist von unterschiedlichen Modalitäten psychologischer und sozialer Zeit auszugehen, in denen verschiedene Bewußtheitsgrade von Geschichte sich repräsentieren. Der Horizont individueller und kollektiver Geschichte beziehungsweise Umwelt kann unterschiedlich weit gespannt sein, ist abhängig von der Form des Zeitbewußtseins. Wird das Hier-und-Jetzt z. B. im Kontext einer A-Reihe, d. h. einer Vorher/Nachher-Konfiguration, gesehen (BIERI 1972), so ist es zwar *in der Zeit*, aber nicht in einer Zeit, die als B-Reihe, als Vergangenheit/Gegenwart/Zukunft, erfaßt wird. »Ohne Vergangenheit und Zukunft ist es sinnlos, von der Gegenwart zu sprechen« (BHAGWAN 1979, S. 9). Das bedeutet nicht, daß ein solches Hier-und-Jetzt ohne Geschichte sei. Geschichte darf nicht in jedem Fall mit dem Vergangenheitsbegriff der B-Reihe gleichgesetzt werden. Es ist allerdings bei den sich dann ergebenden unterschiedlichen Formen von Geschichtlichkeit ein jeweils anderes Verständnis geschichtlicher Zusammenhänge anzunehmen; z. B. was Kausal- und Finalschlüsse usw. anbelangt. Selbst bei sehr archaischen Zeitauffassungen, wie sie CLAUDE LÉVI-STRAUSS (1973, S. 271) u. a. beschrieben haben, gibt es so etwas wie »mythische Geschichte«. Damit wird für die psychologische Gruppenarbeit ein von ihr bislang noch kaum erkanntes, geschweige denn berücksichtigtes oder genutztes Feld eröffnet, dessen Komplexität noch erhebliche Schwierigkeiten aufwerfen wird. Hier-und-Jetzt ist abhängig von dem jeweiligen Zeitverständnis, in das es gestellt wird. »Es ist aber unmöglich, soziale Beziehungen außerhalb eines Milieus, das ihr Bezugssystem ist, zu erfassen. Die beiden Bezugssysteme, die die Möglichkeit bieten, die sozialen Beziehungen zusammen oder vereinzelt zu denken, sind Raum und Zeit. Diese Raum- und Zeitdimensionen dürfen nicht mit denen verwechselt werden, die andere Wissenschaften« (als Soziologie, Ethnologie, Anthropologie m. E.) »verwenden. Sie bestehen in einem ›sozialen‹

* Der Begriff Zeit*modalität* wird als »Form des Zeitbewußtseins« aufgefaßt (z. B. Vorher/Nachher-Modalität). Zeit*modus* bezeichnet ein Element der Vergangenheit/Gegenwart/Zukunft-Struktur. – H. P.

Raum und einer ›sozialen‹ Zeit, was bedeutet, daß sie keine anderen Eigenschaften haben als die sie enthaltenen sozialen Phänomene. Je nach ihrer Struktur haben die Gesellschaften der Menschen diese Dimensionen anders aufgefaßt. Der Ethnologe darf also nicht zögern, wenn er vor die Aufgabe gestellt wird, ihm ungewohnte Typen zu verwenden und sogar neue zu erfinden, wenn der Augenblick es verlangt« (LÉVI-STRAUSS 1972, S. 313). Muß dies nicht auch für den Gruppentherapeuten gelten?

Die Zeitauffassung der Gruppe, mit der man arbeitet, ist selbst in unserem Kulturkreis schicht- und altersgruppenspezifisch variabel. Die Untersuchung des jeweiligen Zeitbegriffs wird zu einer Voraussetzung für eine adäquate Interventionspraxis, für eine Wertung der Zeitauffassungen, für die angemessene Handhabung des Hier-und-Jetzt. Es steht dabei sicher die in den Industriegesellschaften ubiquitäre Modalität Vergangenheit/Gegenwart/Zukunft im Zentrum, aber die Regressionsphänomene in Gruppen vermögen archaische Formen von Gesellschaft zu evozieren und archaische Zeit; ein Hier-und-Jetzt, das nicht gleichbedeutend mit »Gegenwart« sein muß, sondern Schöpfungszeit, Weltzeit, Ahnenzeit, Traumzeit sein kann (DUERR 1978).

OTTHEIN RAMMSTEDT (1975) hat in seinen Überlegungen zum »Alltagsbewußtsein von Zeit« folgende Formen der Zeiterfahrung unterschieden und sie verschiedenen Formen von Vergesellschaftung zugeordnet:

a) Jetzt/Nicht-Jetzt	=	okkasionales Zeitbewußtsein*
b) Vorher/Nachher	=	zyklisches Zeitbewußtsein
c) Vergangenheit/Gegenwart/Zukunft	=	lineares Zeitbewußtsein mit geschlossener Zukunft
d) kontinuierliche Bewegung/Beschleunigung	=	lineares Zeitbewußtsein mit offener Zukunft

Hinzufügen möchte ich:

e) Vergangenheit/Gegenwart-Zukunft als Ganzheit	=	perspektivisch-perichoretisches Zeitbewußtsein**

* Okkasionalismus = System der Gelegenheitsursachen (alle Ursachen sind nur Gelegenheiten für das Wirken Gottes, der providentia, des Schicksals). – Der Hrsg./H. P.

** Der aus der patristischen Trinitätstheologie stammende Begriff der Perichorese (περιχωρήσίς, circuminsessio) bedeutet die wechselseitige Durchdringung

Okkasionales Zeitbewußtsein ist kennzeichnend für archaische Gesellschaften. Das Jetzt ist ein ausgeweitetes, die nähere Vergangenheit und Zukunft gleichwertig umfassend. »Die Ausweitung totalisiert die Synchronizität aller Gesellschaftsglieder und macht das Synchronisieren unabhängig voneinander stattfindenden sozialen Handelns und Erlebens unmöglich« (RAMMSTEDT 1975, S. 50). *Zyklisches* Zeitbewußtsein sieht Vorher und Nachher nicht als Alternativen, sondern als Teile der Wirklichkeit. Zeit wird im Nacheinander meßbar und führt zu einer zyklischen Bewegung, in der nur Wiederholung, nicht aber Novum Raum hat. »Für segmentär differenzierte soziale Systeme« (z.B. die Polis im 7.–5. Jh. m.E.), »in denen ein zyklisches Zeitbewußtsein vornehmlich auftritt, ist die Unterscheidung Vorher/Nachher in der hier skizzierten Form systemstabilisierend« (ibid. S. 53).
Lineares Zeitbewußtsein mit festgelegter Zukunft ist auf ein Telos gerichtet, womit ein Primat der Zukunft gegenüber der Gegenwart aufgestellt wird, die nur noch als Medium dient, um das Zukunftsziel zu erreichen. »Die Unterscheidung von Vergangenheit/Gegenwart/Zukunft ermöglicht bei diesem Zeitbewußtsein durch die festgelegte Zukunft, die das Telos alles und aller ist, die Synchronizität allen Geschehens als gleichzeitige Ungleichzeitigkeit im Hinblick auf das gemeinsame Ziel zu konstatieren«, das im Horizont »kommunikativer Erreichbarkeit« bleibt (ibid. S. 54). Die Frage, wer welche Ziele setzt und wer wen auf sie verpflichtet, wird damit von brennender Bedeutung: Es ist die Frage nach der Macht der Zeit, und wer über sie verfügt. Die Verpflichtung zum Prozeß selbst ist damit aber nicht nur von der Macht herrschender Interessengruppen bestimmt. Es entsteht eine Eigendynamik, »die Herrschaft als die Zwang ausübende Verinnerlichung der Zeitrechnung, der Uhrzeit, (die) in die Menschen selbst eingewandert ist« (ibid. S. 55), ein Vorgang, den das zeitkritische Märchen »Momo« (ENDE 1973) unübertroffen darstellt. Der Zwang der Zeit, von Jugend auf im gesamten Sozialisationsprozeß vermittelt, ist meines Erachtens eine der Konstituen-

der drei göttlichen Hypostasen Vater, Sohn und Geist, die miteinander sind, ineinander, eine Einheit, ebenso wie in der Hypostatischen Union die göttliche und menschliche Natur in Christus eine Einheit und Ganzheit bilden »ohne Vermischung ohne Verwandlung, ohne Teilung und Trennung« (ἀσυγχύτως, ἀτρέπτως, ἀδιαιρέτως, ἀχωρίστως), wie es das Konzil von Chalcedon formulierte, das damit das philosophisch äußerst faszinierende und fruchtbare Paradoxon der »Einheit in der Vielfalt« erarbeitet hat, wie wir es ähnlich bei MERLEAUPONTY (1964) finden. – H. P.

ten der »Macht«, die FOUCAULT in seinem Werk attackiert. Den fremdverfügten Zielen aber ist nicht durch eine Hier-und-Jetzt-Ideologie, wie sie in den Gruppen des Human Potential Movement propagiert wird, zu entgehen; jene Ziele müssen vielmehr entlarvt werden. Die linear-teleologisch determinierte Zeitauffassung, kennzeichnend für die kapitalistische Gesellschaft, ist einerseits ein subtiles Instrument der Herrschaft, zum anderen Ausdruck eines blinden Glaubens an vorgegebene Eschatologien (und das hat eine lange Tradition).
Lineares Zeitbewußtsein mit offener Zukunft wird von RAMMSTEDT im Sinne des funktional-strukturellen Ansatzes als Chance zur Freisetzung von Komplexität (LUHMANN) und zur sozialen Machbarkeit künftiger Situationen gesehen, wobei eine Vielfalt jeweilig präsenter Möglichkeiten angenommen wird, die nicht unbedingt sinnhaft miteinander verbunden sind. »Voraussetzung für das Zeitbewußtsein mit offener Zukunft ist unter diesem Aspekt die Relativierung von Raum und Zeit, d. h. es wird akzeptiert, daß neben unserer hiesigen Wirklichkeit andere Wirklichkeiten existieren« (ibid. S. 56). Es kommt zu einer reflexiven Verwendung von Zeit. Die sich daraus ergebende Spannung für das Subjekt, das nicht mehr im Rahmen vorgegebener Sicherheiten operieren kann, führt in die ganze Problematik des funktional-strukturellen Ansatzes, der fehlenden inhaltlichen Festlegung und der drohenden Opferung des Subjekts. Ich habe an anderer Stelle (PETZOLD 1978) ein Modell für die Handhabung linear-offener Zukunft durch diskursive Konsensfindung über Ziele vorgelegt. Durch Korrespondenz aller in einer Situation befindlichen Personen werden die Ziele aktiv gestaltet und nicht mehr blind befolgt. Linear offene Zukunft kann damit die Chance größerer Freiheit bieten in der kooperativen Zielsetzung durch die Betroffenen. Diese Chance aber kann nur zum Tragen kommen, wenn die Linearität nicht zu einer einseitigen Blickrichtung führt, allein der Zukunft entgegen in den freien Raum der Planung und der Entwürfe. Diesen Raum gilt es vielmehr zu füllen, und es ist zu wissen, womit und für wen. Aus der Zukunft als Horizont möglichen Sinnes gilt es Sinn als Konsens herauszudestillieren. Das erfordert das Erkennen und Herstellen von Zusammenhängen, denn Sinn liegt in Zusammenhängen (LUHMANN 1971; vgl. PETZOLD 1978), und das bedeutet, er liegt im zeitlichen Zusammenhang.
Perspektivisch-perichoretisches Zeitbewußtsein erfährt Vergangenheit/Gegenwart/Zukunft als Struktur, im Zusammenhang,

als »Ganzheit der Zeit«, als »Gesamtheit des Raumes«, als »Einheit von Raum und Zeit«. Wenn die komplexe raumzeitliche Konfiguration, Kontext und Kontinuum, das »perspektivische Hier-und-Jetzt«, wie in dem auf S. 294 abgebildeten Diagramm plastisch wird, von einem Konzept der »ganzen Zeit« und des »gesamten Raumes« ausgeht, dessen Kristallisationspunkt das »sujet incarné«, das Leib-Subjekt ist, wird damit ausgesagt, daß im Hier-und-Jetzt Gegenwart, Vergangenheit, Zukunft, dieser Raum und alle Räume »verschränkt« sind, daß sie einander durchdringen: *Perichorese**. FREUD hat dies in seinem berühmten Beispiel von den sich überlagernden historischen Schichten der Stadt Rom für Vergangenheit und Gegenwart ausgesagt. Sie nehmen den gleichen Raum ein, stehen aber zueinander nicht in zeitlicher Abfolge, sie durchdringen sich gegenseitig. MERLEAU-PONTY (1964, S. 321) formuliert noch umfassender: »Vergangenheit und Gegenwart sind also *ineinander,* jede von beiden umhüllt-umhüllend.« »Ganze Zeit« ist nicht Ausgliederung eines Zeitmodus. Die Summe der Augenblicke ist so wenig Zeit wie die Summe der Zeitmodi. Die *Synergie* des Erlebens schafft die Ganzheit. Werden die Verschränkungen der Zeitmodi ausgegliedert durch kognitive Operationen oder gesellschaftliche Reifikation, so entsteht gestückelte Zeit, denn Zeit ist »so beschaffen, daß sie jedesmal, wenn sie als Ganzes zum Thema gemacht werden soll, nur Teile aus sich heraussetzt, derart, daß das Ganze erst jenseits dieser Teile, im Überschuß über sie sich manifestiert« (MÜLLER 1978, S. 179). Diese Übersummativität gewährleistet die *»Einheit in der Vielheit«,* die Integrität des Ganzen und die Würde der Teile. Perspektivisch-perichoretisches Raum-Zeit-Bewußtsein wird erforderlich, um der Entfremdung zu steuern, wie sie durch ein technisches Zeitbewußtsein, durch die »Vermarktung der Zeit« progredient fortschreitet. A. M. K. MÜLLER (1978) hat in seinen klarsichtigen »Erwägungen zur Grundlagenkrise in Physik, Medizin, Pädagogik und Theologie« eine *»Wende der Wahrnehmung«* gefordert, die im Zentrum eine Verwandlung des Zeitbewußtseins von der gestückelten, reifizierten Zeit zur »ganzen Zeit« bedeutet: Eine solche Wende stellt sich auch der psychologischen Gruppenarbeit als Aufgabe. Perspektivisch-perichoretisches Zeitbewußtsein muß das Zeitbewußtsein der Zukunft werden.
Die hier im Anschluß an RAMMSTEDT dargestellten Formen des

* Siehe Fußnote auf S. 283f.

sozial und letztlich auch ökonomisch bestimmten Zeitbewußtseins – und man müßte ihnen die korrelierenden Formen des Raumbewußtseins (z. B. Hier/Nicht-Hier, Hier/Dort, überall-eingegrenzt, überall-unbegrenzt) zuordnen – haben für ein kritisches Konzept des Hier-und-Jetzt in der psychologischen Gruppenarbeit immense Bedeutung, geht es doch um die Frage: Welche Formen von Herrschaft und von Entfremdung perpetuiere ich durch historische oder ahistorische Gruppenarbeit, indem ich diese Formen im Mikrokosmos der Gruppe reproduziere. Es spricht für die Hybris derjenigen, die die These vertreten, in der Gruppe reproduziere sich das Außenverhalten der Teilnehmer, daß von ihnen nicht thematisiert wird, *welche* Strukturen der Außenwelt die Gruppe und welche die Leiter (über alle Gegenübertragungseffekte hinaus) reproduzieren.

8.3 Formen des Zeitbewußtseins in der Gruppenarbeit

Die im Anschluß an RAMMSTEDT beschriebenen Formen des Zeitbewußtseins – und noch andere – können in Gruppen als Phänomene auftreten und, wie das offene, linear-teleologische, das perspektivisch-perichoretische oder das regressive jetzt/nicht-jetzt, indikationsspezifisch als Therapieziel gesetzt werden.
Ein komplexes Zeitbewußtsein setzt nicht nur eine hohe persönliche und gesellschaftliche Differenziertheit voraus, sondern auch eine stabile, selektionsfähige Identität, die ein hohes Maß an Komplexität verarbeiten kann. Die »frühen« Formen des Zeitbewußtseins gewährleisten eine größere »Einheit« der Zeit, Synchronizität, Allverbundenheit um den Preis fehlender Differenziertheit und Offenheit für neue Möglichkeiten. Die »späten« Formen des Zeitbewußtseins ermöglichen eine größere Differenziertheit, Komplexität und Potentialität um den Preis der Vereinzelung, Unsicherheit und den Verlust der fundamentalen Koexistenz aller mit allen und der »Einheit der Zeit«. Die Zeit wird in zunehmendem Maße *objektiviert, präpariert, entfremdet* (MÜLLER 1973), sie ist nicht mehr meine, sie wurde mir genommen, von »Zeit-nehmern« (REFA-Leuten u. ä.*). Komplexes Zeitbewußtsein muß aber

* REFA: Früher »Reichsausschuß für Arbeitszeitermittlung«, heute: Verband für Arbeitsstudien, REFA e. V. – u. a. für die Rationalisierung tätig. – Der Hrsg.

nicht diese Wirkung haben, wenn eine Bewußtheit (awareness) gewonnen wird, die zum Wahrnehmen der »ganzen Zeit« führt.

Die Entfremdung von der Zeit wird in ENDEs »Momo« (1973) dargestellt. Momo fragt Meister Hora, warum die »grauen Männer von der Zeitbank«, die »Zeitagenten«, die den Menschen die Zeit nehmen, sie zu immer schnelleren, größeren Leistungen antreiben, so grau im Gesicht seien:

»Weil sie von etwas Totem ihr Dasein fristen«, antwortet Meister Hora. »Du weißt ja, daß sie von der Lebenszeit der Menschen existieren. Aber diese Zeit stirbt buchstäblich, wenn sie von ihrem wahren Eigentümer losgerissen wird. Denn jeder Mensch hat *seine* Zeit. Und nur solange sie wirklich die seine bleibt, bleibt sie lebendig« (S. 152) – und bleiben die Menschen lebendig.

Die Hier-und-Jetzt-Ideologie der Growth-Gruppen und die »responsiveness« der Gruppenteilnehmer gegenüber hier-und-jetzt-zentrierter Arbeit, ganz gleich welcher Provenienz, kann u.a. als eine Reaktion auf die Zerstückelung der Zeit, den Zeitdruck, die soziale Zeit als entfremdete Zeit gesehen werden: »Zeit ist Geld«, »keine Zeit«, Zeitnot, Terminschwierigkeit, Lieferzeit, Akkordzeit, Disposition, Planungskapazität – der massive ökonomische Hintergrund ist unübersehbar. Ein Hier-und-Jetzt-Stil, der diese Zusammenhänge nicht sieht, *wirkt symptomverstärkend,* bietet das *hic et nunc* als Flucht und Entlastung, die nicht trägt und zum Zusammenbruch führen muß.

Wenn immer Hier-und-Jetzt Regression, d.h. »frühes Zeitbewußtsein« konstituiert, ermöglicht es Anklänge an die archaische Einheit der Zeit, die »totale Zeit«, die das Kleinkind erlebt hat und in der es geborgen war, wo es nur »jetzt« oder »jetzt und nicht-jetzt« gab. Eine solche Regression kann notwendig und nützlich sein, wenn dadurch Defizite aufgefüllt werden, Urvertrauen nachsozialisiert wird, »korrektive Erfahrungen« im Sinne von F. ALEXANDER zustandekommen. Sie ist fruchtbar, wenn die in der Regression aufgekommenen Erfahrungen integriert werden – hier gilt, was für das Durcharbeiten regressiver Erfahrungen in dynamisch orientierter Therapie Usus ist. Das Hier-und-Jetzt als *Perpetuierung von Regression* jedoch bringt nicht die Einheit der Zeit zurück, es sei denn, ich verlasse auch den *Raum* dieser Zeit – d.h. den der westlichen Kultur – und begebe mich an einen anderen Ort, z.B. in die Psychiatrie oder wie SCHNEEBAUM zu den Akarama im südamerikanischen Dschungel, wo er die zerstückelte Zeit verlor: »Meine Tage sind nicht länger Tage. Die Zeit besitzt keine Gedanken, die mich beunruhigen könnten. Alles ist wie nichts und nichts ist wie alles. Denn wenn ein Tag vergeht, wird das nirgends vermerkt, und er könnte ebenso ein Monat sein. Es existiert kein Unterschied« (SCHNEEBAUM 1969, S. 182). Dies aber auch unter den Angehörigen des Stammes, die *ein Volk* waren, in dem die Individualität aufgegangen war oder genauer: sich noch gar nicht entfaltet hatte, und in dem auch SCHNEEBAUM sein Ich, seine Identität nach und nach verlor: »Ich war dabei, meine eigenen Reflexionen auszulöschen« (ibid. S. 64), und er fühlte, daß seine »eigene Welt, was immer und wo immer sie war, nirgendwo mehr existiert« (ibid. S. 69).

Das »archaische Hier-und-Jetzt« ist ein Phänomen, das in regressiv geführten Gruppen in ähnlicher, wenn auch natürlich verdünnter Form auftritt – BENNE (1972, S. 258) hat es treffend im Anschluß an LEWIN als »Primitivierung« bezeichnet –, und zwar durch die Auflösung der komplexen Zeitstruktur Gegenwart/Vergangenheit/Zukunft zugunsten einer Jetzt/Nicht-jetzt-Struktur.

In den von unserem Institut seit 1972 durchgeführten vierwöchigen Intensivseminaren, in denen angehende Psychotherapeuten im Rahmen ihrer vierjährigen Ausbildung oder schon praktizierende Kollegen durch selbsterfahrungszentrierte Arbeit die Methode der Gestalttherapie durch das Erleben der Methode erlernen (PETZOLD, SIEPER 1976), haben wir ähnliche Veränderungen des Zeitbewußtseins immer wieder feststellen können und zum Teil intendiert eingesetzt, da durch derartige Regressionsarbeit im klinischen Setting die Chance zur Behandlung früher Störungen gegeben wird. Die mit dem »archaischen« Hier-und-Jetzt praktizierte Gruppenarbeit ist in der Regel auch körperzentriert, lenkt die Awareness auf Leibwahrnehmungen, auf die Leibzeit.

Es wird deutlich geworden sein, daß »frühes« Zeitbewußtsein sowohl phylogenetisch als auch ontogenetisch aufgefaßt werden muß, was für die Psychotherapie mit gewissen psychiatrischen Patienten, zuweilen mit Suchtkranken und Alterspatienten (PETZOLD, BUBOLZ 1979), insbesondere aber für die Psychotherapie mit Kindern und Jugendlichen bedeutet, *auf ihrer Ebene des Zeitbewußtseins zu arbeiten* – ein Thema, nach dem man in den einschlägigen Handbüchern der Kindertherapie (BIERMANN 1976, SCHAEFER 1976) vergeblich sucht, und

das nicht nur, weil das zeitenthobene Spiel in seiner »Jetztigkeit« (GADAMER 1978) ohnehin der meistbeschrittene Weg der psychotherapeutischen Kinderbehandlung ist. PIAGET (1955, 1972) hat in seinen Untersuchungen zur Entwicklung des Zeitbegriffs bei Kindern auf A-Serien (McTAGGART 1968; BIERI 1972), auf die Vorher/Nachher-Folge abgestellt, also eine »frühe« Form des Zeitbewußtseins. Nicht-jetzt/Jetzt- und Vorher/Nachher-Formen – ihnen entspricht für das Ortsbewußtsein die Konstellation hier/nicht-hier, hier/dort – sind in der Regel Ausdruck von Regression im Hier-und-Jetzt der Gruppe. Beide Formen können ja immer nur von einem vorhandenen *hic et nunc* erlebt und gedacht werden, das die Einheit der Zeit präsentiert. Sie sind zuweilen aber auch Ausdruck kreativer Gruppen- und Einzelprozesse, ein intensives Im-Kontakt-Sein mit dem Partner, dem Material, dem Spiel, der Aufgabe, das den Welt- und Zeithorizont für eine »Spielzeit«, eine »schöpferische Stunde« abblendet, ohne ihn aufzuheben. Dieses Hier-und-Jetzt ist frei bestimmte Erlebnisintensität und nicht Symptom neurotischer Determinierung Es ist Fokussierung auf Wesentliches, Konkretes, Erregendes, in der alle Potentiale gebündelt und verfügbar sind. Kreative Zeit ist volle Zeit-Raum-Präsenz, leibhaftig, mit der ganzen Person erfahren. Sie ist damit Formen archaischer oder mythischer Zeit verwandt, der Zeit im Traum (PETZOLD 1977a), der Traumzeit:
»Während also in unserer ›Zeit der Trennungen‹ die Tendenz vorherrscht, die Einheit der Dinge zu zerlegen, die Dinge in Komponenten zu zersplittern – etwa in bloße Materie, die von geistigen Kategorien zu Einheiten ›gestanzt‹ wird, in Gegenstände, die sich aus im Grunde Verschiedenartigem ›zusammensetzen‹, aus ›Geistigem‹ und ›Stofflichem‹, aus Formen, Farben, Tönen usw., die eine ›Synthese‹ miteinander eingehen können oder Bedeutungen ›erhalten‹ –, zeigen sich der archaischen Mentalität die Dinge der Welt in einer viel größeren Einheit« (DUERR 1978, S. 146). »Traumzeit bedeutet jene Perspektive der Wahrnehmung, in welcher ein Ereignis ist, was es ist, ohne Beachtung des Zeitpunktes, an dem es sich befinden mag« (ibid. S. 144).
In der Kreativen Therapie (PETZOLD 1975; BUBOLZ 1979) finden wir solche Erlebnisse von Zeit recht häufig: Gegenwärtigkeit (presentcenteredness), Hier-und-Jetzt, das nicht im Zwang der B-Reihe steht und deshalb wahrhaft schöpferisch sein kann. Ein solches Hier-und-Jetzt gründet nicht in der

Reduktion, nicht in der Demontage vorhandener Realität, wie etwa der gezielten Unterbindung von vorhandenem Dort-und-Dann-Material oder der Statusentkleidung (BENNE 1972, S. 257f.), und es kann zurückkehren in die Zeit der B-Reihe. Die *Abblendung* fokussiert wie eine Blendlaterne, reduziert Komplexität, ohne sie zu zerstören, ohne sie *auszublenden*. Die Fähigkeit zu einer nicht-regressiven Zentrierung und Fokussierung der Awareness im Hier-und-Jetzt zu entwickeln, ist ein Ziel kreativer Gruppenarbeit und als Alternativerfahrung natürlich auch ein Antidot* gegen die Entfremdung und die Zerstückelung des Zeitbewußtseins sowie des damit unlösbar verbundenen Leibbewußtseins, sofern die Zusammenhänge des *Hintergrundes* mit-bewußt bleiben und die alternative Erfahrung der »ganzen Zeit« in einer einfachen Form des Zeitbewußtseins für die komplexere Form zum Tragen kommen kann. Die soll im folgenden noch weiter reflektiert werden.
Wenn unser Alltag von der prävalenten Struktur Vergangenheit/Gegenwart/Zukunft bestimmt ist, so wird das Umgehen mit dieser Modalität in einer nicht-entfremdeten Art und Weise Ausgangslage und Zieldimension der meisten Formen psychologischer Gruppenarbeit sein müssen. Das bedeutet keineswegs, für andere Zeitmodalitäten nicht offen zu sein oder sie nicht in die Arbeit mit einzubeziehen. Die Erschließung von »Zeit zum Träumen«, die an »Traumzeit« heranführen kann, ist ein wichtiges Ziel für wachstumsorientierte Gruppenarbeit; das Überschreiten von Zeitmodalitäten ist eine Bereicherung des Lebens. Und auch der regressive Rekurs auf andere Formen des Zeitbewußtseins wird als therapeutische Intervention unentbehrlich bleiben. Jedoch werden die Bewältigung unserer Alltagsrealität und die Definition unserer Identität, die Kommunikation mit anderen Menschen und die Handhabung der Dinge, kurz: wird das »soziale Handeln« von der Struktur Gegenwart/Vergangenheit/Zukunft geprägt, wobei oft in ihr andere, »frühere« Modalitäten noch anwesend oder kurzzeitig wirksam sein können. Die Zeit unserer Welt aber läßt längere Abwesenheit nicht zu, sondern bewirkt für die, die sie für länger verlassen, *Ausgrenzung*, wie die Exilierung psychiatrischer Patienten aus dem gesellschaftlich verfügbaren Raum zeigt – u. a. weil einige von ihnen eine andere Zeit gewählt haben (vgl. NARENS 1979). Im übrigen wird durch das ILJINEsche Konzept der »Zeitqualität« deutlich, daß selbst

* »Gegengift«

die Vergangenheit/Gegenwart/Zukunft-Struktur noch eine solche individuelle Erlebnisvariation aufweisen kann, so daß für den Gruppenleiter und die Gruppenmitglieder untereinander noch genügend Verstehensprobleme aufgeworfen werden.
In der integrativen Gruppenarbeit gehen wir zunächst von einem »unspezifischen« perspektivischen Hier-und-Jetzt aus; unspezifisch, weil zumindest in den Anfangsphasen von Gruppen nur wenig Information über die Formen des Zeitbewußtseins und die Zeitqualitäten der Teilnehmer bekannt ist; perspektivisch, weil ein Alltagsbewußtsein von Zeit unterstellt wird, das der Vergangenheit/Gegenwart/Zukunft (VGZ)- oder Vorher/Nachher-Modalität angehört. Von besonderen Gruppen (Kindern, psychiatrischen Patienten, spezifischen Randgruppen) abgesehen, wird das Zeitbewußtsein also linear-teleologisch sein, und zwar vom Typus »geschlossen«, seltener oder nur in Spezialgruppen (Selbsterfahrungsgruppen mit ›kritischen‹ und sehr bewußten Menschen) vom Typus »offen« (und nur im Einzelfall »perichoretisch«). Es wird weiterhin, um eine Arbeitsbasis zu haben, unterstellt, daß Gegenwart mit Wirklichkeit, Zukunft mit Möglichkeit und Vergangenheit mit Faktizität gleichbedeutend ist (C. F. VON WEIZSÄCKER 1958, S. 41f.). Das Wirkliche, Mögliche und Faktische wird dabei subjektiv aufgefaßt. Potentialität und Faktizität werden als »im jeweiligen Augenblick gesehene« verstanden und nicht als »objektive« Daten, die so und nicht anders waren oder eintreffen müssen. Der sich in der Gegenwart vollziehende Umschlag von Zeit – Zukunft wird Vergangenheit – ist an das Erleben und Handeln der einzelnen und der anwesenden Gruppe gebunden. Sie sind in der Zeit, es handelt sich um ihre persönliche und gruppale Vergangenheit und Zukunft, die nicht der Beliebigkeit anheimgestellt ist, sondern aktiv gestaltet werden kann. Zukunftsgestaltung, frei entschiedene, individuell und kollektiv bejahte, wird damit zur Aufgabe. Jede sogenannte Gegenwartsbewältigung, um die es in der Therapie zumeist geht, ist Zukunftsbewältigung, die hier, jetzt mit jeder Äußerung und Handlung beginnt.
Es werden damit im Hinblick auf das Zeitbewußtsein spezifische Ziele gesteckt. Ohne Anspruch auf Systematik und Vollständigkeit seien weitere genannt: Bewußtsein für Leibzeit, Erleben und Verstehen der VGZ-»offen«-Modalität und damit verbunden ein Hinterfragen der eigenen Sozialisation des Zeitbewußtseins, Aufdecken fremdverfügter Zeitfron (durch Elternhaus und Institutionen vermittelte Zeitnormen),

Vermitteln der Erfahrung alternativer Zeitmodalitäten (»schöpferische Jetzt-Zeit«, Traumzeit) zur Bewußtseinserweiterung, ganzheitliches, perichoretisches Erfassen von Zeit, Kairos-Erfahrungen*, Erfahren des Lebens als »Zeitkontinuum« *(life span)*, und ganz konkret: Zeitplanung, Umgang mit Zeit usw. (Von der Darstellung der Praxis dieser Arbeit muß ich im Rahmen dieser mehr theoretisch orientierten Auseinandersetzung absehen bzw. auf andere Veröffentlichungen verweisen z.B. PETZOLD 1977a, 1979b; BUBOLZ 1979; LÜCKEL 1979.) Solche Ziele sowie die in der Ausgangslage unterstellten Setzungen müssen im Verlauf der Gruppenarbeit Gegenstand von »Korrespondenzprozessen« (PETZOLD 1978) werden, d.h. die Teilnehmer müssen sich mit ihnen als Themen in der jeweilig gegebenen Situation auseinandersetzen. Nur so kann eine fremdbestimmte Ideologisierung vermieden werden.

Es dürfte deutlich geworden sein, daß die Handhabung der Zeitmodi in der psychologischen Gruppenarbeit von den generellen Zielsetzungen nicht zu trennen ist, und diese gründen auf dem Menschen- und Weltbild des Therapeuten und des davon bestimmten Verfahrens. Als Zielsetzungen im Sinne von Richtzielen seien angenommen: die Wiederherstellung unbeschädigter Identität, Hilfe bei der Entfaltung persönlicher Identität, d.h. beim Aufbau *personaler Kompetenz und Performanz***, weiterhin Wiederherstellung ungestörter Kommunikation und Entfaltung des Kommunikationsverhaltens, d.h. Aufbau *sozialer Kompetenz und Performanz,* schließlich Entwicklung eines *Engagements für die Integrität* von Menschen, Gruppen, Lebensräumen (vgl. PETZOLD 1978; 1979a). Dies kann nur durch die Ausrichtung auf die Realität des Hier-und-Jetzt und das in ihr sich vollziehende Geschehen von *Integration* und *Kreation* geschehen, wobei Integration die Transformation von gegenwärtig Anwesendem bzw. Geschehendem in Vergangenheit bedeutet, Kreation aber Vergegenwärtigung von Zukünftigem (Geplantem, Antizipiertem, Entworfenem). Beides bedeutet Formgebung, Strukturbildung.

* Vgl. S. 211 und S. 263f.

** Der Begriff »Performanz« (Sprachverwendung) entstammt der Sprachwissenschaft, genauer: der Psycholinguistik. Es handelt sich um die konkrete Anwendung von Sprache in einer bestimmten Situation durch einen individuellen Sprecher. Die Begriffe »Kompetenz« und »Performanz« werden einerseits unterschieden (so von dem Sprachwissenschaftler NOAM CHOMSKY) und andererseits aufeinander bezogen: Performanz als individualisierte Kompetenz. – Der Hrsg.

Im Ansatz des Autors ist das Hier-und-Jetzt als räumlich verortete Gegenwart, als Kontinuum der Lebensprozesse und der Handlungsabläufe *locus et tempus operandi* für das therapeutische Geschehen, das niemals dort und dann stattfinden kann. Wir können im Hier nur unseren Blick auf das Dort richten und ebenso geht es mit den Zeitmodi: »Es ist die Blickrichtung, welche die *Zeit*richtung bestimmt – nicht umgekehrt« (V. VON WEIZSÄCKER 1960, S. 13); und je intensiver ich das »Angeschaute« ins Erleben rufe, desto näher rückt es in das Hier-und-Jetzt, an mich heran. Der erlebende Leib ist das Hier-und-Jetzt, er generiert es, während er – von einer anderen Ebene oder Position aus betrachtet – selbst im Strom der Zeit schwimmt. Das Verfügbarmachen dieser Gegenwärtigkeit des Erlebens ist Therapieziel, denn es bedeutet das »Realitätsprinzip«: Zentrierung auf das Konkrete, das Wirkende, das jeweils Anwesende, das Wirkliche. Es bedeutet aber auch die Erschließung der Zeitdimensionen. »Leben ist weder indifferent gegen den Unterschied von vergangen und zukünftig, noch Erinnerung, sondern Leben ist immer ›zeitüberbrükkende Gegenwart‹ (PRINZ AUERSPERG), Vergangenheit an Zukunft bindende Aktualität« (ibid. 1960, S. 23). So bedeutet Zentrierung auf das Hier-und-Jetzt auch immer Ausrichtung auf seine Horizonte: *Welt* und *Zeit*.
Im Hier-und-Jetzt sind immer die *gesamte Welt* und die *ganze Zeit* (d.h. in unserem Kulturkreis Gegenwart, Vergangenheit,

Die Person und ihr Umfeld als räumlich und zeitlich gestaffelte Figur/Hintergrund-Relation = kontext + kontinuum oder »perspektivisches Hier- und -Jetzt«.

Zukunft, vgl. C. F. VON WEIZSÄCKER 1958; MÜLLER 1972; PICHT 1971*) als Hintergrund *»gegeben«* und *gegenwärtig anwesend*. Nur ein solches *perspektivisches Hier-und-Jetzt* fragmentiert nicht die Person und die Wirklichkeit. Nur so wird der Gefahr einer ausgegrenzten Gruppen-Subkultur gesteuert, die psychologische Nabelschau betreibt und ihren Ort in Kontext und Kontinuum vergißt, die Multiplizität der Zusammenhänge und Ursachen aus dem Auge verliert, bestehende Verhältnisse unbewußt in sich reproduziert oder auf sie ebenso unbewußt reagiert. Nur so wird die Stabilisierung unguter Herrschaftsverhältnisse vermieden und die Chance für Veränderung eröffnet. Nur so wird ein Verständnis für pathogene Umfelder und pathogene Zeit erschlossen. Nur so kann *Sinn* als »miterlebendes Verstehen« des Gesamtzusammenhanges gewonnen werden: Kon-sens, weil es Sinn im Kontext, Sinn mit anderen und anderem ist (vgl. PETZOLD 1978). Die komplexe Sicht, die Synopse, geschieht im Hier-und-Jetzt leiblicher Awareness durch die Fokussierung des Erlebens auf die Geschehnisse »am Horizont« oder vor ihm. So entsteht »komplexe Awareness« für das, was in der »ganzen Zeit« und im »gesamten Raum« anwesend ist.
Die komplexe raum-zeitliche Konfiguration, das perspektivische Hier-und-Jetzt, kann auf verschiedene Weise und in verschiedener Qualität gewonnen werden: 1. als Prozeß der Reflexion, 2. als ganzheitliches Erfassen, 3. als Kairos-Erfahrung.

8.3.1 *Die Reflexion des Hier-und-Jetzt* in der Gruppenarbeit als Korrespondenzprozessen bezieht ein, daß die Gruppe im Hier des physikalischen Gruppen-Raumes auch im Hier der Stadt, des Landes ist, daß das Hier des sozialen Raumes der Gruppe eingebettet ist in eine Institution (Klinik, Schule, Praxis o.ä.), in Gesellschaftsgefüge, deren Werte, Normen, Herrschaftsstrukturen hier anwesend sind, sofern wir sie nicht bewußt ausgegrenzt haben. Der Blick auf das Jetzt macht deutlich, daß jeder einzelne seine Geschichte und Zukunft, die Gruppe ihre Vergangenheit und Perspektive hat, daß jetzt in Rede und Handlung auch die Geschichte und die Zukunft meines Volkes, meiner Kultur anwesend sind, sofern ich mich nicht ausgegrenzt habe (falls das je gänzlich möglich ist). Es

* Die Ausblendung der »sozialen Zeit« durch diese Autoren ist eine Schwäche ihrer ansonsten faszinierenen Ansätze. – H. P.

wird weiterhin hier und jetzt die Verschränkung individueller und kollektiver Vergangenheit und Zukunft erkennbar, und zwar in der Bedeutung für die Gegenwart. Gerade politisches Handeln kann auf diesen Horizont nicht verzichten, und er wird konkret, wenn die Zeit nicht gestückelt wird: »das *war* einmal in der Vergangenheit, das wird vielleicht einmal kommen oder auch nicht«, sondern wenn die Zeit als hier-und-jetzt anwesend begriffen wird. Der schon erwähnte Braunschweiger Physiker A. M. K. MÜLLER* hat auf dem Hintergrund der Erkenntnisse der Quantentheorie in seinen zeitkritischen Aufsätzen die Bedrohung aufgezeigt, die aus der technischen Objektivierung der Zeit erwächst, wobei die weitgehend ökonomische Basis dieser Entwicklung betont werden muß: »Die quantisierte, die gestückelte Zeit schränkt die Wahrnehmung der vollen Zeit ein auf einen bestimmten Zug *an* der Zeit; Leben im Horizont der gestückelten Zeit ist somit Einschränkung der Wahrnehmung des Lebendigen auf gewisse Züge *an* diesem Lebendigen, ist partielle Erblindung für die uneingeschränkte Vieldimensionalität des Lebens. Nichtwahrnehmung von Lebensdimensionen aber bedeutet stets Schrumpfung der Lebensmöglichkeiten...« (MÜLLER 1978, S. 78).

Die Reflexion des perspektivischen Hier-und-Jetzt ist zentral für eines der genannten Richtziele unserer Arbeit: die Förderung des Engagements für die Integrität von Menschen, Gruppen, Lebensräumen (PETZOLD, SIEPER 1976). Sie stellt eine Arbeitsmodalität in pädagogischen, Supervisions- und Selbsterfahrungsgruppen dar – wir nennen sie »Kompetenz-Gruppen«, weil sie Kompetenzen fördern sollen (LEMKE 1980). Reflexive Arbeit bleibt aber, sofern das Thematisierte nicht erlebnishaft konkretisiert wird, analytisch-zergliedernd; die Qualität der »ganzen Zeit« und des »ganzen Raumes« scheint nur matt durch. Die Interaktionen und Interventionen liegen auf einer GV GG GZ-Ebene, d.h. Vergangenheit (V) und Zukunft (Z) sind von der Gegenwart (G) her gesehen, erlebt und gedeutet. GV, »die Gegenwart der Vergangenheit, das ist das, was sich aus der Vergangenheit in Strukturen, also faktisch niedergeschlagen hat..., so daß es in die Gegenwart hineinreicht« (MÜLLER 1978, S. 144).**

* Vgl. S. 286.

** MÜLLER hat eine Matrix der Zeitmodi-Verschränkung entworfen (1978, S. 195 u. 144), die das in vorstehendem Kontext-Kontinuum-Diagramm (vgl. S. 294) eingeschlossene Zeitgefüge deutlich macht (und implizit das Gefüge des ökologischen und sozialen Raumes, denn jeder Raum hat eine Zeit):

Die Vergangenheit in der Gegenwart, sei es in Form einer Einstellung, einer Verhaltensweise oder eines neurotischen Symptoms, repräsentiert sich als Sediment, verfestigte Form, Struktur – MORENO (1960) würde von Rollenkonserve sprechen oder, sofern es sich um ein kollektives Sediment handelt, von kultureller Konserve. – Die reflexive Betrachtung wird aus der vertrockneten, verfestigten, matten Qualität gehoben, wenn das Sediment »quillt«, d. h. in der Zeit lebendig wird.

8.3.2 *Ganzheitliches Erfassen des Hier-und-Jetzt* in seiner Perichorese und Perspektivität ist hierzu der Weg. In der psychodramatischen oder gestalttherapeutischen Aktualisierung der Geschehnisse, wie sie sich im Gedächtnis des Leibes (PETZOLD 1977 a, S. 258) niedergeschlagen haben, treten die vergangenen Szenen ins Erleben, als seien sie hier und jetzt präsent. Und damit werden sie es. Eine solche »Repräsentation« schafft Erlebniswirklichkeit (ibid. 1979 a). Ähnliches gilt für die Konkretisierung von Antizipationen. Im Spiel, in der Gestaltung entstehen lebendige Formen. Die Vergangenheit ist Gegenwart geworden, wobei die Gegenwart erlebnismäßig präsenter Hintergrund bleibt. Das Geschehen bewegt sich in der perichoretischen Verschränkung VG GG ZG. Die im Horizont anwesende Vergangenheit der Gegenwart wurde verdichtet, die Zukunft der Gegenwart konkretisiert, die Gegenwart der Gegenwart wird Spielzeit dieses Geschehens, in dem sich der Spieler in der Zeit *versteht,* in dem ihm seine Geschichte zugänglich wird, er sich in seiner Geschichte identifizieren kann als der, der er ist. Das bedeutet Entfaltung

VV	VG	VZ
GV	GG	GZ
ZV	ZG	ZZ

Diese Matrix veranschaulicht nicht nur die Einheit der Zeit, sondern bietet Möglichkeiten zur Einordnung von Zeitphänomenen in Gruppenprozessen, sofern diese in der GVZ-Modalität ablaufen (MÜLLER, von C. F. VON WEIZSÄCKERS Zeitkonzept ausgehend, berücksichtigt A-Reihen, also die Vorher/Nachher-Folge, nicht); diese Einordnung geschähe wie folgt:
in der Zeile GV = in der Gegenwart anwesende Faktizität,
in der Zeile GG = ablaufende Wirklichkeit, und
in der Zeile GZ = in der Gegenwart anwesende Potentialität.
Die übrigen Zeilen könnten Interpretations-Möglichkeiten für diskursive, kreative, ja unbewußte Prozesse bieten. Die Problematik des Modells liegt in der Vernachlässigung der »social time«, der Aufhebung des Seins in der Zeit und fehlenden Kategorien zum Einordnen der in VV oder ZV erforderlichen Deutungen. – H. P.

von Identität, die mit jeder Identifikation an Prägnanz und Stabilität gewinnt. Das Ineinander von Gegenwart und Vergangenheit und/oder Zukunft schafft eine höhere Qualität im Erleben, im Begreifen der »ganzen Zeit« und des »ganzen Raumes«. Gehabte Zeit und gehabter Raum oder Potentialität werden mir ja verfügbar. Ich lebe in der Zeit. Damit enthält, wie MERLEAU-PONTY feststellt (1945, S. 519), jede neue Gegenwart die Möglichkeit, den Sinn der Vergangenheit umzugestalten und umzuwandeln. Ganzheitliches Sich-Erfassen in der Zeit wird damit *conditio sine qua non* für Psychotherapie, die die Möglichkeit der Um- und Neugestaltung persönlicher Existenz affirmiert. FREUD hat mit dem im Fall des *»Wolfsmann«* entwickelten Begriff der *Nachträglichkeit* für die Psychoanalyse ähnliches formuliert: »Es ist dies... ein zweiter Fall von *Nachträglichkeit.* Das Kind empfängt mit 1½ Jahren einen Eindruck, auf den es nicht genügend reagieren kann, versteht ihn erst, wird von ihm ergriffen bei der Wiederbelebung des Eindrucks mit vier Jahren, und kann erst zwei Dezennien später in der Analyse mit bewußter Denktätigkeit erfassen, was damals in ihm vorgegangen. Der Analysierte setzt sich dann mit Recht über die drei Zeitphasen hinweg und setzt sein *gegenwärtiges Ich** in die längstvergangene Situation ein« (GW XII, S. 72).

8.3.3 *Kairos-Erfahrung im Hier-und-Jetzt* stellt die seltenste und vollkommenste Erfahrung der Einheit der Zeit und des Raumes, der »Fülle der Zeit«, dar. Dieser von ILJINE geprägte Begriff (vgl. 5) geht auf seine Arbeit mit Sterbenden zurück, in der er mit dem Phänomen der »Lebensbilderschau« in Kontakt kam: das ganze Leben oder wichtige Abschnitte in Sekunden geschaut, gefühlt, als ob Vergangenheit und Gegenwart eines seien. Die Berichte von mystischen Erfahrungen aus allen Religionen und allen Zeiten haben eine solche »Zusammenschau der Zeit«, in der die Zeitmodi aufgehoben oder zur »Fülle der Zeit« transfiguriert wurden, beschrieben. In der klinischen Literatur sind Phänomene der Zeitverdichtung, Zeitdehnung und Lebensbilderschau aus Gefahren- und Katastrophensituationen dokumentiert (MIKOREY 1963), weiterhin aus Erfahrungen mit Drogen und aus dem Erleben mancher psychiatrischen Patienten (PAYK 1979, S. 27 u. 90ff.). In intensiven psychotherapeutischen Prozessen mit erlebnis-

* Hervorhebungen von H. P.

aktivierenden Verfahren kann es zu Kairos-Erfahrungen kommen. Ein solches Ereignis wird in einem oben bereits zitierten MORENO-Text beschrieben: »Sein und Schein werden gleichnamig und gleichzeitig. ... Die ganze Vergangenheit ausgefahren in einem Augenblick« (1924, S. 77). In der integrativen Gruppenarbeit ereignen sich immer wieder einmal Kairos-Erfahrungen, und zwar in der von ILJINE beschriebenen Form. Sie wirken nachhaltig auf die Persönlichkeit: dadurch, daß sie Kraft geben zur Veränderung einer desolaten Lebenssituation, daß sie die Weltsicht radikal verändern oder die persönliche Bewußtheit erweitern. In der Kairos-Erfahrung wird das perspektivische Hier-und-Jetzt transfiguriert, indem die Fülle der Zeit *anwesend ist* und die Multiplizität der Perspektiven »in eins« fällt, ohne daß etwas verlorengeht: Perichorese.
In der Kairos-Erfahrung geschieht ein Eintauchen in das Geheimnis der Zeit; denn wie das Geheimnis des Leibes, der ich bin, mir in seiner letzten Tiefe verborgen bleibt (MARCEL 1978), so entzieht sich auch die Zeit in ihrer »Fülle« dem Be-greifen. Im Kairos der Erfahrung ist sie anwesend, kann sie ahnend erspürt werden, jenseits aller rationalen Explikation und aller Worte, im Schweigen.

Schlußbemerkung

Das Konzept des Hier-und-Jetzt und damit verbunden die Fragen um die Zeit in der psychologischen Gruppenarbeit sind komplex und weit davon entfernt, in all ihren Dimensionen ausgelotet zu sein. Oft sind noch nicht einmal die erforderlichen Fragen gestellt worden. Die vorliegende Arbeit versteht sich als eine Bestandsaufnahme. Sie verblieb, was meinen eigenen Ansatz anbelangt, auf der Ebene der *Konzepte:* bewegliche Elemente in einem theoretischen Rahmen, die in der Praxis Prägnanz gewinnen.

CORNELIS F. WIERINGA

Feedback ist nicht »die Wahrheit«

Einführung

Beim »Erfinden« der Gruppendynamik stellten sich in der LEWIN-Gruppe zwei wichtige Prinzipien heraus:
1. Das Hier-und-Jetzt-Prinzip;
2. Das Feedback-Prinzip.

Seitdem (um 1947) hat das Feedback-Prinzip in der Gruppendynamik – und nicht nur in den Sensitivity-Trainings – seinen zentralen Platz innei meistens in Verbindung mit dem Hier-und-Jetzt. Allerdings ist längst klar geworden, daß der Mensch im und vom Hic-et-nunc allein nicht leben kann: Vergangenheit und Zukunft bestimmen in nicht geringem Ausmaß sein Verhalten im Hier-und-Jetzt und spielen im Feedbackgeschehen eine entsprechende Rolle.
Es ist, je mehr man darüber nachdenkt, eigentlich recht verwunderlich, daß nach Feedback immer noch gefragt, daß es gegeben wird und offensichtlich, wie immer auch, funktioniert. Warum? Warum ist Feedback so wichtig, für mich, für andere, in der Geber- wie in der Nehmerrolle? Der Feedback-Interaktion sind viele Mängel anzumerken – und dies nicht nur in bezug auf die sozial-technische Handhabung (z. B. daß sie »ordentlich« zu sein, ›Spielregeln‹ nachzukommen hat). Noch mehr bezieht sich die Kritik auf die Beschaffenheit der ganzen Situation einschließlich der am Training teilnehmenden Personengruppe, auf deren bewußte und nicht bewußte Ziele und Motivationen usw.
Es gibt zahlreiche Gründe und Erwägungen, das Feedback-Phänomen äußerst skeptisch zu betrachten. Wahrscheinlich genauso viele, wie es Gründe gibt, menschlichen sozialen Verhalten gegenüber kritisch zu sein. Wir wollen im folgenden versuchen, einige recht fragliche Aspekte der Feedback-Interaktion zu reflektieren.

Sie und ich gehen von der Annahme aus, daß das Geben und Nehmen von Feedback dazu beiträgt, das Johari-Fenster* der Selbst- und Fremdwahrnehmung etwas sauberer zu machen, und zwar wechselseitig – wir reden ja von Inter-Aktion. Vielleicht gibt es sogar Erfahrungen, die diese Annahme unterstützen und vermeintlich rechtfertigen. Nun ist Wahr-nehmung noch längst nicht »Wahrheits«-nehmung (angenommen, es gäbe so etwas). Warum, so stellt sich die Frage, nehmen wir überhaupt wahr? Was könnte uns zu einer derart ›nehmenden‹ Haltung bringen, wenn nicht das eigene Inter-esse, das eigene »Dabeisein«-Wollen? Nun verlagert sich die Frage, und zwar in die folgende Richtung:

Warum will ich, warum will ein Mensch überhaupt »dabei sein«? Was macht mir mein Gegenüber interessant – so interessant, daß ich mich in Bewegung setze, und das sogar, im Fall des Feedbacks, in seine Richtung? In vielen Fällen gehe ich in die entgegengesetzte Richtung, weg von ihm, geleitet von Angst, Abwehr, Ärger, Wut und so weiter. Auf Menschen zugehen werde ich erst dann, wenn ich mir – direkt oder indirekt – davon etwas verspreche. Das kann platt eigennützig sein oder reine Nächstenliebe: Aber wer entscheidet, wann was der Fall ist? Hinzu kommt die Selbst-Erfahrung, daß, was auf der einen Ebene meiner Persönlichkeit eine edle Regung ist, in einer ›höheren‹ oder ›tieferen‹ Persönlichkeitsschicht schlichtweg »gemein« sein kann. Es wäre höchste Naivität zu denken, wir würden wertfrei und unbehelligt auf andere Menschen zugehen, damit sie die reine Wahrheit über sich erfahren können beziehungsweise damit ich auf diesem Weg die pure Wahrheit über mich »glas-klar« sehen kann!

Kurz, wir haben sehr unterschiedliche Interessen aneinander, und diese Interessen steuern unsere Wahrnehmung – wir »nehmen« für uns etwas dabei heraus, oder wir nehmen überhaupt nicht »wahr«. Es gibt keine objektive, belang-lose Wahrnehmung Mitmenschen gegenüber, nur »belang-volle« Wahrnehmung. Das ist auch eine gute Sache, denn sonst würde ich überhaupt nicht wahrnehmen; wichtiger aber: je größer mein Interesse am anderen ist, desto mehr werde ich mich anstrengen, ihn wahr-zu-nehmen. Erst dann fangen mei-

* Vgl. Anmerkung auf Seite 147. – Der Hrsg.

ne blinden Flecken an, mich zu stören, spüre ich meine – hoffentlich partielle und inzidentelle – Blindheit und komme dazu, etwas für mich zu tun. Wahrnehmen ist dann: etwas für mich tun – und nicht, wie ich mir so oft vorspiegele, etwas tun für mein Gegenüber!

Wahrnehmung und Sozialisierung

Wahrnehmung ist gelernt; insoweit ist eines jeden Wahrnehmung ein Kulturprodukt, und zwar zuallererst ein Produkt seiner Primärgruppe.* Über die Beziehung zu den Eltern haben wir gelernt, relevante und irrelevante Reize zu unterscheiden. Wir haben gelernt, wo die Schlüsselreize zu suchen, welche Bedeutungen ihnen beizumessen sind.

»In der sozialen Interaktion gilt es, aus einer Fülle visueller und akustischer Informationen die interaktionsrelevanten Schlüsselreize herauszufiltern. Dazu gehören neben den inhaltlichen Aspekten sprachlicher Äußerungen, die paralinguistischen, emotionalen Aspekte, wie sie sich meist in nonverbalen Äußerungen (Mimik, Gestik) darstellen. Es bedarf reicher sozialer Erfahrung, um diese paralinguistischen Signale sowie die Körpersprache des Interaktionspartners wahrzunehmen und adäquat zu interpretieren.«[1]

Unser Wahrnehmungshorizont ist zunächst der Kleinfamilie und deren kognitiven und emotionalen Möglichkeiten und Grenzen angepaßt. Im wesentlichen bleibt die (d.h. unsere) Wahrnehmung davon geprägt.

Nordfriesen werden dementsprechend anders wahrnehmen als Bayern; Angehörige der Oberschicht sind auf andere Reize getrimmt als die zur Mittel- oder unterprivilegierten Schicht zählenden; die Schlüsselreize werden für einen Inselbewohner andere sein als für einen Großstädter. Aber noch wichtiger für

* Der Begriff »Primärgruppe« wurde von COOLEY in die Literatur eingeführt (COOLEY, CH. S., in: SPROTT, W. J. H.: Human Groups, London 1958, repr. 1969). Eine Primärgruppe ist klein, ihre Mitglieder pflegen direkten Kontakt miteinander. Nach ARGYLE handelt es sich um eine »intime face-to-face-Beziehung und Kooperation« (ARGYLE, M.: Soziale Interaktion, Köln 1972). Demnach ist vor allem »die um die Mutter zentrierte Familiengruppe oder ein entsprechender vollwertiger Ersatz, den das Kleinkind als Nährmilieu unbedingt benötigt«, als Primärgruppe anzusehen (zitiert nach BATEGAY, R.: Der Mensch in der Gruppe, Bern 1974, S. 18). – Der Hrsg.

die Bildung der Wahrnehmungsfähigkeit ist, ob einer aufwächst in einer Familie, wo der Vater beziehungsweise die Mutter anwesend sind oder nicht; wo es Geschwister gibt oder eben keine usw. Die Breite der Möglichkeiten, Gefühle auszudrücken, sind von Familie zu Familie unterschiedlich. Wo Gefühle »gefeiert« werden dürfen, entsteht ein sehr viel differenzierteres Wahrnehmungsspektrum als dort, wo die Gefühle stark unterbunden werden (viele leben gefühlsmäßig auf »chinesischen Füßen«!).

Erst im Laufe des Lebens, und auch dann noch partiell, lernen wir, unseren Wahrnehmungshorizont zu erweitern, es bedarf dazu, wie OBERHOFF schreibt, eben »reicher sozialer Erfahrung« – und deren Reflexion, möchte ich hinzufügen! Wer hat nicht schon einmal schlagartig seine schichtspezifische Wahrnehmung entdeckt, z. B. wenn er mit einem Freund oder Kollegen – aufgewachsen in einem anderen ›Milieu‹ – ein Restaurant auswählt (mit einem Kellner spricht), oder mit dem Partner Gespräche führt über den Stellenwert der Gewerkschaften in der Gesellschaft; nicht zu reden von Diskussionen über Wahlergebnisse! Es ist äußerst notwendig, die von der Primärgruppe vorbedingte Struktur der Sozialwahrnehmung immer von neuem zu überprüfen – blinde Flecken sind nach wie vor ausreichend vorhanden!

Nach alledem dürfte klar sein, wie wacklig der Boden der Wahrnehmung für einen jeden ausschaut – und eben dieser Boden bildet den Ausgangspunkt für Feedback-Interaktionen. Umgekehrt kann gesagt werden, daß gerade dieser wacklige Wahrnehmungsboden das Herbeiführen gezielter Feedbacksituationen notwendig macht. Positiv: Feedback-Interaktionen tragen sehr dazu bei, die eigene Sozialisierung (und deren Problematik) kennenzulernen, sich ihrer bewußt zu werden, um – im Wissen der Begrenzungen und ›Fallen‹ – die persönlichen Interaktionen zu steuern.

Feedback im Gruppengeschehen

Gruppendynamische und gruppentherapeutische Veranstaltungen führen u. a. die vorher erwähnten, gezielten Feedbacksituationen herbei. Dort werden Gruppen gebildet, funktionieren Gruppen und gehen Gruppen wieder auseinander.

Zumeist sind es »Einweg-Gruppen«, zusammengestellt, damit die einzelnen Teilnehmer ›etwas davon haben‹. Die Gruppe bildet hier das ›Änderungsinstrument‹, und die Änderung durchläuft die LEWINschen Schritte: Auftauen – Ändern – Stabilisieren auf einer neuen, besseren Ebene. Mir erscheint es wichtig, darüber nachzudenken, was dieser Änderungsweg für die Feedback-Interaktionen bedeuten kann.

Der erste Schritt, das Auftauen, bezweckt, alte, vielleicht über Jahre praktizierte Verhaltensformen und sozialtechnische Gewohnheiten in Frage zu stellen. Wie schon zuvor erwähnt, entstammen diese Verhaltensformen und sozialen Geschicklichkeiten hauptsächlich der Primärgruppe, in der wir unsere ersten Lebensjahre verbringen. Insoweit Trainer und Gruppentherapeuten diese Ansicht teilen, ist es deren Bestreben, die Teilnehmer zurückfinden zu lassen zu diesen frühen Situationen oder, andersherum, die Kontrollinstanzen, die sich über diese emotionalen Schichten gelagert haben, zu lockern. In dem Ausmaß, in dem das gelingt, wird in der Gruppe regressives Verhalten ermöglicht. Normierungen werden zurückgeschraubt, Tabuisierungen werden bewußtgemacht und hinterfragt. Im wesentlichen geht es in allen Lebensphasen, so meine ich, immer wieder feststellen zu können, um Fragen von Liebe und Macht in ihren vielfältigsten Gestalten und Äußerungsformen.

In den ersten Sitzungen einer neuen Gruppe werden meist zuerst die Probleme der Normen und der Macht angegangen. Dementsprechend sind die Feedback-Interaktionen geprägt. Erinnerungen, tiefliegende Aggressionsschichten werden angebohrt – und zwar dort, wo bei manchem Teilnehmer die alten Wunden väterlicher und/oder mütterlicher Dominanzen und Normen spürbar sind. Nicht selten wird schon dabei das Tabu des körperlichen Kontaktes durchbrochen, dies um so stärker, je mehr die psychodramatischen Verfahrensweisen eingesetzt werden. Wir wissen, wie viele Ängste diesbezüglich im Zusammenleben vorhanden sind – und eben diese Ängste werden in dieser Phase in der Gruppe mobilisiert und ausagiert.

Wie bereits angedeutet, hat diese Phase im Änderungsprozeß einen wichtigen Stellenwert: Auftauen und ein erstes Aufdekken gehen Hand in Hand. Erst auf dem Boden alter Realitäten hat es Sinn, sich mit neuen Aufbaumöglichkeiten zu befassen. Nur: In dieser Phase kommen zwangsläufig neue Hackordnungen zustande. Bereits hier ist zu beobachten, welche Teilnehmer welche Feedbacks kassieren oder auch vergeben. Nicht nur, daß die Mächtigen mehr Feedback bekommen und es freizügiger geben – sie bekommen vor allen Dingen, tendenzmäßig, mehr positiv bewertende Feedbacks; schwächere Gruppenmitglieder erhalten – unter dem Gesichtspunkt der Dominanz – weniger Feedback-Aussagen und häufiger negativ bewertende. Sie tendieren dahin, sich mit Mächtigeren zu identifizieren – nicht aber umgekehrt. Schon in dieser ersten Phase wird deutlich, daß in einer bestimmten Gruppe nicht alle Gruppenmitglieder gleich viele Möglichkeiten erhalten. Insoweit spiegelt die Gruppe unsere Gesellschaft; dem Gruppenleiter sind enge Grenzen gesetzt, will er von sich aus etwas unternehmen.

Interessant ist es, in dieser Phase wie auch in den nachfolgenden Schritten zu beobachten, wie meist zuerst die Männer ihre Dominanz-Abstufungen mehr oder weniger festlegen, um dann Einfluß zu nehmen auf einen ähnlichen Prozeß unter den Frauen (allerdings kann man nicht sagen, daß die Frauen der Mini-Gesellschaft »Gruppe« sich beim erstgenannten Prozeß – ›Rangordnung‹ der Männer untereinander – völlig aus dem Spiel halten).

Im zweiten Schritt (die Gruppe hat ihre Hierarchie einigermaßen stabilisiert und ist dementsprechend arbeitsfähiger geworden) kommen meist die Fragen von Zuneigung, Zuwendung, Vertrautheit – man könnte sagen, die Fragen im intimeren Bereich – zur Geltung. Die Feedback-Interaktionen nähern sich, in der Regel zuerst vorsichtig und zaghaft, den Gefilden von Wärme und Liebe. Ganz frühe Enttäuschungen oder Eifersucht werden bewußt und der Gruppe mitgeteilt, oft über parallele Erfahrungen im Hier-und-Jetzt der Gruppe (und deren Freizeit). Insofern positive Erfahrungen gemacht worden sind, ist nach meiner Erfahrung die Offenheit größer als im Falle wiederholter Enttäuschungen. Sich einzugestehen, daß ›soziale Techniken‹, die man sich im frühen Lebensalter angeeignet hat, nicht, nicht mehr oder kaum noch funktionieren, ist in diesen Bereichen womöglich noch härter zu ertragen als im Wirkungsfeld von Macht und Dominanz. Jeder von uns hat bestimmte Wege gelernt, auf denen er seine Liebes- und Zuwendungsbedürfnisse erfüllt, im Geben wie im Nehmen.

Was ›gewirkt‹, ›funktioniert‹ hat in der Primärgruppe, tut dies längst nicht immer in späteren Freundschafts- und Partner-Beziehungen. Manchmal entdeckt einer die Kluft zwischen

seinen Intentionen und dem, was sein Handeln für ihn in der Erwachsenenwelt bewirkt. An diesem Punkt entsteht die Gefahr, daß über verbale oder non-verbale Feedbacks ›heimlich‹ – im Sinne von ERIC BERNEs »Spielen der Erwachsenen« – versucht wird, sich Belohnungen einzuhandeln, die auf offenem Wege, außerhalb der Gruppe, nicht zu erreichen sind.[2] Feedbacks werden hier allzuleicht zu kaschierten Liebeserklärungen, die nach wie vor echte Möglichkeiten zur Intimität verbauen. Trainingsgruppen unterliegen der Gefahr, zu Liebesersatz-Gruppen zu werden, die dann – logischerweise – die viel kritisierten ›Gruppies‹ erzeugen (Teilnehmer, die gerade wegen dieser Zuwendungen von Gruppe zu Gruppe reisen). So notwendig das Instrument des Regredierens in frühere Verhaltensweisen auch ist: Gerade in dieser Ecke der Gruppendynamik sind auch die Nachteile – Entfernung von eigener Realität, von bewußt gesteuerten Ich-Aktionen – manchmal sehr groß. Der Trainer/Therapeut hat hier die Aufgabe, das Realitätsprinzip ständig mit den die Gruppe überschwemmenden Phantasien zu konfrontieren. Feedbacks sind dazu da, genau überprüft zu werden auf ihre Aussagekraft hinsichtlich Selbst- und Fremdwahrnehmung, sowohl der des Feedbackgebers wie der des Feedbackempfängers: sie sind keine Rauschmittel!
Die hier als Schritt eins und zwei beschriebenen Phänomene deuten nur begrenzt einen Ablauf in der Zeit an. Im Grunde sind es zyklische Bewegungen, die eine Gruppe im Laufe ihrer Existenz wiederholt durchläuft, wenn auch mit wachsender Intensität; damit wächst ebenso das Material, das Feedbackgeber und -nehmer zur Verfügung steht. Was anfangs nur als isoliertes Verhalten wahrnehmbar war, wird jetzt womöglich zu einem sich wiederholenden Verhaltensmuster, das besser zu verstehen ist auf Grund des biographischen Materials; das Verhalten wird sichtbar als eine ›Sozialtechnik‹ des Betroffenen, die – mehr oder weniger effektiv – dazu beiträgt, seine Intentionen zu verwirklichen.
Als *dritten Schritt* im Änderungsprozeß nannte ich bereits den Prozeß der Stabilisierung auf einer neuen – möglichst stärker befriedigenden – Ebene des ›Funktionierens‹. Diese Phase ist gekennzeichnet durch die Auswertung der in der Gruppe gemachten Erfahrungen sowie durch die Lösung aus der Gruppe. Das Thema »Ablösung« ist bekanntlich ein schwieriges Kapitel. Viele Menschen haben schon früh im Leben das Abschiednehmenmüssen fast traumatisch erfahren, andere

später, manchmal wiederholt. Verlustängste steigern sich und lösen depressive Gefühle aus. Ängste verselbständigen sich; nach Phasen, in denen Gruppenmitglieder aus sich herausgekommen sind, tritt jetzt ein Rückfall ein: Jeder muß für sich sein eigenes »back-home«* ins Auge fassen. Obwohl die Endphase generell eine stark depressive Färbung aufzeigt, dürfte klar sein, daß manch einer sich freut, den Gruppendruck und die Gruppenkontrolle loszuwerden beziehungsweise Neuentdecktes, Neuerfahrenes zu Hause erproben zu können. »Die – zu Hause – werden jetzt etwas erleben«, »Die werden dumm gucken« – man hört in solchen Äußerungen den aggressiven Ton: Auch das ist ein Weg, sich mit der Lösung aus der Gruppe abzufinden und etwas Neues aufzugreifen.
Das mindeste, was über die Endphase gesagt werden kann, ist, daß sie geprägt ist von Ambivalenz: sowohl in der Gruppe wie auch in jedem einzelnen Gruppenmitglied – und im Trainer/Therapeuten, wie LEUSCHNER klar beschrieben hat.[3] Bestimmte Feedbacks führen bestimmte Gruppenphasen herbei – und umgekehrt. Insofern haben viele Feedback-Interaktionen einen sehr ambivalenten Charakter. Da die Gruppe für sich keine Perspektive mehr hat, weder positiv noch negativ, ist manches Feedback weniger von der Perspektive auf weitere Zusammenarbeit bestimmt und in diesem Sinne auch freier. Es besteht eine größere Notwendigkeit und/oder der Mut zur Abgrenzung[4]; eben weil das »back-home« für jeden anders geartet ist und wechselseitige Identifizierungen abgebrochen werden müssen (ein Aspekt der erwähnten Abschiedsdepression). Es entsteht die Frage, ob die vermeintlich erreichte Änderung auch dann erhalten bleibt, wenn die in die Identifikation einbezogenen Gruppenmitglieder nicht mehr anwesend sind. Schaffe ich es ohne Mithilfe der Gruppe, die für mich wichtigen Entdeckungen und deren Konsequenzen weiterzuführen? Wie werden Kollegen, Freunde, Partner reagieren auf meine Versuche zu Neuansätzen?
In Fragen nach abschließenden Feedbacks sind solche Ängste nicht zu überhören. Es gibt auch nicht soviel Anlaß zur Euphorie; insoweit tragen diese Abschluß-Ängste dazu bei, die Realität näherzubringen und zu hochgestochene Erwartungen zu relativieren. Sich zu ändern, ist für uns alle ein ›Weg der kleinen Schritte‹ – obwohl dieses Wissen, zumal in dem

* »Zurück nach Hause« – nach dem Training: Begriff des »Transfer«, der Übertragung von Gelerntem in die Alltagsrealität. – Der Hrsg.

hier als zweite Phase beschriebenen Schritt, in Gruppen leicht vergessen werden kann: Die Phase des Änderns scheint so vieles zu verheißen! Und manchmal wird tatsächlich in dieser Phase vieles aufgewühlt (wenn nicht zu vieles!); längst nicht alles kann bearbeitet, geschweige denn ver-arbeitet werden, und zwangsläufig ›legt‹ es sich wieder. Vielleicht ist dies sogar das Beste, was man sich wünschen kann. Feedback-Interaktionen in vorletzter und letzter Runde sollten nicht mehr Neues in Bewegung setzen, neue Prozesse in Gang setzen: Trainer und Therapeuten wissen das, ebenso, wie auch viele Gruppenmitglieder es ahnen oder spüren. In dieser Phase können die Feedbacks als sammelnd, zusammenfassend gekennzeichnet werden, oft auch als vergleichend zwischen dem Anfangs- und dem Schlußphasen-Verhalten der Betroffenen.
Es wäre überaus unrealistisch zu denken, daß die inneren Prozesse, die im Laufe des Trainings bei den Teilnehmern in Gang kamen, automatisch gegen Trainingsschluß ans Ende gelangt sind; zu denken, daß bei allen Betroffenen die Stabilisierung auf einer neuen Ebene bereits ausreichend stattgefunden hat. Zwar gibt es ganz offensichtlich in vielen Teilnehmern ein ›Selbst-Regulativ‹, das dazu beiträgt, den Abschluß vorzubereiten und dann auch in Verantwortung akzeptabel zu machen, sowohl im Betroffenen selber wie im Gewebe der Gruppenbeziehungen. Aber die Erfahrung kennt auch genügend Fälle, in denen ein solches Regulativ nicht vorhanden war oder nur unzureichend funktioniert hat. Deswegen sind gruppendynamische und gruppentherapeutische Veranstaltungen nur dann zu verantworten, wenn ausreichende »follow-up«-Möglichkeiten gegeben sind: manche Therapeuten und Trainer übernehmen diese Aufgabe selber oder vermitteln entsprechende Hilfe. Abschließende Feedback-Interaktionen zwischen ihnen und den Teilnehmern zielen darauf ab. Freilich sind Gefahren der Gegenübertragung* beziehungsweise undurchsichtige Wünsche hinsichtlich der Verlängerung von wechselseitigen Abhängigkeiten hier nicht zu übersehen.[5]

* Von FREUD eingeführter Terminus, der sich auf (unbewußte) gefühlsmäßige Bindungen des Arztes an den Patienten bezieht. Dieser Gefahr soll vor allem durch die Lehranalyse entgegengearbeitet werden. – Der Hrsg.

Insofern meine ich klargestellt zu haben, bringt Feedback weniger »Wahrheit« über die beteiligten Personen zutage als – bestenfalls – differenziertere Beziehungsaussagen, eingefärbt von autobiographischem Material und jeweiligem Gruppenklima.
Zum Schluß soll die Frage der Offenheit von Feedback-Aussagen erörtert werden; Offenheit verstanden als zumindest *ein* Aspekt von – subjektiver – Wahrheit.
Bereits zuvor wurde im Überdenken der Qualität von Feedback-Aussagen in der Endphase festgestellt, daß gegen Ende eines Gruppentrainings manches Feedback dazu tendiert, freier zu werden von Schutzmaßnahmen und Kontrollen hinsichtlich der weiteren Zusammenarbeit in der Gruppe. Daraus ergibt sich zunächst, daß die Offenheit eingeengt wird von Gruppenkontrollen. Auch wies ich zu Beginn darauf hin, daß Feedback und Position in der Gruppe eng miteinander verbunden sind: ›Mächtigere‹ Gruppenmitglieder erhalten mehr – und mehr positiv bewertende – Feedbacks.
Also, läßt sich folgern, ist die Offenheit in Feedback-Interaktionen eingeschränkt von Positionen und Situationen in der Gruppe, und zwar erheblich. Art und Richtung von Feedback-Interaktionen sind eine Funktion der Abhängigkeiten in der Gruppe. Bildet die Gruppe mit ihrer soziometrischen Konfiguration* schon eine erhebliche Begrenzung der erstrebenswerten Offenheit der Feedback-Aussagen, so beeinträchtigt ein anderes Phänomen das Ausmaß an Offenheit viel stärker, nämlich die Frage: »Wie offen kann ich mir, kann einer sich selbst gegenüber sein?« Was überhaupt heißt Offenheit im Hinblick auf die Vielschichtigkeit meiner Persönlichkeit? Offenheit nach außen, so behaupte ich, ist bedingt von Offenheit nach innen, von Offenheit sich selbst gegenüber.
Manchmal ist es gar kein Unwille, eher schlichtweg Unvermögen, seinen Gefühlen in einer Situation, einer Person gegenüber, auf die Schliche zu kommen; vielleicht hängen hier »Vermögen« und »Mögen« nur allzu eng zusammen, aber das

* Unter »Soziometrie« versteht man ein experimentelles Verfahren der Sozialpsychologie. Auf dem Wege der Befragung etc. werden Daten zur Analyse gruppendynamischer Prozesse ermittelt. Die bildliche Darstellung der sozialen Beziehungen in einer Gruppe – je nach Art und Häufigkeit der Kommunikation – ist das »Soziogramm«. – Der Hrsg.

macht die Situation für die Feedback-Interaktionen kaum besser... Nicht nur ist es schwer, den Zugang zu den eigenen Gefühlen zu finden und diese zu artikulieren (Gruppenabhängigkeiten!), auch in sich sind die Gefühle oftmals zu unklar, zu sehr verteilt, zu widersprüchlich. Viele Seelen wohnen in meiner Brust, und jede meldet ihre eigenen Wünsche, Erwartungen, Empfindlichkeiten bei mir an. Oder, weniger poetisch ausgedrückt: Es ist eben die Vielfalt meiner Gefühle anderen gegenüber, die es so schwer macht, zu klaren, deutlichen Feedback-Aussagen zu kommen. (Wahrscheinlich ›entartet‹ deswegen mancher Feedback-Anlauf in einen nichtssagenden Brei von Verbalisierungen.) Feedback fragt nach einer klaren Selbstorganisation der beteiligten Personen, nach einer deutlichen Stellungnahme, einer Wahl – d.h. einer Entscheidung – in und für sich selber. Und da dies so schwer ist, haben gruppendynamische und gruppentherapeutische Veranstaltungen einen derartigen Zulauf.

Offenheit in Feedback-Aussagen ist demnach, kann man wohl sagen, so etwas wie Bernstein am Strand: Alle haben die berechtigte Vermutung, daß es ihn gibt – die wenigsten haben das Glück, ihn zu finden.

Mit dem Gesagten suchte ich zu verdeutlichen, wie relativ die Bedeutung von Feedback-Aussagen ist. »Relativ« soll hier bedeuten, daß viele Relationen und Verknüpfungen bedacht werden müssen, bevor man sich über die Aussagekraft klar werden und entscheiden kann, welche Bedeutung empfangenem Feedback beizumessen ist. Dennoch, wie kritisch ich auch dem Instrument »Feedback« gegenüberstehe: Es ist gleichwohl ein sehr wichtiges Mittel, zu größerer Klarheit über sich und seine Beziehungen anderen gegenüber zu gelangen.[6] Eben deshalb ergänze ich das Gesagte durch einen Fragebogen aus der Praxis, der das Nehmen und Geben von Feedback erhellen kann.

Anhang

Fragen zur Analyse der Feedback-Situation

1. Habe ich heute überhaupt Feedback empfangen? Worauf bezog es sich, auf welche Verhaltensweisen? Auf welche Verhaltensbereiche?

2. Habe ich damit etwas angefangen oder es abgewehrt? Wieso?
3. Woraus entnehme ich, es richtig verstanden zu haben? Könnte man es auch anders verstehen? Passiert es mir wohl, Feedbacks falsch zu interpretieren? Ein Beispiel? Woran lag das Mißverständnis?
4. Kann ich einen Angriff auch als Feedback erfahren? Beispiel? Kann ich mit einem solchen Feedback etwas anfangen? Was stört mich daran?
5. Kann es sein, daß ich Feedback zwar mit Worten akzeptiere, mein Tun dabei jedoch nicht ändere? Woran könnte dies liegen?
6. Welche Feedbacks habe ich unkritisch akzeptiert, welche mit Fragezeichen versehen und bei anderen überprüft?
7. Hat je ein Feedback mich dazu verführt, neue Einsichten zu entwickeln, die es mir ermöglichen, in neuer Weise zu handeln? Wie lange liegt dies zurück? Wieso ist es inzwischen nicht mehr passiert?
8. Bin ich empfindlicher für Feedbacks in Sachen Bekleidung, Einrichtung, Haarschnitt (selber bitte weiter ausfüllen!) als in Sachen Umgang mit Kollegen, Partnern (bitte selber weiter ausfüllen!)?
9. Wo habe ich heute wem Feedback gegeben? Anlaß?
10. Wie fühlte mein Gegenüber sich dabei? Woraus entnehme ich dies?
11. Hat dieses Feedback den von mir erwünschten Effekt? Wieso nicht?
12. Welches Feedback hätte ich heute (gestern) eigentlich nicht erteilen sollen? Warum nicht? Hat es in mir auch einen Rückschlag-Effekt ausgelöst?
13. Was macht es mir schwer, mir ein gezieltes Feedback einfallen zu lassen, es zu formulieren und dann auch zu geben?
14. Wer in meiner Umgebung scheint meine Feedbacks unkritisch zu akzeptieren? Beispiel? Wer weist meine Feedbacks meistens zurück? Habe ich mich einmal gefragt, ob dies an mir liegt? (Wann?)
15. Welchen drei Personen gebe ich gern Feedback, welchen drei ungern? Und welchen drei möchte ich eigentlich gern Feedback geben – tue es aber nicht? Kenne ich die Gründe? (Bitte aufschreiben!)
16. Hat je ein Mensch über ein Feedback von mir neue Einsichten entwickelt, die es ihm ermöglichten, in neuer Weise zu handeln? Wieso? Wieso nicht? Was macht mir dies aus?

KLAUS KRÄMER

Kritische Aspekte der Organisationsentwicklung

I

Organisationsentwicklung ist ein Bereich, der seine Entstehung den Sozialwissenschaften verdankt und für den die Sozialwissenschaften sowohl das Theoriegerüst als auch die Handlungsschritte liefern. Organisationsentwicklung unterscheidet sich im Denkansatz von anderen Beratungssystemen (z. B. REFA, Unternehmensberatung, Organisationsplanung und anderes mehr) dadurch, daß sie so frühzeitig wie möglich die Erwartungen und Interessen der Betroffenen in den Entscheidungsprozeß mit einbezieht.
Hauptziel der Organisationsentwicklung ist es, Organisationsformen zu erarbeiten, die sowohl den *Gesamtzielen der jeweiligen Organisation* (Schulen, Vereine, Firmen, Verbände, Ministerien usw.) als auch den in der Organisation *arbeitenden Menschen* angemessen sind. Ein davon abgeleitetes Ziel ist darauf gerichtet, das soziale Verhaltensrepertoire der handelnden Personen *und* die Struktur der Organisation so aufeinander abzustimmen, daß das Gesamtsystem über eine Flexibilität und Problemlösungskapazität verfügt, um aus eigenem Antrieb und aus eigenem Vermögen Weiterentwicklung anzustreben und zu erreichen, wenn die Phase der deutlichen Anregung von außen, durch den oder die Organisationsentwicklungs-Berater, abgeschlossen ist.
Aber bereits diese Beschreibung weist auf das Dilemma hin, in das alle die geraten, die sich mit einer solch doppelten und unterschiedlichen Zielsetzung befassen; auf einen kurzen und verkürzenden Nenner gebracht, lautet es:
Strukturen sind rasch geändert, es bedarf dazu nur des Entschlusses und der Macht. Personen hingegen sind in ihren Wertsystemen, ihren Einstellungen und ihren alltäglichen

Verhaltensgewohnheiten weitaus stabiler; ihre Veränderung ist in hohem Maße abhängig von ihrem eigenen Willen, ihren Hoffnungen und Wünschen und von Zeit. Und selbst wenn das alles reichlich vorhanden ist, sind diese Personen oft nicht die gleichen, die in der Lage wären, die Macht zu nutzen, um Strukturen zu ändern. Aber auch umgekehrt: Die Erfahrungen häufen sich, in denen die Beharrung auf rigiden Positionen nicht von denen ausgeht, die die Entscheidungsgewalt über die Struktur halten, sondern von den in dieser Struktur lebenden Personen.
Diese Interdependenz zwischen Struktur und Person, zwischen Organisationsformen und Menschen ist auf eine Weise komplex und seine Aufarbeitung zeitraubend, daß es einen geeigneten Nährboden hergibt für scheinbar schnelle Patentlösungen. Ganze Berufszweige leben von solcherart kurzfristigen und externen Ratschlägen; große Teile des sogenannten Sachbuchmarktes sind überschwemmt von Ratschlägen und Rezeptologien, und auch die jeweiligen Interessenverbände leben nicht schlecht von der verkürzenden Polemik einseitiger Behebbarkeiten.
Die Frage stellt sich, wie in diesem breiten Angebot von Dienstleistungen die Organisationsentwicklung Aufmerksamkeit erringen kann. Hat sie doch keine rasche Lösung zur Hand, kann sie doch zu Beginn ihrer Arbeit deren erfolgreiches Ende nicht unbedingt garantieren, ist es ihr doch bisher so gut wie noch nie gelungen, den Nachweis ihrer finanziellen Effizienz für die betroffene Organisation zu führen, und verlangt sie schließlich etwas, was zumindest für industriell orientierte Organisationen genauso viel wert sein soll wie Geld: nämlich Zeit!
Und dennoch: Es läßt sich nicht leugnen, daß sozialwissenschaftlich orientierte Forscher und Berater in steigendem Umfang auch von Industrieorganisationen konsultiert werden, daß die Berichte über Organisationsentwicklung in Firmen und Organisationen zunehmen und selbst große Management-Zeitschriften dieses Thema ausleuchten.
Sieht man einmal von solchen Meldungen und Berichten ab, die sich lediglich des griffigen Etiketts bedienen, ohne den Inhalt zu meinen, zieht man ferner den relativ hohen Prozentsatz ab, der sicherlich der Neugier, der Mode, dem Trend gilt, so bleibt doch ein erstaunlicher Rest von Versuchen und ernsthaften Initiativen, der hoffen läßt, daß sich in der Nachfrage nach Organisationsentwicklung eine neue Qualität von

Bewußtsein zeigt, das den Widerspruch zwischen Lebenssinn und Lebenswirklichkeit nicht weiterhin aufspaltet in Rolle und Person, in Arbeit und Freizeit, in öffentliche und private Organisationsformen, sondern ihn als Leidensdruck zuläßt und damit als veränderungsbedürftig erlebt.
Von daher ist der immer wieder geführte Diskurs um die Frage, ob der Einsatz von Organisationsentwicklung sich in erster Linie auf die Veränderung der Struktur oder aber primär auf die Veränderung der menschlichen Beziehungen innerhalb der Struktur zu richten habe, die einseitige Auflösung und eine isolierende Sichtweise einer ihrem Wesen nach dialektischen Gesamtsicht. Unter der oben beschriebenen Grundvoraussetzung frühzeitiger Einbeziehung aller Betroffenen in die Bestandsaufnahme, die Überlegungen und die Entscheidungen hinsichtlich der Organisationsform kann die Antwort auf eine solche Frage nicht grundsätzlich, nicht a priori gegeben werden, und sie liegt schon gar nicht in der alleinigen Kompetenz der Organisationsentwicklungs-Berater. Sie ist vielmehr das Ergebnis eines Verlaufs, an dessen Ende sich in der Regel zeigt, daß der scheinbare Gegensatz zwischen Struktur und Personen aufgehoben wird durch den Prozeß der Veränderung selbst. In den Vordergrund tritt bei dieser Art des Vorgehens sehr viel stärker als das Ziel der Weg dorthin.
Beteiligt zu sein an der Veränderung von Strukturen und Beziehungen, die bisher in der Regel als von außen gesetzte erlebt und erfahren wurden, die bisher dem eigenen Einfluß und persönlicher Fähigkeit nicht erreichbar waren, die bisher nur durch große Risiken und hohen Preis (Arbeitsplatzwechsel, Umzug, Neubeginn usw.) beeinflußbar erschienen, setzt ein ungeahntes Maß an Motivation, an Energie und Kreativität frei, wenn es gelingt, die Beteiligten von der Ernsthaftigkeit und der Solidität eines solchen Vorhabens zu überzeugen.
Wenn es gelingt: Neben der Frage nämlich, ob ein solcher Organisationsentwicklungs-Prozeß von denen, die nach geltendem Gesetz und aufgrund ihrer Rollenmacht darüber zu entscheiden haben, überhaupt genehmigt und getragen wird, neben dieser Voraussetzung ist dies die eigentlich entscheidende Frage. Für jemanden, der noch niemals in einer Gruppe von Menschen gesessen hat, die sich nun – nach Jahren und Jahrzehnten entgegengesetzter Erfahrungen – angeregt sehen, über wesentliche und grundsätzliche Bedingungen ihrer eigenen Existenz öffentlich zu sprechen und diese mit zu entschei-

den, ist es wahrscheinlich kaum vorstellbar, welches Maß an Ungläubigkeit, an Vorsicht, an Mißtrauen und an Angst zutage treten kann. Dies gilt für beide Bereiche: Zunächst wird weder an die Veränderbarkeit der Strukturen geglaubt noch an die von Beziehungen. Zu groß ist der Schutt vergangener, leidvoller Erfahrungen, zu stark die Abwehr der Hoffnung, ist doch gleichzeitig mit dem Zulassen dieser Möglichkeit – namentlich bei Älteren und schon seit geraumer Zeit in dieser Organisationsform Arbeitenden – das Erleben der eigenen verpaßten Möglichkeiten verbunden, die Einsicht in das Ausmaß der Anpassung während vergangener Jahre, wird doch der lange und schmerzliche Weg in die persönliche Resignation augenscheinlich!

Dabei ist dieser Aufdeckungsprozeß notwendig, soll der Ansatz der Organisationsentwicklung gelingen: Der Glaube an die Unvermeidbarkeit des eigenen Weges und damit an seine Richtigkeit muß wohl in Frage gestellt werden, da mit ihm gleichzeitig der Glaube an die Quasi-Naturgesetzlichkeit der Struktur verbunden ist. Ebenso muß der Glaube an die alleinige Abhängigkeit von Außengesetzlichkeiten problematisiert werden, da mit ihm Tatkraft und Kreativität, Motivation und Lebendigkeit verschüttet wurden. Wer sich auf weiten Strecken seines Lebens als abhängig von fremdgesetzten Strukturen und Normen erlebt hat, der setzt an die Stelle der Hoffnung auf Änderung leicht das angebliche Wissen um die Unveränderbarkeit des Bestehenden.

Eine solche Arbeit der Aufdeckung und der erneuten Sinngebung aber bedarf zweier unverzichtbarer Komponenten: der Geduld aller Beteiligten und einer erfahrenen Leitung. Hierin liegt der eigentliche Legitimationszusammenhang für die Antwort auf die Frage, welche qualitativ anderen und neuen Kompetenzen sozialwissenschaftlich und speziell gruppendynamisch ausgebildete Berater denn vorzuweisen haben für eine solche Tätigkeit im Rahmen von Organisationsentwicklungs-(OE-)Projekten. Ihre durch Ausbildung erworbene Kenntnis der sozialwissenschaftlichen Theorien, ihre Fähigkeiten im Umgang auch mit schwierigen Gruppenprozessen und nicht zuletzt das Ausmaß ihrer eigenen Selbsterfahrung sollten Gewähr für eine solide Arbeit an Problemen bieten, die über die Lösung durch einfache Rezeptologien hinausgeht: eine Arbeit, die nicht nur die jeweils trendgemäße Struktur im Auge hat, die das Verhalten der handelnden Personen nicht nur an den Maßstäben gerade gültiger Verhaltensnormen mißt (und auf diese Weise etwa »Führungskräfte« ausliest), sondern *die die Geschichte sowohl der Individuen und Gruppen als auch die Genese der Organisationsformen als einen aufeinander bezogenen und einander wechselseitig begründenden Unterbau ansieht, den es zu erkunden gilt, dessen Auswirkungen auf die jetzige Struktur und das konkrete heutige Verhalten der in dieser Struktur Tätigen zu eruieren und abzuschätzen notwendig ist, bevor auf ihn ein neues Haus, also eine neue Organisationsform gebaut wird.*

Soweit der Anspruch; wie aber steht es um die Realität? Sieht man sich näher die derzeitigen Ausprägungen und Schattierungen dessen an, was unter dem Titel »Organisationsentwicklung« firmiert, so läßt sich berechtigterweise von einer »Szene«, von einer Art Marktplatz oder vom Rummel sprechen. Kongresse, Seminare, Titelgeschichten und Extrabeilagen wechseln einander ab, alte und bekannte Instrumente der Sozialwissenschaften werden blankgeputzt als neuester »Hit« verkauft; berufliche Herkunft, Ausbildung und Erfahrung derjenigen, die sich in dem neuen Berufsfeld Organisationsentwicklung betätigen, sind auf eine Weise unterschiedlich, daß Verständigung untereinander nur sehr selten möglich ist. Noch schwieriger gestaltet sich dabei allerdings die Verständigung mit den Verantwortlichen innerhalb der Organisationen. Es ist verstehbar, daß sie interessiert sind an allem, was der Zielerreichung und der Effizienz der Organisationsinteressen dienlich ist; verstehbar auch, daß die für eine OE-Arbeit notwendige Zeitperspektive und Geduld von ihnen ein Ausmaß an Einsicht und Bereitwilligkeit verlangt, das sie – aufgrund mangelnder Erfahrungen – nur selten aufbringen können. Kommt dazu die Undurchschaubarkeit des Begriffs OE und die Vielfalt der mit diesem Begriff handelnden Angebote (nach dem Motto: »Perfekt Englisch in × Tagen!«), so wird vielleicht deutlich, daß eine solche Entwicklung darauf hinausläuft, den Begriff OE auszubeuten für alles, was sich Unkundigen und Gutgläubigen unter seinem Signum verkaufen läßt.

Läßt sich eine solche Entwicklung jedoch noch abtun mit dem Stichwort »Mode«, läßt sich das Ende einer solchen Anfangsirritation erhoffen oder gar absehen, so bleiben – neben dem Schaden, der dem Begriff dabei in ähnlicher Weise zugefügt werden kann, wie vor einigen Jahren eine ähnliche Hysterie den Begriff »Gruppendynamik« vermarktet hat – einige wesentlich ernsthaftere Gefahren und Bedrohungen bestehen, oder sie vergrößern sich noch.

II

In einer im nachhinein entscheidend erscheinenden Phase der Entwicklung und Handhabung gruppendynamisch orientierter Situationen vollzog sich Anfang der siebziger Jahre in der Bundesrepublik eine Wendung, die für die Anschauung und den Einsatz dessen, was heute unter Gruppendynamik firmiert, tiefgreifende und zum Teil verhängnisvolle Folgen hatte. Eine wahre Flut von Büchern, Leitfäden, Sammlungen und Anleitungen von Übungen, Spielen und Auswertungskatalogen brach über Fachleute und Laien herein. Aufgeteilt in marktgerechte Portionen gab es gewissermaßen Blitzkurse für einzelne, Paare und Gruppen, zur »Verbesserung von Kommunikation, Kooperation und Konfliktbearbeitung« (und wie ähnliche gängige Formulierungen noch lauten mögen). Mit der zunehmenden Überschwemmung des Marktes ging und geht Hand in Hand ein Verlust von Inhalten, eine Aufgabe von Zielen und Legitimationen, eine Vernachlässigung der Überprüfung und Klärung von Situationen, aufgrund derer ein wohlüberlegter und indizierter Einsatz solcher Methoden erst gerechtfertigt sein könnte. Jeder, der sich mit der Technologie und den Ablaufanweisungen dieser Spiele und Übungen einigermaßen vertraut gemacht hatte, konnte und kann in die Pseudorolle des Leiters schlüpfen und die Abhängigkeit der noch Unerfahreneren und Heilsgläubigen nutzen, um mit sinnentleerten, aber erlebnisträchtigen Ritualen so etwas wie Furore (und Geld) zu machen.

Dies taten und tun denn auch nicht wenige.

Für die Organisationsentwicklung taucht diese Gefahr der Instrumentokratie bereits auf, bevor sich ein Bewußtsein dessen, was der Begriff meinen könnte, überhaupt erst entwickelt hat. Noch ehe eine breite Theoriediskussion mögliche Ziele und Verfahrensweisen geklärt hat, bevor es überhaupt Ansätze für eine geregelte Ausbildung zum Organisationsentwicklungs-Berater gibt, bemächtigen sich Experten und Laien bereits der Instrumente, der Methoden und Rituale aus den unterschiedlichsten Fachrichtungen, um die erbeuteten Techniken dann als komplette Arrangements zur Durchführung von Organisationsentwicklungs-Maßnahmen zu verkaufen.

Diese Gefahr einer sinn-losen Instrumentalisierung und Technokratisierung der Methoden schadet dem Inhalt und den Zielen der Organisationsentwicklung auf doppelte Weise:

Zum ersten sind sie ein geeignetes Mittel, um die Beziehungen zwischen Berater und Klient auf Dauer in Abhängigkeitsformen zu stabilisieren und mögliche Selbstverantwortlichkeiten der Betroffenen zu verhindern. Das Wissen und die Verfügungsgewalt des Beraters über Übungen und Spiele wird von den Laien als »Expertentum« angesehen, wenn nicht gar als »Magie« erlebt; für alles und für jede Situation scheint er das passende Rezept zu haben, und gerade weil bei jedem »Spiel« – fast – immer etwas Neues *erlebt* und *erfahren* wird, bleibt alles beim alten.
Zum zweiten besteht durch eine solche Verflachung und Technologisierung der Instrumente und Methoden für die Organisationsentwicklung die große Gefahr des Verlustes ihrer Eigentlichkeit. An die Stelle der bereits oben beschriebenen geduldigen und stets auch schmerzlichen, weil konfliktbeladenen Analyse der gemeinsamen Situation, deren Genese und ihrer Konsequenzen tritt die kurzfristige Verteilung von Rezepten und Regeln. Wie beim Einsatz von Medikameten und Placebos in der Medizin fragt dann niemand mehr nach der eigentlichen Ursache des Leidens, sondern begnügt sich mit der meist kurzdauernden Befriedigung über das verblüffende Verschwinden des Symptoms.
Nun ist es keineswegs so, daß all diese Übungen und Techniken bedeutungslos wären. Die wesentliche Voraussetzung für ihren Einsatz jedoch ist die Klärung der Situation und der Ziele, in deren Zusammenhang und auf deren Erreichung hin sich der Gebrauch und der Einsatz von Methoden legitimieren muß. *Dabei ist es von besonderer Wichtigkeit zu berücksichtigen, daß der Einsatz von Methoden in einer aktuellen Situation selbst einen Teil dieser zu reflektierenden Situation darstellt. Ohne die Reflexion, ohne die Klärung der Frage zum Beispiel, welche Funktion der Einsatz eines bestimmten Instrumentes in einer bestimmten Situation auf beispielsweise die Vertrauensstruktur oder die Machtverteilung oder auf die Rollenbesetzung innerhalb der Organisation – einschließlich des Beraters selbstverständlich – haben könnte, erfüllen diese Instrumente ihre Aufgabe als wissenschaftliche Forschungs- und Erhellungshilfen eben nicht, sondern bewirken das Gegenteil: Unreflektiertheit, Vergrößerung der Unselbständigkeit und Machtverschleierung.*
Gerade in industriellen Organisationsformen mit ihrer scheinbar rational auf höchstmögliche Effektivität ausgelegten Struktur ist eine solche Analyse von Situationen, in denen der

unreflektierte Einsatz von Methoden, Regeln und Instrumenten untersucht wird, von hoher Brisanz. Zeigt sich doch hier meistens ein Defizit, das in der durch Machtausübung und/oder normierende Traditionen verfestigten Struktur zu Verkehrsformen geführt hat, die ihrerseits ungeahnte und auch in hartes Geld umrechenbare Verluste an Motivation, Zufriedenheit und Effizienz der Beteiligten zur Folge haben. *Fluktuationsgrad, Krankheitsrate* und *Fehlzeiten* sind nur einige der kalten und abstrakten Begriffe für das Ausmaß an Resignation und Desorientierung, das hervorgerufen wird durch von außen getroffene Entscheidungen, Normierungen und Autoritätsanmaßungen, ohne Klärung des für die Betroffenen und die Gruppen innerhalb der Organisation gültigen Bedeutungszusammenhangs.

Die Preisgabe der geduldigen Exploration dichter und mehrdeutiger Situationen, der Verzicht auf die gemeinsame Analyse des Interaktionsgefüges und seines Zusammenhanges mit Struktur und Verhaltenskodex der Organisation durch den allzu oberflächlichen und rezepthaften Einsatz methodisch-didaktischer Maßnahmen und Hilfsmittel stellt nicht irgendeinen beliebigen, wiedergutzumachenden Kunstfehler dar, sondern bedeutet eine zentrale Schwächung des Anspruchs der Organisationsentwicklung. Von hier aus scheint der Weg nicht mehr weit bis hin zur Einbindung und Assimilation des Gesamtkonzeptes der Organisationsentwicklung in den Komplex »Management-Lehre«. Ist die Demontage und die Verkrüppelung des Grundgedankens der Organisationsentwicklung durch die oben beschriebenen Schritte erst einmal eingeleitet, fällt es nicht mehr schwer sich vorzustellen, wie daraus eine neue Management-Technik à la »Management by...« entsteht: Aufgeteilt in ein Regelwerk, benannt und beschrieben in Einzelschritten, angereichert durch pseudologische und scheinrationale Ableitungen, wird das, was doch seinem Wesen nach geduldige und behutsame, an den jeweiligen Situationen und den Fähigkeiten der Betroffenen orientierte Such- und Zielbewegung ist, uminterpretiert in ganz und gar berechenbare, fremdbestimmte Verhaltensvorschriften, deren Befolgung kontrollier- und einklagbar ist und deren Nichtbefolgung berufliche und juristische Konsequenzen haben kann. Kurz: Aus Organisationsentwicklung wird ein Regelwerk von Organisationsanweisungen; das Suchen, Fragen und Staunen hat ein Ende, der Entwicklungsaspekt ist »erfolgreich gestoppt« und die Ruhe im Lande stabilisiert.

Schwarzmalerei? Wohl kaum, wenn man die öffentliche Diskussion und die Präsentationen zum Thema Organisationsentwicklung auf Kongressen beobachtet und die dazugehörigen Artikel in Management-Fachzeitungen aufmerksam liest. Die beschriebene Einbindung scheint in vollem Gange, die Fragen – und die schnellen Antworten – nach der Praktizierbarkeit häufen sich, und zwar nach dem Motto: »Organisationsentwicklung ist, wenn man erstens, zweitens, drittens usw.«. Voll durchstrukturierte Seminare mit Referenten, die beim ersten Anzeichen von Irritation der Teilnehmer den Overhead-Projektor anwerfen und die »Fakten« rasch beim Namen zu nennen suchen, bevor Beziehungen, Konflikte und Probleme thematisiert und besprochen werden können, werden als Organisationsentwicklung präsentiert und öffentlich gelobt.
Nun ist es keineswegs so, daß eine solche Kritik sich grundsätzlich gegen ein Regelwerk richtet, gegen die Benennung und Festschreibung von Verhaltenskodizes – auch in der Form von »Management by...«. Schließlich bedarf jede Organisationsform – gleich welcher Ideologie oder Zielrichtung – zum Zwecke des Funktionierens und ihres Bestandes eines Kataloges von Richtlinien und Anweisungen. Interessanter ist jedoch die Frage, auf welche Weise diese Kataloge zustande gekommen sind und welche Funktionen sie haben sollen. Hier steckt das eigentliche Problem: Regeln und Verfahrensvorschriften sollen garantieren, daß die Gesamtorganisation ihre Ziele rasch und mit optimaler Effektivität erreicht, daß sich der einzelne in der Organisation in seinem Verhalten und Handeln abgesichert weiß, und daß sich »Störfälle« rasch und ohne allzu große »Reibungsverluste« beheben lassen. In Zeiten des normalen Ganges der Arbeit und der Geschäfte ist ein solches Vorhandensein eines allgemein gültigen und zitierbaren Regelwerks also eine unerläßliche Voraussetzung für Stabilität und Bestand der Organisation.
Gültigkeit, Verläßlichkeit und Sicherheit des Regelwerks sind aber nur die eine Seite. Seinen Zielen und seiner Funktion wird es nur dann gerecht, wenn es durch die Betroffenen bejaht wird, sie also in ihrem Wertsystem und in ihren Einstellungen mit den das Regelwerk tragenden Werten und Einstellungen übereinstimmen und diese Übereinstimmung durch ihr Verhalten zum Ausdruck bringen. Oder aber: Wenn sich die Betroffenen dem Regelwerk und dem Kodex anpassen müssen, weil seine Änderung aufgrund subjektiv interpretierter beziehungsweise objektiv gegebener Machtverhältnisse nicht

möglich scheint oder ist, obwohl sich die Betroffenen keineswegs in wirklicher Übereinstimmung mit dem Regelwerk befinden. Aus vielerlei Gründen jedoch wagen es die Betroffenen nicht, ihre mangelnde Übereinstimmung mit Regelwerk und Organisationsform deutlich zum Ausdruck zu bringen. Sie passen sich an, und dieser Anpassungsvorgang ist es, der das Karussell von persönlichem Leid, informeller Verweigerung und »Betriebsstörungen« der Organisation in Gang setzt. Es ist ein Vorgang, der oft jahrelang im verborgenen vor sich geht, der sich lange Zeit hindurch und aus vielleicht verständlicher und womöglich sogar realistischer Angst diejenigen Nischen im System sucht, die auch der perfektesten Kontrolle in der Organisation relativ unzugänglich bleiben (Krankheitsstand, Verbürokratisierung, Dienst nach Vorschrift, Gesprächsnotizen jederzeit und auf Abruf in der Schublade). All diese hier aufgezählten Phänomene sind im Grunde nichts anderes als ein geheimer Protest gegen die Verdinglichung und Vermarktung der eigenen Arbeitskraft unter dem Vorzeichen einer unwillkommenen und ungeliebten Organisationsform.

Diese Phänomene des Dissenses mit dem Kodex der Organisation tauchen auf, während das Regelwerk weiterhin besteht und seine Gültigkeit hat, ja: *weil es besteht und weil es jederzeit möglich ist, Vorschriften, Kontrolle und Sanktionen dieses Regelwerks anzuwenden.* Die Offenlegung des Dissenses, d. h. die deutliche und konfrontative Auseinandersetzung mit unerwünschten, hemmenden und entpersönlichenden Verhaltensvorschriften bleibt in der Regel aus. An ihre Stelle treten die geheimen und scheinhaften Ersatzlösungen: Aufspaltung in Person und Rolle, der Ruf nach quantitativer Verbesserung der Arbeitsbedingungen (mehr Urlaub, weniger Arbeit, mehr Gehalt, besserer Aufstieg) usw.

Der Preis des einzelnen für eine solche Anpassung und für die Investition seiner Energien in die oben genannten Ersatzlösungen ist hoch: Der als leidvoll erlebte Dissens zwischen eigenen Wünschen und der sogenannten Realität wird so lange mit Ersatzbefriedigungen belohnt, bis der Leidensdruck zu schwinden scheint. Der Verdrängungsprozeß erreicht häufig sein Ziel: Die unbequemen, lästigen und schwer zu ertragenden Erfahrungen und Gefühle von Ärger, Unlust und Unzufriedenheit werden allmählich taub, sterben ab, und der Verstand befindet, daß alles in Ordnung sei. Dieser Entfremdungsprozeß macht schließlich das Bestehende zur Rea-

lität, die Anpassung zum Normalen, und der so Angepaßte sorgt von nun an mit großem Nachdruck für die Aufrechterhaltung des bestehenden Regelwerks. Mögliche und nicht seltene psychosomatische Störungen werden nur noch somatisch erklärt, eigene Fehler oder Fehlleistungen sind entweder individuelles Versagen oder dienen als Anlaß, das bestehende Regelwerk noch weiter zu verfeinern, ganz im Sinne des Erfinders.
Der hier – zugegebenermaßen dramatisch zugespitzte – Anpassungsvorgang von Personen an den Kodex einer Organisation soll aber gleichzeitig aufzeigen, von welch entscheidender Bedeutung es ist, wenn sich die »Organisationsentwickler« weigern, neue Regeln und Verkehrsformen für eine Organisation von vornherein und in Gestalt fertiger Vorschriften und Verhaltenskodizes einzuführen. Schon mit Beginn eines Änderungsprozesses den Verlauf und das Ergebnis in Einzelschritten und Regularien festzulegen, die Einzelmaßnahmen und deren methodische Folge bereits auf dem Vorwege als Ablauffolge einer Organisationsentwicklung zu benennen und zu fixieren, bedeutet gleichzeitig, über diejenigen zu verfügen und an ihrer Stelle Entscheidungen zu treffen, die gerade durch den Prozeß ihrer Beteiligung an einem solchen möglichen Entwurf herausgelöst werden sollen aus dem ewigen Kreislauf von Anpassung und Resignation; diejenigen zu bevormunden, die in die Lage versetzt werden sollen, allmählich eigenständig und selbstverantwortlich ihr Schicksal und das ihrer Organisation in die Hand zu nehmen.
Aus eben diesem Motiv heraus ist die genaue Analyse der Ausgangssituation zu Beginn einer Organisationsentwicklung durch alle Beteiligten unerläßliche Voraussetzung. Eine solche Analyse jedoch wäre unvollständig und falsch, wollte sie sich lediglich auf die kognitiven Daten oder gar nur auf den sichtbaren Verhaltensaspekt stützen und die affektive Bedeutung und Genese dieser Daten und dieses Verhaltens vernachlässigen. Ein solches Vorgehen würde bedeuten, daß die während der langen Zeit des oben beschriebenen Anpassungsvorganges verdrängten Hoffnungen und Ziele und die damit verbundenen Affekte weiterhin unerkannt blieben; unkontrolliert und unbewußt zwar, aber nicht weniger wirksam. Auf eine solche Weise unaufgearbeitete Verdrängungen und Affekte aber beeinflussen wiederum das Verhalten und Handeln der Beteiligten auch in der dann neu zu findenden Organisationsform und unter dem neuen Kodex.
Entwicklung, auch Organisationsentwicklung, und Bewegung

auf neue Ziele hin bedeutet immer auch Infragestellung des Erreichten und damit Risikonahme. Risiko aber wird in der Regel nur dann genommen, wenn Hoffnung auf qualitative Änderung besteht, wenn der in Aussicht gestellte Gewinn dem Risiko angemessen erscheint. Der durch Organisationsentwicklungs-Maßnahmen versprochene Gewinn besteht in zwei Zielen, von denen das eine – Verbesserung der Organisationsform – den einzelnen Personen nur *sekundären Gewinn* bringt, wenn ihnen dabei nicht bewußt wird, daß sowohl auf dem Weg dorthin als auch nach dem Erreichen dieses Zieles der *primäre Gewinn,* eine Vergrößerung der individuellen Freiheit zur Selbstbestimmung, wahrscheinlicher wird. Diese persönliche Freiheit aber bezieht sich auf die Außenrealität genauso wie auf die innere Realität des einzelnen, meint also in gleicher Weise und in dialektischer Verschränkung sowohl seine Möglichkeiten, äußere Beschränkungen und Organisationshemmnisse abzubauen wie auch frei zu werden von den eigenen, den inneren Eingrenzungen und Fallstricken, frei zu werden in jenem doppelten Sinne, der mit dem Bild vom *aufrechten Gang* gemeint ist.

Ein solcher Entwicklungsprozeß aber ist nicht einklagbar, ist nicht forderbar, er läßt sich nicht von außen und durch Normierung allein erreichen; es ist im Gegenteil charakteristisch für das Verhalten der Beteiligten in einem solchen Prozeß, daß sie nur zögernd vorangehen, auch einmal innehalten, von Zweifeln und Skrupeln gebremst werden, auch: daß sie mißtrauisch und ängstlich abwarten und in Schweigen verfallen, hoffend und befürchtend zugleich, ein anderer (der Leiter etwa, der Vorgesetzte, die Organisation, die Allgemeinheit) werde ihnen diese Last der Selbstexploration und der Entscheidungen abnehmen. Und dieses Abnehmen geschieht auch weitaus häufiger als das Gegenteil, das Warten und das Mitgehen: Die Welt wird benannt und erklärt, wird aufgeteilt in Abteilungen, in Ableitungen und Handlungsschritte, Overhead-Projektor und Metaplan-Tafeln werden eingesetzt, wenn Übungen und Spiele ihr Ende gefunden haben; Papiere und Planskizzen, Systemaufrisse und methodische Ableitungen werden ausgeteilt, aufgezeichnet und erklärt, wenn die Stimme und die Suggestivkraft des Leiters allein nicht mehr ausreichen, die Ambivalenz und die angebliche »Peinlichkeit« einer Situation zu überspielen, einer Situation jedoch, die schlicht von nichts anderem gekennzeichnet war als von der Ratlosigkeit der Betroffenen gegenüber dem leeren, noch nicht

bekannten Raum des Neuen und Fremden und von ihrem ängstlichen Zögern, diesen Raum zu betreten. Solche Situationen aber, in denen einzelne, Gruppen oder gar ganze Organisationseinheiten zögern, stumm werden, nach Auswegen suchen und ängstlich dem Neuen gegenüberstehen, sind nicht die Ausnahme, sondern die Regel einer Verfahrensweise, die es sich zum Ziel setzt, Veränderungen zu bewirken. Von daher ist vielleicht einzusehen, wie eminent gefährlich allzu frühe Eingriffe und Benennungen derer sind, denen erlaubter- oder unerlaubtermaßen die Kompetenz zugeschrieben wird, besser als die Lernenden den Weg zu kennen. Die Festschreibung der einzelnen Stationen eines solchen Weges durch Management-Regeln ist aber letztlich die Aufgabe des Anspruchs, die Betroffenen zu beteiligen; die Rollen werden wieder festgeschrieben, die so gewonnene Struktur legt sich wie ein schützender, aber auch erstickender Mantel über alle Versuche, die eigenen Fähigkeiten und Erfahrungen zu nutzen, die alten Abhängigkeiten (Lehrender–Lernender) bleiben bestehen und werden somit auch noch vertieft.
Die Entschuldigungen, daß es sich bei einem solchen Verhalten des Leiters eines Organisationsentwicklungs-Prozesses um einen »Kunstfehler« handele, daß ein Vorgesetzter, der sich so verhält, »es eben nicht besser wisse«, daß ein Verantwortlicher hier nur »ordnend eingreife«, können nicht darüber hinwegtäuschen, daß mit einer solchen Haltung Entwicklung und Veränderung gefährdet werden, daß Vorsagerei an die Stelle jenes Suchprozesses tritt, der allein die Hoffnung von einzelnen und Gruppen wecken und stärken kann, mitbestimmend sein zu können für den Zustand und die Zukunft der Organisation und selbstverantwortlich gegenüber den eigenen Zielen.
Von daher ist es so bedenklich, wenn sich die Anzeichen mehren, daß Inhalte, Ziele und Methoden der Organisationsentwicklung, die – es kann nicht oft genug gesagt werden – eine ernsthafte Such- und Forschungsbewegung aller an ihrem Gelingen orientierten Personen ist, zu früh festgeschrieben und in Management-Regeln umgemünzt werden. Hierdurch wird scheinbar bereits zu Beginn eines Weges *machbar* gemacht, was doch gerade ein Charakteristikum des Prozesses ist; Lernen degeneriert so auf die sattsam bekannte Stufe kognitiver Rezeption. Affektive Auseinandersetzungen mit sich und anderen scheinen nicht mehr notwendig zu sein, persönliche Risikonahme und kollektive Lernchancen werden

so lange minimiert, bis eine Änderung nicht mehr stattfindet, oder allenfalls noch in der immensen (aber altbekannten) Anstrengung, sich auch diesen Regeln optimal anzupassen.
Das mindeste, was sich über eine Indikation des Zeitpunktes zur Festschreibung und zur Geltungsdauer von neuem Regelwerk für eine Organisation sagen läßt, ist, daß dieser Zeitpunkt sicherlich nicht am Anfang eines Weges stehen kann, sondern daß Festschreibung und Geltungsdauer das Ende eines gemeinsamen Untersuchungsganges und Handlungsentwurfs markieren.
Das vorläufige Ende eines Organisationsentwicklungs-Prozesses wird gerade dadurch bestimmt, daß

1. *nach einer Aufarbeitung der individuellen wie auch der organisatorischen Schädigungen durch die alte Organisationsform und den alten Kodex,*
2. *nach einer Analyse der augenblicklichen Situation der Betroffenen und des augenblicklichen Standes der Organisationsform sowie*
3. *nach einem Entwurf möglicher Zukunft für die Organisationsform und Betroffene*
4. *durch Mitwirkung aller*

beschlossen wird, welche Organisationsform mit welchen Inhalten, Zielen und demgemäßem Regelwerk für welchen Zeitraum Gültigkeit haben soll.
Diese Auflistung der einzelnen Schritte hat ihrerseits sicherlich normierenden Charakter, richtet sie sich doch erklärtermaßen gegen die Gefahr allzu starker Reglementierung, allzu früher Benennung und Festschreibung und damit frühzeitiger Abkappung dessen, was der Ausdruck Organisations*entwicklung* intendiert. Eine solche Gefahr aber droht der Organisationsentwicklung von denen, die sie aus den unterschiedlichsten Gründen verändern wollen in praktikable, »kurz und schmerzlos« einsetzbare Management-Technik, handhabbar per Nachschlagewerk und Regelbuch für jede Führungskraft, jederzeit einsetzbar unter dem Signum des guten Willens.
Doch der allein – anerkannt auch in seiner subjektiven Ernsthaftigkeit – genügt nicht.

III

Wenn weiter oben von der Pseudorolle des Leiters gesprochen wurde und im weiteren Verlauf dieser Seiten einige eklatante – aber trotzdem häufige – Kunstfehler im Umgang mit Evaluationsverfahren* in Gruppen und Organisationen geschildert wurden, so ist vielleicht schon deutlich geworden, daß neben der Gefahr des Mißbrauchs der Methoden und neben der Gefahr der Verflachung in reine Management-Technologie eine entscheidende Bedrohung der Umsetzung von Organisationsentwicklungs-Theorie in die Praxis gerade von denen ausgeht, die diese Umsetzung zu realisieren versuchen: eben von den Organisationsentwicklungs-Beratern. Die bereits häufiger beklagte bunte Mischung von Professionellen, Laien und schnell entschlossenen Halbgebildeten macht es schwer, Grundvoraussetzungen zu erkennen, die einzelne dazu legitimieren könnten, sich auf diesem Berufsfeld zu versuchen.
Da Organisationsentwicklung die Umsetzung sozialwissenschaftlicher Forschungsergebnisse mit den Methoden feldorientierter Handlungsforschung bedeutet, ist unter den Kriterien, die einen OE-Berater für seine Tätigkeit legitimieren, als erstes die Forderung zu nennen, daß er den theoretischen Hintergrund und das methodische Inventar seines Faches kennt und beherrscht. Mag auch im einzelnen darüber diskutiert oder gestritten werden, so wird doch die Kenntnis der wichtigsten Organisationstheorien sicherlich genauso zu einem möglichen Wissenskatalog gehören wie das Wissen und Beherrschen der wesentlichsten Gesetzmäßigkeiten der Sozialpsychologie und hier besonders der Gruppendynamik. Sicher gibt es noch eine ganze Reihe anderer Stichworte (Rollentheorie, pädagogische Didaktik und Methodik, Sozialisations- und Motivationstheorien usw.), die innerhalb eines solchen Katalogs denk- und diskutierbar sein mögen.
Wichtiger jedoch als die hier angedeutete Auflistung eines theoretischen Grundgerüstes erscheint unter dem Aspekt einer kritischen Bestandsaufnahme der Gefahren für die Zukunft der Organisationsentwicklung die Frage, *wie gut sich die als Berater tätigen Personen denn wohl selbst kennen und ver-*

* Evaluation: methodisches Vorgehen mit dem Ziel einer Veränderung; vgl. Einleitung S. 48. FENGLER beschreibt den Schritt von Evidenz zu Evaluation (Erfolgsforschung); vgl. S. 136 Syn. mit Erfolgsforschung: Produktevaluation, vgl. Einleitung a.a.O. – Der Hrsg.

stehen, welche Qualifikationen sie aufweisen können, die sich nicht in der Aufzählung des Wissenspotentials und der Methodenkenntnisse erschöpfen, sondern die Gewähr bieten oder zumindest das Risiko abschätzen lassen, das darin liegt, solchen Personen Organisations- und Gruppenprozesse anzuvertrauen, deren Absicherung eben nicht bereits im vorhinein durch genaueste Durchstrukturierung der möglichen Situationen und durch rigide Festlegung der Rollenpositionen gewährleistet werden kann.

In einem solchen Verzicht auf didaktische und methodische Kunstgriffe der Strukturierung, die eher der Festschreibung von Machtstrukturen und weniger ihrer Infragestellung dienen, liegt nämlich einer der beiden Schwerpunkte und wesentlichen Beiträge der angewandten Gruppendynamik zur Organisationsentwicklung: Neben dem Feedback-Prozeß ist es die Situationsanalyse mit Hilfe des Hier-und-Jetzt-Prinzips. Durch die Einführung dieses Prinzips wird es möglich – namentlich in Gruppen mit realen Organisations-Zusammenhängen –, in der Analyse der augenblicklichen Situation und Struktur sowie anhand der in ihr auftretenden Interaktionsformen die hemmenden, blockierenden und teilweise bereits vernarbten Einschränkungen der bestehenden Organisationsform zu erkennen und zu benennen. *In ihr spiegeln sich – verfolgt man die jeweiligen situativen Phänomene nur geduldig und aufmerksam zurück zu den persönlichen und organisatorischen Daten ihrer Entstehung – mikroskopisch gebündelt die Folgen und die Auswirkungen, die eine verfestigte Organisationsstruktur auf die Beziehungen der Betroffenen untereinander, auf ihr Verhältnis zur Gesamtorganisation und auf ihre jeweilige Motivationskraft haben kann.*

Es gibt in diesem Zusammenhang eine Fachdiskussion – und sie findet sich auch in diesem Buch wieder* –, ob und in welchem Ausmaß das von LEWIN benannte Trainingsgruppenmodell (T-Gruppe) Anwendung finden kann im Rahmen eines Organisationsentwicklungs-Prozesses. Untersucht man das Kürzel »T-Gruppe« etwas genauer auf die dieser Benennung zugrunde liegenden Prinzipien, so lassen sich drei nennen:

1. Eine weitgehende Freigabe der Binnenstruktur einer Gruppe, also eine deutliche Zurückhaltung des Leiters hinsichtlich normierender und strukturierender Vorgaben;
2. die Fokussierung der Wahrnehmung und der Interaktionen

* Vgl. den Beitrag von K. DOPPLER u. B. VOIGT. – Der Hrsg.

auf das situative Geschehen in der Gruppe und die gemeinsame Analyse eben solcher Situationen;
3. die Anwendung des Feedback-Systems, also die ständige Rückmeldung des Erlebnis-, Bedeutungs- und Verarbeitungsvorganges einzelner Situationen durch möglichst alle davon betroffenen Gruppenmitglieder.

In gruppendynamischen Veranstaltungen, die frei ausgeschrieben werden und zu denen sich Personen anmelden, die untereinander keinerlei direkten Realitätsbezug mitbringen (sogenannten Stranger-Labs*), Personen also, die außerhalb dieser Veranstaltung weder unmittelbare Lebens- und Arbeitsbereiche miteinander teilen (sieht man einmal ab von übergreifenden und nur über Ideale, Theorien und Meinungen zu vermittelnden gesellschaftlichen und politischen Bereichen), noch dies in ihrer persönlichen Geschichte irgendwann einmal getan haben – in solchen Veranstaltungen bedarf das Hier-und-Jetzt-Prinzip einer genauen Beschränkung auf die Ausnahmesituation dieser erstmaligen Begegnung; in einem solchen Rahmen ist dieses Hier-und-Jetzt sogar mit konstitutiv für die augenblickliche Realität der Personen. Anders gesagt: Die Interaktionsgeschichte der Personen beginnt auf solchen Stranger-Labs augenfällig erst mit ihrem Zusammentreffen, und die Begrenzung der Situationsanalysen mit Hilfe des Hier-und-Jetzt findet ihre Berechtigung darin, daß es eben kein anderes interaktionelles Material gibt.
Um mit einem solchen Minimalkontext von tatsächlicher Interaktionsgeschichte und dem Fehlen von Realbeziehungen (also Beziehungen ohne tatsächlichen Lebens- oder Arbeitszusammenhang) befriedigende Transfer-Arbeit leisten zu können, um den beteiligten Personen Unterstützung zur Bewältigung und Veränderung ihres je individuellen Arbeits- und Lebenszusammenhanges geben zu können, müssen weiterreichende, allgemeingültigere und über den Bedeutungszusammenhang dieser stranger group hinaus anwendbare Konstrukte oder Theorien gefunden werden. Dabei besteht oft die Gefahr, daß sich solche Konstrukte nicht unmittelbar herstellen beziehungsweise belegen lassen aufgrund mangelnder Interaktionsfakten und wegen der Einmaligkeit dieser Ausnahmesituation. So bleibt denn den Beteiligten nur übrig, sich mit dem wenigen Material zu begnügen, es quasi hochzurech-

* Wörtlich: Laboratorien mit Fremden. – Der Hrsg.

nen und die Vorläufigkeit zu ertragen oder aber: die Sonderstellung des Leiters als »Wissendem« zu betonen und seinen Interventionen zu glauben. Mögen nun aber die Konstrukte und Theorien des Leiters noch so plausibel sein, so bleibt es für den Aufklärungsprozeß einer Gruppe doch schwierig, wenn sie sich bei der Suche nach allgemein akzeptierten Erklärungsmustern auf die Prominenz ihres Leiters verlassen muß anstelle der Evidenz und Quantität von Interaktionsfakten. (Ganz abgesehen davon, daß in eine solche Interaktion womöglich nur vorläufig bearbeitete Abhängigkeiten zwischen Leiter und Teilnehmer eingehen.)*

Im Rahmen von Organisationsentwicklungs-Prozessen jedoch bringen die Mitglieder ihre Interaktionsgeschichte mit, ja gerade wegen dieser Geschichte suchen sie häufig die Hilfe eines Beraters – seien es nun Familienberatungsstellen, Schulen, Firmen oder Wohngemeinschaften. In solchen Gruppen mit deutlich ausgeprägter und zu einem Großteil durch die Organisationsform beeinflußter Interaktionsgeschichte geht in die gemeinsame Analyse eines situativen Geschehens (der Hier-und-Jetzt-Situation also) Interaktionsmaterial ein, das über das augenblickliche Setting der Gruppe zurück- und hinausreicht, und dessen Verbindung zu den Arbeits- und Lebenszusammenhängen der einzelnen Personen einen weitaus höheren Realitätsbezug hat. Die Analyse und die Bearbeitung solchen Materials bedarf in weitaus geringerem Maße als in heterogenen Gruppen transferierender Interpretationen, erklärender Konstrukte und theoretischer Meta-Überlegungen seitens des Leiters. Die wenigen Erklärungsmuster, die der Leiter anregen muß, weil sie sich nicht unmittelbar aus der Arbeit selbst ergeben, sind andererseits durch die Menge und die Qualität der Fakten leichter überprüf- und belegbar.

Hinzu kommt in der Regel, daß in solchen Gruppensituationen Handeln und Verhalten der Interaktionspartner im Hier-und-Jetzt nicht neu geboren werden, sondern der Widerschein ihrer oft langjährigen Geschichte sind. Die Exploration auch der scheinbar nebensächlichsten Interaktions-Begebenheiten

* Ein solches Setting *(stranger group)* bietet von daher dem Leiter durch das Ausmaß der Abhängigkeiten von seinen »Erklärungs-Interventionen« einen höheren Schutz. Es betont seine Sonderstellung, weil es wenig »Beweise« und/oder »Gegenbeweise« zu seinen Aussagen gibt, und erhöht dadurch seine Macht und Magie. Vielleicht liegt hierin auch ein Grund für die Beobachtung, daß es unter gruppendynamischen Trainern eine seltsame Zurückhaltung gegenüber der Arbeit in Organisationen gibt: Dort sind sie bei weitem leichter zu kontrollieren. – K. K.

im Hier-und-Jetzt birgt den gesamten Verlauf ihrer Interaktionsgeschichte in sich, also auch derjenigen Anteile, welche Struktur und Kodex der Organisation an eben dieser Interaktionsgeschichte haben. (Nicht selten sind es gerade diese scheinbaren Nebensächlichkeiten, in denen sich diese Anteile – *gerade noch sichtbar* – spiegeln!)

Bei der Eruierung und Verfolgung dieser Wechselbeziehung zwischen Interaktionsformen der Personen im Hier-und-Jetzt (besser: im Kontext des augenblicklichen Geschehens innerhalb der Binnenstruktur einer Gruppe) einerseits und der Geschichte wie der Zukunft dieser Interaktionsformen (unter Einbeziehung der gemeinsamen Erfahrungen im Umgang mit Struktur und Kodex der Organisation) andererseits ist die frühzeitige Veröffentlichung der Annahmen und Konstrukte des Leiters – auch in Form von Transfer-Interventionen – eher schädlich, zumindest aber zunächst überflüssig: Die handelnden Personen haben solche Meta-Überlegungen in der Regel bereits selbst angestellt und gründen ihr Verhalten und Handeln meist auf eben jene Konstrukte.

Von daher sollten sich Konzentration und professionelle Kompetenz des Leiters eher darauf richten, diese Metagedanken und Konstrukte der Betroffenen öffentlich werden zu lassen und die Aufmerksamkeit aller Beteiligten auf die Untersuchung der Fragen zu lenken, (a) wie die historischen und aktuellen »Fakten« denn lauten, die zu eben diesen Annahmen und Konstrukten geführt haben, und (b) in welchem Ausmaß diese »Fakten« die Erklärungsmuster stützen. Daß mit der Veröffentlichung solcher Konstrukte und der dazugehörigen Daten gleichzeitig Wahrnehmungsmuster, Normen, Einstellungen und Wertsysteme der Beteiligten sichtbar werden, erhöht in der Regel die Chance einer für alle Beteiligten verbindlichen und gültigen Diagnose.

Diese gemeinsame Suche nach schlüssigen Deutungsmustern mißlingt jedoch mit Sicherheit, wenn aus dem Prozeß der Organisationsentwicklung T-Gruppen-Methoden ausgeschlossen werden, *wenn also mit der Ausblendung der Methode gleichzeitig ein Prinzip gestrichen wird, dessen Bedeutung als Ausgangsbasis konstitutiv ist für den weiteren Erfolg des Prozesses:* Ohne die Klärung der augenblicklichen Situation – die in Organisationen immer nur die Folge von beziehungsweise die Reaktion auf eine mehr oder weniger große Anzahl früherer Situationen ist – gibt es vielleicht eine verläßliche, aber keine allgemein verbindliche Diagnose und damit auch keine

von allen getragene Prognose. Anders gesagt: Organisationsentwicklung ist auf die Einsicht und die Mitarbeit aller Beteiligten angewiesen. Von daher nützt es wenig, wenn zwar der Berater zu wissen scheint, welche Phänomene sich wiegestalt auf einen Nenner bringen lassen, die Betroffenen es aber nicht wissen. Deren Einsicht und Billigung jedoch ist nur zu erreichen über die Analyse von Situationen, in denen sich neben den Benennungen (den Konstrukten) auch das dazugehörige Maß an Erfahrungen miteinander und Bedeutungen füreinander (die Interaktionsgeschichte) zeigt. Insofern handelt es sich nicht darum, die gesamte T-Gruppen-Methodik aufzugeben, sondern das in ihr verankerte Hier-und-Jetzt-Prinzip auszudehnen auf Situationen und Konflikte, die zwar lange zurückliegen mögen, aber doch das Verhalten und Handeln der Interaktionspartner in der augenblicklichen Situation beeinflussen und bestimmen.
Die im Zusammenhang mit diesem Prinzip gebrauchte Formel vom There-and-Then* bezeichnet eben nicht grundsätzlich Situationen, die sich außerhalb des augenblicklichen Settings ereigneten, sondern meint individuelle Erfahrungen, die außerhalb des zu bearbeitenden Zusammenhangs von Organisationsform und Personen gemacht wurden. (Als Beispiel: Wenn ein Gruppenmitglied von einer Auseinandersetzung um einen Parkplatz erzählt, mag dies eher als There-and-Then gelten, sofern sich der Streit in einer fremden Stadt mit einem Unbekannten abgespielt hat; von Relevanz für die Arbeit mag es jedoch sein, wenn der Streitgegner Mitglied der Organisation war oder wenn es um den Firmenparkplatz ging. Wenn dieser Streitgegner gar anwesend ist, spielt es für das Hier-und-Jetzt-Prinzip kaum noch eine Rolle, ob der Streit gestern oder vor sieben Jahren stattfand. Entscheidend für die Frage, ob der hier geschilderte Zusammenhang in die Situationsanalyse eingehen soll oder nicht, ist, ob die Konfliktenergie zwischen den Beteiligten heute noch wirksam ist.)
Gehört zum Umgang mit derart breit ausgeleuchteten Situationen bereits ein Umfang an Erfahrungen und an Ausbildung, der sich nicht mehr allein mit der Kenntnis und der Beherrschung von Theoriezusammenhängen, sondern auch durch ein hohes Maß von ausbildungsorientierter Selbsterfahrung in Gruppen legitimieren sollte, so ist dieses Kriterium

* Dort-und-Dann, auch Dort-und-Damals. Vgl. dazu den Aufsatz von J. FENGLER in diesem Buch (Seite 133). – Der Hrsg.

wiederum doch nur ein Teil dessen, was als professionelle Kompetenz des OE-Beraters definiert werden muß. Denn auch solche Situationen lassen sich strukturieren, in Einzelschritten planen, ja: ihre gekonnte Handhabung durch Einsatz passender Instrumente (Fragebogen etwa oder szenische Darstellungen oder »Hot-seat«* und wie die entsprechenden Arrangements noch heißen mögen), macht oft gerade jene Faszination des Leiters aus, die weiter oben als »Magie« bezeichnet wurde und deren fatale Folgen auf die Eigeninitiative und die Risikonahme der Teilnehmer bereits beschrieben sind.
Da die entscheidende Grundvoraussetzung aller OE-Maßnahmen jedoch lautet, daß die Betroffenen selbständig und eigenverantwortlich an Entscheidungen über die Veränderung und Verbesserung der Organisationsform beteiligt werden, bedarf es häufig gerade des wohldosierten Verzichts auf solche Maßnahmen und Methoden, die die Struktur fördern und weiterhin sichern könnten. Dies gilt auch und gerade für Hier-und-Jetzt-Situationen, es gilt für sie sogar in besonderem Maße: Ist doch die Resignation der (nicht-)handelnden Personen meist darauf zurückzuführen, daß sie lernen mußten, auf ihren Einfluß hinsichtlich Struktur und Kodex so sehr und so lange zu verzichten, bis sie ihn und ihre eigenen Möglichkeiten, ihn zu nutzen, weggeschoben und vergessen hatten.
Interesse an Veränderung und Motivationskraft dazu sind aber direkt abhängig von der Erfahrung mit und der Hoffnung auf die erfolgreiche Nutzung der Möglichkeiten, auf Situationen Einfluß zu nehmen, und der sich dabei zeigenden persönlichen Kraft.
So ist es eine wesentliche Forderung an die Kompetenz des OE-Beraters, daß er *Selbst-Erfahrung* und *Selbst-Sicherheit* erworben hat im Erleben und Gestalten von Gruppensituationen, die durch das Fehlen einer von außen und oben gesetzten Struktur gekennzeichnet sind, daß er also die Gefühle von Verunsicherung, Ratlosigkeit, ängstlicher Wut und peinigender oder peinlicher Hilflosigkeit aus eigenem Erleben und persönlicher Durcharbeitung kennt; Gefühle, die all jene befallen, die zum ersten Mal seit langer Zeit – *seit ihrer*

* Heißer Stuhl: Stark strukturierte Feedback-Technik (aus dem Sensitivity-Training). Ein Teilnehmer läßt sich von den anderen – meist acht bis zehn – sagen, was ihnen an ihm gefällt und mißfällt, darf aber selber nicht reagieren oder korrigieren. Wurde von PERLS in die Gestalttherapie eingebracht: Auf dem »heißen Stuhl« sitzt der Patient (syn.: Klient), der gerade arbeitet; es handelt sich um Einzeltherapie im Beisein der Gruppe. – Der Hrsg.

Kindheit meist – in eine Situation geraten, in der ihnen keine Vorschläge gemacht, keine Anweisungen gegeben, keinerlei Hilfsbrücken gebaut werden, kurz: in der ihre ganz persönliche Risikonahme und Eigeninitiative gefordert werden.
Bei kompetenter Handhabung solcher Situationen und Verläufe zeigt sich dann meist die gesamte Vielschichtigkeit eines Geschehens, das mit psychologischen Termini nur ebenso verkürzt und nur teilweise erklär- und veränderbar ist wie mit Erklärungsmustern und Handlungsanweisungen der Organisationslehre etwa oder der politischen Ökonomie. Der Widerstand, der sich bei partieller Freigabe der Struktur und gegenüber der Aufforderung zu offener Analyse der Situation in Form von Schweigen, von Verweigerung, von Unverbindlichkeit oder Kritik zeigt, hat mindestens zwei wesentliche Ursachen, deren Genese und deren jeweilige Bedeutung abzuschätzen zu den schwierigsten und verantwortungsvollsten Aufgaben eines professionellen Beraters gehört.
Zum einen zeigt sich in einer solchen Verhaltensweise von Individuen und Gruppen einer Gesamtorganisation das Maß an Abhängigkeit beziehungsweise Gegenabhängigkeit*, welches dem Berater entgegengebracht wird. Die Bedingungen dafür wurden durch frühe und kaum noch erinnerte Verkehrsformen und Verhaltenskodizes in der Familie geschaffen, dann verstärkt und verfestigt durch Organisationsformen, die Sozialisation und Kulturation als gesellschaftlichen Auftrag mit dem Ziel reibungsloser Anpassung und fraglosen Funktionierens verstehen. Ein solcher Erziehungsprozeß fügt sich schließlich nahtlos ein in ein Arbeitsverhalten, das Strukturen und Verhaltensnormen relativ fraglos als gegeben ansieht und Ärger wie Auflehnung nur dort empfindet beziehungsweise riskiert, wo der Gewinn für diese Anpassungsleistung – der eben darin besteht, daß die Sorgen und Anstrengungen um Strukturen und Regeln delegiert werden können – vorenthalten wird. Die Unbeholfenheit und die Ratlosigkeit gegenüber unbekannten und daher ängstigenden Situationen, in denen die Verantwortung für Struktur und Kodex wieder zurückdelegiert werden sollen, erzeugen Ärger und Wut, im geheimen zwar auf sich selbst, auf die eigene Unfähigkeit und Unmündigkeit; offen aber wenden sich diese Gefühle gegen den, der doch nach allen bisherigen Erfahrungen dazu verpflichtet scheint, Strukturen und Kodizes in der Hand zu behalten und

* D. h.: Der Berater wird zum Aggressionsobjekt der Gruppe. – Der Hrsg.

zu regeln: gegen den Berater also. Gefühle, die ihren Ausdruck in dem durch Schweigen verdeckten oder offen ausgesprochenen Vorwurf der Unfähigkeit des Leiters finden, oder aber – nur noch einen kleinen Schritt weiter – sich umkehren in bewundernde und teilweise verehrende Anerkennung seiner quasi-magischen Qualitäten. Ob nun so oder so, der psychologische Terminus für eine solche Konstellation heißt Abhängigkeits- oder *Autoritätsproblem.*

Dies aber ist nur die eine Seite der Medaille. *Analysen und Interventionen von Beratern, die sich mit einer solchen Interpretation begnügen und von nun an ihre Aufgabe ausschließlich in der Bearbeitung dieses Problems sehen, setzen sich zu Recht dem Vorwurf aus zu psychologisieren, d.h. psychologische Konstrukte an Situationen und Prozesse anzulegen, die über die Stimmigkeit und Gültigkeit dieser Konstrukte hinausreichen, weil in diesen Situationen gleichzeitig ein »reales« Moment von Bedrohung vorhanden ist, bestimmt durch ökonomische und damit direktere Abhängigkeiten.*

Denn in gleicher Weise, wie solche Situationen untersucht und analysiert werden müssen auf das in ihnen vorhandene Ausmaß von Abhängigkeits- und Autoritätsproblematik, liegt in ihnen manches Datum für die realen Abhängigkeits-Strukturen innerhalb der Organisation. Sei es, daß der Vorgesetzte, der ja meist direkt oder indirekt Beteiligter oder zumindest Gemeinter ist, die Macht zur Sanktion nicht nur hat, sondern sie erfahrungsgemäß auch zu nutzen versteht; sei es, daß die befürchteten oder erfahrenen Reaktionen der Kollegen oder Mitarbeiter über Schadenfreude und Isolierung hinaus eine konkrete Bedrohung für den Erfolg der beruflichen Verwirklichung darstellen; sei es, daß die durch offenes und kommunikatives Verhalten zutage tretenden Konflikte nicht nur den Scheinfrieden einer formalisierten Beziehungsstruktur stören, sondern darüber hinaus Arbeitsplatz und Karriere in Frage stellen: Neben dem *Autoritätsproblem* spiegeln sich in dem oben geschilderten Verhalten von Gruppen und einzelnen eben auch das *Hierarchieproblem* und die Kontrollmechanismen der jeweiligen Organisation.

Das Schweigen, die Angst, die Verunsicherung und die Hilflosigkeit der Betroffenen haben in der Regel auch ganz konkrete, die Organisation und nicht den Berater meinende Ursachen. Und sie gelten – besonders in der Phase der Datensammlung und der Analyse – nicht nur dem Berater als einer *»Projektionsfläche«*, sondern meinen ihn direkt und persönlich als denjenigen, der mit seinem Verhalten Situationen initiiert, die durch ihre Offenheit und durch Unstrukturiertheit *wirkliche und direkte Bedrohungen der materiellen Existenz* heraufbeschwören können. Dabei spielt es für das Verhalten der Betroffenen kaum eine Rolle, ob diese Gefahren phantasiert, subjektiv erlebt oder objektiv gegeben sein mögen.

Nicht selten setzen die Betroffenen zur Abwehr dieser Situationen und der in ihr gegebenen oder vermuteten Gefahren ihre ganze psychische Kraft ein: Sie stellen Fangfragen, führen Pseudodiskussionen, weichen der Ernsthaftigkeit aus durch Gelächter, schweigen erbittert und voller Empörung oder verweigern sich mit ungeheurer Anstrengung jedem Kontakt, fest entschlossen, auf diese Weise die Brisanz der Situation zu entschärfen und zu erreichen, daß die Zeit vergeht – in der Hoffnung, nach der Pause oder am nächsten Tag werde der Spuk sein Ende haben und die gewohnte Struktur ihren Fortgang nehmen.

All diese Versuche des Ausweichens und die dabei auftretenden – oft nicht verbalisierten, aber wohl spürbaren – Gefühle lassen den Berater nicht unbehelligt. Im Gegenteil: Da sich diese Empfindungen auf und oft auch gegen ihn richten, erzeugen sie bei ihm seinerseits Gefühle und Vorurteile. Sind die Gefühle der Teilnehmer von Ärger, Unlust, Verachtung und Trotz geprägt, so können diese Gefühle den Berater kränken, seinen Narzißmus verletzen, ihn seinerseits verhärten und irritieren. Die Wahrscheinlichkeit ist nicht gering, daß er den ohnehin vorhandenen Konflikt durch sein eigenes Verhalten noch stärker anheizt und provoziert.

Sind die Empfindungen der Betroffenen hingegen umgeschlagen in kritiklose Anerkennung und Bewunderung des Leiters, mag dies auf seiten des Beraters zu Gefühlen der Wärme und Nähe gegenüber seinen Klienten führen; Empfindungen, die ihn allzu vertrauensselig werden lassen und zur unreflektierten Preisgabe seiner professionellen Haltung bringen.

Wie auch immer: Die Gefahr der Verführbarkeit ist groß; die Fallen, in die ein Berater durch die Tricks und Versuchungen von seiten seiner Klienten ebenso leicht geraten kann wie durch unreflektierten Umgang mit seinen eigenen Gefühlen oder durch die Eindimensionalität seiner theoretischen Sichtweise, sind allgegenwärtig.

Daß hier von professionellen Qualitäten gesprochen wird, die sich in der Diskussion und in der wissenschaftlichen Literatur auch kürzer benennen lassen – *Widerstandsarbeit* etwa oder

Umgang mit der eigenen Gegenübertragung –, ist den meisten Lesern sicherlich aufgefallen. Dies aber kann nicht darüber hinwegtäuschen, daß die gekonnte Handhabung der einschlägigen Vokabeln noch keine Gewähr für den angemessenen Umgang mit ihrer Bedeutung in den entsprechenden Situationen bietet und daß selbst die Kenntnis der Bedeutung dieser Termini kein Ersatz ist für die schwierige und langwährende Exploration ihres Inhaltes in bezug auf die eigene Person.

In der Regel wurden bisher als Beispiele für die Schwierigkeiten und Fallen, in denen sich ein OE-Berater wiederfinden kann, Situationen aus der ersten Phase eines Organisationsentwicklungs-Prozesses – d. h. der Datensammlung und der Analyse – gewählt. Und in der Tat erscheint diese erste Phase als die entscheidende, in der das Grundmuster gewebt wird für den Erfolg und das Weiterkommen im gesamten Verlauf des OE-Prozesses. In dieser Phase entscheiden sich die Gründlichkeit und Relevanz der Daten, das Ausmaß der Betroffenheit und Ernsthaftigkeit des Vorgehens und nicht zuletzt die Tragfähigkeit der wechselseitigen Vertrauensbeziehungen, zu denen auch das Vertrauen der Betroffenen in die persönliche und professionelle Kompetenz des Beraters gehört.

Seine Sicherheit im Umgang mit den ablaufenden Prozessen, seine Haltung gegenüber der vorsichtigen Veröffentlichung von Zusammenhängen zwischen Organisationsstruktur und persönlichen Erfahrungen, seine Handhabung des Methodeninventars sind wesentliche Voraussetzungen für möglichen Fortschritt. Aber es sind eben nur die Vorbedingungen, deren Einlösung die Voraussetzung dazu darstellt, vertrauensvolle Beziehungen herzustellen. *Zentraler Meßpunkt der Teilnehmer für eine mögliche Kooperation, für tendenzielle Offenheit und für vertrauensvolles Weiterschreiten im Prozeß, für die Entscheidung also, sich ernsthaft auf die Suche zu begeben, zentraler Meßpunkt für all das ist etwas anderes: die Fähigkeit des Beraters, sich in den Schilderungen und den Daten der Beteiligten wiederfinden zu können, die Affekte und Gefühle wirklich hineinzulassen in die eigene Person, Trauer, Wut, Empörung und Erstaunen teilen zu können, und dabei trotzdem seine Aufgabe und seine Rolle, seine professionelle Haltung nicht aus dem Auge zu verlieren.*

Diese berufliche Grundhaltung des Beraters läßt sich indes nicht anlesen, läßt sich nicht durch bloßen Willensakt herbeizaubern: Das Ausmaß der Selbsterfahrung und die Art und Weise reflektierter Bearbeitung eigener Geschichte und eigener

Konflikte sind wesentliche Vorbedingungen dafür, sich auf Situationen einzulassen, deren Wagnis bisher nur durch die feste Ordnung der Struktur und durch die Verschlossenheit der Personen verhindert wurde. Sich in solchen Situationen nicht zu Hause zu fühlen, Angst vor persönlicher Verunsicherung und der Rückgriff auf gewohnte und stabilisierende Formen von Struktur (Erklärungen, Erläuterungen, Einsatz von Methoden und Techniken usw.) sind nicht selten die tieferliegenden Gründe dafür, daß Organisationsentwicklungs-Prozesse durch mangelnde Kompetenz des Beraters ihr viel zu frühes Ende nehmen oder gar in ihr Gegenteil pervertiert werden.
Wenn es nicht gelingt, die hier beschriebenen Qualifikationen des Organisationsentwicklungs-Beraters umzusetzen in Voraussetzungen und Bedingungen seiner Tätigkeit, sie vielleicht sogar – nach gründlicher Diskussion – festzuschreiben in geregelten Ausbildungsgängen, werden auch die weiter oben benannten Gefahren der Instrumentokratie und der Management-Vermarktung bestehenbleiben und sich ausdehnen.

IV

Die Plötzlichkeit und das Ausmaß des Interesses, das dem – wie auch immer interpretierten – Begriff Organisationsentwicklung in den beiden letzten Jahren entgegengebracht wurde und das noch ständig zunimmt, lassen befürchten, daß neben rationaler Sichtweise auch ein erheblicher Anteil von irrationalen Heilserwartungen in diesen Begriff mit eingeht. Eine ähnliche Entwicklung, wie sie sich seit Beginn der siebziger Jahre auf dem gruppendynamischen Feld durch Aufkommen und Vermarktung einer Vielzahl von Schnelltherapien zeigte, läßt sich für die weitere Ausdehnung und Zerfaserung des Begriffes Organisationsentwicklung ebenfalls voraussehen.
Bereits eine kurze Betrachtung des gesellschaftlichen Bedingungszusammenhanges, in dem Organisationsentwicklung zur Zeit stattfinden kann, zeigt jedoch deutlich die Grenzen und Abhängigkeiten auf, die der Änderung von Strukturformen und Machtverhältnissen unter der Prämisse einer erfahrungsbezogenen Reflexion mit dem Ziel freierer und demokratischerer Praxis gesetzt sind. Namentlich in industriell orientierten Organisationen sind dies zuerst die Kapital- und Besitzverhältnisse, die jeden Organisationsentwicklungsschritt

in hohem Maße abhängig sein lassen von der Zustimmung derer, die dazu nach geltendem Recht befugt sind. Aber auch die verinnerlichten Werte und Einstellungen, Normen und Verhaltensweisen der angestellten oder beamteten Mandatsträger – mögen es nun Manager der Industrie, der Bürokratie, der Kirchen oder gar der Gewerkschaften sein – bilden eine zähe und schwer aufzuweichende Abwehrfront, deren Auflockerung und Entkrampfung nur mit solcher Anstrengung möglich scheint, die MAX WEBER mit seinem Bild vom »Bohren eines dicken Brettes mit Geduld, Augenmaß und Leidenschaft« für die Politik in Anspruch genommen hat.

Und in der Tat wäre es eine Form von Verschleierung, wollte man leugnen, daß Organisationsentwicklung etablierte und unbefragte Hierarchien unangetastet ließe. Überall dort, wo sich Verlustängste, Neid, Intoleranz, Rigidität, Opportunismus und Herrschsucht paaren mit der Verfügungs- und Entscheidungsgewalt über Strukturen, sind den direkten Einwirkungsmöglichkeiten sozialwissenschaftlicher Organisationsentwicklungsarbeit Grenzen gesetzt. Von daher sind die hochgespannten Erwartungen und Hoffnungen, Organisationsentwicklung könne zu einem zentralen Instrument gesamtgesellschaftlicher Entwicklung und Demokratisierung werden, nur unter der Prämisse angebracht, daß gleichzeitig oder in wechselseitiger Ergänzung die direkt für die gesellschaftliche Fortschreibung Verantwortlichen politische und juristische Voraussetzungen schaffen, innerhalb derer Ziele und Methoden auch der Organisationsentwicklung sich breiter entfalten könnten.

Das Bild vom neuen Wein, der in alte Schläuche gefüllt wird, verweist in diesem Zusammenhang auf ein häufig diskutiertes und leidiges Problem der meisten bisherigen Ansätze, die sich mit der Veränderung von Einstellungen und Verhaltensweisen beschäftigt haben: Weitgehend isoliert von den alltäglichen Strukturen, gelingt es zwar auf Trainings und Seminaren, das Bewußtsein der handelnden Personen zu schärfen, individuelle und kollektive Ressourcen freizulegen und persönliche Sinngebung für Arbeits- und Lebenszusammenhänge zu erneuern. Die unveränderten Organisationsformen aber und die dazugehörigen Verkehrsformen wehren einzelnen und Gruppen nach ihrer Rückkehr weiterhin die erfolgreiche Nutzung und Umsetzung der erfahreren Möglichkeiten; der bereits einmal verlorene Kampf gegen die geforderte Anpassung beginnt aufs neue, und die mögliche Niederlage bereitet die endgültige Resignation vor: Auch die kühle Benennung dieses

Vorgangs als *Transfer-Problem* kann das Maß an Verlust für den einzelnen und für Gruppen nicht geringer machen.
Ebensowenig nützt es aber auch, neue Schläuche zu schaffen, also Organisationsformen und Kodizes per Dekret zu verändern – im Handstreich sozusagen –, ohne Anstrengung und konzentrierte Arbeit darauf zu verwenden, die Betroffenen teilhaben zu lassen an diesem Veränderungsprozeß. Ein solches Vorgehen erscheint mir eher anti-emanzipatorisch, ja zynisch, setzt es doch seine Hoffnungen erst auf die nächste Generation, auf deren veränderte Einstellungen und deren stärker bewußte Verhaltensweisen. Es vernachlässigt damit – nicht selten absichtlich – den Status quo der jetzt Betroffenen, geht das Risiko ihrer Überforderung ein, rechnet in Jahrzehnten, streicht die jetzt Lebenden aus dieser Rechnung und macht sie damit verächtlich. Aber auch jenseits von Moral: Ein solches Vorgehen – also die Organisationsform per Dekret zu ändern und darauf zu hoffen, daß sich die Betroffenen anschließend ebenfalls ändern – berücksichtigt nicht die Kraft, die in der Verweigerung liegt; der Verweigerung als letztes – wenn auch oft selbstzerstörerisches – Mittel, sich zu wehren gegen Ansprüche und Anforderungen, deren Inhalte fremd erscheinen und deren Form nur als Fortsetzung der bereits sattsam bekannten Entmündigungsprozedur erlebt wird.
Von daher wird vielleicht einsichtig, wie sehr Organisationsentwicklung ein Wechselwirkungsprozeß ist zwischen Organisationsform und Personen, und wie sehr der Erfolg eines solchen Vorgehens abhängig ist von der Grenzziehung durch diejenigen, die die legalisierte und juristische Verantwortung für die Struktur der Organisation oder die politische Verantwortung für die gesellschaftliche Entwicklung tragen.
Heilserwartungen sind unter solchen Prämissen fehl am Platz. Es ist ja gerade das Charakteristikum von Heilserwartungen, daß sie verknüpft werden mit dem Glauben an plötzliche und leichte Veränderbarkeit: Sie lassen Wunder erhoffen anstelle langwieriger und konfliktbeladener Arbeit. Solche Wunder aber kann Organisationsentwicklung mit Sicherheit nicht bieten, ist es doch ohnehin erstaunlich genug, in welch verhältnismäßig kurzer Zeit sich Initiative und Energie, Motivation und Tatkraft von Individuen remobilisieren, vergleicht man damit den oft jahrzehntelangen Aufwand und die unüberschaubare Anzahl von Kontrollinstanzen, die notwendig waren, den gleichen Personen abzugewöhnen, sich initiativ und selbstbestimmend zu verhalten.

KLAUS DOPPLER/BERT VOIGT

Gruppendynamik und der institutionelle Faktor

*Dynamisierung und Stabilisierung von Verhaltens- und Systemstrukturen durch gruppendynamische Praxis**

Einige Thesen zur aktuellen Situation sozialer Systeme:

1. Die Wissensexplosion der vergangenen Jahre, die heute eher noch zunimmt, hat dazu geführt, daß Fachgebiete unüberschaubar werden, daß immer mehr Personen immer weniger Zusammenhängendes wissen; d.h. daß sich Arbeitsfelder differenzieren und sich Personen und ihre Kompetenzen spezialisieren. Daraus resultiert ein Bedarf an Koordination und Kooperation, der spezifische Leistungen verlangt.
2. Die gesellschaftspolitische Entwicklung bewirkt mehr und mehr Forderung nach und Verwirklichung von Mitbestimmung und Mitbeteiligung. Eine Reihe von neueren gesetzlichen Bestimmungen stellt auf Entscheidungs- und Regelungsverfahren ab, die die Zustimmung der Betroffenen voraussetzen. Daraus resultiert eine relative Insuffizienz autokratischer Führungsstile und formaler Entscheidungstechniken. Die Tendenz zur Diskussion anstelle des Befehls, die Notwendigkeit von Vereinbarungen statt Anweisungen verlangen eine »bewegliche Regelung der Verhältnisse«, erfordern Modelle des Aushandelns.
3. Als Konsequenz der Verlangsamung quantitativer Wachstumsprozesse seit etwa 1974 hat sich in vielen Institutionen die Notwendigkeit zu qualitativen Verbesserungen ergeben. Die Verminderung von Expansionsdruck und Expansionsmöglichkeiten hat in vielen Institutionen zunehmend den Blick frei gemacht und Bedürfnisse freigesetzt für strukturelle Veränderung und Strukturverbesserung.
4. Technologische, soziale und politische Veränderungen, aber auch steigende Informationsdichte und rechtliche Ent-

* Dieser Aufsatz entstand auf der Basis eines Vortrages, gehalten auf der 8. Arbeitstagung des Deutschen Arbeitskreises für Gruppenpsychotherapie und Gruppendynamik (DAGG), die vom 9.–12. Nov. 1978 in Nürnberg stattfand.

wicklung verändern heute die Umwelt schneller und dramatischer. Um fortzubestehen, müssen sich die Institutionen damit auseinandersetzen und sich anpassen. Dies erfordert ein hohes Problemlösepotential dieser sozialen Systeme für komplexe Probleme, das flexibles internes Reagieren und angemessene Veränderung bei minimierten Reibungsverlusten ermöglicht.

5. »Koordination«, »Konflikte durch Verhandeln lösen« und »strukturelle Veränderung« sind Situationen höherer sozialer Komplexität, die nur durch eine entsprechend höhere Komplexität des sozialen Verhaltens bewältigt werden können.

Diese Situationsdefinition ist nicht neu. Genausowenig neu sind die Ansätze der angewandten Sozialwissenschaften, Instrumente bereitzustellen, um einerseits soziales Verhalten darauf zu überprüfen, inwieweit es den heutigen Anforderungen noch gerecht wird, und um andererseits notwendige Verhaltensänderungen einzuleiten.
Die angewandte Gruppendynamik und die angewandte Organisationspsychologie sind beide u. a. mit dem Anspruch angetreten, dafür einen wesentlichen Beitrag zu leisten.
Wir werden im ersten Teil dieses Aufsatzes die bisherige Entwicklung dieser beiden Ansätze kurz skizzieren und aus dem Blickwinkel unserer Situationsdefinition analysieren und kritisieren.
In einem weiteren Teil werden wir versuchen, einen eigenen integrierten Ansatz sowohl aus theoretischer Sicht – durch den Versuch einer Konzeptualisierung – als auch aus praktischer Sicht durch einige Beispiele darzustellen.
Doch eines vorweg: Wenn hier von Gruppendynamik die Rede ist, dann meinen wir immer *die* Form von Gruppendynamik, die den professionellen Anspruch erhebt, feldorientiert und anwendungsbezogen zu arbeiten.*
Im Rahmen einer Diskussion und Kritik der bisherigen gruppendynamischen und sozialpsychologischen Ansätze soll Gruppendynamik als isolierte Trainingsgruppenarbeit – z. B. Sensitivity-Trainings als die wohl bekannteste Form angewandter Gruppendynamik – an erster Stelle stehen.

* Daneben steht weiterhin der Bereich person-zentrierter, teilweise therapeutisch orientierter Gruppendynamik, der von nachfolgend Gesagtem weniger berührt wird. – Die Verf.

Seit ihrer Entstehung hat die Trainings- oder kurz T-Gruppe eine vielgestaltige Entwicklung durchgemacht. Dieses Modell wurde – erst zögernd, dann immer häufiger – in der Psychotherapie, in der Ausbildung von Sozialarbeitern und Humanwissenschaftlern bis hin zur Schulung von Führungskräften in Wirtschaft und Verwaltung und zum Kooperationstraining von Team- und Organisationsmitgliedern eingesetzt.
Dabei wurde die T-Gruppe zumeist isoliert verwendet, aber zunehmend in komplexen sozialen Situationen und mit ebenso komplexen Absichten und Zielen, allerdings zumeist ohne differenzielle Diagnose, ohne vorgängige differenzierte Analyse der Situation der Klientel und der konkreten Bedingungen von Veränderungschancen; ja selbst ohne genaues Betrachten der Einflußfaktoren, die den speziellen Lern- und Veränderungsbedarf begründen sollten.
Eines der wesentlichen Merkmale dabei war, daß Problemdefinition und Problembearbeitung in der Gruppe durch Trainerintervention im »Hier-und-Jetzt« gehalten wurden, daß externe Einflußfaktoren und Umweltbezüge als unangebrachtes »Dort-und-Damals« definiert und nur dann akzeptiert wurden, wenn sie direkt an aktuelles Erleben und Geschehen in der Gruppe anbinden konnten.
So definiert die »Hier-und-Jetzt«-Regel relevante Umweltbezüge hinaus als unangebrachtes »Dort-und-Damals«. Damit wird das Ansprechen struktureller Einflußfaktoren und Bedingungen des Erlebens und Verhaltens etikettiert als Rationalisierung, Widerstand oder Flucht vor dem eigentlich relevanten Eigenanteil.
Die Defizite isoliert betriebener gruppendynamischer Arbeit – durch amerikanische Erfahrungen mit Human-Relations-Trainings in Klinik, Industrie und Verwaltung ausreichend belegt – lassen sich zusammengefaßt so formulieren:

1. Die in Laboratoriums- oder T-Gruppen durchaus erworbenen Fertigkeiten lassen sich nur schwer auf komplexe soziale Gefüge und hochformalisierte soziale Systeme übertragen.
2. Es ergeben sich erhebliche Schwierigkeiten bei der Realisierung des erlernten Problemlöseverhaltens auf Probleme mit Strukturanteil.
3. Durch isoliertes Training erworbene persönliche Fertigkei-

ten haben nur geringe Stabilität, wenn sich nicht auch der Umweltkontext oder die Struktur mit verändern, die das Ausgangsverhalten bedingen, zumindest aber fördern. (Ein Tatbestand, der auch aus der Sozial- und Familientherapie geläufig ist.)

D.h. wenn die Verhaltensänderung nicht organisatorisch-strukturell verankert wird, bleibt die Umsetzung eine persönliche Leistung des einzelnen. Ein geregelter Transfer findet nicht statt.
Bereits 1958 hat DOUGLAS McGREGOR den Transfer, also die Übertragung der Seminarerfahrungen in die berufliche und persönliche Alltagssituation als *das* Problem bezeichnet. Zwanzig Jahre später stößt der Begriff »Transfer« weiterhin auf das ungelöste Problem. Wir entziehen uns dem, wenn wir uns entweder theoretisch davonschleichen, indem wir z.B. Probleme der Teilnehmer völlig personalisieren oder psychologisieren, damit in ihnen lediglich den Ausdruck ihrer Persönlichkeitsstruktur und deren Deformation sehen und letztlich unterstellen, eine »gesunde«, ich-starke Person könne mit sozialen Bedingungen jedweder Art – die kennenzulernen wir uns allerdings häufig gar nicht sonderlich bemühen – problemklärend und konstruktiv umgehen. Wir definieren das Transferproblem einfach hinweg. Oder wir sehen wohl ein Problem im Übertragen des auf unseren Veranstaltungen Erfahrenen und Gelernten auf die Alltagssituation mit ihren spezifischen Bedingungen, sprechen aber dieses Problem lediglich am Ende eines Gruppentrainings an beziehungsweise verpacken es in eine Abschlußübung oder -intervention. Auf jeden Fall machen wir den Transfer zum individuellen Problem der Teilnehmer, mit dem sie mehr oder minder allein fertig zu werden haben – oder eben daran scheitern.

Organisationspsychologie und Organisationsberatung im herkömmlichen Sinn

Auf dem anderen Ende des Kontinuums finden sich die Organisationspsychologie und die damit verbundene externe Organisationsberatung. Organisation wird als ein formales System gedacht, das, an der Hierarchie orientiert, als ein System von

Regeln und Festlegungen verstanden wird und somit im Prinzip auf alle Arbeitsbereiche angewendet werden könne. Beratung heißt dann nur noch, die den formalen, funktionalen Ablauf störenden menschlichen Beziehungen so einzubauen, daß sie neutralisiert sind. Der »human factor«, wie McGREGOR dies genannt hat, taucht nur auf als ein Bündel von Bedürfnissen, die in einer der Organisation und den Menschen angemessenen Weise berücksichtigt werden müssen.
Entscheidend dabei ist, daß menschliche Bedürfnisse (von Beziehungen ist noch gar nicht die Rede), als relativ gleichbleibend – gemäß der MASLOWschen Bedürfnishierarchie* – aufgefaßt werden, nicht aber als ein Steuerungsfaktor. Bedürfnisse können, wenn man es geschickt macht, befriedigt werden – und der Betriebsfrieden ist gesichert.
Beides, die Anwendung der T-Gruppe sowie der entsprechenden Methodik auf Arbeitssituationen und die versuchte Befriedigung menschlicher Bedürfnisse in der Organisation, war ein Ansatz, dessen Grenzen relativ schnell – zumindest von einigen – erkannt wurden. Dies führte zu Weiterentwicklungen, die wir ebenfalls nur kurz skizzieren wollen: die T-Gruppe wurde zum Social-Skill-Training**, die Organisationspsychologie zur Organisationsentwicklung weiterentfaltet.

Das Skill-Training

Neue Formen des Skill-Trainings beziehen sich nicht wie die T-Gruppen oder Sensitivity-Trainings auf zwischenmenschliche Verhaltensweisen unabhängig von konkreten Lebens- und Arbeitssituationen, sondern auf Verhaltensfertigkeiten, die in einer bestimmten Alltagssituation, an einem bestimmten Ar-

* MASLOW geht von Grundbedürfnissen wie Essen, Trinken, Bewegung und Ruhe aus, kommt von diesen zu den sogenannten Sicherheitsbedürfnissen (materielle Sicherung, Sicherheit des Arbeitsplatzes) und den sozialen Bedürfnissen (Kommunikation, Beziehungen, Klima). Aus diesen entstehen die egoistischen Bedürfnisse (Streben nach Macht, Status, Streben nach Unabhängigkeit und Kompetenz) und idealistische Bedürfnisse (Streben nach Selbstverwirklichung, Kreativität). Diese Bedürfnisse sind im Sinne einer Pyramide hierarchisch angeordnet. Sobald ein Bedürfnis befriedigt ist, tritt das nächsthöhere an seine Stelle. – Die Verf.
** Training sozialer Fertigkeiten beziehungsweise »sozialer Kompetenz«. – Der Hrsg.

beitsplatz, in der Ausfüllung einer gegebenen Rolle gebraucht werden. Trainiert wird z. B. das Verhalten des Lehrers vor seiner Klasse, der Umgang des Vorgesetzten mit seinen Mitarbeitern, das Verhalten des Teamleiters, der mit verschiedenen Fachleuten ein Projekt planen, entwickeln und realisieren will oder – z. B. im Assertive-Training – selbstbehauptendes Verhalten in konkreten persönlichen Konfliktsituationen.
Ein Skill-Training ist im Bereich abgrenzbarer Alltagskonflikte oder im Rahmen einer Arbeitsorganisation sicherlich effektiver als ein T-Gruppen-Training; und doch gilt auch hier der gleiche Einwand: Jeder einzelne Trainingsteilnehmer ist im Grunde genommen allein gelassen mit dem Transfer des Gelernten in seinen Alltag, und wiederum ist eine hohe *individuelle* Transferleistung vonnöten. Entscheidend ist abermals, daß ungeprüft unterstellt wird, neues Verhalten werde vom sozialen Umfeld bereitwillig akzeptiert. Das ist, wie oft genug zu erfahren ist, nicht der Fall, und viele Bemühungen verlaufen deshalb im Sande.

Die Organisationsentwicklung

Organisationsentwicklung auf der anderen Seite des Spektrums ist nicht mehr an individuell menschlichen Bedürfnissen und deren Befriedigung interessiert, sondern an Innovationen und an neuen Problemlösungen. Organisationsentwicklung ist bereits eine Reaktion auf die gesellschaftliche Situation, die wir in unseren Eingangsthesen geschildert haben. Weil die Mängel und die funktionalen Engpässe der überkommenen Organisation spürbar und als Defizit bewußt werden, kann Organisationsentwicklung als Konzept gedacht werden. Ziel ist, die Organisation flexibler zu machen und die Problemlösekapazität zu erhöhen.
Menschliche Bedürfnisse und Beziehungen tauchen freilich wiederum vor allem unter einem einseitigen Aspekt auf: Sie sind potentielle Hemmfaktoren für die Entwicklung einer Organisation, werden aber auch als potentielle Verstärker für die Entwicklung gedacht. Insoweit ist das Konzept der Organisationsentwicklung wesentlich komplexer als das der Organisationspsychologie.
Aber unsere Darstellung vereinfacht auch, denn *das* Konzept

oder *ein* Konzept von Organisationsentwicklung gibt es nicht. Es gibt eine Vielzahl von Konzepten der Organisationsentwicklung, die unterschiedlich komplex sind und sehr verschiedene Zugänge zum Verhalten in Organisationen wählen.[1] Gleichwohl haben wir den Eindruck, daß es eine durchgängige und bestimmende Tendenz gibt, die man instrumentalistisch nennen könnte. Die theoretischen Arbeiten aus dem OE-Bereich präferieren Phasenmodelle von Entwicklung, die eben doch gleichzumachen versuchen, was ungleich ist – Entwicklung nämlich. Das methodische Vorgehen andererseits ist eher an objektiver Datenerfassung, beispielsweise mit Hilfe von Fragebögen, orientiert. Kein Wunder, daß die Professionalisierung von Organisationsentwicklung zur Einrichtung eigener OE-Abteilungen in Unternehmen und Verwaltungen geführt hat: diese Abteilungen haben »Entwicklung« monopolisiert. Das bedeutet aber unseres Erachtens wiederum, daß die Selbststeuerungspotentiale von Organisationen, und das heißt: die Selbststeuerungspotentiale der mit einer Arbeit befaßten Mitarbeiter, zugunsten professionalisierter »Entwickler« hintangestellt werden.

Konsequenzen für unsere Arbeit

Aus diesen Überlegungen ergaben sich für uns zentrale Konsequenzen.

1. *Jede feldbezogene gruppendynamische Arbeit ist suboptimal, wenn die institutionellen Bedingungen, die strukturellen Faktoren und übergreifende gesellschaftliche Gegebenheiten nicht einbezogen werden.*
   Wenn aber die gruppendynamisch orientierte Arbeit neben dem aktuellen Verhalten der Individuen die institutionell gegebenen Verhaltenschancen, deren Begrenzungen und Risiken, d.h. den Organisationskontext, einbezieht, wenn weiterhin der institutionelle Handlungsraum ein interdependentes, nicht unabhängig voneinander veränderbares Bedingungsgefüge darstellt, also Systemcharakter hat, müssen sowohl Design als auch Interventionsstrategie von gruppendynamischen Maßnahmen eben dieses berücksichtigen. Die Entscheidung für Design und Intervention, für Interventionsebenen und Interventionsfokus setzt also

die eingehende Diagnose dieses institutionellen Umfeldes voraus.

Die Suche und Analyse von Bedingungen und Ursachen dysfunktionalen Verhaltens steht also *vor* der Entscheidung, ob sich die Veränderungsbemühungen auf organisatorische Strukturen, eingeschliffenes Regelverhalten, informelle Normen oder individuelle Verhaltensweisen richten sollen. Und erst anhand dieser Diagnose kann über Design und Intervention entschieden werden.

2. Gleichgültig, wo Konflikte siedeln und konflikthafte Strukturen verlaufen – unsere Arbeit geht immer von folgendem integriertem Ansatz aus:

   Die Einstellungs- und Verhaltensänderung der einzelnen ist integraler Bestandteil einer wirksamen Veränderung des institutionellen Bezugssystems. Die Veränderung dieses Systems ist andererseits Voraussetzung für eine Stabilisierung der individuellen beziehungsweise zwischenmenschlichen Verhaltensänderungen.

   Aus dieser Position ergibt sich eine Maxime für feldorientierte gruppendynamische Arbeit, nämlich
   - sowohl personales Lernen, individuelle Veränderungen von Einstellungen, Meinungen und Verhaltensweisen anzuregen und zu fördern,
   - als auch auf Strukturen, Normen und Werte der Organisation einzuwirken, um das institutionelle Gefüge des Zusammenwirkens zu verändern.

   Denn beides bedingt und verstärkt sich wechselseitig. Zahllose Enttäuschungen und Fehlschläge haben ihre eigentliche Ursache darin, daß diese Interdependenz ignoriert wurde.

   Die Handlungsansätze für Design und Intervention, die wir uns erarbeitet haben, um diese Maxime in innovative Praxis umzusetzen, beinhalten damit zwei qualitativ unterschiedliche Lernprozesse, nämlich
   - individuelles Lernen und
   - eine schrittweise Veränderung des sozialen Systems, der darin enthaltenen Normen, Verhaltensregeln und Interaktionsgefüge.

   Der Begriff des Lernens wird also über die Bedeutung der Verhaltensänderung hinaus erweitert auf die institutionsbezogene Erwartung als die dem konkreten individuellen Verhalten zugrunde liegende Selektion und Steuerung.[2]

3. In unserer feldorientierten gruppendynamischen Arbeit sehen wir vier mögliche Konflikt- und Interventionsebenen –

entsprechend den Einflußfaktoren der Verhaltenssteuerung, die SCHMIDT eingehend beschrieben hat.[3]

- *Person*
  Die Individuen mit ihren je verschiedenen persönlichkeitsspezifischen Merkmalen, Einstellungen, Haltungen und Verhaltensweisen.
- *Zwischenmenschliche Beziehungen*
  als Interaktionsbasis zwischen zwei oder mehr Menschen, die eigenen sozialen Gesetzen unterliegt und eben nicht nur personspezifisch oder persönlichkeitspsychologisch erklärt werden kann.
- *Fixierte Steuerungs- und Situationserwartungen,*
  wobei beide Arten von Erwartungen als Bindeglieder fungieren zwischen Person und Beziehungen einerseits und gesellschaftlich oder institutionell disponierten Rollen und Systemstrukturen andererseits. Sie prägen vor – und steuern insoweit –, was in dem sozialen Raum zwischen den Personen, dem ihnen gemäßen Geflecht von Beziehungen und den Institutionen geschieht.
  Wegen ihrer unterschiedlichen Verfestigung und Unschärfe sind sie in gruppendynamischen Aktionen besonders bedeutsame Faktoren für Veränderung und Wandel.
- *Formale System-Struktur*
  mit ihren Normen, Rollenvorgaben, Macht- und Entscheidungsstrukturen, Sanktionsmechanismen und festgelegten Kommunikationsmustern.

Diese vier Ebenen behalten ihre Bedeutung für Diagnose und Intervention unabhängig davon, ob es sich um ein Gesamtsystem oder um Subsysteme handelt.

4. Der Weg zur Diagnose und Veränderungsarbeit

Wir haben bereits auf die zentrale Bedeutung der Diagnose hingewiesen. Um aber über die Einflußfaktoren, die bei der Arbeit an der Veränderung und bei der Implementierung der Veränderung zu berücksichtigen sind, die notwendigen Hinweise zu erhalten, müssen ausreichende Informationen bezüglich der vier Einflußebenen verfügbar gemacht werden. Hier liegt Entscheidendes allerdings im *Wie,* d.h. in der Wahl des Weges, auf dem man zu diesen Informationen und ihrer systematischen diagnostischen Verknüpfung kommt.

Dies fordert uns u.a. dazu auf, die unterschiedlichen Erwartungen, Befürchtungen, Absichten und Ziele der Mitglieder ausfindig zu machen. Hier werden wir sorgfältig das sich wiederholende, »eingefahrene« Verhalten der Rollenträger betrachten und nach dessen subjektiven Begründungen, nach Unterschieden in den Zielen und Diskrepanzen zu den Absichten Ausschau halten. Und wir werden versuchen, diese Differenzen in Beziehung zu setzen zu Einflußunterschieden, Machtstrukturen und unterschiedlichem Zugang zu Möglichkeiten und Mitteln.

Wir werden vor allem auch erforschen, welche *informelle Organisation* sich parallel zu der formellen Struktur entwikkelt hat, um persönliche und zwischenmenschliche Bedürfnisse zu befriedigen, die nicht in der formellen Organisation berücksichtigt sind und folglich *neben* ihr – sozusagen in einer »Beziehungsunterwelt« – gedeihen.

Häufig werden sich hier – in informellen Systemen – Alternativen, Neuerungen und Veränderungspotentiale finden, die vor der restlichen Organisation verborgen werden. Bisweilen realisieren sich informelle Systeme aber auch als Bindeglied zwischen individuellen Angstabwehrtechniken und der formalen Organisation. Hier werden wir dann z. B. passiven Widerstand, »Auflaufen-lassen«, als typisches Symptom bei unseren Veränderungsinitiativen erleben.[4]

Manchmal finden sich aber hier – im informellen System – die eigentlichen Einflußpotentiale, und ihr Auffinden kann uns manche zweckvolle Unklarheit bei der formellen Aufteilung der Verantwortungen erklären.[5]

Hier – im informellen System – liegt häufig die Lösung des Rätsels, warum sich eher unzweckmäßige Organisationen überraschend schnell an komplexe und turbulente Umweltverhältnisse anpassen können, anstatt die Strafe des schlecht angepaßten Organismus zu erleiden und auszusterben.[6]

Bei der Informationsgewinnung dürfen wir uns jedoch auf keinen Fall naiv und voreilig auf die Problemsicht der Klientel einschränken lassen. Wir werden an anderer Stelle anhand eines Beispiels aufzeigen, daß die Problemdefinition der Klientel bereits Teil des zu bearbeitenden Problems sein kann.

Der diagnostische Prozeß besteht also im *aktiven* Sammeln gesicherter Daten – auch aus dem informellen Bereich – und deren Rückkopplung an die Klientel, um das Verständnis der Mitglieder für ihr System zu fördern, gemeinsame Problemsichten zu erarbeiten und fundierte Wahlmöglichkeiten zu schaffen.[7]

5. *Die daraus abgeleitete Veränderungsabsicht und Veränderungsarbeit wird sich aber nur dann als erfolgreich erweisen, wenn sie von den unmittelbar Betroffenen entwickelt, vereinbart und durchgeführt wird. Denn erst das durch Erfahrung fundierte emotionale Akzeptieren einer Veränderungsabsicht ist das Vehikel ihrer Durchführung und Etablierung. Der emotionale Widerstand der Beteiligten ist es, der Neuerungen blockiert.*

   Dauerhafte Veränderungen, also Dynamisierung traditionaler, eingefahrener Verhaltensstrukturen, und die soziale Stabilisierung eines veränderten Regelverhaltens und Organisationsverhaltens können heute weder durch Anweisung vom grünen Tisch aus durchgesetzt werden – das haben FÜRSTENAU[8] und MENZIES am Beispiel »Reformwiderstand« eindringlich geschildert – noch durch eine neue, besonders raffinierte Managementmethode, die weiterhin nur dem Ziel einer wirksameren Interessendurchsetzung der durch Status und Kapital ohnehin Privilegierten dient[9], noch durch Strategien, die die Gesamtheit der Beteiligten ausschließen oder sich damit begnügen, sie zu manipulieren.[10] Eine dauerhafte Veränderung bedarf vor allem einer Problemlösung des grundlegenden Konfliktes zwischen personalem und sozialem System[11], d.h. sie bedarf der *gemeinsamen* und *tragfähigen* Erfahrung sowohl

   - einer verbesserten Funktion als auch
   - einer emotionalen und zwischenmenschlichen Entlastung im Sinne eines Abbaus der Angst vor Veränderung.

Zwei *Beispiele* für die Bedeutung der Diagnose: Im Rahmen der mehrjährigen wissenschaftlichen Begleitung eines umfänglichen Modellprojekts war es unsere Aufgabe, in dezentralen Teilsystemen einer Institution sozialmedizinischer Dienste Teamtrainings durchzuführen mit dem Ziel, die Bewältigung einer gesetzlichen Reform und deren praktische Umsetzung effektiver leisten zu können.[12]

Zur Vorbereitung der Trainings standen uns von den Teilnehmern vorher ausgefüllte Fragebogen zur Problemanalyse zur Verfügung. Als Hauptprobleme wurden darin nahezu durchgängig benannt: Konflikte untereinander, zwischenmenschliche Störungen, Reibungsverluste in der persönlichen Zusammenarbeit – also Probleme auf der *Beziehungsebene.*

Erst nach einer Reihe von Trainings wurde uns klar, daß diese

Analyse am eigentlichen Problem völlig vorbeiging, ja daß in Wahrheit genau das Gegenteil zutraf.
Wir hatten anfangs – in bester Selbsterfahrungsmanier – in Richtung Teambuilding interveniert, Beziehungskonflikte bearbeitet und zu klären versucht, bis wir merkten, daß diese Lösung das eigentliche Problem war. Oder: das Ei war diesmal vor dem Huhn da. Wir erkannten zunehmend, daß in diesen relativ kleinen Teams von 4 bis 15 Leuten nahezu keine formalen Strukturen oder Vereinbarungen vorhanden waren. Die Ideologie war: Wir sind ein Team, alle sind gleich und jeder macht alles. Das führte mangels konkreter Arbeitsverteilung, abgegrenzter Arbeitsbereiche und Vereinbarungen über Notwendigkeit und Grenzen der Zusammenarbeit zu einer Überstrapazierung von Beziehungen, über die allein Zusammenarbeit geregelt und Konflikte gelöst wurden.
Nach dieser Erkenntnis wechselten wir Interventionsebene, -stil und -fokus völlig. Ab jetzt ging es um die Schaffung klarer Kompetenzbereiche, klarer Zeitabsprachen, das Festlegen von Kommunikationssträngen und das verbindliche Vereinbaren von Entscheidungswegen.
Erst die damit garantierte Sicherheit von Verhaltenserwartungen reduzierte das Konfliktpotential auch zwischen einzelnen Mitarbeitern. Erst die Entproblematisierung der Basis der Zusammenarbeit – durch das »Einziehen« klarer, verbindlicher Strukturen – brachte den Erfolg, daß sich das Klima deutlich verbesserte, die Personalfluktuation sank und starker Zuwachs von Patienten engagiert und ideenreich bewältigt werden konnten.*
Genau umgekehrt lag das Problem in einer großen öffentlichen Verwaltung. Hier bestand das typische und problematische Konfliktregelungsmuster darin, neue formale Regelungen auszuarbeiten. So wurden zwischenmenschliche Spannungen, aktuelle Rivalitäten und traditionsreiche Konkurrenzhaltungen nicht angesprochen, sondern um sie herum ein offizielles Netz von Regelungen, Dienstanweisungen und Aktenvermerken angelegt, bis der Gesamtapparat nahezu handlungsunfähig, zumindest aber hochgradig ineffektiv war. Ein Großteil der Verwaltungsenergie war dadurch gebunden, mit Macht den Deckel auf einem Topf zu halten, über dessen brodelnden Inhalt in der Kantine und auf den Fluren – also im informellen System – ganz offen gesprochen wurde.

* Zum Zeitpunkt der gesetzlichen Neuregelung – Die Verf.

Gegen viel Widerstand weigerten sich die Trainer hier, den Auftrag »kooperative Arbeits- und Entscheidungstechniken« weiterhin als Lernziel zu akzeptieren; wir schlugen vielmehr vor, die Situation der Zusammenarbeit und die Unterschiede zwischen formaler Organisation und informellem Geschehen zum Thema und damit die Ebene informeller Beziehungen zur öffentlichen Arbeitsebene zu machen, um dann anschließend aus einer gemeinsamen Problemsicht durch tragfähige Vereinbarungen die bürokratischen Wehrhecken zu stutzen. Hierarchie- und ressortübergreifendes Aushandeln sollte an die Stelle formaler Dienstanweisungen treten.
Der Anfangswiderstand in beiden Situationen stieß uns auf ein Werte- und Normproblem, eine Art Ideologie der Organisationskultur:

– Sie hieß im ersten Fall, grob formuliert: Wichtig sind unsere Beziehungen. Wenn wir wirklich wollen, brauchen wir keine formalen Strukturen und Regelungen; wir sind ein Team. Jeder, der es anders sieht, ist ein Bürokrat.
– Im anderen Fall ließ sich die Ideologie auf die Kurzformel bringen: Ein gutes Regelungs- und Anweisungsgefüge schließt »persönliche« Konflikte und Störungen aus. Über Persönliches darf in der Organisation ohnehin nicht gesprochen werden. Es darf es eigentlich nicht geben.

Im ersten Fall war das Resulat eine Verleugnung der Steuerungs- und »Entlastungsfunktion« formaler Organisation und eine Personalisierung aller Konflikte. Hinter der Angst vor Bürokratisierung verbarg sich eine existentielle Angst vor Beziehungsverlust und letztlich vor Einsamkeit durch Entfremdung.
Im zweiten Fall war das Resultat eine Verleugnung der Beziehungsaspekte in der komplexen Steuerung des Organisationsverhaltens mit einer gleichzeitigen Pseudoversachlichung aller Konflikte. Hinter der Angst, über »Persönliches«, also über Gefühle, Beziehungen, Interessen und Befürchtungen zu sprechen, stand die Angst, angesichts einer jedermann bekannten blühenden Beziehungsunterwelt in einem unentwirrbaren Chaos sich zu verlieren.
In den beiden geschilderten Beispielen wurde uns vom Klientensystem eine Problemdefinition geliefert und von uns eine entsprechende Problemlösung per Arbeitsauftrag erwartet, die – angesichts der eben dargestellten Diagnose – nur zur Verfestigung und Verlängerung des Ausgangsproblems hätte

führen können. Das heißt: die gewünschte Problemlösung war in beiden Fällen das Problem selber! Die Methode dazu war, nach WATZLAWICK[13]: »Mehr von demselben«, also

- bei ohnehin durch den fehlenden Grundstock von formalen Regelungen überstrapazierten Beziehungen: noch mehr Beziehungsbearbeitung,
- bei ohnehin erstickender Formalisierung: noch mehr normierend-formale Regelungen.

Nur unsere eigene, im interaktionellen Geschehen mit den Teilnehmern erstellte Diagnose setzte uns in die Lage gegenzusteuern, uns von der Arbeitsvorgabe zu befreien und, indem wir nahezu das Gegenteil des zunächst Gewünschten taten, aus dem Circulus vitiosus auszutreten.

Aus diesen und anderen ähnlichen Erfahrungen leiten wir folgendes Axiom ab:
Es gibt in allen Arbeitsbeziehungen immer über formelle Regelungen gesteuertes Verhalten, und es gibt immer Verhalten, das über Beziehung gesteuert wird.
Wenn aber Verhalten gleichzeitig sowohl über formelle Regelungen als auch über Beziehung – also informell – gesteuert wird, dann müssen wir bei der feldorientierten Arbeit in jedweder Situation auf beide Aspekte schauen und entsprechende Konsequenzen ziehen für Design und Intervention. (Vgl. Anm. 5)
Die Konsequenzen sind sehr weittragend, da sich ein solches Modell unseres Erachtens auch auf einen geplanten Wandel relativ großer Systeme anwenden läßt. Das bedeutet, mittels gruppendynamischer Intervention nicht nur Verhalten zum Thema zu machen, sondern auch auf strukturelle Faktoren dergestalt zu zielen, daß die Arbeit an einer Veränderung des Verhaltens und die Arbeit an der Struktur (die dieses Verhalten bedingt, prägt, fördert) miteinander integriert werden.
Gruppendynamisch fundierte Veränderungsstrategien – wie wir sie verstehen – sind allerdings kein wertneutrales methodisches Instrumentarium und können sich nicht zur gefügigen Magd jedweder »funktionalen« Veränderungsabsicht machen lassen. Das in ihnen liegende emanzipatorische Potential richtet sich vielmehr grundsätzlich auf stärkere Handlungsaktivierung dergestalt, daß Situationen und soziale Gegebenheiten, die ungerechterweise – und häufig auch unnötigerweise –

leiden machen, Auseinandersetzung und Veränderung erfahren. Andererseits aber ist die Gruppendynamik *nicht* in der Lage, die Grundstrukturen des gesellschaftlichen Lebens und Handelns zu verändern.
Denn die Grundwidersprüche unseres Gesellschaftssystems stellen politische Fragen und setzen der Sozialpsychologie Grenzen, die sich auch durch gruppendynamischen Impetus nicht überwinden lassen. Realistische Erwartungen an eine feldbezogene Gruppendynamik müssen sich also notwendigerweise beschränken auf die Aufhellung, kritische Reflexion und Veränderung von Interaktionsmustern, Regelungen und Strukturen in noch überschaubaren sozialen Gebilden und Systemen.
Doch hier gilt bereits die nächste Einschränkung: Auch in diesen sozialen Systemen gibt es »nicht-verhandelbare« Interessen. Die aus materiellen Besitzverhältnissen abgeleiteten Verfügungsgewalten stellen sich für system-überschreitende Reformen letztlich nicht zur Disposition und setzen konkreten strukturellen Veränderungen Grenzen. Über diese Grenzen hinweg kann dann z.B. das Partizipationspotential der Mitarbeiter, selbst bei einer Leistungssteigerung der Organisation, nicht erweitert werden.
Dennoch können gruppendynamisch initiierte und stabilisierte Veränderungen individuelle, zwischenmenschliche und organisatorische Entwicklungs- und Wachstumsprozesse begründen, die ein deutliches Mehr an Chancengleichheit, Entfaltungsmöglichkeiten und Mitsprache ermöglichen; bis an jene Grenze eben, die durch die gesellschaftliche Stringenz der Kapitalverwertungsprozesse jeder psychologisch fundierten Humanisierung – in der Arbeitswelt oder anderswo – gesetzt ist. Welche Veränderungskapazitäten sich innerhalb jener Grenzen dennoch anbieten, können die folgenden Beispiele verdeutlichen.

Ein Elektronik-Unternehmen übergab uns den Auftrag, mit den Führungskräften ein betriebsinternes Training in Kooperation und Kommunikation durchzuführen, um die Zusammenarbeit zwischen den Bereichen und Abteilungen zu verbessern.
Als Problem hatten wir eruiert:
– einige Terminverzüge und Fehlplanungen,
– bei steigenden Überstunden und auffallend hoher Zahl von Sitzungen und Besprechungen

– zunehmende Personalfluktuation und
– schlechtes Klima, das
– u.a. in mehr und mehr Klatsch und Gerüchten seinen Niederschlag fand.

Da uns Vorbereitungszeit im Betrieb selbst nur beschränkt zur Verfügung stand, begannen wir das Training zunächst mit zwei Beispielen, die den Aspekt der Kommunikation untereinander und mit den Mitarbeitern an konkreten Seminarerfahrungen der Teilnehmer festmachten. Dem Wunsch der Teilnehmer, die Probleme, die sich aus der gemeinsamen Auswertung ergaben, durch weitere Übungen anzugehen, entsprachen wir nicht, und zwar aus der Überzeugung, daß diese Problemstellungen durch Verbesserung der Kommunikations- und Führungstechniken nicht lösbar waren.
Wir entwickelten vielmehr – zusammen mit den Teilnehmern – ein alternatives Vorgehen: Die Teilnehmer wurden veranlaßt, als ersten Schritt je individuelle Bedarfsanalysen und Forderungskataloge für Information, Kommunikation und Kooperation aufzustellen in bezug auf die im Training durch Führungskräfte vertretenen Abteilungen und Hauptabteilungen.
Wir verdichteten dieses Material, so daß für jeden Funktionsbereich eine schematische Darstellung
– der Forderungen an andere und
– der Forderungen anderer an ihn
präsentiert werden konnte.
Eine Gesamtmatrix machte zudem Dichte und Häufung der Konfliktbeziehungen und den Verlauf der Konfliktlinien deutlich.
Nach einer Auseinandersetzung mit dieser Analyse im Gesamtkreis hatten die Teilnehmer in Gruppierungen mit den jeweils betroffenen und tangierten Personen Gelegenheit, ihre Forderungen auszuhandeln, Ergebnisse zu vereinbaren und diese in simulierten Situationen zu überprüfen.
Wir achteten bei diesem Vorgehen sowohl
– auf den inhaltlichen Sachaspekt, das *Was* der Vereinbarungen,
– als auch auf den Verhaltensaspekt, das *Wie* des Aushandelns.

Wir vermieden damit einesteils (trotz aller Ergebnisbezogenheit), unterschwellige Konflikte zu versachlichen – dies war

sozusagen das Kommunikations- und Kooperationstraining, das still mitlief –, und konnten anderenteils die Aktivität auf echte, überfällige Konfliktlösungen richten.
Alle Vereinbarungen dieser fünf Tage wurden von den Beteiligten unterzeichnet, in einem offiziellen Seminarprotokoll niedergelegt und – zum Teil nach Rückkopplung mit der Unternehmensleitung – in die Praxis umgesetzt.
Die Inhalte dieser Vereinbarungen waren aber durchaus brisanter Natur. Es handelte sich um massive Kompetenzerweiterungen und entsprechende Einbußen, Beförderungen, und um die Institutionalisierung neuer Entscheidungsgremien und Entscheidungsbeteiligungen.
Die neue Struktur, ihre Funktionalität, insbesondere Mängel, Unzufriedenheit und Reibungsflächen wurden nach acht Monaten vom gleichen Personenkreis überprüft.
Diese Art von gruppendynamisch orientierter Beratungsarbeit bot sich an, weil folgende Bedingungen vorlagen:
- Von der Unternehmensleitung war keine Organisationsreform zu erwarten. Es war aber anzunehmen, daß sie sich auch nicht gegen eine Neuregelung stellen würde, wenn alle Führungskräfte dahinterstehen würden.
- Die bestehende Struktur und die damit verbundenen Regelungen und Verfahrensweisen wurden als hoch unbefriedigend erlebt und waren de facto durch völlig unüberschaubare informelle Systeme unterlaufen. Kaum noch etwas ging den formellen Gang.
- Die beiden Umwelten der Organisation übten Druck aus in Richtung einer Anpassung:
  a) der Markt drängte auf kürzere Bearbeitung und Lieferzeiten, auf technische Modifikationen und bessere Koordination von Zentrale und Vertrieb;
  b) die personale Umwelt, die Gesamtheit der Mitarbeiter, stand unter Leidensdruck, weil keine Verläßlichkeit, keine verbindliche Planung mehr möglich waren, weil der »unterschwellige Buschkrieg« und verdeckte Machtkämpfe existentielle Ängste auslösten, die zu Personalfluktuation und ständigen Überstunden führten.
- Es gab eine stabile Gruppe unter den Entscheidungsträgern, die hoch motiviert und mit hohem persönlichem Risiko eine zuverlässige und transparente Regelung wollte. Dies brachte eine Reihe von »Buschkriegern«, Bremsern und Nebelwerfern in deutlichen Zugzwang.

Unter diesen Bedingungen ist die geschilderte Intervention auch ein Beispiel für eine strukturelle Innovation ohne aktive Beteiligung oder vorgängige Zustimmung der Unternehmensspitze.

Will man dieses Vorgehen in einem ersten Ansatz vorläufig *konzeptualisieren,* dann lassen sich die Vorgehensschritte vergröbert folgendermaßen darstellen:

1. Vorläufige Problemformulierung (Arbeitshypothese)
2. Analyse der Situation/Problemstellung unter Verhaltensaspekten; Datensammlung (qualitativ und/oder quantitativ) je nach Bedarf
3. Vorläufige Zielsetzung
4. Datenfeedback an alle Beteiligten beziehungsweise Betroffenen und Diskussion; d.h. die »Probleme kommen in Bewegung«
5. Zielplanung und Entwicklung von Maßnahmen und »Beschaffung« von Konsens für Ziele und Maßnahmen
6. Aktion – verbunden mit Weiterentwicklung beziehungsweise Fortschreibung, soweit notwendig
7. Auswertung, eventuell Planung von Folgeaktionen und Aktionsprogrammen, Vereinbarung verbindlicher »checkups«.

Intensiver Informationsfluß in fast allen Phasen ist Voraussetzung für Erfolg. Spätestens ab dem 3. Schritt werden »vested interests« (die unterschiedlichen Interessen unterschiedlicher Personen und Abteilungen) betroffen: Mit jeder weiteren Aktion tritt man irgend jemandem »auf die Füße«. Das erzeugt Widerstand. Die Schritte 3 bis 6 sind deshalb im Grunde ein dauerndes Aushandeln unterschiedlicher Interessen. Es kann sein, daß diese Schritte mehrfach durchlaufen werden. Es ist daher wahrscheinlich, daß andere Ziele als die ursprünglich geplanten erreicht werden. Dies erweist sich als produktiv, da letztendlich erreichbare »Ziele« weniger wichtig sind als die Prozesse, in denen etwas angestoßen und konstruktiv verändert wird.

Wir haben behauptet, daß ein solches, auf Struktur und Verhalten zielendes, an einer Balance von formellem und informellem Geschehen orientiertes Modell des Veränderns sich auf größere soziale Systeme anwenden läßt. Ein Beispiel dafür bietet ein Projekt, das wir nur als innerlich beteiligte und lernende Beobachter kennen, aber dennoch kurz schildern wollen: die Psychiatriereform in der Provinz Arezzo (Toskana).[14]

Sie bedeutet die Abschaffung der psychiatrischen Kliniken und eine weitgehende Verlagerung psychiatrischer Arbeit in den ambulanten Bereich, und zwar unter völlig neuen strukturellen Gesichtspunkten.[15]

- Beendigung der Möglichkeit einer Zwangseinweisung und Abschaffung der Institution »Psychiatrische Klinik«, an die bisher die »Therapie« delegiert war; die Institution hatte die therapeutischen Instrumente monopolisiert, repressiv eingesetzt (»Einschließung«) und die Diagnose »individualisiert« (»Stigmatisierung«), indem sie die »Krankheit« aus dem konkreten sozialen Umfeld des Patienten, den soziokulturellen Gegebenheiten und sozioökonomischen Strukturen loslöste.
- Gestützte, d.h. durch Selbsthilfegruppen, Wohngemeinschaften, »geschützte Arbeitsstellen« und klinische Sozialarbeiter begleitete Rückführung der Patienten in ihr soziales Umfeld. Dabei wird die »Krankheit« nicht primär als »Verwirrung« des Patienten, sondern als Person-Umwelt-Konflikt gesehen, und entsprechend wird mit dieser Umwelt – d.h. Familie, Kollegen, Nachbarschaft – gearbeitet.
- Vor und nach der »Aufschließung« der Klinik wurden und werden Veranstaltungen mit den Patienten für die Bürger von Arezzo durchgeführt. So wurde z.B. mit Angestellten der Geschäfte und Kaufhäuser, mit Polizisten und Beamten der kommunalen Behörden daran gearbeitet, die Patienten – die zum Teil ein Jahrzehnt in der geschlossenen Abteilung verbracht hatten – aufzunehmen, statt sie gleich wieder durch stereotype Verhaltensweisen auszugrenzen.
- Die Patienten wurden – nachdem sie selbst die Mauern ihrer Klinik eingeebnet hatten – Schritt für Schritt in eine Selbstverwaltung geführt, die die eigenen Bedürfnisse in eine Reihe von Selbsthilfeaktivitäten umgesetzt hat, die öffentlichen sozialen und gesundheitlichen Dienste nur noch bei Bedarf in Anspruch nimmt und sich nach dem Prinzip von Selbstverantwortlichkeit reguliert.
- Es werden keine Krankenakten geführt. Ärzte, Sozialarbeiter, Pflegepersonal und »Patienten« arbeiten gemeinsam an der psychosozialen Analyse der Situation des Patienten und ersetzen damit die schematisierte ärztliche Diagnose mit ihren von therapeutischem Handeln und sozialen Faktoren

losgelösten, dafür aber stigmatisierenden begrifflichen Konstrukten. Damit vermindert sich die »Macht der Fachleute«, und die Patienten können sich Wissen und Einsicht in die Wechselwirkung von psychischer Verfassung, sozioemotionalen Faktoren, strukturellen Gegebenheiten und übergreifenden sozioökonomischen Einflüssen selbst aneignen. Dies bedeutet eine völlig neue, kooperative Psychiater-Patient-Beziehung.
- Gleichzeitig wurde die Verknüpfung einer Vielzahl sozialer und öffentlicher Dienste geschaffen, um eine weitere Ausgrenzung sozial benachteiligter Gruppen (psychiatrischer Patienten, schlechter Schüler, sozial Schwacher) so weit wie möglich zu verhindern.

Der geplante Wandel des psychiatrischen Systems vollzog sich letztlich in drei Schritten. Diese waren:
1. Eine politische Entscheidung, die die alte Struktur außer Kraft setzte und der Entwicklung neuer Strukturen durch die Beteiligten (Klinikpersonal, Patienten, Bevölkerung, angrenzende soziale Dienste) Raum gab, bevor sie diese gesetzlich »festschrieb«.
2. Ein Prozeß der Entwicklung neuer, den Bedürfnissen der Beteiligten angemessenerer Strukturen. Das hieß: gemeinsames Aufspüren, Fördern und Stabilisieren von Selbsthilfepotenzen bei Einzelpersonen und in Gruppenkonstellationen; Bearbeitung von Widerständen, Experimentieren mit und Fördern von stabilisierenden Faktoren eines integrierten Zusammenlebens in einem nicht-psychiatrischen Umfeld.
3. Eine Phase der Konsolidierung, in der die Beteiligten neue, angemessene Erwartungen an die neue Struktur knüpfen konnten, ihr angemessene Haltungen und Verhaltensweisen entwickelten und gleichzeitig
   - die neue Struktur präzisieren und fein abstimmen sowie
   - weitere Gruppen in den Kreis der Beteiligten einbeziehen konnten.

Erst durch diese Entwicklung und die daraus gewonnenen Erfahrungen war es möglich, die Psychiatriereform in den Zusammenhang einer viel weiter gesteckten Reform des Gesundheits- und Sozialwesens zu stellen und diese durch Gesetze – die 1980 in Kraft traten – zu verankern.
Diese Veränderung der Institution »Psychiatrie« bedeutete

sowohl für das professionelle Personal der Klinik als auch für die Patienten ein völlig neues, zum Bisherigen häufig konträres Verhalten in neuen, ungewohnten und instabilen Strukturen. Ermöglicht wurde die Veränderung jedoch nur durch einen vorangegangenen, politisch-administrativen Akt der Provinzregierung.[16]

Das Thema unseres Aufsatzes lautet im Untertitel: »Dynamisierung und Stabilisierung von Verhaltens- und Systemstrukturen durch gruppendynamische Praxis.«
Wir möchten, bezogen auf diesen Untertitel, einige abschließende Thesen formulieren, die sich aus dem bisher Gesagten ergeben:

1. Eine Veränderung individuellen Verhaltens und zwischenmenschlicher Beziehungen ist ohne Einbeziehung des strukturellen Kontextes und seiner institutionellen Bedingungen nur sehr reduziert möglich. Wenn verändertes Verhalten nämlich zum Regelverhalten in einem sozialen Systemzusammenhang – also dauerhaft stabilisiert – werden soll, müssen sich auch die fixierten Situations- und Steuerungserwartungen an die Strukturen des sozialen Systems oder Umfeldes entsprechend ändern. Das aber erfordert zumeist eine Veränderung auch dieser System-Strukturen, und zwar dergestalt, daß sie die Wiederholbarkeit des veränderten Verhaltens ermöglichen, fördern oder zumindest legitimieren. Dies darf keinesfalls als individuelle Transferleistung abgetan werden.
   Insofern ist jeglicher Aufwand für individuelle Verhaltensänderungen letztlich zu hoch, wenn die umgebenden Strukturen unverändert bleiben. Zielt der gleiche Aufwand nicht nur auf Verhalten, sondern ebenso auf die System-Strukturen, ist er viel effizienter, wenn auch der nach außen sichtbar werdende Veränderungsprozeß am Anfang scheinbar langsamer zu verlaufen scheint.
2. Die gleichzeitige Orientierung an individuellen Lernzielen der Teilnehmer und an den strukturellen Gegebenheiten des Umfeldes zwingt den Trainer auch zu einer methodischen Umorientierung im Hinblick auf die Zielverwirklichung. Der Gebrauch vorgefertigter gruppendynamischer Übungen wird verringert, um an deren Stelle die reale Situation des Klienten(-systems) selbst als Lern- und Übungsfeld zu gebrauchen. Damit steht das Transferproblem, d.h. die Übertragung der Seminar-Erfahrungen in

die berufliche und persönliche Alltagssituation, von Anfang an im Zentrum der Veränderungsbemühungen.

3. Veränderungsbemühungen in diesem Sinn bedürfen einer Diagnose, die Verhaltensursachen und Verhaltensbedingungen sowohl als personale wie auch als institutionelle Faktoren berücksichtigt. Diese Diagnose muß mit den Betroffenen gemeinsam in einem interaktionellen Geschehen und unter bewußter Einbeziehung auch informeller Informationen erstellt und während der Arbeit laufend fortgeschrieben werden.
4. Um die Übertragbarkeit in und damit auch die Brauchbarkeit für Alltag und Praxis zu erhöhen, sollte (wenn möglich) bei internen Veranstaltungen das spezifische Machtgefüge, die jeweilige Hierarchie, miteinbezogen werden – im Gegensatz zur unverbindlichen und unrealistischen Freiheit von Hierarchie. Damit dürfte es den Entscheidungsträgern im Klientensystem immer schwerer fallen, gruppendynamische Veranstaltungen als »Ferien vom beruflichen Ich« oder als »Erholung und Gruppendynamik« anzusehen. Dieser Ernstcharakter der Gruppendynamik wird zu einer Scheidung der Geister auch in dem Sinne beitragen, daß einige »Abnehmer« dann auf Gruppendynamik verzichten, weil es ihnen zu ernst wird, andere aber gerade aufgrund dieses Ernstcharakters an ihr ebenso ernsthaftes Interesse nehmen.
5. Wenn Gruppendynamik hautnah an der Realität des Klientensystems arbeitet und deshalb auch die eigentlichen Entscheidungsträger des Klientensystems einbezieht, kann sich der gruppendynamische Trainer und Berater nicht aus der Verantwortung für das, was sich aus seiner Arbeit entwikkelt, heraushalten. Er wird sich nicht damit zufriedengeben können, nur ausführendes Organ als neutraler Bearbeiter von Innovationsprozessen, -widerständen und -risiken zu sein; d.h. sich verschleißen zu lassen als gefügiger Knecht zur Durchsetzung am grünen Tisch geplanter Organisationsreformen und zur Neuformierung brüchig gewordener Herrschaftsstrukturen. Er wird vielmehr seine professionelle Ethik und ebenso seine gesellschaftspolitischen Wertvorstellungen offenlegen müssen, um seinen Klienten zu ermöglichen, sich gegebenenfalls auch von ihm zu trennen.
6. Externer oder angestellter Status werden die Entwicklung und Entwicklungsmöglichkeiten gruppendynamischer Arbeit wesentlich beeinflussen. Externe Gruppendynamiker

haben die Chance, sich einen relativ großen Freiraum für Reflexion und Innovation per Vertrag auszuhandeln. Das kann (und wird in der Regel) Einflußmöglichkeiten kosten, weil nur Expertenwissen und praktisches Können als Einflußfaktoren eingesetzt werden können, nicht aber die hierarchische Position und organisationsinterne Koalitionen. Festangestellte Gruppendynamiker haben zwar ein Plus an internen Informationen und Koalitionsmöglichkeiten, bezahlen aber dieses Mehr mit einer Einbuße an Distanz, Reflexion und Innovationschancen. Denn als voll in das System integrierter Teil werden sie sowohl unvermeidlich in die Machtauseinandersetzungen ihrer Organisation hineingezogen als auch in die jeglicher Organisation eigentümlichen Beharrungs- und Konfliktverdrängungs-Tendenz eingebunden. Das Optimum liegt in einer empfindlichen und störungsanfälligen Balance: einem engen und womöglich konfliktreichen Zusammenspiel mit den »wirklichen Entscheidungsträgern« in einem sozialen System, aber letztlich ohne Integration in das zu verändernde System.

7. Das eigentliche Ziel der Veränderung ist erst dann erreicht, wenn in dem System selbst ein ausreichendes Problemlösepotential freigelegt und verankert ist, und wenn die Selbststeuerungskapazität ausreicht, um die aus der System-Umwelt-Beziehung notwendig werdende Veränderung und entsprechende Anpassung zu leisten.
8. Der transparent gemachte und gemeinsam reflektierte Prozeß solcher Arbeit, die sowohl die Veränderung individueller Verhaltensweisen als auch die der Strukturen des Umfeldes einschließt, ist für die Teilnehmer zugleich ein exemplarisches Lernfeld und Verhaltensmodell, das sie in der Praxis ihres beruflichen und persönlichen Alltags zunehmend selbst handhaben können, um dadurch Selbststeuerungspotentiale aufzubauen beziehungsweise zu verstärken, wo immer starre Strukturen Menschen depotenzieren, sinnlos ausgrenzen oder ihre Entfaltungs- und Entwicklungsmöglichkeiten unnötig und ungerecht beschneiden.[17]

Anhang

JÖRG FENGLER

Die Trainer-Verhaltens-Analyse (TVA) – ein multifaktorieller Ansatz

Zum gruppendynamischen Methodeninventar gehören als Grundbestand einige Arbeitsprinzipien, die seit ca. 30 Jahren praktiziert und empirisch hinreichend gesichert sind: »unfreezing«, Feedback und Hier-und-Jetzt. In neuerer Zeit scheinen diese Arbeitsprinzipien jedoch nicht mehr ausreichend, die Vielfalt der Zielgruppen und Interventionsbedürfnisse abzudecken. Eine Erweiterung der gruppendynamischen Arbeitsprinzipien um eine Reihe weiterer Dimensionen scheint uns aus verschiedenen Gründen unabweisbar.

1. Neue Aufgaben werden an gruppendynamisch Tätige herangetragen, z.B. Feldarbeit in ländlichen Organisationen, »unfreezing« in Kühlhäusern, Supervision von Führungskräften in Wolfsrudeln u.a.m. Feedback bleibt hier oft wirkungslos, das Hier-und-Jetzt-Prinzip läßt sich nur ansatzweise realisieren.
2. Etliche Institutionen der Gruppendynamik haben eine lange Tradition und bürgen für Qualität. Daneben tauchen aber neue Zentren auf, die sich schon im Namen entlarven, z.B. GWG (*G*raue *W*ölfe der *G*ruppendynamik), NIMM (*Ni*ederlassung für *M*ethoden-*M*ischung), GRABSCH (*Gr*uppendynamik für *a*rbeitslose *B*aulöwen in *Sch*leswig), GIER (*G*ruppendynamik *i*n *E*iche und *R*üster). Diese sogenannten Zentren müssen durch einen verbindlichen Methodenkatalog einer strengen Kontrolle unterworfen werden.

Es ist uns nunmehr in jahrelanger Arbeit gelungen, einen vollständigen Katalog aller möglichen gruppendynamischen Arbeitsprinzipien zusammenzustellen, den wir im folgenden in international gültiger Numerierung vorstellen. Wir bitten, in Zukunft i.S. der Einheitlichkeit prinzipiell nur noch diese Ziffern zu benutzen.
Dabei haben wir uns innerhalb unseres Modells, das wir als hypothetiko-deduktiven Systemansatz verstehen, an der Faktorenanalyse sowie den Forderungen nach *simple structure* und nach Dimensionsadependenz orientiert. Die empirische Validierung der Arbeitsprinzipien steht unmittelbar bevor. Im vorliegenden Artikel wollen wir uns jedoch darauf beschränken, sie i.S. von Idealtypen darzustellen.

Bei den Vorarbeiten wurde uns schnell deutlich, daß das bereits bekannte Hier-und-Jetzt-Prinzip als Grundmodell von unschätzbarem Wert ist. Die Teile dieser Dimension, hier das »Hier« und dort das »Jetzt«, zeigen in ihrer Bipolarität die ganze, jeder Gruppen-Arbeit innewohnende Dynamik. Wir entschlossen uns also, bei der Formulierung der weiteren Dimensionen diese Bipolarität zu erhalten. Zwischen den Polen steht das »und«. Darin liegt etwas sehr Tröstliches. Die Pole schweben nicht frei im Raum; sie sind aneinander gebunden und gewinnen – durch das »und« verbunden – eine gemeinsame Ebene. Vielleicht spürt der Leser es, wenn er einmal langsam laut vor sich hin spricht: H-i-e-r – u-n-d – J-e-t-z-t.
Die folgende Darstellung gliedert sich in grundlegende Arbeitsprinzipien, Arbeitsprinzipien für spezielle Zielgruppen und Schicksalskonstellationen, Un-Arbeitsprinzipien sowie Perspektiven des Modells.

1. Grundlegende Arbeitsprinzipien

Das Arbeitsprinzip Hin-und-Her (1)

Speziell bei der Klärung von Konflikten während der Pairing-Phase in Gruppen ist häufig folgende Gesprächssequenz zu beobachten: Ein Teilnehmer gibt ein Feedback (Hin). Der Angesprochene bezeichnet ihn daraufhin als Hornochsen, benutzt also die Her-Dimension. Der Feedback-Geber wiederholt daraufhin sein Feedback etwas lauter, unter Auslassung von »Ich habe den Eindruck« (Hin); der Feedback-Empfänger reagiert darauf mit wütendem Gebrüll, er sei ganz ruhig und sehr am Feedback interessiert, er könne Feedback im Prinzip auch gut annehmen, aber in diesem speziellen Fall sei es eine glatte Unverschämtheit, und er lasse sich nicht beleidigen (Her). In quasirealen Untersuchungssituationen (Laboratorien) konnten wir solche Sequenzen auf der Hin-und-Her-Ebene über ca. 10 Tage hin beobachten. Für den Trainer ergibt sich hier die Möglichkeit, mit einer warmen Verbalisierung zum Hin-und-Her-System Stellung zu nehmen, wodurch die Dimension allerdings eine Erweiterung erfährt: *Hin-und-Her-und-Quer* (1a). Von der Notwendigkeit einer solchen Ausweitung konnten wir uns bisher allerdings nicht überzeugen, da im Falle der Trainerintervention meist der Trainer rasch in die Her-Position gerät, während die Kontrahenten gemeinsam die Hin-Position übernehmen.

Das Arbeitsprinzip Hier-und-Dort (2)

Dieses Prinzip erscheint uns besonders stringent für die Arbeit mit Teilnehmern, die schon eine Vorerfahrung mitbringen: hier ein Training, dort eine Gestalttherapie, hier ein Psychodrama, dort eine Analyse, hier ein Traumseminar, dort ein *hot seat.* Solche Teilnehmer fallen durch lästige, prozeßstörende Beiträge und dilettantische kotrainerhafte Interventionen auf. Das Prinzip Hier-und-Dort setzt den Trainer instand, gegenübertragungsfrei deutlich zu machen, daß im Hier so gearbeitet wird, wie er es will, und daß der Miesmacher sich ins Dort scheren soll, wenn es ihm Hier nicht paßt.

Das Arbeitsprinzip Ab-und-Zu (3)

Jeder Gruppendynamiker kennt die Situation, daß er manchmal über Stunden hin schweigt, dann aber auch wieder mal etwas sagt. Die Auslotung des psychologischen Feldes, in dem der Gruppenprozeß sich bewegt, gelingt leichter, wenn er dabei das Wechselspiel aller im Ab-und-Zu auftretenden Kräfte und Prozesse berücksichtigt und in seinen Interventionen verarbeitet. Er vermag dann z. B., während der Gruppensitzung *Ab und Zu* zu dösen, die Teilnehmer der Gruppe zu zählen oder Kreuzworträtsel zu lösen (»Kennt hier jemand einen Begründer der Gruppendynamik mit fünf Buchstaben, Anfangsbuchstaben LEW...?«).

2. Arbeitsprinzipien für spezielle Zielgruppen und Schicksalskonstellationen

Das Arbeitsprinzip *Teile und Herrsche* (4) dürfte sich in erster Linie für gruppendynamisch tätige Klinikchefs als nützlich erweisen, sonst auch in Laboratorien, in denen die Teilnehmer den Aufstand proben. Hier helfen manchmal auch das Arbeitsprinzip *Eile mit Weile* (5) sowie die Arbeitsprinzipien *Vor und Zurück* (6) sowie *Wenn und Aber* (7).
Für freiberuflich tätige Gruppendynamiker liegt es nahe, sich dem Arbeitsprinzip *Dies und Das* (8) zu verschreiben. In Fragen der Sicherung der eigenen ökonomischen Grundbedürfnisse erweist sich das Arbeitsprinzip *Wennschon-Dennschon* (9) als nützlich.
Für Traineranwärter scheinen nach unseren Untersuchungen andere Arbeitsprinzipien zu gelten als für Trainer. Hier herrscht die Gegensatzstruktur vor; die Pole sind als Alternativen zu verstehen, die sich gegenseitig ausschließen; sie sind daher folgerichtig durch *oder* verbunden, oder besser: getrennt. Ein paar Beispiele: *Sein oder Nichtsein* (10),

Jetzt oder Nie (11), *Jetzt oder Später* (12), *Flüchten oder Standhalten* (13), *Profil oder Profilneurose* (14), *Gruppig oder Ruppig* (15).
Gestalttherapeuten arbeiten häufig erfolgreich nach den Arbeitsprinzipien *Ich und Fritz* (16) sowie *Ich bin ich und Ihr könnt mich alle mal* (17).

3. Un-Arbeitsprinzipien

Im Verlauf unserer Forschungsarbeit sahen wir uns bald vor die Frage gestellt, wie wir unseren Ansatz von neuzeitlichen Modeströmungen und Ideologien abgrenzen könnten, die gegen den Ehrenkodex der Gruppendynamik verstoßen. Solche Überlegungen veranlaßten uns, das Arbeitsprinzip *Drauf-und-Dran* (18) *nicht* zu akzeptieren, da es militärisch wirkte und Erinnerungen an die schweren Kriegsjahre hervorrief.
Das Arbeitsprinzip *Draufhauen-und-Nachsetzen* (19) trieb dem Autor reflexartig die Tränen in die Augen und die Arme schützend über den Kopf. Wir verzichten daher darauf, es unseren Kollegen zu empfehlen, haben es aber den Innenministern der Länder zur weiteren Verwendung zugeleitet.
Ebenfalls verwarfen wir das Prinzip *Hick-und-Hack* (20), da es beim Laien ein falsches Licht auf die Gruppendynamik werfen könnte. Das Prinzip *Jain-und-Schein* (21) fiel unserer Selbstzensur zum Opfer, da es uns bei Politikern und Traineranwärtern in Mißkredit gebracht hätte.
Aus Gründen der kollegialen Gütertrennung entschieden wir uns, die Arbeitsprinzipien *Vorn-und-Hinten* (22), *Oben-und-Unten* (23), *Innen-und-Außen* (24) sowie *Rechts-und-Links* (25) den Therapeuten zu überlassen. Ihre Verdienste um die Raumsymbolik sind unbestreitbar. So wurde z. B. 1977 im Raum Böblingen das Arbeitsprinzip *Woher-und-Wohin* (26) gesichtet.

4. Perspektiven des Modells

Die erstgenannten fünf Hauptdimensionen und 21 Nebenvariablen eröffnen ein weites Forschungsfeld, das wir demnächst im Rahmen eines DFG-Projekts nach zwei Richtungen hin vertiefen werden.

4.1. Jede Dimension läßt sich mit jeder anderen zu einer Doppelintervention verknüpfen, z. B. *Hin-und-Her* im *Hier-und-Jetzt, Drauf-und-Dran* im *Hick-und-Hack* usw. Zur Betreuung der nach der Formel

$2 \times (x^2 + x \cdot \frac{(x-1)}{2})$ zu errechnenden Zahl der Permutationen bei gegebenem x = 26 ist eine entsprechende Zahl von ca. 2000 Forschungsteams vorgesehen, die sich den Doppelinterventionen widmen werden.

4.2. Die Vorarbeiten zur Gewinnung standardisierter nonverbaler Interventionen gemäß den Prinzipien sind in vollem Gang. Statt des holprigen »Was hat denn das jetzt mit der Gruppe zu tun, Sie Büffel?« (Hier-und-Jetzt) wird in Zukunft ein Wink mit dem zur Gruppenmitte gestreckten Zeigefinger genügen. Der Erkundigung, ob man ein positives Gutachten bekomme, braucht nicht mehr mit der gelegentlich roh wirkenden Antwort »Was? Sie? Sie haben wohl eine Meise!« (Ob-oder-Ob-Nicht; 27) begegnet zu werden; es genügt ein mehrmaliges Tippen an die Schläfe mit dem linken Zeigefinger.
Uns scheint, daß hier ein Ansatz gefunden wurde, der nicht nur der Gruppendynamik neue Impulse gibt, sondern darüber hinaus innerhalb der psychotherapeutischen Vielfalt eine Vereinheitlichung der Interventionsstrategien einzuleiten vermag. Für weitere Anregungen sind wir dankbar. Wir werden sie nach dem Arbeitsprinzip *Mist-oder-Unsinn* (28) berücksichtigen.

(*Aus:* Gruppendynamik. Forschung und Praxis, Heft 5, 1979. Der Abdruck erfolgt mit freundlicher Genehmigung des Klett-Verlages, Stuttgart, und des Autors.)

Nachweise und Literatur

Claus Henning Bachmann: Einleitung

1 ARISTOTELES: Politica 1280b 33. Oxford 1964[3]. Zitiert nach TOMBERG, F.: Bürgerliche Wissenschaft. Frankfurt am Main 1973, S. 13.
2 BLOCH, E.: Das Prinzip Hoffnung (Vorwort). Zitiert nach der Taschenbuch-Ausgabe Frankfurt am Main 1973, S. 1.
3 CARTWRIGHT, D.: Social psychology and group process. In: Annual Review of Psychology 8/1957, S. 211.
4 ROGERS, C. R.: Encounter-Gruppen. München 1974, S. 120.
5 Ibid., S. 9.
6 BERG, R., HÖCHSTETTER, K., JANDER, M. & B. SCHORB: Gruppe – Kollektiv. Starnberg 1973, S. 56f.
7 ARISTOTELES: Politica 1281b. a.a.O. Zitiert nach HOFSTÄTTER, P. R., Gruppendynamik. Hamburg 1957, S. 29.
8 DEICHMANN, C. & P. FÜRSTENAU: Das Modell des berufsbezogenen gruppendynamischen Lernmediums. In: Die Psychologie des 20. Jahrhunderts. Band VIII, Lewin und die Folgen. (Hrsg.: A. HEIGL-EVERS), Zürich 1979.
9 A.a.O., S. 714f.
10 BÖDIKER, M.-L. & W. H. LANGE: Gruppendynamische Trainingsformen. Reinbek bei Hamburg 1975, S. 16f.
11 WULFF, E.: Psychoanalyse als Herrschaftswissenschaft? In: Psychiatrie und Klassengesellschaft. Frankfurt am Main 1972, S. 289.
12 Das Argument 50, 1969 (Sonderband: Kritik der bürgerlichen Sozialwissenschaften), S. 261–283 und Das Argument 60, 1970 (Sonderband: Kritik der bürgerlichen Medizin), S. 223–228. Hierzu BROCHER, T.: Gruppendynamik und Erwachsenenbildung. Zum Problem der Entwicklung von Konformismus oder Autonomie in Arbeitsgruppen. Braunschweig 1967.
13 WULFF, E., a.a.O., S. 290.
14 DEICHMANN, C. & P. FÜRSTENAU, a.a.O., S. 711.

15 Ibid., Hervorhebung vom Verf.
16 Das Argument 60, a.a.O., S. 238.
17 FRITZ, J.: Emanzipatorische Gruppendynamik. München 1974.
18 Vgl. den Aufsatz von K. KRÄMER in diesem Band.
19 BÖDIKER, M.-L. & W. H. LANGE, a.a.O., S. 36.
20 SBANDI, P.: Gruppenpsychologie. München 1973, S. 93.
21 6. Arbeitstagung des Deutschen Arbeitskreises für Gruppenpsychotherapie und Gruppendynamik (DAGG) vom 20. bis 23. Februar 1975 in Graz/Österreich.
22 EVANGELISTI, F.: Die musikalische Rückentwicklung in der Avantgarde. In: Miscellanea del Cinquantenario. Milano 1978, S. 227.
23 SLATER, P. E.: Mikrokosmos: Eine Studie über Gruppendynamik. Zitiert nach Fischer-Taschenbuch-Band 6702, Frankfurt am Main 1978.
24 TOMBERG, F.: Utopie und Negation. Zum ontologischen Hintergrund der Kunsttheorie Theodor W. Adornos. In: Das Argument 26, 1963, S. 40.
25 SLATER, P. E.: Mikrokosmos..., a.a.O., S. 183 und 184.
26 Ibid., S. 28.
27 Ibid., S. 162.
28 Ibid., S. 45.
29 Lissabon, vom 23. bis 27. August 1976. Veranstalter war die Internationale Hegel-Gesellschaft (1. Vorstand: Wilhelm Raimund Beyer, Salzburg).
30 HOLZKAMP, K.: Die Überwindung der wissenschaftlichen Beliebigkeit psychologischer Theorien durch die kritische Psychologie (1977). In: ders., Gesellschaftlichkeit des Individuums. Köln 1978.
31 BROCKMEIER, J.: Über die Bedeutung von Methode und Gegenstand bei der Begründung wissenschaftlicher Erkenntnismethodologie. In: HOLZKAMP, K. (Hrsg.), Forum Kritische Psychologie 5 (Argument-Sonderband AS 41), 1979, S. 129–157.
32 Ibid., S. 134.
33 Ibid.
34 SBANDI, P.: Gruppe: Lebenselement des Menschen. In: ders. und A. VOGL (Hrsg.), Lebenselement Gruppe. Kommunikation und Gruppe in psychischer Gesundheit und Krankheit. München 1978, S. 15.
35 Ibid., S. 16.
36 Ibid.
37 Ibid.
38 HORN, K. (Hrsg.): Gruppendynamik und der ›subjektive Faktor‹. Repressive Entsublimierung oder politisierende Praxis. Frankfurt am Main 1972.
39 ERDHEIM, M. & M. NADIG: Größenphantasien und sozialer Tod. In: Kursbuch 58, 1979, S. 116.

40 Ibid., S. 122.
41 Ibid., S. 126.
42 JACOBY, R.: Soziale Amnesie. Frankfurt am Main 1978.
43 Ibid., S. 100f.
44 Ibid., S. 67–93.
45 Ibid., S. 77.
46 BÜHLER, CH. & M. ALLEN: Einführung in die humanistische Psychologie. Stuttgart 1974, S. 7.
47 JACOBY, R., a.a.O., S. 79, 88.
48 Ibid., S. 93, 92. Kritik an ROGERS und der Humanistischen Psychologie wird auch aus dem Umfeld der Kritischen Psychologie vorgetragen, hier insbesondere unter Berufung auf die Motivationstheorie von U. HOLZKAMP-OSTERKAMP. Vgl. SCHOLZ, R.: Wissenschaftlicher Humanismus und humanistische Psychologie – Kritik an Rogers. In: Forum Kritische Psychologie 6 (Argument-Sonderband AS 49), 1980, S. 86–100.
49 HARRIS, T. A.: Ich bin o.k. Du bist o.k. Wie wir uns selbst besser verstehen und unsere Einstellung zu anderen verändern können. Eine Einführung in die Transaktionsanalyse. Zitiert nach der deutschen Taschenbuch-Ausgabe, Reinbek bei Hamburg 1975, S. 281.
50 Siehe Anm. 21 – ÖAGG = Österreichischer Arbeitskreis für Gruppenpsychotherapie und Gruppendynamik, ÖGGG = Österreichische Gesellschaft für Gruppendynamik und Gruppenpädagogik.
51 HUBER, J.: Gruppendynamik als Wissenschaft. In: HEINTEL, P. (Hrsg.), Das ist Gruppendynamik. München 1974, S. 26.
52 Dafür drei Beispiele:

KIRSTEN, R. E. & J. MÜLLER-SCHWARZ: Gruppen Training. Ein Übungsbuch mit 59 Psychospielen, Trainingsaufgaben und Tests. Stuttgart 1973 (Taschenbuch-Ausgabe Reinbek bei Hamburg 1976.)

MALCHER, J.: Gruppen nicht ohne Dynamik. Mini-Theorien, Übungen und Methoden. München 1977.

SCHWÄBISCH, L. & M. SIEMS: Anleitung zum sozialen Lernen für Paare, Gruppen und Erzieher. Reinbek bei Hamburg 1974.

53 Vgl. den Beitrag von E. BORNEMAN in diesem Band.
54 Ein Auszug erschien unter dem Titel »Zur Encounterbewegung in den USA« in: Gruppenpsychotherapie und Gruppendynamik. Band 7, Heft 3, 1973.
55 BÜNTIG, W. E.: Das Werk von Wilhelm Reich und seinen Nachfolgern. In: Die Psychologie des 20. Jahrhunderts, Band III, Freud und die Folgen 2 (Hrsg.: D. EICKE), S. 410.
56 BÜHLER, C. & M. ALLEN, a.a.O., S. 95.
57 Vgl. den Sonderdruck »Encounter-Debatte« von »psychologie heute«, 1977. Darin: BACH, G. R. & H. MOLTER: Psychoanalytisches Wortgeklingel. S. 20–22.

58 RICHTER, H.-E.: Die Gruppe. Reinbek bei Hamburg 1972. Ders.: Lernziel Solidarität. Reinbek bei Hamburg 1974.
59 Ders.: Die Gruppe, S. 247.
60 Ders.: Lernziel Solidarität, S. 219.
61 Ibid., S. 217.
62 WULFF, E.: Richters Konzept der Randgruppentherapie. In: Das Argument 89, 1975, S. 9–30.
63 Ibid., S. 22, 25.
64 Ibid., S. 25ff.
65 RICHTER, H.-E.: Die Gruppe. a.a.O., S. 64.
66 SCHMIDBAUER, W.: Die hilflosen Helfer. Reinbek bei Hamburg 1977, S. 12.
67 Ibid., S. 203.
68 FENGLER in diesem Band, S. 120.
69 Ibid., S. 122, vgl. auch die Einleitung S. 8.
70 FENGLER, S. 127.
71 Vgl. ibid., S. 133f.
72 GIERE, W.: Selbstbestimmtes Lernen durch Gruppendynamik. Traditionelle und emanzipatorische Bildungsarbeit mit Lehrern. In: BERGMANN, K. & G. FRANK (Hrsg.), Bildungsarbeit mit Erwachsenen. Reinbek bei Hamburg 1977, S. 254.
Vgl. auch ders.: Politische Dimensionen gruppendynamischer Lernverfahren. In: GEISSLER, K. A. (Hrsg.), Gruppendynamik für Lehrer. Reinbek bei Hamburg 1979, S. 105–122.
73 Ders.: Selbstbestimmtes Lernen..., a.a.O., S. 252.
74 Ibid., S. 254.
75 Ibid., S. 252.
76 Ibid., S. 256.
77 Ibid., S. 257.
78 PROSE, F.: Ziele und Grundlagen des gruppendynamischen Trainings im Schulbereich. In: Westermanns Pädagogische Beiträge. 25. Jg., Heft 8, 1973, S. 433.
79 WATZLAWICK, P., BEAVIN, J. H. & D. D. JACKSON: Menschliche Kommunikation. Bern 1969, S. 69.
80 Vgl. GIERE, W., a.a.O., S. 258–265.
81 LAPASSADE, G.: Institutionsanalyse und Sozio-Analyse. In: Gruppendynamik, 4. Jg., Heft 6, 1973, S. 377.
82 Ibid., S. 379f.
83 Vgl. FRITZ, J.: Gruppendynamisches Training in der Schule. Heidelberg 1975, S. 31.
84 Ibid., S. 32.
85 FRITZ, J.: Emanzipatorische Gruppendynamik. München 1974, S. 21.
86 Ibid., S. 20.
87 FRITZ, J.: Gruppendynamik und Jugendarbeit. München 1973, S. 151.

88 Ders.: Gruppendynamisches Training in der Schule. a.a.O., S. 194.
89 Vgl. den Aufsatz von J. FRITZ in diesem Band, S. 193.
90 Vgl. den Aufsatz von H. MOLTER in diesem Band, S. 61.
91 Vgl. den Aufsatz von J. FRITZ, Anm. 24.
92 Vgl. den Aufsatz von H. G. PETZOLD in diesem Band, S. 253ff.
93 Ibid., S. 257f.
94 Vgl. ADORNO, TH. W.: Versuch über Wagner. Frankfurt am Main 1952, S. 110f. Die Gegenposition, HUSSERL und BERGSON verpflichtet, beschreibt der Psychopathologe E. MINKOWSKI: »Phänomene der raum-zeitlichen Ordnung... zeigen uns, warum und wie das Denken auf eine ganz natürliche Weise dazu kommt, die Zeit dem Raum ähnlich zu setzen.« In: Die gelebte Zeit (1), Salzburg 1971, S. 37. (Original: Le temps vécu, 1933.)
95 Vgl. den Aufsatz von H. G. PETZOLD, S. 258.
96 FRITZ, J.: Gruppendynamik und Jugendarbeit. a.a.O., S. 154.
97 PAGÈS, M.: Das Laboratorium mit flexiblen Strukturen. In: Gruppendynamik, Heft 1, 1973, S. 25. (Original in: BRADFORD, L. P., J. R. GIBB, K. D. BENNE & R. LIPPITT, The Laboratory Method of Learning and Changing, 1973 [John Wiley & Sons, Inc.].)
98 WIERINGA, C. F.: Feedback. Konzept und praktische Anwendung. In: Gruppendynamik, Heft 1, 1973, S. 55.
99 VOIGT, B.: Gruppendynamik – eine Möglichkeit zur Erweiterung der persönlichen und professionellen Kompetenz in sozialen Berufen. In: Archiv für Wissenschaft und Praxis der sozialen Arbeit. Heft 4, Frankfurt am Main 1975, S. 302.
100 GIERE, W., a.a.O., S. 250.
101 Ibid., S. 251.
102 NAGL, L.: T-Gruppe, Organisation, Institution. In: HEINTEL, P. (Hrsg.), Das ist Gruppendynamik. a.a.O., S. 45.
103 Vgl. den Aufsatz von W. GIERE in diesem Band.
104 NAHRMANN, F., SCHMIDT, J. & B. VOIGT: Götter, Laien und andere. Zur Aussbildungssituation in der Sektion Gruppendynamik im DAGG. In: Gruppendynamik, Heft 3, 1975, S. 227. Kritisiert wurde von den Autoren ein projektiertes Supervisionsmodell. Diese Kritik wurde von J. FENGLER in: Gruppendynamik, Heft 6, 1975, S. 457–460, zurückgewiesen.
105 K. KRÄMER in einem Brief an den Herausgeber.
106 Vgl. Anm. 38.
107 HORN, K., a.a.O., S. 24, 8, 31.
108 Vgl. WIENAND, U.: Können Ärzte eine demokratische Psychiatrie machen? In: Berliner Hefte 9, 1978, S. 93–100.
109 HÜPPAUFF, H.: Gruppendynamik als Instrument zur Kompensation psycho-sozialer Defizite der Nachkriegsgesellschaft? In: GEISSLER, K. A. (Hrsg.), Gruppendynamik für Lehrer. a.a.O., S. 23.

110 Zu »Esalen« vgl. BACH, G. R. & H. MOLTER: Psychoboom. Wege und Abwege moderner Therapie. Reinbek bei Hamburg 1979, S. 63–69. Das Zentrum in Poona wurde nach dem Auszug seines Meisters 1981 aufgelöst.
111 THEIS, W.: Angewandte Gruppendynamik: Was kommt nach dem Boom. In: psychologie heute, Heft 2, 1979, S. 46.
112 Ibid.
113 Ibid., S. 47.
114 Ibid., S. 48.
115 Ibid.
116 GEISSLER, K. A. (Hrsg.), a.a.O., S. 7.
117 Vgl. Anm. 109.
118 HÜPPAUFF, H., a.a.O., S. 21–65.
119 Ibid., S. 25.
120 Ibid., S. 62.
121 Ibid., S. 37.
122 Ibid., S. 30.
123 Ibid., S. 37.
124 Ibid., S. 42f.
125 Vgl. Anm. 111, S. 45–53.
126 Ibid., S. 51, 53.
127 Ibid., S. 52f.

Haja Molter: Wie human ist die »Humanistische Psychologie«?

1 FREUD, S.: Die Frage der Laienanalyse. In: Gesammelte Werke (im Folg. abgek.: GW), Bd. XIV. Frankfurt 1963[3], S. 219.
2 PETZOLD, H. G. (Hrsg.) et al.: FPI-Publikationen. Düsseldorf, Paderborn.
3 Vgl. GOBLE, F.: The Third Force – The Psychology of Abraham Maslow – A Revolutionary New View of Man. New York 1970.
4 Wörtlich: Wachstums-Zentren. Das bekannteste amerikanische growth-center ist Esalen.
5 Zitiert nach: Stadt Revue. Nr. 9, Köln, 4. Jg., September 1979, S. 14.
6 Zitiert nach F. GOBLE, a.a.O., New York 1970, S. 141f.
7 THOMAE, H.: Die »Macher« in der Psychologie ablösen. In: psychologie heute 8, 1977, S. 46f.
8 GÖPFERT, M.: Bürgerrevolution und öffentliche Frömmigkeit. Hinweise zur Diskussion in den Vereinigten Staaten. In: RAHNER, K. et al. (Hrsg.): Volksreligion – Religion des Volkes. Stuttgart 1979, S. 88.
9 Vgl. dazu: ARONS, M. & S. GRAHAM: Vorwort zu Newsletter. Vol. 3, Dezember 1975, S. 1.

10 SCHÜLEIN, J.: Psychoanalyse und Psychoboom. Bemerkungen zum sozialen Sinnkontext therapeutischer Modelle. In: Psyche 1978.

11 HORN, K. (Hrsg.): Gruppendynamik und der »subjektive Faktor«. Repressive Entsublimierung oder politisierende Praxis. Frankfurt 1972.

12 HORN, K.: Otto Muehl und die Linken. In: psychologie heute 12, 1977, S. 32.

13 Meyers Enzyklopädisches Lexikon. Mannheim 1974. Stichwort Humanismus.

14 U. VÖLKER ist 1. Vorsitzender der Deutschen Gesellschaft für Humanistische Psychologie. Das Zitat stammt aus dem Winterprogramm 1979/80 des »Forum für Humanistische Psychologie und Psychotherapie« – 7 Stuttgart, Johannesstr. 9b.

15 BACH, G. & H. MOLTER: Psychoboom. Wege und Abwege moderner Therapie. Düsseldorf 1976.

16 Vgl. Fußnote 14.

17 Zusammengefaßt in: Encounter-Debatte. Sonderdruck von psychologie heute, Weinheim und Basel 1977.

18 Ibid.

19 Deutscher Bundestag, 7. Wahlperiode – Drucksache 7/4200. Siehe auch: »Anhang zum Bericht über die Lage der Psychiatrie...«, Deutscher Bundestag, 7. Wahlperiode – Drucksache 7/4201.

20 MASLOW, A.: Psychologie des Seins. München 1973, S. 23.

21 KLEINE-HORST, L. (Psychologe): Teilnehmer-Information.

22 Coloman – Zentrum für Therapie und Selbsterfahrung. D 8091 Soyen, Veranstaltungskatalog 1979, S. 57.

23 MASLOW, A.: Self-actualizing and Beyond. In: BUGENTAL, J. F. T. (ed.), New York 1967, S. 307.

24 MASLOW, A., a.a.O., S. 305.

25 HEUBACH, F.: Urschrei und Psychobrei. In: Stadt Revue, a.a.O., S. 15.

26 Vgl. GRAUMANN, C. F.: Psychologie – humanistisch oder human. In: psychologie heute 8, 1977, S. 40f.

27 PERLS, F.: Gestalt-Therapie in Aktion. Stuttgart 1974, S. 13.

28 Interview mit R. COHN: Ich bin Ich – ein Aberglaube? In: psychologie heute 3, 1979, S. 23.

29 PETZOLD, H. G.: Humanistische Psychologie – was ich darunter verstehe. In: Integrative Therapie 2, 1977.

30 VÖLKER, U.: Kann man den Menschen humanisieren? In: psychologie heute 8, 1977, S. 34f.

31 JACOBY, R.: Soziale Amnesie. Eine Kritik der Konformistischen Psychologie von Adler bis Laing. Frankfurt 1978, S. 87.

32 Ibid., S. 72.

33 Tonbandmitschnitt: An evening with Carl Rogers. Internationaler Kongreß für Humanistische Psychologie Mexico 1975/76.

34 WIMMER, M.: Identitätskonzeptionen in Therapieansätzen der

Hum. Psychologie. In: NAGEL, H. & M. SEIFERT (Hrsg.): Inflation der Therapieformen. Hamburg 1979.

35 JACOBY, R., a.a.O., S. 71.

36 Vgl. auch BUGENTAL, J. F. T.: The Humanistic Ethic. The Individual in Psychotherapy as a Social Change Agent. In: Journal of Humanistic Psychology. 1971, S. 11–25.

37 PETZOLD, H. G.: Das Ko-respondenzmodell in der Integrativen Agogik. In: Integrative Therapie 1, 1978, S. 54.

38 WALTER, H. J.: Gestalttheorie und Psychotherapie. Darmstadt 1977.

39 PETZOLD, H. G., a.a.O., S. 21 und S. 34.

40 BESEMS, T.: Integrative Therapie als Ansatz zu einer »kritischen« Gestalttherapie. In: Integrative Therapie 3/4, 1977, S. 187–194.

41 PETZOLD, H. G., a.a.O., S. 25.

42 BESEMS, T., a.a.O., S. 187.

43 AIEP – als Beobachter und Mitglieder gehören ihr an:
FPI: Fritz Perls Institut für Integrative Therapie, Gestalttherapie und Kreativitätsförderung.
DGGK: Deutsche Gesellschaft für Gestalttherapie und Kreativitätsförderung.
DÖK: Deutsch-Österreichische Gesellschaft für Körpertherapie.
DGTA: Deutsche Gesellschaft für Transaktionale Analyse.
GAG: Gesellschaft für analytische Gruppendynamik.

44 PORTELE, H.: Humanistische Psychologie. Was ich von ihr will. In: Integrative Therapie 1, 1978, S. 74.

45 Vgl. STEINER, C.: Radical Psychiatry. In: RUITENBEEK, H. M.: Going Crazy: The Radical Therapy of R. D. Laing and Others. New York 1972, S. 301 ff.
Vgl. auch BACH/MOLTER: Psychoboom, a.a.O., S. 69.

46 Vgl. dazu die Auseinandersetzung in »psychologie heute«. Vgl. auch WALTER, H. J. & I. WALTER: Die Klinische Psychologie muß Gestalt annehmen. In: psychologie heute 6, 1979; und die Stellungnahme des Fritz Perls Instituts, Exekutivausschuß, in psychologie heute 10, 1979.

47 SALBER, W.: Der Psychische Gegenstand. Bonn 1968[3], S. XI.

48 MORGENTHALER, F.: Technik zur Dialektik der psychoanalytischen Praxis. Frankfurt 1978, S. 15.

49 Auswertungsmaterial – I. und H. MOLTER.

50 Supervisorin: I. MOLTER, Heimleiterin: VERHAG-SEIFERT, pädagogische Team-Mitglieder: E. NARWOLD und E. REIF.

1 BORNEMAN, E.: Auf die kranke Umwelt reagiert der Mensch ... In: Warum 10, 1976, S. 12–15. Ders.: Elemente der Gruppentherapie. In: psychologie heute 4, 1977, S. 70. Ders.: Die verordnete Krankheit. In: Bücherkommentare 4, 1977. Ders.: Krankheit und Gesundheit in der Psychotherapie. In: Stuttgarter Nachrichten vom 10.9.1977. Ders.: Zur Nomenklatur der Psychiatrie. In: Das Argument: Kritische Psychologie II, 1977, S. 197–202. Ders.: Nosologie, Symptomatologie, Ätiologie. In: psychologie heute 10, 1978, S. 47–52. Ders.: Psychotherapie und Sozialpsychologie. In: Psychologie und Gesellschaftskritik 9/10, 1978, S. 229–240. Ders.: Anmerkungen zum Therapiekonzept des Sozialpsychologischen Manifests. In: ASG Dokumentation 9 (Arbeitskreis für Sozialpsychologie und Gruppendynamik im Bund sozialistischer Akademiker, Wien), 1979, 18–31.

2 LEWIN, K.: Frontiers in Group Dynamics. In: Human Relations 1, 1947, S. 5–41, S. 143–153. CARTWRIGHT, D. & A. ZANDER (Hrsg.): Group Dynamics. New York 1953. HOFSTÄTTER, P. R.: Gruppendynamik. Hamburg 1957. LUFT, J.: Einführung in die Gruppendynamik. Stuttgart 1971. DÄUMLING, A., FENGLER, J., NELLESSEN, L. & A., SVENSSON: Angewandte Gruppendynamik. Stuttgart 1974. SEIFERT, W.: Gruppendynamik. Köln 1976.

3 DURKIN, H. E.: Analytische Gruppentherapie und allgemeine Systemtheorie. In: SAGER, C. J., KAPLAN, H. S. & A. HEIGL-EVERS (Hrsg.), Handbuch der Ehe-, Familien- und Gruppentherapie. Band 1, München 1973 (im folgenden abgekürzt als »Handbuch«), S. 19.

4 MANN, R. D.: Interpersonal Styles and Group Development. New York 1967.

5 SLATER, P. E.: Microcosm. Structural, Psychological and Religious Evolution in Groups. New York 1969. Deutsch: Mikrokosmos. Eine Studie über Gruppendynamik. Frankfurt am Main 1978.

6 STOCK, D.: A Survey of Research on T-Groups. In: BRADFORD et al.: T-Group Theory and Laboratory Method. New York 1964, S. 395–441.

7 BURROW, T.: Die Gruppenmethode in der Psychoanalyse. In: Imago 12, 1926, S. 211–222.

8 ROGERS, C. R.: Encounter-Gruppen. Das Erlebnis der menschlichen Begegnung. München 1974.

9 BURTON, A.: Encounter, Existence and Psychotherapy. In: A. BURTON (Hrsg.): Encounter. San Francisco 1969, S. 7–26. Deutsch in: HORN, K. (Hrsg.): Gruppendynamik und der ›subjektive Faktor‹. Frankfurt am Main 1972, S. 183.

10 ROGERS, C. R.: Interpersonal Relationships: Year 2000. In: J. Applied Behav. Sci. 4, 1968, S. 265–280. Deutsch in: Handbuch, S. 217.
11 BACH, G. R.: Intensive Group Psychotherapy. New York 1954.
12 BERNE, E.: Transaction Analysis in Psychotherapy. New York 1961.
13 ROGERS, C. R.: On Becoming a Person. Boston 1961.
14 MASLOW, A. H.: Toward a Psychology of Being. Princeton, N.J. 1962.
15 JOURARD, S. M.: The Transparent Self. Princeton, N.J. 1964. JOURARD, S. M.: Self-Disclosure. New York 1971.
16 STOLLER, F. H.: Accelerated Interaction. In: Int. J. Group Psychotherapy 18, 1968, 220–258. Deutsch in: Handbuch, S. 256–272 (im folgenden abgekürzt als »Stoller«), S. 257.
17 PARLOFF, M. B.: Gruppentherapie und die Kleingruppen (amerikanisch 1970). Im folgenden abgekürzt als »Parloff«. In: Handbuch S. 217–255. Zitat S. 225.
18 BOPP, J. & D. SPAZIER: Schritte zur Emanzipation. Psychotherapie als kollektive Praxis. Frankfurt am Main 1974. FRITZ, J.: Emanzipatorische Gruppendynamik. München 1974.
Hierzu kritisch: MOSER, T.: Die Schule der Anpassung. Der Kongreß für Gruppendynamik und Gruppenpsychotherapie in Bonn. In: Frankfurter Allgemeine Zeitung vom 17. 10. 1969. OHM, C.: Ziellosigkeit als Lernziel der Gruppendynamik. In: Das Argument 78, 1973, S. 94–122.
19 LEWIN, K.: Die Lösung sozialer Konflikte. Bad Nauheim 1953 (amerikanisch 1948).
20 GOTTSCHALK, L. A. & E. M. PATTISON: Psychiatric Perspectives on T-Groups and the Laboratory Movement: An Overview. In: Am. J. Psychiat. 126, 1969, S. 823–839. Deutsch in Handbuch, S. 239–280. Zitat S. 244.
21 ZALKIND, S. S. (Hrsg.): Research on the Impact of using different Laboratory Methods for Interpersonal and Organizational Change. Washington, D.C. 1967.
22 FLOYD, R. W.: Das Laboratorium als Unterdrückungssystem. In: Gruppendynamik 1, 1973, 1 ff.
23 BENNE, K. D.: History of the T-Group in the Laboratory Setting. In: BRADFORD et al. (Hrsg.): T-Group. Theory and Laboratory Method. New York 1964, S. 80–135. Deutsch 1972.
24 BRADFORD, L. P. et al.: T-Group Theory and Laboratory Method. New York 1964². Deutsch als: Gruppen-Training. T-Gruppentheorie und Laboratoriumsmethode. Stuttgart 1972.
25 ARGYRIS, C.: T-Groups for Organization Effectiveness. In: Harvard Business Rev. 42, 1964, S. 60–74.
26 WESCHLER, I. R. & E. H. SCHEIN: National Training Laboratories. Washington, D.C. 1962, S. 33–46.
27 CAMPBELL, J. P. & M. D. DUNNETTE: Effectiveness of T-Group

Experiences in Management Training and Development. In: Psychol. Bull. 70, 1968, S. 73–104. Zitiert bei »Parloff«, S. 226.
28 PARLOFF, S. 219.
29 ROGERS, C. R.: Encounter-Gruppen. München 1974, S. 139.
30 Ibid., S. 159.
31 ROGERS, C. R.: Entwicklung der Persönlichkeit. Psychotherapie aus der Sicht eines Therapeuten. München 1976.
32 ROGERS, C. R.: The Therapeutic Relationship. Recent Theory and Research. In: Australian J. Psychol. 17, 1965, S. 95–108.
33 ROGERS, C. R.: Psychologie als subversive Wissenschaft. In: psychologie heute 6, 1975, S. 49–51.
34 KEUPP, H. & M. ZAUMSEIL (Hrsg.): Die gesellschaftliche Organisation psychischen Leidens. Frankfurt am Main 1978.
35 BORNEMAN, E.: Die Urszene. Frankfurt am Main 1977, S. 386–402.
36 SEIDEL, R.: Bedingungen der Prävention psychischer Störungen. In: Das Argument 71, 1972, S. 14–61.
37 STROTZKA, H.: Prävention und Rehabilitation psychischer Krankheiten. In: Klinische Psychologie 1970, S. 72–94.
38 BORNEMAN, E.: Wer eine Neurose hat, ist ganz normal. In: Konkret 2, 1977, S. 41–42.
39 ROGERS, C. R.: Die Kraft des Guten. Ein Appell zur Selbstverwirklichung. München 1978.
40 PARLOFF, S. 221.
41 PARLOFF, S. 221.
42 PARLOFF, S. 222. Siehe hierzu auch: MUCK, M. & J. PAAL: Kriterien der Behandelbarkeit und ihre Feststellung im Vorinterview. In: DE BOOR, C. & K. HÜGEL (Hrsg.): Psychoanalyse und soziale Verantwortung. Stuttgart 1965, S. 130–137. REY, E.-R.: Wem können klinische Psychologen helfen? In: psychologie heute 6, 1974, S. 22–24.
43 MARSH, L. C.: Group Treatment of the Psychoses by the Psychological Equivalent of Revival. In: Ment. Hyg. 15, 1931, S. 328–340.
44 PARLOFF, S. 238.
45 YALOM, I. D. & M. A. LIEBERMAN: Eine Studie über negative Auswirkungen bei Encounter-Gruppen. In: Handbuch, S. 273–307 (amerikanisches Original 1971). Im folgenden abgekürzt als »Y. & L.«. S. 305.
46 Ibid., S. 306.
47 HEIGL-EVERS, A. & O. SCHULTE-HERBRÜGGEN: Zur Geschichte der Gruppenpsychotherapie im anglo-amerikanischen Bereich. In Handbuch, S. XXXV.
48 BURTON, A., in: Gruppendynamik und der ›subjektive Faktor‹, S. 201.
49 PARLOFF, S. 238.
50 BURTON, A., in: Gruppendynamik und der ›subjektive Faktor‹, S. 182–204.

51 Ibid., S. 183.
52 Ibid., S. 190.
53 Ibid., S. 194.
54 Ibid., S. 199.
55 STOLLER, F. H., S. 269.
56 SCHMIDBAUER, W.: Heilungschancen durch Psychotherapie. München 1975, S. 132.
57 BURTON, A., in: Gruppendynamik und der ›subjektive Faktor‹, S. 201.
58 Ibid., S. 203–204.
59 Ibid., S. 202.
60 PARLOFF, S. 217. Siehe hierzu auch: KUEHN, J. L. & F. M. CRINELLA: Sensitivity Training. Interpersonal Overkill and other Problems. In: Am. Journal Psychiat. 126, 1969, S. 841–846. CRAWSHAW, R.: How Sensitive is Sensitivity Training? In: Am. Journal Psychiat. 126, 1969, S. 868–873. RARICK, J. R.: Sensitivity Training. In: Congressional Record. House of Representatives, Washington, D.C., 10.6.1969, S. 4666–4679.
61 HORN, K., in: Gruppendynamik und der ›subjektive Faktor‹, S. 73.
62 MINTZ, E. E.: Über die Rolle der Berührung in der Psychotherapie. In: Handbuch, S. 189–195.
63 LAZARUS, A. A.: Behavior Therapy in Groups. Zitiert in: Handbuch, S. 201.
64 PARLOFF, S. 241. Siehe auch: LAWRENCE, S. B.: Psychology in Action. Video Tape and other Therapeutic Procedures with Nude Marathon Groups. In: Am. Psychologist 24, 1969, S. 476–479.
65 ROGERS, C. R.: The Process of the Basic Encounter Group. In: BUGENTAL, J. F. G. (Hrsg.): Challenges of Humanistic Psychology. New York 1967. Auf deutsch zitiert in: Handbuch, S. 237.
66 BURTON, A., in: Gruppendynamik und der ›subjektive Faktor‹, S. 187.
67 BACH, G. R.: The Marathon Group. Intensive Practice of Intimate Interaction. In: Psychol. Report 18, 1966, S. 995–1002. MINTZ, E. E.: Time-Extended Marathon Groups. In: Psychotherapy 4, 1967, S. 65–70.
68 BURTON, A., in: Gruppendynamik und der ›subjektive Faktor‹, S. 203.
69 STOLLER, F. H., S. 270.
70 BACH, G. R.: Marathon Group Discussion. In: Int. Journal Group Psychotherap. 18, 1968, S. 246. Auf deutsch zitiert in: Handbuch, S. 232.
71 BACH, G. R.: Marathon Group Dynamics. In: Psychol. Report 20, 1967, S. 995–999, S. 1147–1158, S. 1163–1172. Auf deutsch zitiert in: Handbuch, S. 232.

72 BACH, G. R.: Marathon Group Discussion. In: Int. Journal Group Psychotherap. 18, 1968, S. 244–249. Auf deutsch zitiert in: Handbuch, S. 233.

73 ODIORNE, G. S.: Trouble with Sensitivity Training. In: Training Directors' Journal, Oct. 1963, S. 9–20.

74 HOOVER, E.: The Great Group Binge. In: West Magazine, Los Angeles Times, 8.1.1967, S. 8–13.

75 JAFFE, S. L. & D. J. SCHERL: Acute Psychosis Precipitated by the T-Group Experiences. In: Arch. Gen. Psychiat. 21, 1969, S. 443–448.

76 PARLOFF, M. B.: Assessing the Effects of Headshrinking and Mind-Expanding. In: Int. Journal Group Psychotherap. 20, 1970, S. 14–24.

77 PARLOFF, S. 231.

78 Ibid., S. 231.

79 GOTTSCHALK, L. A.: Psychoanalytic Notes on T-Groups at the Human Relation Laboratory, Bethel, Maine. In: Comprehensive Psychiat. 7, 1966, S. 472–487. Auf deutsch zitiert in Handbuch, S. 235.

80 Ibid., S. 232.

81 Ibid., S. 232–233.

82 Ibid., S. 233.

83 ROGERS, C. A., in Handbuch, S. 235f.

84 LIMA, F. P. & J. E. LIVIANO, zitiert in Handbuch, S. 233.

85 MINTZ, E. E.: Marathon Groups: A Preliminary Evaluation. In: Journal Contemp. Psychotherap. 1, 1969, S. 91–99. Zitat S. 94.

86 LAZARUS, A. A., zitiert in Handbuch, S. 231.

87 PARLOFF, S. 230.

88 Ibid., S. 224.

89 Ibid., S. 238.

90 YALOM, J. D. & LIEBERMAN, M. A., S. 273–307. Siehe auch: American Psychiatric Association: Encounter Groups and Psychiatry, Task Force Report 1. Washington, D.C., 1970. LIEBERMAN, M. A. et al.: Encounter Groups: First Facts. Washington, D.C., 1972. YALOM, I. D. et al.: American Psychiatric Association Task Force Report on Recent Developments in the Use of Small Groups. Washington, D.C., 1972.

91 YALOM, J. D. & LIEBERMAN, M. A., S. 273.

92 Ibid., S. 273.

93 Ibid., S. 282.

94 Ibid., S. 278.

95 Ibid., S. 280.

96 Ibid., S. 281.

97 Ibid., S. 282.

98 Ibid., S. 282.

99 Ibid., S. 282.

100 Ibid., S. 285.
101 Ibid., S. 285.
102 Ibid., S. 289.
103 Ibid., S. 291.
104 Ibid., S. 291.
105 Ibid., S. 292.
106 Ibid., S. 295–296.
107 Ibid., S. 296.
108 Ibid., S. 296.
109 Ibid., S. 296–297.
110 Ibid., S. 297.
111 Ibid., S. 305.
112 Ibid., S. 305.
113 Ibid., S. 306.
114 Ibid., S. 306.
115 Ibid., S. 304.
116 Ibid., S. 274.
117 PARLOFF, S. 234.
118 YALOM, J. D. & LIEBERMANN, M. A., S. 304.
119 KLÜWER, R.: Probleme und Aufgaben der Katamnese. In: Psychoanalyse und soziale Verantwortung. Stuttgart 1965, S. 146–151.
120 STOLLER, F. H., S. 259.
121 Ibid., S. 271.
122 PARLOFF, S. 238.
123 STOLLER, S. 265.
124 Ibid., S. 267.
125 Ibid., S. 270, übersetzt aus dem Englischen von E. BORNEMAN; die Übersetzung im Handbuch ist an dieser Stelle inkorrekt.
126 PARLOFF, S. 246.
127 STOLLER, S. 256–272.
128 HORN, K., in: Gruppendynamik und der ›subjektive Faktor‹, S. 72.
129 BORNEMAN, E.: Die Urszene. Frankfurt am Main 1977, S. 387.
130 ABHOLZ, H. & I. GLEISS: Zur Frage der Anpassung in der psychischen Therapie. In: Das Argument 71, 1972, S. 79–87.
131 RICHTER, H.-E.: Die Gruppe. Hoffnung auf einen neuen Weg, sich selbst und andere zu befreien. Reinbek bei Hamburg 1978.
132 POHLEN, M.: Gruppenanalyse. Göttingen 1972.
133 GLEISS, I. et al.: Die weltanschauliche und politische Dimension des therapeutischen Geschehens. In: Soziale Psychiatrie, Frankfurt 1976, S. 243–244.
134 KAPPELER, M. et al.: Psychologische Therapie und politisches Handeln. Frankfurt am Main 1977.
135 SCHMIDBAUER, W.: Die hilflosen Helfer. Reinbek bei Hamburg 1977.
136 BORNEMAN, E.: Politische Therapie psychischer Syndrome. In: ASG Dokumentation 5, 1978, S. 77–83.

ABT, C. L.: Ernste Spiele. Lernen durch gespielte Wirklichkeit. Köln 1971.

AMMON, G.: Analytische Gruppendynamik. Hamburg 1976.

ANTONS, K.: Praxis der Gruppendynamik. Göttingen 1973.

BACH, G. R. & J. BERNHARD: Aggression lab. The fair fight training mamial. Kendale 1971.

BALES, R. F.: A set of categories for the analysis of small group interaction. American Sociological Review 15, 1950, S. 146–159.

BALINT, M. & E. BALINT: Psychotherapeutische Techniken in der Medizin. München o. J.

BASTINE, R.: Auf dem Wege zu einer integrierten Psychotherapie. In: psychologie heute 7, 1975.

BENNIS, W. E. & H. SHEPHARD: A theory of group development. Human Relations 9, 1956.

BION, W. R.: Experiences in groups, and other papers. London 1968.

BRADFORD, J. R., GIBB, J. R. & K. D. BENNE: T-group theory and laboratory method. New York 1964.

BROCHER, T.: Gruppendynamik und Erwachsenenbildung. Zum Problem der Entwicklung von Konformismus oder Autonomie in Arbeitsgruppen. Braunschweig 1967.

CAMPBELL, G. P.: Personal training and development. Annual review Psychol., 22, 1971.

Ders. & M. D. DUNETTE: Effectiveness of T-group experiences in managerial training and development. Psychol. Bull., 70, 1968.

COCHÉ, E. H. E.: Psychologische Abwehrmechanismen und gruppendynamische Prozesse. Phil. Diss., Bonn 1968.

COHN, R.: Von der Psychoanalyse zur themenzentrierten Interaktion. Stuttgart 1975.

DÄUMLING, A. M.: Sensitivitäts- Training. In: Gruppenpsychotherapie und Gruppendynamik 2, 1968.

Ders.: Meditative, imaginative und expressive Verfahren im Sensitivity-Training. Gruppendynamik 3, 1976.

DÄUMLING, A. M., FENGLER, J., NELLESSEN, L. & A. SVENSSON: Angewandte Gruppendynamik. Stuttgart 1974.

DEUTSCH, M.: A theory of cooperation and competition. Human Relations 2, 1949, S. 129–152.

DOOLITTLE, H.: Huldigung an Freud – Rückblick auf eine Analyse. Frankfurt/M., Berlin, Wien 1975.

DORST, B.: Gruppendynamik und Verhaltensmodifikation. Gruppendynamik 3, 1976, S. 173–181.

EDDING, C.: Psychologische Untersuchungen zur Professionalisierung von Gruppenleitern. Phil. Diss., Bonn 1977.

FENGLER, J.: Verhaltensmodifikation im Gruppendynamischen Laboratorium. Phil. Diss., Bonn 1972.
Ders.: Verhaltensänderung in Gruppenprozessen. Heidelberg 1975.
Ders.: Gruppenhomogenität und Transfer. Gruppendynamik 3, 1976, S. 189–202.
Ders.: Die Geschichte der Gruppendynamik in Deutschland. In: Die Psychologie des 20. Jahrhunderts, Band VIII, Lewin und die Folgen. 1979, S. 625–634.
Ders. & U. RÜGER: Was ist Gruppenpsychotherapie? Dialog zur Abgrenzung. In: Praxis der Psychotherapie 23 (1), 1978.
FESTINGER, L.: A theory of cognitive dissonance. Evanston, Ill. 1957.
FÜRSTENAU, P.: Zur Theorie psychoanalytischer Praxis. Stuttgart 1979.
GOTTSCHALCH, W.: Erster Einführungskurs für Lehrer in die Arbeitsweise der Gruppendynamik in Schliersee/Obb. v. 1.–19. September 1963. Praxis Kinderpsychologie Kinderpsychiatrie 14, 1965, S. 28–29.
HEIGL, F.: Indikation und Prognose in Psychoanalyse und Psychotherapie. Göttingen 1978.
HOFSTÄTTER, P. R.: Gruppendynamik. Die Kritik der Massenpsychologie. Hamburg 1957.
HOMANS, G. C.: The Human Group. New York 1950. Deutsch: Theorie der sozialen Gruppe. Köln und Opladen 1960.
KIESER, A. & H. KUBICEK: Organisation. Berlin, New York 1977.
LAUCKEN, U.: Naive Verhaltenstheorie. Stuttgart 1974.
LEWIN, K.: Feldtheorie in den Sozialwissenschaften. Ausgewählte theoretische Schriften. Bern 1963.
Ders.: Das Forschungszentrum für Gruppendynamik am Institut für Technologie von Massachusetts. Gruppendynamik 6, 1978.
Ders., LIPPITT, R. & R. K. WHITE: Patterns of aggressive behavior in experimentally created social climates. Journal of Soc. Psychology 10, 1939, S. 271–299.
LOMRANZ, G., LAKIN, M. & H. A. SCHIFFMAN: A three valued typology for sensitivity-training and encounter groups. Hum. Relat. 26, 1973.
LORENZ, R., MOLZAHN, R. & F. TEEGEN: Verhaltensänderung in der Schule: Systematisches Anleitungsprogramm für Lehrer. Verhaltensprobleme erkennen und lösen. Reinbek bei Hamburg 1976.
LUFT, J.: Einführung in die Gruppendynamik. Stuttgart 1973.
MAGER, R. F.: Zielanalyse. Weinheim, Basel 1975.
McGRATH, J. E. & I. ALTMAN: Small group research. A synthesis and critigne of the field. New York 1966.
MERKEL, C. M.: Gruppendynamische Konvergenztherapie mit Alkoholkranken. Göttingen 1976.
MILES, M. B.: Learning to work in groups. New York, 4. ed. 1965.
MILLS, TH. M.: Soziologie der Gruppe. München 1969.
MOELLER, M. L.: Selbsthilfegruppen. Reinbek bei Hamburg 1978.
Ders.: Anders helfen. Stuttgart 1980.

MORENO, J. L.: Sociometry in relation to other social sciences. Sociometry 1, 1937.
MOSER, H.: Aktionsforschung als kritische Theorie der Sozialwissenschaften. München 1978.
MÜHLEN, R.: Langzeitwirkung gruppendynamischer Trainings. Phil. Diss., Bonn 1976.
NELLESSEN, L. J.: Aggressivität in Sensitivity-Trainings-Gruppen. Phil. Diss., Bonn 1970.
NYLEN, D., MITCHELL, J. R. & A. STOUT: Handbook of staff development and human relations training: Materials developed for use in Africa. APA, Washington 1967.
OHM, C.: Ziellosigkeit als Lernziel der Gruppendynamik. Das Argument 78, 1973.
OTTO, H. A.: Group methods to actualize human potential. Beverly Hills, 2. ed., 1973.
PAULS, M.: Empathisches Verstehen von Klienten in der Gesprächspsychotherapie. Phil. Diss., Bonn 1978.
PERLS, F.: In and out the garbage pail. Toronto, New York, London 1972.
Ders.: Gestalttherapie in Aktion. Stuttgart 1974.
PFEIFFER, G. W. & G. E. JONES: Arbeitsmaterial zur Gruppendynamik 1. Gelnhausen 1974.
RICHTER, H. E.: Die Gruppe. Hoffnung auf einen neuen Weg, sich selbst und andere zu befreien. Psychoanalyse in Kooperation mit Gruppeninitiativen. Hamburg 1972.
ROGERS, C. R.: On becoming a person. A therapist view of psychotherapie. London 1961.
Ders.: Encounter-Gruppen. Stuttgart 1973.
Ders.: Die klient-bezogene Gesprächstherapie. München 1973.
SADER, M.: Psychologische Anmerkung zur Theorie der Gruppendynamik. Gruppendynamik 1, 1972.
SCHEIN, E. H. & W. G. BENNIS: Personal and organizational change through group methods: The Laboratory Approach. New York 1965.
SCHULTE, D.: Diagnostik in der Verhaltenstherapie. München 1975.
SCHULZ VON THUN, F.: Psychologische Vorgänge in der zwischenmenschlichen Kommunikation. In: FITTKAN, B., MÜLLER-WOLF, H.-M.; SCHULZ VON THUN, F.: Kommunizieren lernen (und umlernen). Braunschweig 1977.
SCHUTZ, W.: Freude. Abschied von der Angst durch Psycho-Training. Hamburg 1971.
SEASHORE, C. N.: Attitude and skill changes in participative action training groups. University of Colorado 1965.
SECORD, P. F. & C. W. BACKMAN: Sozialpsychologie. Frankfurt/M. 1976.
SIELAND, B.: Zur Kritik an gruppendynamischen Laboratorien. Gruppendynamik 7, 1976, S. 441–454.

STRUCK, E.: Interpersonalisation und Partnerschaft. Phil. Diss., Bonn 1976.
SULLIVAN, D. F.: Readings in group work. New York 1952.
SVENSSON, A.: Interaktionen in Sensitivity-Trainings-Gruppen. Phil. Diss., Bonn 1971.
TAUSCH, R.: Ergebnisse und Prozesse der klientzentrierten Gesprächspsychotherapie bei 550 Klienten und 150 Psychotherapeuten. Eine Zusammenfassung des Hamburger Forschungsprojekts. In: JANKOWSKI, P., TSCHEULIN, D., FIETKAU, H.-J. & F. MANN (Hrsg.), Klientzentrierte Psychotherapie heute. Göttingen 1976, S. 60–73.
TROJE, H. E.: Juristenausbildung heute. Eine rechts- und sozialwissenschaftliche Studie. Demokratie und Rechtsstaat. Band 46, Neuwied und Darmstadt 1979.
VOPEL, K. W.: Interaktionsspiele. 6 Bände, Hamburg 1976.
Ders. & R. E. KIRSTEN: Kommunikation und Kooperation. Ein gruppendynamisches Trainingsprogramm. München 1974.
WAGNER, A.: Selbstbehauptung und Geschlechtsrolle in der Hochschule. In: METZ-GÖCKEL, S. (Hrsg.), Frauenstudium. Blickpunkt Hochschuldidaktik. 1979.
WHYTE, W. F.: Street corner society: The social structure of an Italian slum. Chicago 1953.
YALOM, I. D. & M. A. LIEBERMAN: Eine Studie über negative Auswirkungen bei Encounter-Gruppen. In: SAGER, C. J., KAPLAN, H. S. & A. HEIGL-EVERS (Hrsg.), Handbuch der Ehe-, Familien- und Gruppentherapie. Band 1, München 1973, S. 273–308.
ZIMET, C. N. & H. O FINE: Personality change with a group therapeutic experience in a human relations seminar. J. Abnorm. Soc. Psychol. 51, 1955.

Walter Giere: Der Trainer und die Macht

1 Die Veränderungen im Bereich der familialen Sozialisation korrespondieren den Veränderungen im Bereich der industriellen Arbeitsorganisation und haben generellen Charakter. Dementsprechend verändert sich auch der generelle Charakter von Leiden. In diesen Zusammenhang gehört die Zunahme sogenannter Borderline-Fälle, deren Pathologie präödipalen Zuschnitt hat. Ein ähnlich genereller Zusammenhang wird für die Entwicklung des sogenannten neuen Sozialisationstypus, wie ihn vor allem ZIEHE (TH. ZIEHE: Pubertät und Narzißmus. Frankfurt 1975) beschrieben hat, angenommen.

2 Der Begriff der Übertragung hat seit FREUD recht verschiedene Auslegungen erfahren. (Siehe dazu den Abschnitt »Übertragung« in J. SANDLER, C. DARE, A. HOLDER: Die Grundbegriffe der psychoanalytischen Therapie. Stuttgart 1973.)

Ich möchte gegenüber einer allzu breiten Inanspruchnahme daran festhalten, daß Übertragung auf jeden Fall das Moment der Unangemessenheit im Umgang mit gegenwärtiger Realität einschließt; die Unangemessenheit resultiert aus der unbewußten Wiedererinnerung und Neuinszenierung von Gefühls- und Einstellungsformationen aus kindlichen Erst- und Früherfahrungen, wobei auch die verdrängten und abgewehrten Anteile dieser Primärerfahrungen mit ihren personalen Besetzungsqualitäten artikuliert und agiert werden können.

3 Ich folge in der Zuordnung dieser Namen R. JACOBY, der in seinem ungemein wichtigen Buch »Soziale Amnesie«, Frankfurt am Main 1978, die genannten auch als Nach-Freudianer im Unterschied zu den Neo-Freudianern bezeichnet. Die Nach-Freudianer kommen, anders als die Neo-Freudianer (z. B. E. FROMM) nicht aus der Tradition der Psychoanalyse; ich halte deshalb ihre Benennung als humanistische Psychologen und Vertreter einer Humanistischen Psychologie für sinnvoller.

4 ROGERS, C. R.: Encounter-Gruppen. München 1974, S. 121.

5 FREUD, S.: Zur Psychotherapie der Hysterie. In: Studien über Hysterie. Gesammelte Werke. Band I, London/Frankfurt am Main 1952, S. 311f.

6 Alltagsbewußtsein bezeichnet eine überindividuell bedeutsame Wahrnehmungsstruktur, deren spezifische Ausformung einen direkten Bezug zur gesellschaftlichen Realität des organisierten Kapitalismus hat, und zwar als begriffliche und emotionale Reaktionsbildung. Hauptmerkmal des Alltagsbewußtseins ist das Abgeschnittensein von lebensgeschichtlicher Kontinuität und gesellschaftlicher Totalität und damit die Unfähigkeit des Individuums, sich anders als situativ-pragmatisch zu verhalten. Alltagsbewußtsein bezieht sich auf eine Ich-Formation, die gekennzeichnet ist von Rückzug und Einschränkung, resultierend aus dem Verlust der Möglichkeiten zu dauerhaften Objektbesetzungen.
Siehe dazu vor allem: TH. LEITHÄUSER, Formen des Alltagsbewußtseins. Frankfurt am Main 1976.

7 ROGERS, C. R.: Entwicklung der Persönlichkeit. Stuttgart 1976, S. 324ff.

8 JACOBY, R.: Soziale Amnesie. a.a.O., S. 125.

9 ADORNO, TH. W.: Marginalien zu Theorie und Praxis. In: Stichworte, Frankfurt am Main 1969, S. 177.

Verzeichnis der Literatur, die für die Ausführungen insgesamt von Bedeutung ist, ohne direkt in Fußnoten zu erscheinen:

FREUD, S.: Zur Geschichte der psychoanalytischen Bewegung. Gesammelte Werke. Band 10, London/Frankfurt am Main, 1949.

Ders.: Die Zukunft einer Illusion. Gesammelte Werke. Band 14, a.a.O., 1948.

HORKHEIMER, M. & TH. W. ADORNO: Dialektik der Aufklärung. Amsterdam 1947.
ADORNO, TH. W.: Spätkapitalismus oder Industriegesellschaft. In: Aufsätze zur Gesellschaftstheorie und Methodologie. Frankfurt am Main 1970.
MARCUSE, H.: Triebstruktur und Gesellschaft. Frankfurt am Main 1965.
Ders.: Repressive Toleranz. In: Kritik der reinen Toleranz. Frankfurt am Main 1966.
Ders.: Der eindimensionale Mensch. Neuwied und Berlin 1967.
HORN, K. (Hrsg.): Gruppendynamik und der ›subjektive Faktor‹. Frankfurt am Main 1972.

Jürgen Fritz: Gruppendynamik und Schule

1 Über das Hamburger Tutorensystem an Gesamtschulen liegen ausführliche Berichte vor: PRIOR, H.: Tutorensystem an der Gesamtschule. Das Hamburger Modell. In: TILLMANN, K.-J. (Hrsg.): Sozialpädagogik in der Schule. München 1976. LEWERENZ, J.: Die Praxis der Tutorenarbeit an Hamburger Gesamtschulen. In: PRIOR, H. (Hrsg.): Soziales Lernen in der Praxis. Berichte. München 1978.

2 Vgl. GRUNDKE, P.: Interaktionserziehung in der Schule. Modell eines therapeutischen Unterrichts. München 1975.

3 Vgl. SCHEDENSACK, P.-U.: Ich will nicht länger in den Wind reden. Gruppendynamische Methoden und Verfahren als Hilfe zur Konfliktbearbeitung im Unterricht. In: GEISSLER, K. A. (Hrsg.): Gruppendynamik für Lehrer. Was Lehrer verändern können. Reinbek bei Hamburg 1979.

4 Vgl. DAUBLEBSKY, B.: Spielen in der Schule. Stuttgart 1973. Und WUTTE, L.: Interaktions- und Rollenspiele mit 12- bis 13jährigen Mädchen. In: NICKEL, H.-W. und R. (Hrsg.): Spiel mit Kindern. Theater mit Kindern. Stuttgart 1974.

5 Einen Überblick über die Vielfalt der verschiedenen Methoden geben meine Bücher »Interaktionspädagogik«, München 1975, und »Methoden des sozialen Lernens«, München 1977.

6 Hierzu gibt es eine Fülle von Veröffentlichungen, z. B. GUDJONS, H.: Praxis der Interaktionserziehung. Bad Heilbrunn 1978; VOPEL, K. W.: Interaktionsspiele für Kinder. Teil 1 bis Teil 4, Hamburg 1977.

7 Lesenswert hierzu ist der Aufsatz von GIERE, W.: Politische Dimensionen gruppendynamischer Lernverfahren. In: GEISSLER, K. A. (Hrsg.): Gruppendynamik für Lehrer. Was Lehrer verändern können. Reinbek bei Hamburg 1979 (insbesondere S. 110ff.).

8 COHN, R.: Von der Psychoanalyse zur themenzentrierten Inter-

aktion. Stuttgart 1975. COHN, R.: Zur Grundlage des themenzentrierten interaktionellen Systems. In: »Gruppendynamik«, Heft 3/1974.

9 Darstellungen sind enthalten bei LAPASSADE, G.: Gruppen, Organisationen, Institutionen. Stuttgart 1972; LOBROT, M.: Die Selbstbestimmung schulischer Gruppen. In: »Gruppendynamik«, Heft 2/1971. Kritische Einwände finden sich bei SCHÄFER, G.: Neue Ansätze zur Sozialerziehung in der Schule. In: BITTNER, SCHÄFER, STROBEL: Spielgruppen als soziale Lernfelder. Pädagogische und therapeutische Aspekte. München 1973. FRITZ, J.: Gruppendynamisches Training in der Schule. Heidelberg 1975, S. 23ff.

10 Vgl. dazu WALZ, U.: Soziale Reifung in der Schule. Hannover 1968. MEYER, E. (Hrsg.): Einführung in die Praxis schulischer Gruppenarbeit. Heidelberg 1973. FRITZ, J.: Methoden des sozialen Lernens. München 1977, S. 233ff.

11 V. HENTIG, H.: Schule als Erfahrungsraum. In: Philologenverband Nordrhein-Westfalen (Hrsg.): Sozialisation und Erziehung. Bottrop 1972.

12 Vgl. FIBIG, S. & U. LISKA: Soziales Lernen mit Haupt- und Realschülern. In: PRIOR, H. (Hrsg.): Soziales Lernen in der Praxis. Berichte. München 1978.

13 OTTO, G.: Didaktik der Ästhetischen Erziehung. Braunschweig 1974, S. 222ff.

14 Zum Begriff »Ästhetische Erziehung« vgl. OTTO, Anm. 13, S. 17ff.

15 Ein solcher Anfang ist z.B. das Sonderheft 1978 der Zeitschriften »Kunst + Unterricht«/»Praxis Deutsch«: »Bild und Text – Text und Bild«.

16 Beispiele dazu enthält mein Buch: »Satire und Karikatur«. Braunschweig 1980.

17 Vgl. u.a. ULICH, D.: Gruppendynamik in der Schulklasse. Möglichkeiten und Grenzen sozialwissenschaftlicher Analysen. München 1971: WELLENDORF, F.: Schulische Sozialisation und Identität. Weinheim und Basel 1973. HEINZE, T.: Unterricht als soziale Situation. Zur Interaktion von Schülern und Lehrern. München 1976. FRITZ, J.: Gruppendynamisches Training in der Schule. Heidelberg 1975.

18 Ausnahmen bilden die Veröffentlichungen von RÜSSELER, H.: Betriebsklima in der Schule. München, Wien, Baltimore 1977; und OTTO, B.: Der Lehrer als Kollege. Weinheim und Basel 1978.

19 Vgl. LUCHT, V. et al.: Soziales Lernen im Primarbereich. In: PRIOR, H. (Hrsg.): Soziales Lernen in der Praxis. Berichte. München 1978.

20 Vgl. RÜSSELER, H.: Betriebsklima in der Schule. München, Wien, Baltimore 1977, S. 115.

21 Vgl. RÜSSELER, H., s. Anm. 20, S. 132.

22 Für diese Richtung sind die folgenden Bücher beispielhaft: PRIOR, H. & J. OELKERS: Sozialpädagogisches Training mit Lehrern. Heidel-

berg 1975: LUTZ, M. & W. RONELLENFITSCH: Gruppendynamisches Training in der Lehrerbildung. Ulm 1971.

23 Vgl. CHRISTOPH, K.: Zur Begründung und Durchführung von gruppendynamischen Seminaren in der Lehrerfortbildung. In: GEISSLER, K. A. (Hrsg.), Gruppendynamik für Lehrer. Was Lehrer verändern können. Reinbek bei Hamburg 1979.

24 Amerikanische Ergebnisse referiert BECKER, G. E.: Optimierung schulischer Gruppenprozesse durch situatives Lehrtraining. Heidelberg 1973. Eine sehr umfassende, sorgfältige und originelle Arbeit liegt vor von GRELL, J.: Techniken des Lehrerverhaltens. Weinheim und Basel 1974.

25 Weiterführende Gedanken enthält mein Buch: Emanzipatorische Gruppendynamik, München 1974.

Hilarion, G. Petzold: Das Hier-und-Jetzt-Prinzip und die Dimension der Zeit in der psychologischen Gruppenarbeit

AGUILERA, D. C. & J. M. MESSICK: Crisis intervention. Theory and Methodology. Saint Louis 1974. Deutsch: Grundlagen der Krisenintervention. Freiburg 1978.

ALEXANDER, F.: Psychoanalysis and psychotherapies. New York 1956.

Ders.: Unexplored areas in psychoanalytic theory and treatment. In: DANIELS, G., New Perspectives in Psychoanalysis: Sandor Rado Lectures 1957–1963. New York 1965.

Ders. & TH. M. FRENCH: Psychoanalytic therapy. New York 1946.

ALPERT, R.: 1976. Siehe RAM DASS.

AMMON, G.: Gruppendynamik der Aggression. Berlin 1972 (München 1973).

Ders.: Handbuch der dynamischen Psychiatrie. München 1979.

ARGELANDER, H.: Die Analyse psychischer Prozesse in der Gruppe. In: Psyche 17, 1963/64. S. 450–470; S. 481–515.

Ders.: Gruppenprozesse. Wege zur Anwendung der Psychoanalyse in Behandlung, Lehre und Forschung. Studium 5. Reinbek bei Hamburg 1972.

BACH, G. R.: The marathon group: Intensive practice of intimate interaction. In: Psychological Reports 18, 1966, S. 995–999.

BASS, B. M.: Reactions to twelve angry men as a measure of sensitivity training. In: J. Applied Psychol. 42, 1962, S. 34–39.

BATTEGAY, R.: Der Mensch in der Gruppe. Bd. 3, Bern 1979[3].

BENNE, K. D.: Democratic ethics in social engineering. In: Progr. Educ. 26, 1949, S. 201–207.

Ders.: Geschichte der Trainingsgruppe im Laboratorium. In: BRADFORD, GIBB, BENNE, 1972, S. 235–269.

Ders.: Human Relations als Erziehungsziel. In: PETZOLD, H. G. (Hrsg.), Kreativität und Konflikte. Paderborn 1973, S. 9–21. (Orig. 1967 in: Adult Education)

Ders., BRADFORD, L. P. & R. LIPPITT: Die Laboratoriumsmethode. In: BRADFORD, GIBB, BENNE, 1972, S. 35–67.

Ders. & B. MUNTYAN: Human Relations in curriculum change. New York 1951.

BENNIS, W. G.: Entwicklungsmuster der T-Gruppe. In: BRADFORD, GIBB, BENNE, a.a.O., Stuttgart 1972, S. 270–300.

Ders., BENNE, K. D. & R. CHIN: The planning of change. New York 1961. 1969². Deutsch: Änderung des Sozialverhaltens. Stuttgart 1975.

BERGIN, A. E. & S. GARFIELD: Handbook of psychotherapy and behavior change. New York, Chichester/Sussex 1971.

BERGIUS, R.: Formen des Zukunfterlebens. München 1957.

BERGLER, E. & G. ROHEIM: Psychology of time perception. In: Psychoanal. Quart. 15, 1949, S. 190–206.

BERGSON, H.: Zeit und Freiheit. Jena 1920.

Ders.: Schöpferische Entwicklung. Jena 1921.

BHAGWAN SHREE RAJNEESH: Was ist Meditation. Margarethenried 1979.

BIBRING, G. L.: Psychoanalysis and the dynamic psychotherapies. In: J. Amer. Psychoanal. Assn. 2, 1954, S. 745–770.

BIERI, P.: Zeit und Zeiterfahrung. Frankfurt 1972.

BIERMANN, G.: Handbuch der Kinderpsychotherapie. 2 Bde., 1 Erg. Bd., München 1976.

BINDRIM, P.: A report on a nude marathon. In: Psychotherapy: Theory, Research and Practice 5, 1968, S. 180–188.

BION, W. R.: Experiences in groups and other papers. New York 1959; London 1961. Deutsch: Erfahrungen in Gruppen und andere Schriften. Stuttgart 1971.

Ders. & J. RICKMAN: Intra-group tensions in therapy. In: Lancet 27, 1943.

BLAKE, R. R.: Group training vs. group therapy. Beacon N.Y. 1958.

BOCK, R.: Überlegungen zur Zeitstruktur des psychoanalytischen Dialogs. In: GASTAGER, H. et al., Psychoanalyse als Herausforderung. Festschrift CARUSO. Wien 1980, S. 185–191.

BONAPARTE, M.: Time and the unconscious. In: Intern. J. Psychoanal. 21, 1940, S. 42–62.

BRADFORD, L. P., GIBB, J. R. & K. D. BENNE: T-Group theory and laboratory method. New York, Chichester/Sussex 1964. Deutsch: Gruppentraining. T-Gruppentheorie und Laboratoriumsmethode. Stuttgart 1972. 2. erw. Aufl.: BENNE, K. D., BRADFORD, L. P., GIBB, J. R. & R. LIPPITT: The laboratory method of changing and learning. Science and Behavior Books. Palo Alto 1975.

BROCHER, T.: Methodische Entwicklungsprobleme der Gruppendynamik. In: Gruppendynamik 2, 1971.

BROOKS, CH. & CH. SELVER: Erleben durch die Sinne. Paderborn 1979.
BROWN, G. I.: Human teaching for human learning. New York 1971.
Ders. & H. PETZOLD: Gefühl und Aktion. Gestaltmethoden im integrativen Unterricht. Frankfurt am Main 1978.
BUBOLZ, E.: Kreative Therapie in der Arbeit mit alten Menschen. In: PETZOLD, BUBOLZ, a.a.O., Paderborn 1979.
BÜHLER, CH. & M. ALLEN: Einführung in die Humanistische Psychologie. Stuttgart 1974.
CASTAÑEDA, C.: The teachings of Don Juan. Harmondsworth 1970. Deutsch: Die Lehren des Don Juan. Frankfurt 1972. Als Fischer Taschenbuch Bd. 1457.
Ders.: Tales of power. New York 1974.
CASTILLO, G.: Left hand teaching. New York 1974.
COHN, F. S.: Time and Ego. In: Psychoanal. Quart. 26, 1957, S. 168–172.
COHN, R.: Von der Psychoanalyse zur Themenzentrierten Interaktion. Stuttgart 1975.
CORSINI, R. J.: Current psychotherapies. Itasca 1978. (1. Aufl. 1973.)
COTTLE, T. J. & J. H. PLECK: Linear estimations of temporal extension: the effect of age, sex and social class. In: J. Project. Techn. Personal. Assessm. 33, 1969, S. 81–93.
CURRY, A. E.: Awareness, time and expression: an approach to brief therapy in groups. In: Paper 7th Ann. Symposium on Marriage and Family Conseling. San Francisco 1970.
DÄUMLING, A. M. & J. FENGLER: Gruppendynamische Methoden. In: PONGRATZ, L. J.: Handbuch der Psychologie. Bd. 8, II, Göttingen 1978, S. 2796–2841.
DEUTSCH, M.: Field theory in social psychology. In: LINDZEY, G. (Hrsg.), The handbook of social psychology. Vol. I, Cambridge/ Mass. 1970.
DEUTSCHMANN, M.: Zeitbewußtsein und Reproduktion. In: AMMON, G., a.a.O., München 1979.
DOBBS, H. A. C.: The dimensions of the sensible present. In: Studium Generale 24, 1971, S. 108–126.
DOLLASE, R.: Soziometrie als Interventions- und Meßinstrument. In: Gruppendynamik 2, 1975, S. 82–92.
DUERR, H. P.: Traumzeit. Über die Grenze zwischen Wildnis und Zivilisation. Frankfurt am Main 1978.
DÜRCKHEIM, K. VON: Grundformen gelebter Zeit. In: Ber. 13. Kongr. Dtsch. Gesellsch. Psychol., Jena 1934, S. 129–131.
DUMOULIN, H.: Allgemeine Lehren zur Förderung des Zazen von Zen-Meister Dogen. In: Mon. Nipp. XIV, 1958, S. 429–436.
EGAN, G.: Encounter: Group process for interpersonal growth. Belmont 1970.
ELTEN, J. A.: 1979. Siehe SWAMI SATYANANDA.
ENDE, M.: Momo oder die seltsame Geschichte von den Zeit-Dieben

und von dem Kind, das den Menschen die gestohlene Zeit zurückbrachte. Stuttgart 1973.
ERIKSON, E.: Problems of infancy and early childhood. In: Gelopedia of Medicine, Philadelphia 1940, S. 714–730.
EZRIEL, H.: A psychoanalytic approach to group treatment. In: Brit. J. Med. Psychol. 23, 1950, S. 59–74.
Ders.: Notes on psycho-analytic group therapy: Interpretation and Research. In: Psychiatry 15, 1952, S. 119–126.
Ders.: The first session in psycho-analytic group treatment. In: Nederlands Tydskr. v. Geneeskunde 111, 1956, S. 711–716.
FEDER, B. & R. RONALL: Gestalt Group Therapy. New York 1980.
FENGLER, J., SEUL, G. & CH. MARTENS: Sprachverhalten im Gruppenprozeß. In: UCHTENHAGEN, A., BATTEGAY, R. & A. FRIEDEMANN, Gruppentherapie und soziale Umwelt. Bern 1975.
FERENCZI, S.: Bausteine zur Psychoanalyse. 4 Bde., Bern 1964[2].
FINGER, D. U.: Gruppenprozesse und subjektive Strukturbildung. In: Gruppenpsychother. Gruppendyn. 13, 1978, S. 117–133.
FOREST, I. DE: The therapeutic technique of Sandor Ferenczi. In: Int. J. Psychoanal. 23, 1942, S. 120–140.
FOULKES, S. H.: Introduction to group-analytic psychotherapy. Med. Books. London 1948.
Ders.: Gruppenanalytische Psychotherapie. München 1974.
Ders.: Praxis der gruppenanalytischen Gruppentherapie. München 1978. Orig.: Group-Analytic Psychotherapy. London 1975.
FRANK, L. K.: Time perspectives. In: J. Soc. Phil. 4, 1939, S. 293–312.
FRASER, J. T.: The voices of time. London 1968.
Ders., HABER, F. C. & G. H. MÜLLER: The study of time. Berlin, New York 1972.
FREUD, S.: Gesammelte Werke. Frankfurt am Main 1960ff.
FROMM, E.: Die Kunst des Liebens. Frankfurt am Main 1971.
Ders.: Analytische Sozialpsychologie und Gesellschaftstheorie. Frankfurt am Main 1970.
Ders.: Haben oder Sein. Stuttgart 1976.
Ders., SUZUKI, D. T. & R. DE MARTINO: Zen Buddhismus und Psychoanalyse. Frankfurt am Main 1972.
GADAMER, H. G.: Wahrheit und Methode. Tübingen 1974[4].
Ders.: Über das Zeitproblem im Abendland. In: KRAUS, a.a.O., Heidelberg 1978, S. 87–103.
GALE, R. M.: The language of time. London 1968.
Ders. (Hrsg.): The philosophy of time. London 1967.
GENDLIN, E.: A theory of personality change. In: HART, I. T. & T. M. TOMLINSON, New directions in client-centered therapy. Houghton Mifflin 1970.
GIERE, W.: Gruppendynamik – ein Spiel ohne Folgen. In: Gruppendynamik 2, 1970.
GOFFMAN, E.: Asylums. Chicago 1961.

GOLEMBIEWSKI, R. L. & A. BLUMBERG: Sensitivity training. The laboratory approach. Itasca 1970.
GOODY, W.: Time and the nervous system. Part I: The brain as a clock. In: Lancet I, 1958, S. 1139–1144; Part II. In: Lancet II, 1959, S. 1155–1156.
Ders.: Disorders of orientation in space-time. In: Brit. J. Psychiat. 112, 1966, S. 661–670.
GOTTSCHALK, L. A.: Psychoanalytic notes on T-Groups at the Human Relations Laboratory. In: Comprehensive Psychiatry 7, Bethel/Maine 1966, S. 472–487.
Ders. & E. M. PATTISON: Psychiatrische Aspekte der T-Gruppen und die Laboratoriumsbewegung. In: HORN, a.a.O., Frankfurt am Main 1972. Orig., Amer. J. Psychiat. 6, 1969, S. 823–839.
GREENE, J. E. & A. H. ROBERTS: Time orientation and social class: a correction. In: J. abnorm. soc. Psychol. 62, 1961, S. 141.
GREENSON, R. R.: Technik und Praxis der Psychoanalyse. Stuttgart 1975.
GRÜNBAUM, A.: Philosophical problems of space and time. New York 1963.
HEIDEGGER, M.: Sein und Zeit. Tübingen 1957[8].
HEIGL-EVERS, A.: Konzepte der analytischen Gruppenpsychotherapie. Göttingen 1978[2].
Dies. & F. HEIGL: Zur tiefenpsychologisch fundierten oder analytisch orientierten Gruppenpsychotherapie des Göttinger Modells. In: Gruppenpsychother. u. Gruppendyn. 9, 1975, S. 237–266.
Dies. & F. HEIGL: Zum Konzept der unbewußten Phantasie in der psychoanalytischen Gruppentherapie des Göttinger Modells. In: Gruppenpsychother. u. Gruppendyn. 11, 1976, S. 6–22.
Dies. & U. STREEK: Psychologie im zwanzigsten Jahrhundert. Bd. 8, München 1978.
HOAGLAND, A. J.: Getting it altogether in the here and now. Gestalt Institute, Los Angeles 1971. (mimeogr.)
HOPPE, F.: Erfolg und Mißerfolg. In: Psycholog. Forsch. 14, 1930, S. 1–62.
HORN, K.: Gruppendynamik und der subjektive Faktor. Frankfurt am Main 1972.
HORNE, R. A.: A word-view synthesis of Gestalt therapy and I. Krishnamurti. Diss. California School of Professional Psychology. Los Angeles 1973.
HORNEY, K.: The neurotic personality of our time. Norton, New York 1937.
Dies.: New ways of psychoanalysis. Norton, New York 1939.
HOWARD, J.: Please Touch. A guided tour of the human potential movement. New York 1970.
ILJINE, V. N.: Improvisiertes Theaterspiel zur Behandlung von Gemütsleiden. In: Teatralny Kurier, Beilage, Kiew 1909. (russ.)

Ders.: Kranke spielen Theater – ein Weg zur Heilung des Leibes und der Seele. In: Teatralny Kurier, Beilage, Kiew 1910. (russ.)
Ders.: Das Licht – Kleid des Ewigen. Budapest 1928. (russ.)
Ders.: Das Therapeutische Theater. Paris 1942. (russ.)
Ders.: Allgemeine Morphologie des Seins und der Erkenntnis. Paris 1956. (russ.)
Ders.: Le corps et le cœur. Skriptum zur gleichlautenden Vorlesung am Institut St. Denis. Paris WS 1965 (mimeogr.).
INFIELD, H. F.: Sociometry and the concept of the moment. In: Sociometry 3, 1943, S. 243–244.
INGERSOLL, B. & A. SILVERMANN: Comparative group psychotherapy for the aged. In: Gerontologist 18, 1978, S. 201–206.
JOSLYN, M.: Zen und Gestalttherapie. In: Integrative Therapie 3/4, 1977, S. 203–226.
JOURAD, S. M.: Disclosing man to himself. New York 1968.
KEMPLER, W.: Gestaltfamilientherapie. Stuttgart 1976.
KIRCHMANN, E.: Moderne Formen der Bewegungstherapie. In: Beihefte zur Integrativen Therapie 2, Paderborn 1979.
KLAW, S.: Two weeks in a T-Group. In: Fortune (USA) LXIV, 1961, S. 114–117.
KLEIN, M.: Das Seelenleben des Kleinkindes und andere Beiträge zur Psychoanalyse. rororo Studium 6. Reinbek bei Hamburg 1962.
KRAUS, A.: Leib, Geist, Geschichte. Heidelberg 1978.
KUTTER, P.: Modelle psychoanalytischer Gruppenpsychotherapie. In: Gruppenpsychother. u. Gruppendyn. 13, 1978, S. 134–151.
LEHR, U.: Psychologie des Alterns. Heidelberg 1978^4.
LEMKE, J.: Gestaltsupervision durch Kompetenzgruppen. In: PETZOLD, VORMANN, a.a.O., München 1980.
LESHAN, L. L.: Time estimation and social class. In: J. abnorm. soc. Psychol. 21, 1952, S. 405–410.
LEUTZ, G. A.: Psychodrama. Theorie und Praxis. Heidelberg 1974.
LÉVI-STRAUSS, C.: Strukturale Anthropologie. Frankfurt am Main 1972.
Ders.: Das wilde Denken. Frankfurt am Main 1973.
LEVY, L. H.: Psychological Interpretation. New York 1963.
LEWIN, K.: The conflict between Aristotelian and Galileian modes of thought in contemporary psychology. In: J. Gen. Psychol. 5, 1931, S. 141–177. Deutsch: Der Übergang von der aristotelischen zur galileischen Denkweise. In: Erkenntnis 1, 1931, S. 421–466.
Ders.: A dynamic theory of personality. New York 1935.
Ders.: Principles of topological psychology. New York 1936. Deutsch: Grundzüge der topologischen Psychologie. Bern 1969.
Ders.: Psycho-sociological problems of a minority group. In: Character and Personality 3, 1935, S. 175–187.
Ders.: Experiments on autocratic and democratic atmospheres. In: The Social Frontier 37, 1938, S. 316–319.

Ders.: The time perspective and morale. In: WATSON, G., Civilian Morale. Boston 1942. Deutsch in: Die Lösung sozialer Konflikte. Bad Nauheim 1953.
Ders.: Defining the »field at a given time«, Psychol. Rev. 3. 1943, S. 292–310.
Ders.: The research center for group dynamics at Massachusetts Institute of Technology. In: Sociometry 2, 1945, S. 126–136.
Ders.: Resolving social conflicts. Selected papers on Group Dynamics. New York 1948. Deutsch: Die Lösung sozialer Konflikte. Bad Nauheim 1953. (4. Aufl. 1968.)
Ders.: Field theory in social science. Hrsg.: CARTWRIGHT, D., New York 1951. Deutsch: Feldtheorie in den Sozialwissenschaften. Bern 1963.
Ders. & H. RUPP: Untersuchungen zur Textilindustrie. In: Psychotechnische Zeitschr. 3, 1928, S. 8–23; 51–63.
Ders. & R. LIPPITT: An experimental approach to the study of autocracy and democracy: a preliminary note. In: Sociometry 1, 1938, S. 292–300.
LIPPITT, R.: The psychodrama in leadership training. In: Sociometry 3, 1943, S. 286–292.
Ders.: Training in community relations. New York 1949.
Ders., WATSON, R. & B. WESTLEY: The dynamics of planned change. New York 1958.
LOCH, W.: Voraussetzungen, Mechanismen und Grenzen des psychoanalytischen Prozesses. Bern 1965.
LOOMIS, CH. & Z. LOOMIS: A case of failure in achievement of goals. In: MORENO, J. L.: Sociometry and the Science of Man. New York 1956, S. 302–326.
LUCE, G.: Körperrhythmen. Frankfurt am Main 1974.
LÜCKEL, R.: Integrative Arbeit mit Märchen. Paderborn 1979.
LUHMANN, N. & J. HABERMAS: Theorie der Gesellschaft oder Sozialtechnologie. Frankfurt am Main 1971.
MANN, J.: Psychotherapie in 12 Stunden. Zeitbegrenzung als therapeutisches Instrument. Olten 1978.
MARCEL, G.: Etre et avoir. Paris 1935.
Ders.: Leibliche Begegnung. In: KRAUS, a.a.O., Heidelberg 1978, S. 47–73.
MASLOW, A.: The psychology of science. New York 1966. Deutsch: Die Psychologie der Wissenschaft. München 1977.
MATHIAS, U. & H. PETZOLD: Die sozialpsychiatrische Rollentheorie und die Entwicklungspsychologie Morenos. Paderborn 1980.
MATISSON, M.-D.: Le psychodrame. Editions Universitaires. Paris 1973.
McTAGGART: The nature of existence. Cambridge 1968².
MEAD, G. H.: The philosophy of the present. Chicago 1932.
MERLEAU-PONTY, M.: La structure du comportement. Paris 1942. Deutsch: Die Struktur des Verhaltens. Berlin 1976.

Ders.: Phénoménologie de la perception. Paris 1945. Deutsch: Phänomenologie der Wahrnehmung. Berlin 1966.
Ders.: Le visible et l'invisible. Paris 1964.
Ders.: La prose du monde. Paris 1969.
MEY, H.: Studien zur Anwendung des Feldbegriffs in den Sozialwissenschaften. München 1965.
MIKOREY, M.: Das Zeitparadoxon der Lebensbilderschau in Katastrophensituationen. In: SCHALTENBRAND, G., Zeit in nervenärztlicher Sicht. Stuttgart 1963.
MILLER, S. J.: The here and now of creativity and growth in a group of dramatic artists: a Gestalt integration. Diss. Univ. North Carolina. Chapel Hill/N.C. 1973.
MINKOWSKI, E.: Das Problem der Zeit bei Pierre Janet. In: Nervenarzt 3, 1930, S. 274–283.
Ders.: Das Zeit- und das Raumproblem in der Psychopathologie. In: Wiener klin. Wschr. 44, 1931, S. 346–350; S. 380–384.
Ders.: Die gelebte Zeit. Salzburg 1971 (Bd. 1), 1972 (Bd. 2).
MINTZ, E.: Time-Extended Marathon Groups. In: Psychotherapy: Theory, Research and Practice 4, 1967, S. 65–70.
MOORE, W. E.: Man, time, society. New York 1963.
MORENO, J. L.: Rede über den Augenblick. Potsdam 1922.
Ders.: Rede über die Begegnung. Potsdam 1923.
Ders.: Das Stegreiftheater. Potsdam 1924.
Ders.: Who shall survive? Washington 1934. (erw. 2. Aufl. Beacon 1953.)
Ders.: Mental catharsis and the psychodrama. In: Sociometry VIII/3, 1940, S. 210–219.
Ders.: The philosophy of the moment and the spontaneity theatre. In: Sociometry 2, 1941, S. 205–226.
Ders.: Psychodrama. Vol. I. Beacon 1946. (3. Aufl. 1964.)
Ders.: Sociometry. Experimental Method and the Science of Society. Beacon 1951. Deutsch: Paderborn 1980.
Ders.: The first book of group psychotherapy. Beacon 1957.
Ders.: Gruppenpsychotherapie und Psychodrama. Stuttgart 1959.
Ders.: The Sociometry Reader. Glencoe 1960.
Ders.: Die Psychiatrie des zwanzigsten Jahrhunderts als Funktion ihrer Universalia Zeit, Raum, Realität und Kosmos. Referat auf dem 2. Intern. Kongr. Psychodr. Barcelona 1966. In: PETZOLD, H. (Hrsg.), Angewandtes Psychodrama. Paderborn 1978, S. 101–112.
Ders.: The concept of the Here and Now, Hic et Nunc. Small groups and their relation to action research. In: Group Psychotherapy 3/4, 1969, S. 139–140.
MORENO, Z. T.: Evolution and Dynamics of the Group Psychotherapy Movement. In: MORENO, J. L. et al., Handbook of Group Psychotherapy. Philosophical Library. New York 1966.
MOWRER, O. H.: The new group therapy. Princeton 1964.

Ders.: Integrity therapy: A self-help approach. In: Psychotherapy: Theory, Research, and Practice 3. 1966, S. 114–119.

MÜLLER, A. M. K.: Die präparierte Zeit. Der Mensch in der Krise seiner eigenen Zielsetzungen. Stuttgart 1972. (2. Aufl. 1973.)

Ders.: Überlebensfragen I. Überlebensfragen II. Stuttgart 1973/1974.

Ders.: Wende der Wahrnehmung. Erwägungen zur Grundlagenkrise in Physik, Medizin, Pädagogik und Theologie. München 1978.

NARANJO, C.: I and thou, here and now: Contributions of Gestalt Therapy. In: OTTO, H. & J. MANN, Ways of Growth. New York 1968.

Ders.: Present-centeredness: Technique, prescription and ideal. In: FAGAN, J. & I. L. SHEPHERD, Gestalt Therapy Now. Science and Behavior Books. Palo Alto 1970. Deutsch in: Integrative Therapie 3, 1979 und in: PETZOLD, H. G. (Hrsg.), Psychotherapie, Meditation, Gestalt. Paderborn 1980.

NARENS, L.: Vorstellungssysteme der Geisteskranken. In: WEINGARTEN, E., SACK, F. & J. SCHENKEIN: Ethnomethologie. Frankfurt am Main 1979.

NISHITANI, K.: Emptiness and Time. In: The Eastern Buddhist 1, 1976, S. 43–71.

NYAPONIKA THERA: The heart of Buddhist meditation. London 1962.

ORNSTEIN, R.: On the experience of time. Harmondsworth 1969.

PAGÈS, M.: La Vie Affective des Groupes. Paris 1968.

Ders.: Das affektive Leben der Gruppen. Stuttgart 1974.

PAYK, R.: Mensch und Zeit. Chronopathologie im Grundriß. Stuttgart 1979.

PERLS, F. S.: Ego, Hunger and Aggression. Johannisburg 1942. (London 1947. New York 1969.) Deutsch: Das Ich, der Hunger und die Aggression. Stuttgart 1978.

Ders.: Theory and Technique of Personality Integration. In: Am. J. Psychother. 4, 1948, S. 565–586. Deutsch in: Integrative Therapie 1, 1978, S. 2–21 und in: PERLS, F. S., a.a.O., Paderborn 1980.

Ders.: Gestalt Therapy Verbatim. Real People Press. Lafayette/Calif. 1969a. Deutsch: Gestalttherapie in Aktion. Stuttgart 1974.

Ders.: In and Out the Garbage Pail. Real People Press. Lafayette/Calif. 1969b. Deutsch: (in Vorber.) Frankfurt am Main.

Ders.: Four Lectures. In: FAGAN, J. & I. L. SHEPHERD, a.a.O., Palo Alto 1970, S. 14–38. Deutsch in: PERLS, F. S., a.a.O., Paderborn 1980.

Ders.: The Gestalt Approach. Eyewittness to therapy. Science and Behavior Books. Palo Alto 1973. Deutsch: Grundlagen der Gestalttherapie. München 1976.

Ders.: Gestalt, Wachstum, Integration. Aufsätze, Vorträge, Sitzungen. (Hrsg.: PETZOLD, H. G.) Paderborn 1980.

Ders., HEFFERLINE, R. & P. GOODMAN: Gestalt Therapy. New York 1951. Deutsch: Gestalt-Therapie. Wiederbelebung des Selbst. (Teil

1) Stuttgart 1979a. Lebensfreude und Persönlichkeitsentfaltung. (Teil 2) Stuttgart 1979b.
Ders. & A. LEVITSKY: Techniken und Regeln der Gestalttherapie. In: PERLS, F. S., a.a.O., Paderborn 1980.
PERLS, L.: Interview. In: The Gestalt Journal 1, 1978a.
Dies.: Begriffe und Fehlbegriffe der Gestalttherapie. In: Integrative Therapie 3/4, 1978b, S. 208–213.
PETERSEN, P.: Psychische Zusammenbrüche in gruppendynamischen Prozessen. In: Gruppendynamik 3, 1977, S. 218–221.
PETZOLD, H. G.: Moderne Methoden psychologischer Gruppenarbeit in der Erwachsenenbildung. In: Erwachsenenbildung 3, 1971a, S. 160–178.
Ders.: Die Technik der psychodramatischen Zukunftsprojektion. Referat auf dem VI. Int. Kongr. Psychodr. Amsterdam. 1971b. Teilweise in: PETZOLD, Psychodrama-Therapie. a.a.O., Paderborn 1979a.
Ders.: Angewandtes Psychodrama. Paderborn 1972. (2. Aufl. 1978.)
Ders.: Kreativität und Konflikte. Psychologische Gruppenarbeit mit Erwachsenen. Paderborn 1973a.
Ders.: Gestalttherapie und »direkte Kommunikation« in der Arbeit mit Elterngruppen. 1973b. In: PETZOLD, Kreativität und Konflikte. a.a.O., Paderborn 1973a, S. 271–289.
Ders.: Gestalttherapie und Psychodrama. Kassel 1973c.
Ders.: Psychotherapie und Körperdynamik. Paderborn 1974. (3. Aufl. 1979.)
Ders.: Integrative Therapie ist kreative Therapie. Düsseldorf 1975. (mimeogr.)
Ders.: Die neuen Körpertherapien. Paderborn 1977a.
Ders.: Theorie und Praxis der Traumarbeit in der integrativen Therapie. 1977b. In: Integrative Therapie 3/4, 1977, S. 147–175.
Ders.: Das Ko-respondenzmodell in der Integrativen Agogik. In: Integrative Therapie 1, 1978, S. 21–58.
Ders.: Psychodrama-Therapie. Theorie, Methoden, Anwendung in der Arbeit mit alten Menschen. Paderborn 1979a.
Ders.: Die psychodramatische Technik der Zukunftsprojektion. In: PETZOLD, Psychodrama-Therapie. a.a.O., Paderborn 1979a.
Ders.: Moreno – nicht Lewin – der Begründer der Aktionsforschung. Düsseldorf 1979b. (mimeogr.)
Ders.: Zur Ausbildung von dynamisch orientierten Bewegungstherapeuten. In: KIRCHMANN, E., a.a.O., 1979.
Ders.: Moreno und Lewin und die Anfänge der psychologischen Gruppenarbeit. 1980a. In: Z. Gruppenpäd. 6, 1980, S. 1.
Ders.: Besprechung von Payk: Mensch und Zeit. 1980b. In: Integrative Therapie 2, 1980.
Ders.: Dramatische Therapie. (In Vorber.) Stuttgart 1980c.

Ders.: Psychotherapie, Meditation, Gestalt. (In Vorber.) Paderborn 1980d.
Ders. & J. SIEPER: Zur Ausbildung von Gestalttherapeuten. In: Integrative Therapie 2/3, 1976, S. 120–144.
Ders. & G. I. BROWN: Gestaltpädagogik. München 1977.
Ders. & E. BUBOLZ: Psychotherapie mit alten Menschen. Paderborn 1979.
Ders. & G. VORMANN: Wohngemeinschaften als Alternative. München 1980.
PHILLIPS, M.: Integrative Pädagogik. In: Integrative Therapie 1, 1976, S. 1–17.
PIAGET, J.: Die Bildung des Zeitbegriffes beim Kinde. Zürich 1955.
Ders.: Einführung in die genetische Erkenntnistheorie. Frankfurt am Main 1972.
PICHT, G.: Die Erfahrung der Geschichte. Frankfurt am Main 1958.
Ders.: Die Zeit und die Modalitäten. In: DUERR, H. P., Quanten und Felder. Physikalische und philosophische Betrachtungen zum 70. Geburtstag von Werner Heisenberg. Braunschweig 1971.
PONTALIS, J.-B.: Après Freud. Paris 1965. Deutsch: Nach Freud. Frankfurt am Main 1968.
PRIM, R. & H. RECKMANN: Das Planspiel als gruppendynamische Methode außerschulischer politischer Bildung. Heidelberg 1975.
RAM DASS: Alles Leben ist Tanz. Berlin 1976.
RAM DASS: Be Here Now. Transpersonal Institute. 1970. Deutsch: Sei jetzt hier. Berlin 1976.
RAMMSTEDT, O.: Alltagsbewußtsein von Zeit. In: Kölner Z. f. Soziol. Sozialpsychol. 27, 1975, S. 47–64.
RAPAPORT, D.: Die Struktur der psychoanalytischen Theorie. Stuttgart 1970.
REICH, W.: Charakteranalyse. Potsdam 1933. Amerik.: Character Analysis. New York 1949[3].
RICE, A. K.: Learning for Leadership. Tavistock Inst. f. Human Relations. London 1965. Deutsch: Führung und Gruppe. Stuttgart 1971.
RICHTER, H. E.: Die Gruppe. Reinbek bei Hamburg 1972.
RIOCH, M. J.: The work of Wilfred Bion on groups. In: Psychiatry 33, 1970, S. 56–66.
ROBERTS, A. W. et al.: Effects to feeling oriented classroom teaching upon reactions to feedback. Paper American Psychol. Assn. Meetings. 1955.
ROGERS, C. R.: Client-centered Therapy. Boston 1951.
Ders.: Process of the Basic Encounter Group. In: BUGENTAL, J. F. T., Challenges of Humanistic Psychology. McGraw Hill 1967.
ROSZAK, TH.: Gegenkultur. Düsseldorf 1972.
SAGER, C. J., KAPLAN, H. S. & A. HEIGL-EVERS: Handbuch der Ehe-, Familien- und Gruppentherapie. München 1973.

SBANDI, P.: »Feed back« im Sensitivity Training. In: Gruppenpsychother. u. Gruppendyn. 1, 1970, S. 17–32.
SCHAEFER, C. E.: Therapeutic use of child's play. New York 1976.
SCHINDLER, R.: Grundprinzipien der Psychodynamik in der Gruppe. In: Psyche 11, 1957/58, S. 308–314.
Ders.: Über den wechselseitigen Einfluß von Gesprächsinhalt, Gruppenposition und Ich-Gestalt in der analytischen Gruppenpsychotherapie. In: Psyche 14, 1960/61, S. 382–392.
Ders.: Das Verhältnis von Soziometrie und Rangordnungsdynamik. In: Gruppenpsychother. u. Gruppendyn. 1, 1969, S. 31–37.
SCHNEEBAUM, T.: Keep the river on your right. New York 1969.
SCHMIDT-RANSON, I.: Die Lehrstücke Brechts in ihrer Beziehung zum Psychodrama Morenos und zum therapeutischen Theater Iljines. In: Integrative Therapie 4, 1976, S. 43–57.
SCHUTZ, W.: Joy. New York 1967. Deutsch: Freude. Reinbek bei Hamburg 1971.
Ders.: Here comes everybody. New York 1971.
SEGAL, H.: Melanie Klein. München 1974.
SHAFFER, J. B. P. & M. D. GALINSKY: Handbuch der Gruppenmodelle. 2 Bde. Gelnhausen 1977.
SIMKIN, J.: Ein Interview mit Dr. Fritz Perls. In: Integrative Therapie 3/4, 1978, S. 208–213. Und in: PERLS, F. S., a.a.O., Paderborn 1980.
SIROKA, R. W., SIROKA, E. K. & G. SCHLOSS: Sensitivity training & group encounter. New York 1971.
SLATER, PH.: Microcosm. New York 1966. Deutsch: Mikrokosmos: Eine Studie über Gruppendynamik. Frankfurt am Main 1970.
SOLOMON, N. L. & B. BERZON: New perspectives on encounter groups. San Francisco 1972.
SOROKIN, P. & R. K. MERTON: Social time. In: Amer. J. Sociolog. 42, 1937, S. 615–625.
STEVENS, B.: Don't push the river. Real People Press. Lafayette/Calif. 1970.
STEVENS, J. O.: Die Kunst der Wahrnehmung. München 1975.
STOLZ, M.: Erfahrungen mit Gestaltmethoden in der Erwachsenenbildung. In: PETZOLD, BROWN, a.a.O., München 1977, S. 201–213.
STRACHEY, J.: The nature of the therapeutic action in psycho-analysis. In: Int. J. Psychoanal. 15, 1934, S. 127–159.
STRAUS, E.: Vom Sinn der Sinne. Berlin 1956².
SWAMI SATYANANDA (ELTEN, J. A.): Ganz entspannt im Hier und Jetzt. Reinbek bei Hamburg 1979.
TOBAN, E. V.: Relation between future time perspective, age and militancy. In: J. genet. Psychol. 116, 1970, S. 63–68.
TRUAX, C. B. & R. R. CARKHUFF: Concreteness: A neglected variable in research in psychotherapy. In: J. Clin. Psychol. 20, 1964, S. 264–267.
UEXKÜLL, J. VON: Theoretische Biologie. Berlin 1928.

VÖLKER, U.: Humanistische Psychologie. Weinheim 1980.
VROON, P. A. & A. VAN OXTEL: Testing some implications of the sensory physiological model of the time sense. In: Psychol. Forsch. 35, 1972, S. 81–92.
WAGNER, A. B.: The use of process analysis in business decision games. In: J. Applied Behavioral Sciences 1, 1965.
WALDENFELS, B.: Die Verschränkung von Innen und Außen im Verhalten. In: Phänomenologische Forschungen. Bd. II. Freiburg 1976.
WALTER, H. J.: Die Gestalttheorie als wissenschaftliche Grundlage psychotherapeutischer Praxis und ihre Beziehung zu psychotherapeutischen Ansätzen der Gegenwart. Diss. phil. Technische Hochschule Darmstadt. Darmstadt 1977.
Ders.: Gestalttheorie und Psychotherapie. Darmstadt 1977.
WATTS, A.: Zen-Buddhismus. Hamburg 1961 a.
Ders.: Psychotherapy east and west. New York 1961 b. Deutsch: Paderborn 1980.
WEINER, M. F.: Therapist Disclosure. The use of Self in psychotherapy. Boston 1978.
WEIZSÄCKER, C. F. VON: Die Geschichte der Natur. Göttingen 1958[4].
Ders.: Die Einheit der Natur. Studien. München 1971.
Ders.: Die philosophische Interpretation der modernen Physik. Nova Acta Leopoldina, NF 207, Bd. 37/2, Leipzig 1972.
WEIZSÄCKER, V. VON: Der Gestaltkreis. Stuttgart 1947.
Ders.: Gestalt und Zeit. Göttingen 1960. (1. Aufl. Halle/Saale 1942.)
WESCHLER, I., MASSARIK, F. & R. TANNENBAUM: The self in process: A sensitivity training emphasis. In: WESCHLER, I. & E. SCHEIN, Issues in human relations training. NTL Selected reading series 5. Washington 1962.
WHITMAN, W.: Psychodynamische Prinzipien in T-Gruppenprozessen. In: BRADFORD, GIBB, BENNE, a.a.O., Stuttgart 1972, S. 337–363.
WHORF, B. L.: Language, thought and reality. Cambridge, Mass. 1956.
WIERINGA, C. F.: Problematik des gruppendynamischen Seminars. In: Gruppendynamik 4, 1973, S. 87–93.
YABLONSKY, L.: Psychodrama. Stuttgart 1978.
YALOM, I. D.: The theory and practice of group psychotherapy. Basic Books. New York 1970. Deutsch: Gruppenpsychotherapie. München 1974.
ZINKER, J.: Das phänomenologische Hier und Jetzt als Grundlage der Gestalttherapie. In: Integrative Therapie 1, 1975, S. 13–23.
ZWART, P. J.: About time. Amsterdam 1976.

1 BERNE, E.: Spiele der Erwachsenen. Reinbek bei Hamburg 1967.
2 LEHMENKÜHLER, A.: Umgang mit Identifikation und Abgrenzung in der Gruppensupervision. In: Supervision, Hrsg.: Akademie für Jugendfragen Münster, 1979, S. 78–88.
3 LEUSCHNER, G.: Beratungsmodelle in der Gruppensupervision. In: Supervision, Wiesbaden 1977, S. 50–67, und in: Internes Paper AK. f. Jugendfragen, Münster 1978.
4 OBERHOFF, B.: Akzeptanz von interpersonellem Feedback. Diss., Münster 1978, S. 12.
5 SCHMIDBAUER, W.: Die hilflosen Helfer. Hamburg 1977.
6 WIERINGA, C. F.: Fedback. In: Gruppendynamik 1, 1973, S. 42ff. Id. Feedback als Kommunikationsangebot. In: Festschrift zu Alpbach X, Internationales Trainingsseminar für Gruppendynamik. Hrsg.: Österreichischer Arbeitskreis für Gruppentherapie und Gruppendynamik, Wien 1976.

Klaus Krämer: Kritische Aspekte der Organisationsentwicklung

ADAM, J. & E.-R. SCHMIDT: Gemeindeberatung. Ein Arbeitsbuch. Gelnhausen 1977.
BACH, G. R. & H. MOLTER: Psychoboom. Düsseldorf 1976.
BECKER, H.: Organisationsentwicklung und Gruppendynamik in der betrieblichen Praxis. In: Der Betriebswirt 4, 1977, S. 93–99.
BENNE, K. D.: Einige moralische Probleme bei der Beratung von Gruppen und Organisationen. In: BENNIS, W. G. (Hrsg.) et al., Änderung des Sozialverhaltens. Stuttgart 1975, S. 501–514.
FÜRSTENAU, P.: Institutionsberatung: Ein neuer Zweig angewandter Sozialwissenschaft. In: Gruppendynamik 10, 1970, S. 219ff.
GEBERT, D.: Organisationsentwicklung. Stuttgart 1974.
GEISSLER, K. A.: Berufserziehung und kritische Kompetenz. München, Basel 1974.
Ders.: Programmatische Notizen zum Begründungs-, Rechtfertigungs- und Legitimationsproblem der Gruppendynamik. Zur Analyse des Theoriedefizits in der Gruppendynamik. In: Gruppenpsychotherapie und Gruppendynamik 3, 1976, S. 249–268.
HABERMAS, J. & N. LUHMANN: Theorie der Gesellschaft oder Sozialtechnologie. Frankfurt am Main 1971.
HAGER, J. & K. VAN DER LAAN: Wozu eigentlich Gruppendynamik? In: Plus 10, 1973. (Sonderdruck)

HARTFIEL, G.: Der Mensch als »Systemelement« oder »Herr des Systems«. Soziologische Anmerkungen zum systemtheoretischen Ansatz in der betriebswirtschaftlichen Organisationslehre. In: Zeitschrift für Organisation 12, 1973, S. 127–133.

HARRISON, R.: Das Tiefenniveau in der Organisationsintervention. In: Gruppendynamik 2, 1971, S. 284 ff.

HEINEMANN, G. (Hrsg.): Schwerpunkt-Thema: Organisationsentwicklung. In: Congress 4, 1979, S. 33–47.

HILL, W., FEHLBAUM, R. & P. ULRICH: Organisationslehre: Ziele, Instrumente und Bedingungen der Organisation sozialer Systeme. Bern 1974.

HORN, K.: Politische und methodologische Aspekte gruppendynamischer Verfahren. In: Argument 50, 1969. (Sonderband)

Ders.: Gruppendynamik und der subjektive Faktor. Repressive Entsublimierung oder politisierende Praxis. Frankfurt am Main 1972.

HÜPPAUFF, H.: Gruppendynamik als Instrument zur Kompensation psycho-sozialer Defizite in der Nachkriegsgesellschaft? In: GEISSLER, K. A. (Hrsg.), Gruppendynamik für Lehrer. Reinbek bei Hamburg 1979.

HÜRTER, O.: Interventionen in Organisationen. In: Gruppenpsychotherapie und Gruppendynamik 12, 1977, S. 151–168.

KAHN, R. L.: Organisationsentwicklung: Einige Probleme und Vorschläge. In: SIEVERS, B. (Hrsg.), Organisationsentwicklung als Problem. Stuttgart 1977, S. 281–301.

KLEIN, L.: Was die Sozialwissenschaften bieten, wie man es anwendet und welche Probleme sich dabei ergeben. In: Dokumentation des 1. Europäischen Forums über OE (Aachen 30. 10.–1. 11. 78) – Unveröffentlichter Vortrag –

LAUTERBERG, CH.: Vor dem Ende der Hierarchie. Düsseldorf 1978.

LAWRENCE, P. R. & J. W. LORSCH: Die Entwicklung von Organisationen. Diagnose und Auswirkungen. Bad Homburg v. d. H. 1972.

LENNERTZ, E.: Zur historischen Funktion und Disfunktion der gruppendynamischen Bewegung. In: Gruppenpsychotherapie und Gruppendynamik 12, 1977, S. 23–33.

LORENZER, A.: Sprachstörung und Rekonstruktion. Frankfurt am Main 1973.

LUHMANN, N.: Legitimation durch Verfahren. Neuwied 1969. Interpenetration. Zum Verhältnis personaler und sozialer Systeme. In: Zeitschrift für Soziologie, 1977, S. 62–76.

Ders.: Funktionen und Folgen formaler Organisationen. Berlin 1964.

Ders.: Zweck-Herrschaft-System. Grundbegriffe und Prämissen Max Webers. In: MAYNTZ, R. (Hrsg.), Bürokratische Organisation. Köln, Berlin 1968.

LYNCH, J. J.: Das gebrochene Herz. Reinbek bei Hamburg 1979.

NELLESSEN, L.: 12 Jahre Gruppendynamik in Deutschland. Bilanz und

Perspektiven. In: Gruppenpsychotherapie und Gruppendynamik 12, 1977, S. 7–22.
N. N.: Psychoterror. In: Capital 6, 1976, S. 84–86.
PAGÉS, M.: Das affektive Leben der Gruppen. Stuttgart 1974.
ROSENKRANZ, H.: Soziale Betriebsorganisation. München 1973.
SIEVERS, B.: Organisationsentwicklung als Problem. In: SIEVERS, B. (Hrsg.), Organisationsentwicklung als Problem. Stuttgart 1977, S. 10–31.
Ders.: Theorien und Methoden der Organisationsentwicklung in den USA. In: Gruppendynamik 6, 1975, S. 29–49.
STIERLIN, H.: Von der Psychoanalyse zur Familientherapie. Stuttgart 1975.
THEIS, W.: Was kommt nach dem Boom? In: psychologie heute. Febr. 1979, S. 45–53.
ULRICH, P. & E. FLURI: Management: Eine konzentrierte Einführung. Bern 1975.
VANSINA, L. S.: Organisationsentwicklung – quo vadis? In: Gruppendynamik 7, 1976, S. 82–108.
WELLENDORF, F.: Schulische Sozialisation und Identität. Weinheim 1974.
Ders.: Sozioanalyse und Beratung pädagogischer Institutionen. Theoretische und methodologische Probleme. In: GEISSLER, K. A. (Hrsg.), Gruppendynamik für Lehrer. Reinbek bei Hamburg 1979.
WYLIE, PH.: Das große Verschwinden, München 1977.

Klaus Doppler/Bert Voigt:
Gruppendynamik und der institutionelle Faktor

1 Ein gut differenzierter Überblick findet sich bei SIEVERS, B.: Organisationsentwicklung als Problem. Stuttgart 1977; und in dem Reader BENNIS, W. G., BENNE, K. D. & R. CHIN (Hrsg.): Änderung des Sozialverhaltens. Stuttgart 1975; sowie in: GREENFIELD, B. T.: Organisationen als soziale Erfindungen. In: Gruppendynamik 1, 1975; und SASHKIN, M.: A Comparison of Social and Organizational Change. Models. In: Psychological Review 1973, S. 510ff. und FRENCH, W. L. & C. H. BELL: Organisationsentwicklung. Bern, Stuttgart 1977.

2 Vgl. auch SIEVERS, B., a.a.O. und LUHMANN, N.: Interpenetration: Zum Verhältnis personaler und sozialer Systeme. In: Zeitschrift für Soziologie 6, 1977.

3 Vgl. SCHMIDT, J.: Institutionen als Verhaltenssteuerung. In: OHLMEIER, D. & B. VOIGT (Hrsg.), Veränderung und Widerstand. Gruppen im Spannungsfeld zwischen Individuum und Institution. Göttingen 1980.

4 MENZIES, I.: Die Angstabwehrfunktion sozialer Systeme. In: Gruppendynamik 3, 1974.

5 Dies gilt u. E. nicht nur für feldorientierte Gruppendynamik, sondern auch für gruppendynamische Laboratorien. Vgl. dazu auch SCHMIDT, J., HINST, K. & B. VOIGT, »Das Lab« hinter den Kulissen des Labs. Informelle Systeme in gruppendynamischen Laboratorien. In: Gruppenpsychotherapie und Gruppendynamik. Band 12, Heft 1/2, 1977.

6 Dies als möglicher Hinweis zu der von BENNIS aufgeworfenen Frage; vgl. GREENFIELD a.a.O.

7 Vgl. dazu auch ARGYRIS, C.: Intervention: Theory and Method. Reading/Mass. 1970.

8 FÜRSTENAU, P.: Institutionsberatung. In: Gruppendynamik 3, 1970.

9 Vgl. SIEVERS, B., a.a.O., S. 20.

10 Vgl. LEAVITT, H. J.: Managerial Psychology. Chicago 1972[3].

11 Vgl. LUHMANN, N., a.a.O.

12 Wissenschaftliche Begleitung des Modellprogramms »Beratungsstellen« im Rahmen ergänzender Maßnahmen zur Reform des § 218 StGB. KNÖPFERL, G., B. VOIGT & K. KOLVENBACH., Schlußbericht, Nürnberg 1981. (Erscheint im Herbst 1981 in der Schriftenreihe des Bundesministeriums für Jugend, Familie und Gesundheit).

13 WATZLAWICK, P. et al.: Menschliche Kommunikation. Bern 1969.

14 PIRELLA, A. (Hrsg.): Sozialisation der Ausgeschlossenen. Praxis einer neuen Psychiatrie. Hamburg 1975.
PIRELLA, A.: Gruppenpsychotherapie in Institutionen und anti-institutionelle Praxis. In: OHLMEIER, D. & B. VOIGT (Hrsg.), Veränderung und Widerstand. Gruppen im Spannungsfeld zwischen Individuum und Institution. Göttingen 1979. In: Deutsche Gesellschaft für soziale Psychiatrie. Rundbrief 7, August 1979.

15 Das Gegenteil erleben wir z. Z. in der Bundesrepublik, in der ein »Entwurf eines Gesetzes über den Beruf des Psychotherapeuten« statt einer bedarfsgerechten und integrierten Versorgung der psychisch Kranken – in der Psychiatrie-Enquête bereits 1976 im Auftrag der Bundesregierung entwickelt und vorgeschlagen – den kleinsten gemeinsamen Nenner berufsständischer Interessenlagen festschreibt; der Gesetzentwurf verankert durch die administrative und finanzielle Interpretation eines Diagnose- und Behandlungskataloges mißbräuchlich einen Krankheitsbegriff, durch den lediglich einem Berufsstand der Weg zur Abrechnungsmöglichkeit mit Krankenkassen und damit neuen Verdienstmöglichkeiten freigemacht werden soll, präventive Bemühungen und wichtige Innovationen psychosozialer Therapie – z. B. gemeindenahe Sozialpsychiatrische Zentren, interdisziplinäre Zusammenarbeit zwischen Sozialarbeiter, Arzt und Psychologen und Selbsthilfeaktivitäten – dagegen weitgehend ausgeschlossen werden. Vgl. dazu die Stel-

lungnahme des DAGG, DOPPLER, K., OHLMEIER, D. & J. WERNER in: Gruppenpsychotherapie und Gruppendynamik, Band 14, Heft 19, 1979.

16 Abschaffung der Zwangseinweisung. Stationäre psychiatrische Behandlung hat nur in Allgemeinkrankenhäusern stattzufinden, und zwar bei beschränkter Bettenzahl und *ohne* daß wieder eigene psychiatrische Abteilungen eingerichtet werden. Ziel ist die »Normalisierung« der psychisch Kranken in einer nicht-psychiatrischen Umgebung bzw. ihre Reintegration in die Gemeinden.

17 DOPPLER, K. & B. VOIGT: Entwicklung und Tendenzen angewandter Gruppendynamik in Deutschland. In: Gruppenpsychotherapie und Gruppendynamik. Band 12, Heft 1/2, 1977, S. 34ff.

Die Autoren

Professor Dr. ERNEST BORNEMAN
Geboren 1915 in Berlin – Studium der Psychoanalyse (Géza Róheim), Sozialanthropologie (Bronislaw Malinowski), Kulturanthropologie (Melville J. Herskovits) und Vorgeschichte (Vere Gordon Childe) – lehrt Libidotheorie am Psychologischen Institut der Universität Salzburg und Sexualpsychologie im Fachbereich Humanmedizin der Philipps-Universität Marburg – Vorsitzender der Österreichischen Gesellschaft für Sexualforschung – Hauptarbeitsgebiete: Sexualpädologie, sexuelle Entwicklungspsychologie – leitet seit 1961 ein Projekt zur Erforschung der Kindersexualität mit rund 5000 Interviews.
Wichtigste Veröffentlichungen: *Lexikon der Liebe* (2 Bde.). München 1968. Nachdruck 1969 und 1970. Übersetzungen ins Holländische und Französische 1970 und 1974. Erweiterte Ausgabe in 4 Bänden, Berlin 1978. *Studien zur Befreiung des Kindes* (3 Bde.). Freiburg/Br. und Olten 1973–1976. Nachdruck Berlin 1980–81. Band 4 folgt 1982. *Psychoanalyse des Geldes*. Frankfurt am Main 1973, 1976, 1977. Übersetzungen ins Amerikanische und Französische 1976. *Sex im Volksmund*. Reinbek bei Hamburg 1971. Zweibändige Taschenbuchausgabe 1974, 1975, 1976, 1977, 1978, 1979. *Das Patriarchat*. Frankfurt am Main 1975 (Fischer Taschenbuch 1979: Bd. 3416). Übersetzungen ins Französische und Italienische 1980. *Die Urszene*. Frankfurt am Main 1977 (Fischer Taschenbuch 1980: Bd. 6711). *Sexualität*. Weinheim 1979. In Vorbereitung: *Lehrbuch der sexuellen Entwicklungspsychologie* (3 Bde.). Wien 1981–83. *Arbeiterbewegung und Feminismus*. Berlin.

KLAUS DOPPLER
Geboren 1939 in Zeiskam/Pfalz – Studium der Philosophie, Theologie und Psychologie – Ausbildung zum Psychoanalytiker im Innsbrucker Arbeitskreis für Tiefenpsychologie und zum Trainer für Gruppendynamik in der Sektion Gruppendynamik des Deutschen Arbeitskreises für Gruppenpsychotherapie und Gruppendynamik (DAGG) – seit 1972 selbständig als Trainer für Gruppendynamik und Berater für Organisationsentwicklung.

Veröffentlichung (u.a.): (mit VOIGT, B.) *Entwicklung und Tendenzen angewandter Gruppendynamik in Deutschland.* In: »*Gruppenpsychotherapie und Gruppendynamik*«. Bd. 12, Heft 1/2, Mai 1977.

Professor Dr. JÖRG FENGLER
Geboren 1944 in Schwersin (Pommern) – Studium der Psychologie, Theologie und Philosophie – seit 1975 Professor für Heilpädagogische Psychologie an der Erziehungswissenschaftlich-heilpädagogischen Fakultät der Universität zu Köln.
Wichtigste Veröffentlichungen: (mit DÄUMLING, A. M. NELLESSEN, L. und A. SVENSSON) *Angewandte Gruppendynamik.* Stuttgart 1974. *Verhaltensänderung in Gruppenprozessen.* Heidelberg 1975. *Selbstkontrolle in Gruppen. Theorie, Methodik, Evaluation.* Stuttgart 1980.

Dr. JÜRGEN FRITZ
Geboren 1944 in Bevensen (Niedersachsen) – Lehrerstudium – Studium der Pädagogik, Psychologie, Soziologie und Kunstpädagogik – mehrere Jahre Lehrer an der Gesamtschule in Hildesheim – abgeordnet als Wissenschaftlicher Assistent an die Hochschule Lüneburg im Fach »Kunst« – danach Lehrstuhl (Komplexe Kommunikation) für Spiel- und Interaktionspädagogik an der Fachhochschule Köln, Fachbereich Sozialpädagogik, Fächergruppe Ästhetik und Kommunikation.
Wichtigste Veröffentlichungen: *Gruppendynamik und Jugendarbeit.* München 1973. *Emanzipatorische Gruppendynamik.* München 1974. *Gruppendynamisches Training in der Schule.* Heidelberg 1975. *Interaktionspädagogik.* München 1975. *Methoden des sozialen Lernens.* München 1977. *Satire und Karikatur.* Braunschweig 1980.

Dr. WALTER GIERE
Geboren 1936 in Königsberg/Pr. – Studium der Politik, Geschichte und Philosophie – seit 1967 Referent in der Hessischen Landeszentrale für politische Bildung, Wiesbaden; Arbeitsbereich: Lehrerfort- und -weiterbildung, Universitäten und Methodik/Didaktik der politischen Bildung – seit 1971 Beschäftigung mit gruppendynamischen Lernverfahren in Theorie und Praxis.
Wichtigste Veröffentlichungen: *Gruppendynamik und politische Bildung.* In: HORN, K. (Hrsg.), *Gruppendynamik und der ›subjektive Faktor‹. Repressive Entsublimierung oder politisierende Praxis.* Frankfurt am Main 1972. *Gruppendynamik und bürgerliches Individuum.* In: *Westermanns Pädagogische Beiträge.* Heft 8, 1973. *Selbstbestimmtes Lernen durch Gruppendynamik.* In: BERGMANN, K. und G. FRANK, *Bildungsarbeit mit Erwachsenen.* Reinbek bei Hamburg 1977. *Politische Dimensionen gruppendynamischer Lernverfahren.* In: GEISSLER, K. A. (Hrsg.), Gruppendynamik für Lehrer. Reinbek bei Hamburg 1979.

KLAUS-DIETER KRÄMER
Geboren 1938 in Frankfurt am Main – Lehrerstudium, dann sieben Jahre als Lehrer tätig – Zusatzausbildung zum Trainer für Gruppendynamik (DAGG) und zum Psychodrama-Therapeuten (MORENO INSTITUT, Überlingen) – seit 1971 selbständiger Berater mit dem Schwerpunkt Organisationsentwicklung – seit 1976 Leiter des ALPHAS-Zentrums für Organisationsentwicklung.

Dipl.-Psych. HAJA MOLTER
Geboren 1945 in Neunkirchen (Saar) – Studium der Philosophie und Psychologie in St. Augustin, Köln und Los Angeles – Aufenthalt in den USA 1972/73 und 1975/76 – seit April 1977 hauptamtliche Tätigkeit in den Städtischen Kinderheimen Köln-Sülz – seit April 1980 wissenschaftlicher Mitarbeiter am Psychologischen Institut der Universität Bonn, Abt. Klinische Psychologie.
Wichtigste Veröffentlichungen: (mit BACH, G. R.) *Psychoboom. Wege und Abwege moderner Therapie.* Düsseldorf und Köln 1976. (mit BACH, G. R.) *Marathon.* In: *Integrative Therapie.* Heft 3/4, 1977. (Mit BILLERBECK, T.) *Verstehst Du mich, versteh ich Dich.* Würzburg 1978.

Professor Dr. HILARION G. PETZOLD
Geboren 1944 in Kirchen (Sieg) – Studium der orientalischen Theologie in Paris (1968 Dr. theol.), dort auch der Philosophie und Psychologie (1971 Dr. phil. bei GABRIEL MARCEL), der Medizin, Soziologie und Erziehungswissenschaften in Düsseldorf und Frankfurt am Main (1979 Dr. phil.) – Lehranalyse und Ausbildung im therapeutischen Theater (ILJINE, V. N.) sowie zum Director of Psychodrama (MORENO, J. L.), in Gestalttherapie (PERLS, F. S.) und Gruppendynamik (NTL); Gruppendynamik-Trainer im SGGG – ab 1965: klinische Arbeit mit psychiatrischen Patienten, Drogenabhängigen, alten Menschen – 1972 Gründer des FRITZ PERLS INSTITUTS für integrative Therapie, Gestalttherapie und Kreativitätsförderung – seit 1971 Professor für Pastoralpsychologie am Institut St. Denys, Paris – 1979 a.o. Professor für Bewegungstherapie an der Vrijen Universiteit Amsterdam – Lehrtätigkeit an den Universitäten Hamburg, Frankfurt am Main, Graz u.a.
Wichtigste Veröffentlichungen: *Angewandtes Psychodrama.* Paderborn 1972 (2. Aufl. 1978). *Psychotherapie und Körperdynamik.* Paderborn 1974 (3. Aufl. 1979). *Drogentherapie.* Paderborn 1974. 2. Aufl. Frankfurt am Main 1980. *Die neuen Körpertherapien.* Paderborn 1977. (mit BROWN, G. I.) *Gestaltpädagogik.* München 1977. (mit BUBOLZ, E.) *Psychotherapie mit alten Menschen.* Paderborn 1979. *Psychodrama-Therapie. Theorie, Methoden, Anwendung in der Arbeit mit alten Menschen.* Paderborn 1979. *Die Rolle des Therapeuten und die therapeutische Beziehung.* Paderborn 1980. (mit VORMANN, G.) *Therapeuti-*

sche Wohngemeinschaften. München 1980. Hrsg. der Zeitschrift *Integrative Therapie* sowie der Buchreihe *Innovative Psychotherapie und Humanwissenschaften.*

Dr. BERT VOIGT
Geboren 1942 in München – Studium der Psychologie und Sozialwissenschaften in Erlangen und Nürnberg – Ausbildung in Verhaltenstherapie und Therapien der Humanistischen Psychologie in England, der Bundesrepublik Deutschland und der Schweiz – Ausbildung zum Trainer für Gruppendynamik (DAGG) – seit 1972 selbständig als Psychotherapeut in Nürnberg. Hat sich in den letzten Jahren vorwiegend mit der Einführung von Personal- und Organisationsentwicklung in die Planung, Leitung und tägliche Steuerung von wirtschaftlichen und sozialen Organisationen beschäftigt.
Wichtigste Veröffentlichungen: *Gruppendynamik – eine Möglichkeit zur Erweiterung der persönlichen und professionellen Kompetenz in sozialen Berufen.* In: »*Archiv für Wissenschaft und Praxis der sozialen Arbeit.*« Heft 4, 1975. (mit DOPPLER, K.) *Entwicklung und Tendenzen angewandter Gruppendynamik in Deutschland.* In: »*Gruppenpsychotherapie und Gruppendynamik.*« Bd. 12, Heft 1/2, 1977. (mit HINST, K. & J. SCHMIDT) *Das Lab »hinter den Kulissen des Labs«. Informelle Systeme in gruppendynamischen Laboratorien.* In: »*Gruppenpsychotherapie und Gruppendynamik.*« Bd. 12, Heft 1/2, 1977. (mit OHLMEIER, D.) Hrsg.: *Veränderung und Widerstand. Gruppen im Spannungsfeld zwischen Individuum und Institution.* Göttingen 1980.

Dr. CORNELIS FRANS WIERINGA
Geboren 1927 in Hilversum – Studium der Sozialpsychologie – Ausbildung in Gruppendynamik (JACK BUTLER, LEE BRADFORD u. a.) – Trainer im DAGG und ÖAGG – Vorstandsmitglied des Arbeitskreises Gruppendynamik Münster e.V. – hauptamtlich Dozent im Fachbereich Andragologie, Fakultät für Sozialwissenschaften, Rijksuniversiteit Utrecht.
Diverse Veröffentlichungen in *Gruppendynamik* und *Soziale Welt* sowie in holländischen Fachzeitschriften. Schwerpunkte: Feedback und Supervision.

Sachwortregister

Namenregister

Bitte umblättern: